Coleção
Eu gosto m@is

INTEGRADO

LÍNGUA PORTUGUESA · MATEMÁTICA
HISTÓRIA · GEOGRAFIA · CIÊNCIAS
ARTE · LÍNGUA INGLESA

CÉLIA PASSOS

Cursou Pedagogia na Faculdade de Ciências Humanas de Olinda, PE, com licenciaturas em Educação Especial e Orientação Educacional. Professora do Ensino Fundamental e Médio (Magistério), coordenadora escolar e autora de materiais didáticos.

ZENEIDE SILVA

Cursou Pedagogia na Universidade Católica de Pernambuco, com licenciatura em Supervisão Escolar. Pós-graduada em Literatura Infantil. Mestra em Formação de Educador pela Universidade Isla, Vila de Nova Gaia, Portugal. Formação em *coaching*. Professora do Ensino Fundamental, supervisora escolar e autora de materiais didáticos e paradidáticos.

5.º ANO
ENSINO FUNDAMENTAL

4ª edição
São Paulo
2022

IBEP

Coleção Eu Gosto Mais
Integrado 5º ano
© IBEP, 2022

Diretor superintendente	Jorge Yunes
Diretora editorial	Célia de Assis
Coordenadora editorial	VIviane Mendes
Editores	Mizue Jyo, Marília Pugliese Branco, Deborah Quintal, Adriane Gozzo, Soraia Willnauer
Assistentes editoriais	Isabella Mouzinho, Stephanie Paparella, Daniela Venerando, Patrícia Ruiz
Revisores	Denise Santos, Yara Afonso, Pamela P. Cabral da Silva, Marcio Medrado
Secretaria editorial e processos	Elza Mizue Hata Fujihara
Departamento de arte	Aline Benitez, Gisele Gonçalves
Assistentes de iconografia	Victoria Lopes, Irene Araújo, Ana Cristina Melchert
Ilustração	João Anselmo e Izomar, José Luís Juhas, Dawidson França, Mw Ed. Ilustrações, Lu Kobayashi, J. C. Silva/ M10, Anderson de Oliveira Santos, Fábio/Imaginário Studio, Eunice/Conexão, Imaginário Studio e Ulhôa Cintra
Produção Gráfica	Marcelo Ribeiro
Projeto gráfico e capa	Departamento de Arte - Ibep
Diagramação	Dilex Editoração, Dinâmica Produção Editorial, Formata Produções Editoriais, Nany Produções Gráficas, NPublic

Dados Internacionais de Catalogação na Publicação (CIP) de acordo com ISBD

P289e   Passos, Célia

Eu gosto m@is: Integrado / Célia Passos, Zeneide Silva. - 4. ed. - São Paulo : IBEP - Instituto Brasileiro de Edições Pedagógicas, 2022.
608 p. ; 20,5cm x 27,5cm. – (Eu gosto m@is ; v.5)

ISBN: 978-65-5696-258-0 (aluno)
ISBN: 978-65-5696-259-7 (professor)

1. Educação infantil. 2. Livro didático. I. Silva, Zeneide. II. Título. III. Série.

2022-3015   CDD 372.2
                                                   CDU 372.4

Elaborado por Vagner Rodolfo da Silva - CRB-8/9410

Índice para catálogo sistemático:
1. Educação infantil : Livro didático 372.2
2. Educação infantil : Livro didático 372.4

Impressão e Acabamento
Oceano Indústria Gráfica e Editora Ltda
Rua Osasco, 644 - Rod. Anhanguera, Km 33
CEP 07753-040 - Cajamar - SP
CNPJ: 67.795.906/0001-10

4ª edição – São Paulo – 2022
Todos os direitos reservados

IBEP

Rua Gomes de Carvalho, 1306, 11º andar, Vila Olímpia
São Paulo – SP – 04547-005 – Brasil – Tel.: (11) 2799-7799
www.grupoibep.com.br/ – editoras@ibep-nacional.com.br

APRESENTAÇÃO

Querido aluno, querida aluna,

Ao elaborar esta coleção, pensamos muito em vocês. Queremos que esta obra possa acompanhá-los em seu processo de aprendizagem pelo conteúdo atualizado e estimulante que apresenta e pelas propostas de atividades interessantes e bem ilustradas.

Nosso objetivo é que as lições e as atividades possam fazer vocês ampliarem seus conhecimentos e suas habilidades nessa fase de desenvolvimento da vida escolar.

Por meio do conhecimento, podemos contribuir para a construção de uma sociedade mais justa e fraterna: esse é também nosso objetivo ao elaborar esta coleção.

Um grande abraço,

As autoras

SUMÁRIO

PÁGINA

LÍNGUA PORTUGUESA 5

MATEMÁTICA 169

HISTÓRIA 305

GEOGRAFIA 387

CIÊNCIAS 483

ARTE 561

LÍNGUA INGLESA 595

ADESIVOS 625

Coleção Eu gosto m@is

LÍNGUA PORTUGUESA

5º ANO
ENSINO FUNDAMENTAL

SUMÁRIO

Lição 1 – Classificados poéticos 7
Fonemas e letras 10
Encontro vocálico 11
Vogal e semivogal 11
Encontro consonantal 13
Dígrafo 13
Uso de **h** inicial 15

Lição 2 – O papagaio do navio 18
Acentuação gráfica: oxítonas, paroxítonas e proparoxítonas 22
Substantivo comum, substantivo próprio e substantivo coletivo 23
Artigo definido e artigo indefinido 25
Emprego de **m** ou **n** 26

Lição 3 – A mosca 29
Gênero do substantivo 32
Substantivo comum de dois gêneros 33
Substantivo sobrecomum 33
Substantivo epiceno 33
Palavras com **x** e **ch** 34

Lição 4 – Mensagem instantânea via aplicativo 37
Substantivo simples e substantivo composto 40
Número do substantivo 42
Plural dos substantivos compostos 42
Palavras com **gua, guo, gue, gui** 45
Palavras com **qua, que, qui** 46

Lição 5 – Futebolíada 47
Substantivo primitivo e substantivo derivado 50
Derivação e composição 51
Substantivo concreto e substantivo abstrato 53
Grau do substantivo 54
Palavras com **li** e **lh** 57

Lição 6 – Por que o Sol e a Lua foram morar no céu 60
Adjetivo 63
Grau do adjetivo 63
Discurso direto e discurso indireto 66
Palavras com **g** e **j** 67
Palavras com **r** e **rr** 69

Lição 7 – Um jogo muito antigo 71
Verbos 74
Verbos terminados em **-ram** e **-rão** 78
Uso de **tem** ou **têm** 79

Lição 8 – Cuide de seu amigo! 80
Pronomes pessoais retos, oblíquos e de tratamento 82
Colocação pronominal 85
Pronomes possessivos, demonstrativos e indefinidos 87
Uso de **a gente** e **agente** 89
Palavras com **-inho(a)** e **-zinho(a)** 90

Lição 9 – Fauna 92
Advérbio 94
Graus do advérbio 96
Uso de **traz** e **atrás** 97
Emprego de **mal, mau, mais** e **mas** 98

Lição 10 – O censo da floresta 103
Numeral 106
Uso de **meio** ou **meia** 109

Lição 11 – Uma história de príncipe e princesa 111
Preposição 113

Lição 12 – A criação do mundo 117
Pontuação 121
Uso de **onde** e **aonde** 123
Uso de **sobre** e **sob** 124

Lição 13 – Entrevista com Ana Paula Castro 128
Tipos de frase 132
Oração e período 134
Palavras terminadas em **-isar** e **-izar** 135
Senão / se não 135
Ao encontro de / de encontro a 135

Lição 14 – Os idosos 138
Sujeito simples e sujeito composto 140
Uso de **há** e **a** 141
Palavras com **sc** 142

Lição 15 – E o mundo mudou 144
Sinônimos, antônimos e homônimos 145
Palavras com **e** e **i** 148
Palavras terminadas por **u** e por **l** 149

Lição 16 – A importância do brincar 153
Conjunções 156
Uso de por que, porque, por quê e porquê 162
Palavras com **s** e **z** finais 164

Ampliando o vocabulário 167

LIÇÃO 1 — CLASSIFICADOS POÉTICOS

VAMOS COMEÇAR!

Leia o título e observe como os pequenos textos estão organizados. Sem ler estes textos é possível saber o assunto ou o gênero deles? Comente sua resposta com os colegas e o professor.

Vendem-se manchas de cachorro **malhado**.
O resto já foi **dado**.

Alugo
por temporada
casa bem **assombrada**.

Vendo em leilão
o pouco que resta
do meu **coração**.

Caramujo **despejado** procura
casa nova e **segura**.

Um gato
sem eira nem **beira**
ofereço
a quem **queira**.

Marina Colasanti. *Classificados e nem tanto*. Rio de Janeiro: Record, 2019.

As palavras destacadas em azul também estão na seção **Ampliando o vocabulário**.

ESTUDO DO TEXTO

1. O texto que compõe cada "classificado" é:

☐ um anúncio.

☐ um conto.

☐ uma fábula.

☐ um poema.

2. Em um poema, cada linha é chamada **verso**. Os poemas apresentam o mesmo número de versos?

_____
_____
_____

3. Rima é a repetição de sons iguais ou semelhantes que ocorre, geralmente, no final dos versos.

a) Há rimas na composição dos "classificados"? Se sim, quais?

_____
_____
_____
_____

b) Quais outros textos rimados você conhece?

_____
_____
_____

4. Leia em voz alta estas duas formas de escrever a mesma frase e compare-as.

> Vendo em **leilão**
> o pouco que resta
> do meu **coração**.

> Vendo em leilão o pouco que resta do meu coração.

Que diferença você percebe ao ler essas frases dispostas em versos e em duas linhas?

_____
_____
_____

5. Os "classificados" apresentam situações inusitadas. Ao contrário dos classificados de jornal, esses trazem o inesperado. De acordo com os classificados que você leu:

a) O que está sendo oferecido a quem queira?

_____

b) O que é para ser vendido em leilão?

_____

c) O que está para ser alugada?

_____

d) O que o caramujo procura?

_____

6. Releia.

> Um gato
> sem eira nem beira
> ofereço
> a quem queira.

A expressão "sem eira nem beira" é usada para se referir a pessoas que não têm bens materiais.

a) Em qual destes estabelecimentos esse poema poderia ser usado? Marque um **X**.

☐ FEIRA DE TROCAS

☐ LOJA DE PRODUTOS PARA ANIMAIS

☐ FEIRA DE DOAÇÃO DE ANIMAIS

7. Como você imagina um "gato sem eira nem beira"? Desenhe-o em seu caderno, mostrando o lugar onde ele vive.

_____
_____
_____
_____
_____

8. Complete o quadro a seguir com as palavras dos poemas que rimam entre si e acrescente mais uma que você vai escolher.

	No poema	Sua escolha
temporada		
malhado		
leilão		
procura		
beira		

9. Troque a oferta e crie um classificado poético. Lembre-se de que existe uma rima a ser obedecida.

> **Vendem-se** manchas de cachorro malhado.
> O resto já foi **dado**.

_____
_____
_____

10. Como ficaria seu anúncio classificado se ele não fosse poético e tivesse de ser publicado em um jornal?

_____
_____
_____
_____

Classificado é um texto em que as pessoas anunciam a venda de produtos, trocas, empréstimos, aluguéis, prestação de serviços, entre outros.

ESTUDO DA LÍNGUA

Fonemas e letras

Leia este classificado poético da autora Roseana Murray.

> Menino que mora num planeta
> azul feito a cauda de um cometa
> quer se corresponder com alguém
> de outra galáxia.
> Neste planeta onde o menino mora
> as coisas não vão tão bem assim:
> o azul está ficando desbotado
> e os homens brincam de guerra.
> É só apertar um botão
> que o planeta Terra vai pelos ares...
> Então o menino procura com urgência
> alguém de outra galáxia
> para trocarem selos, figurinhas e esperanças.

Roseana Murray. *Classificados poéticos*.
São Paulo: Moderna, 2010.

Ao falar as palavras **não**, **vão** e **tão** em voz alta, percebemos que apenas o som inicial é diferente. Cada som da fala é chamado de **fonema**. Para representar cada fonema, usamos **letras**.

Mas veja bem:
- um mesmo fonema pode ser representado por mais de uma letra. O fonema /z/, por exemplo, pode ser representado pela letra **s**, como em **coisas**.
- uma mesma letra pode representar fonemas diferentes. A letra **x**, por exemplo, pode representar o fonema /ks/, como em **galáxia**.

ATIVIDADE

1. Quantas letras tem o alfabeto da língua portuguesa? Quais são elas?

_____
_____
_____

Encontro vocálico

Quando duas ou mais letras que representam vogais aparecem juntas na palavra, formam um encontro vocálico. Essas letras podem estar na mesma sílaba, como em cau-da, ou em sílabas diferentes, como em po-é-ti-cos.

ATIVIDADES

1. Leia estes títulos de fábulas e copie as palavras em que há encontro vocálico.

a) O burro que espirrava dinheiro
_____
_____

b) O pescador e o peixinho
_____
_____

c) A leiteira e o balde
_____
_____

d) O cordeiro e o lobo
_____
_____

e) A assembleia dos ratos
_____
_____

f) A rã e o boi
_____
_____

2. Indique os encontros vocálicos destas palavras. Veja o exemplo.

> leito – **ei**

feira _____   iguais _____

primeira _____   história _____

régua _____   país _____

caído _____   criado _____

maestro _____   coração _____

Vogal e semivogal

Leia estas palavras.

> b**o**-t**ão**   s**e**-l**os**
> fi-g**u**-ri-nh**as** **e**s-pe-ran-ç**as**

Você deve ter notado que em todas as sílabas dessas palavras aparece uma vogal. Isso porque, na Língua Portuguesa, não existe sílaba sem vogal.

Leia em voz alta.

> ca-dei-ra

As letras **e** e **i** estão juntas na mesma sílaba, mas só uma tem som forte: o **e**. Já o **i** tem som mais fraco e, por isso, é chamado **semivogal**.

Agora, leia.

fal**ei**
(e) vogal ← → (i) semivogal

t**ou**ca
(o) vogal ← → (u) semivogal

Nessas palavras, as letras **e** e **o** são **vogais**. E as letras **i** e **u** são **semivogais**.

Há três tipos de encontros vocálicos: **ditongo**, **tritongo** e **hiato**.

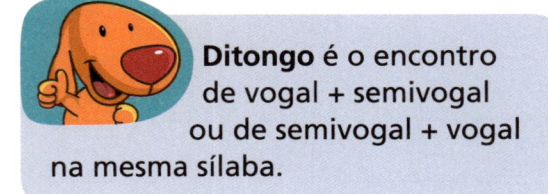

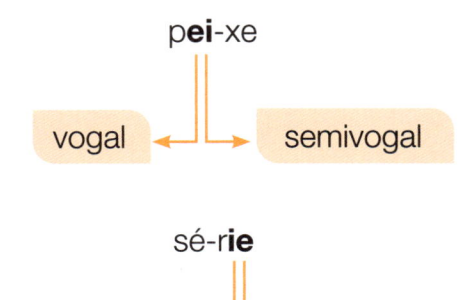

Ditongo é o encontro de vogal + semivogal ou de semivogal + vogal na mesma sílaba.

Exemplos:

p**ei**-xe
vogal ← → semivogal

sé-r**ie**
semivogal ← → vogal

Tritongo é o encontro de semivogal + vogal + semivogal na mesma sílaba.

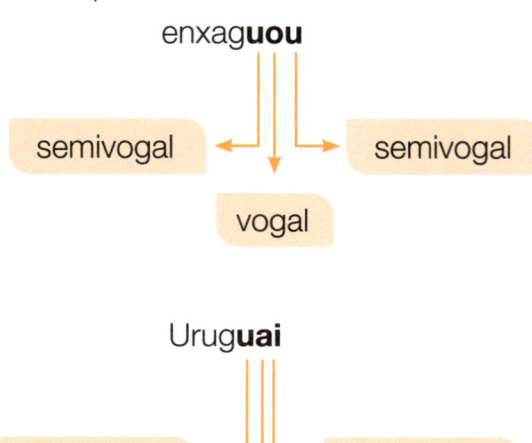

Exemplos:

enxag**uou**
semivogal / vogal / semivogal

Urug**uai**
semivogal / vogal / semivogal

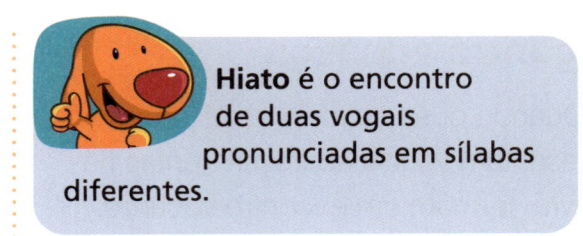

Hiato é o encontro de duas vogais pronunciadas em sílabas diferentes.

Exemplos:

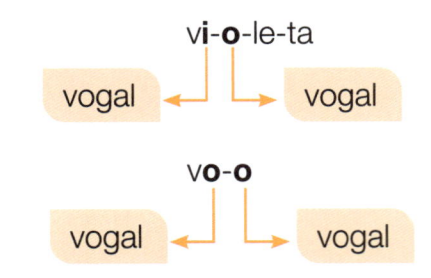

vi-**o**-le-ta
vogal ← → vogal

v**o-o**
vogal ← → vogal

ATIVIDADES

1. Separe as sílabas das palavras a seguir.

lua _____

saúde _____

joelho _____

maestro _____

miolo _____

pianista _____

dia _____

moinho _____

ruim _____

baleia _____

2. Copie somente as palavras do quadro que tenham hiato.

resfriado	criatura	raiva	rio
riacho	primeiro	aguou	boa
luar	canário	gratuito	álcool

_____
_____

3. Em todas as palavras a seguir há encontro vocálico. Copie as palavras separando as sílabas. Depois, classifique os encontros vocálicos em ditongo, tritongo ou hiato. Veja o exemplo.

cauda cau-da — ditongo

teatro _____

_____

Paraguai _____

_____

circuito _____

_____

averiguei _____

_____

enjoa _____

_____

pneu _____

_____

baú _____

_____

mamãe _____

_____

patriota _____

_____

pão _____

_____

Encontro consonantal

Quando duas ou mais consoantes, pronunciadas, aparecem juntas em uma palavra, elas formam um **encontro consonantal**.

Veja alguns encontros consonantais.

Na mesma sílaba	
br – **br**a-si-lei-ro	**cl** – **cl**i-ma
cr – **cr**a-vo	**fl** – **fl**a-ne-la
dr – pe-**dr**a	**gl** – **gl**o-bo
fr – **fr**u-ta	**pl** – **pl**a-ne-ta
gr – **gr**u-ta	**tl** – a-**tl**e-ta
pr – **pr**a-to	**vl** – **Vl**a-di-mir
tr – **tr**a-ve	**ps** – **ps**i-co-lo-gi-a
vr – li-**vr**o	**bs** – su**bs**-tan-ti-vo
bl – **bl**o-co	**pn** – **pn**eu

Em sílabas separadas	
o**b**-**j**e-ti-vo	é**t**-**n**i-co
a**b**-**s**ur-do	a**d**-**v**o-ga-do
pa**c**-**t**o	a**f**-**t**a
a**p**-**t**i-dão	e-ni**g**-**m**a

Dígrafo

Quando, na mesma palavra, duas letras representam um único som, elas formam um **dígrafo**.

Veja os dígrafos da língua portuguesa.

Em sílabas separadas	
rr	Te**rr**a – Te**r**-**r**a
ss	cla**ss**ificados – cla**s**-**s**i-fi-ca-dos
sc	cre**sc**er – cre**s**-**c**er
sç	de**sç**o – de**s**-**ç**o
xc	e**xc**eto – e**x**-**c**e-to

Na mesma sílaba	
ch	**ch**a-mi-né
nh	fi-gu-ri-**nh**as
lh	re-po-**lh**o
gu	**gu**er-ra, a-mi-**gu**i-nho
qu	**qu**e-ri-do, ca-**qu**i
am, em, im, om, um	c**am**-po, t**em**-po, l**im**-po, t**om**-bo, co-m**um**
an, en, in, on, un	**an**-ta, v**en**-to, t**in**-ta, **on**-da, f**un**-do

Os dígrafos **am**, **em**, **im**, **om**, **um**, **an**, **en**, **in**, **on**, **un** representam um só fonema: /ã/, /ẽ/, /ĩ/, /õ/, /ũ/. Exemplo: **sombra** – om /õ/ = dígrafo; br = encontro consonantal.

Quando a palavra tiver dígrafo, haverá diferença entre o número de letras e o número de fonemas. Exemplo: **classificados**: 13 letras (c-l-a-s-s-i-f-i-c-a-d-o-s) – 1 dígrafo (ss) = 12 fonemas.

Nos grupos **gu** e **qu**, quando a letra **u** é pronunciada, não formam dígrafo e sim um encontro vocálico. Exemplos: aq**uá**rio, ig**uai**s.

ATIVIDADES

1. Separe as sílabas destas palavras.

atrasado _____

observe _____

ritmo _____

grade _____

creme _____

maligno _____

gravata _____

medroso _____

admirar _____

obter _____

vinagre _____

cacto _____

2. Agora, organize as palavras da atividade **1** em duas colunas.

palavras com encontro consonantal na mesma sílaba	palavras com encontro consonantal em sílabas diferentes

3. Pinte de acordo com a legenda.

🟩 os grupos **gu** e **qu** que formam dígrafos

🟥 os grupos **gu** e **qu** que não formam dígrafos

☐ tranquilamente ☐ quadro

☐ formiguinha ☐ queimada

☐ queria ☐ aquário

☐ aguou ☐ quinhentos

☐ quarenta ☐ guilhotina

☐ pitangueira ☐ régua

☐ maluquinha ☐ mangueira

☐ água ☐ aguado

ORTOGRAFIA

Uso de h inicial

Na língua portuguesa, nem sempre o número de letras que usamos para escrever as palavras corresponde ao número de fonemas, ou seja, de sons.

É o caso da letra **h** no início das palavras: nós a escrevemos, mas não a pronunciamos. Na dúvida, consulte um dicionário.

ATIVIDADE

1. Leia em voz alta algumas palavras iniciadas com a letra **h**.

hábil	hidratar
habitação	hipopótamo
harmonia	homem
harpa	homenagem
haste	homeopatia
hebreu	honestidade
hélice	honorário
helicóptero	honra
hematoma	hora
hemeroteca	horizonte
hemorragia	horta
hepatite	hortaliça
herança	hortelã
herbívoro	humanitário
hiato	humildade
hidrante	humilde

O que você notou em relação ao som da letra **h** nessas palavras?

_____

_____

PRODUÇÃO DE TEXTO

Alguns poetas, como Sérgio Capparelli e Roseana Murray, se inspiraram em classificados para compor alguns de seus poemas, chamando-os de classificados poéticos.

Leia alguns classificados poéticos. Depois, você e um colega vão escrever um.

Anúncio de Zoornal

Vende-se uma casa
de cachorro pequinês
dê um osso de entrada
e trinta a cada mês.

Sérgio Capparelli. *Come-vento*.
Porto Alegre: L&PM, 1988. p. 11.

Procura-se um equilibrista
que saiba caminhar na linha
que divide a noite do dia
que saiba carregar nas mãos
um fino pote cheio de fantasia
que saiba escalar nuvens arredias
que saiba construir ilhas de poesia
na vida simples de todo o dia.

Roseana Murray. *Classificados poéticos*.
São Paulo: Moderna, 2010.

Troco um passarinho na gaiola
por um gavião em pleno ar
Troco um passarinho na gaiola
por uma gaivota sobre o mar
Troco um passarinho na gaiola
por uma andorinha em pleno voo
Troco um passarinho na gaiola
por uma gaiola aberta, vazia...

Roseana Murray. *Classificados poéticos*.
São Paulo: Moderna, 2010.

Troco um fusca branco
por um cavalo cor de vento
um cavalo mais veloz que o pensamento
Quero que ele me leve pra bem longe
e que galope ao deus-dará
que já me cansei deste engarrafamento...

Roseana Murray. *Classificados poéticos*.
São Paulo: Moderna, 2010.

Preparação

Forme dupla com um colega.

Pensem em objetos, pessoas, elementos da natureza, situações sobre as quais vocês queiram compor o poema e anotem o que pensaram.

_____

_____

_____

Vocês vão decidir se: querem vender, comprar, trocar, oferecer.

Falem sobre os sentimentos que os elementos que comporão o poema despertam em vocês: sonhos, emoções, desejos, esperanças, humor.

Planejamento e escrita

Para criar o classificado poético, leiam as etapas a seguir.

- Elaborem os versos que comporão as estrofes. Arranjem as palavras de modo que causem impacto no leitor por ser uma ideia nova, diferente.
- Experimentem rimas, caso optem por empregá-las, considerando não apenas a terminação das palavras, mas também a adequação dos pares em termos de sentido.
- Como um anúncio classificado é um texto curto, o classificado poético da dupla deverá compor-se de duas estrofes de quatro versos ou uma única estrofe de 6 a 8 versos.
- Além das rimas, pensem em outros elementos poéticos que dão beleza ao texto, como a sonoridade das palavras, as sensações que podem despertar: o poema de vocês pode ser mais engraçado ou mais emotivo, conforme a preferência da dupla.
- Pensem em uma ilustração bem sugestiva para o poema. Essa ilustração pode ser feita com a colagem de imagens que estejam de acordo com o texto ou desenhos feitos por vocês.
- Deem um título ao poema, conforme o elemento ou a situação poeticamente anunciada.

Usem o espaço a seguir para fazer um rascunho.

_____

_____

_____

_____

_____

_____

_____

_____

_____

_____

_____

Revisão e reescrita

Peça a outra dupla que leia o poema e verifique se é necessário alterar, acrescentar ou substituir algum elemento no texto.

Mostrem ao professor, para que ele confira se é necessária alguma outra alteração. Em uma folha de papel, façam a edição definitiva do classificado poético. Deve ser feita uma ilustração para a edição final.

Divulgação

Os textos comporão um mural com o título "Classificados poéticos", "Nossos classificados poéticos", "Classificados poéticos do 5º ano" ou outro que acharem mais apropriado para que outros alunos da escola tenham acesso.

Avaliação

- Poemas nos trazem sensações, impressões, sentimentos e imagens. Qual dos classificados poéticos expostos você achou mais interessante?
- Os colegas demonstraram interesse por produzir os poemas?
- Nos classificados, é possível perceber jogos com as palavras, rimas, combinações interessantes?
- Você gostou de criar um poema no formato de classificado? Como foi para você a experiência de criar rimas e combinar as palavras de maneira especial para dar beleza ao seu poema?

Declamação de poemas

Agora, os classificados produzidos pela dupla serão apresentados em uma roda literária.

Antes da apresentação

Memorizem o texto e treinem em voz alta, observando o ritmo, a sonoridade e os sentidos das palavras.

Decidam se a dupla vai recitar o poema em conjunto ou se os versos serão divididos e cada um declamará uma parte.

Durante o ensaio

Conversem sobre as impressões que tiveram ao ler o poema.

- Na leitura que fizeram, os jogos sonoros e o ritmo foram facilmente percebidos?
- Quais foram as percepções ao escutar/ler o poema? Há diferenças entre as leituras?

No dia da apresentação

Lembrem-se de que declamar é interpretar o que o poema expressa com muita emoção. Cuidem de declamá-lo em voz alta, clara e com boa dicção.

Pronunciem bem as palavras e não se esqueçam do ritmo.

Atenção às pausas e à respiração.

A boa declamação vai além da voz. Uma boa interpretação envolve a expressão corporal: a postura, a expressão do rosto e do olhar, os gestos.

Tentem interagir com os ouvintes. Dirijam-lhes o olhar, os gestos etc.

Outra dica: efeitos sonoros e um fundo musical podem colaborar para a interpretação, traduzindo, adequadamente, o que se diz no poema.

No momento em que os colegas estiverem apresentando, respeitem o tempo deles e prestem atenção às declamações.

LEIA MAIS

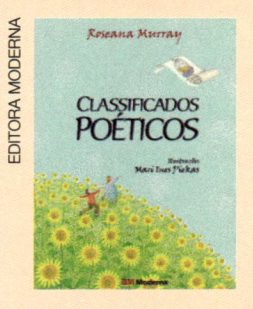

Classificados poéticos

Roseana Murray. São Paulo: Moderna, 2010.

Nesse livro, os poemas foram construídos com base em classificados de jornal, propondo a troca de sentimentos ou de um estilo de vida.

LIÇÃO 2

O PAPAGAIO DO NAVIO

VAMOS COMEÇAR!

Leia a piada a seguir e veja o que acha dela! Divirta-se lendo primeiramente em silêncio e, depois, em voz alta.

O papagaio do navio

Certo dia, um mágico foi apresentar-se num navio.

O capitão ficou tão impressionado com os truques apresentados que, imediatamente, o contratou para ficar por lá mesmo, fazendo *shows* todas as noites.

Só que o papagaio, a menina dos olhos do capitão, de tanto observar o mágico treinando, acabou decifrando todos os truques, e, durante as apresentações, passou a gritar com estardalhaço todos os segredos para a plateia.

– O coelho tá ali, debaixo da mesa!!!
– A carta tá na outra manga da casaca!!!
– O lenço tá bem ali, enfiadinho no bolso do colete!!!

A cada intervenção do papagaio, a plateia aplaudia a avezinha indiscreta, enquanto o mágico, mais e mais desacreditado, se contorcia de raiva e sentia crescer a vontade de torcer o pescoço do bicho e colocá-lo na panela. Só se continha, porque, se fizesse isso, estava desempregado, na certa.

Tentou contornar a situação. Reformulou o *show*, apresentou novas mágicas, escolheu as mais refinadas, mas... que nada! Depois de algumas apresentações, lá vinha de novo o papagaio enxerido, que linguetava em alto e bom som todos os segredos para a plateia.

Para desespero do mágico, a coisa continuou da mesma maneira, até que num dia de forte tempestade o navio afundou.

Não sobreviveu ninguém. Com exceção do mágico e do danado do papagaio.

Por três dias e três noites os dois permaneceram em total silêncio, juntos no mesmo pedaço de madeira, que sobrara do navio naufragado.

No quarto dia, porém, o bicho finalmente abriu o bico.

– Tá bom, desisto! Mas me diga, de uma vez, seu pilantra, onde é que você escondeu o maldito navio?

Domínio público.

ESTUDO DO TEXTO

1. De modo geral, toda piada começa situando o leitor na história. Na piada lida, a frase que contextualiza a narrativa é: "Certo dia, um mágico foi apresentar-se num navio".

a) Identifique as palavras fundamentais nessa frase para situar o leitor na história e escreva-as.

b) Que informações essas palavras fornecem?

2. Releia o terceiro parágrafo.

a) Que expressão inicia esse parágrafo?

b) O emprego dessa expressão marca um novo momento da narrativa: o aparecimento de uma situação problemática. Que problema é esse?

3. No quarto, quinto e sexto parágrafos, o narrador suspende sua narração e introduz diálogos para que o personagem fale diretamente com o leitor/ouvinte.

a) Que sinal gráfico indica as falas?
_____

b) Quem está falando?
_____

4. Esses diálogos contribuem para a construção de vários sentidos do texto. Das afirmações a seguir, identifique o sentido que não é verdadeiro.

As falas do papagaio contribuem para:

☐ tornar o texto mais vivo.

☐ reforçar a abelhudice do papagaio.

☐ intensificar o humor da narrativa.

☐ mostrar como o papagaio se expressa mal.

5. Releia as falas do papagaio. Quais poderiam ser as mágicas apresentadas no *show*?
_____
_____
_____
_____
_____
_____
_____

6. Que tentativas o mágico empregou para solucionar seu problema?
_____
_____
_____

7. Por que o mágico foi malsucedido nessas tentativas?
_____
_____
_____

8. Faz parte da estrutura do gênero piada terminar a história com um final surpreendente.

a) Qual foi a surpresa ao final de "O papagaio do navio"?
_____
_____
_____

b) Por que isso é surpreendente?
_____
_____
_____
_____

c) O que poderia ter levado o papagaio a pensar como pensou no final da história?
_____
_____
_____
_____

9. Releia este trecho da piada.

Por três dias e três noites os dois permaneceram em total silêncio, juntos no mesmo pedaço de madeira, que sobrara do navio naufragado.

Em sua opinião, o que poderia explicar o fato de o papagaio, tão falante, ter permanecido em total silêncio por três noites seguidas?

_____
_____
_____

10. Releia este parágrafo da piada "O papagaio do navio".

A cada intervenção do papagaio, a plateia aplaudia a avezinha indiscreta, enquanto o mágico, mais e mais desacreditado, se contorcia de raiva e sentia crescer a vontade de torcer o pescoço do bicho e colocá-lo na panela.

Quais palavras e/ou expressões desse parágrafo substituem o substantivo **papagaio**, para não haver repetição?

_____
_____
_____
_____

> Repetições tornam o texto cansativo, por isso devem ser evitadas quando não têm o objetivo de se obter um efeito especial.

11. O texto da piada apresenta algumas expressões da linguagem coloquial, como as que estão destacadas nos trechos a seguir. Releia-os e explique como você entende cada uma destas expressões.

a)

Só que o papagaio, **a menina dos olhos do capitão**, [...] passou a gritar com estardalhaço todos os segredos para a plateia.

_____
_____
_____

b)

Depois de algumas apresentações, lá vinha de novo o papagaio enxerido, que bradava **em alto e bom som** todos os segredos para a plateia.

_____
_____

> **Piada** ou **anedota** é uma narrativa curta, escrita ou oral, em geral anônima, de final surpreendente, contada, basicamente, para provocar risos e descontração.

LÍNGUA PORTUGUESA

21

ESTUDO DA LÍNGUA

Acentuação gráfica: oxítonas, paroxítonas e proparoxítonas

A sílaba pronunciada com mais força em uma palavra chama-se **sílaba tônica**. De acordo com a posição da sílaba tônica, as palavras podem ser:

- **oxítonas**: quando a sílaba tônica for a última. Exemplos: so**fá**, quin**tal**, tam**bor**.
- **paroxítonas**: quando a sílaba tônica for a penúltima. Exemplos: **lá**pis, es**tre**la, ja**ne**la.
- **proparoxítonas**: quando a sílaba tônica for a antepenúltima. Exemplos: **má**gico, **lâm**pada, **ví**tima.

Leia algumas regras de acentuação gráfica de palavras oxítonas, paroxítonas e proparoxítonas.

Acentuam-se		Exemplos
oxítonas terminadas em:	a, as	fu**bá**, so**fás**
	e, es	jaca**ré**, vo**cês**
	o, os	vo**vó**, ro**bôs**
	éis	pa**péis**
	éu, éus	tro**féu**, cha**péus**
	ói, óis	he**rói**, cara**cóis**
	ém, éns	arma**zém**, para**béns**
paroxítonas terminadas em:	i, is	**jú**ri, **tá**xi, **lá**pis, **tê**nis
	us	bô**nus**, ví**rus**, ô**nus**
	l	amá**vel**, fá**cil**, imó**vel**
	um, uns	ál**bum**, mé**dium**, ál**buns**
	n	hí**fen**, Níl**ton**
	ps	bí**ceps**, trí**ceps**
	r	Cé**sar**, már**tir**, lí**der**
	x	lá**tex**, tó**rax**
	ão, ãos	bên**ção**, ór**gão**, ór**fãos**
	ã, ãs	í**mã**, í**mãs**, ór**fã**, ór**fãs**
	io, ia, ie, ua	Má**rio**, Jú**lia**, sé**rie**, está**tua**
proparoxítonas	todas	**pró**ximo, **lâm**pada, infor**má**tica, **há**lito, estô**mago**

ATIVIDADES

1. Escreva as palavras do quadro nas colunas correspondentes.

caneta	pássaro
macaco	colega
época	sagui
balão	jabuti
caju	lágrima
menino	ônibus

proparoxítona

paroxítona	oxítona

2. Copie da anedota do início desta lição:

a) uma palavra oxítona.
_____
_____

b) uma palavra paroxítona.
_____
_____

c) uma palavra proparoxítona.
_____

Substantivo comum, substantivo próprio e substantivo coletivo

Substantivos são palavras que nomeiam seres (reais ou imaginários, animados ou inanimados), sentimentos ou ideias.

Substantivo próprio é aquele que nomeia um ser em particular. É escrito com letra inicial maiúscula.

Exemplo: **Maria** é professora de gramática.

Substantivo comum é aquele que dá nome aos seres da mesma espécie.

Exemplo: O **pai** pediu um favor aos **filhos**.

Substantivo coletivo é aquele que indica um grupo ou uma coleção de seres da mesma espécie.

Conheça alguns coletivos.

aglomeração: de pessoas
álbum: de fotografias, selos
alcateia: de lobos, feras
armada: de navios de guerra
arvoredo, **bosque** ou **floresta**: de árvores
arquipélago: de ilhas
atilho: de espigas
atlas: de mapas reunidos em livro
bagagem: de objetos de viagem

LÍNGUA PORTUGUESA

baixela: de utensílios de mesa
banda: de músicos
bando: de aves, crianças
biblioteca: de livros
boiada: de bois
braçada, ramo ou ramalhete: de flores
cacho: de uvas, bananas, cabelos
cáfila: de camelos, patifes
cambada: de vadios, malvados
cardume: de peixes
cavalaria: de cavalos, cavaleiros
código: de leis
colmeia: de abelhas
congregação: de religiosos, professores
constelação: de estrelas
corja: de vadios, malfeitores
década: período de dez anos
discoteca: de discos
elenco: de atores, artistas
enxame: de abelhas, insetos
enxoval: de roupas e adornos
esquadra: de navios
esquadrilha: de aviões
estrofe: de versos
exército: de soldados
fato: de cabras
fauna: os animais de uma região
feixe: de espigas, varas
flora: as plantas de uma região
gado: de reses em geral
junta: de médicos (junta médica)
júri: de jurados
legião: de soldados, anjos, demônios
manada: de bois
maquinaria: de máquinas
matilha: de cães de caça
milênio: período de mil anos
molho: de chaves, capim
multidão: de pessoas
ninhada: de pintos, ovos, ratos
nuvem: de gafanhotos, mosquitos
penca: de frutos
pinacoteca: de quadros, telas
plateia: de espectadores, ouvintes
quadrilha: de ladrões, assaltantes
rebanho: de bois, ovelhas
resma: quinhentas folhas de papel
revoada: de aves voando
século: período de cem anos
súcia: de velhacos, malandros
time: de esportistas
tribo: de indígenas, pessoas
tríduo: período de três dias
turma: de trabalhadores, alunos
vara: de porcos

ATIVIDADES

1. Sublinhe os substantivos comuns.

a) As crianças brincavam no parque.

b) Meu gatinho é manhoso.

c) A mulher batia palmas.

d) A moça dança bem.

2. Complete as frases usando o coletivo das palavras destacadas.

a) Os **peixes** daquele _____ são coloridos.

b) Viajei em um dos **aviões** daquela _____.

c) Ana tirou uma **flor** de seu _____.

d) Aplaudimos os **músicos** da _____ da escola.

3. Distribua os substantivos a seguir nas colunas adequadas.

Brasil	sereia
televisão	Rosane
cavalo	menino
Paulo	Gabriela

substantivos próprios	substantivos comuns

4. Para cada substantivo em destaque, circule o coletivo correspondente.

porcos	junta	vara
livros	biblioteca	cento
selos	réstia	álbum
artistas	elenco	discoteca
cães	matilha	banda

Artigo definido e artigo indefinido

Leia esta frase.

> Meu amigo contou **uma** piada.

A palavra **uma** dá uma ideia vaga, indeterminada, indefinida.

Agora, leia esta frase.

> Meu amigo contou **a** piada do papagaio.

A palavra **a** dá uma ideia determinada, definida. **Uma** e **a** são **artigos**.

Artigos são palavras que colocamos antes dos substantivos para determiná-los ou indeterminá-los.

Os artigos podem ser **definidos** ou **indefinidos**:

- **o**, **a**, **os**, **as** são artigos definidos, porque dão uma ideia precisa, determinada.
- **um**, **uma**, **uns**, **umas** são artigos indefinidos, porque dão uma ideia vaga, indefinida.

ATIVIDADES

1. Circule os artigos definidos e indefinidos da piada a seguir. Depois, copie-os e classifique-os.

Uma senhora está na porta da casa com seu gato, quando passa um senhor e pergunta: Arranha?

E a senhora responde: Não, gato!

Disponível em: https://br.guiainfantil.com/piadas-infantis/142-piadas-de-animais-para-criancas.html. Acesso em: 6 abr. 2022.

_____

_____

2. Leia esta tirinha.

> DESSE JEITO VOCÊ NUNCA VAI TERMINAR DE LER UM LIVRO TÃO GROSSO!

Quino. *Toda Mafalda*. São Paulo: Martins Fontes, 2012.

As **tirinhas** são histórias curtas, geralmente compostas de três ou quatro quadrinhos. O último quadrinho costuma surpreender o leitor e provocar humor.

a) Explique com suas palavras o que é um dicionário.

_____
_____
_____
_____
_____

b) Mafalda sabe para que servem os dicionários? Como você chegou a essa conclusão?

_____
_____
_____
_____
_____
_____

c) Agora, consulte o dicionário. Copie a definição do verbete **dicionário**.

_____
_____
_____
_____

ORTOGRAFIA
Emprego de m ou n

Releia esta frase da anedota.

- Quais letras estão faltando em cada palavra destacada?

> Para desespero do mágico, a coisa continuou da mesma maneira, até que num dia de forte te____pestade o navio afu____dou.

- Quais letras estão faltando em cada palavra destacada?

Antes de p e b usamos m.

1. Complete as palavras com **m** ou **n**.

pe____sou   bo____de   ta____bor
ba____bu   dese____baraço   a____bulância
ciê____cia   corre____teza   ba____da
co____prido   alca____çaram   ca____po
fu____do   co____tato   to____bo

2. Procure e retire da piada das páginas 18 e 19 seis palavras escritas com **n** antes de consoante. No caderno, forme uma frase para cada uma das palavras que encontrar.

_____
_____
_____
_____
_____
_____
_____
_____
_____

2. Agora, procure e retire do texto "O papagaio do navio" duas palavras escritas com **m** antes de **p**.

_____
_____

4. Consulte outros textos deste livro e encontre quatro palavras escritas com **m** antes de **p** e **b**. Forme frases com as palavras que você encontrou.

_____
_____
_____
_____
_____
_____
_____

PRODUÇÃO DE TEXTO

Nesta atividade, você vai pesquisar uma piada. Depois, ela será apresentada aos alunos de outras turmas do 5º ano.

Preparação

Escolha uma piada e escreva-a em uma folha de papel. Você pode pesquisar em casa com seus familiares ou conhecidos. Cuide para que seja uma piada apropriada para a situação de sala de aula. Mostre-a ao professor.

Festival de piadas

Agora, você e os colegas da turma vão preparar o Festival de Piadas para todos os alunos do 5º ano. Para isso, leiam as dicas a seguir. Lembrem-se de que a graça não está só no que se conta, mas como se conta. Boa interpretação!

- Leia o texto várias vezes para ver se o entendeu bem.
- Todo bom contador deve ter uma boa dicção, isto é, deve pronunciar as palavras com clareza. As palavras devem ser ouvidas pelo espectador. Uma voz abafada torna impossível a audição e deixa o texto inexpressivo. De acordo com o que o texto pretende expressar, a voz deve ser modulada.
- Em algumas situações, é preciso dar mais destaque a palavras que possam criar uma atmosfera que envolva o espectador. Pare nessas palavras; pronuncie-as com mais intensidade. Outras vezes é preciso baixar o tom, falar com mais suavidade. Outras, ainda, falar mais apressadamente, no caso de se estar contando uma perseguição, por exemplo.
- Preste atenção à pontuação do texto, que marca, na escrita, a expressividade da fala.
- A postura, a expressão facial (do rosto) e a gestual (dos gestos) são muito importantes para se contar uma boa história.
- Interagir com os ouvintes é também uma forma de envolver o espectador.

Apresentação

Durante o Festival, respeitem os colegas que estiverem se apresentando e o público presente, pois cada dupla terá sua vez de apresentar.

Lembrem-se de observar se a linguagem usada na piada escolhida é mais informal e de reproduzir as palavras dando a entonação necessária para que produzam o efeito desejado. Ótima apresentação e boas gargalhadas!

Avaliação

Após a apresentação, escreva se você e seus colegas conseguiram despertar a atenção e o riso dos alunos que assistiram ao Festival de Piadas.

LEIA MAIS

Gostei dessa: Proibido para maiores 2

Paulo Tadeu. São Paulo: Matrix, 2012.

Mais um livro de piadas do escritor Paulo Tadeu. As anedotas são proibidas para maiores, já que o objetivo é divertir as crianças. Mas os adultos podem dar uma olhadinha se quiserem.

A MOSCA

VAMOS COMEÇAR!

O texto a seguir foi publicado em um livro que reúne 52 histórias coletadas pelo organizador da obra em diversos países. Leia apenas as três primeiras palavras do texto. Que histórias costumam começar dessa forma?

A mosca

Era uma vez um homem rico que emprestava dinheiro a todos os camponeses pobres da região, mas lhes cobrava juros exorbitantes.

Como um desses camponeses lhe devia uma soma considerável, o ricaço tratou de verificar se ele possuía algo de valor que pudesse confiscar.

Quando chegou à cabana do devedor, encontrou seu filho brincando no quintal. "Seus pais estão?", perguntou. "Não, senhor", o menino respondeu. "Papai saiu para cortar árvores vivas e plantar árvores mortas. E mamãe foi ao mercado vender o vento e comprar a Lua."

Sem entender patavina, o credor usou de agrados e ameaças para fazer o garoto esclarecer tal enigma, porém nada conseguiu. Então, resolveu mudar de tática: "Se me explicar essa história, prometo esquecer o que seu pai me deve. Tomo o céu e a terra por testemunhas".

"O céu e a terra não falam", o menino retrucou. "Nossa testemunha tem que ser uma criatura viva."

Nesse instante, uma mosca pousou no batente da porta. O homem rico apontou para ela, declarando: "Aí está nossa testemunha".

Então o garoto explicou: "Meu pai foi cortar bambus para fazer uma cerca, e minha mãe foi vender leques para comprar óleo para o lampião".

O ricaço partiu, satisfeito, mas dias depois voltou para cobrar a dívida, fazendo ouvidos moucos quando o filho do camponês lhe lembrou sua recente promessa. O impasse se estabeleceu, e o caso foi parar no tribunal.

Na presença do juiz, o homem rico afirmou que nunca tinha visto aquele menino e, portanto, não podia ter lhe prometido coisa nenhuma. O menino, por sua vez, contou uma versão muito diferente da história. "É a palavra de um contra a palavra do outro", suspirou o juiz, atarantado. "Não posso decidir nada sem testemunha."

"Mas nós temos uma testemunha", disse o filho do camponês. "Uma mosca ouviu toda a conversa!"

"Uma mosca!", o magistrado exclamou. "Está brincando comigo, seu moleque?"

"Não, senhor. Uma mosca enorme e gorda ouviu tudo, porque estava pousada bem no nariz dele!"

"Mentiroso!", o homem rico berrou. "Ela pousou no batente da porta!"

"Não interessa onde ela pousou", o juiz decidiu. "Você fez a promessa, e portanto o pai deste garoto nada lhe deve. Caso encerrado!"

Neil Philip (Org.). *Volta ao mundo em 52 histórias*. São Paulo: Companhia das Letrinhas, 1998.

ESTUDO DO TEXTO

1. O primeiro parágrafo do texto apresenta um dos personagens da história.
a) Lendo esse parágrafo, o leitor tem uma imagem positiva ou negativa do homem rico?
_____

b) Que trecho do parágrafo dá essa ideia ao leitor?
_____

2. Um dos camponeses devia muito dinheiro ao homem rico.
a) Por que o homem rico foi até a cabana desse camponês?
_____
_____
_____

b) Ao chegar à cabana, o homem rico fez um trato com o filho do camponês. Que trato foi esse?
_____
_____
_____

3. Responda.
a) O homem rico cumpriu sua promessa?
_____

b) Qual destes trechos mostra isso?

☐ "Nesse instante, uma mosca pousou no batente da porta."

☐ "O ricaço partiu, satisfeito, mas dias depois voltou para cobrar a dívida [...]"

☐ "Você fez a promessa, e portanto o pai deste garoto nada lhe deve."

4. Volte ao texto "A mosca" e releia a primeira frase.
a) Que tipo de história costuma começar com "Era uma vez"?
_____

b) Nessa história, há algum acontecimento mágico?
_____
_____
_____

O **conto popular**, geralmente, origina-se na oralidade, naquilo que as pessoas contam e que é transmitido de boca em boca, de geração em geração. Diferentemente dos contos de fadas, não há acontecimentos mágicos nos contos populares.

5. Releia.

> "Uma mosca!", o magistrado exclamou. "Está brincando comigo, seu moleque?"

a) A que personagem o autor se refere com o termo "o magistrado"?

_____

b) Para que as aspas foram usadas nesse trecho?

_____

_____

_____

c) Reescreva o trecho acima no caderno trocando as aspas por travessões.

6. Releia.

> [...] um desses camponeses lhe devia uma soma considerável [...]

Esse trecho poderia ser reescrito trocando-se o **lhe** por **a ele(a)** ou **a você**:

> [...] um desses camponeses devia a ele uma soma considerável [...]

Copie somente a frase em que o **lhe** pode ser trocado por **a ele**.

a) Meu senhor, o pai deste menino não **lhe** deve nada!

_____

_____

_____

b) A mãe olhou para a filha e **lhe** deu um biscoito.

_____

c) O ricaço perguntou quem **lhe** devia dinheiro.

_____

_____

_____

7. Leia a tirinha.

Chris Browne. Disponível em: https://bit.ly/2LpeMgs. Acesso em: 10 ago. 2022.

a) Você sabe o que significa a palavra **previdente**? Tente deduzir pelo contexto. Se precisar, consulte o dicionário.

_____

_____

b) A resposta de Hagar mostra que ele entendeu o que a esposa disse? Explique.

_____
_____
_____
_____
_____
_____

ESTUDO DA LÍNGUA

Gênero do substantivo

Releia os trechos do conto "A mosca" e observe as palavras destacadas.

> Era uma vez um **homem** rico que emprestava dinheiro a todos os **camponeses** pobres da região, mas lhes cobrava juros exorbitantes.

> "[...] Tomo o **céu** e a **terra** por testemunhas."

> "Mas nós temos uma **testemunha**", disse o **filho** do camponês. "Uma **mosca** ouviu toda a **conversa**!"

Das palavras destacadas nos trechos acima, quais são masculinas? E quais são femininas?

Conheça o masculino e o feminino de alguns substantivos.

masculino	feminino
ator	atriz
barão	baronesa
bode	cabra
carneiro	ovelha
cavaleiro	amazona, cavaleira
cavalheiro	dama
cavalo	égua
frade	freira
galo	galinha
genro	nora
herói	heroína
homem	mulher
imperador	imperatriz
jabuti	jabota
maestro	maestrina
marido	mulher
padrasto	madrasta
padre	madre
padrinho	madrinha
pai	mãe
pardal	pardoca
poeta	poetisa
príncipe	princesa
réu	ré
sacerdote	sacerdotisa
tigre	tigresa
touro	vaca
zangão	abelha

32

Substantivo comum de dois gêneros

Leia as frases observando as palavras destacadas.

> Sérgio é um **estudante**.

> Carla é uma **estudante**.

💬 Você é um estudante ou uma estudante?

Estudante é um substantivo comum de dois gêneros. **Comum de dois gêneros** é o substantivo que apresenta uma só forma, tanto para o feminino como para o masculino. A distinção é feita por meio do artigo, do adjetivo ou do pronome que o acompanha.

Veja alguns exemplos de substantivos comuns de dois gêneros.

masculino	feminino
o artista	a artista
o colega	a colega
o dentista	a dentista
o doente	a doente
o esportista	a esportista
o gerente	a gerente
o imigrante	a imigrante
o jornalista	a jornalista
o jovem	a jovem
o lojista	a lojista
o patriota	a patriota
o pianista	a pianista

Substantivo sobrecomum

Leia com atenção.

> O gato é um **animal**.

> A gata é um **animal**.

Animal é um substantivo sobrecomum. **Sobrecomum** é o substantivo que apresenta uma só forma para indicar tanto o feminino como o masculino, não variando nem mesmo o artigo, pronome ou adjetivo que o acompanha.

Alguns substantivos sobrecomuns:

o carrasco	o cônjuge	a pessoa
o indivíduo	a vítima	a testemunha
o ídolo	a criatura	a criança

Substantivo epiceno

Leia esta frase e observe a palavra destacada.

> A **onça** é um animal selvagem.

Onça é um substantivo epiceno. **Epiceno** é o substantivo que tem uma só forma para designar tanto animais do sexo masculino como do sexo feminino. Para indicar o gênero, usa-se a palavra **macho** ou **fêmea**.

LÍNGUA PORTUGUESA

Alguns substantivos epicenos:

a aranha	o crocodilo
a baleia	o polvo
a borboleta	o mosquito
a pulga	o pinguim
a foca	o rouxinol
a formiga	o tatu

ATIVIDADES

1. Dê o feminino das palavras a seguir.

o homem _____

o cachorro _____

o poeta _____

o moço _____

o ator _____

o compadre _____

2. Classifique os substantivos conforme a legenda.

> **1** epiceno
> **2** comum de dois gêneros
> **3** sobrecomum

☐ a vítima   ☐ a testemunha

☐ a pessoa   ☐ o sabiá

☐ a dentista   ☐ o pianista

☐ a criança   ☐ a doente

☐ a águia   ☐ o jornalista

☐ a onça   ☐ a cobra

3. Copie as frases passando as palavras destacadas para o feminino.

a) Meu afilhado foi testemunha do caso.

_____

_____

b) O ator estreou na peça.

_____

_____

4. Pesquise no dicionário e escreva, no caderno, três exemplos de:

a) substantivos comuns de dois gêneros.

b) substantivos epicenos.

c) substantivos sobrecomuns.

ORTOGRAFIA

Palavras com x e ch

Conheça algumas palavras escritas com **x**.

afrouxar	enxugar	graxa
luxo	xereta	coxa
enxada	lixeiro	paixão
repuxar	encaixar	enxoval
feixe	relaxar	xarope
bexiga	engraxar	lixar
mexerica	remexer	eixo
enxaqueca	faxina	queixar
xadrez	baixo	enxuto
laxante	mexer	xícara
deixar	enxame	faixa
peixe	vexame	ameixa
maxixe	enxaguar	caixa
lixa	xerife	enxergar

Agora, conheça algumas palavras escritas com **ch**.

charuto	chatear	chocar
ponche	prancha	chave
gorducho	inchado	rachar
chutar	chuveiro	inchar
chofer	choque	chuviscar
cheio	chicória	chorar
recheio	relinchar	chicote
lanche	manchar	mochila
colcha	colchão	encharcar
choupana	chover	chuchu
tacho	chimarrão	bolacha
pechinchar	trecho	flecha
chimpanzé	chulé	churrasco

ATIVIDADES

1. Complete as palavras com [x] ou [ch].

pu____ar   ____aveiro

fa____ina   tre____o

fle____a   quei____ar

____aminé   ____urrasco

2. Forme frases com as duplas de palavras.

a) xarope – ruim

_____

_____

b) pechincha – comprar

_____

_____

3. Complete as palavras com ditongos.

afr____xar   am____xa

ab____xo   c____xa

emb____xo   p____xão

*Geralmente depois de ditongos usamos o **x** e não o **ch**.*

4. Procure no dicionário e escreva palavras iniciadas por:

a) mex

_____

_____

_____

b) mech

_____

_____

_____

*Geralmente usamos **x** em palavras que começam com **me** ou **en**.*

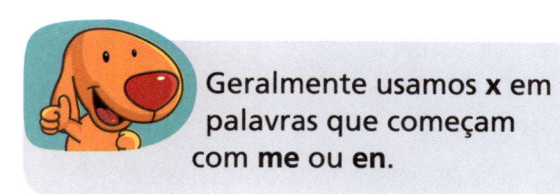

5. Escreva seis palavras iniciadas por **en**, que sejam acompanhadas de **x**.

_____

_____

_____

_____

PRODUÇÃO DE TEXTO

No texto "A mosca", o menino fala de um jeito que não é fácil de ser entendido. Já na tirinha de Hagar, o problema não é o jeito que Helga, a esposa de Hagar, fala, mas sim a maneira diferente que Hagar entende o que é dito.

Nesta seção, você e um colega vão criar uma tirinha ou uma história em quadrinhos baseada em um conto popular que, como o conto "A mosca", é cheio de truques com palavras.

Preparação

Junte-se a um colega e pesquise com ele um conto popular com a mediação do professor. Seu conto deve ter:
- um personagem principal esperto;
- uma situação em que algo dito possa ser interpretado de duas maneiras diferentes;
- essa situação sendo o ponto principal da história.

Depois de escolhida a história, destaquem no texto as passagens mais importantes. Façam no caderno, um resumo dessas passagens destacadas.

Escrita

A partir do resumo, contem as ações principais da história. Cada uma delas deve ocupar um quadrinho separado.

Definida a quantidade de cenas, descrevam, no rascunho, como cada uma delas será:
- quantos personagens aparecem em cada uma;
- como deve ser o cenário que envolve esses personagens;
- qual o texto (de narrador e de balões – de fala, pensamento, sussurro etc.) de cada quadrinho.

Em uma folha de sulfite, desenhem o número de quadrinhos e façam um "esboço", isto é, os primeiros traços das imagens, para ter ideia de como elas ficarão distribuídas no espaço da folha.

Façam, a lápis, os desenhos dos quadros, do jeito que eles ficarão no final.

Escrevam em cada quadrinho, a lápis, os textos já definidos.

Revisão

Antes de passar o texto a limpo, peçam ao professor que faça uma leitura final.

Corrijam os possíveis erros. Passem o texto a limpo e pintem os desenhos. O professor organizará um mural em que as tirinhas serão expostas para todos os alunos da turma lerem e se divertirem.

LEIA MAIS

Contos de Enganar a morte

Ricardo Azevedo. São Paulo: Ática, 2003.

"Passar desta para uma melhor" não parece ser exatamente o desejo de Zé Malandro, do médico, do ferreiro e de um jovem viajante. O que eles querem mesmo é gozar a vida, e acham que é possível dar um jeitinho de tapear a dona Morte. E é o que todos esses personagens tentam fazer nessas prazerosas narrativas populares recolhidas e recontadas por Ricardo Azevedo.

LIÇÃO 4
MENSAGEM INSTANTÂNEA VIA APLICATIVO

VAMOS COMEÇAR!

O texto a seguir é a reprodução de uma conversa, via aplicativo, entre duas meninas. Elas falam de uma viagem que farão. Esse tipo de conversa recebe o nome de *chat*.

Leia a conversa em silêncio. Depois, a leitura será feita em voz alta por dois alunos da turma.

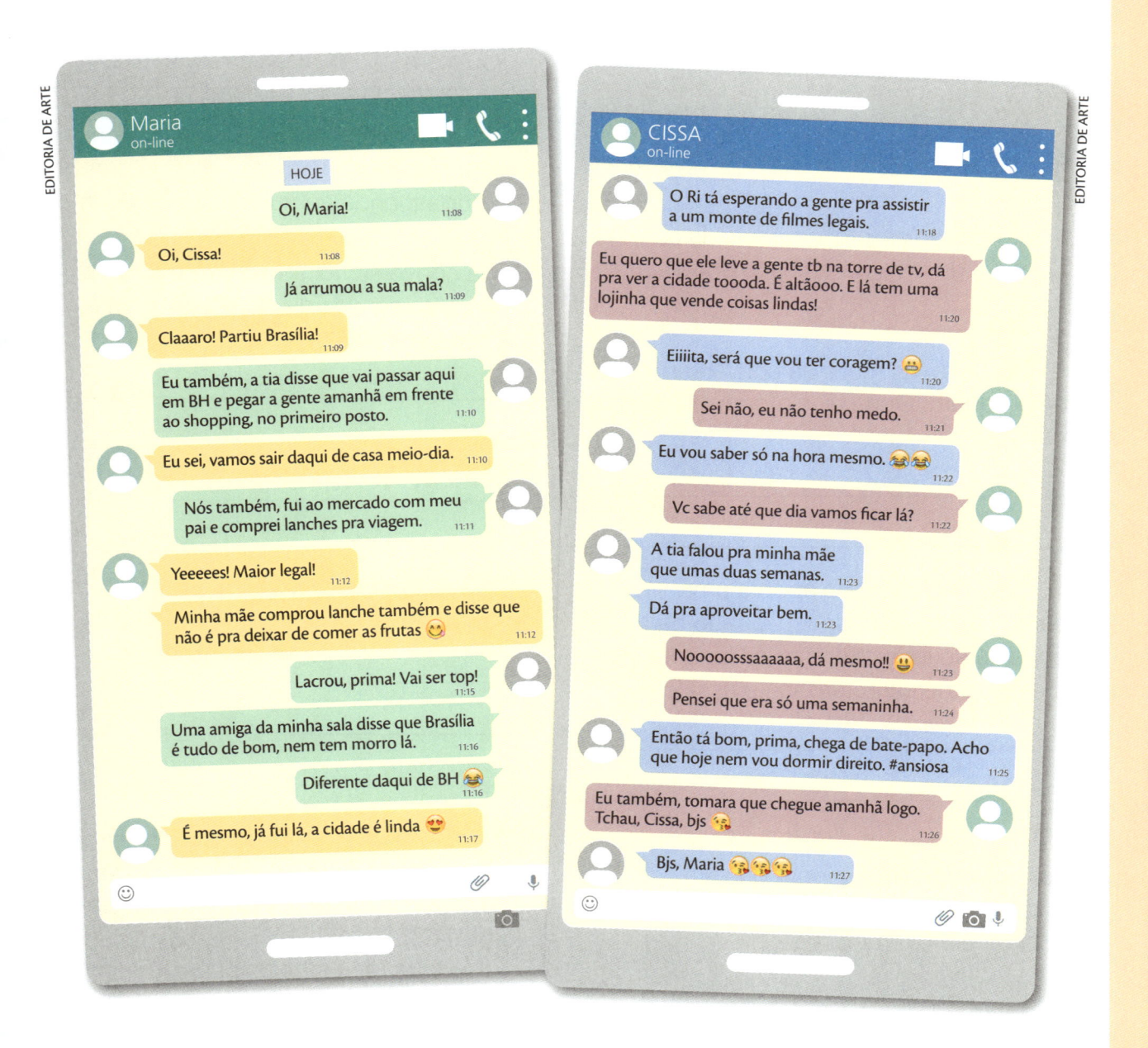

Maria on-line

HOJE

Oi, Maria! 11:08

Oi, Cissa! 11:08

Já arrumou a sua mala? 11:09

Claaaro! Partiu Brasília! 11:09

Eu também, a tia disse que vai passar aqui em BH e pegar a gente amanhã em frente ao shopping, no primeiro posto. 11:10

Eu sei, vamos sair daqui de casa meio-dia. 11:10

Nós também, fui ao mercado com meu pai e comprei lanches pra viagem. 11:11

Yeeeees! Maior legal! 11:12

Minha mãe comprou lanche também e disse que não é pra deixar de comer as frutas 😊 11:12

Lacrou, prima! Vai ser top! 11:15

Uma amiga da minha sala disse que Brasília é tudo de bom, nem tem morro lá. 11:16

Diferente daqui de BH 😂 11:16

É mesmo, já fui lá, a cidade é linda 😍 11:17

CISSA on-line

O Ri tá esperando a gente pra assistir a um monte de filmes legais. 11:18

Eu quero que ele leve a gente tb na torre de tv, dá pra ver a cidade toooda. É altãooo. E lá tem uma lojinha que vende coisas lindas! 11:20

Eiiiita, será que vou ter coragem? 😬 11:20

Sei não, eu não tenho medo. 11:21

Eu vou saber só na hora mesmo. 😂😂 11:22

Vc sabe até que dia vamos ficar lá? 11:22

A tia falou pra minha mãe que umas duas semanas. 11:23

Dá pra aproveitar bem. 11:23

Nooooosssaaaaaa, dá mesmo!! 😃 11:23

Pensei que era só uma semaninha. 11:24

Então tá bom, prima, chega de bate-papo. Acho que hoje nem vou dormir direito. #ansiosa 11:25

Eu também, tomara que chegue amanhã logo. Tchau, Cissa, bjs 😘 11:26

Bjs, Maria 😘😘😘 11:27

As **mensagens instantâneas** são uma forma rápida de comunicação em tempo real através de aplicativos de celular ou *sites*. As redes sociais, inclusive, fazem uso dessa estratégia para permitir o contato entre seus usuários. Nessas conversas, as falas são, geralmente, de pequena extensão, e o uso de áudio é muito frequente para acelerar a comunicação. Além disso, é possível fazer o envio de fotos, documentos e vídeos, bem como criar grupos para uma conversa com mais pessoas ao mesmo tempo.

ESTUDO DO TEXTO

1. Quem são as interlocutoras da conversa? Qual é o grau de parentesco entre elas?

2. No texto, as meninas conversam sobre uma viagem. Onde elas moram e para onde vão viajar?

3. Uma das meninas aponta uma característica que torna a cidade para onde estão indo diferente da cidade onde moram. Que característica é essa?

4. Que informação, fornecida pelo aplicativo, permite afirmar que a comunicação entre as duas meninas acontece em tempo real?

5. Que recurso gráfico passa a ideia de que as duas meninas estão conversando, embora o texto seja escrito?

6. Em sua opinião, essa forma de comunicação facilita o contato entre as pessoas? Explique.

7. Para se referir à cidade onde moram, uma das meninas usa uma abreviatura: BH, que corresponde ao nome Belo Horizonte, a capital de Minas Gerais.

a) Na conversa, foi adequado o uso da abreviatura em vez da escrita do nome completo da cidade?

b) Em sua opinião, por que a menina abreviou o nome da cidade?

c) Como os habitantes do lugar onde você mora se referem à cidade de Belo Horizonte?

8. Indique o significado da palavra **monte**, usada na conversa entre as meninas.

☐ Parte elevada de uma superfície; morro, serra.

☐ Porção de quaisquer coisas amontoadas.

☐ Grande quantidade de coisas (abstratas ou concretas) ou de pessoas.

9. Releia este trecho da conversa.

EDITORIA DE ARTE

> Vc sabe até que dia vamos ficar lá? 11:22
> A tia falou pra minha mãe que umas duas semanas. 11:23
> Dá pra aproveitar bem. 11:23
> Noooooosssaaaaaa, dá mesmo!! 😃 11:23
> Pensei que era só uma semaninha. 11:24

Ao usar o termo **semaninha**, o que a autora da frase pretende comunicar?

_____
_____
_____

10. Identifique no texto da conversa entre as meninas, na página 37, exemplos que caracterizem os itens referentes à linguagem oral indicados a seguir.

a) Uso de **a gente** no lugar de **nós**.
_____
_____

b) Uso de palavras abreviadas ou contraídas.
_____
_____

> Nas mensagens instantâneas, é comum os usuários empregarem termos reduzidos, como **pra** (em lugar de **para**), **vc** (em lugar de **você**), **qd** (em lugar de **quando**), **tá** (em lugar de **está**), entre outros. Essas formas reduzidas, presentes na fala espontânea, visam principalmente que se consiga escrever com velocidade, fazendo parecer uma conversa presencial.
> Também empregam-se interjeições, onomatopeias e sinais de interrogação ou exclamação sucessivos para dar mais expressividade à conversa.

11. Qual recurso é utilizado no texto para exprimir as expressões faciais das interlocutoras no momento da troca de mensagens?

_____
_____
_____

> *Emoticons* são representações gráficas de sentimentos e sensações (alegria, tristeza, surpresa, desapontamento etc.) por meio dos caracteres do teclado. Exemplo: ;).
> *Emojis* são imagens que representam uma ideia, um conceito. Exemplo: 😂.

12. Escreva o significado das gírias a seguir.

a) maior legal
_____
_____

b) yeeeees
_____
_____

c) lacrou

_____

d) vai ser top!

_____

13. Essas expressões são próprias da linguagem formal ou da linguagem informal?

_____

ESTUDO DA LÍNGUA

Substantivo simples e substantivo composto

1. Você sabe o que é um meme? Já viu algum? Confira estes.

O que você entendeu de cada meme? Conte aos colegas.

Meme é uma ideia, um conceito ou uma informação, formada por imagens, frases, sons, vídeos, *gifs*, músicas etc., e são compartilhados rapidamente. Quase sempre possuem sentido humorístico por buscar "imitar" por associação ou combinação ideias, informações e conceitos, atribuindo-lhes um novo sentido. Os memes podem ser compreendidos por públicos diversos ou específicos.

2. Leia este meme.

a) Quais palavras ou expressões da frase ao lado são substantivos?

_____
_____
_____

b) Como é formado o substantivo que se refere ao dia da semana?

_____
_____
_____

40

3. Releia um trecho da conversa entre as meninas, da página 37.

> Então tá bom, prima, chega de bate-papo. Acho que hoje nem vou dormir direito. #ansiosa   11:25

EDITORIA DE ARTE

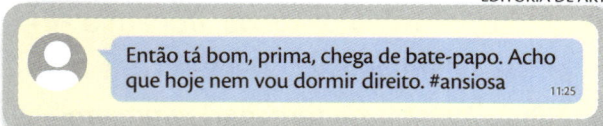

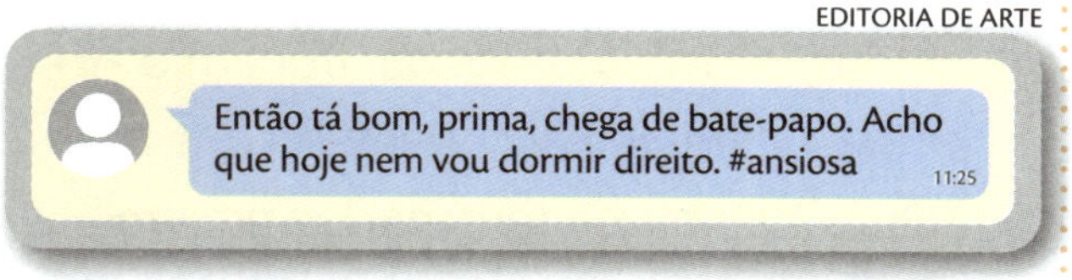

a) Que substantivo dessa fala é formado por apenas uma palavra?

_____

b) E que substantivo é formado por mais de uma palavra?

_____

> O **substantivo simples** é formado por uma única palavra.
> O **substantivo composto** é formado por mais de uma palavra.

4. Complete as colunas com os substantivos do quadro.

gato-do-mato	guarda-roupa
torre	pica-pau
tecnologia	super-herói
aplicativo	comunicação

Substantivos simples

Substantivos compostos

5. Forme substantivos compostos unindo as palavras das colunas A e B. Atenção: a palavra precisa fazer sentido! Se necessário, acrescente "de" ou "do".

A	B
guarda	gotas
pombo	chuva
estrela	falante
conta	meia
alto	mar
pé	correio

_____
_____

6. Você é bom de charadas? Tente responder estas usando um substantivo composto.

a) Mulher que carrega o estandarte da escola de samba.

_____
_____

b) Nome de jogo de mesa em que se usa raquete, bolinha e rede.

_____
_____

7. Escreva um substantivo composto que nomeie:

a) uma flor.

_____

b) uma fruta.

_____

c) um objeto.

_____

d) um alimento.

_____

LÍNGUA PORTUGUESA

Número do substantivo

Leia.

> **o** computado**r**
> **os** computado**res**
> **um** computado**r**
> **uns** computado**res**

Quanto ao número, os substantivos podem estar no singular ou no plural.

O **singular** indica apenas um elemento.
O **plural** indica mais de um elemento.

Os artigos **o**, **a**, **os**, **as**, **um**, **uma**, **uns**, **umas** acompanham o substantivo.

Há várias regras para a formação do plural.

1. Geralmente, forma-se o plural dos substantivos acrescentando-se **-s** ao singular.

    menin**o** – menin**os**
    trib**o** – trib**os**
    gat**o** – gat**os**
    mes**a** – mes**as**

2. Os substantivos terminados em **-r**, **-s** ou **-z** fazem o plural em **-es**.

    ba**r** – bar**es**
    francê**s** – frances**es**
    rapa**z** – rapaz**es**
    freguê**s** – freguese**s**

3. Os substantivos terminados em **-al**, **-el**, **-ol** fazem o plural trocando o **-l** por **-is**.

    anima**l** – anima**is**
    corone**l** – coroné**is**
    anzo**l** – anzó**is**
    infanti**l** – infant**is**

4. Os substantivos terminados em **-il**:
    - se forem oxítonos, perdem o **-l** e recebem **-s**: fuzi**l** – fuzi**s**
    - se forem paroxítonos, trocam o **-il** por **-eis**: fóssi**l** – fóss**eis**

5. Os substantivos terminados em **-m** fazem o plural mudando o **-m** por **-ns**.
    bagage**m** – bagage**ns**
    so**m** – so**ns**

6. Os substantivos terminados em **-ão** fazem o plural em **-ões** (a maioria), **-ãos** ou **-ães**.
    mel**ão** – mel**ões**
    m**ão** – m**ãos**
    capit**ão** – capit**ães**

7. Os substantivos paroxítonos terminados em **-s** ou **-x** conservam a mesma forma. Indica-se o plural por meio do artigo.
    o atlas – **os** atlas   **o** pires – **os** pires
    o tórax – **os** tórax   **a** fênix – **as** fênix

Plural dos substantivos compostos

Os substantivos compostos formam o plural de várias maneiras.

1. As duas palavras do substantivo composto vão para o plural quando ele é formado por:

> substantivo + substantivo
> porco-espinho — porcos-espinhos

> substantivo + adjetivo
> sabiá-preto — sabiás-pretos

> adjetivo + substantivo
> boa-tarde — boas-tardes

> numeral + substantivo
> terceiro-sargento — terceiros-sargentos
> segunda-feira — segundas-feiras

2. Só a primeira palavra do substantivo composto vai para o plural quando ele é formado por:

> substantivo + de + substantivo
> água-de-colônia – águas-de-colônia

3. Só a segunda palavra do substantivo composto vai para o plural quando ele é formado por:

> verbo + substantivo
> bate-boca – bate-bocas
> guarda-roupa – guarda-roupas

> palavras repetidas
> bate-bate – bate-bates
> reco-reco – reco-recos

4. Quando a segunda palavra do substantivo composto for usada sempre no plural, ele conserva a mesma forma tanto para o singular como para o plural.

Indica-se o plural por meio do artigo.

> **o** guarda-livros   **os** guarda-livros

ATIVIDADES

1. Dê o plural dos substantivos, seguindo os exemplos.

> garoto – **garotos**

praia _____
braço _____
roupa _____
pássaro _____
chupeta _____
sorvete _____

> lugar – **lugares**

mar _____
flor _____
mulher _____
pomar _____
cantor _____
professor _____

> pastel – **pastéis**

jornal _____
canal _____
sinal _____
carrossel _____

> funil – **funis**

barril _____
anil _____
canil _____

> réptil – **répteis**

fóssil _____
fácil _____
útil _____
frágil _____

> selvagem – **selvagens**

nuvem _____
álbum _____
viagem _____
armazém _____

| avião – **aviões** |

mamão _____
limão _____
leão _____
região _____

| cristão – **cristãos** |

órgão _____
bênção _____
cidadão _____
mão _____

| cão – **cães** |

pão _____
alemão _____
capitão _____
capelão _____

| o lápis – **os lápis** |

o atlas _____
o ônibus _____
o pires _____
o cais _____

2. Escreva o plural destes substantivos compostos, seguindo os exemplos.

| couve-flor – **couves-flores** |

tenente-coronel _____
cirurgião-dentista _____

| guarda-noturno – **guardas-noturnos** |

batata-doce _____
cartão-postal _____

| má-língua – **más-línguas** |

alto-relevo _____
pronto-socorro _____

| primeiro-tenente – **primeiros-tenentes** |

terça-feira _____
quarta-feira _____

| cana-de-açúcar – **canas-de-açúcar** |

pé-de-meia _____
porco-do-mato _____

| beija-flor – **beija-flores** |

bate-papo _____
porta-retrato _____

| pisca-pisca – **pisca-piscas** |

reco-reco _____
corre-corre _____

| o porta-malas – **os porta-malas** |

o porta-joias _____
o porta-toalhas _____

ORTOGRAFIA

Palavras com **gua**, **guo**, **gue**, **gui**

1. Leia as frases e circule as palavras escritas com **gu**.

> A formiguinha desceu pelo tronco da pitangueira.

> Cascão não aguou as plantas porque tem medo de água.

• Nas palavras em que a letra **u** não é pronunciada, forma-se um **dígrafo**. Quais são elas?

_____

_____

2. Pinte de acordo com a legenda.

- 🟩 **gu** forma um dígrafo
- 🟪 **gu** não forma um dígrafo

☐ pulguinha   ☐ mangueira
☐ guaraná   ☐ aguado

3. Faça a separação silábica das palavras a seguir.

língua _____

foguete _____

guaraná _____

guerra _____

jaguatirica _____

mangueira _____

régua _____

guindaste _____

égua _____

preguiça _____

4. Complete as palavras com **gu** e separe as sílabas.

fre___guesia _____

nin___ém _____

man___eira _____

fo___eira _____

fa___lha _____

á___a _____

5. Preencha os espaços com **ga**, **gue**, **gui**, **go** ou **gu**.

___rra   ami___nhos

fol___dos   al___mas

___ar   alu___l

___rro   pa___de

pre___çoso   la___nho

a___nia   ___de

___lho   a___lha

___nhava

Palavras com qua, que, qui

1. Leia e circule as palavras escritas com qu.

> O caracol caminhava tranquilamente há quarenta e oito horas. Ele só queria chegar ao topo da árvore, quando encontrou a formiga maluquinha.

a) Em quais dessas palavras a vogal **u** é pronunciada?
_____
_____
_____

b) E em quais palavras a vogal **u** não é pronunciada?
_____
_____
_____

2. Pinte de acordo com a legenda.

- 🟩 **qu** forma um dígrafo
- 🟪 **qu** não forma um dígrafo

☐ liquidificador
☐ quebrado
☐ quadrado
☐ maquininha

3. Complete as palavras com **que** ou **qui**.

a____la   ____lo
mole____   e____pe
____nte   ____lombo
____ria   par____
____rido   ma____te
má____na   es____lo
____da   ____abo
____ro

4. Observe e continue.

> pitanga – pitanguinha

manga _____   amigo _____

formiga _____   lago _____

> maluco – maluquinho

suco _____   tronco _____

coco _____   macaca _____

5. Contorne apenas as palavras em que há dígrafo.

preguiça	guarda
queijo	que
quintal	coqueiro
ninguém	foguete
quase	quente
régua	quibe

46

UNIDADE 5 — FUTEBOLÍADA

VAMOS COMEÇAR!

Escolher um livro para ler não é uma tarefa simples porque há muitas opções interessantes, não é mesmo? Para fazer essa escolha, é preciso conhecer algo sobre o autor, verificar o assunto do livro e pesquisar informações sobre a obra.

Observe atentamente esta capa de livro.

O assunto desse livro atrai sua atenção? O que você acha que significa a palavra **Futebolíada**? Você conhece o autor do livro?

Leia a seguir o que um especialista escreveu sobre o livro *Futebolíada*.

Guerra de Troia vira jogo de futebol em novo livro

Uriá Machado
Editor de "Opinião"

Numa época em que aplicativos e redes sociais tornam a comunicação cada vez mais simples e rápida, como atrair a atenção das crianças para um livro como a "Ilíada"?

Atribuído a Homero, o poema grego é um dos maiores clássicos da literatura. Porém, muitas crianças (jovens e adultos também...) nem se arriscam a lê-lo: são quase 16 mil versos (nome de cada linha de um poema). Suas traduções para o português têm pelo menos 500 páginas.

Além disso, a linguagem costuma afastar os leitores. Afinal, é uma obra escrita há mais de 2 700 anos (a data exata não é conhecida).

Uma solução criativa é "Futebolíada", que mistura "Ilíada" e futebol. Preservando a forma do poema (mas com tranquilos 96 versos), o livro põe o leitor em contato com alguns personagens famosos da obra, como Zeus e Aquiles.

O enredo, no entanto, é outro. Em vez da Guerra de Troia, acompanha-se uma partida de futebol entre gregos e troianos. A ideia é engenhosa. Muitos termos das batalhas já são usados por narradores esportivos.

Embora a história de "Futebolíada" não seja a do clássico, alguns dos temas mais importantes estão ali. Já é um bom aperitivo.

Ilustração de *Futebolíada*.

Folha de S.Paulo. Folhinha. Disponível em: https://bit.ly/2up2uho. Acesso em: 17 ago. 2022.

ESTUDO DO TEXTO

1. Quem é o autor do texto que você acabou de ler? Que função ele exerce no jornal?

2. O texto escrito por Uriá Machado revela a opinião dele sobre o quê?

3. Quem é o autor do livro *Futebolíada*? Como o leitor pode identificá-lo?

4. A opinião do editor Uriá Machado sobre o livro é positiva? Justifique sua resposta com duas expressões que ele utiliza para se referir à obra.

O **editor** de jornal ou revista é o profissional responsável pela seleção dos assuntos a serem pesquisados, pelas matérias que serão publicadas e, ainda, por verificar se o material publicado segue a orientação do responsável pelo jornal ou revista.

48

5. Segundo o editor, a obra de José Santos faz referência a outra obra muito mais antiga.

a) De que obra se trata?

_____

b) Qual é o assunto dessa obra?

_____

6. De acordo com o editor, o que *Futebolíada* tem de diferente em relação à obra que inspirou o autor a escrevê-la?

_____
_____
_____
_____

> **Resenha** é um gênero textual que tem como objetivo influenciar o leitor na escolha de um livro, filme, peça teatral etc.
> Veja as características de uma resenha:
> - apresenta pontos importantes do item resenhado, descrevendo-o com detalhes;
> - apresenta comentários pessoais e a opinião de quem a escreve;
> - em geral, é produzida por especialistas da área cultural;
> - pode valorizar ou reduzir o interesse do público pelo que está sendo resenhado, pois é um texto com base nas experiências e nos conhecimentos do autor.

7. Releia o último parágrafo do texto.

> Embora a história de "Futebolíada" não seja a do clássico, alguns dos temas mais importantes estão ali. Já é um bom aperitivo.

a) Que aspecto importante o livro *Futebolíada* apresenta?

_____
_____
_____

b) Que palavra indica que não é totalmente positivo o fato de a história não ser a clássica?

_____

c) Reescreva o trecho, substituindo a palavra **embora** por **porém**. Faça as alterações necessárias.

_____
_____
_____
_____
_____

d) Releia a última frase. A palavra **aperitivo** está no sentido figurado. Que outra palavra ou expressão poderia substituí-la, mantendo o mesmo sentido?

_____
_____

8. Releia este trecho da resenha.

> Porém, muitas crianças (jovens e adultos também...) nem se arriscam a lê-lo: são quase 16 mil versos (nome de cada linha de um poema).

Observe que há, no trecho, dois parênteses. Qual deles foi empregado:

a) para esclarecer uma ideia?

_____
_____

b) para introduzir um comentário?

_____

LÍNGUA PORTUGUESA

9. O primeiro comentário entre parênteses, no trecho da atividade 8, dá ao texto um tom de humor, porque indica que:

☐ só as crianças acham difícil ler livros muito extensos.

☐ só os jovens e adultos acham difícil ler livros muito extensos.

☐ todos – crianças, jovens e adultos – não se arriscam na leitura de livros muito extensos.

ESTUDO DA LÍNGUA

Substantivo primitivo e substantivo derivado

Leia a frase observando as palavras destacadas.

> Entre os gregos estava nosso velho conhecido Ulisses. Ele bolou uma estratégia que praticamente decidiu a **guerra**: mandou construir um imenso cavalo de madeira e se escondeu em sua barriga junto com alguns **guerreiros**.

Guerra é um substantivo primitivo.

> **Substantivo primitivo** é aquele que não deriva de outra palavra. Exemplos: pedra, livro, ferro.

Guerreiro é um substantivo derivado.

> **Substantivo derivado** é aquele que tem origem em outra palavra. Exemplos: pedreira, livreiro, ferrugem.

ATIVIDADES

1. Classifique os substantivos em **primitivos** ou **derivados**.

livro _____

sapato _____

ferro _____

ferreiro _____

pedra _____

padaria _____

pedreiro _____

livreiro _____

pão _____

pedrada _____

sapateiro _____

livraria _____

2. Escreva substantivos derivados. Observe o exemplo.

> livro – **livreiro**, **livraria**

chuva _____

sapato _____

fruta _____

terra _____

pedra _____

tinta _____

máquina _____

flor _____

3. Leia o texto a seguir, com duas dicas importantes para preservar o meio ambiente.

    1. Preserve as árvores. Não realize podas **ilegais** e nunca desmate uma área. É importante também não colocar fogo em propriedades, pois isso pode atingir matas preservadas.
    2. Cuide bem dos cursos de água. Nunca coloque lixo em rios, lagos e outros ambientes aquáticos e, **principalmente**, preserve a mata em volta desses locais. Essa mata protege contra erosão e **assoreamento**.

Fonte: Mundo Educação.
Disponível em: https://bit.ly/2NkhIvj.
Acesso em: 30 jul. 2022.

As palavras destacadas nos trechos foram escritas a partir de outras. Você sabe quais? Escreva.

a) ilegais
_____

b) principalmente
_____

c) assoreamento
_____

4. Forme palavras derivadas de:
a) fogo.
_____
b) água.
_____
c) lixo.
_____
d) rio.
_____

5. Indique as palavras primitivas que deram origem às que estão destacadas no trecho a seguir.

    [...] O hipopótamo com a cabeça fora da água espia **calmamente**. De repente ele me encara e eu fico arrepiado. Vou voltar a dormir **profundamente** e dar um jeito de escapar desse pesadelo. Com **certeza** amanhã acordarei fora da jaula dos ursos.

Fonte: Recanto das Letras. Marco Hailer.
Disponível em: https://bit.ly/2zKcy9Y.
Acesso em: 15 jul. 2022.

_____

Derivação e composição

Na língua portuguesa, temos dois processos principais de formação de palavras: a **derivação** e a **composição**.

No processo de **derivação**, são acrescentados elementos à palavra primitiva que chamamos de **prefixo** ou **sufixo**.

> **Prefixo**: elemento que vem antes da palavra original e que se une a ela para formar uma nova palavra. Exemplos: **im** + paciente = impaciente; **des** + leal = desleal.
> **Sufixo**: elemento que vem depois da palavra original e que se une a ela para formar uma nova palavra. Exemplos: leal + **dade** = lealdade; engenho + **osa** = engenhosa.

A palavra **guarda-chuva**, por exemplo, não apresenta prefixo nem sufixo porque é formada por outro processo: a **composição**.

No processo de **composição**, as palavras se formam por meio da união de duas ou mais palavras.

Esse processo acontece de duas formas:
- quando as palavras se unem sem sofrer alterações. Exemplos: guarda-roupa, pombo-correio, pé-de-galinha, passatempo.
- quando uma palavra, ao se unir à outra, sofre alterações. Exemplos: planalto (plano + alto), pernalta (perna + alta).

ATIVIDADES

1. Releia o trecho abaixo, do texto "A incrível história do Cavalo de Troia".

> Troia era uma cidade fortificada, capital de um grande e **poderoso** reino. Um dia, Páris, filho do rei de Troia, raptou Helena, a rainha de uma cidade grega chamada Esparta.
>
> Bruno Magalhães. *Ciência Hoje das Crianças (on-line)*. Disponível em: https://bit.ly/2uFe47j. Acesso em: 30 jul. 2022.

A palavra destacada no trecho é primitiva ou derivada?

_____

2. Agora, leia um trecho do texto "Guerra de Troia vira jogo de futebol em novo livro".

> Uma solução criativa é ***Futebolíada***, que mistura *Ilíada* e *futebol*. Preservando a forma do poema (mas com tranquilos 96 versos), o livro põe o leitor em contato com alguns personagens famosos da obra, como Zeus e Aquiles.
>
> O enredo, no entanto, é outro. Em vez da Guerra de Troia, acompanha-se uma partida de futebol entre gregos e troianos. A ideia é **engenhosa**.

a) Como foi formada a palavra ***Futebolíada***, destacada acima?

_____
_____

b) A palavra **engenhosa** deriva de qual palavra? E como ela foi formada?

_____
_____
_____

3. Com um colega, pesquisem outras palavras formadas por derivação com prefixo e derivação por sufixo. Escreva no caderno e, depois, compartilhe com o restante da turma.

4. Complete os quadros, conforme o processo de formação de cada palavra abaixo. Veja o modelo e faça o mesmo com as demais palavras.

> ilegal   desleal   felizmente
> pedraria   terraço   cachorro-quente
> incapaz   passatempo
> pé-de-galinha   antebraço
> embora   carinhoso
> quebra-nozes   planalto

Derivação com prefixo	Derivação com sufixo
i + legal = ilegal	feliz + mente = felizmente

Composição com alteração	Composição sem alteração
em + boa + hora = embora	passa + tempo = passatempo

a) Localize no dicionário as palavras **ilegal**, **desleal** e **incapaz**. Copie o significado delas.

_____
_____

b) O sentido que os prefixos acrescentaram às palavras **ilegal**, **desleal** e **incapaz** é positivo ou negativo?

_____
_____

5. Leia um trecho da canção "Aquarela", composta por Toquinho.

Corro o lápis em torno da mão e me dou uma luva
E se faço chover, com dois riscos tenho um **guarda-chuva**

TOQUINHO. *Aquarela*. Disponível em: https://bit.ly/2NRYApy. Acesso em: 30 jul. 2022.

a) Como é formada a palavra destacada na letra da canção?

_____

b) Nessa palavra há prefixo? E sufixo?

_____

Substantivo concreto e substantivo abstrato

1. Leia o ditado popular.

> O amor é um passarinho que não aceita gaiola.

a) O que o ditado quer dizer?

_____
_____
_____

b) Identifique os substantivos do ditado. Depois, represente-os em seu caderno, por meio de desenhos.

c) O que foi fácil representar? O que foi difícil? Por quê?

_____
_____
_____

Gaiola e **passarinho** são substantivos concretos.

Substantivo concreto é aquele que tem existência independente. Pode nomear seres reais ou imaginários.

Amor é um substantivo abstrato.

Substantivo abstrato é aquele que dá nome a seres que dependem de outros para se manifestar ou existir. Os substantivos abstratos nomeiam sentimentos e também estados, qualidades, ações e sensações dos seres. Exemplos: **vida** (estado), **beleza** (qualidade), **corrida** (ação), **fome** (sensação).

2. Escreva outros substantivos abstratos que nomeiem:

a) sentimento.

_____

b) sensação.

_____

c) qualidade.

_____

3. Leia os substantivos abaixo e, depois, copie-os no caderno, separando-os em duas colunas: **Substantivos concretos** e **Substantivos abstratos**.

briga	fantasma	risada
cadeira	beleza	calma
amizade	criança	super-herói
nuvem	prazer	bruxa

Grau do substantivo

Os animais, os objetos e as pessoas podem ter tamanhos diferentes.

O **grau do substantivo** indica essa variação de tamanho.

O **grau diminutivo** designa um ser de tamanho menor que o normal.

Pode-se formar o diminutivo com o auxílio das terminações:

-inho – passar**inho**
-ote – amig**ote**
-ico – burr**ico**
-ito – cabr**ito**
-eta – estatu**eta**
-acho – ri**acho**
-zinho – animal**zinho**
-ebre – cas**ebre**

Também podemos indicar o diminutivo com o auxílio das palavras **pequeno**, **minúsculo**. Exemplos: livro pequeno, letra minúscula.

Conheça alguns diminutivos.

animal	animalejo
astro	asteroide
bandeira	bandeirola
chuva	chuvisco, chuvisqueiro
corda	cordel
criança	criançola
engenho	engenhoca
espada	espadim
fio	fiapo, filete
fogo	fogacho
gota	gotícula
graça	gracejo
lugar	lugarejo
menino	meninote
muro	mureta
papel	papelejo, papelucho
rapaz	rapazote
rua	ruela
sala	saleta
sino	sineta
sono	soneca
velho	velhote
via	viela
vila	vilarejo

O **grau aumentativo** designa um ser de tamanho maior que o normal.

Pode-se formar o aumentativo com o auxílio das terminações:

-**ão** – ded**ão**
-**aço** – animal**aço**
-**arrão** – canz**arrão**
-**alha** – mur**alha**
-**ona** – mulher**ona**
-**eirão** – voz**eirão**
-**orra** – cabeç**orra**
-**ázio** – cop**ázio**
-**arra** – boc**arra**
-**aréu** – fog**aréu**

Também podemos indicar o aumentativo com o auxílio das palavras **grande**, **enorme**, **imenso**. Exemplos: casa grande, cão enorme, amor imenso.

Conheça alguns aumentativos.

amigo	amigaço, amigalhaço
bala	balaço
barba	barbaça
barca	barcaça
barriga	barrigão
bicho	bichaço
campo	campanha
cão	canzarrão
casa	casarão, casão
chapéu	chapelão
colher	colheraça
corpo	corpaço, corpanzil
criança	crianção, criançona
dente	dentuça
escada	escadaria
faca	facão
forno	fornalha
garrafa	garrafão
gato	gatarrão
homem	homenzarrão
ladrão	ladravaz
mão	manzorra
nariz	narigão
navio	naviarra
pedra	pedregulho
rapaz	rapagão
rico	ricaço
rocha	rochedo

ATIVIDADES

1. Observe os exemplos e continue.

caderno – **caderninho**

colcha _____

pacote _____

faca _____

pescoço _____

régua _____

anel – **anelzinho**

pão _____

pá _____

pé _____

irmão _____

avô _____

casa _____
_____

animal _____
_____

mão _____
_____

fogo _____
_____

2. Em seu caderno, crie frases com o diminutivo das palavras **fio** e **gota**.

3. Leia as frases e circule os substantivos. Depois distribua os substantivos no quadro, de acordo com o grau.

a) O jardim daquele casarão é bonito.

b) Aquele homenzarrão é valente.

c) O menininho viajou naquela barcaça.

normal	diminutivo
aumentativo	

4. Dê o aumentativo e o diminutivo das palavras abaixo. Se necessário, consulte o dicionário.

rapaz _____
_____

boca _____
_____

Você sabia que o diminutivo empregado em certas palavras não define o tamanho do objeto? Às vezes os diminutivos são empregados para qualificar o objeto. Por exemplo, **jornaleco** é usado para dizer que o jornal é ruim, de má qualidade; **casebre** é usado para definir uma casa muito humilde, além de pequena. E se a mãe chama o filho adulto, de mais de 20 anos, de **filhote** ou **filhinho**, significa apenas a manifestação de carinho dessa mãe, já que o filho não é nada pequenininho!

5. Junte-se a três colegas e pesquisem, em dicionários, enciclopédias, livros ou na internet, palavras no diminutivo que não tenham o sentido de "pequeno".

- Selecionem algumas dessas palavras para fazer um diálogo curto, de cinco minutos.

- Apresentem o diálogo para a turma.

Você conhece algum conto russo? Leia a resenha a seguir sobre a obra de Liev Tolstói, um grande autor russo.

ORTOGRAFIA

Palavras com li e lh

1. Leia a história em quadrinhos da personagem Lola, uma andorinha criada pela quadrinista Laerte.

Folha de S.Paulo, 24 maio 2014. Suplemento Folhinha.

a) Laerte, autora da história em quadrinhos acima, brinca com o som das palavras. Como?

_____
_____
_____
_____
_____
_____

☐ no último quadrinho, Lola faz a pergunta novamente à rolinha.

☐ Lola já sabe o nome de cada ser e mesmo assim faz perguntas a eles.

b) Essa história em quadrinhos é engraçada porque:

☐ a personagem ouve diferentes respostas.

Agora leia em voz alta a palavra **rolhinha**, prestando atenção ao som do **lh**.

Esse som é muito parecido com o som do **li** em **rolinha**.

Veja outro exemplo:

Júlio (nome masculino) – julho (mês)

2. Leia as palavras do quadro e separe-as em duas colunas.

auxílio	joelho	Aurélio
mobília	filha	sobrancelha
escolha	ervilha	exílio
Emília	Itália	malha
sandália	talher	
vasilha	Amélia	

li	lh

3. Separe as sílabas das palavras a seguir. Veja os exemplos.

mobília – **mo-bí-lia**

matilha – **ma-ti-lha**

família _____

utensílio _____

assoalho _____

groselha _____

orelha _____

cílio _____

talher _____

julho _____

velhice _____

dália _____

milho _____

Marília _____

gatilho _____

partilhar _____

PRODUÇÃO DE TEXTO

Que tal construir um guia com resenhas dos livros que você e seus amigos acham imperdíveis? Depois de prontas, o professor montará um *blog* da turma para divulgar suas sugestões de leitura e consultá-lo quando quiser alguma indicação.

58

Preparação

Sob a orientação do professor, você e seus colegas farão uma visita à biblioteca da escola para escolher um livro que considerem interessante para ser lido e resenhado. Pode ser um livro de poemas, fábulas, contos, entre outros.

Leia-o e, depois, releia-o. A segunda leitura com o olhar de um crítico, pensando o que diferencia o livro dos demais e por que outro leitor deve lê-lo.

Planejamento e escrita

No caderno, anote o que o livro tem de interessante: os personagens, o enredo (a história), a forma como é contado, por exemplo.

Pesquise sobre o autor do livro e anote os títulos de outras obras dele.

Agora é hora de começar a escrever. Para isso, relembre algumas características de uma resenha:
- apresenta pontos importantes do item resenhado, descrevendo-o com detalhes;
- apresenta comentários pessoais e a opinião de quem a escreve;
- pode valorizar ou reduzir o interesse do público pelo que está sendo resenhado, pois é um texto com base nas experiências e nos conhecimentos do autor.

No primeiro parágrafo, conte de maneira bem resumida os fatos mais importantes da história, sem revelar o final ou alguma parte importante.

Em seguida, apresente o escritor do livro ao leitor. Aproveite para citar outras obras importantes do autor.

Destaque os pontos que achar interessante sobre o livro.

Observe se a linguagem usada na resenha está clara e procure escrever o texto de modo que o leitor possa entender as informações.

Preste atenção na pontuação adequada ao texto, na escrita correta das palavras, na concordância entre os verbos e os substantivos, nos pronomes que fazem referência a expressões mencionadas no texto, entre outros.

Se possível, coloque a imagem do livro para ilustrar a resenha. Assine o texto.

Revisão e reescrita

Troque sua resenha com a de um colega da turma e peça a ele que indique se você deixou claras as características principais do livro resenhado.

Consulte, no dicionário, as dúvidas de ortografia.

Passe a resenha a limpo, em uma folha de papel. Se possível, utilize *software* de edição de texto para editar e publicar o texto produzido, com auxílio do professor, no *blog* da turma.

Apresentação

O professor organizará a turma em formato circular e cada um lerá a resenha da obra escolhida.

No momento da apresentação dos colegas, escutem com atenção os textos escritos por eles, respeitando o tempo de cada um falar.

Depois que o colega fizer a leitura do texto, vocês podem fazer perguntas ao leitor da vez sobre o livro, buscando informações do que lhes despertou o interesse para, posteriormente, também fazerem a leitura dessa obra.

LIÇÃO 6
POR QUE O SOL E A LUA FORAM MORAR NO CÉU

VAMOS COMEÇAR!

Você já parou para pensar por que o Sol e a Lua ficam no céu?

Leia a seguir um conto de origem africana que traz uma explicação para esse fenômeno.

Por que o Sol e a Lua foram morar no céu

Há muito tempo, o Sol e a água eram grandes amigos e viviam juntos na Terra.

Habitualmente o Sol visitava a água, mas esta jamais lhe retribuía a gentileza.

Por fim, o Sol quis saber qual o motivo do seu desinteresse e a água respondeu que a casa do Sol não era grande o bastante para que nela coubessem todos com que vivia e, se aparecesse por lá, acabaria por despejá-lo de sua própria casa.

— Caso você queira que eu realmente o visite, terá que construir uma casa bem maior do que a que tem no momento, mas desde já fique avisado de que terá que ser algo realmente muito grande, pois o meu povo é bem numeroso e ocupa bastante espaço.

O Sol garantiu-lhe que poderia visitá-lo sem susto, pois trataria de tomar todas as providências necessárias para tornar o encontro agradável para ela e para todos que a acompanhassem. Chegando em casa, o Sol contou à Lua, sua esposa, tudo o que a água lhe pedira e ambos se dedicaram com muito esforço à construção de uma casa enorme que comportasse sua visita.

Quando tudo estava pronto, convidaram a água para visitá-los.

JOSÉ LUIS JUHAS/ILUSTRA CARTOON

Chegando, a água ainda foi amável e perguntou:
— Vocês têm certeza de que realmente podemos entrar?
— Claro, amiga água – respondeu o Sol.

A água foi entrando, entrando e entrando, acompanhada de todos os peixes e mais uma quantidade absurda e indescritivelmente grande, incalculável mesmo, de criaturas aquáticas. Em pouco tempo a água já se encontrava nos joelhos.

— Vocês estão certos de que todos podem entrar? — insistiu preocupada.
— Por favor, amiga água — insistiu a Lua.

Diante da insistência de seus anfitriões, a água continuou a despejar sua gente para dentro da casa do Sol. A preocupação voltou quando ela atingiu a altura de um homem.

— Ainda posso entrar? — insistiu — Olha que está ficando cheio demais...
— Vai entrando, minha amiga, vai entrando — o Sol realmente estava muito feliz com a sua visita.

A água continuou entrando e jorrando em todas as direções e, quando deram pela coisa, o Sol e a Lua viram-se forçados a subir para o alto do telhado.

— Acho que vou parar... — disse a água, receosa.
— O que é isso, minha água? — espantou-se o Sol, mais do que educado, sem esconder uma certa preocupação.

A água continuou jorrando, empurrando seu povo para dentro, ocupando todos os cômodos da ampla casa, inundando tudo e, por fim, fazendo com que o Sol e a Lua, sem ter mais para onde ir ou se refugiar, subissem para o céu, onde estão até hoje.

Júlio Emílio Braz. *Sikulume e outros contos africanos*.
Rio de Janeiro: Pallas, 2005.

ESTUDO DO TEXTO

1. Quem são os personagens do conto?

_____
_____
_____

2. Segundo o conto, por que a água não retribuía as visitas que o Sol lhe fazia?

_____
_____
_____
_____

3. Qual foi a providência que o Sol tomou para tornar possível a visita da água a sua casa?

_____
_____
_____

4. Quem era a "gente" que acompanhava a água?

_____
_____
_____

5. Em certo momento, o Sol começou a perceber a situação de transbordamento da casa. Copie do texto o trecho que confirma essa percepção.

_____
_____
_____
_____

6. Converse com os colegas e com o professor. Justifique suas respostas.

a) Em sua opinião, o Sol agiu corretamente ao insistir que a água continuasse a entrar, mesmo percebendo que a casa ia inundar?

b) E como você avalia o comportamento da água?

c) Você acha que o conto traz uma boa explicação para o fato de o Sol e a Lua estarem no céu?

7. Releia esta frase do conto.

> A água foi entrando, entrando e entrando, acompanhada de todos os peixes e mais uma **quantidade absurda** e **indescritivelmente grande**, **incalculável mesmo**, de criaturas aquáticas.

As expressões destacadas nessa frase foram empregadas para:

☐ indicar os tipos de criatura que acompanhavam a água.

☐ indicar que a casa que o Sol e a Lua construíram era pequena para as criaturas.

☐ intensificar a quantidade de seres que acompanhavam a água.

8. Leia.

> A água continuou entrando e jorrando em todas as direções e, quando **deram pela coisa**, o Sol e a Lua viram-se forçados a subir para o alto do telhado.

Que outra palavra ou expressão poderia substituir a destacada sem alterar seu sentido da frase?

_____
_____

ESTUDO DA LÍNGUA

Adjetivo

Adjetivo é a palavra que expressa característica, qualidade, estado, aparência dos seres.

1. Releia os trechos a seguir, do conto "Por que o Sol e a Lua foram morar no céu", páginas 60 e 61.

> A água foi entrando, entrando e entrando, acompanhada de todos os peixes e mais uma **quantidade** absurda e indescritivelmente grande, incalculável mesmo, de **criaturas** aquáticas. Em pouco tempo a água já se encontrava nos joelhos.

> O Sol garantiu-lhe que poderia visitá-lo sem susto, pois trataria de tomar todas as providências necessárias para tornar o **encontro** agradável para ela e para todos que a acompanhassem. Chegando em casa, o Sol contou à Lua, sua esposa, tudo o que a água lhe pedira e ambos se dedicaram com muito esforço à construção de uma **casa** enorme que comportasse sua visita.

Copie os substantivos destacados nos trechos. Depois, escreva o adjetivo que se refere a cada substantivo.

_____
_____
_____
_____

2. Depois de ter lido o conto, quais adjetivos você usaria para caracterizar:

a) o Sol?
_____

b) a Lua?
_____

c) a água?
_____

Grau do adjetivo

Leia estas frases.

> O barco é **tão** moderno **quanto** o veleiro.
>
> O barco é **menos** moderno **do que o** veleiro.
>
> O veleiro é **mais** moderno **do que** o barco.

Nessas frases, o adjetivo **moderno** está no grau comparativo.

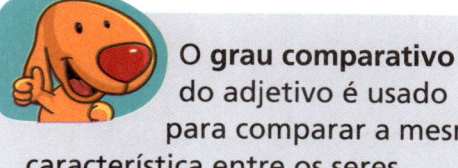

O grau comparativo do adjetivo é usado para comparar a mesma característica entre os seres.

O grau comparativo pode ser:
- **de igualdade**: tão... quanto / como... Marisa é **tão** estudiosa **quanto** Gabriela.
- **de inferioridade**: menos... (do) que... Marisa é **menos** estudiosa **do que** Lúcia.
- **de superioridade**: mais... (do) que... Marisa é **mais** estudiosa **do que** Rosa.

Os adjetivos **bom**, **mau**, **grande** e **pequeno** possuem formas especiais para o comparativo de superioridade.

Observe.

> bom – **melhor**
> Rir é **melhor** que chorar.

> mau – **pior**
> Guerra é **pior** que paz.

> grande – **maior**
> O trem é **maior** que o carro.

> pequeno – **menor**
> O carro é **menor** que o caminhão.

Agora leia.

> As pessoas ficaram **muito zangadas**.
> As pessoas ficaram **zangadíssimas**.

Nessas frases, o adjetivo está no grau superlativo.

> O **grau superlativo** do adjetivo indica uma característica em sua maior intensidade.

Podemos formar o grau superlativo:
- Acrescentando ao adjetivo as terminações **-íssimo**, **-ílimo** ou **-érrimo**.

> João está **tristíssimo**!
> Este ditado é **facílimo**.
> Pedro está **macérrimo**.

- Usando, com o adjetivo, as palavras **muito**, **bastante**, **pouco**, **o menos**, **o mais** ou **super**.

> O mar está **muito calmo**.
> A menina era **bastante curiosa**.
> Gustavo é o **mais sabido** da classe.

Observe alguns superlativos.

ágil	**agílimo**
agradável	**agradabilíssimo**
amargo	**amaríssimo**
amável	**amabilíssimo**
amigo	**amicíssimo**
antigo	**antiquíssimo**
áspero	**aspérrimo**
baixo	**ínfimo**
bom	**boníssimo, ótimo**
célebre	**celebérrimo**
cruel	**crudelíssimo**
difícil	**dificílimo**
fácil	**facílimo**
feliz	**felicíssimo**
fiel	**fidelíssimo**
frágil	**fragilíssimo**
grande	**máximo**
hábil	**habilíssimo**
humilde	**humilíssimo**
infeliz	**infelicíssimo**
magro	**macérrimo, magérrimo**
mau	**péssimo**
novo	**novíssimo**
pessoal	**personalíssimo**
pobre	**paupérrimo**
popular	**popularíssimo**
sábio	**sapientíssimo**
terrível	**terribilíssimo**
útil	**utilíssimo**

ATIVIDADES

1. Leia a tirinha a seguir.

Adão Iturrusgarai. *Kiki*: a primeira vez. São Paulo: Devir, 2002.

a) Você gosta de ler tirinhas? Por quê?
_____
_____

b) O último quadrinho das tirinhas costuma surpreender o leitor e provocar humor. Isso aconteceu? Explique para um colega.

c) Na tirinha, uma das personagens diz que "está ficando apaixonadíssima". O que significa **estar apaixonadíssima**?
_____

2. Releia o trecho abaixo, do conto "Por que o Sol e a Lua foram morar no céu".

> — O que é isso, minha água? — espantou-se o Sol, mais do que educado, sem esconder uma certa preocupação.

a) Que adjetivo caracteriza o Sol nesse trecho?
_____

b) Que expressão intensifica o adjetivo?
_____

3. No caderno, crie frases comparando as características entre dois seres e usando as palavras **melhor**, **pior**, **maior** e **menor**.

4. Complete as frases de acordo com o comparativo que se pede.

superioridade

Paulo é _____ elegante _____ João.

Este juiz é _____ calmo _____ o outro.

inferioridade

O gato é _____ feroz _____ o cão.

O cachorro é _____ peludo _____ o gato.

igualdade

A motocicleta é _____ rápida _____ o carro.

Sua ideia é _____ boa _____ a minha.

5. Complete as frases com o adjetivo dos parênteses, no grau que se pede.

a) Os escritores são _____ os músicos. (criativos – comparativo de igualdade)

b) As crianças são _____ os adultos. (ingênuas – comparativo de superioridade)

6. Dê o grau superlativo.

baixo _____

fácil _____

mau _____

ágil _____

magro _____

difícil _____

7. Escreva a forma normal dos superlativos abaixo.

antiquíssimo _____

sapientíssimo _____

dulcíssimo _____

velocíssimo _____

notabilíssimo _____

felicíssimo _____

8. Escreva novamente as frases, colocando os adjetivos destacados no grau superlativo.

a) A prova foi **difícil**.

_____

b) Bela pesquisa!

_____

c) Aquele homem é **pobre**.

_____

9. Indique o grau dos adjetivos.

a) Você é tão inteligente quanto seu irmão.

_____

b) Aquela aluna é estudiosíssima.

_____

c) Sônia é mais ativa do que Vera.

_____

d) Cristina é menos atenciosa do que Paulo.

_____

Discurso direto e discurso indireto

1. Releia o trecho a seguir.

> Chegando, a água ainda foi amável e perguntou:
> — Vocês têm certeza de que realmente podemos entrar?
> — Claro, amiga água — respondeu o Sol.

Nesse trecho, quais sinais de pontuação introduzem as falas das personagens?

_____

_____

Em um texto, quando as falas das personagens são reproduzidas diretamente, temos o **discurso direto**. Alguns verbos, como **falar, dizer, perguntar, indagar**, são usados para introduzir e dar vida à fala das personagens. Sinais gráficos, como dois-pontos, aspas, travessões e exclamações são muito usados durante a reprodução das falas.

2. Leia o trecho abaixo e, em seguida, responda ao que se pede.

> Há muito tempo, o Sol e a água eram grandes amigos e viviam juntos na Terra.
>
> Habitualmente o Sol visitava a água, mas esta jamais lhe retribuía a gentileza.
>
> Por fim, o Sol quis saber qual o motivo do seu desinteresse e a água respondeu que a casa do Sol não era grande o bastante para que nela coubessem todos com que vivia e, se aparecesse por lá, acabaria por despejá-lo de sua própria casa.

Que diferença você consegue perceber entre essa forma de escrever o texto e a forma apresentada na atividade 1?

_____

_____

3. Reescreva o trecho abaixo, extraído do conto, como se fosse o narrador contando o que os personagens conversam.

> [...] Em pouco tempo a água já se encontrava nos joelhos.
>
> — Vocês estão certos de que todos podem entrar? — insistiu preocupada.
>
> — Por favor, amiga água — insistiu a Lua.

_____

_____

Quando o narrador conta a história e utiliza as próprias palavras para reproduzir as falas e as reações das personagens, temos o **discurso indireto**. Tanto o discurso direto como o discurso indireto são introduzidos por verbos, como dizer, perguntar, responder, comentar, falar, observar, retrucar, replicar, exclamar, aconselhar, gritar, murmurar, entre outros.

ORTOGRAFIA

Palavras com g e j

1. Leia atentamente as palavras dos quadros e observe as diferenças.

Escrevem-se com g				
agir	coragem	gengibre	giz	restringir
agitar	digestão	gerânio	herege	rigidez
algemar	digestivo	gergelim	margear	tangerina
algibeira	dirigir	geringonça	margem	tigela
angélico	estrangeiro	gesto	megera	vagem
angelical	ferrugem	gigante	monge	vegetal
argila	fingir	gilete	mugido	vertigem
aterragem	fugir	girafa	rabugento	vigésimo
auge	fuligem	gíria	rabugice	vigília

Escrevem-se com j			
ajeitar	enjeitar	jenipapo	pajem
brejeiro	gorjear	jiboia	rejeição
cafajeste	gorjeta	jiló	sarjeta
canjica	hoje	laje	sujeito
cerejeira	jeca	majestade	traje
desajeitado	jeito	objeção	varejeira

- Escreva outros exemplos de palavras escritas com **g** e com **j**.

_____
_____
_____
_____

2. Complete com **g** ou **j** e copie.

a___ir _____

gor___eta _____

ferru___em _____

can___ica _____

a___itado _____

via___ar _____

tan___erina _____

ri___idez _____

___eito _____

vi___ia _____

a___eitado _____

via___em _____

3. Coloque as palavras do quadro em ordem alfabética.

berinjela	majestade
jiboia	sarjeta
cafajeste	pajem
sujeito	traje

_____
_____
_____
_____

4. Separe as sílabas destas palavras.

angelical _____

dirigir _____

viagem _____

rabugento _____

giz _____

girafa _____

vagem _____

gigante _____

5. Escolha duas palavras da atividade anterior e forme uma frase com elas.

_____
_____
_____
_____

Palavras com r e rr

Você já sabe que a letra **r** pode ter diferentes sons.

r inicial (som forte): **r**iscos, **r**egistros, **r**oupa, **r**egressiva
rr (som forte entre vogais): ca**rr**o, co**rr**eu, a**rr**anjando, go**rr**os
r entre vogais (som brando): ga**r**otas, Lau**r**a, cu**r**ioso, fé**r**ias

ATIVIDADE

1. Leia as palavras e escreva-as na coluna adequada.

Renato	burro	mentira
tontura	corrida	carinho
redondo	remo	rumo
varre	história	arrumação

R (som forte)	RR (som forte entre vogais)	R (som brando entre vogais)

PRODUÇÃO DE TEXTO

Nesta lição, você conheceu alguns contos da tradição oral. Agora, com os colegas, escrevam uma história, que, depois, será transmitida oralmente ao restante da turma.

Preparação

Dividam-se em grupos de quatro alunos, sob a orientação do professor.

Informem-se sobre pessoas da família, da escola ou da comunidade que são contadoras de histórias.

Planejamento e transcrição

Peça que contem histórias de origem indígena, africana ou da tradição oral brasileira, aquelas que ouviram dos pais, de tios, de avós etc., por exemplo: histórias de animais que falam, pessoas que se destacam por sua coragem, entre outras.

Gravem essas histórias e agradeçam o contador.

Depois, reúnam-se para ouvir as gravações e selecionar a preferida do grupo.

Transcrevam a história escolhida no caderno mantendo as marcas da linguagem oral.

Revisão e reescrita

No grupo, releiam em conjunto a história escolhida e observem se ela apresenta:
- começo (situação inicial de tranquilidade);

- meio (situação problemática/conflito, tentativa de solução e clímax);
- fim (desfecho, desenlace ou conclusão);
- marcas da linguagem oral.

Solicitem ao professor que avalie se o grupo conseguiu transcrever de forma adequada a história, com todas as partes, com clareza e se há necessidade de alterar algum item.

Contação de história

Chegou a hora de contar ao restante da turma a história que seu grupo transcreveu.

Contar uma história não é tão fácil. É, na verdade, uma arte. Leia algumas dicas que podem ajudar nesta tarefa.

- Nas rodas de contação, assuma que é um contador de histórias. Você pode, inclusive, vestir-se a caráter.
- Conheça bem a história e seus personagens, já que ela será contada sem o auxílio de um texto.
- Imagine a voz de cada um dos personagens, bem como a postura, os gestos e a expressão facial para assumir esses personagens e bem expressá-los.
- Analise se intervenções com música, fantoches e outros recursos podem enriquecer o momento. Se sim, providencie o material.
- Fique atento à entonação de voz, respeitando o desenrolar da trama e as características dos personagens.
- Treinem bastante a contação da história selecionada, observando as recomendações anteriores.

- Organizem a contação de modo que haja entrosamento na equipe. Se forem dramatizar ou usar recursos como música, fantoches, entre outros, para enriquecer o momento, providenciem com antecedência esse material.
- Decidam se querem que apenas um componente do grupo conte a história ou se querem dividir a contação.
- Lembrem-se de que uma contação de histórias é uma exposição oral que deve prender a atenção da plateia, daí a importância de treinarem bastante antes. Prestem atenção ao tom de voz, às pausas, à pronúncia das palavras, à postura diante do público, à linguagem empregada etc.
- No momento em que os colegas estiverem apresentando, respeitem o tempo deles e prestem atenção às histórias que estão sendo contadas.

No dia estabelecido, forme com sua turma a roda de contação.

Contem, com toda expressividade, o conto popular do grupo.

As histórias serão organizadas em um mural, após a apresentação, para que todos possam apreciá-las novamente, desta vez por escrito.

Avaliação

Retomem os passos do trabalho e verifiquem quais orientações foram seguidas, quais poderiam ter sido os fatores que contribuíram para o bom desempenho do grupo e que o afetaram. Depois, discutam sobre o que podem melhorar na próxima apresentação.

7 UM JOGO MUITO ANTIGO

VAMOS COMEÇAR!

Você conhece o jogo dominó? Sabe quantas peças ele tem e como se joga? Leia a seguir as regras desse jogo muito antigo.

Dominó

ANDREY ARMYAGOV/ SHUTTERSTOCK

REGRAS
Idade: a partir de 4 anos.
Participantes: 2 a 4 pessoas.
Componentes: 28 peças.
Objetivo: livrar-se de todas as peças que possui.

Preparação:
- Embaralhem as peças sobre a mesa, com a face das figuras voltada para baixo.
- Cada jogador pega 7 peças e não deve deixar que o adversário veja as suas figuras.
- Se sobrarem peças, devem formar um monte que servirá para compra.

Jogo:
- Para iniciar, cada jogador verifica se tem, entre suas peças, a dupla de 6 pontos (figura 1) e a coloca sobre a mesa.

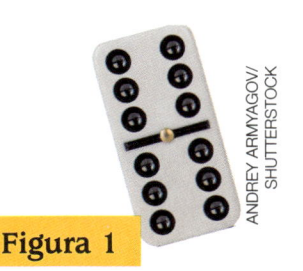

Figura 1

ANDREY ARMYAGOV/ SHUTTERSTOCK

- Se ninguém tiver a peça dupla de 6, inicia o jogo quem possuir outra peça de figura dupla na ordem decrescente, ou seja, dupla de 5 pontos, dupla de 4 pontos, e assim por diante (figura 2).

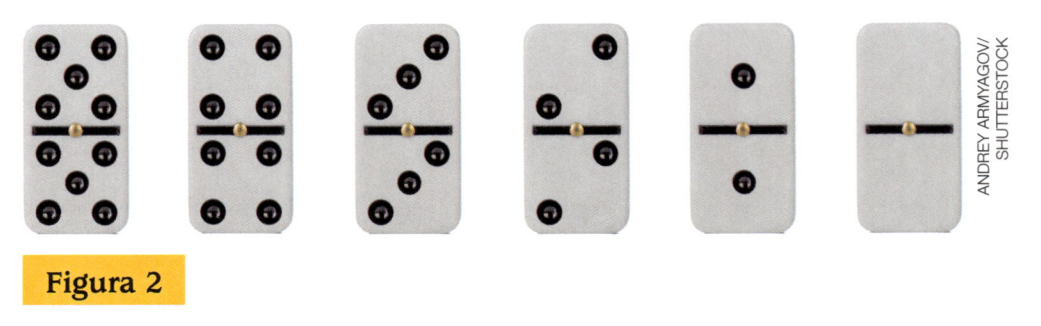

Figura 2

- Cada jogador deve tentar encaixar alguma peça sua nas peças que estão na extremidade do jogo, uma por vez (figura 3). Quando um jogador consegue encaixar uma peça, a vez é passada para o próximo jogador à direita.

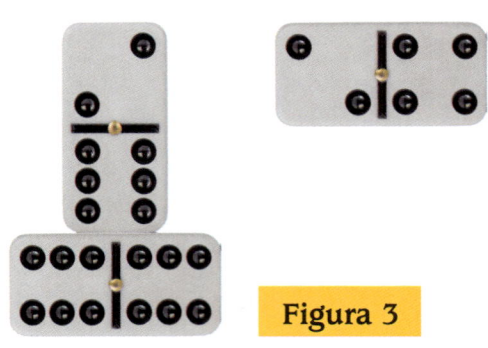

Figura 3

- Caso o jogador não tenha nenhuma peça que encaixe nas extremidades, ele deve passar a vez, sem jogar. Se a partida estiver sendo disputada com 2 ou 3 jogadores, pode-se comprar peças do monte até conseguir uma que encaixe. Se, mesmo assim, não conseguir a peça, o jogador fica uma rodada sem jogar e acumula todas as peças compradas na mão.

VENCEDOR
- Ganha o jogo quem conseguir encaixar primeiro todas as peças que estão na sua mão.

Fonte de pesquisa: Club Grow. 9 Superjogos clássicos. Disponível em: https://bit.ly/2L5B4Yt. Acesso em: 15 ago. 2022.

ESTUDO DO TEXTO

1. As regras do jogo dominó estão divididas em 6 partes.
Complete o quadro com a função das partes que estão em branco.

parte	função
Idade	Indica a faixa etária para a qual o jogo é recomendado.
Participantes	
Componentes	Mostra os elementos que compõem o jogo, isto é, as peças.
Objetivo	Apresenta o que se espera alcançar ao final do jogo.
Preparação	
Jogo	

2. Quem pode jogar dominó, segundo as regras?

_____

3. Releia.

> **Participantes:** 2 a 4 pessoas.
> **Preparação:**
> • Embaralhem as peças sobre a mesa, com a face das figuras voltada para baixo.
> • Cada jogador pega 7 peças e não deve deixar que o adversário veja as suas figuras.
> • Se sobrarem peças, devem formar um monte que servirá para compra.

Com quantos participantes sobram peças para comprar?

_____

4. Na apresentação das regras aparecem imagens indicadas como Figura 1, Figura 2 e Figura 3. Assinale as alternativas que mostram a função dessas imagens.

☐ Deixar o texto mais bonito e agradável.

☐ Complementar o texto escrito.

☐ Mostrar como são as peças do jogo.

☐ Repetir a informação do texto escrito.

5. Em que lugar essas regras de jogo poderiam ser publicadas?

_____
_____
_____

ESTUDO DA LÍNGUA

Verbos

Leia.

> Ela **joga** dominó.

A palavra **joga** exprime uma ação.

> O jogador **fica** uma rodada sem jogar.

A palavra **fica** exprime um estado.

> **Trovejou** muito hoje.

A palavra **trovejou** indica um fenômeno da natureza.

> **Verbos** são palavras que exprimem ação, estado, fato ou fenômeno da natureza.

Os verbos estão distribuídos em três conjugações:

1ª conjugação
verbos terminados em **-ar**: cant**ar**, fal**ar**, estud**ar**
2ª conjugação
verbos terminados em **-er**: escrev**er**, vend**er**, varr**er**
3ª conjugação
verbos terminados em **-ir**: fug**ir**, part**ir**, dorm**ir**

O verbo muda de forma para indicar a pessoa, o número, o tempo e o modo.

Pessoas do verbo

O verbo varia em número e pessoa.

	singular	plural
1ª pessoa	Eu planto	Nós plantamos
2ª pessoa	Tu plantas	Vós plantais
3ª pessoa	Ele planta	Eles plantam

Tempos do verbo

Os tempos do verbo são três:

1) **presente** (hoje, agora): Eu trabalho.
2) **passado** ou **pretérito** (ontem, há pouco): Eu trabalhei.
3) **futuro** (amanhã, mais tarde): Eu trabalharei.

Modos do verbo

Os modos do verbo são:

1) **indicativo** (indica um fato certo, real, positivo): Julieta pula corda.
2) **subjuntivo** (indica um fato incerto, duvidoso): Talvez ela pule corda.
3) **imperativo** (indica uma ordem ou pedido): Pule corda!

O imperativo pode ser:
- **afirmativo**: Julieta, pule corda!
- **negativo**: Julieta, não pule corda!

Formas nominais do verbo

Há ainda as formas nominais do verbo, que são:

1) **infinitivo pessoal e impessoal**: plantar, correr, cair.
2) **gerúndio**: plantando, correndo, caindo.
3) **particípio**: plantado, corrido, caído.

ATIVIDADES

1. Indique o que os verbos destacados exprimem. Veja o exemplo.

Clarita **está** doente – **estado**

a) **Choveu** bastante nesses últimos dias.
_____

b) André **anda** de patins.
_____

c) As crianças **ficaram** felizes.
_____

2. Dê o modo dos verbos destacados nestas frases.

a) **Dancei** valsa com Celso.
_____

b) Se eu **comprasse** este carro!
_____

c) **Prestem** atenção!
_____

d) Nós **cantamos** no coral.
_____

3. Escreva se o verbo está no infinitivo, no gerúndio ou no particípio.

sorrir _____

encontrado _____

escrevendo _____

comprar _____

cantando _____

brincando _____

andar _____

lutando _____

esperado _____

4. Indique o tempo em que estão os verbos das frases a seguir.

a) Eu reparti meu lanche com ele.
_____

b) Nós fazemos doce.
_____

c) Betinho andou de patins.
_____

d) Ele partirá amanhã.
_____

5. O texto a seguir trata da origem de algumas brincadeiras.

> A maioria dessas brincadeiras [amarelinha, bola de gude, soltar pipa, brincar de pique-esconde, passa anel, pular elástico e jogar queimada] não tem inventor conhecido. Os jogos infantis **são** passados de geração para geração, de pai para filho. Tudo que se sabe é que essas brincadeiras surgiram há muito tempo. **É** o caso, por exemplo, da amarelinha. Os cidadãos da Grécia Antiga brincaram de amarelinha, de empinar papagaios e de jogar bolinhas no chão. E isso foi passado para outros povos até chegar a nossa realidade.
>
> Disponível em: https://plenarinho.leg.br/index.php/2018/07/brincadeiras-tradicionais/. Acesso em: 5 ago. 2022.

As duas palavras destacadas no texto são formas flexionadas de qual verbo?
_____

6. Complete as frases com os verbos entre parênteses no pretérito.

a) Eu _____ uma ideia. (ter)

b) Ele _____ ao cinema. (ir)

c) Nós _____ na loja. (estar)

d) Eles _____ jantar. (ir)

7. Leia estas regras para o jogo Amarelinha.

1. **Desenhe** um diagrama tradicional de amarelinha. [...]
2. **Jogue** uma pequena pedra, galho, saquinho de feijão ou outro marcador no primeiro quadrado. [...]
3. **Pule** com um pé no primeiro quadrado vazio e, em seguida, em cada quadrado vazio subsequente. Certifique-se de pular aquele em que seu marcador está.
4. Nos pares (4-5 e 7-8), pule com os dois pés.
5. Ao 10, **salte** com os dois pés, vire-se e volte para o início.
6. Quando você alcançar o quadrado marcado novamente, **pegue** o marcador – ainda em um pé! – e conclua o curso.
7. Se você terminou sem erros, **passe** o marcador para o próximo jogador. Em sua próxima jogada, jogue o marcador para o próximo número.
8. Se você cair, pular fora das linhas ou perder uma casa ou marcador, você perde sua vez e deve repetir o mesmo número na próxima jogada. Quem chegar primeiro ao 10, vence.

Disponível em: https://paisefilhos.uol.com.br/crianca/como-jogar-amarelinha-aprenda-as-regras-basicas-e-as-cinco-variacoes-para-se-divertir-no-dia-das-criancas/. Acesso em: 5 ago. 2022.

a) Em que modo estão os verbos destacados?
_____

b) O que esse modo exprime nesse texto?

☐ pedido ☐ conselho ☐ ordem

8. Que outro verbo presente nas regras é sinônimo do verbo terminar?

☐ certificar ☐ concluir

☐ virar ☐ repetir

9. O texto abaixo é mais uma dica da mesma matéria. Complete as lacunas com os verbos entre parênteses, no modo imperativo.

> "_____ (ser) confiante. Não _____ (agir) de maneira apavorada, _____ (olhar) nos olhos de quem fala com você. Não _____ (ficar) bravo, _____ (tentar) rir da situação. Isso mostra que você não está com medo, e o humor às vezes pode ajudar a diluir a situação."

10. Leia a tirinha.

a) O que o Cebolinha vai precisar fazer, quando quiser tirar a tatuagem?
_____
_____

b) Por que o Cascão diz que, se fizesse uma tatuagem, ficaria tatuado para o resto da vida?
_____
_____

c) Identifique os verbos que aparecem nos balões.
_____

d) O que você observa, em uma palavra, para saber se ela é um verbo?
_____
_____

Verbos são palavras que se flexionam (modificam) para mostrar as diferentes pessoas (eu, tu, ele, nós, vós, eles), os diferentes tempos (presente, passado, futuro) e os diferentes modos (indicativo, subjuntivo, imperativo). Exemplos: **ando, fazem, eram, queria** etc.

11. Complete cada frase com o verbo entre parênteses no tempo adequado.

a) no ano passado, eu _____ comer pipoca todo dia, na saída da escola. (costumar)

b) Se você _____ me visitar, poderíamos brincar um pouco. (vir)

c) Quando você _____ me visitar, poderemos brincar um pouco. (vir)

12. Siga o exemplo, usando o imperativo afirmativo.

> Ele fala só a verdade. Fale somente a verdade.

a) Ele bebe toda a água. _____ toda a água.

b) Ele paga a promessa. _____ a promessa.

13. Leia estas dicas de como economizar água.

1. Feche a torneira ao escovar os dentes.
2. Não **tome** banhos demorados.
3. Mantenha a válvula de descarga do vaso sanitário sempre regulada e não use o vaso como lixeira ou cinzeiro.
4. Conserte os vazamentos o quanto antes.

a) Quais dessas recomendações você já segue?

_____
_____

b) Quais você pode passar a seguir?

_____
_____

c) Em que modo estão conjugados os verbos destacados?

_____
_____

d) Usando pelo menos um verbo nesse modo, crie mais uma dica de economia de água que crianças e jovens possam seguir.

_____
_____
_____

ORTOGRAFIA

Verbos terminados em -ram e -rão

1. Leia as frases e responda.

Os alunos **apresentaram** o trabalho na última sexta-feira.

a) Em que tempo verbal está conjugado o verbo destacado?

_____

Os alunos **apresentarão** o trabalho na sexta-feira que vem.

b) Em que tempo verbal está conjugado o verbo destacado?

_____

c) Compare as duas formas. Qual é a diferença entre elas?

Eles **apresentaram**. Eles **apresentarão**.

_____
_____
_____
_____

2. Complete os espaços com o verbo entre parênteses. Observe o tempo verbal pedido e fique atento à grafia final dos verbos.

a) Minhas amigas _____ muito bem na apresentação de ontem. (dançar – pretérito)

b) Na próxima semana, as meninas _____ o espetáculo novamente. (apresentar – futuro)

c) Todos _____ muito a apresentação. (aplaudir – pretérito)

d) Os alunos se _____ muito se não pararem de correr. (cansar – futuro)

Uso de tem ou têm

Tem é a terceira pessoa do singular do verbo **ter**. **Têm** é a terceira pessoa do plural do verbo **ter**. Usamos **tem** para o singular e **têm** para o plural.

1. Leia a tirinha.

– MINHA PIPA TEM A FORMA DE UM MORCEGO!
– A MINHA, DE AVE!
– E A SUA PIPA, TEM FORMA DE QUÊ?
– PEIXE.

Jean Galvão. Disponível em: https://tiroletas.files.wordpress.com/2017/10/bf65d80c-47b8-452a-9680-859ff90f1d92.jpeg. Acesso em: 22 jun. 2022.

a) Por que o garoto diz que sua pipa tem forma de peixe?

_____

b) A pipa da garota tem a forma de um morcego, a do garoto, de uma ave. Ambas as pipas apresentam algo em comum. O que é? Complete a frase usando o verbo **ter**.

As pipas _____.

2. Complete as frases usando **tem** ou **têm**.

a) Estas lojas _____ muitos vendedores.

b) As árvores _____ galhos.

c) Luciana _____ a revistinha do Cascão.

d) Este homem _____ uma reclamação a fazer.

e) Nossos jogadores ainda _____ alguma chance?

f) Ele ainda _____ aquela coleção de selos?

PRODUÇÃO DE TEXTO

Você vai escrever o passo a passo para se chegar a um "tesouro" e depois vai desenhar um mapa.

Preparação
Pense em 6 pistas. Veja o exemplo:
(1) Saia do quarto, vire à esquerda. Siga pelo corredor.
(2) Na sala, vire à direita até o sofá.
(3) Do sofá, dê três passos para a esquerda.
(4) Agora dê dois passos à frente.
(5) Você está perto: já olhou dentro do armário?
(6) Olha eu aqui! (dentro do pote de açúcar)

Escrita
Em uma folha, escreva cada pista em uma linha, numerando-as.
Depois, desenhe o mapa do tesouro e coloque o número da pista a cada etapa correspondente.

Revisão
Mostre suas pistas e o mapa para um colega e conversem se as dicas estão corretas. Divirta-se, seja criativo!

LIÇÃO 8 — CUIDE DE SEU AMIGO!

VAMOS COMEÇAR!

Leia esta propaganda.

07 DE OUTUBRO
DIA D
CAMPANHA DE VACINAÇÃO ANTIRRÁBICA

Secretaria Municipal de **Saúde**

Me protege, me vacina.

Ipanguaçu
GESTÃO PARA TODOS

ASSESSORIA DE COMUNICAÇÃO DA PREFEITURA DE IPANGUAÇU

ESTUDO DO TEXTO

1. A que público a propaganda se dirige?
_____

2. Que atitude se espera do leitor dessa propaganda?
_____
_____

3. Para que o leitor tenha o comportamento esperado, a propaganda utiliza também imagens, além do texto verbal. Na propaganda:

a) quais são as imagens utilizadas?
_____
_____

b) o que está escrito na placa?
_____

4. Em sua opinião, por que há um cãozinho com uma placa, pedindo que seja protegido e vacinado, em vez de um aviso, alertando diretamente os donos de cães e gatos para vaciná-los?
_____
_____
_____

As **propagandas** apresentam, geralmente, uma frase ou um texto curto sobre as imagens, para chamar a atenção do leitor.

5. Essa propaganda faz parte de uma campanha da Prefeitura de Ipanguaçu (RN).

a) Que ideia ela está divulgando?
_____
_____
_____

Campanha é um conjunto de propagandas elaboradas com o mesmo objetivo, para diversos meios de comunicação – televisão, rádio, revista, jornal etc.

6. Observe o destaque dado à expressão "Dia D" na propaganda.

ASSESSORIA DE COMUNICAÇÃO DA PREFEITURA DE IPANGUAÇU/RN

07 DE OUTUBRO
DIA D
CAMPANHA DE VACINAÇÃO ANTIRRÁBICA

Detalhe da campanha de vacinação contra raiva realizada pela prefeitura de Ipanguaçu (RN).

a) Você já usou essa expressão em alguma situação? Sabe o que ela significa?
_____
_____

LÍNGUA PORTUGUESA

81

b) Qual é a data indicada no título como "Dia D"?
_____

c) Com que objetivo essa expressão foi utilizada?
_____
_____
_____

7. Leia este trecho do texto que acompanhou a divulgação da propaganda na época em que foi veiculada.

> A doença é causada por um vírus que acomete os mamíferos, como cães e gatos, dentre outros, e também pode ser transmitida ao homem por meio de mordidas, arranhões, unhadas ou lambidas de animais contaminados. Para a vacinação, recomenda-se levar os cães contidos por corrente ou guia e, de preferência, conduzidos por adultos. Os gatos devem ser levados em gaiolas, transportadores, enrolados em mantas ou em sacos. Depois de vacinados, os animais não devem ser submetidos a esforços físicos. As cadelas e gatas prenhas também devem tomar a vacina. Proteja seu animal!
>
> Fonte: Prefeitura de Ipanguaçu (RN).

a) Qual é o objetivo desse texto?
_____
_____
_____
_____

b) Quais são as instruções repassadas aos tutores que não constam no cartaz?
_____
_____
_____
_____
_____

c) O que os tutores precisam saber sobre os cuidados pós-vacina?
_____
_____
_____

ESTUDO DA LÍNGUA

Pronomes pessoais retos, oblíquos e de tratamento

Leia estas frases com atenção.

> **Os animais** precisam de cuidados.
> **Eles** precisam de cuidados.

> **O cachorro** deve ser levado com guia pelo tutor.
> **Ele** deve ser levado com guia pelo tutor.

Você percebeu que as palavras **eles** e **ele** substituem os nomes?

> Palavras que substituem ou acompanham os nomes são chamadas **pronomes**.

Os pronomes que substituem os nomes são chamados **pronomes pessoais** e podem ser **retos**, **oblíquos** e **de tratamento**.

pronomes pessoais retos	
singular	1ª- pessoa – a pessoa que fala: **eu** 2ª- pessoa – a pessoa com quem se fala: **tu** 3ª- pessoa – a pessoa de quem se fala: **ele**, **ela**
plural	1ª- pessoa – as pessoas que falam: **nós** 2ª- pessoa – as pessoas com quem se fala: **vós** 3ª- pessoa – as pessoas de quem se fala: **eles**, **elas**

pronomes pessoais oblíquos	
singular	1ª- pessoa – **me**, **mim**, **comigo** 2ª- pessoa – **te**, **ti**, **contigo** 3ª- pessoa – **se**, **si**, **consigo**, **o**, **a**, **lhe**
plural	1ª- pessoa – **nos**, **conosco** 2ª- pessoa – **vos**, **convosco** 3ª- pessoa – **se**, **si**, **consigo**, **os**, **as**, **lhes**

Quando os pronomes **o**, **a**, **os**, **as** se juntam aos verbos terminados em **-r**, transformam-se em **-lo**, **-la**, **-los**, **-las**. Exemplo:

> **Limpe as embalagens por dentro, retirando toda a sujeira antes de descartá-las.**

De acordo com a pessoa com quem conversamos, empregamos pronomes especiais, chamados **pronomes de tratamento**.

pronomes pessoais de tratamento		
Senhor, Senhora, Senhorita	Sr., Sr.a, Sr.ta	tratamento respeitoso
você	v.	familiares, amigos e colegas
Vossa Excelência	V. Ex.a	altas autoridades
Vossa Reverendíssima	V. Rev.ma	sacerdotes
Vossa Majestade	V. M.	reis, rainhas, imperadores
Vossa Senhoria	V. S.a	cartas comerciais, pessoas de cerimônia
Vossa Alteza	V. A.	príncipes e duques
Vossa Santidade	V. S.	papa
Vossa Eminência	V. Em.a	cardeais

ATIVIDADES

1. Leia as capas destes livros.

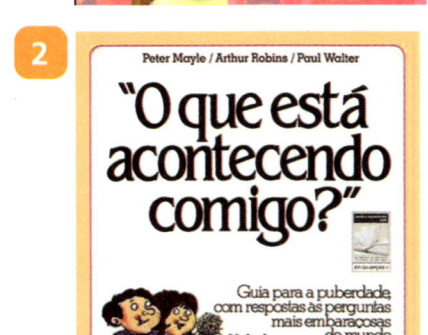

1 — Valentina — Deseja-lhe um Feliz Aniversário! (EDITORA V&R)

2 — Peter Mayle / Arthur Robins / Paul Walter — "O que está acontecendo comigo?" Guia para a puberdade, com respostas às perguntas mais embaraçosas do mundo (EDITORA NOBEL)

3

a) Reescreva duas vezes o título da capa **1**:
- primeiro troque o **lhe** por **a ele** ou **a ela**;
_____
- na segunda vez, troque o **lhe** por **a você**.
_____

b) Quando lemos uma frase com o pronome **lhe**, como podemos saber se ele quer dizer **a ele**, **a ela** ou **a você**?
_____

c) No título da capa **2**, que palavra indica com quem algo está acontecendo?
_____

d) Se a jovem pensasse "O que está lhe acontecendo?", a quem ela estaria se referindo?
_____

e) O que quer dizer a expressão **isso pra mim é grego**?
_____

2. Complete as frases com pronomes pessoais do caso reto.

a) _____ fugimos depressa.

b) _____ deram risada.

c) _____ fui ao mercado.

d) _____ gostas de cinema?

3. Escreva as frases novamente, substituindo os nomes destacados por pronomes adequados. Veja o exemplo.

> Eu e Ricardo viajaremos.
> Nós viajaremos.

a) Roberta faltou à aula.
_____

b) Fernando e Caio jogaram bola.
_____

c) Eliane e Rosilda almoçaram.
_____

d) O cachorro correu.
_____

e) Eu e Paula vamos ao cinema.
_____

4. Sublinhe os pronomes pessoais oblíquos.

a) A professora sentiu-se comovida com o discurso.

b) Nós nos levantamos sempre cedo.

c) Meus pais se entendem muito bem.

d) Por que te preocupas tanto? Não ligue!

e) Não me esqueço dos conselhos de mamãe.

f) "[...] me achava muito calmo e isto iria fazer-lhe bem."

5. Copie as frases substituindo os nomes destacados por pronomes pessoais oblíquos.

a) Comprei **as fichas** no jornaleiro.
_____

b) Levei **o carro** ao mecânico.
_____

c) Pedi **a vocês** que comprassem o livro.
_____

d) Entreguei **a Solange** a encomenda.
_____

e) Emprestei **a Mauro** os livros.
_____

f) Expliquei **a ela** para que servia o saquinho.
_____

6. Complete as frases com o pronome oblíquo correspondente ao pronome entre parênteses.

a) A diretoria deu-_____ uma pasta. (a ela)

b) Flávia estudou _____. (eu)

c) Paula chegou _____. (nós)

d) O gatinho olhou para _____. (eu)

e) João abraçou-_____. (ela)

f) Ela deu-_____ um abraço bem apertado. (a mim)

7. Classifique os pronomes, de acordo com o exemplo.

> **tu – pronome pessoal reto, 2ª pessoa do singular**

eu
_____

nós
_____

o
_____

eles
_____

lhe
_____

Colocação pronominal

Como você pôde observar no estudo sobre os pronomes oblíquos, alguns deles se colocam ao lado de um verbo em condições especiais, podendo exigir hífen quando posicionados depois do verbo. São eles: **o**, **a**, **os**, **as**, **lhe**, **lhes**, **me**, **te**, **se**, **nos** e **vos**.

Quando a situação exige linguagem formal, culta, falada ou escrita, devemos seguir certas regras para a colocação desses pronomes.

Por exemplo, determinadas palavras atraem os pronomes para antes do verbo. Veja os exemplos:

- Palavras de sentido negativo.

> Meu pai **nem se** manifestou a respeito do meu namoro.

- Advérbios.

> **Aqui se** pode respirar ar puro.

- Pronomes indefinidos.

> **Alguém me** telefonou?

- Pronomes interrogativos.

> **Que lhe** acontecerá se ele não puder participar da reunião?

Já outras situações exigem a colocação do pronome depois do verbo. Veja os exemplos.

- Quando o verbo estiver no imperativo afirmativo, isto é, em situação de ordem ou solicitação.

> Quando o diretor entrar na sala, **levantem-se**.

- Quando o verbo iniciar a oração.

> **Conte-nos** como foi o casamento.

- Quando houver pausa antes do verbo.

> Quando soube que ela estava hospitalizada, **mandei-lhe** flores.

ATIVIDADES

1. Leia o início de uma canção.

> Me dá um olá
> Me manda um oi
> Onde 'cê está?
> Onde é que foi?
> […]
>
> Roger. *Me dá um olá*. Disponível em: https://bit.ly/2zGKN28. Acesso em: 15 jul. 2022.

a) Os dois primeiros versos começam com **me**. De acordo com a forma padrão da língua, como eles deveriam ser reescritos?

_____

b) Como você diria esta frase, em uma conversa com seus amigos?

☐ Me dá um olá.

☐ Dá-me um olá.

c) O **me** no começo dos versos os deixa mais parecidos com uma conversa. Que palavra usada nessa canção também lembra o modo de falar?

_____

2. Leia estes provérbios.

I. Assa-se o pão enquanto o forno está quente.

II. Não se conhece o perfume pela beleza da flor.

III. Conhece-se o marinheiro no meio da tempestade.

a) Você conhecia algum deles?

_____

b) Escolha um dos provérbios e, usando suas palavras, explique seu sentido.

_____

3. Faça a colocação dos pronomes de acordo com a forma padrão da língua.

a) Não entristeça.

te _____

b) Espero que faça justiça.

se _____

c) Meus amigos, apresentem em posição de sentido.

se _____

d) Ninguém faça de rogado.

se _____

4. Leia estas frases.

I. Nunca soubemos quem nos roubava na loja.

II. Se sabe pouco sobre esse tesouro.

III. Me dá um presente?

a) Em que frases o pronome pessoal oblíquo não está de acordo com a forma padrão da língua?

_____

b) Reescreva as frases colocando o pronome na posição adequada de acordo com a linguagem formal.

_____
_____
_____

Pronomes possessivos, demonstrativos e indefinidos

Leia estas frases, observando as palavras destacadas.

> **Precisamos defender nosso país!**
> **Aves da minha terra.**

As palavras **nosso** e **minha** são **pronomes possessivos**.

> **Pronomes possessivos** são os que indicam posse.

Conheça os pronomes possessivos.

	singular	
pessoa	**masculino**	**feminino**
1ª (eu)	meu	minha
2ª (tu)	teu	tua
3ª (ele, ela)	seu	sua
1ª (nós)	nosso	nossa
2ª (vós)	vosso	vossa
3ª (eles, elas)	seu	sua

	plural	
pessoa	**masculino**	**feminino**
1ª (eu)	meus	minhas
2ª (tu)	teus	tuas
3ª (ele, ela)	seus	suas
1ª (nós)	nossos	nossas
2ª (vós)	vossos	vossas
3ª (eles, elas)	seus	suas

Agora, observe.

> **Esse lápis é seu.**
> **Este livro é meu.**
> **Aquele é meu amigo Eduardo.**

As palavras **esse**, **este** e **aquele** são **pronomes demonstrativos**.

> **Pronomes demonstrativos** são aqueles que indicam o lugar, a posição dos objetos, das pessoas etc. em relação à pessoa que fala.

Conheça os pronomes demonstrativos.

> **este, esta, isto, estes, estas:** quando as pessoas ou os objetos estão perto de quem fala.

> **esse, essa, isso, esses, essas:** quando as pessoas ou os objetos estão perto da pessoa com quem se fala.

> **aquele, aquela, aquilo, aqueles, aquelas:** quando as pessoas ou os objetos estão longe da pessoa que fala e da pessoa com quem se fala.

Observe agora.

> **Poucas pessoas conhecem esta história.**

A palavra **poucas** é um **pronome indefinido**.

> **Pronomes indefinidos** são aqueles que se referem ao substantivo, dando uma ideia vaga, imprecisa, indefinida.

LÍNGUA PORTUGUESA

Conheça os principais pronomes indefinidos.

algo, alguém, algum, alguma, alguns, algumas
nada, ninguém, nenhum, nenhuma, nenhuns, nenhumas
tudo, todo, toda, todos, todas
cada, qualquer, quaisquer, certo, certa, certos, certas
mais, menos, muito, muita, muitos, muitas
pouco, pouca, poucos, poucas, tanto, tanta, tantos, tantas
quanto, quanta, quantos, quantas
outrem, outra, outro, outras, outros
vários, várias
diversos, diversas

ATIVIDADES

1. Preencha os espaços com os pronomes possessivos do quadro.

| vosso nossa minha suas |
| meus sua minhas |

a) A camisa do Luís é branca, mas a _____ é amarela.

b) _____ olhos são castanhos.

c) Esta casa nos pertence. Ela é _____.

d) Parabéns! _____ notas foram ótimas.

e) Aquilo com que vos presentearam é _____.

2. Preencha os espaços com os pronomes demonstrativos do quadro.

| esta este esses esse isto |
| aquele aquela aquilo |

a) _____ bolsa é minha e _____ ali é sua.

b) _____ brincos que você está usando lhe ficam muito bem.

c) _____ violão é maior do que _____.

d) Fabiano, de quem é _____ relógio que está no seu braço?

e) _____ vai dar certo; _____, não.

3. Copie os pronomes demonstrativos das frases.

a) Aquela rosa é a mais linda que já vi.
_____

b) Isto é seu ou do seu primo?
_____

c) Esta bola é minha.
_____

d) Aqueles meninos são espertos.
_____

e) Essa é a Ministra da Educação.
_____

f) O que é aquilo?
_____

g) Este é o meu livro.
_____

4. Complete as frases com os pronomes indefinidos do quadro.

| vários | diversas | ninguém | alguém |
| tanto | poucos | menos | diversos |

a) _____ bateu à porta.

b) Não deixe _____ sair.

c) _____ pessoas comeram o bolo.

d) Comprei _____ sapatos e não usei.

e) Puxa! Nunca pesquei _____ peixe assim.

f) Lúcia tem _____ amigos.

g) Ontem houve _____ trabalho.

5. Classifique os pronomes destacados em **possessivo**, **demonstrativo** ou **indefinido**.

a) **Isto** é caro.
_____

b) **Minha** bolsa é bonita.
_____

c) **Alguém** entrou na sala.
_____

d) O que é **isso**?
_____

e) **Meu** livro está na estante.
_____

f) **Ninguém** sabe onde ele está.
_____

g) **Várias** pessoas foram à festa.
_____

ORTOGRAFIA

Uso de a gente e agente

Leia este trecho da lenda do Boitatá.

Quem encontra o boitatá pode ficar louco, cego ou morrer de medo. Para **a gente** se livrar do monstro, quando ele surge à nossa frente, basta ficar quieto, de olhos fechados e com a respiração presa. Ele acaba indo embora.

Theobaldo Miranda Santos. *Lendas e mitos do Brasil*. São Paulo: Ibep, 2013.

A gente é usado no lugar do pronome **nós**.
Agente é aquele que faz, que age, o responsável por uma ação.

ATIVIDADE

1. Complete corretamente as frases com **a gente** ou **agente**.

a) _____ vai viajar este fim de semana.

b) Gosto de ver filmes de _____ secreto.

c) Quando _____ gosta do que faz, faz com prazer.

d) Meu pai é _____ de viagens.

Palavras com -inho(a) e -zinho(a)

Leia.

lápis + inho = lapisinho	rosa + inha = rosinha
raiz + inha = raizinha	beleza + inha = belezinha

Escrevem-se com **-inho(a)** os diminutivos das palavras que terminam em **s** ou **z** ou por uma dessas consoantes seguida de vogal.

papel + zinho = papelzinho	pai + zinho = paizinho

Escrevem-se com **-zinho(a)** os diminutivos das palavras que não terminam em **s** ou **z**.

O plural dos diminutivos terminados em **-zinho(a)** é formado desta maneira:

papelzinho	–	papéis + zinhos	–	papeizinhos
paizinho	–	pais + zinhos	–	paizinhos
botãozinho	–	botões + zinhos	–	botõezinhos
chapeuzinho	–	chapéus + zinhos	–	chapeuzinhos
mãozinha	–	mãos + zinhas	–	mãozinhas
florzinha	–	flores + zinhas	–	florezinhas

ATIVIDADES

1. Dê o plural dos diminutivos abaixo.

a) jornalzinho _____

b) limãozinho _____

c) animalzinho _____

d) funilzinho _____

e) anelzinho _____

f) parzinho _____

2. Selecione dez substantivos e escreva-os em um papel. Em seguida, dê o papel a um colega para que ele forme o diminutivo desses substantivos. Enquanto isso, forme o diminutivo das palavras que ele escreveu para você. Depois, confiram o que escreveram.

PRODUÇÃO DE TEXTO

Converse com os colegas e com o professor sobre as questões a seguir.
- Você sabe o que é um debate?
- Você já assistiu a algum debate na televisão ou pela internet?
- Você já participou de algum debate?
- O que acontece em um debate?
- Você acha que qualquer assunto pode ser tema de um debate?

Você participará de um debate com os colegas e com o professor sobre a seguinte questão: **O que fazer quando se identifica um caso de *bullying* na sala de aula ou na escola**?

Preparação

Antes do debate, você precisa conhecer bem o assunto, para expor seu ponto de vista aos colegas com base em argumentos que você reunir.

Para isso, forme um grupo com mais três ou quatro colegas. Pesquisem sobre *bullying* em livros paradidáticos e *sites*. Veja algumas sugestões na seção "Leia mais".

Depois de informar-se sobre o assunto, prepare-se com seu grupo para o debate, trocando ideias sobre o tema. O que vocês acham que deve ser feito nos casos de *bullying*?

Façam anotações, enquanto os outros grupos falam, para lembrar das informações mais importantes.

_____
_____
_____
_____

Definição de regras

Em um debate, os participantes se alteram nos papéis de falantes e ouvintes.

Para que todos se entendam, é preciso respeitar a vez de falar, escutar, perguntar, responder, defender uma ideia, fazer uma intervenção, ou seja, você e os colegas precisam definir regras para o debate.

Debate

No dia combinado, o professor iniciará o debate e cada grupo vai expor seu ponto de vista.

O professor vai organizar a ordem de fala dos grupos e marcar o tempo que terão disponível.

Vocês podem discordar das opiniões dos outros grupos ou concordar com elas. Para isso, terão a vez de fazer perguntas e dar respostas.

Conclusão

Depois do debate, escrevam no caderno as ideias que foram discutidas.

LEIA MAIS

Pedro e o menino valentão

Ruth Rocha. São Paulo: Melhoramentos, 2012.

De vez em quando, Pedro saía da padaria e um menino maior que ele levava o que ele havia comprado. Pedro entrou em um curso de judô. Será que o valentão vai enfrentá-lo?

LIÇÃO 9

FAUNA

VAMOS COMEÇAR!

Você acha que qualquer tema pode virar um poema de cordel?
Leia o título do poema. Do que ele vai tratar?
Leia em voz alta mais um poema de cordel.

Fauna

Vi os bichos lá da África
E quis logo comparar,
Quais aqueles mais famosos,
Quais os raros de encontrar?
Fácil é ver leão cansado,
Difícil é **calau** voar.

Conhecido é o gorila,
Búfalo é muito falado,
Avestruz é tão famoso,
Hipopótamo é amado,
Mas difícil é quem conheça
Oricteropo engraçado.

Fácil é ver rinoceronte
Que é alvo de caçadores,
Difícil é ver um **zorrilho**,
Mestre em exalar fedores,
Que nasce cego e careca
E mastiga roedores.

Fácil é ver um javali,
Ou gazela tão ativa,
Difícil é ver um **mabeco**
Que come sua presa viva
Depois que caçou em bando
Numa tática ofensiva.

Nas reservas da Tanzânia,
Zebra tem até de sobra,
Fácil é ver um leopardo
Inventando uma manobra,
Difícil é ver **suricato**
Dando beijo em uma cobra.

César Obeid. *CordelÁfrica*.
São Paulo: Moderna, 2014.
[Livro eletrônico].

ESTUDO DO TEXTO

1. Você sabe o que significa **fauna**? Por que o título desse poema de cordel é "Fauna"? Na região onde você mora, que local poderia visitar para ver muitos animais?

_____

_____

_____

2. De onde são os animais citados no poema? Copie o verso que justifica sua resposta.

_____

3. Por que as palavras **fácil** e **difícil** aparecem com frequência nesse poema?

_____

_____

4. Complete de acordo com o poema, escrevendo o nome dos animais:

a) mais conhecidos – _____

_____

b) mais raros – _____

_____

93

5. Volte ao texto e observe as estrofes do poema de cordel.

a) O número de versos se modifica de uma estrofe para a outra?

_____

_____

b) Quais versos rimam em uma mesma estrofe?

_____

_____

c) A posição das rimas muda de uma estrofe para a outra?

_____

_____

6. Releia estes versos.

> Difícil é ver um zorrilho,
> Mestre em exalar fedores,

Consulte o dicionário para responder às questões a seguir.

a) Por que se diz que o zorrilho é **mestre**?

_____

_____

b) Que palavra tem o mesmo sentido de **exalar**?

_____

c) O que são **fedores**? Como essa palavra está escrita no dicionário?

_____

_____

_____

ESTUDO DA LÍNGUA

Advérbio

Releia estes versos do poema.

> Vi os bichos **lá** da África
> E quis **logo** comparar
> Quais aqueles **mais** famosos,
> Quais os raros de encontrar?

As palavras **lá**, **logo** e **mais** são **advérbios**.

Advérbio é a palavra que modifica o sentido do verbo, do adjetivo ou de outro advérbio.

Conheça alguns advérbios.

de lugar
aqui, ali, lá, acolá, além, longe, perto, diante, atrás, dentro, fora, abaixo, acima etc.
de tempo
hoje, ontem, já, amanhã, cedo, tarde, nunca, agora, logo, breve, antes, depois, antigamente, diariamente etc.
de intensidade
muito, pouco, bastante, mais, menos, demais, tão, quanto etc.
de modo
bem, mal, assim, depressa, devagar, calmamente, atentamente e quase todos os terminados em -mente: delicadamente, alegremente etc.

de afirmação
sim, certamente, realmente etc.
de dúvida
talvez, provavelmente, acaso, porventura, caso etc.
de negação
não, tampouco (= também não)

ATIVIDADES

1. Classifique os advérbios destacados. Siga o exemplo.

> **Talvez** ela viaje – advérbio de dúvida

a) **Não** vou ao passeio.
_____

b) Gosto de quem fala **bem**.
_____

c) **Sim**, posso ir com você.
_____

d) **Amanhã** levarei o livro.
_____

e) Vi um ninho **lá** na árvore.
_____

f) Chegamos **muito** tarde para a aula.
_____

g) Ela **não** sabe como perdeu o livro.
_____

h) Os filhos dele são **muito** bonitos.
_____

i) **Perto** dele todos ficam em paz.
_____

2. Complete as frases com um advérbio do tipo indicado entre parênteses.

a) As meninas cantaram _____. (advérbio de modo)

b) _____, lemos um trecho sobre o pantanal. (advérbio de tempo)

c) O menino _____ sabe como perdeu o dinheiro. (advérbio de negação)

d) Chegaram _____ tarde. (advérbio de intensidade)

3. Leia a tirinha e responda às questões.

Fonte: BP Blogspot *Recruta Zero*. Mort Walker. Disponível em: https://bit.ly/2L4jjIQ. Acesso em: 30 ago. 2022.

a) Na sua opinião, o recruta Zero fez tudo o que o sargento pediu? Justifique.
_____
_____
_____

b) Identifique nos balões da tirinha e escreva abaixo três advérbios usados pelo recruta Zero para afirmar que tinha cumprido a determinação do sargento.

_____
_____
_____

c) O que indicam os advérbios que você escreveu no item **b**?

☐ tempo ☐ modo

☐ intensidade

d) No último balão, o que indica o advérbio **já**?

_____

Graus do advérbio

> Os advérbios podem estar no grau **normal**, no grau **comparativo** ou no grau **superlativo**.

O grau **comparativo** do advérbio pode ser de **igualdade**, de **superioridade** ou de **inferioridade**.
- Comparativo de igualdade: Ela agiu **tão generosamente quanto** você.
- Comparativo de superioridade: Ela agiu **mais generosamente que** você.
- Comparativo de inferioridade: Ela agiu **menos generosamente que** você.

Quando o sentido do advérbio é ressaltado, enfatizado, dizemos que ele está no grau **superlativo**, que pode ser sintético ou analítico.

Para fazer o grau **superlativo sintético**, acrescentamos uma terminação ao advérbio. O superlativo sintético do advérbio **cedo**, por exemplo, pode ser **cedíssimo** ou **cedinho**. Veja:

> Cheguei ced**íssimo**.
> Cheguei ced**inho**.

Já para fazer **superlativo analítico**, acrescentamos outro advérbio, como **muito**, **tão** etc. Exemplos:

> Cheguei **muito cedo**.
> Cheguei **tão tarde**.

Observação: **melhor** e **pior** são formas irregulares do grau comparativo dos advérbios **bem** e **mal**. Exemplo: Ele agiu **pior** ontem do que na segunda-feira.

ATIVIDADES

1. Leia.

Realmente faz mal ler após as refeições?

Não. Segundo os especialistas, essa é só mais uma crendice popular. "O pior que pode acontecer é uma sensação de sonolência, já que durante a digestão o fluxo sanguíneo se concentra no estômago", diz o oftalmologista Emílio de Haro Muñoz [...]. Esse estado de preguiça aparece principalmente após as refeições mais abundantes, como uma suculenta feijoada. [...] "Comidas gordurosas digerem **mais lentamente que** alimentos leves [...]."

Marina Motomura. Disponível em: https://abr.ai/2upTwAI. Acesso em: 11 jul. 2022.

a) Que tipo de alimento digere mais devagar: os gordurosos ou os leves?
_____

b) Em que grau está o advérbio **lentamente**?
_____

c) Se você precisasse reescrever o título sem usar o advérbio **realmente**, mas mantendo o sentido da frase, qual destas opções escolheria?

☐ Finalmente faz mal ler após as refeições?

☐ Na realidade, faz mal ler após as refeições?

☐ Na vida real, faz mal ler após as refeições?

2. A frase a seguir foi dita pelo treinador de um time de futebol, depois de um jogo.

"Tomamos os gols muito cedo."

Folha de S.Paulo.

a) O que o advérbio **cedo** indica?

☐ lugar ☐ tempo

☐ modo ☐ companhia

b) Na frase do treinador, o advérbio **cedo** está no grau normal, comparativo ou superlativo?
_____

3. Recorte de jornais e revistas frases que contenham advérbios no grau:

a) superlativo absoluto analítico.
b) superlativo absoluto sintético.
Cole as frases no caderno e leia-as para os colegas.

ORTOGRAFIA

Uso de **traz** e **atrás**

Traz é uma forma do verbo **trazer** e se escreve com **z**. Usa-se **traz** no sentido de carregar, portar.
Atrás é advérbio e se escreve com **s**. Indica lugar.

ATIVIDADES

1. Leia um trecho de uma reportagem.

Intervalo antes da refeição escolar traz benefícios aos alunos

[...] quando as crianças brincam antes do almoço, há menos desperdício de comida e maior consumo de leite, frutas e vegetais.
[...] observei enquanto alunos da segunda série [terceiro ano] corriam **atrás** uns dos outros pelo pátio e escalavam o trepa-trepa. Quando o sinal tocou, o agitado pátio se esvaziou quase instantaneamente, e as crianças se alinharam para tirar seus casacos e luvas, depois calmamente fizeram fila para o almoço na cantina.

Folha de S.Paulo, 2 fev. 2010.

a) Releia o título da matéria. A palavra **traz** é uma forma conjugada de qual verbo?
_____

b) Qual destes verbos poderia ser usado no lugar de **traz**, no título?

☐ proporciona ☐ transporta

☐ faz

97

c) Já a palavra **atrás** é um advérbio. Que circunstância ele indica: tempo, lugar ou modo?

_____

2. Circule em cada frase uma palavra da mesma família de **traz**.

a) Aquelas meninas sempre trazem lanche.

b) O carro foi trazido pelo guincho.

3. Agora, circule nas frases palavras da mesma família de **atrás**.

a) O jogo começou com 20 minutos de atraso.

b) A professora nunca estava atrasada.

4. Complete com **traz** ou **atrás**.

a) Papai _____ boas notícias para nós.

b) Ele trabalha _____ do balcão.

c) Ele foi embora _____ de mim.

d) Ele _____ sempre a carteira no bolso direito da calça.

5. Complete o texto corretamente com **traz** ou **atrás**.

Todo dia, ele _____ uma flor para a professora. Fica esperando-a _____ da árvore, perto da escola. Ela sempre _____ muitos livros e cadernos. Logo que ela passa, ele corre _____ para ajudá-la.

É um menino muito gentil, sempre pronto a ajudar os outros. Quando vê qualquer pessoa carregada, já corre _____ para dividir o peso. O garoto _____ dentro de si um grande coração.

Emprego de mal, mau, mais e mas

As palavras **mau** e **mal** têm o mesmo som, mas sentidos diferentes. Já as palavras **mas** e **mais** têm sons parecidos e sentidos diferentes.

Pela semelhança entre os sons, é comum termos dúvida quando vamos escrever essas palavras. Devo escrever **mau** ou **mal**? **Mas** ou **mais**?

- A palavra **mau**, com **u**, quer dizer o contrário de bom. Exemplos:

Que homem **mau**!

Quase todos estavam de **mau**-humor.

- A palavra **mal**, com **l**, quer dizer o contrário de bem. Exemplos:

Fui **mal** na prova.

Luís estava se sentindo muito **mal**.

- A palavra **mas** pode ser trocada por **porém**. Exemplos:

Quero um cachorro, **mas** não posso ter!

Os amigos foram ao parque, **mas** voltaram logo.

- A palavra **mais** significa o contrário de **menos**. Exemplos:

Coloque **mais** mel do que açúcar.

O filhote queria **mais** ração.

98

ATIVIDADES

1. Observe a capa deste livro e responda.

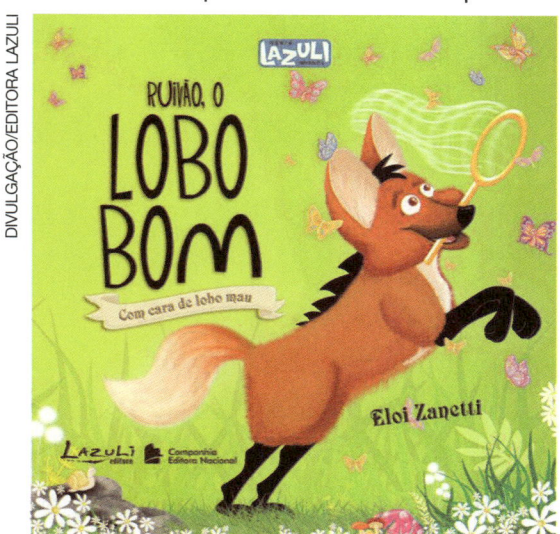

a) Antônimo é a palavra que tem sentido contrário ao de outra. Qual é o antônimo de **bom**?
_____

b) Qual é o antônimo de **mau**?
_____

c) Só por brincadeira, reescreva o título desse livro, trocando **bom** e **mau** por seus antônimos.
_____
_____

2. Complete as frases com **mau** ou **mal**.

a) Não faço _____ a ninguém.

b) Roberto se comportou _____.

c) Ele era um aluno _____.

d) Disseram que Caloca passou _____ ontem.

e) Ele ficou de _____ humor após ter agido daquela forma.

f) O time se considera _____ preparado para tal jogo.

g) Antônio sofria de um _____ curável.

h) Ele não é um sujeito _____.

3. Complete as frases com **mais** ou **mas**.

a) Gosto muito de viajar, _____ não tenho dinheiro.

b) Tenho vontade de comer _____ quando faz frio.

c) Meu amigo me criticou, _____ ele gosta de mim.

d) O mundo precisa de _____ amor e compreensão.

e) A mãe e o filho discutiram, _____ não chegaram a um acordo.

f) Você quer _____ razões para acreditar em seu pai?

4. Escreva as frases substituindo **mais** por **menos** e **mas** por **porém**.

a) A artista recebeu **mais** aplausos que seu colega.
_____
_____
_____

b) As árvores são necessárias, **mas** as pessoas não as respeitam.
_____
_____
_____

c) Hoje há **mais** ararinhas-azuis, **mas** as pessoas não deixam de aprisioná-las.
_____
_____
_____

Você vai ouvir um poema de cordel que fala sobre Lampião e Maria Bonita. O que você sabe sobre eles? Conhece a história dos dois? Primeiro, ouça a leitura que o professor vai fazer. Aprecie as rimas, o ritmo e a musicalidade do poema. Depois, participe da leitura em voz alta.

Lampião, lá do Sertão!

Bem no meio da Caatinga
E não falo do "fedô"!
Pois entendam que esse nome
(Seu menino, seu "dotô")
é dado à vegetação
que cresce lá no Sertão
onde a história se "passô"

E foi em Serra Talhada
Num canto desse Sertão
Que nasceu um cangaceiro
O seu nome: Lampião
Para uns muito malvado
Para outros um irmão

Ele era muito brabo
Tinha muita atitude
Alguns dizem, hoje em dia
Que ele era o Robin Hood
Roubava do povo rico
Dava a quem só tinha um tico
De dinheiro e de saúde

Ou talvez fosse um pirata
Mas não navegava não
Ele tinha um olho só
Também era Capitão
Comandava o seu bando
Com muita satisfação

O cabra era tão raivoso
Que se um pedacinho entrava
De comida entre os dentes
E muito lhe incomodava
Ele pegava um facão
E fazia uma extração
Que nem o dente sobrava!

E esse homem tão temido
Também tinha sentimento!
Um dia se apaixonou
E pediu em casamento
A tal Maria Bonita
Que lhe deu consentimento

Ela também era braba
E andava no seu bando
Demonstrou que a mulher
Também tem força lutando
e seguiu o seu marido
mundo afora, caminhando

Entre uma batalha e outra
Lampião se divertia
Gostava duma sanfona
E dançava com Maria
Seu bando fazia festa
Até o raiar do dia

Ele dançava forró
Xaxado e também baião
Gostava era das cantigas
Das noites de São João

Numa noite de Luar
Bem cansado de fugir
Da polícia que jamais
Cansou de lhe perseguir
Lampião olhou pro céu
Cantou antes de dormir:

"Olha pro céu meu amor
Vê como ele está lindo
olha praquele balão multicor
que lá no céu vai sumindo."

E assim adormeceu
Junto da sua Maria
A polícia os encontrou
Logo cedo no outro dia

Foi cantando uma cantiga
Sobre o céu do seu rincão
Que se despediu da vida
O temido Lampião
Que faz parte da história
e hoje vive na memória
de quem é da região

E é cantando esta canção
que eu encerro a poesia
de uma história que falou
de tristeza e alegria
vamos continuar no xote
me despeço com o mote:
Adeus, até outro dia!"

Mariane Bigio. Disponível em:
https://bit.ly/2utqShV.
Acesso em: 30 ago. 2022.

ATIVIDADES

1. Como era a relação entre Lampião e Maria Bonita? Você conhece outras histórias como essa?

2. A partir da leitura do poema, responda: você considera Lampião um herói ou um vilão do sertão? Justifique.

PRODUÇÃO DE TEXTO

Chegou a hora de participar de um recital, que será apresentado aos alunos do 1º e do 2º ano da escola onde você estuda.

Preparação

Reúna-se com um colega.

Pesquisem um poema de cordel em livros da biblioteca ou do cantinho de leitura da sala de aula.

Na internet, também há *sites* que trazem poemas de cordel, como estes:

- Academia Brasileira de Literatura de Cordel: www.ablc.com.br/
- Recanto das Letras: www.recantodasletras.com.br/cordel/

Vocês podem, ainda, buscar na internet vídeos de artistas recitando poemas de cordel para inspirar a apresentação.

Seleção

Escolham o poema que vocês gostariam de recitar aos colegas.

Mostrem ao professor o texto que vocês escolheram, para que ele verifique se está adequado ao público que participará do recital.

Escrita e ensaio

Copiem o poema nas linhas a seguir.

Leia o texto silenciosamente. Em seguida, leia-o para o colega.

Verifiquem se vocês entenderam o texto e se reconhecem todas as palavras.

Copie, nas linhas a seguir, os versos que você vai ler.

_____

_____

_____

_____

_____

_____

_____

Ensaie várias vezes para memorizar a parte que você vai recitar.

Antes do recital, o professor vai organizar um ensaio geral.

Apresentação

No dia do recital, o professor vai fazer a apresentação de cada dupla, dizendo o nome de vocês e o título do poema que vão recitar.

Recitem o poema aos convidados, lembrando de manter um tom de voz para que todos possam ouvi-los, clareza ao pronunciar as palavras e ritmo adequado.

LEIA MAIS

CordelÁfrica

César Obeid. São Paulo: Moderna, 2014.

Nesse livro, por meio de poemas de cordel, você poderá conhecer algumas influências da cultura africana em nosso dia a dia.

10 O CENSO DA FLORESTA

VAMOS COMEÇAR!

Você sabe o que é censo? O que será um censo florestal?

Leia o título e a apresentação do artigo abaixo. Converse com os colegas e com o professor sobre o que você pensou. Em seguida, leia o texto divulgado pela *Ciência Hoje das Crianças* e confira.

O censo da floresta

Cientistas calcularam o número total de árvores que existem no planeta: 3 trilhões!

Simone Evangelista, colaboradora da *CHC On-line*

Quantas árvores existem no mundo? Quantas estrelas fazem parte do universo? Quantos dinossauros habitaram a Terra? Os cientistas ainda estão longe de decifrar totalmente alguns dos enigmas que despertam a nossa curiosidade há tempos, mas ao menos um deles já tem uma resposta mais precisa. Segundo uma nova pesquisa — uma espécie de censo, como aquele que se realiza para analisar as populações humanas —, mais de 3 trilhões de árvores vivem no nosso planeta.

Existem aproximadamente 422 árvores na Terra para cada ser humano. No Brasil, esse número é ainda maior. Segundo o levantamento, nosso país tem 302 bilhões de árvores, o que equivale a 1 494 árvores por habitante.

Pode ser difícil imaginar um número tão grande e cheio de zeros (são 12 deles!), mas basta pensar que, de acordo com essa estimativa, existem aproximadamente 422 árvores na Terra para cada ser humano. Parece muito? Pois saiba que este número poderia ser bem maior: a mesma pesquisa revela que quase metade das árvores desapareceu do planeta depois do surgimento da nossa civilização. Isso provavelmente ocorreu por uma combinação de fatores, como o desmatamento e o uso dos solos de florestas para atividades humanas como agricultura e construção de moradias.

De acordo com o estudo, mais de 15 bilhões de árvores são cortadas no mundo a cada ano. "Estes números são assustadores e podem explicar parte dos grandes impactos causados pelos humanos no clima terrestre. A remoção de trilhões de árvores também está relacionada ao fim de milhares de espécies de plantas e animais que contavam com essas florestas para sobreviver", lamenta o ecólogo britânico Thomas Crowther, que liderou a pesquisa.

Além de alertar para os estragos que a humanidade vem fazendo na cobertura vegetal do planeta, saber a quantidade de árvores existentes no mundo é importante para fazer estimativas mais precisas sobre diversos processos relacionados aos ecossistemas. "Será possível fazer previsões melhores sobre o estoque de carbono nas florestas e alterações causadas por mudanças climáticas", explica o brasileiro Alexander Vibrans, que também participou do estudo.

Para fazer esse cálculo impressionante, foi preciso contar com a colaboração de mais de 50 cientistas no mundo todo. Os pesquisadores reuniram mais de 430 mil medições sobre a densidade das florestas, ou seja, a quantidade de árvores existentes em um hectare – quanto maior esse número, maior a densidade de uma floresta. Com esses dados, foi possível criar uma estimativa de quantas árvores existem em cada floresta dos 14 biomas terrestres, inclusive em locais isolados, onde os cientistas nunca puderam pisar.

Daqui em diante, sempre que alguém perguntar quantas árvores existem na Terra, você já tem a resposta na ponta da língua! E não esqueça de cuidar bem delas.

Fonte: *Ciência Hoje das Crianças*. Disponível em: https://bit.ly/2JtUws2. Acesso em: 15 jul. 2022.

ESTUDO DO TEXTO

1. Onde esse texto foi publicado?
___
___
___

2. Em sua opinião, qual foi a intenção da autora ao publicar o texto?

_____
_____
_____
_____
_____
_____
_____

3. Assinale as alternativas que, segundo o texto, justificam a importância de saber a quantidade de árvores existentes no mundo.

☐ Alertar para os estragos que a humanidade vem fazendo na cobertura vegetal do planeta.

☐ Saber dar a resposta sobre essa quantidade, na ponta da língua, sempre que alguém perguntar.

☐ Fazer previsões melhores sobre o estoque de carbono nas florestas e alterações causadas por mudanças climáticas.

4. Quais motivos a autora aponta para o desaparecimento de quase metade das árvores de nosso planeta, depois do surgimento da nossa civilização?

_____
_____
_____
_____

5. Qual é a função dos travessões no trecho destacado abaixo?

> Segundo uma nova pesquisa — uma espécie de censo, como aquele que se realiza para analisar as populações humanas –, mais de 3 trilhões de árvores vivem no nosso planeta.

_____
_____
_____

6. Leia a legenda que acompanha a primeira imagem.

> Existem aproximadamente 422 árvores na Terra para cada ser humano. No Brasil, esse número é ainda maior. Segundo o levantamento, nosso país tem 302 bilhões de árvores, o que equivale a 1 494 árvores por habitante.

Em sua opinião, os habitantes do Brasil cuidam das árvores e das florestas como elas merecem? Converse sobre isso com os colegas.

7. Volte ao texto e localize palavras ou expressões que podem substituir as destacadas a seguir, sem alterar o sentido em que foram empregadas.

> Além de alertar para os estragos que a **humanidade** vem fazendo na cobertura vegetal do **planeta**, saber a quantidade de árvores existentes no mundo é importante para fazer estimativas mais precisas sobre diversos processos relacionados aos ecossistemas.

LÍNGUA PORTUGUESA

Nos **artigos de divulgação científica**, a linguagem empregada deve ser clara, exata e objetiva, mas deve também ser acessível ao público-alvo, que nem sempre é especialista na área. Além de passar as informações, o conteúdo do texto precisa prender a atenção do leitor.

Numeral é a palavra que indica quantidade, ordem, multiplicação ou fração.

Os numerais podem ser:

- **Cardinais** – indicam quantidade.
  Exemplos: um, dois, cinco, dez etc.
- **Ordinais** – indicam ordem.
  Exemplos: primeiro, terceiro, oitavo etc.
- **Multiplicativos** – indicam multiplicação.
  Exemplos: dobro ou duplo (duas vezes), triplo etc.
- **Fracionários** – indicam partes, frações.
  Exemplos: meio, um terço, três quintos etc.

ESTUDO DA LÍNGUA

Numeral

Leia.

Mais de **três trilhões** de árvores vivem em nosso planeta.

As palavras **três** e **trilhões** são numerais.

Conheça, a seguir, alguns numerais.

numerais			
cardinais	ordinais	fracionários	multiplicativos
um	primeiro	—	—
dois	segundo	meio, metade	duplo, dobro
três	terceiro	terço	triplo
quatro	quarto	quarto	quádruplo
cinco	quinto	quinto	quíntuplo
seis	sexto	sexto	sêxtuplo
sete	sétimo	sétimo	sétuplo
oito	oitavo	oitavo	óctuplo
nove	nono	nono	nônuplo
dez	décimo	décimo	décuplo
onze	décimo primeiro	onze avos	—

numerais			
cardinais	ordinais	fracionários	multiplicativos
doze	décimo segundo	doze avos	—
treze	décimo terceiro	treze avos	—
catorze	décimo quarto	catorze avos	—
quinze	décimo quinto	quinze avos	—
dezesseis	décimo sexto	dezesseis avos	—
dezessete	décimo sétimo	dezessete avos	—
dezoito	décimo oitavo	dezoito avos	—
dezenove	décimo nono	dezenove avos	—
vinte	vigésimo	vinte avos	—
trinta	trigésimo	trinta avos	—
quarenta	quadragésimo	quarenta avos	—
cinquenta	quinquagésimo	cinquenta avos	—
sessenta	sexagésimo	sessenta avos	—
setenta	septuagésimo	setenta avos	—
oitenta	octogésimo	oitenta avos	—
noventa	nonagésimo	noventa avos	—
cem	centésimo	centésimo	cêntuplo
cento e um	centésimo primeiro	cento e um avos	—
duzentos	ducentésimo	duzentos avos	—
trezentos	trecentésimo	trezentos avos	—
quatrocentos	quadringentésimo	quatrocentos avos	—
quinhentos	quingentésimo	quinhentos avos	—
seiscentos	sexcentésimo	seiscentos avos	—
setecentos	septingentésimo	setecentos avos	—
oitocentos	octingentésimo	oitocentos avos	—
novecentos	nongentésimo	novecentos avos	—
mil	milésimo	milésimo	—

ATIVIDADES

1. Classifique os numerais, seguindo o exemplo.

> trezentos — **cardinal**

doze avos _____

um quinto _____

triplo _____

oitocentos _____

trigésimo _____

milésimo _____

dezessete _____

quádruplo _____

décimo _____

quarenta _____

2. Escreva os numerais por extenso.

Cardinais

13 _____

17 _____

50 _____

70 _____

30 _____

600 _____

16 _____

15 _____

60 _____

200 _____

42 _____

1 000 _____

27 _____

Ordinais

10º _____

70º _____

20º _____

80º _____

30º _____

90º _____

40º _____

100º _____

50º _____

200º _____

60º _____

500º _____

3. Sublinhe os numerais.

a) Tia Áurea comprou quinze quilos de feijão.

b) Sentei na terceira fila da arquibancada do estádio.

c) Mamãe usou um terço dos tomates que comprou.

d) Preciso do triplo do dinheiro que tenho para comprar mais queijo.

4. Numere de acordo com a legenda.

| 1 | cardinal | 2 | ordinal |
| 3 | fracionário | 4 | multiplicativo |

☐ um quinto   ☐ dois livros

☐ quinto lugar   ☐ três blusas

☐ décima vez   ☐ dobro do resultado

5. Dê o numeral ordinal e o numeral multiplicativo correspondentes a estes cardinais.

dois _____

seis _____

três _____

sete _____

quatro _____

oito _____

cinco _____

nove _____

6. Procure, em jornais ou revistas, duas frases que contenham numerais e cole-as em seu caderno.

ORTOGRAFIA

Uso de meio ou meia

Quando a palavra **meio** for utilizada no sentido de **metade**, trata-se de um **número fracionário**. Ela deve variar de acordo com o termo ao qual se refere.
Exemplos:

> O almoço será servido **meio**-dia e **meia**.
> O atleta correu **meio** quilômetro e, depois, **meia** légua.

Quando a palavra **meio** for utilizada no sentido de **um pouco**, **mais ou menos**, trata-se de um **advérbio**, portanto, é invariável (nunca muda de forma).
Exemplos:

> João estava **meio** cansado do trabalho.
> A porta estava **meio** aberta.

ATIVIDADES

1. Complete as frases com **meio** ou **meia**.

a) Carolina tomou _____ copo de suco e _____ garrafa de água.

b) João comeu _____ manga e meio kiwi.

c) Mamãe usou _____ metro de fita no vestido.

d) Os estudantes só pagam _____ entrada.

2. Agora é sua vez. Escreva frases empregando corretamente as palavras **meio** e **meia**. Depois, leia para os colegas as frases que você escreveu.

_____
_____
_____
_____
_____
_____
_____
_____

PRODUÇÃO DE TEXTO

Você vai formar um grupo com alguns colegas e escrever com eles um artigo de divulgação científica para ser lido pelos colegas de outros grupos e por seus familiares.

Preparação

Com a ajuda do professor, escolham o tema do artigo. A seguir damos várias sugestões. Vocês podem escolher uma delas ou pensar em outro tema semelhante.

- Por que transpiramos?
- Por que precisamos dormir?
- Por que temos pelos?
- Por que temos sobrenome?
- A invenção do telefone
- A invenção do celular
- A invenção do computador
- A invenção dos óculos
- A história do dinheiro
- Como funciona o elevador?
- Como funciona o avião?
- Como surgiu o judô?
- Como surgiu a dança?
- Quem inventou os instrumentos musicais?
- O que é o raio?
- O que é o trovão?
- Animais ferozes brasileiros
- Aves brasileiras

Pesquisem o tema escolhido. Consultem enciclopédias (impressas ou on-line), revistas de divulgação científica, seus livros escolares. Se for possível, conversem com um adulto que tenha bons conhecimentos sobre o assunto do artigo (por exemplo, um veterinário, um médico, um historiador, um professor).

Copiem, imprimam ou recortem todo o material pesquisado e tragam-no para a sala de aula. Tragam também imagens.

Escrita

Leiam tudo o que pesquisaram e comecem a escrever o artigo. Como vão explicar a seus leitores algo que eles não conhecem, vocês precisam:

- explicar o sentido das palavras menos conhecidas;
- dar exemplos;
- apresentar imagens;
- se for preciso, repetir as informações com outras palavras;
- se necessário, escrever um vocabulário no final do artigo, com a explicação dos termos mais difíceis.

Se precisarem dar informações como peso, altura, distância, localização, horário, data, nomes etc., anotem esses dados com cuidado e exatidão.

Como os leitores serão os colegas e familiares, vocês podem usar uma linguagem mais descontraída em alguns trechos e expressões próprias da fala.

Organizem as imagens de modo que elas ajudem os leitores a entender as informações dadas no texto. Se houver fotos, criem legendas para elas.

Revisão e reescrita

Mostrem o artigo de vocês aos colegas de outro grupo. Eles vão verificar se:

- é possível entender as informações dadas no texto;
- é possível entender a linguagem;
- o artigo traz informações novas, que eles desconheciam;
- o artigo os ajudou a compreender melhor o tema tratado;
- as imagens contribuem para o leitor entender o texto.

Leiam as observações dos colegas e passem a limpo o artigo, fazendo as mudanças necessárias. Entreguem o texto ao professor.

Com a orientação do professor, os textos prontos poderão ser trocados entre os grupos, afixados em um mural na sala de aula ou no pátio. Depois disso, cada componente do grupo fica com o artigo por alguns dias, para mostrá-lo a seus amigos e familiares.

11 UMA HISTÓRIA DE PRÍNCIPE E PRINCESA

VAMOS COMEÇAR!

Você costuma cumprir as promessas que faz? E se alguém prometesse algo a você e não cumprisse, o que faria?

Leia o conto e descubra o que faz a noiva de um rei para que ele cumpra sua promessa.

O rei e o leão

Um príncipe disse à sua noiva: "Tome este anel e o meu retrato para se lembrar de mim e me ser fiel. Meu pai está muito doente e mandou me chamar, pois quer me ver antes de morrer. Quando eu me tornar rei, venho buscar você". Dito isso, partiu em seu cavalo e encontrou o rei à beira da morte. O rei pediu ao príncipe que se casasse com certa princesa, depois que ele morresse. O príncipe estava tão abalado e gostava tanto do pai que concordou sem pensar, e logo em seguida o rei fechou os olhos e morreu.

Depois de ser nomeado rei e quando o período de luto passou, ele teve de manter sua promessa e pediu a outra princesa em casamento, e esta aceitou. Enquanto isso, a primeira noiva ficou sabendo que o príncipe estava fazendo a corte à outra e quase morreu de tanto sofrer. O pai quis saber por que ela andava tão triste e prometeu realizar qualquer desejo seu. Então a princesa pensou um pouco e pediu que lhe trouxessem onze moças que fossem idênticas a ela em tamanho e medidas. O rei mandou buscar as donzelas por todo o reino e, assim que elas foram reunidas, a princesa as vestiu, bem como a si própria, como caçadores, de modo que ficaram perfeitamente iguais. Em seguida, cavalgou até o rei, seu antigo noivo, e pediu que ele desse a ela e às outras o emprego de caçador.

⬇

O rei não a reconheceu e, por serem elas pessoas tão bonitas, aceitou seu pedido com prazer e as empregou em sua corte.

[...]

Ele estava gostando cada vez mais de seus caçadores e toda vez que saía à caça eles tinham de segui-lo. Certa vez, quando estavam na floresta, chegou a notícia de que a noiva do príncipe estava a caminho e em breve estaria lá. Ao ouvir isso, a verdadeira noiva desmaiou. Mas o rei, pensando que alguma coisa atingira seu querido caçador, correu em seu auxílio.

Quando tirou a luva, avistou o anel que tinha dado à primeira noiva, e quando viu o retrato pendurado no cordão ao redor de seu pescoço, ele a reconheceu. Então, logo mandou dizer à outra noiva que retornasse a seu reino porque ele já tinha uma esposa, e quando se encontra uma chave velha não se necessita de uma nova. O casamento foi celebrado [...].

Jacob e Wilheilm Grimm. *Contos maravilhosos infantis e domésticos*. São Paulo: Cosac Naify, 2013. p. 315-317. t. 1.

ESTUDO DO TEXTO

1. Quem são o herói (ou personagem principal) e a heroína desse conto?
_____

2. Localize no texto e escreva qual foi a promessa feita pelo príncipe à sua noiva.
_____
_____

3. O que levou o príncipe a quebrar sua promessa? Escreva com suas palavras.
_____
_____
_____

4. Se você fosse o príncipe, o que faria no lugar dele?
_____
_____
_____

5. Qual foi a esperteza da heroína do conto?
_____
_____
_____

Contos de fadas são histórias da tradição oral, contadas de geração em geração. Nos contos de fadas, os heróis e as heroínas são príncipes e princesas, rapazes e moças bondosos, que precisam superar obstáculos e provas. Essas histórias também são caracterizadas por elementos mágicos e de encantamento.

ESTUDO DA LÍNGUA

Preposição

Releia.

> O rei não a reconheceu e, **por** serem elas pessoas tão bonitas, aceitou seu pedido **com** prazer e as empregou **em** sua corte.

As palavras destacadas não têm um significado próprio. Elas servem para fazer a ligação entre outras palavras e para mostrar a relação entre elas.

Palavras desse tipo são chamadas **preposição**.

As preposições nunca mudam de forma. Por isso, são chamadas **palavras invariáveis**.

Preposição é a palavra invariável que liga duas outras palavras entre si.

Conheça as principais preposições.

preposições	exemplos de uso
a	Fui **a** Belém do Pará.
após	Vejam mais notícias **após** os comerciais.
até	Esta rua vai **até** o porto.
com	Luísa viajou **com** o cachorrinho.
contra	Somos **contra** a violência.
de	Ana viu um filme **de** aventura.
desde	Uso óculos **desde** o mês passado.

LÍNGUA PORTUGUESA

preposições	exemplos de uso
em	O filhote vai nascer **em** poucos dias.
entre	A casa está **entre** dois prédios.
para	Ela viajou **para** o exterior.
por	O trem passa **por** canaviais.
sem	Viajei **sem** malas.
sob	O animal se abrigou **sob** as árvores.
sobre	A jaguatirica deitou-se **sobre** a pedra.

Releia esta frase.

> Certa vez, quando estavam **na** floresta, chegou a notícia de que a noiva **do** príncipe estava a caminho e em breve estaria lá.

Na palavra **na** houve a ligação da preposição **em** com o artigo **a**.

Na palavra **do** houve a ligação da preposição **de** com o artigo **o**.

Algumas preposições podem ligar-se a outras palavras. Veja:

de + a	da
de + o	do
de + ele	dele
de + ela	dela
de + esse	desse
de + essa	dessa
de + isso	disso
de + este	deste
de + esta	desta
de + isto	disto
de + aquele	daquele
de + aí	daí
de + ali	dali
de + onde	donde
em + o	no
em + a	na
em + um	num
em + esse	nesse
em + isso	nisso
em + isto	nisto
em + aquilo	naquilo
em + aquele	naquele
em + ele	nele
per + o	pelo
per + a	pela
a + o	ao
a + os	aos

ATIVIDADES

1. Escolha no quadro as preposições que melhor completam estas frases.

> de   a   com
> sobre   para   deste

a) Sandra se fantasiou _____ baiana.

b) Valéria fez sua tarefa _____ capricho.

c) Meu quarto fica ao lado _____.

d) Papai viajou _____ Recife.

e) Geraldo foi _____ São Paulo.

f) Ela falou _____ você.

2. Complete a lacuna com uma preposição.

pão _____ manteiga

anel _____ ouro

máquina _____ costura

passeio _____ cavalo

carro _____ álcool

novelo _____ linha

3. Reescreva as frases substituindo o • por uma preposição adequada.

a) Não tive o prazer • abraçá-los.

_____

b) Coloquei a bolsa • a mesa.

_____

c) Reginaldo caminha • a escola.

_____

d) Sentei-me • Lúcia e Paulo.

_____

4. Leia a tirinha.

a) O que torna essa tirinha engraçada não é o fato de a Magali estar fugindo de casa, e sim a bagagem que ela leva. Explique por quê.

_____
_____

b) Reescreva a fala do Cebolinha trocando o **de** por **para**. Que mudança de sentido aconteceu na frase?

_____

PRODUÇÃO DE TEXTO

Reúna-se com um colega para recontarem, de um modo diferente, um conto de fadas conhecido!

Preparação

Com seu colega, escolham um conto de fadas conhecido.

Leiam o conto prestando atenção nos personagens principais e no desenvolvimento da história.

- Como ela acontece?
- Que conflito precisa ser resolvido?
- Por exemplo, na história da Chapeuzinho Vermelho ela deve levar a cesta para a avó, mas o lobo a engana, passando-se pela avó, e ela precisa escapar dele (com a ajuda do caçador). Na história que vocês escolheram, como o herói ou a heroína resolve a situação? Conta com a ajuda de alguém ou só dele ou dela mesma?

Agora pensem na versão que vocês farão.

- Os personagens serão os mesmos ou haverá personagens novos?
- Os acontecimentos da história serão os mesmos ou vão mudar? Vocês podem optar por manter os personagens originais e só mudar o fim da história, por exemplo.
- Quando a história acontece? No passado, como nos contos de fada tradicionais, ou hoje em dia?

Escrita

Pensem na sequência de acontecimentos da história que vão escrever e anotem essa ordem no espaço a seguir.

_____
_____
_____
_____
_____
_____
_____
_____
_____
_____
_____
_____
_____
_____

A partir da ordem anotada acima, escrevam, em uma folha de papel, a história que escreveram.

Revisão

Confiram se a história que escreveram tem começo, meio e fim e se está compreensível para o leitor.

Confiram a ortografia e a acentuação das palavras. Se tiverem dúvidas na escrita de alguma palavra, consultem o dicionário ou peçam ajuda ao professor.

Verifiquem se a história que vocês criaram tem semelhanças e diferenças com a história original e se o leitor consegue perceber que a história que criaram é uma versão de um conto de fadas conhecido.

Passem seu conto a limpo em uma folha de papel. Em outra folha, copiem o conto original. O professor vai promover uma roda de leitura em que vocês mostrarão o conto original e a recriação que fizeram. Decidam, na dupla, quem vai ler cada um dos textos.

LEIA MAIS

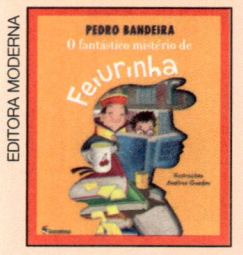

O fantástico mistério de Feiurinha

Pedro Bandeira. São Paulo: Moderna, 2009.

Você sabe o que acontece depois que a princesa se casa com o príncipe? Eles vivem felizes para sempre? Nesse livro, o autor Pedro Bandeira explica o que a expressão "felizes para sempre" deveria significar.

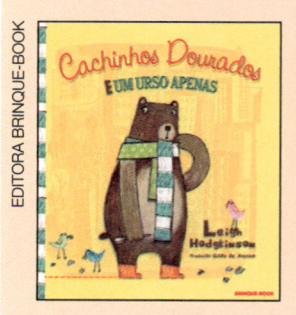

Cachinhos Dourados e um urso apenas

Leigh Hodgkinson. São Paulo: Brinque-Book, 2013.

Nessa história, o Ursinho sai da floresta e chega à cidade grande. Faminto e cansado, entra em um prédio e procura abrigo em um dos apartamentos. O que poderá acontecer quando chegarem os donos da casa?

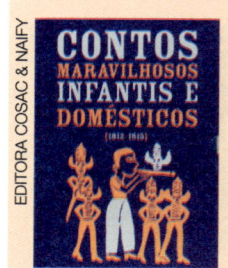

Contos maravilhosos infantis e domésticos

Jacob e Wilheilm Grimm. São Paulo: Cosac Naify, 2013.

Esse livro apresenta 156 histórias traduzidas diretamente do alemão e traz prefácio e notas escritas pelos próprios irmãos Grimm.

LIÇÃO 12 — A CRIAÇÃO DO MUNDO

VAMOS COMEÇAR!

Os indígenas valorizam suas tradições, isto é, a cultura que herdaram de seus antepassados. Gostam de ouvir lendas que explicam a origem das coisas da natureza e do que ocorre no mundo.

Leia a lenda "A criação do mundo", dos tupinambás, um dos povos indígenas do Brasil.

A criação do mundo

Relato tupinambá

Assim contam os tupinambás sua crença sobre o que ocorreu na Terra, a respeito de uma personagem que chamam de Monã, a quem atribuem as mesmas perfeições que damos a Deus. Dizem que é sem fim e sem começo, existindo desde sempre, e criou o céu, a terra, os pássaros, os animais que povoam a Terra, embora não se refiram ao mar, criado por *Amaná Tupã*, que quer dizer na sua língua "nuvens de Tupã".

O mar surgiu devido a um fato ocorrido na Terra, que antigamente era única e achatada, sem montanha alguma, produzindo tudo para o sucesso dos homens.

Eis como surgiu o mar:

Como os homens viviam usufruindo a vida, beneficiando-se do que produzia a terra, fecundada pelo orvalho do céu, se esqueceram de suas tradições e passaram a viver desordenadamente. Entraram em tão grande desregramento que começaram a desobedecer a Monã, que naquela época vivia com eles em grande familiaridade.

Monã, vendo a grande ingratidão dos homens, sua maldade e o desprezo que lhe votaram, ao trair seus planos, afastou-se deles. Mandou então Tatá, o fogo do céu, que queimou e destruiu tudo o que estava sobre a Terra. Esse fogo consumiu as coisas de tal maneira que abaixou a Terra de um lado e a levantou de outro, deixando-a como hoje conhecemos, com seus vales, colinas e montanhas, além dos vastos e belos campos.

De todos os homens que então viviam, salvou-se apenas um, que se chamava Irin-Magé, que Monã levou para o céu, ou para outro lugar, a fim de colocá-lo a salvo desse fogo que consumia tudo. Irin-Magé, vendo tudo destruído, dirigiu-se a Monã, com suspiros e lágrimas e disse-lhe:

— Desejará também destruir o céu e o que ele contém? Onde será nossa morada? Que me adiantará viver, não havendo ninguém que se me assemelhe?

Monã, diante dessas palavras, foi tomado de compaixão, e para remediar o mal que fez à terra, devido à maldade dos homens, fez chover de tal maneira sobre a Terra que aquele incêndio se apagou.

Não podendo a água retornar às nuvens, ela foi represada, seguindo alguns caminhos que a levaram para regiões onde ficava presa de todos os lados. A essa grande quantidade de água represada foi dado o nome de Paranã, que significa amargura, e é o nome dado ao mar.

Dizem que o mar é assim amargo e salgado, como se apresenta hoje, porque a Terra, tendo sido transformada em cinza devido ao incêndio enviado por Monã, deu esse sabor ao grande Paranã, ao mar que envolve a Terra.

Monã, vendo que a Terra tinha voltado à sua primitiva beleza e o mar a havia engalanado, envolvendo-a por todos os lados, incomodando-se que esse belo cenário permanecesse sem ninguém o cultivar, chamou Irin-Magé e lhe deu uma esposa para que repovoassem o mundo de pessoas melhores do que os primeiros habitantes da Terra.

De Irin-Magé descendem todos os homens que viviam antes de haver o grande dilúvio que, segundo eles, veio mais tarde.

Emerson Guarani e Benedito Prezia (Org.). Relato do povo tupinambá do Rio de Janeiro, século XVI. In: *A criação do mundo e outras belas histórias indígenas*. São Paulo: Formato Editorial, 2011. p. 23-24.

ESTUDO DO TEXTO

Lendas são histórias antigas que explicam a origem de animais e plantas, de comportamentos, de fenômenos da natureza etc. Nelas, os personagens vivem situações mágicas, sofrem transformações, encontram seres fantásticos. Nas lendas, personagens com poderes sobrenaturais podem ser essenciais para o desenvolvimento da narrativa.

1. Converse com os colegas.

a) A lenda se desenvolveu como você imaginou?

b) Você conhece alguma história que seja semelhante a essa?

2. De acordo com a lenda tupinambá:
a) quem criou o céu, a terra e os animais que povoam a Terra?

b) quais são as características desse ser?

c) quem criou o mar?

3. De acordo com o texto, é possível saber em que época essa história aconteceu? Por quê?

4. O que a lenda explica?

5. Por que Monã destruiu a Terra? Assinale.

☐ Porque queria fazer uma nova Terra.

☐ Porque os homens foram ingratos e desobedientes.

☐ Porque queria criar o mar.

6. Como a lenda explica o surgimento das montanhas?

_____
_____
_____
_____

7. Por que o mar é amargo e salgado, segundo a lenda?

_____
_____
_____
_____
_____

> Nas lendas, o tempo é indeterminado e são explicados acontecimentos e fenômenos que têm causas desconhecidas.

8. Releia este trecho da lenda e observe a palavra destacada.

> De todos os homens que então viviam, salvou-se apenas um, que se chamava Irin-Magé, que Monã levou para o céu, ou para outro lugar, a fim de colocá-lo a salvo desse fogo que <u>consumia</u> tudo.

A palavra **consumia**, nesse contexto, pode ser substituída por:

☐ comia

☐ gastava

☐ queimava

☐ enfraquecia

9. Releia outro trecho e observe as palavras destacadas.

> Como os homens viviam usufruindo a vida, beneficiando-se do que produzia a terra, fecundada pelo orvalho do céu, se esqueceram de suas tradições e passaram a viver <u>desordenadamente</u>. Entraram em tão grande <u>desregramento</u> que começaram a <u>desobedecer</u> à Monã, que naquela época vivia com eles em grande familiaridade.

a) Qual é o significado das palavras destacadas? Se não souber, consulte um dicionário. Depois, assinale a alternativa correta.

☐ com ordem – com regra – com obediência.

☐ sem ordem – sem regra – não obedecer.

b) O que as palavras sublinhadas têm de parecido?

_____

c) Complete.

Desordenadamente é o contrário de
_____.

Desobedecer é o contrário de
_____.

ESTUDO DA LÍNGUA

Pontuação

Pontuação é o emprego de sinais gráficos que auxiliam a compreensão da leitura.

Vamos estudar os principais sinais de pontuação.

- **.** **Ponto-final**: indica uma pausa prolongada e é usado no final de frases. Exemplo: A lenda foi escrita pelo povo tupinambá**.**

- **,** **Vírgula**: indica uma pequena pausa, separando palavras e frases. Exemplo: Ele criou o céu**,** a terra**,** os pássaros**,** os animais que povoam a Terra.

- **;** **Ponto e vírgula**: indica uma pausa menor que o ponto e maior que a vírgula. Exemplo: Amaná Tupã, criador do mar**;** Tatá, o fogo do céu.

- **?** **Ponto de interrogação**: é usado quando a frase indica uma pergunta. Exemplo: Onde será nossa morada**?**

- **!** **Ponto de exclamação**: é usado para indicar espanto, admiração, surpresa. Exemplo: Daqui em diante, sempre que alguém perguntar quantas árvores existem na Terra, você já tem a resposta na ponta da língua**!**

- **:** **Dois-pontos**: são usados para iniciar a fala das personagens nas histórias e para indicar uma citação ou uma enumeração. Exemplos:

Irin-Magé, vendo tudo destruído, dirigiu-se a Monã, com suspiros e lágrimas e disse-lhe**:**
Eis como surgiu o mar**:**

- **—** **Travessão**: é usado nos diálogos para indicar mudança de interlocutor, início da fala de uma personagem ou, ainda, para destacar partes de uma frase que se quer realçar. Exemplos:
— Desejará também destruir o céu e o que ele contém?
A maioria dos pequenos pacientes — e dos pais dos pequenos pacientes — não tinha contato com o livro até chegar lá.

- **" "** **Aspas**: usadas para realçar um trecho de um texto, não importa se uma parte longa ou apenas uma palavra.

Casos de uso das aspas

- Na transcrição de textos ou expressões.
"Será possível fazer previsões melhores sobre o estoque de carbono nas florestas e alterações causadas por mudanças climáticas", explica o brasileiro Alexander Vibrans.

- Para destacar uma palavra ou expressão.
Amaná Tupã significa **"nuvens de Tupã"**.

- Para destacar palavras pouco usadas, como no caso das palavras estrangeiras, palavras com sentido irônico, palavras com valor afetivo etc.
Fiquei **"maravilhado"** com aquela atitude!
Fomos em um **"show"** e voltamos cansados de tanto dançar.

( ) **Parênteses:** intercalar no texto uma observação, um detalhe, uma indicação adicional. Exemplo: Pode ser difícil imaginar um número tão grande e cheio de zeros **(**são 12 deles!**)**.

... **Reticências:** indica hesitação ou suspensão do pensamento. Exemplo: Profundamente, completamente e rapidamente**...** com gosto e vontade! Sem demora! Com determinação!

ATIVIDADES

1. Copie as frases colocando a pontuação necessária.

a) Que história maravilhosa

b) Que hora está marcada a visita ao médico

c) Roberta comprou uma calça uma mochila e um par de tênis

d) Luciana disse Você já fez o teste hoje

2. Escreva frases usando: ponto de exclamação, vírgula, dois-pontos, travessão, aspas e parênteses.

3. Copie o texto em seu caderno, substituindo os símbolos pelos sinais de pontuação a seguir.

- ■ dois-pontos
- ● aspas
- ◆ travessão
- ▲ ponto de interrogação
- ✛ vírgula

Aninha era uma menina que gostava muito de brincar. Ela tinha muitos amiguinhos ■ Luís Henrique ✛ Carina ✛ Ana Carolina ✛ Fernando ✛ Julinho e Tatiana.

Eles faziam muita coisa juntos ■ estudavam as lições de casa... brincavam de tudo quanto era coisa ✛ passeavam de bicicleta... Um dia ✛ Aninha disse para a turma ■

◆ Vamos soltar balão ▲

E lá foram eles pegar uma caixa de fósforos bem de mansinho ✛ para ninguém perceber.

Encheram o balão de ar ✛ acenderam a tocha ✛ e ele foi subindo ✛ subindo... mas, vejam só o que aconteceu ■ o balão caiu num jardim perto de onde eles estavam e pegou fogo.

Eles correram e chegaram a tempo de apagar o fogo e evitar que outras crianças que brincavam no jardim se queimassem. Carina falou para Aninha ■

◆ Aninha ✛ nunca mais diga ● Vamos soltar balão ▲●. Você viu como é perigoso ▲ As crianças podiam ter se queimado.

E ✛ desse dia em diante ✛ a turma resolveu nunca mais soltar balão ou fazer qualquer outra coisa perigosa.

4. Leia este trecho de um poema que foi escrito com base em uma lenda.

Mandioca e macaxeira

Mandioca é uma coisa preciosa
foi do corpo de Mani que gerou-se
e o povo tupi acostumou-se
a comer essa planta saborosa
a menina tão branca e tão formosa
transformou-se em raiz dentro do chão
seu avô descobriu a plantação
para o povo comer com alegria
essa planta que até hoje em dia
é um grande alimento pra nação.
[...]

Valdeck de Garanhuns. *Mitos e lendas brasileiros em prosa e verso*. São Paulo: Moderna, 2007. p. 67.

COLOA STUDIO/SHUTTERSTOCK

a) Do que o poema trata?
_____
_____
_____

b) Há rimas nesse poema? Justifique sua resposta.
_____
_____
_____
_____
_____

c) A quem as palavras **preciosa**, **saborosa** e **formosa** se referem?
_____
_____
_____

d) Existe semelhança entre o poema e a lenda dos tupinambás?
_____
_____
_____
_____

5. Pesquise a lenda da mandioca em livros da biblioteca ou na internet. Escreva no caderno sobre o surgimento dessa planta. Lembre-se de usar os sinais de pontuação adequados.

ORTOGRAFIA

Uso de onde e aonde

Leia este trecho da lenda do Lobisomem.

> Antes de o Sol nascer, quando o galo canta, o Lobisomem volta ao mesmo lugar de onde partiu e se transforma outra vez em homem.
>
> Disponível em: https://www.sitededicas.com.br/folclore-o-mito-do-lobisomem.htm. Acesso em: 21 abr. 2022.

Quando o verbo que se relaciona com **onde** não exige a preposição **a**, o termo correto é **onde**.

Quando o verbo que se relaciona com **onde** exige a preposição **a**, o termo correto é **aonde**.

LÍNGUA PORTUGUESA

123

Observe os exemplos.

> Ele está **onde** deveria: na sala de leitura.
>
> Ele chegou **aonde** queria.

O verbo **estar** não exige a preposição **a**, mas o verbo **chegar** exige. Quem chega, chega **a** algum lugar. Por isso, a preposição se junta ao termo **onde**, formando **aonde**.

Aonde, portanto, é usado com verbos que indicam movimento.

ATIVIDADE

1. Complete corretamente as frases com **onde** ou **aonde**.

a) Não conheço o país _____ ela foi.

b) Ninguém sabe _____ Maria está.

c) Até _____ eles irão?

d) _____ você vai me esperar?

e) _____ lhe encontraram? Na rua?

f) Por _____ eles vieram?

g) De _____ saiu tanta gente?

h) _____ levaram vocês?

i) Vocês desceram _____?

Uso de sobre e sob

Leia estes trechos de lendas.

[...] O menino que tinha roubado o milho era o último da fila e foi, portanto, o último a chegar ao céu. Quando viu todas as mães agarradas à corda, cortou-a. As mulheres caíram umas **sobre** as outras e, ao atingirem a terra, transformaram-se em animais selvagens.

Theobaldo Miranda Santos. *Lendas e mitos do Brasil*. São Paulo: Ibep, 2013.

Dizem alguns habitantes de Jericoacoara que, **sob** o serrote do farol, jaz uma cidade encantada, onde habita uma linda princesa.

Luís da Câmara Cascudo. *Lendas brasileiras para jovens*. São Paulo: Global, 2010. p. 33.

Sobre significa em cima.
Sob significa embaixo.

ATIVIDADES

1. Leia.

Certa tarde, o caçador brincava com o cristal que ganhara da mulher. As nuvens começaram a sacudir **sob** seus pés, sinal de que lá embaixo estava chovendo. De repente, um raio de sol passou pelo cristal e se abriu num maravilhoso arco-íris que ligava o céu e a terra. Trocando o cristal de uma mão para outra, o rapaz viu que o arco-íris mudava de lugar.

Disponível em: https://novaescola.org.br/conteudo/3177/a-danca-do-arco-iris. Acesso em: 22 jun. 2022.

a) A expressão **sob** poderia ser substituída por qual destas palavras?

> em cima embaixo
> sobre   dentro

b) Crie uma frase usando a palavra **sob**.

_____

_____

2. Leia estas informações sobre montanhas-russas.

> As pistas das montanhas-russas de madeira são como estradas de ferro tradicionais. As rodas metálicas do trem rolam **sobre** um trilho de metal com largura entre 10 e 15 cm.

MARCO ARAGÃO

Disponível em: http://wisdomrides.blogspot.com/2007/06/. Acesso em: 16 jul. 2022.

Firewhip (Chicote de Fogo) é a montanha-russa mais radical do Beto Carrero *World*

> O brinquedo é o único invertido do país, com os trilhos **sobre** a cabeça dos passageiros.

RACHEAL GRAZIAS/SHUTTERSTOCK

Disponível em: https://www.betocarrero.com.br/atracoes/firewhip. Acesso em: 15 jul. 2022.

a) Em uma montanha-russa tradicional, os trilhos ficam **sob** os passageiros ou **sobre** os passageiros?

_____

b) E na montanha-russa invertida?

_____

3. Complete as frases usando **sobre** ou **sob**, de acordo com a indicação dos parênteses.

a) Deixei a camisa _____ a cadeira. (em cima)

b) O gato está _____ a mesa. (embaixo)

c) Não quero nada _____ os móveis. (em cima)

d) Mamãe deixou seus óculos _____ o armário. (em cima)

e) Quando há tempestades, é perigoso ficar _____ árvores. (embaixo)

PRODUÇÃO DE TEXTO

> Nossa proposta é que você pesquise uma lenda brasileira e conte-a oralmente aos colegas no dia combinado com o professor.
>
> Nesta lição, você conheceu uma lenda indígena. Leia agora uma das versões de uma lenda brasileira, do norte do Brasil, principalmente do Pará e do Amazonas.

LÍNGUA PORTUGUESA

Cobra-Norato

Uma índia que vivia entre os rios Amazonas e Trombetas teve dois filhos gêmeos. Quando os viu, quase morreu de susto. Não tinham forma humana. Eram duas serpentes escuras. Assim mesmo, a índia batizou-as com os nomes de Honorato e Maria. E atirou-as no rio, porque elas não podiam viver na terra.

As duas serpentes criaram-se livremente nas águas dos rios e igarapés. O povo chamava-as de Cobra-Norato e Maria Caninana. Cobra-Norato era forte e bom. Nunca fazia mal a ninguém. Pelo contrário, não deixava que as pessoas morressem afogadas, salvava os barcos de naufrágios e matava os peixes grandes e ferozes.

De vez em quando, Cobra-Norato ia visitar sua mãe tapuia. Quando caía a noite e as estrelas brilhavam no céu, ele saía d'água arrastando seu corpo enorme. Deixava o couro da serpente à beira do rio e transformava-se num rapaz bonito e desempenado. Pela madrugada, ao cantar do galo, regressava ao rio, metia-se dentro da pele da serpente e voltava a ser Cobra-Norato.

Maria Caninana era geniosa e malvada. Atacava os pescadores, afundava os barcos, afogava as pessoas que caíam no rio. Nunca visitou sua velha mãe. Em Óbidos, no Pará, havia uma serpente encantada, dormindo, dentro da terra, debaixo da igreja. Maria Caninana mordeu a serpente. Ela não acordou, mas se mexeu, fazendo a terra rachar desde o mercado até a igreja.

Por causa dessas maldades, Cobra-Norato foi obrigado a matar Maria Caninana. E ficou sozinho, nadando nos rios e igarapés. Quando havia festa nos povoados ribeirinhos, Cobra-Norato deixava a pele de serpente e ia dançar com as moças e conversar com os rapazes. E todos ficavam contentes.

Cobra-Norato sempre pedia aos conhecidos que o desencantassem.

Bastava, para isso, bater com ferro virgem na cabeça da serpente e deitar três gotas de leite de mulher na sua boca. Muitos amigos de Cobra-Norato tentaram fazer isso. Mas, quando viam a serpente, escura e enorme, fugiam apavorados.

Um dia, Cobra-Norato fez amizade com um soldado de Cametá. Era um cabra rijo e destemido. Cobra-Norato pediu ao rapaz que o desencantasse. O soldado não teve medo. Arranjou um machado que não cortara pau e um vidrinho com leite de mulher. Quando encontrou a cobra dormindo, meteu o machado na cabeça da bicha e atirou três gotas de leite em seus dentes enormes e aguçados.

A serpente estremeceu e caiu morta. Dela saiu Cobra-Norato, desencantado para sempre.

Theobaldo Miranda Santos. *Lendas e Mitos do Brasil*. São Paulo: Ibep, 2013.

Pesquisa

Você pode pesquisar as lendas em livros e *sites*. Se preferir, pergunte a seus pais, avós ou outras pessoas mais velhas se conhecem alguma lenda e se podem contá-la a você.

Preparação

Para quem pesquisou em livros e *sites*:

- Leia a lenda algumas vezes, até entender bem a história e conhecer as características dos personagens.
- Escreva a lenda no caderno usando suas palavras. Releia seu texto e confronte-o

com a lenda original, para ver se não se esqueceu de nenhum detalhe.
- Procure saber de que região é essa lenda.
- Anote os dados do livro ou *site*: nome do livro, nome do autor, nome da editora ou nome do *site* e nome do autor do texto.

Para quem pesquisou com pessoas mais velhas:
- Peça a quem for contar a lenda que fale devagar, para que você possa anotar a história.
- Peça também a essa pessoa que lhe explique todos os detalhes e o significado das palavras que você não conheça.
- Pergunte de que região é a lenda.

Quando você já souber bem todas as partes da lenda, treine para contá-la em voz alta. Seus colegas talvez não conheçam a história, então você precisará dar todas as informações para que eles a entendam.
- Diga onde e quando se passam os acontecimentos.
- Descreva os personagens e os lugares, para que os ouvintes possam imaginá-los.
- Deixe bem clara cada parte da lenda: como tudo começa, o que acontece em seguida, como a história termina.
- Use palavras que seu público compreenda. Se precisar usar algum termo pouco conhecido, explique seu significado.

Apresentação

Anote no caderno os principais pontos da história e, durante a apresentação, consulte-os se necessário.

Você deverá falar em um tom de voz que todos possam ouvir. Algumas lendas são comoventes, outras são misteriosas e outras, ainda, dão medo. Procure expressar cada tipo de emoção pela entonação, pelo ritmo da fala e pela expressão facial e corporal.

Avaliação

Depois de todas as apresentações, forme um grupo com alguns colegas e façam uma avaliação da apresentação de cada um de vocês. Verifiquem se cada contador:
- usou um tom de voz adequado;
- conseguiu prender a atenção dos ouvintes;
- contou os fatos com clareza, de modo que os ouvintes compreendessem o que se passava na história;
- usou uma linguagem que todos compreenderam.

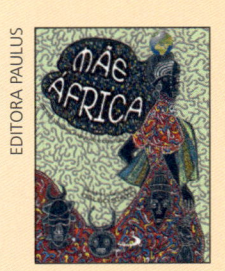

LEIA MAIS

Mãe África – mitos, lendas, fábulas e contos

Celso Sisto (reconto e ilustrações). São Paulo: Paulus, 2007.

Nesse livro, fábulas e outras histórias da África nos levam para o continente que tanta influência tem no Brasil. São histórias de beleza, sabedoria e muitas cores de povos como os iorubás e os masais.

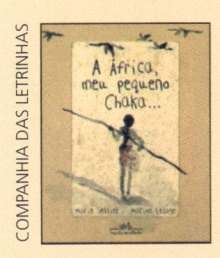

A África, meu pequeno Chaka...

Marie Sellier. São Paulo: Companhia das Letrinhas, 2006.

Nesse livro, você conhecerá lendas, fábulas e outras pequenas histórias que o Vovô Dembo, um africano muito alto e muito sábio, conta ao neto Chaka.

LIÇÃO 13
ENTREVISTA COM ANA PAULA CASTRO

VAMOS COMEÇAR!

Leia trechos de uma entrevista que a primeira astronauta brasileira, Ana Paula Castro, de 27 anos, concedeu ao jornal *Joca*, para a entrevistadora Helena Rinaldi. Ela fala sobre sua carreira, como chegou a ser escolhida para a missão e muito mais.

Conheça a jovem que pode ser a primeira astronauta brasileira
Ana Paula Castro, 27 anos, participa de uma missão da Agência Europeia Espacial

Helena Rinaldi

A Agência Espacial Europeia (ESA) selecionou uma jovem brasileira, Ana Paula Castro, de 27 anos, para fazer parte de uma missão espacial simulada que aconteceu em dezembro no Havaí. Esse tipo de missão é um treinamento que futuros astronautas fazem para entender como funcionam as missões espaciais reais. Para comemorar o Dia do Astronauta, o *Joca* entrevistou a Ana Paula para saber como funciona esse tipo de simulação e o que é preciso fazer para seguir essa profissão. Confira!

Você passou por um processo de seleção até ser escolhida para a missão. Como foi isso?

Para chegar até aqui, na simulação, foi um longo caminho. Primeiro, eu me formei em engenharia aeroespacial pela Universidade de Brasília (UnB), depois, fui para um mestrado [um tipo de curso que as pessoas podem fazer depois que terminam a universidade para se aprofundar na área que estudaram] na China, onde ainda estou estudando direito espacial [que estuda questões como preservação ambiental tanto da Terra como do espaço e resgate de astronautas]. Por causa do mestrado eu fiz um estágio no Escritório da Organização das Nações Unidas (ONU) Para Assuntos do Espaço Exterior.

Nesse estágio, eu descobri essa simulação. Quando soube que eles estavam precisando de engenheiros, eu mandei meu currículo com uma carta de motivação [um documento que explicava os motivos pelos quais ela queria participar da missão] e fui selecionada.

Como funciona a missão espacial de que você participou em dezembro?

Uma missão espacial simulada são testes feitos em um lugar parecido com os ambientes extremos – locais onde seria muito difícil sobreviver em razão das condições, como temperatura, acessibilidade a diferentes fontes de energia ou alta pressão – que a gente pode achar no espaço. Eles acontecem em lugares que não possuem muitos habitantes, justamente pelo fato de serem locais extremos, como a Antártida. Nessa missão, estamos na base de um vulcão, mas esses testes também podem ser feitos em oceanos e desertos. Eles são muito importantes porque são um treinamento para as missões espaciais de verdade. A gente se veste, age, come e faz tudo como astronautas. Infelizmente, como estamos na Terra, não temos como simular a gravidade. Mas aqui estamos simulando como se estivéssemos morando na Lua, então tem baixa gravidade, mas, ainda assim, tem gravidade.

Qual era o objetivo da missão?

Testar as tecnologias necessárias para morar na Lua e fazer experimentos, para ver como funcionaria alguns aspectos, como a comunicação. A gente também estuda os efeitos de ficar isolado no comportamento das pessoas. Por exemplo, estudamos como é ficar isolado com uma equipe que não é sua família e quais são os efeitos de ter uma alimentação muito repetitiva, porque nosso cardápio aqui não é muito variado. Nós temos uma pequena seleção de comidas disponíveis, então, precisamos ser bem criativos para não enjoar da comida.

Outra atividade importante desse tipo de missão é que, por estar em um vulcão, esse cenário parece muito com a Lua e com Marte há alguns anos. Os vulcões possuem "tubos de lavas", que são cavernas que foram formadas quando a lava foi se movimentando e, depois de muitos anos, ficam sólidas e se tornam ambientes muito seguros para a gente construir a habitação, porque eles nos protegeriam da radiação [tipo de energia que, quando em níveis muito altos, pode causar problemas para a saúde, como queimaduras] do espaço e poderiam nos proteger de meteoritos. Então, seria um local ideal para morar lá fora.

Essa experiência é mais um passo para você ir para o espaço no futuro?

Com certeza, porque ela vai me dar a experiência de viver em um ambiente extremo, com comunicação limitada e a experiência em si de ser astronauta.

Do que é preciso para ser astronauta?

É muito importante estudar bastante. Para ser astronauta, é necessário, no mínimo, ter terminado a universidade e adquirir experiência profissional. Pode ser em várias áreas, não só engenharia. Por exemplo, você pode estudar física, ciências da computação, matemática...

Outra coisa muito importante é cuidar do corpo. Astronautas precisam ser fortes, então é necessário praticar exercícios físicos. Quando a gente sai com a roupa de astronauta, é bem difícil, muita gente precisa parar para retomar o ar. Por isso, temos que nos exercitar todos os dias aqui na simulação por uma hora, além de comer bem. Também acho que também vale a pena investir no inglês, se for possível. É sempre bom aprender outras línguas, isso pode abrir muitas portas.

Como você se sente podendo ser a primeira astronauta brasileira?

Eu fico muito feliz e honrada em poder ser a primeira astronauta brasileira, mas ainda preciso de muita experiência na área para tentar entrar em um programa de treinamento de astronauta.

Eu fico muito grata em trazer essa representatividade para o Brasil, não só por ser brasileira, como também pela minha história. Estudei em um colégio público durante a minha vida inteira, me formei em uma universidade pública e tudo o que eu consegui foi com bolsas ou a ajuda de vaquinhas, tanto para ir para a China como para essa simulação, em que tive o apoio da Agência Espacial Brasileira.

Quero muito me tornar a primeira astronauta do Brasil para inspirar crianças e jovens e mostrar que, se você persistir, é possível conseguir qualquer coisa. É só investir muito esforço e dedicação, porque nós, brasileiros, temos muito potencial, só nos faltam oportunidades.

Que conselho você daria para crianças que querem ser astronautas?

Minha dica é: sejam curiosos e curiosas. O que move a ciência hoje é a curiosidade, então, tente entender como as coisas funcionam, o que são os elementos que vemos no céu, como funcionam os fenômenos naturais etc.

Disponível em: https://www.jornaljoca.com.br/conheca-a-jovem-que-pode-ser-a-primeira-astronauta-brasileira/. Acesso em: 21 abr. 2022.

ESTUDO DO TEXTO

1. Qual é o tema central da entrevista?

2. Ao ser indagada sobre o que é preciso para ser astronauta, quais são os pontos que a entrevistada apresenta?

3. Quais motivos fazem a entrevistada se sentir orgulhosa por ter se tornado a primeira astronauta brasileira?

4. O que a entrevistada espera da sua experiência?

5. A intenção principal do jornal *Joca* ao entrevistar a astronauta Ana Paula Castro foi:

☐ falar sobre astronomia e a descoberta de novas formas de se viver na Lua.

☐ mostrar o que deve ser feito para se tornar astronauta e a importância dessa profissão.

☐ aconselhar estudantes universitários sobre como se tornar astronauta.

6. Releia o seguinte trecho:

> **Que conselho você daria para crianças que querem ser astronautas?**
>
> Minha dica é: sejam curiosos e curiosas. O que move a ciência hoje é a curiosidade, então, tente entender como as coisas funcionam, o que são os elementos que vemos no céu, como funcionam os fenômenos naturais etc.

a) Ao responder à pergunta feita por Helena Rinaldi, a astronauta passa uma mensagem de motivação ou de desestímulo àqueles que querem se tornar astronautas? Explique.

_____
_____
_____
_____
_____
_____

7. Releia o seguinte trecho:

> Nessa missão, estamos na base de um vulcão, **mas** esses testes também podem ser feitos em oceanos e desertos.

a) Onde foi realizada a missão?

_____
_____

b) Que tipo de relação a informação iniciada pela expressão **mas**, também destacada no trecho, estabelece com a afirmação anterior a ela? Assinale a resposta correta.

☐ tempo

☐ causa

☐ oposição

c) Por qual das palavras abaixo o termo **mas** poderia ser substituído no trecho transcrito, sem perder o sentido original?

☐ porque

☐ enquanto

☐ no entanto

8. Releia o seguinte trecho:

> **Essa experiência é mais um passo para você ir para o espaço no futuro?**
>
> Com certeza, porque ela vai me dar a experiência de viver em um ambiente extremo, com comunicação limitada e a experiência em si de ser astronauta.

O pronome **ela**, na resposta da astronauta, faz referência a qual outra palavra mencionada no trecho?

_____
_____

LÍNGUA PORTUGUESA

131

ESTUDO DA LÍNGUA

Tipos de frase

Releia esta frase do artigo "Ciência também é coisa de menina".

A ciência, por exemplo, era algo aceitável apenas para meninos.

Frase é o conjunto de palavras que comunica um pensamento completo.

As frases podem ser **declarativas**, **interrogativas**, **exclamativas** e **imperativas**.

As **frases declarativas** podem ser afirmativas ou negativas. As **frases declarativas afirmativas** afirmam alguma coisa, fazem uma declaração simples.

Exemplo:

Acontece que a verdade agora é uma só: todos podem ocupar o lugar que quiserem.

As **frases declarativas negativas** negam alguma coisa, fazem a negação de uma declaração.

Exemplo:

Por causa disso, muitos cresceram e se tornaram cientistas, enquanto muitas meninas acharam que não poderiam seguir essa carreira.

As **frases interrogativas** perguntam alguma coisa, indicam uma interrogação.

Exemplo:

Você pode se imaginar viajando para a Amazônia para estudar os animais e as plantas da maior floresta tropical do mundo?

As **frases exclamativas** indicam exclamação, admiração, surpresa, alegria, espanto, dor, medo, susto.

Exemplo:

Para mostrar ao mundo que lugar de mulher é onde ela quiser – incluindo fazendo ciência! –, algumas dessas mulheres têm se unido e formado grupos que chamam de 'redes de apoio' para levar essa liberdade de sonhar a meninas do mundo todo!

As **frases imperativas** indicam ordem ou pedido.

Exemplos:

> Sonhe com que tipo de cientista quer ser!

ATIVIDADES

1. Escreva uma frase negativa, uma interrogativa e uma exclamativa, partindo desta frase.

> As crianças foram ao parque.

a) negativa

_____

_____

b) interrogativa

_____

_____

c) exclamativa

_____

_____

2. Classifique as frases a seguir.

a) Por favor, abra a porta.

_____

b) Hoje não vou à escola.

_____

c) Rafaela sabe dançar.

_____

d) Que belo ramalhete!

_____

e) Venha cá, Paula.

_____

f) Que horas são?

_____

g) Maria Helena não veio trabalhar.

_____

h) Fique aí!

_____

3. Transforme as frases afirmativas em negativas.

a) A moça piscou o olho para o rapaz.

_____

_____

b) Pedro perdeu uma lapiseira.

_____

_____

c) O dia está bonito.

_____

_____

d) O velho rei é bom.

_____

_____

Oração e período

> Todo enunciado que contém apenas um verbo é chamado de **oração**.

Leia.

> Ana Paula Castro estudou engenharia aeroespacial.

O enunciado acima é uma oração? Explique.

_____

> A frase com verbo também recebe o nome de **período**. Em um período há tantas orações quantos forem os verbos.

Leia e circule os verbos.

> Os astronautas estudam bastante e cuidam do corpo.

Há quantas orações no enunciado acima?

_____

> Quando um enunciado é formado por mais de uma oração, ele é chamado **período composto**.

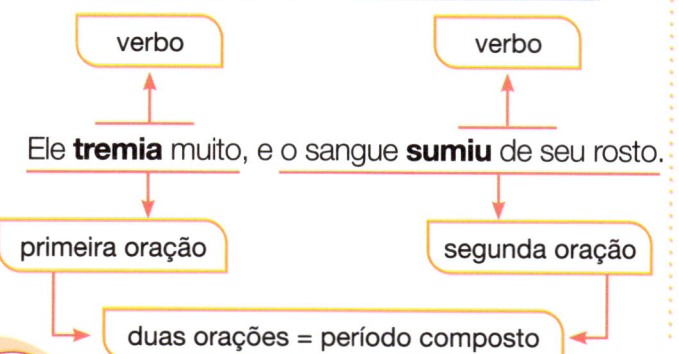

verbo   verbo

Ele **tremia** muito, e o sangue **sumiu** de seu rosto.

primeira oração   segunda oração

duas orações = período composto

Tanto o período simples como o composto terminam com um destes sinais de pontuação: ponto-final (**.**), ponto de exclamação (**!**), ponto de interrogação (**?**) ou reticências (**...**).

ATIVIDADES

1. Releia este trecho da entrevista e copie os verbos.

> A gente se veste, age, come e faz tudo como astronautas.

_____

_____

• Há quantas orações no enunciado acima?

_____

2. Classifique os períodos a seguir em **simples** ou **compostos**.

a) Percorreu todas as salas.

_____

b) Percorreu todas as salas, mas não achou ninguém.

_____

c) Tinha-o como amigo.

_____

d) Como está frio, fiquei em casa.

_____

e) Tanto ele como o irmão são meus amigos.

_____

ORTOGRAFIA

Palavras terminadas em -isar e -izar

> A professora achou melhor **pesquisar** sobre o assunto.
>
> O aluno resolveu não **atualizar** sua agenda.

Observe que o som da terminação dos verbos "pesquisar" e "atualizar" é igual, mas a grafia é diferente.

pesquisa – pesquisar
atual – atualizar

> A terminação **-isar** caracteriza os verbos derivados de palavras com **s**. A terminação **-izar** caracteriza os verbos derivados de palavras que não têm **s**.

ATIVIDADES

1. Escreva os verbos derivados destas palavras, seguindo o exemplo.

preciso – *precisar*

paralisia _____

piso _____

análise _____

friso _____

improviso _____

2. Forme verbos usando **-izar**. Veja o exemplo.

atual – *atualizar*

canal _____

concreto _____

fiscal _____

agonia _____

civil _____

anarquia _____

simpatia _____

3. Transforme as palavras abaixo em verbos, acrescentando **-isar** ou **-izar**, de acordo com a regra de uso dessas terminações.

central _____

colônia _____

revisão _____

civilização _____

aviso _____

suave _____

real _____

humano _____

Senão / se não

> **Senão** é uma palavra que significa do contrário, de outro modo.
>
> **Se não** é uma expressão que dá ideia de condição, de hipótese.

Observe os exemplos.

> Você tem de ir ao médico, **senão** não poderá tomar remédio para melhorar da gripe.
>
> **Se não** chover, o time de Regina vai jogar.

Ao encontro de / de encontro a

Estas duas expressões têm sentidos opostos.

> **Vir ao encontro de** alguma coisa significa algo favorável, agradável, bem-vindo. Mas **vir de encontro a** alguma coisa é indesejável, pois dá ideia de contrariedade.

LÍNGUA PORTUGUESA

Veja os exemplos:

> Sua presença veio **ao encontro de** nossos interesses. (Sua presença foi **bem-vinda**.)
>
> Sua presença veio **de encontro a** nossos interesses. (Sua presença foi **desagradável**.)

ATIVIDADES

1. Complete corretamente as frases com uma das expressões entre parênteses.

a) Os noivos subiram ao altar para ir _____ felicidade. (ao encontro da/ de encontro à)

b) Infelizmente, seu projeto vai _____ desejo da maioria. (ao encontro do/ de encontro ao)

c) Acho ótima sua ideia. Ela vem _____ que eu tinha imaginado. (ao encontro do/ de encontro ao)

d) Espero que não me culpes _____ der certo. (senão/ se não)

e) A escritora teve de comprar a passagem antes, _____ não conseguiria viajar no Natal. (senão/ se não)

f) Um espaço cultural deve estar a serviço da qualidade, _____ ninguém lhe dá o devido valor. (senão/ se não)

2. No caderno, forme frases com: **senão** e **se não**, **de encontro a** e **ao encontro de**.

PRODUÇÃO DE TEXTO

Com a orientação do professor, você e seus colegas vão entrevistar pessoas vindas de outros países, estados ou cidades para produzir uma **Mostra da Diversidade**. Depois, vão expor o resultado desse trabalho nos murais da escola.

Mãos à obra!

Preparação

Reúna-se com mais dois colegas e, juntos, decidam quem será o entrevistado: pensem nos avós, nos vizinhos, nos amigos da família.

Procurem alguém que tenha morado em um lugar muito diferente de onde vive hoje.

Conversem com a pessoa escolhida, façam o convite e expliquem a ela que a entrevista será gravada (um celular ou um gravador pode ajudá-los) e depois transcrita (vamos reescrevê-la) e exposta na escola.

Planejamento e escrita

Pensem nas coisas interessantes que essa pessoa tem para contar a todos. Preparem cinco perguntas cada um. Depois, conversem e elejam as cinco perguntas que considerarem mais interessantes.

Compareçam ao lugar marcado com o(a) entrevistado(a) e verifiquem com antecedência se o gravador está funcionando.

Durante a entrevista:

- iniciem as perguntas, falando com clareza e pausadamente.

Não interrompam o(a) entrevistado(a);
- se ele ou ela permitir, tirem uma foto;
- se perceberem que é possível ampliar as questões a partir das respostas dadas, aproveitem a oportunidade;
- ao final, agradeçam ao(à) entrevistado(a) pela gentileza em conceder a entrevista.

Em seguida, na sala de aula, organizem a entrevista:
- construam a apresentação do(a) entrevistado(a). É preciso mencionar qual a origem dele ou dela;
- transcrevam as perguntas e respostas, identificando o(a) entrevistador e o(a) entrevistado(a);
- verifiquem se não há respostas repetidas. Deixem a mais interessante para fechar a entrevista;
- façam uma legenda para a foto (se houver). Deem um título que desperte a curiosidade do leitor.

Revisão e reescrita

Troquem a entrevista de vocês com a de outro grupo da turma.

Avaliem se na entrevista dos colegas as perguntas e respostas estão interessantes e se permitem que o leitor conheça a cultura do(a) entrevistado(a).

Recebam as observações do outro grupo ao trabalho de vocês e façam as correções necessárias.

Consultem, em dicionários, as dúvidas de ortografia.

Passem a limpo e planejem, com o professor, a montagem da **Mostra da Diversidade**.

LEIA MAIS

As cientistas: 50 mulheres que mudaram o mundo

Rachel Ignotofsky. São Paulo: Blucher, 2017.

Essa obra apresenta diferentes contribuições de 50 mulheres para a ciência com ilustrações que encantam. Entre suas profissões temos engenheiras, astronautas, físicas, biólogas, matemáticas e outras!

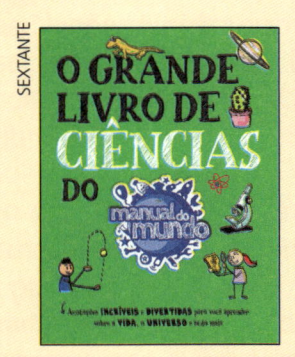

O Grande Livro de Ciências do Manual do Mundo

Mari Fulfaro e Iberê Thenório. Rio de Janeiro: Sextante, 2019.

Em meio a muitas cores e ilustrações, você poderá conhecer diferentes coisas relacionadas a ciências, desde experimentos até as Leis de Newton! Vale a pena explorar.

LIÇÃO 14 — OS IDOSOS

VAMOS COMEÇAR!

Leia a notícia a seguir.

Brasil soma mais de 200 denúncias de violência contra idosos por dia

Segundo relatório da Ouvidoria de Direitos Humanos, foram 39.333 registros até junho. Violência física e psicológica preocupam

CIDADES | Joyce Ribeiro, do R7 - 10/07/2021 - 02h16

A Ouvidoria Nacional dos Direitos Humanos registrou 39.333 denúncias de violência contra idosos no país apenas no primeiro semestre deste ano. O número corresponde a 215 por dia e representa mais de 26% do total de relatos recebidos pelo Disque 100, Ligue 180 e aplicativos de Direitos Humanos. O montante pode ser até maior porque, na pandemia, as vítimas estão confinadas por mais tempo com os agressores.

"A partir de 2019, houve uma reformulação no Disque 100 e o aprimoramento das denúncias. Na comparação com 2020, houve aumento, mas isso não significa que todas são verídicas. A dificuldade é encaminhar o relato para o município e ele ter como apurar. Às vezes, quando chega, já foi superada, por isso a importância da criação de uma rede de proteção mais rápida", afirma Antonio Costa, secretário nacional de Promoção e Defesa dos Direitos da Pessoa Idosa.

Segundo o relatório da Ouvidoria, em 6 meses, foram registradas 156.777 violações de Direitos Humanos: física, patrimonial, psíquica, de liberdade, entre outras. Em só uma denúncia, pode haver diferentes violações. A psíquica tem mais de 31 mil registros e a de integridade física, outros 30 mil.

Ao longo de 2020, foram quase 88 mil registros de violência contra pessoas idosas, o que representa uma média de cerca de 240 por dia, de acordo com a Ouvidoria. O crime fica atrás apenas de violência contra mulher (105 mil) e contra crianças e adolescentes (95 mil).

[...]

Disponível em: https://noticias.r7.com/cidades/brasil-soma-mais-de-200-denuncias-de-violencia-contra-idosos-por-dia-28032022. Acesso em: 22 jul. 2022.

ESTUDO DO TEXTO

1. Qual é o fato tratado na notícia lida?

_____

2. Em que local aconteceu esse fato?

_____

3. Uma notícia geralmente é assinada, isto é, o jornalista que a escreve se responsabiliza pelo relato dos fatos. Localize o nome da jornalista que escreveu a notícia e copie-o.

_____

4. Segundo a notícia, as denúncias de violência contra idosos soma mais de 26% do total dos relatos recebidos pelo Disque 100, Ligue 180 e aplicativos de Direitos Humanos.

a) Você sabe para que servem o Disque 100 e o Ligue 180 de comunicação? Se não, realize uma pesquisa e registre suas descobertas.

_____

_____

_____

b) A jornalista afirma que "O montante [de denúncias] pode ser até maior [...]". Isso significa que:

☐ os dados fornecidos são exatos e, por isso, é possível saber quantos idosos foram violentados no país.

☐ pode ser que os dados não reflitam exatamente a realidade, apesar de ainda serem alarmantes.

c) Quais são os tipos de violência registrados nos canais de atendimento?

_____

5. Quais outras parcelas da sociedade também são citadas na notícia no que se refere a crimes de violência? Os dados sobre eles também são alarmantes?

_____

_____

_____

ESTUDO DA LÍNGUA

Sujeito simples e sujeito composto

Leia.

Minha bisavó chamava-se Beatriz.
↓
sujeito

O sujeito dessa oração é formado por duas palavras: **minha** e **bisavó**. Uma delas é a principal, o substantivo **bisavó**.

O sujeito das orações pode ser formado por mais de uma palavra principal.

Observe estes exemplos:

uma palavra principal
↓
A **menina** brincava na rua.
↓
sujeito

duas palavras principais
↓   ↓
A **menina** e sua **prima** brincavam na rua.
↓
sujeito

A palavra principal do sujeito de uma oração é chamada de **núcleo do sujeito**.

núcleo do sujeito
↑
Os **meninos** da rua queriam brincar de governo.
↓
sujeito

Quando o sujeito de uma oração tem só um núcleo, ele é chamado **sujeito simples**.

Por exemplo:

um núcleo do sujeito
↓
Ana é muito simpática.
↓
sujeito simples

um núcleo do sujeito
↓
Todos os **alunos** entraram no jogo.
↓
sujeito simples

Quando o sujeito de uma oração tem mais de um núcleo, ele é chamado **sujeito composto**.

Por exemplo:

dois núcleos do sujeito
↓   ↓
Ana e **Pedro** são muito simpáticos.
↓
sujeito composto

dois núcleos do sujeito
↓   ↓
Todos os **alunos** e todos os **professores** entraram no jogo.
↓
sujeito composto

ATIVIDADES

1. Copie o sujeito destas orações:

a) Mafalda e Manolito estavam conversando.
_____

b) Meninas e meninos gostam de brincar.
_____

c) A professora, os alunos e alguns monitores viajaram juntos.
_____

d) Agora circule as palavras principais de cada sujeito que você copiou.

2. Classifique os sujeitos das orações a seguir em **simples** ⌐S⌐ e **compostos** ⌐C⌐.

☐ Pedro e Paulo são defensores do meio ambiente.

☐ Elas não estão aqui neste momento.

☐ O professor e os alunos vieram à festa.

☐ Alguns viajantes estiveram aqui.

☐ Perto da ponte desceram alguns turistas.

☐ O vendedor e o gerente da loja vieram chamar-me.

☐ O tempo passava monotonamente.

☐ Eu e meus amigos viemos auxiliá-lo.

ORTOGRAFIA

Uso de **há** e **a**

Leia o título de uma notícia.

> Parados **há** 32 dias, professores de SP mantêm greve e governo marca reunião
>
> *Folha de S.Paulo*, 17 abr. 2015.

A palavra **há** é uma forma conjugada de qual verbo? _____

Qual verbo poderia substituir o verbo **há** no título? _____

O verbo **há** exprime a ideia de passado. Veja outros exemplos:

As férias começaram **há** dias.
Minha família chegou à cidade **há** muitos anos.

> Empregamos **há** para indicar tempo passado e quando for possível substituí-lo pela palavra **faz**.
> O passeio aconteceu **há** muitos anos.
> O passeio aconteceu **faz** muitos anos.

Agora compare:

Daqui **a** três meses iremos ao Rio de Janeiro.
Daqui **a** alguns anos ele se lembrará dos amigos da escola.
Nessas frases com a preposição **a**, a ideia é de futuro.

> Empregamos **a** para indicar tempo futuro e quando for impossível substituí-la pela palavra **faz**.
> Daqui a pouco vai chover.
> Daqui "faz" pouco vai chover. (impossível a substituição)

ATIVIDADE

1. Complete as frases com ⌐a⌐ ou ⌐há⌐.

a) Passei por lá _____ alguns dias.

b) _____ poucas horas Pedro chegou.

c) Daqui _____ dois meses, ele aparecerá.

Palavras com sc

Leia estas palavras em voz alta, prestando atenção ao som das letras destacadas.

| **c**ebola | **s**emente | a**ss**ento | ex**c**eção | de**sc**er |

Há diferença de som entre elas? _____

Em português, o mesmo som pode ser representado, na escrita, por mais de uma letra ou grupo de letras. Por exemplo, o som do **c** em **cebola** pode, em outras palavras, ser escrito com **s**, **ss** ou **sc**.

Uma forma de sabermos como escrever certas palavras que nos deixam em dúvida é pensar na grafia de outras palavras da mesma família.

ATIVIDADES

1. Sabendo que **descer** e **crescer** se escrevem com **sc**, complete as palavras da mesma família e copie-as.

de___ida _____   cre___imento _____

de___endo _____   cre___ido _____

de___eu _____   decre___er _____

2. Complete corretamente as palavras e copie-as.

indi___iplina _____   adole___ente _____

fa___inar _____   rejuvene___er _____

con___iente _____   acré___imo _____

flore___er _____   incon___iente _____

3. Recorte de jornais e revistas palavras em que o **sc** tenha o som do **c**, como em **cebola**. Cole as palavras no quadro a seguir.

PRODUÇÃO DE TEXTO

Forme um grupo com mais dois colegas. Escrevam uma notícia para ser publicada no jornal da escola ou exposta no mural da sala de aula (ou do pátio).

Preparação

Vocês vão buscar fatos interessantes e atuais para noticiar aos colegas.

- A notícia pode ser relacionada a esporte, teatro, música, dança, ecologia etc.
- Vocês podem tanto noticiar um acontecimento da escola como do bairro, da cidade e mesmo do país.

Pesquisem sobre o assunto e no caderno, escrevam respostas para todas estas perguntas: *O que aconteceu? Com quem? Quando? Onde? Como? Por quê?*

Escrita

No primeiro parágrafo da notícia, deem ao leitor quase todas as informações, mas sem nenhum detalhe.

Nos parágrafos seguintes, expliquem melhor essas informações.

Usem uma linguagem que os leitores da notícia possam entender.

Se for possível, entrevistem uma pessoa que tenha relação com o fato noticiado.

Na notícia, vocês devem colocar as frases mais interessantes ditas pelos entrevistados. Atenção:

- Vocês devem deixar claro para o leitor da notícia quem é a pessoa entrevistada.
- A fala do entrevistado deve ficar entre aspas.

Escolham para a notícia um título que seja interessante para o leitor e que mostre a ele qual assunto vai ser tratado.

Revisão e reescrita

Troquem o texto de vocês com o de outro trio/grupo. Leiam o que os colegas escreveram, avaliando se:

- o título permite ao leitor imaginar do que a notícia vai tratar;
- o fato noticiado é atual;
- o primeiro parágrafo tem as informações principais;
- os parágrafos seguintes dão mais informações e detalhes;
- há o depoimento de pessoas entrevistadas;
- está claro quem é o entrevistado e onde começa e termina a fala dele;
- as palavras estão escritas corretamente.

Pensem sobre as observações que seus colegas fizerem sobre a notícia de vocês e reescrevam o que acharem necessário.

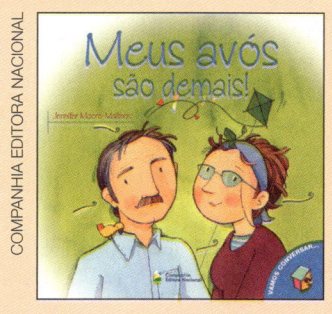

LEIA MAIS

Meus avós são demais!

Jennifer Moore-Mallinos. São Paulo: Companhia Editora Nacional, 2008.

Esse livro conta a história carinhosa de uma criança e seus avós. Meninos e meninas são incentivados a valorizar o relacionamento que têm com seus avós e a cultivar as lembranças afetuosas que têm deles, à medida que os anos passam e as crianças se tornam adultos.

LIÇÃO 15 — E O MUNDO MUDOU

VAMOS COMEÇAR!

Leia a charge a seguir. Lembre-se de que uma charge é um texto que apresenta tanto aspectos visuais como verbais. Observe-os com atenção para fazer uma boa leitura.

— QUERIDO PAPAI NOEL, TROUXE UMA CARTINHA.
— SÓ ACEITO CARTÃO.

GALVÃO, Jean. *Folha de S.Paulo*. Disponível em: http://goo.gl/itjAa5. Acesso em: 20 abr. 2021.

ESTUDO DO TEXTO

1. Quem são os personagens centrais da charge?
   _____

2. Onde esses personagens estão? Justifique sua resposta.
   _____
   _____

3. O que esse cenário de fundo sugere?
   _____
   _____

4. Observe a menina que conversa com o Papai Noel.

a) O que ela diz?
_____

b) Nessa fala, há palavras que expressam afetividade, carinho. Quais são elas?
_____

5. Observe a carta nas mãos da menina. Visualmente, o que a cartinha retoma das palavras afetivas que a menina empregou?
_____
_____

6. Observe a fala do Papai Noel no balão.

a) O que ele diz?
_____

b) O que significa a palavra **cartão** na fala do Papai Noel?
_____

7. O que faz o humor da charge? Pense nas respostas dadas anteriormente.
_____
_____
_____

8. Podemos dizer que há, na fala do Papai Noel – absolutamente oposta à fala da menina –, uma crítica a valores da nossa sociedade? Por quê?
_____
_____
_____

ESTUDO DA LÍNGUA

Sinônimos, antônimos e homônimos

Releia esse trecho.

> Ao ultrapassar a linha entre o saudável e o exagerado, o consumidor pode se transformar num comprador impulsivo ou compulsivo.

Agora leia este verbete de dicionário.

> **saudável** (sau.dá.vel) a2g. **1.** Que tem saúde (criança saudável); SADIO [Antôn.: doente, enfermo.] 2. Que faz bem à saúde; SALUTAR; BENÉFICO: Só come alimentos saudáveis. [Antôn.: insalubre.] 3. Fig. Que traz benefício físico e/ou espiritual (influência saudável; atitude saudável); BENÉFICO; FAVORÁVEL [Antôn.: maléfico.]
>
> *Dicionário escolar da língua Portuguesa* – Academia Brasileira de Letras. São Paulo: Companhia Editora Nacional, 2008. p. 489.

As palavras **saudável**, **benéfico**, **favorável** são sinônimas. Elas têm o mesmo sentido.

Leia outros exemplos de palavras sinônimas.

> **casa** — moradia, habitação
> **vastas** — amplas, grandes
> **apressou** — antecipou
> **ternura** — carinho, afeto
> **jubilosamente** — alegremente
> **roubar** — furtar

Agora leia estes trechos de outro artigo sobre consumo.

[...] De vez em quando, todo mundo adora fazer uma comprinha fora do habitual para quebrar a rotina e se sentir mais feliz, o que a internet tornou mais fácil.
[...]
Ainda não tão grave, mas não menos importante, o comprador impulsivo adquire qualquer coisa por impulso, num determinado momento, mas ainda sem ser rotineiro.

PORTAL Gaz. A importância do consumo consciente na hora das compras. Disponível em: https://www.gaz.com.br/a-importancia-do-consumo-consciente-na-hora-das-compras/. Acesso em: 22 jun. 2022.

Quais palavras desses trechos têm sentido contrário?

As palavras **mais** e **menos** são **antônimas**. Elas têm significados opostos.

Leia outros exemplos de palavras antônimas.

> magro – gordo
> grande – pequeno
> noturno – diurno
> barulho – silêncio
> doméstico – selvagem
> bom – mau

Leia estes pares de palavras.

- **cela** – quarto pequeno
- **sela** – arreio, assento do cavaleiro

- **acento** – símbolo gráfico
- **assento** – lugar onde se senta

- **cheque** – ordem de pagamento
- **xeque** – no jogo de xadrez, lance em que o rei é atacado

- **são** – sadio
- **são** – verbo ser

- **manga** – fruta
- **manga** – parte da vestimenta

Essas palavras são **homônimas**, ou seja, têm a mesma pronúncia, e, às vezes, a mesma grafia, mas significados diferentes.

ATIVIDADES

1. No trecho a seguir, as palavras destacadas são sinônimas, antônimas ou homônimas? Justifique.

> O consumo é inevitável, mas pode gerar mais **problemas** do que **soluções** ou satisfações.
>
> PORTAL Gaz. A importância do consumo consciente na hora das compras. Disponível em: https://www.gaz.com.br/a-importancia-do-consumo-consciente-na-hora-das-compras/. Acesso em: 22 jun. 2022.

2. Leia as palavras e seus sinônimos. Escolha duas palavras para formar frases.

caminho: estrada, trilho
lembrar: recordar
aroma: cheiro, odor
indagar: investigar, pesquisar, perguntar
relento: sereno
vastas: amplas, grandes, extensas

3. Escreva um sinônimo para a palavra destacada em cada frase.

a) O colégio precisa de **ordem**.

b) O rapaz **executou** a tarefa.

c) O diretor **fez** o pagamento.

d) As salas são **vastas**.

4. Dê o antônimo das seguintes palavras.

viva _____

feliz _____

entrar _____

triste _____

dentro _____

não _____

pequena _____

ordem _____

mal _____

valente _____

5. Complete as frases com o antônimo da palavra entre parênteses.

a) Renato _____ a garrafa térmica. (abriu)

b) O menino _____ a pipa. (prendia)

c) O homem _____ levou a carroça. (fraco)

d) Marcelo é um menino _____. (triste)

6. Forme uma frase com o antônimo de cada palavra a seguir.

a) lento:

_____

_____

_____

b) tranquilo:

_____

_____

_____

c) apressado:

_____

_____

_____

d) velho:

_____

_____

_____

ORTOGRAFIA

Palavras com e e i

Observe a grafia das palavras de cada quadro.

Escrevem-se com e (e não com i)		
aéreo	cadeado	quase
antediluviano	demissão	se
anteprojeto	despencar	sequer
arrepio	mexerica	seringa

Escrevem-se com i (e não com e)		
adiantar	criado	inigualável
adiante	crioulo	invés
adivinho	diante	meritíssimo
casimira	disparate	miúdo
cordial	esquisito	pátio
corrimão	esquisitice	penicilina
crânio	igreja	pior
criar	idade	privilegiado

ATIVIDADES

1. Complete as palavras com **e** ou **i**. A seguir, leia-as em voz alta.

ad___antar   cr___ar   corr___mão

aér___o   pát___o   pr___vilégio

___scola   crân___o   esqu___sito

d___ante   ___nvés   ad___vinhar

2. Forme frases com estas palavras.

    esquisitice   continue   privilégio   atrai

_____

_____

Palavras terminadas por u e por l

Leia.

> pa**u** – pa**us**
> degra**u** – degra**us**

> especi**al** – especi**ais**
> past**el** – past**éis**

> Você percebeu como é formado o plural das palavras terminadas por **u** e por **l**?

As palavras terminadas em **u** formam o plural pelo acréscimo de **s**.
As palavras terminadas em **l** formam o plural trocando o **l** por **is**.

ATIVIDADES

1. Enumere adequadamente as palavras:

> **1.** Palavras terminadas por **u**
> **2.** Palavras terminadas por **l**

Depois, passe as palavras para o plural.

☐ social _____

☐ cacau _____

☐ caracol _____

☐ legal _____

☐ mingau _____

☐ azul _____

☐ tropical _____

☐ curau _____

☐ mau _____

☐ atual _____

☐ papel _____

☐ berimbau _____

☐ possível _____

☐ troféu _____

☐ agradável _____

☐ mundaréu _____

2. Leia e acentue as palavras quando for necessário.

> ceu   seu   veu   reu
> pastel   chapeu   meu   trofeu

a) As palavras que você acentuou terminam em **l** ou **u**?

_____

b) O som da vogal **e** nessas palavras é aberto ou fechado? _____

PRODUÇÃO DE TEXTO

Agora que você já refletiu sobre o consumo, é hora de produzir um texto com a sua opinião. O objetivo é defender seu ponto de vista, expondo sua opinião e seus argumentos. Observe este quadro:

> O texto argumentativo opinativo é constituído por:
> - **Ponto de vista:** a perspectiva, o modo pessoal de ver um fato, um assunto. Um mesmo fato pode ser entendido de diferentes pontos de vista, que dão origem a diferentes opiniões.
> - **Fato:** um acontecimento real, narrado tal qual ocorreu.
> - **Opinião:** expressão pessoal do que se pensa a respeito de um fato, que pede, necessariamente, uma posição.
> - **Argumentos:** justificativas que esclarecem o ponto de vista assumido e fundamentam a opinião. São evidências, provas, dados e outros elementos que sustentam a ideia defendida.

Comece formando uma roda de conversa com os colegas; então, discuta as questões a seguir e registre as informações que forem apresentadas, preparando-se para pensar em um ponto de vista, dar uma opinião e argumentar sobre o tema "educação para o consumo".

Questões

- O estudo sobre educação financeira pode contribuir para melhorar os hábitos de consumo dos estudantes da nossa turma?
- Você acha importante conversar com familiares sobre os textos trabalhados nesta lição e as discussões sobre o tema "consumo infantil"?
- A televisão e o *marketing* publicitário influenciam ou não o consumismo infantil? Por quê?
- Quais são as atitudes mais importantes que as crianças devem tomar para se tornarem consumidores conscientes?

Preparação

Para complementar as informações trocadas com os colegas, pesquise em revistas e jornais, impressos e digitais, *sites* especializados na internet e em outras fontes. Como sugestão, acesse: https://www.jornaljoca.com.br/em-pauta-educacao-financeira-e-voce-com-isso/ e leia sobre o assunto. Acesso em: 3 ago. 2022.

Você também pode pedir a opinião de seus familiares e outras pessoas de seu convívio.

A partir da pesquisa realizada e dos dados coletados, elabore um parágrafo no caderno, com a defesa da sua opinião. Mostre-o aos seus familiares e verifique se os convenceu do seu ponto de vista.

Planejamento e criação

De posse de todas as informações e dados coletados, anotações da discussão em grupo e parágrafo com sua opinião, siga este roteiro.

- Retome as questões que foram discutidas com os colegas, expondo seu ponto de vista e os argumentos elaborados.
- Leia com atenção e reflita se tudo o que foi escrito pode ser interessante para sua produção.
- Atente para o uso das palavras que estabelecem relação entre as partes do texto, por exemplo, os pronomes que retomam informações anteriores.
- Organize o texto em parágrafos de acordo com as características do gênero artigo de opinião.

- Cuide para empregar corretamente os verbos, conforme o tempo verbal que corresponda adequadamente às frases produzidas. Observe a concordância verbal, use aspas para destacar palavras que mereçam atenção especial do leitor.
- Faça as correções necessárias: pontuação, ortografia, acentuação etc.

Revisão e reescrita

Releia seu texto e verifique se há palavras, expressões, frases etc. que precisam ser alteradas. Depois de ajustar o necessário, reescreva com letra legível e sem rasuras. Entregue para o professor fazer a revisão.

Faça os ajustes no texto conforme orientações do professor e finalize a edição.

Avaliação

- O texto apresenta seu ponto de vista sobre o tema "educação para o consumo"?
- As informações trocadas na roda de conversa ampliaram o tema proposto?
- As informações reforçaram o fato de que as crianças devem se tornar, desde pequenas, consumidores conscientes?

LEIA MAIS

Ou isto ou aquilo

Cecília Meireles. São Paulo: Global, 2012.

Nesse livro, a autora "brinca" com as palavras, explorando a sonoridade, o ritmo, as rimas, as repetições e a musicalidade.

111 poemas para crianças

Sérgio Capparelli. Porto Alegre: L&PM, 2007.

Nesse livro, como informa o título, há 111 poemas para crianças, que abordam diversos assuntos do universo infantil e que têm como objetivo cativar os leitores tanto pela emoção como pelos jogos de palavras e de sons.

LIÇÃO 16 — A IMPORTÂNCIA DO BRINCAR

VAMOS COMEÇAR!

O texto a seguir é uma reportagem que foi publicada em um *site* informativo. Leia o título da reportagem e conte aos colegas o que você sabe sobre esse tema. Depois, leia o texto e amplie suas informações sobre o assunto.

'Brincar é fundamental para o desenvolvimento', diz especialista

EDUCAÇÃO | Karla Dunder, do R7 – 12/10/2021 – 02h00

Brincadeiras simples, baratas e que podem ser realizadas em família auxiliam na aprendizagem das crianças e dos adolescentes

Neste Dia das Crianças a palavra de ordem é brincar, uma atividade que diverte e ao mesmo tempo desenvolve aspectos cognitivos e de aprendizagem de crianças e adolescentes.

"O brincar é isso: ajuda a criança a organizar o seu pensamento, desenvolver as funções executivas, planejar e organizar a brincadeira e brincar é fundamental para o desenvolvimento das crianças", explica a psicopedagoga Ivone Scatolin Serra.

Brincar é considerado pela ONU (Organização das Nações Unidas) um direito universal e é durante a brincadeira que a criança desenvolve habilidades básicas como a coordenação motora, aspectos cognitivos, sociais e emocionais. O ato de brincar também contribui para a aprendizagem ao ajudar no desenvolvimento da concentração, nas interações sociais e no raciocínio.

"Sabemos o quanto é importante o brincar para o desenvolvimento infantil, no entanto, muitos pais e famílias não reconhecem o brincar como algo essencial para a criança ou até reconhecem, mas não sabem como propiciar condições, espaços e materiais", comenta. "Na verdade, não é preciso muito, mas é necessário estimular."

O que não significa largar as crianças e os adolescentes nos eletrônicos. "A criança passa horas sozinha no quarto ou na sala, cada um com seu equipamento eletrônico, no seu mundinho e a criança no brincar solitário, o que não é bom. Uma criança que passa horas assim pode estar desenvolvendo problemas de comunicação e relacionamento interpessoal, é importante que os pais fiquem atentos a essa questão", explica a psicopedagoga.

Vale investir na criatividade e em momentos em família, a dica é resgatar brincadeiras da infância. Com uma folha de papel dá para brincar de *stop*. Em casa, também é possível resgatar soletrando, jogo da velha, teatro, dramatização com fantasias (objetos que tem em casa, a roupa dos pais). Em um ambiente externo, como um parque, é possível brincar de amarelinha, rodas, ciranda, pega-pega.

"Resgatar jogos de tabuleiro para ativar áreas do cérebro diferentes daquelas usadas pelos eletrônicos, que as crianças estão tão acostumadas", explica. "Jogos como pega varetas, dama, dominó também são importantes para o desenvolvimento cognitivo, assim como os blocos de montar."

[...]

Disponível em: https://noticias.r7.com/educacao/brincar-e-fundamental-para-o-desenvolvimento-diz-especialista-12102021. Acesso em: 22 abr. 2022.

ESTUDO DO TEXTO

1. Qual é o título da reportagem?
_____
_____

2. Qual é o nome da jornalista que a escreveu?
_____
_____

3. Onde o texto foi publicado?
_____
_____

4. Em sua opinião, que leitores se interessariam por uma reportagem como essa?
_____
_____
_____
_____
_____
_____

Reportagem é um gênero textual escrito por um jornalista ou repórter que pesquisa informações sobre um fato real.
O **assunto da reportagem** – também chamado **matéria** – não envelhece; pode ser lido vários anos depois e mesmo assim continua interessante. A linguagem utilizada nesse tipo de texto pode variar entre mais formal e menos formal, devendo ser clara, objetiva, dinâmica e adequada ao público a que se destina.

5. As informações obtidas pela jornalista para compor a reportagem partem de fatos reais ou imaginados por ela? Como você chegou a essa conclusão?
_____
_____
_____
_____

6. Qual é a ideia central desse texto?
_____
_____
_____

7. Informe se os trechos reproduzidos abaixo constituem argumentos a favor ou contrários ao "brincar".

a) "O brincar é isso: ajuda a criança a organizar o seu pensamento, desenvolver as funções executivas, planejar e organizar a brincadeira e brincar é fundamental para o desenvolvimento das crianças"

_____
_____

b) "Jogos como pega varetas, dama, dominó também são importantes para o desenvolvimento cognitivo, assim como os blocos de montar."

_____
_____

8. Dos benefícios listados pela autora como resultantes do brincar, qual ou quais você acha mais importante(s)?

_____
_____
_____
_____
_____
_____

Normalmente, uma reportagem se estrutura da seguinte forma:
- A **manchete** ou **título principal** revela o assunto principal que será tratado na notícia.
- O **subtítulo** ou **linha fina** acrescenta algumas informações que complementam o título.
- O **lide** resume os fatos geralmente no primeiro parágrafo e, às vezes, até no segundo. Nessa parte, precisamos encontrar informações que respondem às perguntas: *Onde aconteceu o fato? Com quem? O que aconteceu? Quando? Como? Por quê? Qual foi o assunto?*
- No **corpo da reportagem** o jornalista dá detalhes de como tudo ocorreu, por meio de novas informações ou depoimentos. Muitas vezes, o fato noticiado vem acompanhado por uma foto e legenda.

LÍNGUA PORTUGUESA

155

ESTUDO DA LÍNGUA

Conjunções

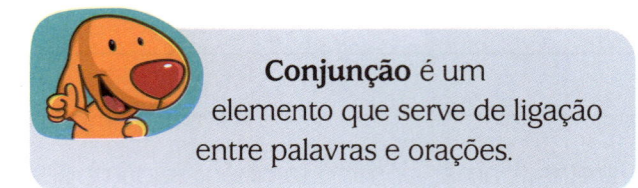

Conjunção é um elemento que serve de ligação entre palavras e orações.

Conheça algumas conjunções e as relações que elas podem estabelecer:

Nome	Estabelece relação de	Conjunções	
Aditiva	soma, adição	e nem bem como não só... como também não só... mas também	
Adversativa	oposição, contraste	mas porém contudo entretanto todavia	
Causal	causa	que como visto que	porque pois que uma vez que
Temporal	tempo	quando enquanto antes que logo que desde que assim que mal (= assim que)	depois que todas as vezes que sempre que agora que
Condicional	condição	se contanto que a não ser que a menos que	caso salvo se desde que sem que
Final	finalidade	para que que	a fim de que porque (= para que)

ATIVIDADES

1. A tirinha a seguir mostra o desespero de Calvin, personagem criado pelo ilustrador e autor Bill Watterson, ao ter seu tigre de estimação roubado por um cachorro.

Bill Watterson. Calvin e Haroldo. *E foi assim que tudo começou.* São Paulo: Conrad, 2010. p. 91.

a) Que fato a mãe de Calvin aponta como motivo para o roubo do tigre Haroldo?

b) No último quadrinho, como você interpreta a reação de Calvin à fala da mãe?

c) Que efeito de humor a tirinha provoca?

d) Identifique, no segundo quadrinho, uma conjunção que expresse oposição e outra que indique adição.

e) Copie do terceiro quadrinho uma frase que expresse condição. Dica: essa frase contém uma conjunção condicional.

2. Leia uma página extraída da publicação *ECA em tirinhas para crianças*, que traz informações sobre a primeira parte do ECA, na qual estão definidos os direitos da criança e do adolescente.

Ecaaaaaaaaaaaa!!!

Você já deve ter ouvido por aí alguém gritando "Eeeeeca!" depois de ver uma coisa suja, uma porcaria dessas bem nojentas. Agora que você sabe que ECA é também o apelido do Estatuto da Criança e do Adolescente e o montão de coisas que essa lei lhe garante, você deve gritar "ECA!" sempre que ficar sabendo de alguma injustiça cometida contra as crianças e os adolescentes.

Maria Amélia Elói e outros. *ECA em tirinhas para crianças*. 4. ed. Brasília: Edições Câmara, 2015. p. 27.

a) Você já ouviu alguém gritando "Ecaaaa!"?
_____
_____

b) No último quadrinho da história, em que sentido a palavra **ECA** foi utilizada?
_____
_____
_____

3. Releia este trecho.

> Você já deve ter ouvido por aí alguém gritando "Eeeeeca!" **depois** de ver uma coisa suja ou nojenta.

A palavra destacada na frase indica:

☐ tempo.   ☐ lugar.

☐ oposição.

4. Identifique no trecho abaixo duas palavras que dão indicação de tempo.

> Agora que você sabe que ECA é também o apelido do Estatuto da Criança e do Adolescente e o montão de coisas que essa lei lhe garante, você deve gritar "ECA!" sempre que ficar sabendo de alguma injustiça cometida contra as crianças e os adolescentes.

5. Leia mais uma página reproduzida do *ECA em tirinhas para crianças*.

Saúde e prevenção: o ECA garante

Se uma criança ou adolescente ficar doente, ele tem o direito de ser atendido em hospital ou posto de saúde da rede pública. Se for preciso ficar internado, os pais poderão ficar o tempo todo perto do filho. Os hospitais devem facilitar esse acompanhamento.

O governo deve fazer programas de prevenção a doenças que costumam afetar a criançada. Também tem a tarefa de fazer campanhas para conscientizar a população sobre higiene e saúde e providenciar a vacinação obrigatória de todos os brasileirinhos. Ah! Deficientes, como o nosso amigo Vital, têm direito a receber atendimento especial na rede pública de saúde.

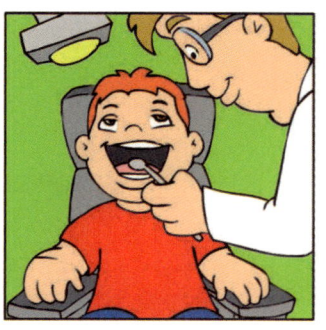

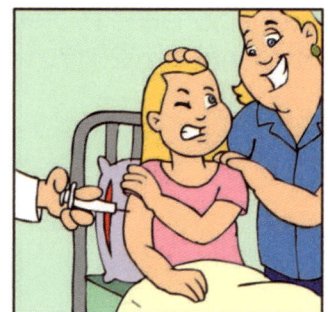

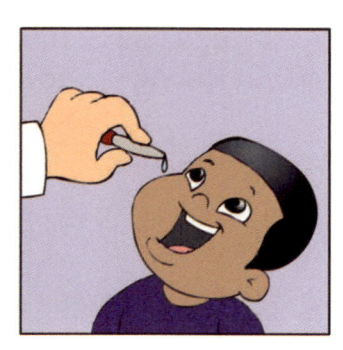

Maria Amélia Elói e outros. *ECA em tirinhas para crianças*. 4. ed. Brasília: Edições Câmara, 2015. p. 13.

a) De acordo com o texto, em que situação os hospitais devem facilitar o acompanhamento dos familiares para que fiquem o tempo todo perto do filho (criança)?

_____

_____

b) A palavra **se**, na frase "Se você ficar doente...", exprime:

☐ uma oposição.

☐ uma adição.

☐ uma condição.

c) Copie outra frase em que a palavra **se** expressa uma condição.

_____

_____

6. Releia este trecho do texto da página anterior.

> O governo deve fazer programas de prevenção a doenças que costumam afetar a criançada. Também tem a tarefa de fazer campanhas para conscientizar a população sobre higiene e saúde e providenciar a vacinação obrigatória de todos os brasileirinhos.

a) Com que finalidade o governo faz campanhas sobre higiene e saúde?

_____

_____

_____

_____

b) Reescreva o trecho substituindo a palavra **para** pela expressão **a fim de**.

"O governo [...] tem a tarefa de fazer campanhas **para** conscientizar a população sobre higiene e saúde [...]"

_____
_____
_____

c) O trecho copiado alterou o sentido após você ter substituído a palavra **para** pela expressão **a fim de**? Por quê?

_____
_____
_____

7. Observe o cartaz da Campanha Nacional de Proteção a Crianças e Adolescentes no Carnaval, lançada pelo governo federal em 2017.

RESPEITAR PROTEGER GARANTIR
Todos juntos pelos direitos das crianças e adolescentes

Todos temos a responsabilidade de proteger nossas crianças e adolescentes. Disque 100 e denuncie qualquer sinal de violação dos seus direitos. **Baixe o aplicativo Proteja Brasil no seu celular.**

É hora de acabar com a violência contra a criança e o adolescente.

Disque 100 e denuncie.

Baixe o App no seu celular. PROTEJA BRASIL

SECRETARIA NACIONAL DOS DIREITOS DA CRIANÇA E DO ADOLESCENTE

Campanha Nacional de Proteção a Crianças e Adolescentes do governo federal, 2017.

160

a) Com que objetivo essa campanha foi lançada?
_____
_____
_____
_____
_____

b) Diante da violação dos direitos das crianças e dos adolescentes, que providências as pessoas que presenciam ou que sofrem esse fato devem tomar?
_____
_____

8. Na frase "Disque 100 e denuncie qualquer sinal de violação dos seus direitos", há duas informações em forma de recomendação.

a) Que informações são essas?
_____
_____

b) Que conjunção liga essas duas informações?
_____
_____

c) Essa conjunção dá ideia de causa, adição ou contraste?
_____
_____

9. Complete as frases com a conjunção adequada, conforme a relação indicada nos parênteses.

a) _____ você presenciar qualquer sinal de violação dos seus direitos, disque 100. (temporalidade – conjunção temporal)

b) Disque 100, _____ você presenciar qualquer sinal de violação dos seus direitos. (condicionalidade – conjunção condicional)

c) _____ denunciar sinais de violência contra crianças, disque 100. (finalidade – conjunção final)

LÍNGUA PORTUGUESA

ORTOGRAFIA

Uso de por que, porque, por quê e porquê

Leia o título de uma curiosidade sobre o mundo animal.

> **Por que o pica-pau bica a madeira?**
>
> Jim Bruce e outros. *Como? Onde? Por quê?* Trad. Carolina Caires Coelho. Barueri, SP: Girassol; Londres, ING Kingfisher Publications, 2007. p. 77.

Esse título é uma pergunta que vai ser respondida ao longo do artigo. Veja que as palavras **por** e **que** estão separadas. Se fôssemos escrever uma resposta curta para essa pergunta, poderíamos escrever uma frase como:

> **Porque** suas bicadas furam a casca das árvores onde estão as larvas de que ele se alimenta.

Nesse caso, escrevemos uma única palavra: **porque**.

Agora, digamos que o autor da curiosidade preferisse mudar a ordem dos termos e deixar o **por que** no final da frase. Seria preciso colocar um acento circunflexo no **que**:

> O pica-pau bica a madeira **por quê**?

Se o autor da curiosidade preferisse uma frase afirmativa em vez de uma pergunta no título, ele poderia criar uma frase como esta:

> Nesta curiosidade você descobrirá o **porquê** de o pica-pau bicar a madeira.

Depois do artigo **o**, **porquê** é um substantivo: escreve-se junto e com acento.

Podemos concluir que se escreve:

- **por que** no início de frases interrogativas;
- **por quê** no final de frases interrogativas;
- **porque** para dar uma causa, uma explicação em uma resposta;
- **porquê** quando a palavra significa "motivo, razão".

ATIVIDADES

1. A seguir, há outros títulos de curiosidades sobre o mundo animal. Complete-os com **por que**, **porque**, **por quê** ou **porquê**.

a) _____ os peixes vivem em cardumes?

b) _____ os pavões se exibem?

c) _____ os vaga-lumes brilham?

d) _____ as aranhas fazem teias?

_____ **as tartarugas são tão lentas?**

As tartarugas andam devagar _____ não precisam de velocidade para pegar o almoço: elas comem grama! E não precisam ser rápidas para fugir do perigo _____ seus duros cascos as protegem como uma armadura.

Camila de la Bédoyère. *Perguntas e respostas curiosas sobre os animais.* Trad. Ana Uchoa. Barueri, SP: Girassol, 2019. p. 20.

2. Leia.

a) Complete o título e a primeira frase do texto. Use **por que**, **porque**, **por quê** ou **porquê**.

b) Inverta a ordem das palavras do título, começando com "As tartarugas".

_____

c) O texto explica o _____ de haver tanto Silva no Brasil.

3. Complete com **por que**, **porque**, **por quê** ou **porquê**.

a) _____ você não me esperou?

b) Estou contente _____ tirei 10 na prova de História.

c) Você está chorando. _____?

d) Não entendi o _____ de tanta choradeira.

4. Transforme as frases afirmativas em interrogativas, usando por que.

a) Ele foi mal na competição.
_____
_____

b) Está ventando muito.
_____
_____

c) Algumas pessoas destroem a natureza.
_____
_____

LÍNGUA PORTUGUESA

5. Responda a estas perguntas usando **porque**.

a) Por que não devemos jogar lixo no chão?
_____

b) Por que os animais devem ser respeitados?
_____

6. Agora, escreva frases usando **por que**, **porque**, **por quê** e **porquê**.
_____
_____
_____
_____

Palavras com s e z finais

Leia as palavras dos quadros a seguir observando as letras finais **s** e **z**.

Escrevem-se com z			
altivez	chafariz	juiz	talvez
avestruz	embriaguez	paz	veloz
arroz	cuscuz	nariz	timidez
capataz	faz	capuz	perdiz
verniz	feliz	rapaz	vez
xadrez	cartaz	rapidez	giz

Escrevem-se com s			
adeus	duzentos	lilás	português
aliás	francês	marquês	pôs
através	freguês	mês	pus
bis	gás	óculos	simples
chinês	invés	ônibus	três
depois	lápis	país	trezentos

ATIVIDADES

1. Escreva as palavras e depois separe as sílabas.

avestruz _____

feliz _____

cartaz _____

rapidez _____

faz _____

timidez _____

2. Complete com **as**, **es**, **is**, **os** ou **us**. Depois, acentue as palavras, se necessário, e copie-as.

inv_____

franc_____

ali_____

chin_____

mã_____

ri_____

ade_____

pa_____

ócul_____

duzent_____

caf_____

ma_____

PRODUÇÃO DE TEXTO

Agora é sua vez de produzir uma reportagem.

Que tal escrever uma reportagem sobre pessoas ou grupos de pessoas que dedicam a vida protegendo crianças em situação de risco? Ou sobre pessoas que motivam crianças e adolescentes que enfrentam problemas de saúde?

As reportagens serão expostas nos murais da escola, para que todos da comunidade escolar tenham acesso a essas informações.

Preparação

Forme um grupo com três ou quatro colegas. Escolham o assunto que será desenvolvido na reportagem e pesquisem sobre ele em jornais, revistas ou *sites* da internet.

No dia combinado, tragam todo o material para a aula. Cada um deve apresentar aos colegas o que descobriu de mais interessante sobre o assunto pesquisado.

Alguém fica responsável por anotar esses relatos.

Planejamento e criação

- Elaborem um ou dois parágrafos, expondo o que vocês descobriram sobre o assunto.
- Escrevam pequenos parágrafos abordando um aspecto do assunto.
- Separem esses parágrafos com intertítulos que atraiam a atenção do leitor.
- Redijam uma finalização.

LÍNGUA PORTUGUESA

- Depois, escrevam um título para a reportagem. Se for o caso, um subtítulo, complementando informações.
- Leiam e façam as correções necessárias: pontuação, ortografia, acentuação, inclusão de título e intertítulos, depoimentos etc. Atentem para o uso das palavras que estabelecem relação entre as partes do texto, como as conjunções e os pronomes.
- Observem as regras de concordância verbal e nominal na construção das frases.
- Usem uma linguagem mais formal na construção das frases e destaquem com aspas os trechos que se referirem a depoimentos.

Revisão e reescrita

- Troquem os textos entre os grupos e solicitem aos colegas que leiam a reportagem e deem opiniões. Peça ao professor que confira o texto antes da edição final.
- Façam a edição final, com letra legível e sem rasuras, para que todos os alunos possam ler o texto sem dificuldade. Se for possível, digitem-no.
- Ilustrem a reportagem com fotos ou desenhos (não se esqueçam das legendas).

Apresentação

Decidam como será a apresentação e façam um ensaio antes.

Não se esqueçam de que a apresentação oral da reportagem não é meramente uma leitura, mas uma exposição que deve prender a atenção dos ouvintes. Cuidem do tom de voz e da pronúncia das palavras.

Durante a apresentação dos colegas, respeitem o tempo deles, prestem atenção ao tema que escolheram e formulem perguntas ao grupo relativas à reportagem.

Avaliação

- A apresentação prendeu a atenção da turma ou gerou cansaço e desinteresse?
- O grupo agiu com sintonia, parecendo conhecer bem o texto transcrito?
- As informações apresentadas nas reportagens contribuíram para que você também refletisse sobre seus direitos como criança?

AMPLIANDO O VOCABULÁRIO

adversário (ad-ver-**sá**-rio): aquele que compete com alguém; oponente.

Tenistas.

anfitrião (an-fi-tri-**ão**): o dono da casa, que recebe os convidados para qualquer evento.

atarantado (a-ta-ran-**ta**-do): confuso, desnorteado.

Jovem atarantado.

atribuir (a-tri-bu-**ir**): conceder o que é de direito a uma pessoa; declarar que alguma coisa se deve a outra pessoa ou coisa.

bioma (bi-**o**-ma): espaço geográfico em que existe um grande número de espécies de plantas e animais, e que apresenta as mesmas características, como unidade climática, solo, altitude, entre outros.

confiscar (con-fis-**car**): apossar-se (de algo).

conselho (con-**se**-lho): opinião que se dá a outro para orientá-lo; conjunto de pessoas que têm a função de dar opiniões sobre assuntos de uma organização.

considerável (con-si-de-**rá**-vel): a que se deve dar importância.

credor (cre-**dor**): pessoa a quem se deve dinheiro.

despejado (des-pe-**ja**-do): aquele que foi expulso de sua moradia.

ecossistema (e-cos-sis-**te**-ma): sistema que inclui os seres vivos e o ambiente: a fauna, a flora, os microrganismos com suas características e as inter-relações entre eles.

eira (**ei**-ra): terreno de terra batida ou cimentado usado para secar e limpar cereais e legumes.

engalanado (en-ga-la-**na**-do): enfeitado, ornado.

engenhosa (en-ge-**nho**-sa): criativa, de grande imaginação.

enredo (en-**re**-do): conjunto de acontecimentos que fazem uma história; tecido embaraçado como o da rede.

enxerido (en-xe-**ri**-do): intrometido.

estardalhaço (es-tar-da-**lha**-ço): barulheira, forte ruído.

exorbitante (e-xor-bi-**tan**-te): muito alto, exagerado.

impasse (im-**pas**-se): situação sem solução.

intervenção (in-ter-ven-**ção**): intromissão.

investir (in-ves-**tir**): atirar contra pessoa ou coisa; colocar alguém em determinado cargo; colocar dinheiro em negócio para ter lucro.

juro (**ju**-ro): taxa cobrada sobre um valor, em um período de tempo determinado.

leilão (lei-**lão**): venda pública em que a mercadoria fica com a pessoa que oferecer o maior valor.

malhado (ma-**lha**-do): que tem manchas pelo corpo.

Dálmata.

mouco (**mou**-co): surdo, que não ouve.

ouvidoria (ou-vi-do-**ri**-a): órgão responsável por receber reclamações, denúncias, elogios, críticas, sugestões quanto a serviços prestados por determinado setor.

patavina (pa-ta-**vi**-na): nada, coisa alguma.

O menino não entendeu patavina.

potencial (po-ten-ci-**al**): conjunto de capacidades de uma pessoa; força de ação que pode ser aproveitada.

resgatar (res-ga-**tar**): trazer de volta alguma coisa ou alguém.

tática (**tá**-ti-ca): arte de movimentar tropas no campo de batalha; maneira que se usa para se sair bem em uma atividade.

usufruir (u-su-fru-**ir**): aproveitar-se de alguma coisa, desfrutar.

Coleção Eu gosto m@is

MATEMÁTICA

5º ANO
ENSINO FUNDAMENTAL

SUMÁRIO

Lição 1 – Sistema de Numeração Decimal 172
- Valor relativo e valor absoluto 172
- Ordens e classes 172
- Leitura e escrita 174
- Decomposição numérica 174

Lição 2 – Operações com números naturais – adição e subtração 177
- Adição 177
- Subtração 179

Lição 3 – Operações com números naturais – multiplicação e divisão 182
- Ideias da multiplicação 182
- Termos da multiplicação e da divisão 184
- Verificação da divisão 184
- Propriedades da multiplicação 185
- Aspectos comuns entre a divisão e a subtração 186

Lição 4 – Expressões numéricas 190
- Expressões numéricas com sinais de associação 193

Lição 5 – Álgebra 194
- Igualdade 194
- Sentença matemática 195
- Valor desconhecido em uma sentença matemática 196
- Grandezas diretamente proporcionais 199
- Partilha desigual 199

Lição 6 – Múltiplos e divisores de um número natural 200
- Múltiplos 200
- Mínimo múltiplo comum 205
- Divisores 206
- Critérios de divisibilidade 208
- Máximo divisor comum 211

Lição 7 – Números primos 212
- Crivo de Eratóstenes 213

Lição 8 – Ângulos e polígonos 215
- Ângulos 215
- Polígonos 218

Lição 9 – Triângulos e quadriláteros 221
- Triângulos 221
- Quadriláteros 222

Lição 10 – Frações 225
- Representação fracionária 225
- Frações equivalentes 226
- Comparação de frações 226
- Classificação de frações 228
- Número misto 229
- Simplificação de frações 230
- Fração de um número natural 230
- Inverso de uma fração 231

Lição 11 – Operações com frações 234
- Adição 234
- Subtração 235
- Multiplicação 238
- Divisão 239

Lição 12 – Análise de chances 241
- Igualmente prováveis 241
- Probabilidade e fração 243

Lição 13 – Poliedros 245

Lição 14 – Números decimais 248
- Representação fracionária e decimal 248
- Comparação de números decimais 253

Lição 15 – Operações com números decimais 255
- Adição e subtração 255
- Multiplicação 257
- Divisão 259

Lição 16 – Dinheiro no dia a dia 261
- Facilitando o troco 261

Lição 17 – Porcentagem 264
- Cálculo de porcentagem 266

Lição 18 – Geometria na malha quadriculada 268
- Representação e localização no plano 268
- Ampliação e redução na malha quadriculada 270

Lição 19 – Medidas de comprimento 272
- O metro 272
- Transformação de unidades 274

Lição 20 – Perímetro e área 276
- Perímetro 276
- Área 279
- Múltiplos e submúltiplos do metro quadrado 280
- Transformação de unidades 281
- Áreas do quadrado e do retângulo 283

Lição 21 – Volume e capacidade 285
- Medidas de volume 285
- Transformação de unidades 287
- Volume do cubo e do paralelepípedo 287
- Medidas de capacidade 290
- Transformações de unidades 291
- Relação entre as medidas de capacidade e de volume .. 292

Lição 22 – Medidas de massa 295
- Massa 295
- Transformação de unidades 296

Lição 23 – Medidas de tempo 299
- O dia e o ano 299
- O calendário 300
- Unidades menores que o dia 301
- Transformação de unidades 302

LIÇÃO 1 — SISTEMA DE NUMERAÇÃO DECIMAL

Vários sistemas de numeração foram criados por diferentes civilizações. Hoje, na maioria dos países, incluindo o Brasil, o **Sistema de Numeração Decimal** é o mais utilizado.

Os dez símbolos do Sistema de Numeração Decimal, que podem representar qualquer número, são conhecidos por **algarismos indo-arábicos**.

> 0, 1, 2, 3, 4, 5, 6, 7, 8, 9

Valor relativo e valor absoluto

No Sistema de Numeração Decimal, as quantidades são agrupadas de 10 em 10. Gabriela contou suas canetas. Para isso, ela formou grupos de 10. Observe.

- Quantos copos aparecem na cena? _____
- Quantos copos têm 10 canetas? _____
- Quantas canetas Gabriela tem? _____

No Sistema de Numeração Decimal, cada algarismo possui dois valores:

- **valor relativo (VA)** – valor que o algarismo representa na composição do número.
- **valor absoluto (VA)** – valor que o algarismo representa, independentemente da posição que ele ocupa no número.

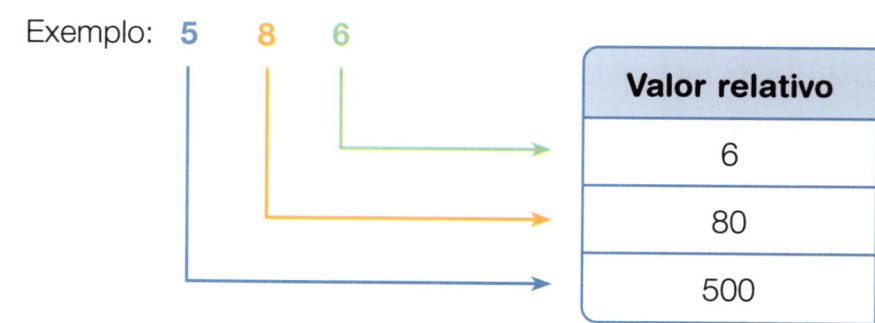

Exemplo: 5 8 6

Valor relativo	Valor absoluto
6	6
80	8
500	5

Ordens e classes

Vimos que a base do Sistema de Numeração Decimal é 10.

> Dez unidades de uma ordem formam uma unidade de ordem imediatamente superior.

Assim, temos:
- 10 unidades formam 1 **dezena**.
- 10 dezenas formam 1 **centena**.
- 10 centenas formam 1 **unidade de milhar**.
- 10 unidades de milhar formam 1 **dezena de milhar**.
- 10 dezenas de milhar formam 1 **centena de milhar**.
- 10 centenas de milhar formam 1 **unidade de milhão**, e assim por diante.

Cada algarismo ocupa uma ordem.

As ordens são contadas da direita para a esquerda. Observe:

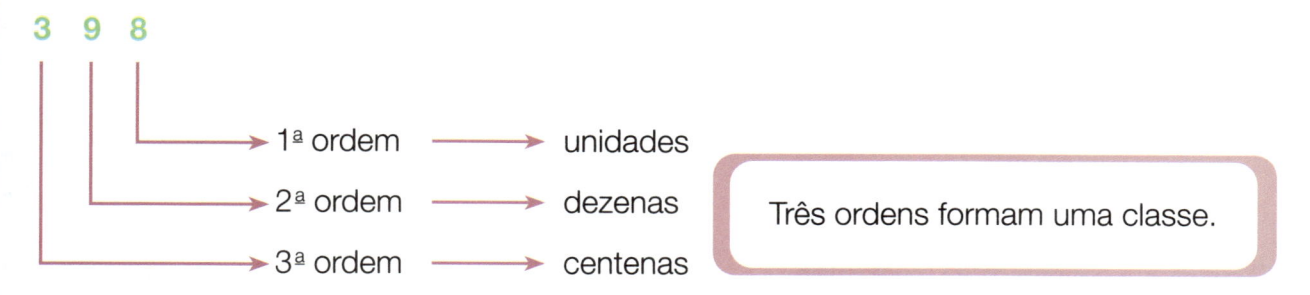

3 9 8

8 → 1ª ordem → unidades
9 → 2ª ordem → dezenas
3 → 3ª ordem → centenas

Três ordens formam uma classe.

A classe formada pelas três primeiras ordens chama-se **classe das unidades**.

Classe das unidades		
3ª ordem	2ª ordem	1ª ordem
centenas	dezenas	unidades
3	9	8

A partir da classe das unidades, cada grupo de três ordens – unidades, dezenas e centenas – forma outra classe.

Observe, no quadro, a representação da 2ª classe: **classe dos milhares**.

2ª classe			1ª classe		
milhares			unidades		
6ª ordem	5ª ordem	4ª ordem	3ª ordem	2ª ordem	1ª ordem
centenas de milhar	dezenas de milhar	unidades de milhar	centenas	dezenas	unidades

Agora, veja no quadro a representação da 3ª classe: **classe dos milhões**.

3ª classe			2ª classe			1ª classe		
milhões			milhares			unidades		
9ª ordem	8ª ordem	7ª ordem	6ª ordem	5ª ordem	4ª ordem	3ª ordem	2ª ordem	1ª ordem
C	D	U	C	D	U	C	D	U

Leitura e escrita

Veja no quadro de ordens como é formado o número **786 973 852**.

Classe dos milhões			Classe dos milhares			Classe das unidades		
9ª ordem	8ª ordem	7ª ordem	6ª ordem	5ª ordem	4ª ordem	3ª ordem	2ª ordem	1ª ordem
C	D	U	C	D	U	C	D	U
7	8	6	9	7	3	8	5	2

Para facilitar a leitura de uma escrita numérica, separamos os algarismos em classes e lemos cada classe da esquerda para a direita, seguida do respectivo nome.

Setecentos e oitenta e seis milhões, novecentos e setenta e três milhares e oitocentas e cinquenta e duas unidades.

ou

Setecentos e oitenta e seis milhões, novecentos e setenta e três mil e oitocentos e cinquenta e dois.

Decomposição numérica

Observe como lemos o número 2 222.

2 222 → dois mil, duzentos e vinte e dois

Para determinar o valor de cada algarismo, podemos decompor assim.

$$2\,222 = 2\,000 + 200 + 20 + 2$$
ou
$$2\,222 = 2 \times 1\,000 + 2 \times 100 + 2 \times 10 + 2 \times 1$$

Agora, vamos decompor o número **314 675 290**.

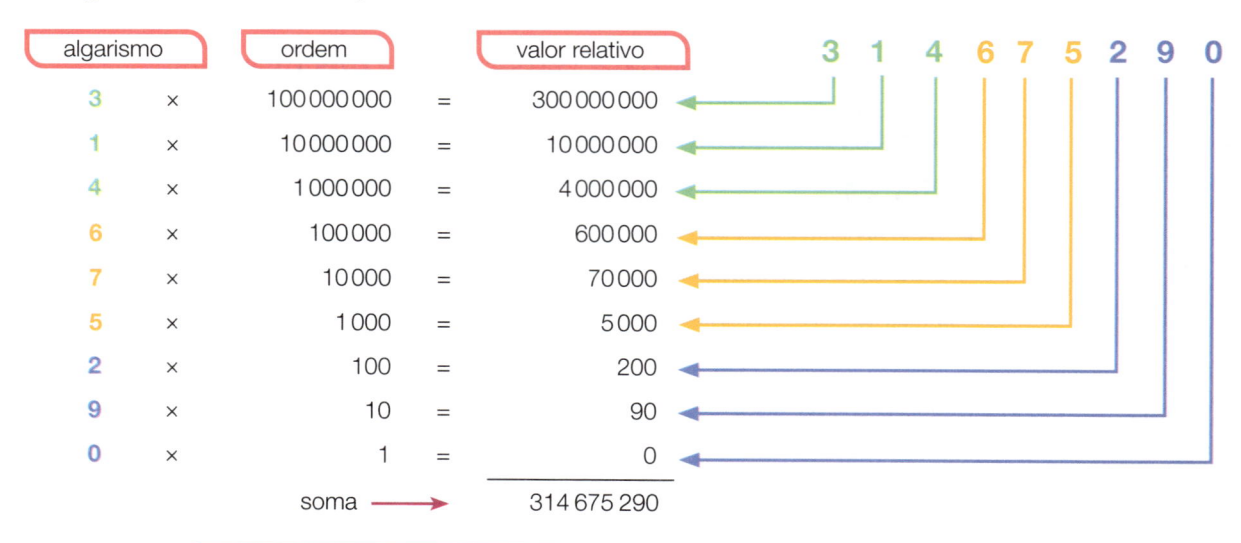

algarismo		ordem		valor relativo
3	×	100 000 000	=	300 000 000
1	×	10 000 000	=	10 000 000
4	×	1 000 000	=	4 000 000
6	×	100 000	=	600 000
7	×	10 000	=	70 000
5	×	1 000	=	5 000
2	×	100	=	200
9	×	10	=	90
0	×	1	=	0
		soma →		314 675 290

Lê-se: trezentos e quatorze milhões, seiscentos e setenta e cinco mil e duzentos e noventa unidades.

ATIVIDADES

1. Decomponha os números:

3 721 _____

15 945 _____

584 _____

20 836 _____

5 372 _____

5 005 _____

201 _____

2. Complete o quadro com os valores relativo e absoluto de cada algarismo destacado.

Número	Valor relativo	Valor absoluto
7**4** 872 432		
600 **3**20		
1 279		
4**9**3 876 132		
5 **0**63 276		
32**8** 412		

3. Escreva o valor relativo do algarismo destacado e a ordem que ele ocupa no número.

	Valor relativo	Ordem
4 784		
62 932		
1**9**6		
789 354		
6**7**90 312		

4. Em cada caso, qual algarismo ocupa a ordem das dezenas de milhão?

a) 476 328 931 ☐   e) 762 640 184 ☐

b) 326 981 447 ☐   f) 145 692 068 ☐

c) 514 760 278 ☐   g) 994 030 167 ☐

d) 430 962 517 ☐   h) 207 100 508 ☐

5. Por quantas classes são formados estes números?

8 009 → _____   5 810 037 → _____

21 → _____   46 090 → _____

1 796 → _____   8 → _____

6. Em cada caso, qual ordem ocupa o 1?

a) 128 930 → _____

b) 16 477 → _____

c) 760 271 → _____

d) 928 417 → _____

e) 348 135 → _____

f) 91 068 → _____

7. Escreva os números no quadro.

Números	Milhões			Milhares			Unidades		
	9ª ordem	8ª ordem	7ª ordem	6ª ordem	5ª ordem	4ª ordem	3ª ordem	2ª ordem	1ª ordem
	C	D	U	C	D	U	C	D	U
5 604 932									
18 751									
264 320									
8 735 067									

MATEMÁTICA

175

8. Represente estes números apresentados na sua forma escrita.

a) 4 unidades de milhar, 6 centenas e 3 unidades: _____

b) 7 centenas de milhar, 6 dezenas de milhar, 3 unidades de milhar, 4 centenas, 2 dezenas e 1 unidade: _____

c) 5 unidades de milhão, 3 dezenas de milhar, 9 unidades de milhar e 4 unidades: _____

9. Em relação ao número 28 596 473, complete as frases a seguir.

a) O _____ ocupa a ordem das unidades.

b) O _____ ocupa ordem das dezenas.

c) O 4 ocupa a ordem das _____.

d) O _____ ocupa a ordem das dezenas de milhar.

e) O 8 ocupa a ordem das _____.

f) O valor relativo do algarismo 8 _____.

g) O valor relativo do algarismo 4 é _____.

h) O valor absoluto do algarismo 7 é _____.

i) O valor absoluto do algarismo 2 é _____.

10. Escreva com algarismos.

a) setenta e dois mil, trezentos e dois _____.

b) cento e quarenta milhões, dois mil e sete: _____.

c) três milhões, três mil e quatro: _____.

d) dez mil, trezentos e sete: _____.

e) quarenta milhões, cinco mil e oito: _____.

INFORMAÇÃO E ESTATÍSTICA

Observe a população total em 2014 de cada país na tabela.

País	População total em 2014
Brasil	202 033 670 habitantes
Argentina	41 803 125 habitantes
Chile	17 772 871 habitantes
Peru	30 769 077 habitantes

Fonte: Disponível em: <http://www.ibge.gov.br/paisesat/main_frameset.php>. Acesso em: jul./2022.

1. Escreva como se lê o número que representa a população de cada país:

• Brasil: _____

• Argentina: _____

• Chile: _____

• Peru: _____

2. De acordo com a tabela, qual o país que mais se aproxima dos 20 000 000 milhões de habitantes? _____

3. Qual país possuía a maior população em 2014? _____

OPERAÇÕES COM NÚMEROS NATURAIS – ADIÇÃO E SUBTRAÇÃO

Adição

Vamos relembrar ideias relacionadas à adição.

Observe as diferentes estratégias que Mariana, Raul e Tomás encontraram para resolver esse problema.

Ao final de um jogo, Carla e Guilherme conferiram seus pontos. Carla conseguiu 134 pontos e Guilherme fez 16 pontos a mais que Carla. Quantos pontos Guilherme fez?

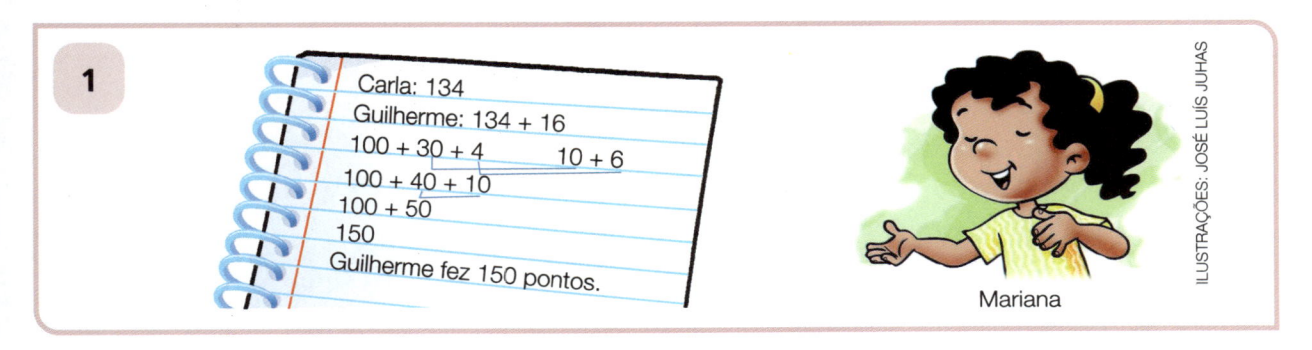

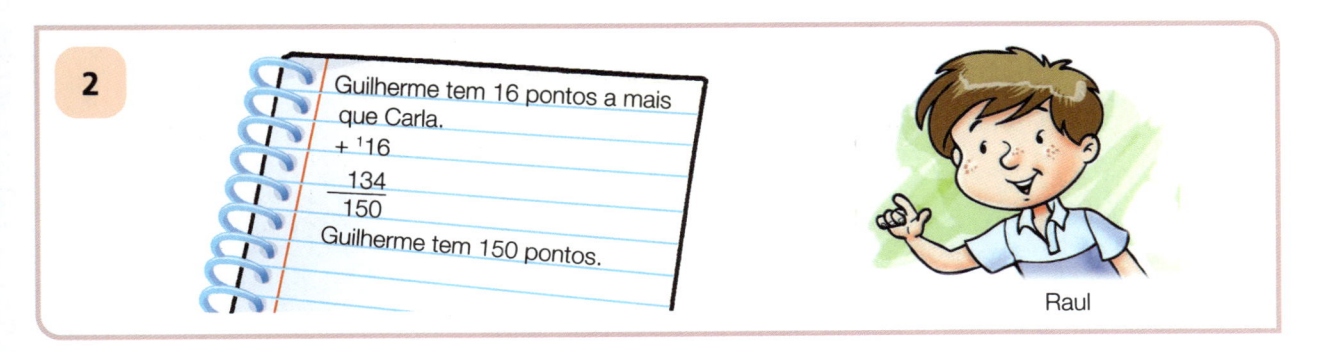

1

Carla: 134
Guilherme: 134 + 16
100 + 30 + 4   10 + 6
100 + 40 + 10
100 + 50
150
Guilherme fez 150 pontos.

Mariana

2

Guilherme tem 16 pontos a mais que Carla.
+ ¹16
　134
　150
Guilherme tem 150 pontos.

Raul

3

+ 134
 ¹16
 150
Guilherme fez 150 pontos.

Tomás

- O que você percebeu nas três estratégias?

- Compare a estratégia de Raul com a de Tomás. Qual é o nome dado à propriedade em que a ordem das parcelas não altera a soma?

Observe outra situação e as estratégias utilizadas por Mariana, Raul e Tomás.

Ricardo tinha 50 figurinhas. No seu aniversário ganhou 12 figurinhas do seu irmão e 17 de seu primo. Com quantas figurinhas Ricardo ficou?

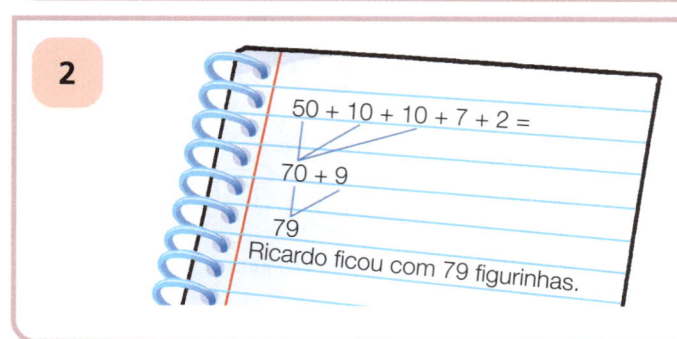

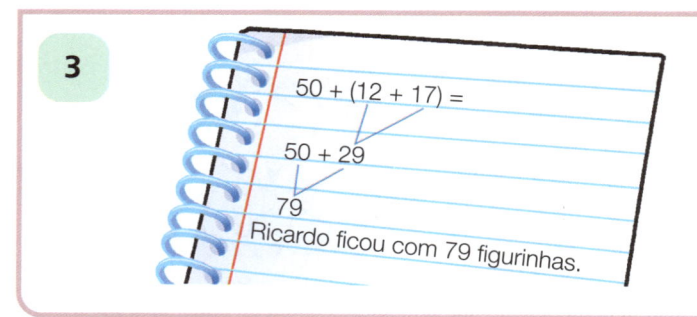

1

(50 + 12) + 17 =
62 + 17
79
Ricardo ficou com 79 figurinhas.

Mariana

2

50 + 10 + 10 + 7 + 2 =
70 + 9
79
Ricardo ficou com 79 figurinhas.

Raul

3

50 + (12 + 17) =
50 + 29
79
Ricardo ficou com 79 figurinhas.

Tomás

- O que você percebeu nas estratégias?

_____

_____

- Qual é a diferença entre a estratégia de Raul e a de Mariana?

_____

_____

- Compare as estratégias de Mariana e de Tomás. Qual é o nome dado à propriedade em que a soma não se altera com os diferentes modos de associar as parcelas?

_____

Subtração

Veja algumas situações que envolvem a subtração.

Observe as estratégias de Mariana, Raul e Tomás para resolver essa situação.

Em uma caixa há bolinhas azuis e vermelhas. No total são 37 bolinhas, sendo que 19 são vermelhas. Quantas são as bolinhas azuis?

1
```
Vermelhas    azuis    total
   19    +    ?    =    37
      37
    − 19
      22

São 22 bolinhas azuis.
```
Mariana

2
```
19 bolinhas vermelhas +
bolinhas azuis = 37 bolinhas
37 − 19 =
    20 + 17              ¹19
   − 10 + 9             + 18
   + 10 + 8               37
       18
São 18 bolinhas azuis.
```
Raul

3
```
   19    +    ?    =    37
Vermelhas    azuis    total
37 − 19 =
    3²7
   − 19
     18
São 18 bolinhas azuis.
```
Tomás

- Quais crianças resolveram corretamente? _____
- Qual foi o erro de Mariana?

_____

- Qual é a diferença entre a estratégia de Raul e Tomás?

_____

- Que criança utilizou a verificação da subtração para confirmar a resposta? _____
- Que estratégia você utilizaria?

ATIVIDADES

1. Efetue as seguintes operações:

a) 3 7 5
  + 2 4 9
  _____

b) 3 8 2 9
    6 4 5 4
  +   6 5 6
  _____

c) 8 3 6
  + 5 9 4
  _____

d) 7 6 3
  − 2 4 2
  _____

e) 5 7 2 0
    3 0 9 6
  + 1 5 8 5
  _____

f) 6 0 0 0
  − 1 9 1 2
  _____

2. Utilizando a propriedade associativa, resolva as adições.

a) 23 + 14 + 9

b) 16 + 8 + 10

c) 35 + 12 + 26

d) 24 + 6 + 4

3. Utilize a propriedade comutativa da adição e resolva as adições.

a) 349 + 28

b) 731 + 189

c) 250 + 85 + 46

d) 448 + 302 + 95

4. Resolva as adições. Em seguida, verifique se estão corretas.

a) 6 498 + 3 245

b) 2 035 + 6 821 + 836

c) 685 + 3 725 + 756

d) 26 853 + 45 826 + 32 600

5. Efetue as subtrações e faça a verificação.

a) 763 − 242

b) 978 − 523

c) 1 984 − 658

d) 22 718 − 12 386

RESOLUÇÃO DE PROBLEMAS

1. Leia o que a professora Analu está dizendo.

> Vocês devem elaborar um problema em que, na resolução, apareça a seguinte soma: 4 385 + 3 889.

a) Leia os problemas elaborados por Adão e Maitê.

> Postei um vídeo na internet. Em uma semana teve 4 385 visualizações. E na outra semana, 3 889. Quantas visualizações meu vídeo teve nessas duas semanas?

> Em um *show* estavam presentes 4 385 pessoas, mas ainda faltavam chegar 3 889, previstas pelos organizadores. Quantas pessoas estavam previstas para esse *show*?

b) Agora é com você. Elabore no caderno um problema com a operação apresentada pela professora Analu.

c) Responda às perguntas desses dois problemas e também ao seu. Você precisou resolver três problemas? Explique.

d) Entregue seu problema para um colega conferir os cálculos efetuados.

LIÇÃO 3 — OPERAÇÕES COM NÚMEROS NATURAIS – MULTIPLICAÇÃO E DIVISÃO

Ideias da multiplicação

Proporcionalidade

Vamos relembrar as ideias da multiplicação e da divisão?

Danilo comprou 6 pacotes de figurinhas e pagou R$ 30,00. Quanto pagaria se tivesse comprado 18 pacotes?

6 pacotes – R$ 30

18 pacotes – ?

Sabendo que $6 \times 3 = 18$, podemos considerar que $30 \times 3 = 90$.

Portanto, Danilo pagaria R$ 90,00 pelos 18 pacotes de figurinhas.

Quanto Danilo pagou em cada pacote de figurinhas?

6 pacotes – R$ 30

1 pacote – ?

$30 \div 6 = 5$

Então, Danilo pagou R$ 5,00 em cada pacote de figurinhas.

Comparação

Luciana tem 12 anos. Sua tia Bárbara tem o triplo de sua idade. Quantos anos tem Bárbara?

$12 \times 3 = 36$

$$\begin{array}{r} 12 \\ \times\ 3 \\ \hline 36 \end{array}$$

Bárbara tem 36 anos.

A prima de Luciana tem um terço de sua idade. Descubra a idade da prima de Luciana.

$12 \div 3 = 4$

Resposta: A prima de Luciana tem 4 anos.

Disposição retangular

Rui precisa guardar sua coleção de bolinhas de gude. Quantas bolinhas cabem em uma caixa de 5 fileiras com 7 repartições em cada uma?

5 × 7 = 35   ou   7 × 5 = 35

Rui ganhou mais bolinhas de gude, agora tem 42. Ele vai precisar de uma nova caixa. Encontrou uma caixa com 6 repartições. Quantas fileiras a caixa deverá ter para que caibam todas as bolinhas de gude da coleção?

42 ÷ 6 = 7   Resposta: A caixa deverá ter 7 fileiras.

Combinatória

Uma sorveteria oferece 5 sabores de sorvete e 3 tipos de cobertura. Quantas combinações diferentes são possíveis fazer com um sabor de sorvete e um tipo de cobertura?

Sabores	Coberturas
flocos	chocolate
morango	caramelo
chocolate	morango
limão	
abacaxi	

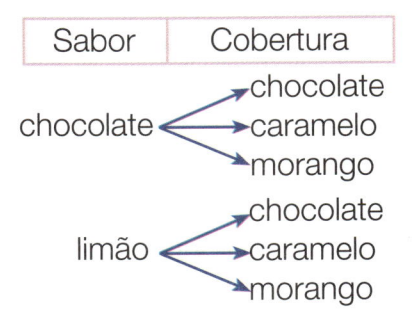

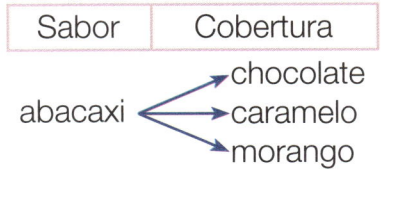

Sabor — Cobertura
- flocos → chocolate, caramelo, morango
- morango → chocolate, caramelo, morango
- chocolate → chocolate, caramelo, morango
- limão → chocolate, caramelo, morango
- abacaxi → chocolate, caramelo, morango

Observe que, para cada sabor de sorvete, podemos combinar 3 tipos de cobertura.

Então, para 5 sabores e 3 coberturas temos:

5 × 3 = 15   Resposta: É possível fazer 15 combinações diferentes de sorvetes.

Em outra sorveteria são oferecidos 8 tipos de sorvetes, combinando alguns sabores, servidos em tigelas ou casquinhas. Descubra quantos são os sabores.

Observe que é necessário dividir os 8 tipos de sorvete entre as duas maneiras de servi-los: em tigela e em casquinha.

$8 \div 2 = 4$

Resposta: São 4 sabores de sorvete.

tigela   casquinha

Termos da multiplicação e da divisão

Nas situações apresentadas, você observou ideias da multiplicação e da divisão. Agora, relembre os termos de cada operação.

Multiplicação

345 → multiplicando
× 3 → multiplicador } fatores
1 035 → produto

Divisão

dividendo ← 33 | 8 → divisor
            − 4 → quociente
resto ← 32
        01

Verificação da divisão

Veja a divisão:

```
  98 | 7
 − 7   14
  ───
   28
 − 28
  ───
   00
```

Agora, veja a multiplicação:

$14 \times 7 = 98$

Para verificar se a divisão está correta, multiplicamos o divisor pelo quociente e encontramos o dividendo.

Divisão exata: o resto é zero.

Veja esta outra divisão:

```
  98 | 6
 − 6   16
  ───
   38
 − 36
  ───
   02
```

Agora, veja a multiplicação:

$16 \times 6 + 2 = 98$

Quando a divisão não é exata, multiplicamos o divisor pelo quociente e adicionamos o resto. O resultado é igual ao dividendo.

Divisão não exata: o resto é diferente de zero.

Em toda divisão de números naturais podemos concluir que:

- O dividendo é igual ao quociente multiplicado pelo divisor e somado ao resto.
- O quociente é sempre menor ou igual ao dividendo.
- O resto é sempre menor que o divisor.

Propriedades da multiplicação

4 × 7 = 28

números naturais → número natural

> **Propriedade de fechamento da multiplicação.**
> O produto de 2 números naturais é sempre um número natural.

4 × 3 = 12   ou   3 × 4 = 12

fatores   fatores

4 × 3 = 3 × 4 = 12

> **Propriedade comutativa da multiplicação.**
> Trocando-se a ordem dos fatores na multiplicação, o produto não se altera.

$$3 \times 4 \times 2 = 24$$
$$(3 \times 4) \times 2 = 3 \times (4 \times 2)$$
$$12 \times 2 = 3 \times 8$$
$$24 = 24$$

> **Propriedade associativa da multiplicação.**
> Associando-se 3 ou mais fatores de modos diferentes, o produto não se altera.

Exemplo envolvendo adição:

4 × (3 + 2) =   ou   4 × (3 + 2)
= 4 × 5 = 20   = (4 × 3) + (4 × 2) =
                              = 12 + 8 = 20

Exemplo envolvendo subtração:

5 × (6 − 3) =   ou   5 × (6 − 3)
= 5 × 3 = 15   = (5 × 6) − (5 × 3) =
                              = 30 − 15 = 15

> **Propriedade distributiva da multiplicação.**
> Para multiplicar um número por uma adição ou uma subtração, multiplicamos cada termo da adição ou da subtração por esse número e, em seguida, adicionamos ou subtraímos os produtos obtidos.

Aspectos comuns entre a divisão e a subtração

Observe os exemplos.

Dona Maria sempre compra pão na venda do seu João. Ela sempre paga sua conta até o dia 15 de cada mês, pois seu João anota tudo em um caderno.

Veja a anotação da conta de dona Maria no caderno de seu João.

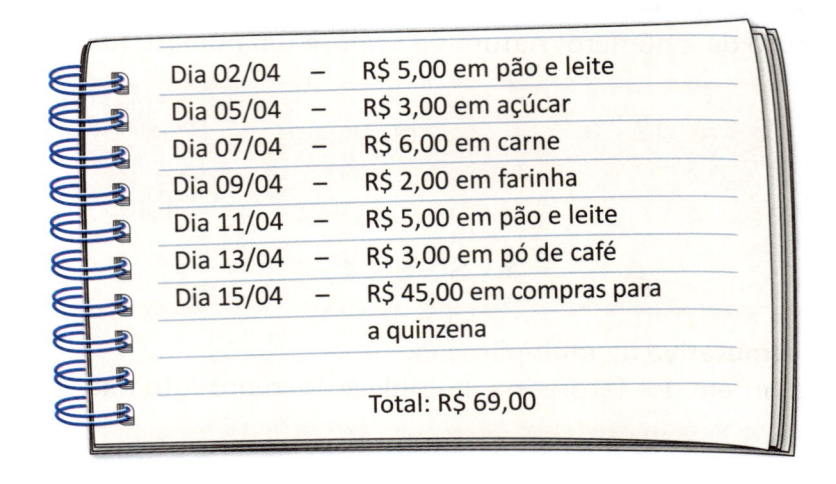

```
Dia 02/04  –  R$ 5,00 em pão e leite
Dia 05/04  –  R$ 3,00 em açúcar
Dia 07/04  –  R$ 6,00 em carne
Dia 09/04  –  R$ 2,00 em farinha
Dia 11/04  –  R$ 5,00 em pão e leite
Dia 13/04  –  R$ 3,00 em pó de café
Dia 15/04  –  R$ 45,00 em compras para
              a quinzena

Total: R$ 69,00
```

Dona Maria foi pagar a conta, mas só tinha R$ 50,00. Ela conseguiu pagar toda a sua conta? Por quê?

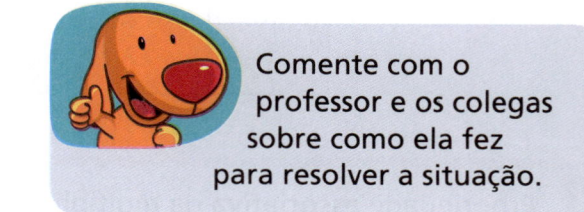

$$50 - 69 = ?$$

Comente com o professor e os colegas sobre como ela fez para resolver a situação.

Na subtração de números naturais, a propriedade de **fechamento** não é válida. Ao subtrair um número natural de outro, o resultado nem sempre será um número natural.

O mesmo acontece com a divisão. Pense numa situação em que o resultado de uma divisão de números naturais não é um número natural.

Outra propriedade que não vale na subtração e na divisão é a propriedade **comutativa**.

Observe:

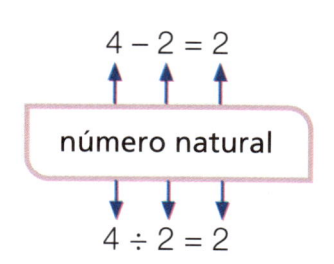

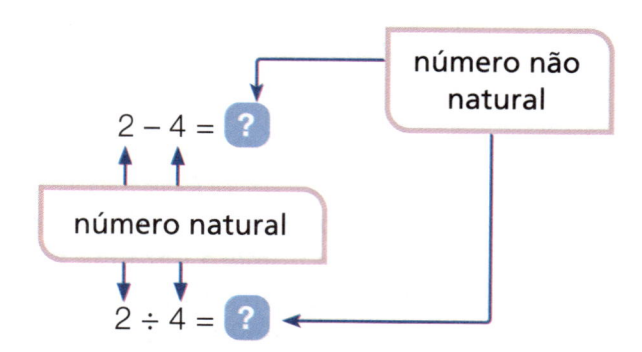

$$4 - 2 = 2$$
número natural
$$4 \div 2 = 2$$

$$2 - 4 = ?$$
número natural
$$2 \div 4 = ?$$
número não natural

ATIVIDADES

1. Resolva a multiplicação. Depois, verifique se o resultado está correto, empregando a divisão.

a) 375 × 42 = _____

b) 826 × 334 = _____

c) 962 × 86 = _____

d) 650 × 178 = _____

2. Efetue a divisão. Depois, verifique se o resultado está correto, empregando a multiplicação.

a) 750 ÷ 6

b) 75 789 ÷ 189

c) 28 336 ÷ 616

d) 22 140 ÷ 270

e) 35 784 ÷ 284

3. Resolva a divisão. Depois verifique o resultado. Lembre-se:

> dividendo = divisor × quociente + resto

a) 9 744 | 95

b) 79 991 | 204

c) 37 562 | 403

d) 800 102 | 102

RESOLUÇÃO DE PROBLEMAS

1. Leia o problema que o professor Enrico passou para os alunos.

> Uma máquina de uma fábrica de palitos para churrasco produz 360 palitos em 6 minutos. Quantos palitos essa máquina produz por minuto?

> Resolva esse problema utilizando duas estratégias diferentes.

Observe as duas estratégias:

Estratégia 1:

360 ÷ 6
÷ 3   ÷ 3
120 ÷ 2
60

Estratégia 2:

Em vez de
360 ÷ 6

eu calculo
36 ÷ 6 = 6

Depois, multiplico por 10
6 × 10 = 60

Qual dessas estratégias você usaria para resolver esse problema? Explique.

2. Leia o outro problema que o professor Enrico passou para os alunos.

> Rafael tem uma papelaria. Ele comprou uma caixa com 750 canetas, de cores sortidas e vai montar kits com 5 canetas. Quantos kits ele vai montar?

Resolva esse problema utilizando duas estratégias de cálculo diferentes. Compartilhe suas resoluções com um colega.

Multiplicação e divisão por 10, por 100 e por 1000

Observe o resultado das multiplicações no quadro de ordens.

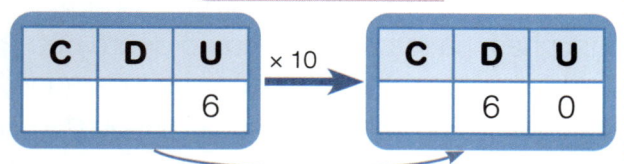

6 × 10 = 60

aumenta uma ordem

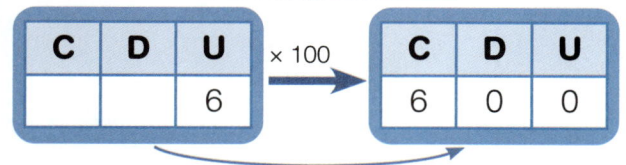

6 × 100 = 600

aumenta 2 ordens

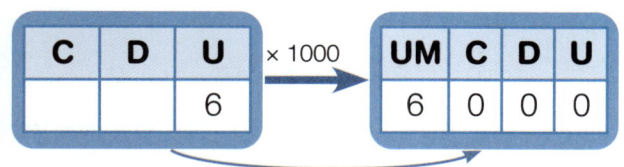

6 × 1000 = 6000

aumenta 3 ordens

Quando mutiplicamos por 10, por 100 e por 1000, as ordens dos números aumentam em 1, 2 e 3 ordens.

Agora, observe o que acontece na divisão:

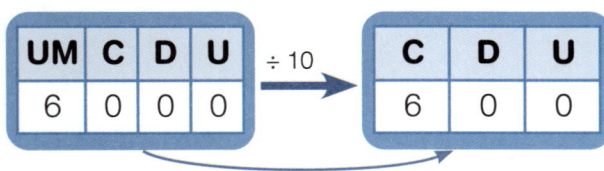

6000 ÷ 10 = 600

diminui 1 ordem

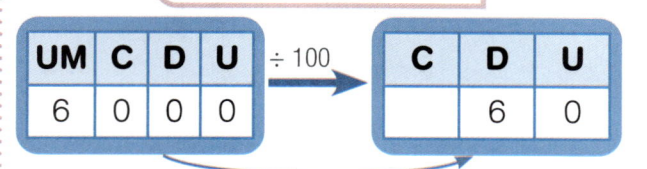

6000 ÷ 100 = 60

diminui 2 ordens

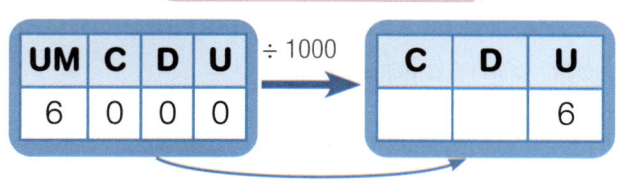

6000 ÷ 1000 = 6

diminui 3 ordens

Quando dividimos por 10, por 100 e por 1000, as ordens dos números diminuem em 1, 2 ou 3 ordens.

ATIVIDADES

1. Observe os exemplos e resolva as multiplicações.

24 × 10 = 240   362 × 100 = 36 200
56 × 1000 = 56 000

a) 14 × 100 _____   e) 106 × 10 _____

b) 8 × 1000 _____   f) 94 × 100 _____

c) 368 × 100 _____   g) 94 × 1000 _____

d) 85 × 1000 _____   h) 10 × 1000 _____

2. Efetue as divisões.

a) 60 ÷ 10 = _____

b) 40 ÷ 10 = _____

c) 8000 ÷ 100 = _____

d) 9000 ÷ 100 = _____

e) 80 000 ÷ 100 = _____

f) 95 000 ÷ 100 = _____

LIÇÃO 4 — EXPRESSÕES NUMÉRICAS

Situação 1

Joaquim estava brincando de bater figurinha com seus amigos. Na primeira jogada ganhou 15 figurinhas; na segunda, perdeu 8 figurinhas; na terceira, ganhou o dobro de figurinhas que ganhou na primeira vez; e na quarta, perdeu a metade das figurinhas que perdeu na segunda jogada. Quantas figurinhas Joaquim tem agora se ele começou o jogo com 10 figurinhas?

Observe como esse problema pode ser resolvido:

Primeiro organizamos todos os dados do problema em uma **expressão numérica**: tinha **10** figurinhas, ganhou **15**, perdeu **8**, ganhou o **dobro** da primeira vez e perdeu a **metade** da segunda vez.

$$10 + \underbrace{15}_{1^a} - \underbrace{8}_{2^a} + \underbrace{2 \times 15}_{3^a} - \underbrace{8 \div 2}_{4^a} \leftarrow \text{jogadas}$$

Para resolver uma expressão numérica com as quatro operações, primeiro resolvemos as multiplicações e as divisões na ordem em que aparecem.

$$10 + 15 - 8 + \underline{2 \times 15} - \underline{8 \div 2}$$
$$10 + 15 - 8 + 30 - 4$$

Depois resolvemos as adições e as subtrações na ordem em que aparecem.

$$\underline{25 - 8} + 30 - 4$$
$$\underline{17 + 30} - 4$$
$$\underline{47 - 4}$$
$$43$$

Então, Joaquim agora tem 43 figurinhas.

Situação 2

Ricardo e seu irmão Ronaldo colecionam latinhas de refrigerante. Ricardo tem 25 latinhas e Ronaldo tem 18.

Seu pai chegou de viagem e trouxe 14 latinhas novas e deu para Ricardo repartir igualmente com seu irmão. Com quantas latinhas ficou cada uma das coleções?

Primeiro vamos escrever a situação usando números e sinais.

Coleção de Ricardo

25 + 14 ÷ 2
25 + 7 = 32

Coleção de Ronaldo

18 + 14 ÷ 2
18 + 7 = 25

Ao utilizar números e sinais para representar a situação, montamos o que em Matemática recebe o nome de **expressões numéricas**.

> **Expressões numéricas** são sequências de operações com números, ligadas ou não por sinais de associação.

ATIVIDADES

1. Aplique o que você aprendeu e calcule o valor das expressões numéricas.

a) 18 + 5 – 2 = _____

b) 26 – 14 + 3 = _____

c) 38 + 6 – 17 = _____

d) 85 + 9 – 15 + 3 = _____

e) 82 – 5 + 4 – 6 = _____

f) 174 – 45 + 8 – 3 = _____

g) 182 + 8 – 135 + 5 = _____

h) 206 – 68 + 9 = _____

2 Resolva as expressões.

a) 138 + 62 – 124 =

b) 159 – 96 – 41 + 2 =

c) 272 + 46 + 9 – 224 =

d) 440 – 271 – 62 + 5 =

3. Calcule as expressões numéricas efetuando as operações na ordem correta. Siga o exemplo.

a) 86 + 52 × 7 − 138 =
= 86 + 364 − 138 =
= 450 − 138 = 312

b) 364 − 89 + 47 × 3 =

c) 145 × 5 − 472 + 38 =

d) 275 − 118 + 32 × 6 =

4. Complete as expressões numéricas com os sinais ☐ + ou ☐ −.

a) 47 ☐ 10 ☐ 3 = 54
b) 24 ☐ 24 ☐ 24 = 72
c) 54 ☐ 7 ☐ 39 = 86
d) 139 ☐ 654 ☐ 3 = 790
e) 98 ☐ 19 ☐ 18 = 61
f) 36 ☐ 4 ☐ 12 = 44
g) 123 ☐ 7 ☐ 94 = 36
h) 73 ☐ 19 ☐ 53 = 107
i) 34 ☐ 14 ☐ 84 = 104
j) 78 ☐ 65 ☐ 37 = 106

5. Complete as seguintes expressões numéricas. Escreva os sinais nos ◯ e os números nos ☐.

a) 22 + ☐ − 7 = 20
b) ☐ − 8 + 15 = 45
c) 46 − 16 + ☐ = 48
d) 29 ◯ 8 ◯ 35 = 56
e) 61 ◯ 27 − ☐ = 63
f) 22 × ☐ + 6 = 50
g) ☐ × 5 − 15 = 10
h) 11 ◯ 5 + ☐ = 60

6. Calcule o valor das seguintes expressões numéricas.

a) 12 ÷ 6 + 2 × 9 − 3 =

b) 9 × 9 + 18 ÷ 3 − 8 =

c) 192 ÷ 2 − 47 × 2 + 4 =

d) 36 × 12 + 125 − 250 =

e) 226 ÷ 2 − 9 × 8 + 2 =

f) 42 + 15 × 6 − 18 ÷ 9 =

Expressões numéricas com sinais de associação

Você conhece esses sinais?

( )   [ ]   { }

Eles são chamados **sinais de associação**.

> Quando os sinais de associação aparecem em uma expressão numérica, devemos efetuar as operações que neles estão inseridas, eliminando-os na seguinte ordem:
>
> 1º parênteses ( )
> 2º colchetes [ ]
> 3º chaves { }

Vamos aprender como resolver uma expressão numérica envolvendo as 4 operações e contendo os sinais de associação.

Observe alguns exemplos.

a) $(249 - 48) \times 13 =$
   $= 201 \times 13 =$
   $= 2\,613$

b) $[21 \times (81 + 63)] - 49 =$
   $= [21 \times 144] - 49 =$
   $= 3\,024 - 49 =$
   $= 2\,975$

c) $2 + [14 + (8 - 4)] =$
   $= 2 + [14 + 4] =$
   $= 2 + 18 =$
   $= 20$

d) $\{35 - [(5 \times 3) + 7]\} =$
   $= \{35 - [15 + 7]\} =$
   $= \{35 - 22\} =$
   $= 13$

ATIVIDADES

1. Resolva as expressões.

a) $3 + 4 \times 8 - 5 =$ _____

b) $3 + 4 \times (8 - 5) =$ _____

c) $2 - 1 + 4 \times 2 + 3 =$ _____

d) $2 - 1 + 4 \times (2 + 3) =$ _____

e) $6 + 8 \div 2 + 1 - 3 =$ _____

f) $(6 + 8) \div 2 + 1 - 3 =$ _____

g) $6 + 6 \div 2 + 3 \times 2 + 1 =$ _____

h) $6 + 6 \div 2 + 3 \times (2 + 1) =$ _____

i) $6 + 3 \times 3 - 2 =$ _____

j) $(6 + 3) \times (3 - 2) =$ _____

2. Resolva em seu caderno as expressões.

a) $15 + (26 - 12) - 8 =$ _____

b) $(22 + 4) - 17 + 5 =$ _____

c) $(9 + 8) + (16 - 9) =$ _____

d) $25 + [12 + (8 - 5) + 2] =$ _____

e) $32 - [(12 - 6) + 8] =$ _____

f) $\{[(50 - 20) - 30] + 20\} + 10 =$ _____

g) $10 - \{[(5 + 5) - 3] - 2\} =$ _____

h) $45 + \{42 - [18 + (9 - 5) + 5]\} =$ _____

i) $[49 - (6 \times 6 - 15) + 7] =$ _____

j) $54 + \{16 - [4 \times 4 - 10 + 3]\} =$ _____

k) $15 + \{6 + [(3 \times 8 - 21) + 2]\} =$ _____

l) $6 \times \{3 + [(9 \times 3 - 22) + 2]\} =$ _____

m) $76 + [15 \div (6 \div 2 + 2) + 1] =$ _____

n) $217 + \{18 + [(3 \times 6 \times 11) - 7]\} =$ _____

LIÇÃO 5 — ÁLGEBRA

Igualdade

Observe a imagem e depois converse com os colegas sobre as questões a seguir.

- Essa gangorra está em equilíbrio?
- Podemos dizer que essa imagem sugere ideia de **igualdade**? Explique.
- Se fossem 2 gatos iguais em vez de 1, a gangorra ficaria em equilíbrio? Comente.
- O que você mudaria nessa figura para a gangorra ficar em equilíbrio?

> As gangorras ou as balanças de dois pratos sugerem a ideia de igualdade quando os objetos (ou pessoas) colocados nos dois lados da gangorra ou da balança têm o mesmo peso.

Veja uma balança de dois pratos:

- Essa balança está em equilíbrio? Por quê?

Sentença matemática

> **Sentença matemática** é uma afirmação que envolve números, operações e resultado.

Veja alguns exemplos.

- 54 − 4 = 50 (sentença matemática verdadeira);
- 84 ÷ 74 = 14 (sentença matemática falsa);
- 100 × 3 − 240 = 60 (sentença matemática verdadeira).

Podemos usar uma sentença matemática para descobrir um valor desconhecido qualquer.

Veja um exemplo.

Mônica e Alfredo brincam de adivinhar números.

Qual é o número que somado com 7 dá 11?

Já sei o que fazer para encontrar esse número!

Alfredo escreveu uma sentença matemática e usou a operação inversa para encontrar o número desconhecido. Observe:

? + 7 = 11
? = 11 − 7   4 + 7 = 11
? = 4

Agora é a minha vez, qual é o número que multiplicado por 4 dá 20?

Eu já sei...

Mônica escreveu uma sentença numérica e usou a operação inversa para encontrar o número desconhecido. Observe:

? × 4 = 20

? = 20 ÷ 4   5 × 4 = 20

? = 5

O número desconhecido é o 5!

Valor desconhecido em uma sentença matemática

Em uma sentença matemática que tenha um número desconhecido podemos utilizar a operação inversa para descobri-lo.

Ou podemos representar o termo desconhecido nas sentenças matemáticas por qualquer sinal gráfico: ★, ▲, ■... e adicionar ou subtrair o mesmo número de ambos os lados da sentença matemática sem alterar a igualdade.

a) ■ + 3 = 9
   ■ + 3 − 3 = 9 − 3
   ■ = 9 − 3
   ■ = 6

b) ▲ − 8 = 6
   ▲ − 8 + 8 = 6 + 8
   ▲ = 6 + 8
   ▲ = 14

Posso adicionar ou subtrair um mesmo número de ambos os lados de uma sentença matemática sem alterar a igualdade.

ATIVIDADES

1. Descubra o termo desconhecido nas igualdades:

a) ☐ + 24 = 120

b) ☐ − 38 = 117

c) ☐ − 19 = 34

d) ☐ ÷ 15 = 21

2. Resolva as sentenças:

★ × 3 = 15   ★ = 15 ÷ 3   ★ = 5

a) ★ × 5 = 125
★ = _____ ÷ _____
★ = _____

b) ★ × 9 = 45
★ = _____ ÷ _____
★ = _____

c) ★ × 6 = 72
★ = _____ ÷ _____
★ = _____

d) ★ × 2 = 168
★ = _____ ÷ _____
★ = _____

3. Resolva as sentenças:

● ÷ 3 = 21   ● = 21 × 3   ● = 63

a) ● ÷ 2 = 48
● = _____ × _____
● = _____

b) ● ÷ 6 = 13
● = _____ × _____
● = _____

c) ● ÷ 5 = 40
● = _____ × _____
● = _____

d) ● ÷ 3 = 36
● = _____ × _____
● = _____

4. Descubra qual dos quatro sinais, +, −, × e ÷, deve ser colocado em cada igualdade, para que ela seja verdadeira.

a) 22 _____ 6 = 132

b) 51 _____ 3 = 153

c) 324 _____ 16 = 308

d) 23 _____ 18 = 41

e) 844 _____ 4 = 211

f) 55 _____ 5 = 11

g) 683 _____ 48 = 635

h) 29 _____ 29 = 58

i) 716 _____ 2 = 1432

j) 93 _____ 3 = 31

RESOLUÇÃO DE PROBLEMAS

Para os problemas a seguir, represente o termo desconhecido por algum sinal gráfico como ■, ▲ ou ★ e responda às questões.

1. Qual é o número que subtraindo 7 dá 36?

Resposta: _____

2. Mamãe fez docinhos para vender. Entregamos 3 dúzias e ainda restaram 63. Quantos docinhos mamãe fez?

Resposta: _____

3. Em uma multiplicação, o produto é 426 e um dos fatores é 2. Qual é o outro fator?

Resposta: _____

4. Em uma escola foram distribuídos 5 cadernos para cada um de seus 30 alunos. Quantos cadernos havia ao todo?

Resposta: _____

5. Leia o problema.

Carlos e a namorada foram comprar uma televisão no valor de R$ 1 200,00. A loja aceitava esse valor à vista ou eles poderiam dividir esse valor em até 6 parcelas mensais e iguais, sem acréscimos, sendo a 1ª parcela no ato. Ele e a namorada concordaram em dividir em mais de uma prestação. Qual foi o valor de cada prestação?

a) Anote os dados do problema:

• Preço da televisão: _____

• Quantidade máxima de prestações: _____

• Quantidade mínima de prestações: _____

b) Diga qual será o valor de cada prestação se o casal optar por pagar em:

 I) 2 prestações: _____

 II) 3 prestações: _____

 III) 4 prestações: _____

 IV) 5 prestações: _____

 V) 6 prestações: _____

c) Quantas soluções há para esse problema?

_____

6. Elabore no caderno um problema parecido com o apresentado, de modo que ele tenha mais do que uma solução.

a) Compartilhe seu problema com um colega. Peça que ele o leia e diga o que entendeu do texto. Faça o mesmo com o problema que ele inventou.

b) Troquem de problemas para um resolver o do outro.

Grandezas diretamente proporcionais

1. Jurandir está fazendo massinha de modelar caseira para brincar com seus filhos.

Veja a receita:

- 2 copos de farinha de trigo
- 1 copo de água
- 1 colher de chá de óleo
- Corante alimentício
- $\frac{1}{2}$ copo de sal

Com base na receita original, complete a tabela de acordo com a quantidade de receitas indicadas.

	Receita original	2 Receitas	3 Receitas	6 Receitas
Copos de farinha de trigo	2			
Copo de água	1			
Colher de chá de óleo	1			
Copo de sal	$\frac{1}{2}$			

2. Otávio comprou tinta para pintar a sua casa. De acordo com a instrução da embalagem, complete a tabela.

Diluir cada litro de tinta em 3 litros de água.

Tinta (em L)	1	2	3	4	5
Água (em L)					

Partilha desigual

1. Numa cesta há 24 maçãs. Elas foram divididas da seguinte maneira: um terço será usado para fazer uma torta e dois terços serão utilizados para fazer geleia.

a) Serão utilizados mais maçãs para fazer:

☐ Torta ☐ Geleia

b) Quantas maçãs serão utilizadas para fazer geleia? _____

c) Quantas maçãs serão utilizadas para fazer a torta? _____

- O que você achou dessa partilha de maçãs?

2. Veja a quantidade de carrinhos da coleção de Violeta.

a) Nessa coleção de carrinhos, $\frac{1}{4}$ são vermelhos e $\frac{3}{4}$ são azuis. Pinte os carrinhos.

b) Quantos carrinhos são vermelhos?

c) Quantos carrinhos são azuis?

d) A quantidade de carrinhos por cor está dividida em partes iguais? Explique.

e) Para que a distribuição por cores não seja desigual, qual deve ser a quantidade de carrinhos de cada cor?

LIÇÃO 6
MÚLTIPLOS E DIVISORES DE UM NÚMERO NATURAL

Múltiplos

Eu tenho 2 sacos com 3 bolinhas em cada um. Tenho, então, 6 bolinhas.

Eu tenho 5 sacos com 3 bolinhas em cada um. Tenho 15 bolinhas!

Eu tenho 4 sacos iguais aos dos meus colegas. Tenho, então, 12 bolinhas.

Eu tenho 1 saco com 3 bolinhas.

Cada um de vocês tem um número de bolinhas que é múltiplo de 3.

Eu tenho 3 sacos com 3 bolinhas em cada um. Tenho, então, 9 bolinhas.

Veja os exemplos.

Os números 0, 2, 6, 22 e 180 são múltiplos de 2, pois:

$2 \times 0 = 0$ $2 \times 1 = 2$ $2 \times 3 = 6$ $2 \times 11 = 22$ $2 \times 90 = 180$

Os números 0, 3, 6, 9 e 180 são múltiplos de 3, pois:

$3 \times 0 = 0$ $3 \times 1 = 3$ $3 \times 2 = 6$ $3 \times 3 = 9$ $3 \times 60 = 180$

Os números 0, 12, 24, 36 e 60 são múltiplos de 12, pois:

$12 \times 0 = 0$ $12 \times 1 = 12$ $12 \times 2 = 24$ $12 \times 3 = 36$ $12 \times 5 = 60$

Agora, responda.

- O zero é múltiplo dos números 2, 3 e 12?
- E o número 1, também é múltiplo de todos esses números?
- É possível calcular todos os múltiplos de um número natural?

Assim, considerando os múltiplos dos números naturais, observamos que:

> O **zero** é múltiplo de todos os números naturais.

1 × 0 = 0   2 × 0 = 0   3 × 0 = 0   4 × 0 = 0   5 × 0 = 0
0 é múltiplo de 1.   0 é múltiplo de 2.   0 é múltiplo de 3.   0 é múltiplo de 4.   0 é múltiplo de 5.

> Todos os números naturais são múltiplos de 1.

1 × 0 = 0   1 × 1 = 1   1 × 2 = 2   1 × 3 = 3   1 × 4 = 4
0 é múltiplo de 1.   1 é múltiplo de 1.   2 é múltiplo de 1.   3 é múltiplo de 1.   4 é múltiplo de 1.

> Todo número natural é múltiplo de si mesmo.

0 × 1 = 0   1 × 1 = 1   2 × 1 = 2   3 × 1 = 3   4 × 1 = 4
0 é múltiplo de 0.   1 é múltiplo de 1.   2 é múltiplo de 2.   3 é múltiplo de 3.   4 é múltiplo de 4.

Continue observando.

| 4 × 0 = 0 | 4 × 1 = 4 | 4 × 2 = 8 | 4 × 3 = 12 | 4 × 4 = 16 |

0, 4, 8, 12, 16, ... são **múltiplos** de 4.

Representamos o conjunto dos números naturais que são múltiplos de 4 assim:

M(4) = {0, 4, 8, 12, 16, ...}

O conjunto dos múltiplos de um número natural é **infinito**.

Para se obter o múltiplo de um número natural, multiplica-se esse número por outro número natural qualquer.

> **Múltiplo** de um número natural é o produto desse número por outro número natural.

Como descobrir se um número é múltiplo de outro?

Vamos ver alguns exemplos.

- 560 é múltiplo de 10?

    Para saber se 560 é múltiplo de 10, temos que encontrar um número natural que, multiplicado por 10, resulte 560.

    10 × ? = 560

    560 ÷ 10 = 56

    Temos então:

    10 × 56 = 560

    Logo, 560 é múltiplo de 10.

- 560 é múltiplo de 9?

    9 × ? = 560

    Para encontrar ?, fazemos:

    560 ÷ 9 = 62, com resto 2.

    ```
    560 | 9
     20   62
      2
    ```

    Não existe um número natural que, multiplicado por 9, resulte 560.
    Logo, 560 não é múltiplo de 9.

- 9 360 é múltiplo de 12?

    12 × ? = 9 360

    Efetuamos:

    9 360 ÷ 12 = 780

    12 × 780 = 9 360

    Logo, 9 360 é múltiplo de 12.

    ```
    9360 | 12
     096   780
     000
    ```

- 9 360 é múltiplo de 14?

    Não há um número que, multiplicado por 14, resulte 9 360.
    Portanto, 9 360 não é múltiplo de 14.

    ```
    9360 | 14
     096   668
     120
      08
    ```

ATIVIDADES

1. Complete as frases usando as palavras destacadas.

| zero | múltiplos | produto | infinito |

a) Múltiplo de um número natural é o _____ desse número por outro número natural qualquer.

b) Todos os números naturais são _____ de 1.

c) O _____ é múltiplo de todos os números naturais.

d) O conjunto dos múltiplos de um número natural é _____.

2. Escreva os 7 primeiros múltiplos de:

a) 2 _____

b) 7 _____

c) 12 _____

d) 15 _____

3. Identifique se cada número é múltiplo de 7.

a) 21 _____

b) 772 _____

c) 131 _____

d) 105 _____

4. Observe os números em cada item. Assinale os que são múltiplos dos números em destaque.

a) 12 | 60 0 46 1 24 72 48 120 360

b) 15 | 42 30 68 75 90 0 1 50 190

5. Escreva os múltiplos de:

a) 9, maiores que 50 e menores que 100.

_____

b) 12, menores que 70.

_____

c) 5, compreendidos entre 9 e 36.

_____

d) 6, compreendidos entre 15 e 55.

_____

e) 4, compreendidos entre 10 e 42.

_____

f) 8, compreendidos entre 35 e 60.

_____

RESOLUÇÃO DE PROBLEMAS

1. Leia o problema.

> O administrador de um armazém recebeu do fabricante um lote com 150 unidades de um produto a R$ 3,00 cada.
> Na semana seguinte, ele recebeu novo lote com 120 unidades do mesmo produto, porém ao preço unitário de R$ 4,00. Qual a diferença de preço entre o valor total de cada lote?

a) Sem resolver ainda o problema, responda: quantas "contas" você acha que será necessário fazer nesse problema? Quais são elas?

_____

b) Que estratégias você pretende utilizar para fazer essas contas?

_____

_____

_____

_____

_____

_____

c) Resolva no caderno esse problema.

2. Elabore um problema parecido com o apresentado. Utilize alguma estratégia de cálculo mental para resolvê-lo.

_____

_____

_____

Compartilhe o problema que você criou com outro colega. Peça que ele leia e diga o que entendeu. Faça o mesmo com o problema que ele inventou.

INFORMAÇÃO E ESTATÍSTICA

Desde 1991, o Instituto Brasileiro de Geografia e Estatística (IBGE) coleta informações sobre a população indígena brasileira por meio do Censo Demográfico. Mas somente em 2012 os dados foram mais detalhados, verificando as diferentes etnias, línguas indígenas faladas e também localização de domicílios indígenas.

Observe a tabela com informações sobre a população indígena no Brasil e a localização dos seus domicílios.

População indígena, por situação do domicílio, segundo a localização do domicílio (Brasil, 2010)

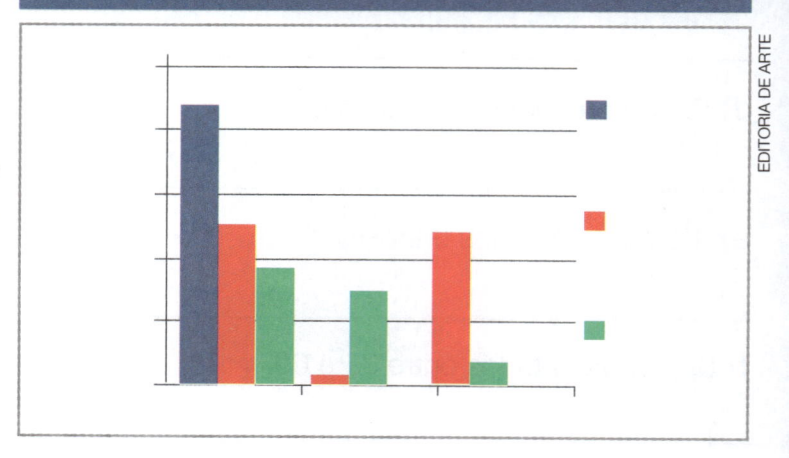

Localização do domicílio	População indígena por situação do domicílio		
	Total	Urbana	Rural
Terras indígenas	517 383	25 963	491 420
Fora de terras indígenas	379 534	298 871	80 663
Total	896 917	324 834	572 083

Fonte: IBGE, Censo Demográfico 2010.

- A maior parte da população indígena está localizada em terras indígenas ou fora delas? _____

- A maior parte da população das terras indígenas está localizada nos espaços urbanos ou rurais? _____

- As informações da tabela também podem ser apresentadas em gráficos. Observe a organização das informações em um gráfico de colunas.

- O que você observa de diferente entre a apresentação dos dados na tabela e no gráfico?

- Em sua opinião, para esses temas, qual das duas formas de comunicar dados é mais eficiente? Por quê?

População indígena, por situação do domicílio, segundo a localização do domicílio (Brasil, 2010)

Mínimo múltiplo comum

Este quadro foi montado com os múltiplos de 2 e de 3 até 30. Observe.

M(2)	0	2	4	6	8	10	12	14	16	18	20	22	24	26	28	30
M(3)	0	3	6	9	12	15	18	21	24	27	30					

- O que você pode observar nos números que estão destacados na cor?
  Os números 0, 6, 12, 18, 24 e 30 são múltiplos comuns aos números 2 e 3, até 30.
- Dos números destacados, qual deles é o menor, diferente de zero?
  O menor dos múltiplos comuns de 2 e 3, diferente de 0 (zero), é 6.
- Dizemos, então, que o menor múltiplo comum entre 2 e 3 é 6.
  Ou seja, o mínimo múltiplo comum (m.m.c.) entre 2 e 3 é 6.

Indicamos assim: m.m.c. (2, 3) = {6}

> O menor dos múltiplos comuns a dois ou mais números naturais, diferentes de zero, é chamado **mínimo múltiplo comum** e é representado por **m.m.c.**

ATIVIDADES

1. Observe o quadro e escreva o que se pede.

M(4)	0	4	8	12	16	20	24	28	32	36	40
M(5)	0	5	10	15	20	25	30	35	40		
M(6)	0	6	12	18	24	30	36				

a) m.m.c. (4, 6) = _____

b) m.m.c. (4, 5) = _____

c) m.m.c. (5, 6) = _____

2. Encontre os seis primeiros múltiplos dos seguintes números:

M(5) = _____

M(6) = _____

M(8) = _____

M(10) = _____

M(12) = _____

M(15) = _____

3. Observe os números múltiplos que você encontrou na atividade anterior. Escreva:

a) m.m.c. (6, 12) = _____

b) m.m.c. (5, 10) = _____

c) m.m.c. (6, 8) = _____

d) m.m.c. (5, 15) = _____

Divisores

A professora Clara agrupou seus alunos para realizarem um trabalho de pesquisa. Observe como ficaram organizados os grupos.

- Quantos alunos estão participando dessa atividade?
- Quantos grupos foram formados?
- Há quantos alunos em cada grupo?
- Esses alunos poderiam ser distribuídos igualmente em três grupos? Por quê?

> Discuta as respostas com os colegas.

Agora, observe como a professora Clara agrupou seus alunos para realizar uma tarefa de Matemática.

- O que está igual e o que está diferente da divisão anterior?
- Quantos alunos estão participando dessa atividade?
- Quantos grupos foram formados?
- Há quantos alunos em cada grupo?
- Esses alunos estão distribuídos igualmente nos três grupos?

Acompanhe como as duas situações que você viu são representadas em Matemática.

- Na primeira, os 13 alunos formaram 2 grupos de 5 alunos e 1 grupo de 3 alunos: $13 \div 5 = 2$ com resto 3, pois $2 \times 5 = 10$ e $10 + 3 = 13$.
- Na segunda, os 12 alunos formaram 3 grupos com 4 alunos em cada um: $12 \div 4 = 3$, pois $3 \times 4 = 12$.

> Se na sala de aula houvesse 4 mesas, poderíamos distribuir igualmente esses alunos? Em caso afirmativo, quantos alunos ficariam em cada mesa?

Sobre o número 12, podemos concluir que:
- 12 dividido por 3 dá 4 e não sobra resto.
- 12 dividido por 4 dá 3 e não sobra resto.

Sabemos também que:
- 12 dividido por 2 dá 6 e não sobra resto.
- 12 dividido por 6 dá 2 e não sobra resto.
- 12 dividido por 1 dá 12 e não sobra resto.
- 12 dividido por 12 dá 1 e não sobra resto.

Dizemos que os números 1, 2, 3, 4, 6 e 12 são os **divisores** de 12.

O número 12 tem 6 divisores.

Os divisores de um número natural podem ser representados na forma de conjunto.

$$D(12) = \{1, 2, 3, 4, 6, 12\}$$

Para encontrar os divisores de um número natural, basta dividi-lo por ele mesmo e pelos números naturais menores que ele, com exceção do zero. Se o resto da divisão for zero, o número escolhido é um divisor. Se houver resto, o número escolhido não é divisor do número dado.

> **Divisores** de um número são todos os números diferentes de zero que, ao dividirem esse número, não deixam resto.

Veja como determinamos os divisores de 8:

8 ÷ 1 = 8 com resto 0
8 ÷ 2 = 4 com resto 0
8 ÷ 3 = 2 com resto 2
8 ÷ 4 = 2 com resto 0

8 ÷ 5 = 1 com resto 3
8 ÷ 6 = 1 com resto 2
8 ÷ 7 = 1 com resto 1
8 ÷ 8 = 1 com resto 0

Os números 1, 2, 4 e 8 são divisores de 8, porque 8 é divisível por 1, 2, 4 e 8.

O número 8 possui 4 divisores.

D(8) = {1, 2, 4, 8}

Quantos divisores tem o número 1? E o número 5?

Conclusões:

- Todo número natural diferente de zero tem divisor.
- O número 1 é divisor de qualquer número natural.
- O maior divisor de um número natural é ele mesmo.
- O conjunto dos divisores de um número natural é **finito**.

Critérios de divisibilidade

Você deve ter percebido como é importante reconhecer se um número natural é múltiplo ou divisor de outro número natural.

Para saber se um número é divisível por outro número, veja algumas regras práticas:

Divisibilidade por 2

Um número será divisível por 2 se for par.

Exemplo:

```
3 8 0 | 2
1 8     190
  0 0
```

$380 \div 2 = 190$

Divisibilidade por 3

Um número será divisível por 3 se a soma de seus algarismos for um número divisível por 3.

Exemplos:

93
9 + 3 = 12
12 ÷ 3 = 4

Logo, 93 é divisível por 3.

```
93 | 3
03   31
 0
```

54
5 + 4 = 9
9 ÷ 3 = 3

Logo, 54 é divisível por 3.

```
54 | 3
24   18
 0
```

Contraexemplo:

71
7 + 1 = 8

Como 8 não é divisível por 3, então 71 não é divisível por 3.

```
71 | 3
11   23
 2
```

Divisibilidade por 5

Um número será divisível por 5 se terminar em 0 ou 5.

Exemplos:

80 é divisível por 5, pois termina em 0.

145 é divisível por 5, pois termina em 5.

Divisibilidade por 6

Um número será divisível por 6 se for divisível por 2 e por 3.

Exemplo:

48 é divisível por 2, pois é par.

48 é divisível por 3, pois a soma de seus algarismos (4 + 8 = 12) é divisível por 3.

12 ÷ 3 = 4

Logo, 48 é divisível por 6.

Divisibilidade por 9

Um número será divisível por 9 se a soma de seus algarismos for um número divisível por 9.

Exemplos:

63

6 + 3 = 9

9 ÷ 9 = 1

Logo, 63 é divisível por 9.

198

1 + 9 + 8 = 18

18 ÷ 9 = 2

Logo, 198 é divisível por 9.

Contraexemplo:

145

1 + 4 + 5 = 10

Como 10 não é divisível por 9, então 145 não é divisível por 9.

Divisibilidade por 10

Um número será divisível por 10 se terminar em 0.

Exemplos:

260 — termina em 0

80 — termina em 0

ATIVIDADES

1. Observe os números em cada item. Assinale os que são divisores do número em destaque.

a) 8

    1   2   4   6   8   16   80   0   3   18

b) 18

    2   3   4   36   18   9   6   0   81   180

c) 21

    1   2   4   6   8   16   21   12   0   210

2. Escreva os divisores de cada número natural abaixo.

a) 36 _____

b) 54 _____

c) 15 _____

d) 60 _____

e) 90 _____

f) 28 _____

3. Represente o conjunto dos divisores de cada número.

a) (6) = _____

b) (9) = _____

c) (8) = _____

d) (14) = _____

e) (18) = _____

f) (20) _____

g) (30) = _____

h) (24) = _____

4. Observe os números.

    60   531   123   120   36   13   540   27

Escreva os números divisíveis:

- por 2 _____
- por 3 _____
- por 5 _____
- por 6 _____
- por 9 _____
- por 10 _____

5. Dos números abaixo, quais são divisíveis por 3 e por 9 ao mesmo tempo?

    105   127   252   27   612   626   108   39

_____

6. Complete o quadro.

É divisível por	415	830	365	190	274	246	160
2	Não						
5	Sim						
10	Não						

7. Circule os números divisíveis por:

a) 8   31   40   64   125   128   146

b) 9   15   27   44   54   80   63

c) 5   56   95   70   83   75   20

210

Máximo divisor comum

Observe o conjunto dos divisores de 4 e de 12.

D(4) = {1, 2, 4}

D(12) = {1, 2, 3, 4, 6, 12}

Perceba que os números 1, 2 e 4 são divisores de 4 e de 12 ao mesmo tempo.

Os divisores comuns de 4 e 12 são os números 1, 2 e 4. E o maior deles é 4. Dizemos que o máximo divisor comum (m.d.c.) entre 4 e 12 é 4.

Representamos assim: m.d.c. (4, 12) = {4}

> O maior dos divisores comuns a dois ou mais números naturais é chamado **máximo divisor comum** e é representado por **m.d.c.**

ATIVIDADES

1. Escreva os conjuntos solicitados e, depois, responda às questões.

a) D(15) = _____

D(20) = _____

- Divisores comuns a 15 e 20 _____

- m.d.c. (15, 20) _____

b) D(18) = _____

D(30) = _____

- Divisores comuns a 18 e 30 _____

- m.d.c. (18, 30) _____

2. Escreva o conjunto dos divisores de cada número e contorne seu maior divisor.

a) D(9) = _____

b) D(3) = _____

c) D(7) = _____

d) D(13) = _____

e) D(15) = _____

f) D(30) = _____

3. Calcule o m.d.c. dos números abaixo.

a) m.d.c. (9, 12) = _____

b) m.d.c. (8, 20) = _____

c) m.d.c. (18, 48) = _____

d) m.d.c. (20, 6, 14) = _____

e) m.d.c. (60, 36) = _____

f) m.d.c. (3, 15, 12) = _____

LIÇÃO 7 — NÚMEROS PRIMOS

Você já realizou atividades separando os números naturais de diferentes maneiras. Veja alguns exemplos:

- 0, 2, 4, 6, 8, 10, 12, 14, ... ⟶ números **pares**;
- 1, 3, 5, 7, 9, 11, 13, 15, ... ⟶ números **ímpares**;
- 0, 3, 6, 9, 12, 15, 18, 21, ... ⟶ números **múltiplos** de 3;
- 1, 2, 3, 6 ⟶ números **divisores** de 6.

Quantos divisores tem o número 1?

Vamos estudar agora os chamados **números primos**.

Observe o quadro dos divisores de alguns números naturais.

Na última coluna aparece a quantidade de divisores de cada um.

Número natural	Seus divisores	Quantidade de divisores
1	1	1
2	1; 2	2
3	1; 3	2
4	1; 2; 4	3
5	1; 5	2
6	1; 2; 3; 6	4
7	1; 7	2
8	1; 2; 4; 8	4
9	1; 3; 9	3
10	1; 2; 5; 10	4

Número natural	Seus divisores	Quantidade de divisores
11	1; 11	2
12	1; 2; 3; 4; 6; 12	6
26	1; 2; 13; 26	4
36	1; 2; 3; 4; 6; 9; 12; 18; 36	9
43	1; 43	2
50	1; 2; 5; 10; 25; 50	6
55	1; 5; 11; 55	4
97	1; 97	2
99	1; 3; 9; 11; 33; 99	6

Agora, veja as conclusões que podemos tirar dos dados da tabela:

- 1 é o único número que tem **apenas um** divisor (ele mesmo).
- Há números que têm **dois divisores** (1 e ele mesmo).
- Há números que têm **mais de dois divisores** (1, ele mesmo e outros).

Assim, ficam classificados os números naturais, de acordo com a quantidade de divisores:

- o número **1** ou a unidade: 1 divisor;
- os números **primos**, aqueles que possuem apenas 2 divisores: o 1 e ele mesmo;
- os números **compostos**, aqueles que possuem mais de 2 divisores.

Crivo de Eratóstenes

Para descobrir quais são os números primos até 100, complete o Crivo de Eratóstenes, seguindo as orientações.

1. Circule o número 1.
2. Pinte no quadro todos os números conforme a ordem da legenda:

- múltiplos de 2 maiores que 2
- múltiplos de 3 maiores que 3
- múltiplos de 4 maiores que 4
- múltiplos de 5 maiores que 5
- múltiplos de 6 maiores que 6
- múltiplos de 7 maiores que 7

Eratóstenes, um matemático nascido na cidade de Cirene, na Grécia (276 a 194 a.C.), utilizou um método sistemático para separar os números primos do conjunto dos números naturais.

Esse método ficou conhecido na Matemática como "Crivo de Eratóstenes".

O **Crivo de Eratóstenes** foi a primeira tabela construída para reconhecer os números primos.

Litografia da obra *Dactyliotheca*, de P.D. Lippert, c. 1760.

1	2	3	4	5	6	7	8	9	10
11	12	13	14	15	16	17	18	19	20
21	22	23	24	25	26	27	28	29	30
31	32	33	34	35	36	37	38	39	40
41	42	43	44	45	46	47	48	49	50
51	52	53	54	55	56	57	58	59	60
61	62	63	64	65	66	67	68	69	70
71	72	73	74	75	76	77	78	79	80
81	82	83	84	85	86	87	88	89	90
91	92	93	94	95	96	97	98	99	100

Veja o que você deve ter observado:

- Os múltiplos de 4 já estavam coloridos? Foram pintados com os múltiplos de 2. Alguns múltiplos de 3 são também múltiplos de 2, por isso também já estavam coloridos.
- Os múltiplos de 6 também já estavam coloridos. Isso acontece porque você já havia pintado os múltiplos de 2 e de 3.
- Alguns múltiplos de 7 também já haviam sido pintados. Isso acontece porque você já havia pintado os múltiplos de 2, 3, 4, 5 e 6.

Agora, observe o quadro que você construiu e responda:

3. Ficou algum número sem pintar? Quais?

_____

4. Que nome recebem esses números? _____

5. Existe algum número par que é primo? Qual? _____

ATIVIDADES

1. Escreva os divisores de cada número. Depois, identifique os números primos nas respostas.

a) D(4) _____   **e)** D(12) _____

b) D(7) _____   **f)** D(13) _____

c) D(27) _____   **g)** D(28) _____

d) D(18) _____   **h)** D(41) _____

- Números primos: _____

2. Escreva os números primos menores que 40.

_____

a) Quais são os números primos compreendidos entre 10 e 20? _____

b) Qual é o menor número primo de dois algarismos? _____

c) Qual é o menor número primo? _____

3. O número 47 é primo? Escreva os seus divisores.

_____

Árvore de fatores

Você pode decompor um número composto como produto de seus **fatores primos**.

Veja como se encontra os fatores primos que compõem o número 20.

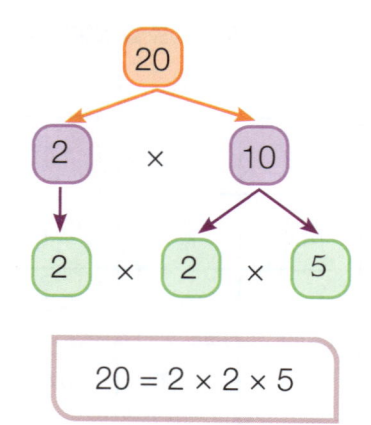

```
        20
       /  \
      2  × 10
           / \
      2 × 2 × 5
```

$$20 = 2 \times 2 \times 5$$

Essa é a decomposição de 20 como produto de seus fatores primos.

Pense em alguns números. Monte o esquema da árvore de fatores em uma folha de papel e troque com um colega para vocês resolverem.

8 ÂNGULOS E POLÍGONOS

Ângulos

As rodas de uma bicicleta nos fazem lembrar de uma figura geométrica. Que figura é essa?

Construindo um círculo de papel

A Pegue um compasso e faça uma abertura de 3 centímetros. Use a régua para medir.

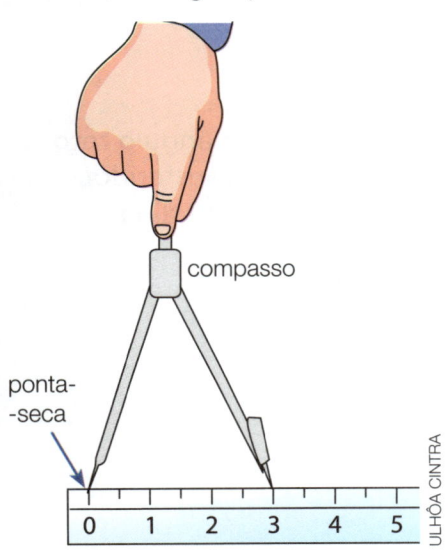

B Em uma folha de papel, marque um ponto e, com a ponta-seca do compasso nesse ponto, trace uma circunferência.

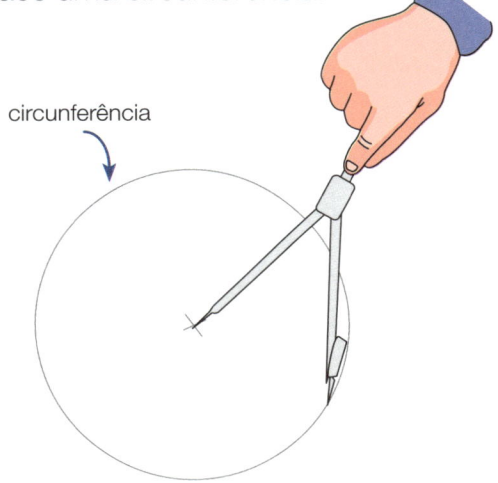

C A circunferência mais a região interna formam um círculo. Recorte o círculo e pinte-o.

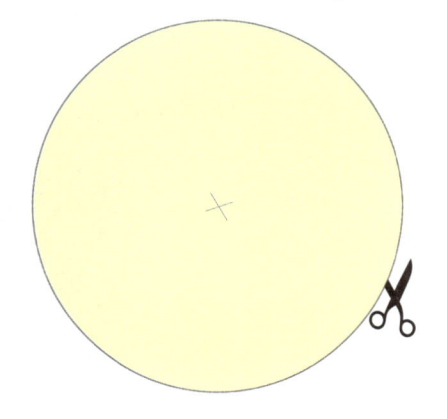

D Dobre o círculo ao meio.

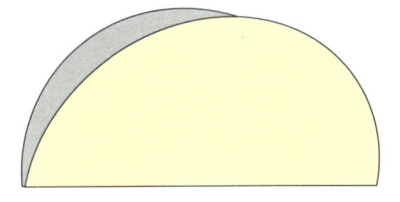

E Dobre ao meio, outra vez.

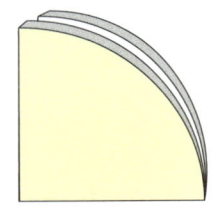

Desdobre a folha e reforce a marca das dobras com lápis.

O que desenhamos?

Desenhamos dois segmentos de reta que se cruzam em um ponto. As quatro partes em que ficou dividido o círculo de papel dão a ideia da figura de um ângulo. Esse é um **ângulo reto**.

O ângulo pode ser medido e o instrumento que serve para medir ângulos é o **transferidor**.

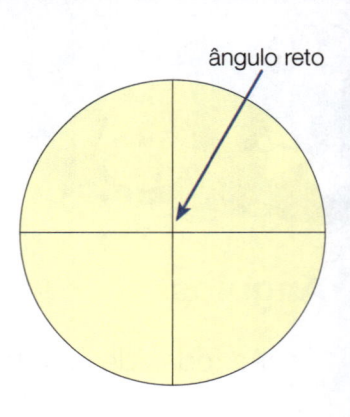

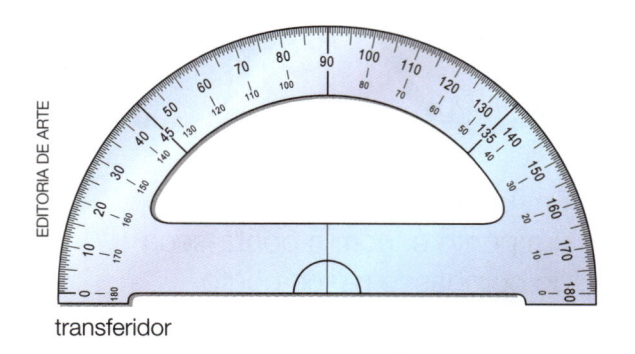

transferidor

ângulo reto

Quanto mede um ângulo reto?

Sobrepondo o ângulo reto de papel no transferidor, descobrimos a medida: 90 graus ou 90°.

Observe a figura.

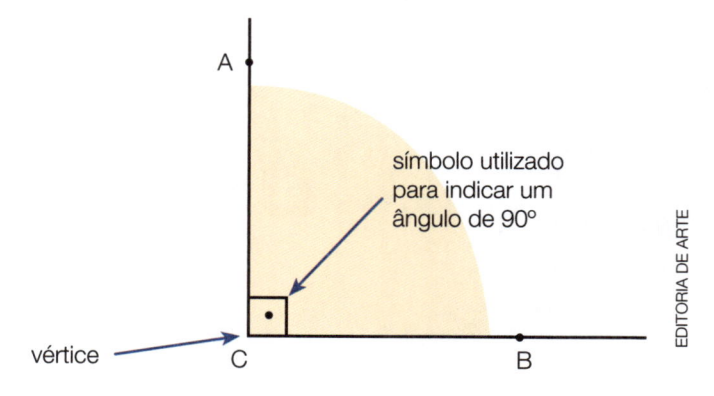

símbolo utilizado para indicar um ângulo de 90°

vértice

Um ângulo é formado por duas semirretas que partem de um mesmo ponto.

A origem dessas semirretas é o ponto C.

Os **lados** são duas semirretas ($\vec{CA}$ e $\vec{CB}$) que formam o ângulo.

O **vértice** (C) é o ponto de origem das duas semirretas.

A abertura determina a **medida do ângulo**.

Descobertas no uso do transferidor

A medida do **ângulo reto** é igual a 90 graus (90°).

A medida do **ângulo agudo** é menor que 90 graus. Ou seja, menor que o ângulo reto.

A medida do **ângulo obtuso** é maior que 90 graus. Ou seja, maior que o ângulo reto.

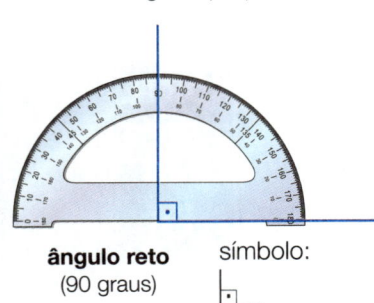

ângulo reto (90 graus) — símbolo:

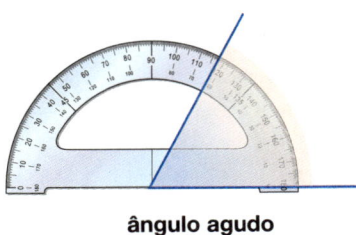

ângulo agudo (menor que 90 graus)

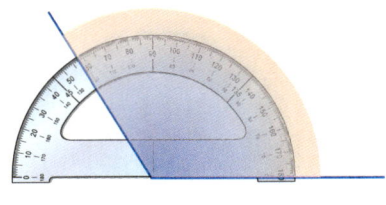

ângulo obtuso (maior que 90 graus)

ATIVIDADES

1. Marque se as frases abaixo são verdadeiras (V) ou falsas (F).
Corrija as que não estiverem corretas.

( ) O ângulo reto mede 90°. _____

( ) O ângulo obtuso mede menos de 90°. _____

( ) O ângulo de 30° é um ângulo agudo. _____

( ) O ângulo de 95° é um ângulo agudo. _____

( ) 30° + 60° é a medida de um ângulo reto. _____

2. Utilizando o esquadro ou "ângulo reto" de papel que você recortou, verifique se estes ângulos são retos, obtusos ou agudos. Justifique sua resposta.

a) _____

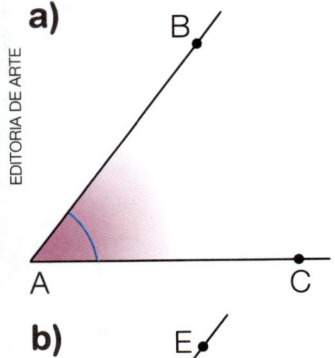

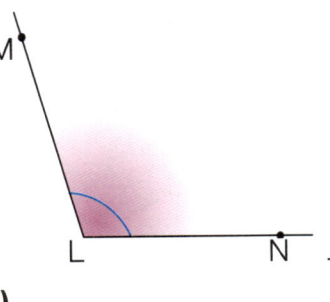

b) _____

c) _____

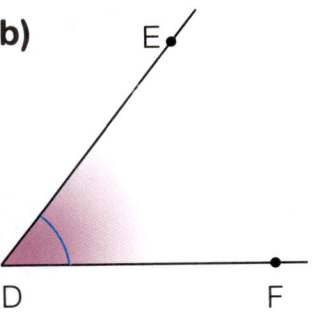

d) _____

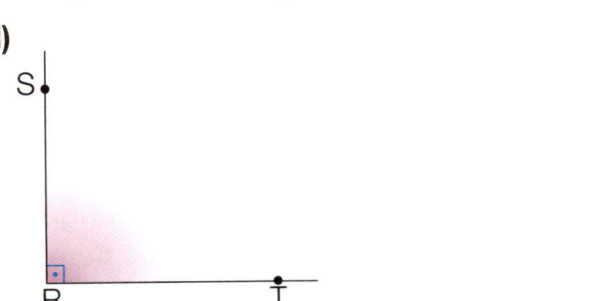

3. Com o auxílio de transferidor e régua, desenhe no caderno:

a) um ângulo obtuso;   **b)** um ângulo agudo;   **c)** um ângulo reto.

Polígonos

No dia a dia, é comum vermos placas como as que aparecem abaixo.

Em Matemática, o contorno dessas placas lembra formas que recebem o nome de **polígonos**.

Observe as figuras representadas abaixo.

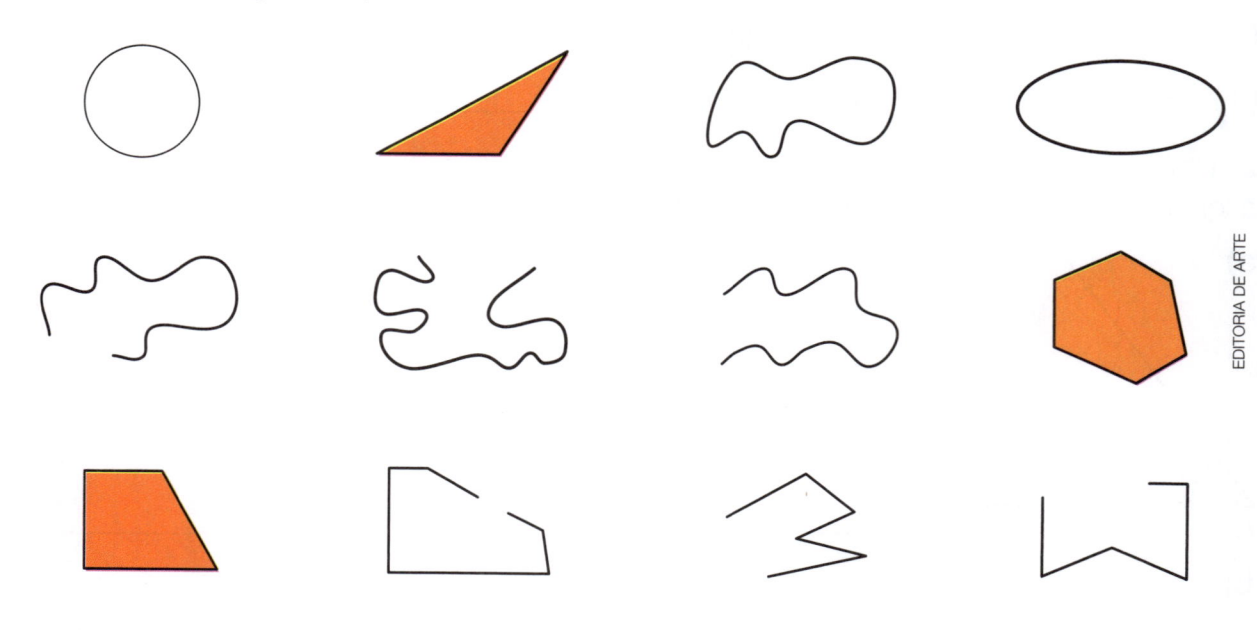

O contorno das figuras pintadas é um **polígono**.

> **Polígono** é uma figura geométrica plana formada por segmentos de reta e seu contorno é fechado.

Cada segmento de reta representa um lado do polígono.

Os polígonos são denominados de acordo com o número de lados.

Elementos de um polígono

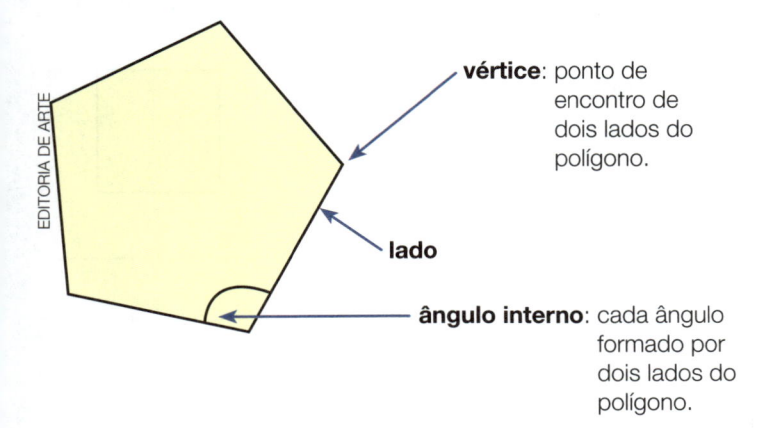

vértice: ponto de encontro de dois lados do polígono.

lado

ângulo interno: cada ângulo formado por dois lados do polígono.

Quantos vértices tem um polígono de 8 lados? E um de 4 lados? E um de 3 lados?

Veja a denominação dos polígonos de acordo com o número de lados.

NÚMERO DE LADOS	FIGURA	NOME
3 lados		triângulo
4 lados		quadrilátero
5 lados		pentágono
6 lados		hexágono
7 lados		heptágono
8 lados		octógono
9 lados		eneágono
10 lados		decágono

ATIVIDADES

1. Escreva os nomes dos polígonos de acordo com o número de lados.

a) 5 lados: _____

b) 6 lados: _____

c) 7 lados: _____

d) 8 lados: _____

e) 9 lados: _____

f) 10 lados: _____

2. Utilize a malha quadriculada para desenhar:

a) um triângulo;

b) um pentágono;

c) um quadrilátero;

d) um hexágono.

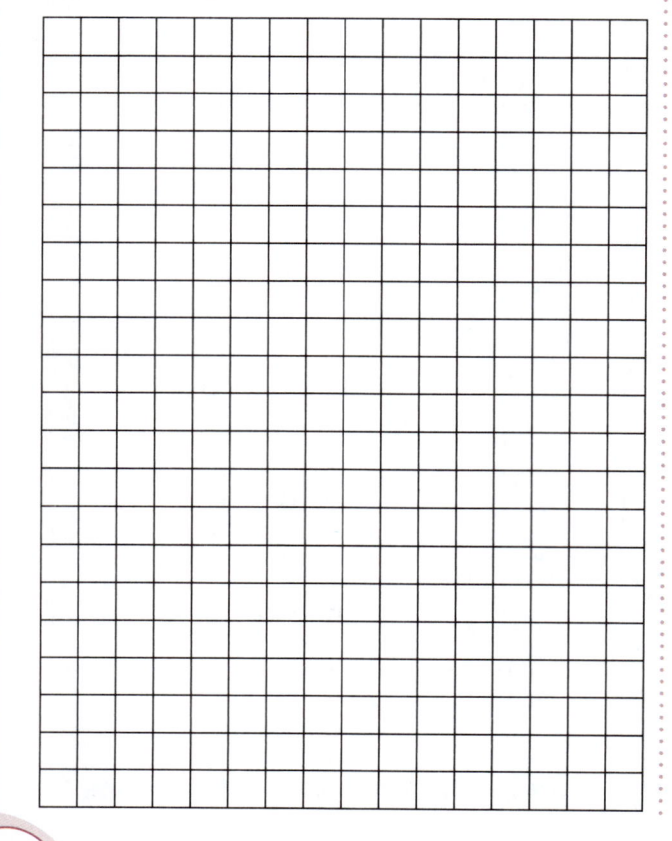

3. Observe os polígonos. Conte o número de lados e registre o nome de cada um.

a)

b)

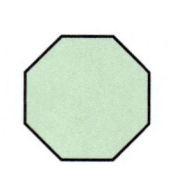

c)

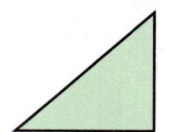

d)

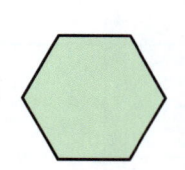

e)

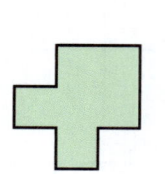

f)

g)

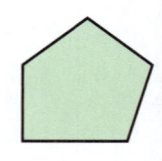

h)

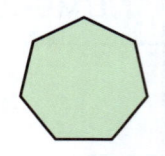

i)

j)

LIÇÃO 9 — TRIÂNGULOS E QUADRILÁTEROS

Muitas construções humanas utilizam elementos que lembram formas poligonais. Veja alguns exemplos:

Portas e janelas de residências.

Estrutura de pontes.

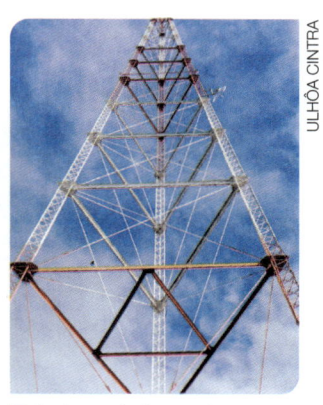

Estrutura de torre de energia elétrica.

Que formas poligonais você pode observar nessas imagens?

Triângulos

Triângulo é o polígono com o menor número de lados: apenas 3 lados.

Os triângulos podem ser classificados de acordo com a medida:

- de seus lados.

3 lados com a mesma medida	2 lados com a mesma medida	3 lados com medidas diferentes
EQUILÁTERO	**ISÓSCELES**	**ESCALENO**

- de seus ângulos.

1 ângulo de 90 graus	3 ângulos menores que 90 graus	1 ângulo maior que 90 graus
RETÂNGULO	**ACUTÂNGULO**	**OBTUSÂNGULO**

Quadriláteros

Como você já aprendeu, os quadriláteros são polígonos de quatro lados. Veja os diferentes tipos de quadriláteros.

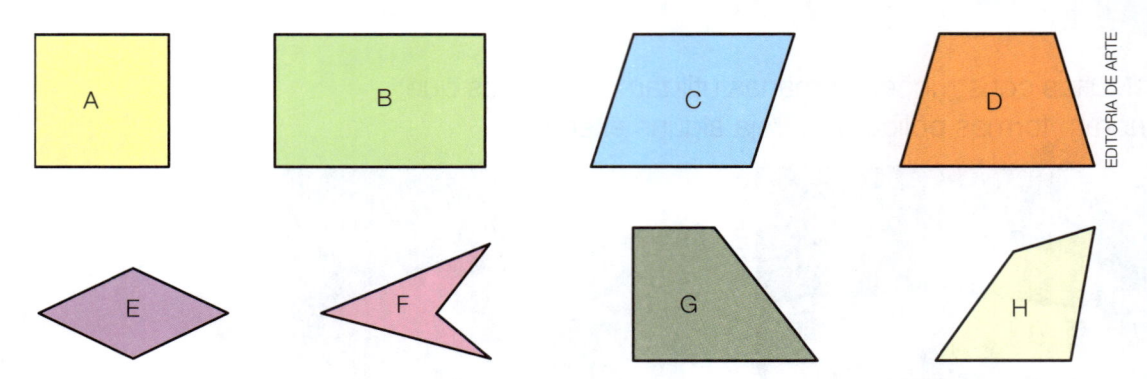

Observe as características de cada um desses quadriláteros.

FIGURA	NOME	4 ÂNGULOS RETOS	4 LADOS COM A MESMA MEDIDA	APENAS 1 PAR DE LADOS PARALELOS	2 PARES DE LADOS PARALELOS	NÃO TÊM LADOS PARALELOS
A	quadrado	Sim	Sim	Não	Sim	Não
B	retângulo	Sim	Não	Não	Sim	Não
C	paralelogramo	Não	Não	Não	Sim	Não
D	trapézio	Não	Não	Sim	Não	Não
E	losango	Não	Sim	Não	Sim	Não
F	quadrilátero	Não	Não	Não	Não	Sim
G	trapézio	Não	Não	Sim	Não	Não
H	quadrilátero	Não	Não	Não	Não	Sim

Os quadriláteros são classificados de acordo com as medidas de seus lados, da posição desses lados e das medidas de seus ângulos.

Paralelogramos são quadriláteros com 2 pares de lados paralelos.

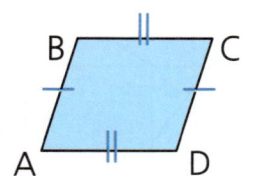

- o lado AB é paralelo ao lado CD;
- o lado AD é paralelo ao lado BC;
- os lados AB e DC têm a mesma medida;
- os lados AD e BC têm a mesma medida.

Também são paralelogramos:

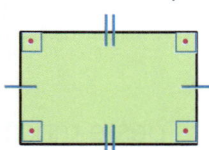

- O **retângulo**, além dos lados opostos paralelos, tem os quatro ângulos retos.

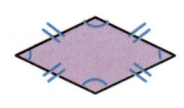

- O **losango**, além dos lados opostos paralelos, tem os quatro lados de mesma medida e os ângulos opostos dois a dois com a mesma medida.

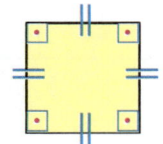

- O **quadrado**, além dos lados opostos paralelos, tem os quatro lados de mesma medida e os quatro ângulos retos.

Trapézios são quadriláteros com apenas um par de lados paralelos.

Essas figuras são trapézios. Destacamos na cor laranja o par de lados paralelos.

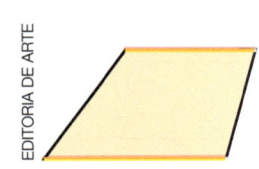

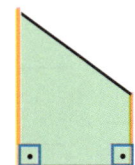

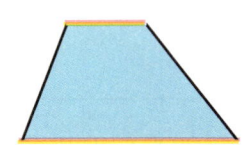

ATIVIDADES

1. Complete com os nomes do quadro:

acutângulo	escaleno	equilátero
obtusângulo	retângulo	isósceles

a) Triângulo com os 3 ângulos menores que 90 graus: _____

b) Triângulo com 2 lados de mesma medida: _____

c) Triângulo com os 3 lados de medidas diferentes: _____

d) Triângulo com 1 ângulo maior que 90 graus: _____

e) Triângulo com os 3 lados de mesma medida: _____

f) Triângulo com 1 ângulo de 90 graus: _____

2. Observe os triângulos deste mosaico desenhados num retângulo.

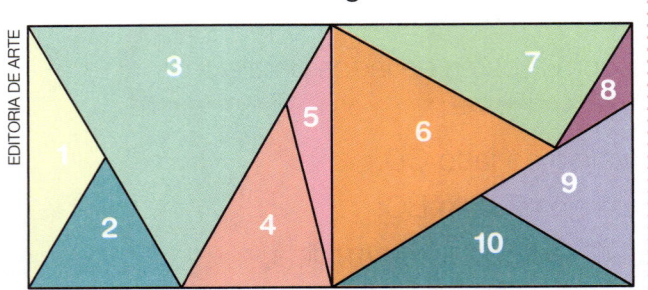

a) Quantos são os triângulos formados por uma só peça? _____

b) Quais são os triângulos formados por duas peças? _____

_____

c) Dos triângulos identificados em **b**, quais são retângulos? _____

d) Identifique quadriláteros formados por:

2 triângulos _____

_____

3 triângulos _____

_____

e) Dos quadriláteros que você identificou no item **d**, quais são trapézios?

_____

_____

f) Classifique os triângulos segundo seus lados e seus ângulos.

Triângulo 2: _____

Triângulo 7: _____

Triângulo 10: _____

3. Procure os quadriláteros que há neste mosaico e pinte-os de cores diferentes.

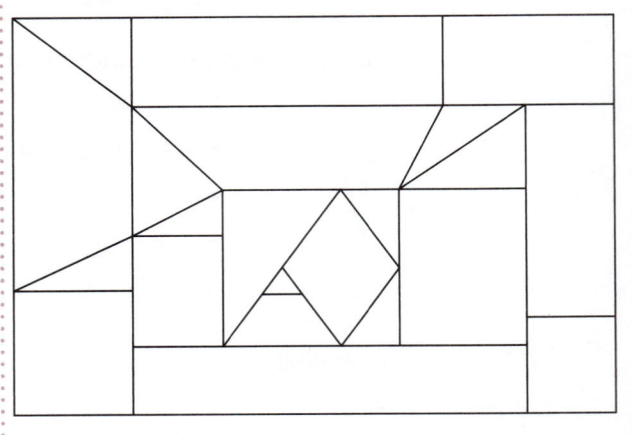

4. Observe os retângulos deste mosaico e registre.

a) Retângulos formados por 1 só peça:

_____

b) Retângulos formados por 2 peças:

_____

_____

c) Retângulos formados por 3 peças:

_____

_____

d) Retângulos formados por 4 peças:

_____

e) Retângulos formados por 5 peças:

_____

_____

10 FRAÇÕES

Representação fracionária

Paulo comeu 5 pedaços de uma barra de chocolate e Maria comeu apenas 2 pedaços. Sobraram 4 pedaços.

Vamos representar numericamente essa situação:

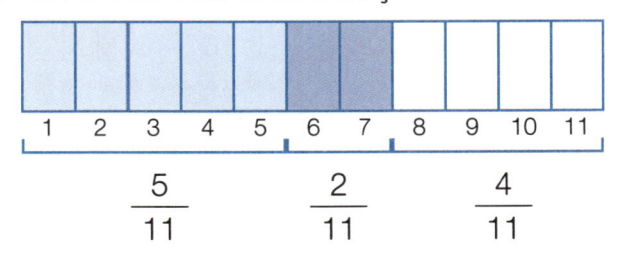

Paulo comeu $\frac{5}{11}$ desse chocolate, Maria comeu $\frac{2}{11}$ e sobraram $\frac{4}{11}$.

Observe que essas frações têm o número 11 como denominador. O denominador indica o número de partes iguais em que o **inteiro** foi dividido.

Essas mesmas frações têm diferentes numeradores. O numerador indica quantas partes do **inteiro** foram consideradas em cada caso.

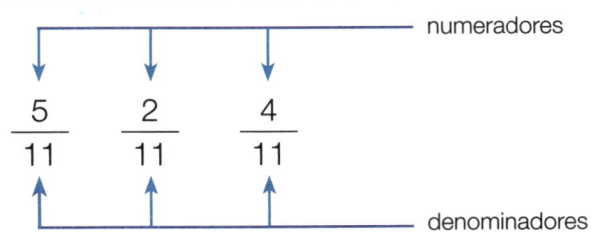

$$\frac{5}{11} \quad \frac{2}{11} \quad \frac{4}{11}$$

numeradores

denominadores

Leitura das frações além de décimos

Vamos relembrar?

Para ler qualquer fração com o **denominador maior que 10**, lemos o numerador, o denominador e, em seguida, a palavra **avos**.

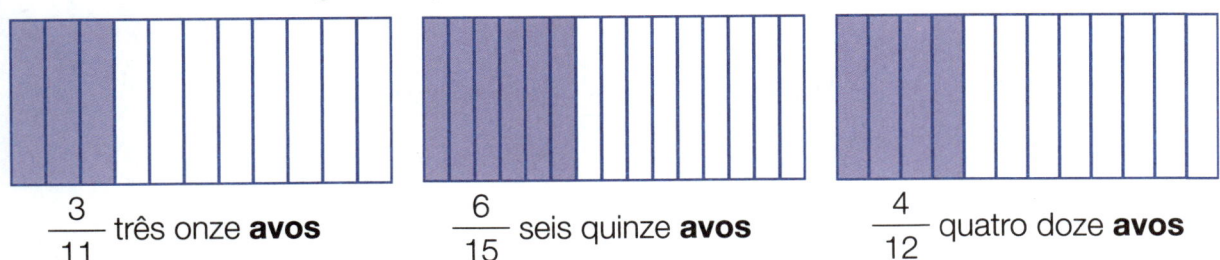

$\frac{3}{11}$ três onze **avos** $\frac{6}{15}$ seis quinze **avos** $\frac{4}{12}$ quatro doze **avos**

Quando o denominador for 10, 100, 1 000 etc., lemos o numerador acompanhado de **décimos**, **centésimos**, **milésimos** etc.

Exemplos:

$\frac{7}{10}$ sete décimos $\frac{4}{100}$ quatro centésimos $\frac{9}{1\,000}$ nove milésimos

Frações equivalentes

Observe o que acontece com as frações.

Exemplo 1

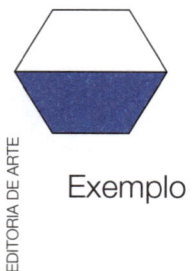

$\dfrac{1}{2}$ 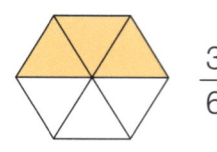 $\dfrac{3}{6}$

Como essas frações representam a mesma parte do inteiro, podemos escrever: $\dfrac{1}{2} = \dfrac{3}{6}$.

Exemplo 2

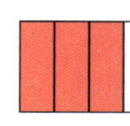

$\dfrac{3}{5}$ 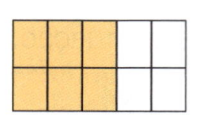 $\dfrac{6}{10}$ 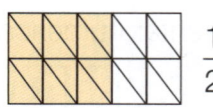 $\dfrac{12}{20}$

Como essas frações representam a mesma parte do inteiro, podemos escrever: $\dfrac{3}{5} = \dfrac{6}{10} = \dfrac{12}{20}$.

Frações escritas com números diferentes e que representam a mesma parte do inteiro são chamadas **frações equivalentes**.

Nesses exemplos, note que os numeradores e os denominadores foram multiplicados por um mesmo número.

- $\dfrac{1}{2} = \dfrac{1 \times 3}{2 \times 3} = \dfrac{3}{6}$

- $\dfrac{3}{5} = \dfrac{3 \times 2}{5 \times 2} = \dfrac{6}{10} = \dfrac{6 \times 2}{10 \times 2} = \dfrac{12}{20}$

Comparação de frações

Observe as frações.

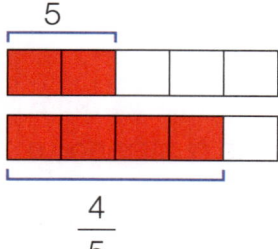

$\dfrac{2}{5}$

$\dfrac{4}{5}$

Verificamos que $\dfrac{4}{5}$ é maior que $\dfrac{2}{5}$.

$\dfrac{4}{5} > \dfrac{2}{5}$

Se duas frações têm os denominadores iguais, então a fração maior é a que tem maior numerador.

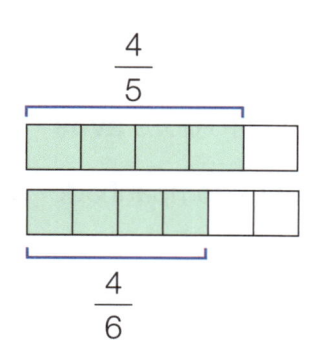

$\dfrac{4}{5}$

$\dfrac{4}{6}$

Verificamos que $\dfrac{4}{5}$ é maior que $\dfrac{4}{6}$.

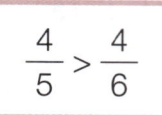

$\dfrac{4}{5} > \dfrac{4}{6}$

Se duas frações têm os numeradores iguais, então a fração maior é a que tem menor denominador.

ATIVIDADES

1. Represente cada fração considerando o retângulo como o inteiro. Observe o exemplo.

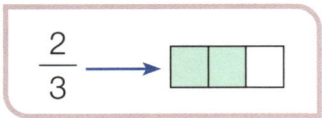

$\frac{2}{3}$ →

a) $\frac{1}{2}$

b) $\frac{3}{5}$

c) $\frac{2}{5}$

d) $\frac{7}{8}$

e) $\frac{2}{4}$

f) $\frac{2}{7}$

g) $\frac{4}{9}$

h) $\frac{8}{10}$

2. Faça desenhos representando o que é pedido.

a) uma fração maior que $\frac{4}{7}$

b) uma fração menor que $\frac{1}{2}$

c) uma fração maior que $\frac{3}{8}$

d) uma fração menor que $\frac{2}{3}$

3. Represente as frações indicadas colorindo cada figura correspondente.

$\frac{1}{4}$ $\frac{2}{4}$

$\frac{3}{4}$

a) A fração menor é _____.

b) A fração maior é _____.

4. Represente nas figuras as frações indicadas. Depois, identifique a menor fração.

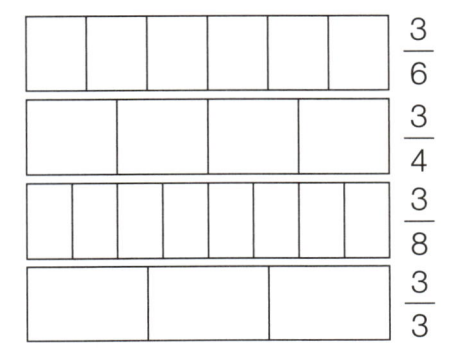

$\frac{3}{6}$

$\frac{3}{4}$

$\frac{3}{8}$

$\frac{3}{3}$

A menor fração é _____.

5. Coloque as frações em ordem crescente, usando o símbolo **<** (menor que), e em ordem decrescente, usando o símbolo **>** (maior que).

a) $\frac{3}{9}$ $\frac{4}{9}$ $\frac{7}{9}$ $\frac{2}{9}$ $\frac{5}{9}$ $\frac{1}{9}$ $\frac{6}{9}$

crescente:

decrescente:

b) $\frac{5}{7}$ $\frac{5}{11}$ $\frac{5}{6}$ $\frac{5}{8}$ $\frac{5}{12}$ $\frac{5}{10}$ $\frac{5}{9}$

crescente:

decrescente:

Classificação de frações

As frações são classificadas de acordo com o numerador e o denominador.

Fração própria

É toda fração com numerador menor que o denominador. Uma fração própria é menor que 1 inteiro.

$\frac{5}{6}$

$\frac{3}{5}$

Fração imprópria

É toda fração com numerador maior ou igual ao denominador. Uma fração imprópria é igual ou maior que 1 inteiro.

$\frac{5}{3}$

$\frac{10}{10}$

Fração aparente

É toda fração com numerador múltiplo do denominador. Uma fração aparente é igual a um número inteiro de unidades.

$\frac{3}{3}$ + $\frac{3}{3}$ = $\frac{6}{3}$ = 2 inteiros

> Toda fração aparente é imprópria, porém nem toda fração imprópria é aparente.

ATIVIDADES

1. Identifique e circule as frações próprias.

$\frac{1}{5}$ $\frac{2}{7}$ $\frac{7}{8}$ $\frac{11}{10}$ $\frac{8}{7}$ $\frac{1}{7}$ $\frac{9}{4}$ $\frac{3}{3}$

Agora, circule as frações impróprias.

$\frac{8}{3}$ $\frac{7}{2}$ $\frac{1}{8}$ $\frac{6}{6}$ $\frac{11}{3}$ $\frac{7}{4}$ $\frac{12}{5}$ $\frac{10}{3}$

2. Escreva a fração que representa cada figura e a sua leitura. Observe o exemplo.

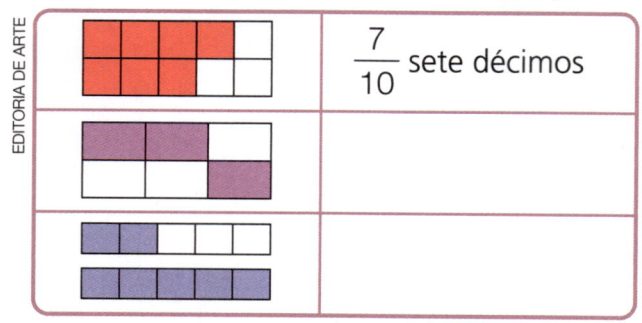

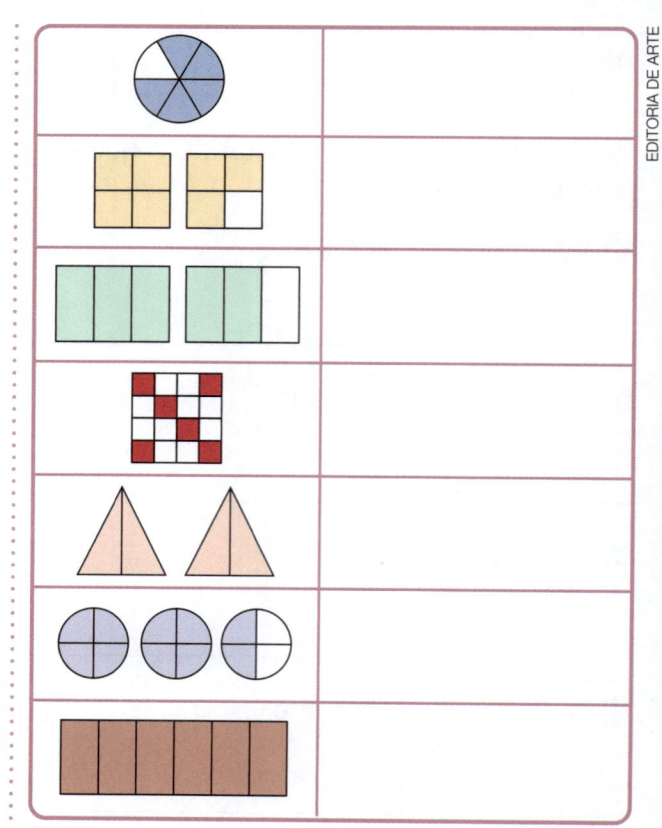

	$\frac{7}{10}$ sete décimos

3. Relacione cada fração com a figura correspondente. Depois, pinte a parte indicada pela fração.

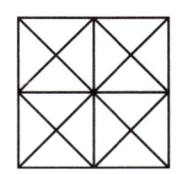

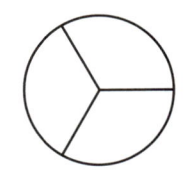

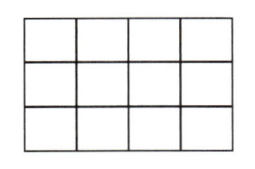

$\dfrac{1}{4}$ $\dfrac{7}{12}$ $\dfrac{1}{6}$ $\dfrac{2}{3}$ $\dfrac{5}{16}$

4. Compare as frações colocando os símbolos > ou <.

a) $\dfrac{1}{9}$ ____ $\dfrac{4}{8}$

b) $\dfrac{4}{7}$ ____ $\dfrac{2}{7}$

c) $\dfrac{3}{3}$ ____ $\dfrac{2}{3}$

d) $\dfrac{7}{8}$ ____ $\dfrac{6}{8}$

e) $\dfrac{2}{4}$ ____ $\dfrac{13}{4}$

f) $\dfrac{6}{9}$ ____ $\dfrac{8}{9}$

Número misto

Observe as figuras.

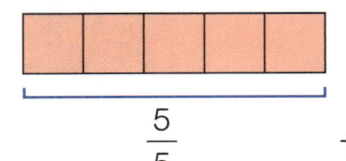

$\dfrac{5}{5}$ + $\dfrac{3}{5}$ = $\dfrac{8}{5}$ ou $1\dfrac{3}{5}$

Note que foram consideradas todas as partes de um inteiro e $\dfrac{3}{5}$ de outro inteiro. Podemos representar as partes coloridas assim:

$\dfrac{8}{5}$ (oito quintos) ou $1\dfrac{3}{5}$ (um inteiro e três quintos).

$\begin{array}{c|c} 8 & 5 \\ \hline 3 & 1 \end{array}$ $1\dfrac{3}{5}$

> A fração formada por inteiros e partes de outro inteiro é chamada **número misto**.

Veja outros exemplos.

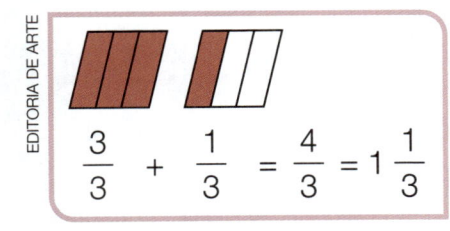

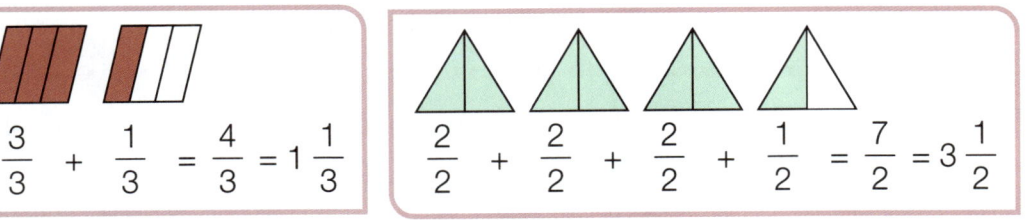

$\dfrac{3}{3} + \dfrac{1}{3} = \dfrac{4}{3} = 1\dfrac{1}{3}$

$\dfrac{2}{2} + \dfrac{2}{2} + \dfrac{2}{2} + \dfrac{1}{2} = \dfrac{7}{2} = 3\dfrac{1}{2}$

Podemos transformar a fração imprópria em número misto e vice-versa.

- $\dfrac{11}{4} = \dfrac{4}{4} + \dfrac{4}{4} + \dfrac{3}{4} = 2\dfrac{3}{4}$

- $2\dfrac{3}{4} = 2 + \dfrac{3}{4} = \dfrac{8}{4} + \dfrac{3}{4} = \dfrac{11}{4}$ ou $2\dfrac{3}{4} = \dfrac{2 \times 4 + 3}{4} = \dfrac{11}{4}$

Simplificação de frações

Simplificar uma fração é obter outra fração equivalente com o numerador e o denominador menores.

Para simplificar uma fração, divide-se o numerador e o denominador por um mesmo número natural diferente de 0 (zero).

Se o numerador e o denominador não têm divisores comuns, então a fração não pode ser simplificada e recebe o nome de fração **irredutível**.

Exemplos:

$\dfrac{10}{12} = \dfrac{10 \div 2}{12 \div 2} = \dfrac{5}{6}$ $\boxed{\dfrac{10}{12} = \dfrac{5}{6}}$ $\dfrac{5}{10} = \dfrac{5 \div 5}{10 \div 5} = \dfrac{1}{2}$ $\boxed{\dfrac{5}{10} = \dfrac{1}{2}}$

$\dfrac{18}{12} = \dfrac{18 \div 2}{12 \div 2} = \dfrac{9}{6}$ $\dfrac{9 \div 3}{6 \div 3} = \dfrac{3}{2}$ $\boxed{\dfrac{18}{12} = \dfrac{3}{2}}$

As frações $\dfrac{5}{6}$, $\dfrac{1}{2}$ e $\dfrac{3}{2}$ são irredutíveis.

Fração de um número natural

Gustavo ganhou 16 figurinhas.

Vai colar $\dfrac{2}{4}$ em seu álbum. Quantas figurinhas Gustavo vai colar em seu álbum?

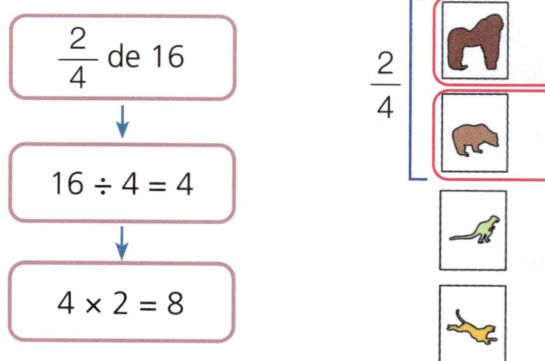

$\dfrac{2}{4}$ de 16
↓
16 ÷ 4 = 4
↓
4 × 2 = 8

Resposta: Gustavo vai colar 8 figurinhas.

> Para calcular a fração de um número natural, divide-se o número natural pelo denominador e multiplica-se o resultado pelo numerador.

Exemplos:

- $\dfrac{2}{4}$ de 16 ⟶ 16 ÷ 4 = 4 ⟶ 4 × 2 = 8 $\boxed{\dfrac{2}{4} \text{ de 16 é igual a 8.}}$

- $\dfrac{3}{4}$ de 16 ⟶ 16 ÷ 4 = 4 ⟶ 4 × 3 = 12 $\boxed{\dfrac{3}{4} \text{ de 16 é igual a 12.}}$

Inverso de uma fração

Milena ganhou meia *pizza* e vai dividi-la entre duas amigas. Cada uma ganhará $\frac{1}{4}$ em relação à *pizza* inteira.

$$\frac{1}{2} \div 2 = \frac{1}{2} \div \frac{2}{1} = \frac{1}{2} \times \frac{1}{2} = \frac{1}{4}$$

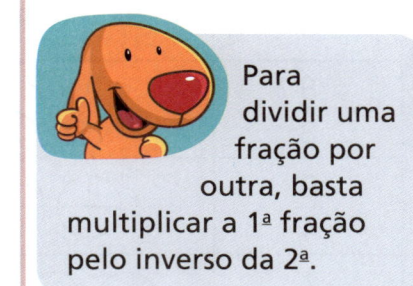

$\frac{1}{4}$ Um quarto de *pizza* para $\frac{1}{4}$ cada uma.

Para dividir uma fração por outra, basta multiplicar a 1ª fração pelo inverso da 2ª.

Dois números são inversos quando o produto deles é igual a 1.
Exemplos:

$\frac{5}{8} \times \frac{8}{5} = \frac{40}{40} = 1$ • As frações $\frac{5}{8}$ e $\frac{8}{5}$ são inversas.

$\frac{1}{5} \times 5 = \frac{1}{5} \times \frac{5}{1} = \frac{5}{5} = 1$ • Os números $\frac{1}{5}$ e 5 são inversos.

ATIVIDADES

1. Escreva a fração imprópria e o número misto correspondente a estas figuras.

a)

b)

c)

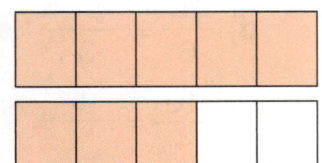

2. Escreva o número misto correspondente a:

a) um inteiro e dois sextos. _____

b) cinco inteiros e três sétimos. _____

c) dois inteiros e um meio. _____

d) um inteiro e três nonos. _____

e) quatro inteiros e um terço. _____

f) três inteiros e dois terços. _____

3. Calcule:

a) $\frac{1}{3}$ de 21 _____   g) $\frac{4}{6}$ de 12 _____

b) $\frac{2}{3}$ de 30 _____   h) $\frac{4}{7}$ de 42 _____

c) $\frac{1}{5}$ de 60 _____   i) $\frac{3}{5}$ de 240 _____

d) $\frac{3}{5}$ de 90 _____   j) $\frac{2}{3}$ de 9 _____

e) $\frac{2}{3}$ de 150 _____   k) $\frac{6}{9}$ de 63 _____

f) $\frac{3}{5}$ de 25 _____   l) $\frac{3}{8}$ de 400 _____

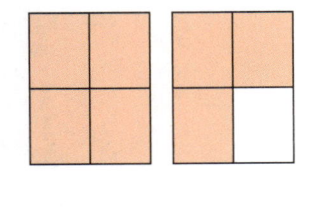

4. Complete o quadro.

FRAÇÃO	REPRESENTAÇÃO GRÁFICA	CÁLCULO NUMÉRICO	NÚMERO MISTO
$\frac{8}{3}$		$\begin{array}{r|l}8 & 3 \\ 2 & 2\end{array}$	$2\frac{2}{3}$
$\frac{9}{4}$			
$\frac{7}{2}$			
$\frac{15}{8}$			
$\frac{14}{3}$			
$\frac{19}{4}$			

5. Transforme em número misto as frações impróprias.

a) $\frac{14}{5}$ _____

b) $\frac{9}{2}$ _____

c) $\frac{8}{3}$ _____

d) $\frac{27}{4}$ _____

e) $\frac{36}{7}$ _____

f) $\frac{28}{9}$ _____

g) $\frac{21}{6}$ _____

h) $\frac{29}{8}$ _____

6. Transforme cada número misto em fração imprópria, conforme exemplo.

$$1\frac{1}{2} = \frac{1 \times 2 + 1}{2} = \frac{3}{2}$$

a) $2\frac{1}{3}$

b) $3\frac{4}{5}$

c) $3\frac{2}{3}$

d) $5\frac{3}{4}$

e) $2\frac{2}{5}$

f) $4\frac{1}{2}$

g) $5\frac{4}{5}$

h) $2\frac{5}{6}$

7. Complete as frações para que sejam equivalentes.

a) $\frac{3}{5} = \frac{\bigcirc}{20}$

b) $\frac{6}{9} = \frac{\bigcirc}{3}$

c) $\frac{3}{27} = \frac{1}{\bigcirc}$

d) $\frac{12}{6} = \frac{\bigcirc}{3}$

e) $\frac{10}{4} = \frac{5}{\bigcirc}$

f) $\frac{2}{3} = \frac{4}{\bigcirc}$

8. Escreva três frações equivalentes.

a) $\frac{1}{3} =$

b) $\frac{3}{4} =$

c) $\frac{2}{3} =$

d) $\frac{2}{5} =$

e) $\frac{2}{4} =$

f) $\frac{1}{2} =$

9. Simplifique as frações dadas.

a) $\frac{24}{30}$

b) $\frac{16}{36}$

c) $\frac{30}{75}$

RESOLUÇÃO DE PROBLEMAS

1. Uma cozinheira fez 60 doces. Já vendeu $\frac{2}{3}$ dos doces. Quantos doces foram vendidos?

Resposta: _____

2. Quantos são $\frac{2}{5}$ do número 20?

Resposta: _____

3. Antônio tinha 42 pastéis. Vendeu $\frac{2}{3}$ desses pastéis. Quantos pastéis Antônio vendeu?

Resposta: _____

4. Para um trabalho, João precisa fazer 100 círculos de papel. Já recortou $\frac{1}{4}$ dessa quantidade. Quantos círculos João já recortou?

Resposta: _____

5. Leia o problema.

Em meu jardim há duas torneiras que são usadas juntas. Quando abertas no máximo, a primeira jorra $\frac{4}{5}$ de 1 litro por minuto e a segunda $\frac{3}{5}$ de 1 litro. Quanto vou pagar (em R$) de água ao final de um mês usando essas duas torneiras juntas?

a) Anote, a seguir, os dados do problema e a pergunta:

Primeira torneira jorra: _____

Segunda torneira jorra: _____

Pergunta: _____
_____

b) O que informam os dados do problema?
_____

c) O que a pergunta do problema solicita?
_____
_____

d) Os dados são suficientes para responder à pergunta? _____

• Esse problema tem solução? Troque ideias com os colegas.

6. Elabore no caderno uma pergunta para a situação a seguir de modo que o problema não tenha solução.

Andreia comeu $\frac{1}{5}$ de uma melancia e Adriana comeu $\frac{2}{5}$.

Compare a pergunta que você elaborou com a de outro colega.

LIÇÃO 11 — OPERAÇÕES COM FRAÇÕES

Adição

Observe:

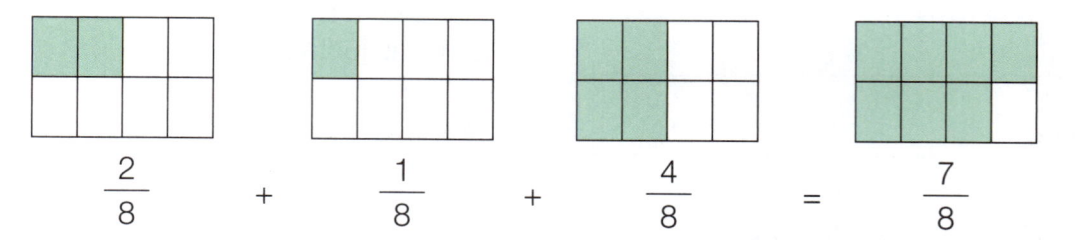

$$\frac{2}{8} + \frac{1}{8} + \frac{4}{8} = \frac{7}{8}$$

> Para adicionar frações com denominadores iguais, adicionamos os numeradores e conservamos o denominador comum.

Agora, veja:

$$\frac{1}{2} + \frac{2}{4} = \;?$$

> Para adicionar frações com denominadores diferentes, primeiro reduzimos as frações ao mesmo denominador. Depois adicionamos as frações com os denominadores iguais.

Para encontrar esse denominador comum, procuramos o menor múltiplo comum entre os números do denominador.

Observe:

M(2) = {0, 2, **4**, 6, 8, 10, ...}   M(4) = {0, **4**, 8, 12, 16, ...}

O menor múltiplo comum dos denominadores, diferente de 0, é 4. Logo, 4 será o denominador comum.

$$\frac{1}{2} \genfrac{}{}{0pt}{}{\times 2}{\times 2} = \frac{2}{4}$$

$$\frac{2}{4}$$

$\frac{2}{4}$ é fração equivalente a $\frac{1}{2}$

$$\frac{1}{2} + \frac{2}{4} = \frac{2}{4} + \frac{2}{4} = \frac{4}{4} = 1$$

Vamos ver um exemplo com números mistos.

Transformamos os números mistos em frações impróprias.

$$3\frac{1}{5} + 2\frac{1}{3} = \frac{16}{5} + \frac{7}{3}$$

Em seguida, reduzimos as frações ao mesmo denominador.

M(5) = {0, 5, 10, ⑮, 20, 25, ...}   M(3) = {0, 3, 6, 9, 12, ⑮, 18, ...}

O menor múltiplo comum dos denominadores, diferente de 0, é 15. Logo, o denominador comum é 15.

$$\frac{16 \times 3}{5 \times 3} = \frac{48}{15}$$

$$\frac{7 \times 5}{3 \times 5} = \frac{35}{15}$$

$$\frac{16}{5} + \frac{7}{3} = \frac{48}{15} + \frac{35}{15} = \frac{83}{15}$$

$$\frac{83}{15} = 5\frac{8}{15}$$

$$\begin{array}{r|l} 83 & 15 \\ -75 & 5 \\ \hline 08 & \end{array}$$

Subtração

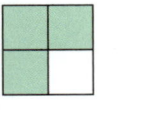

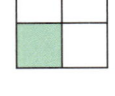

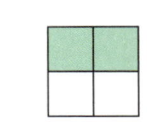

$$\frac{3}{4} - \frac{1}{4} = \frac{2}{4}$$

Para subtrair frações com denominadores iguais, subtraem-se os numeradores e conserva-se o denominador comum.

Para subtrair frações com denominadores diferentes, primeiro reduzimos as frações ao mesmo denominador, depois subtraímos as frações com os denominadores iguais.

$$\frac{8}{5} - \frac{2}{3} = \;?$$

Observe:

M(5) = {0, 5, 10, ⑮, ...}   M(3) = {0, 3, 6, 9, 12, ⑮, ...}

O menor múltiplo comum desses denominadores, diferente de zero, é 15. Dividimos o menor múltiplo comum dos denominadores das duas frações pelo denominador de cada uma delas e multiplicamos os quocientes obtidos pelos respectivos numeradores.

$$\frac{8 \times 3}{5 \times 3} = \frac{24}{15}$$

$$\frac{2 \times 5}{3 \times 5} = \frac{10}{15}$$

$$\frac{8}{5} - \frac{2}{3} = \frac{24}{15} - \frac{10}{15} = \frac{14}{15}$$

Exemplo com números mistos:

$$7\frac{1}{7} - 2\frac{15}{14} = \;?$$

Transformamos os números mistos em frações impróprias e subtraímos as frações.

$$7\frac{1}{7} = \frac{50}{7} \quad\text{e}\quad 2\frac{15}{14} = \frac{43}{14}$$

$$7\frac{1}{7} - 2\frac{15}{14} = \frac{50}{7} - \frac{43}{14}$$

Para efetuar essa subtração, reduzimos as frações ao mesmo denominador.

M(7) = {0, 7, ⑭, 21, ...}   M(14) = {0, ⑭, 28, ...}

O menor múltiplo comum dos denominadores, diferentes de zero, é 14. Logo:

$$\frac{50 \times 2}{7 \times 2} = \frac{100}{14}$$

$$\frac{50}{7} - \frac{43}{14} = \frac{100}{14} - \frac{43}{14} = \frac{57}{14}$$

$$\frac{57}{14} = 4\frac{1}{14} \qquad \begin{array}{r|l} 57 & 14 \\ 01 & 4 \end{array}$$

Portanto: $7\frac{1}{7} - 2\frac{15}{14} = 4\frac{1}{14}$

ATIVIDADES

1. Efetue as operações indicadas pelas figuras.

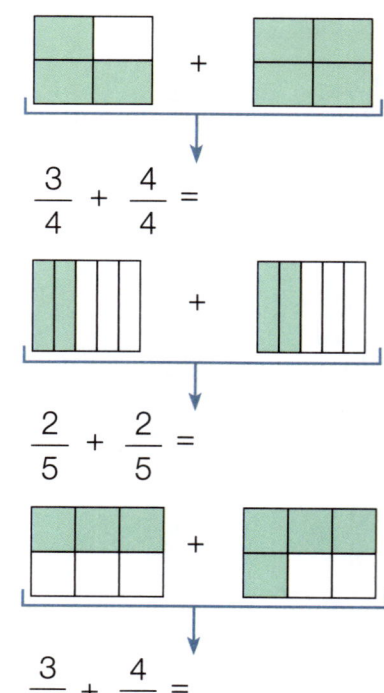

$$\frac{3}{4} + \frac{4}{4} =$$

$$\frac{2}{5} + \frac{2}{5} =$$

$$\frac{3}{6} + \frac{4}{6} =$$

2. Efetue as operações:

a) $\dfrac{4}{9} + \dfrac{5}{9} =$

b) $\dfrac{4}{10} + \dfrac{4}{10} =$

c) $\dfrac{5}{15} + \dfrac{4}{15} + \dfrac{3}{15} =$

d) $\dfrac{4}{12} + \dfrac{2}{12} + \dfrac{3}{12} =$

e) $\dfrac{4}{7} + \dfrac{3}{7} + \dfrac{5}{7} =$

f) $\dfrac{3}{5} + \dfrac{2}{5} + \dfrac{7}{5} =$

g) $\dfrac{3}{11} + \dfrac{1}{11} + \dfrac{6}{11} + \dfrac{2}{11} =$

h) $\dfrac{1}{9} + \dfrac{3}{9} + \dfrac{7}{9} + \dfrac{8}{9} =$

3. Observe o exemplo e efetue as operações.

$$\frac{1}{2}{\scriptstyle \times 3 \atop \times 3} + \frac{2}{3}{\scriptstyle \times 2 \atop \times 2} = \frac{3}{6} + \frac{4}{6} = \frac{7}{6} \qquad \text{m.m.c. } (2, 3) = 6$$

a) $\dfrac{2}{5} + \dfrac{1}{6} =$

b) $\dfrac{2}{7} + \dfrac{1}{3} =$

c) $\dfrac{7}{12} + \dfrac{3}{6} + \dfrac{1}{2} =$

$$1\frac{3}{5} + 2\frac{1}{3} = \frac{8}{5}{\scriptstyle \times 3 \atop \times 3} + \frac{7}{3}{\scriptstyle \times 5 \atop \times 5} = \frac{24}{15} + \frac{35}{15} = \frac{59}{15} = 3\frac{14}{15} \qquad \text{m.m.c. } (5, 3) = 15$$

d) $2\dfrac{3}{5} + 3\dfrac{1}{4}$

e) $3\dfrac{1}{5} + 2\dfrac{1}{8}$

4. Efetue as operações e simplifique o resultado quando possível.

a) $\dfrac{3}{4} - \dfrac{1}{4} =$

c) $\dfrac{6}{10} - \dfrac{4}{10} =$

e) $\dfrac{8}{6} - \dfrac{5}{6} =$

b) $\dfrac{9}{3} - \dfrac{7}{3} =$

d) $\dfrac{4}{15} - \dfrac{3}{15} =$

f) $\dfrac{5}{2} - \dfrac{3}{2} =$

PROBLEMAS

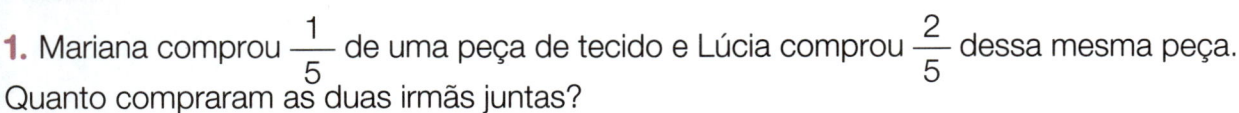

1. Mariana comprou $\dfrac{1}{5}$ de uma peça de tecido e Lúcia comprou $\dfrac{2}{5}$ dessa mesma peça. Quanto compraram as duas irmãs juntas?

Resposta: _____

2. Uma torneira jorra $\dfrac{3}{5}$ de 1 litro de água por minuto, outra, $\dfrac{2}{3}$ de 1 litro. Quanto de água jorram as duas torneiras juntas?

Resposta: _____

Multiplicação

Observe.

$$\frac{1}{2} + \frac{1}{2} + \frac{1}{2} = \frac{3}{2}$$

Usando o processo da multiplicação, temos:

$$3 \times \frac{1}{2} = \frac{3}{2} \quad \text{ou ainda} \quad \frac{3}{1} \times \frac{1}{2} = \frac{3}{2}$$

> Para multiplicar um inteiro por uma fração, multiplicamos o inteiro pelo numerador e conservamos o denominador.

Observe outros exemplos.

$$4 \times \frac{1}{4} = \frac{4}{1} \times \frac{1}{4} = \frac{4}{4} = 1$$

$$3 \times \frac{4}{5} = \frac{12}{5} = 2\frac{2}{5} \quad \text{(extraindo os inteiros)}$$

$$4 \times \frac{2}{7} = \frac{8}{7} = 1\frac{1}{7} \quad \text{(extraindo os inteiros)}$$

> Para multiplicar fração por fração, multiplicamos os numeradores e os denominadores entre si.

Observe.

$$\frac{1}{2} \times \frac{1}{4} = \frac{1}{8} \qquad \frac{4}{5} \times \frac{3}{7} = \frac{12}{35}$$

> Para multiplicar números mistos, deve-se transformá-los em frações impróprias antes de efetuar a operação.

Exemplos:

$$3\frac{1}{5} \times 2\frac{1}{3} = \frac{16}{5} \times \frac{7}{3} = \frac{112}{15} = 7\frac{7}{15}$$

$$5\frac{1}{2} \times 12 = \frac{11}{2} \times 12 = \frac{132}{2} = 66$$

Divisão

Para dividir uma fração por outra, basta multiplicar a primeira fração pelo inverso da segunda.

Exemplos:

$$\frac{1}{2} \div 3 = \frac{1}{2} \div \frac{3}{1} = \frac{1}{2} \times \frac{1}{3} = \frac{1}{6}$$

$$4 \div \frac{1}{5} = \frac{4}{1} \div \frac{1}{5} = \frac{4}{1} \times \frac{5}{1} = \frac{20}{1} = 20$$

$$\frac{1}{2} \div \frac{1}{4} = \frac{1}{2} \times \frac{4}{1} = \frac{4}{2} = 2$$

$$\frac{4}{9} \div \frac{2}{3} = \frac{4}{9} \times \frac{3}{2} = \frac{12}{18}$$

$$2\frac{1}{2} \div 1\frac{1}{3} = \frac{5}{2} \div \frac{4}{3} = \frac{5}{2} \times \frac{3}{4} = \frac{15}{8} = 1\frac{7}{8}$$

> Dois números são inversos quando o produto deles é igual a 1.
> Para dividir números mistos, precisamos transformá-los em frações impróprias.

> A divisão é a operação inversa da multiplicação.

ATIVIDADES

1. Encontre o resultado, usando o processo aditivo. Observe o exemplo.

$$3 \times \frac{1}{8} = \frac{1}{8} + \frac{1}{8} + \frac{1}{8} = \frac{3}{8}$$

a) $5 \times \frac{1}{7} =$

b) $4 \times \frac{1}{5} =$

c) $4 \times \frac{2}{10} =$

d) $3 \times \frac{2}{9} =$

e) $5 \times \frac{1}{3} =$

f) $6 \times \frac{3}{4} =$

2. Agora, observe o exemplo e resolva.

$$2 \times \frac{2}{5} = \frac{4}{5}$$

a) $3 \times \frac{1}{4} =$ _____

b) $5 \times \frac{2}{7} =$ _____

c) $7 \times \frac{2}{9} =$ _____

d) $10 \times \frac{2}{7} =$ _____

e) $4 \times \frac{3}{7} =$ _____

f) $8 \times \frac{7}{9} =$ _____

g) $6 \times \frac{2}{3} =$ _____

h) $12 \times \frac{1}{8} =$ _____

3. Efetue as operações observando o exemplo.

$$\frac{2}{4} \times \frac{8}{16} = \frac{16}{64} = \frac{1}{4}$$

a) $\frac{2}{3} \times \frac{4}{6} =$ _____

b) $\frac{3}{8} \times \frac{5}{11} =$ _____

c) $\frac{4}{5} \times \frac{2}{8} =$ _____

d) $\frac{8}{9} \times \frac{7}{3} =$ _____

e) $\frac{6}{7} \times \frac{1}{2} =$ _____

4. Efetue as operações. Escreva o resultado como número misto.

a) $3\frac{1}{4} \times 2\frac{1}{3} =$ _____

b) $3\frac{1}{5} \times 2\frac{1}{3} =$ _____

c) $2\frac{1}{7} \times 2\frac{1}{3} =$ _____

d) $2\frac{8}{9} \times 3\frac{2}{5} =$ _____

e) $2\frac{1}{5} \times 2\frac{7}{8} =$ _____

f) $10\frac{1}{7} \times 8\frac{1}{8} =$ _____

g) $1\frac{1}{8} \times 3\frac{1}{4} =$ _____

h) $7\frac{1}{5} \times 2\frac{1}{8} =$ _____

5. Divida as frações observando os exemplos.

$$2 \div \frac{1}{5} = \frac{2}{1} \div \frac{1}{5} = \frac{2}{1} \times \frac{5}{1} = \frac{10}{1} = 10$$

a) $3 \div \frac{4}{7} =$ _____

b) $10 \div \frac{2}{5} =$ _____

c) $5 \div \frac{7}{8} =$ _____

d) $3 \div \frac{8}{9} =$ _____

e) $8 \div \frac{7}{15} =$ _____

f) $9 \div \frac{3}{13} =$ _____

$$\frac{3}{5} \div 3 = \frac{3}{5} \div \frac{3}{1} = \frac{3}{5} \times \frac{1}{3} = \frac{3}{15}$$

g) $\frac{8}{9} \div 5 =$ _____

h) $\frac{7}{8} \div 3 =$ _____

i) $\frac{1}{4} \div 5 =$ _____

j) $\frac{3}{5} \div 5 =$ _____

k) $\frac{7}{15} \div 3 =$ _____

l) $\frac{3}{5} \div 4 =$ _____

m) $\frac{5}{8} \div 2 =$ _____

n) $\frac{4}{7} \div 5 =$ _____

6. Divida as frações observando os exemplos.

$$\frac{2}{2} \div \frac{3}{5} = \frac{2}{2} \times \frac{5}{3} = \frac{10}{6} = \frac{5}{3}$$

a) $\frac{2}{5} \div \frac{3}{8} =$ _____

b) $\frac{3}{5} \div \frac{2}{7} =$ _____

c) $\frac{7}{9} \div \frac{2}{4} =$ _____

d) $\frac{1}{5} \div \frac{3}{5} =$ _____

e) $\frac{3}{5} \div \frac{2}{5} =$ _____

f) $\frac{3}{8} \div \frac{4}{16} =$ _____

g) $\frac{7}{7} \div \frac{2}{7} =$ _____

h) $\frac{2}{4} \div \frac{3}{7} =$ _____

12 ANÁLISE DE CHANCES

Igualmente prováveis

Antes de começar o jogo de futebol, as crianças jogaram uma moeda para o alto.

Cara   Coroa

Um jogador de cada time dava um palpite sobre a face que ia ficar para cima: cara ou coroa.

Eles queriam saber quem começava com a bola e quem ia escolher o lado do campo.

- Quando uma moeda é lançada para o alto, é possível sair quais resultados?

- É mais provável sair qual resultado: cara ou coroa?

Quando jogamos uma moeda para cima e esperamos para ver qual será o resultado (face que ficará para cima), chamamos a isso de **experimento**.

Quando dois resultados de um experimento têm a mesma chance, dizemos que esses resultados são **igualmente prováveis**.

ATIVIDADES

1. Jussara e Antônio estão brincando de lançar uma moeda para cima duas vezes (uma seguida da outra) e anotar o resultado.

a) Quais são os resultados possíveis dessa brincadeira que eles estão fazendo?

_____

b) Qual resultado tem mais chance de sair?

☐ duas caras   ☐ duas coroas

☐ uma cara e uma coroa

2. Considere um dado de seis faces.

a) Quando ele é lançado, é possível sair quais resultados? _____

b) É mais provável sair o 1 ou o 6?

_____

c) É mais provável sair o 2 ou o 3?

_____

d) É mais provável sair um número ímpar ou um número par?

_____

e) É mais provável sair um número maior que 2 ou menor que 2?

_____

3. Uma caixa de lápis de cor tem 3 lápis amarelos, 5 lápis cor-de-rosa, 5 lápis azuis e 6 lápis verdes.

a) Se for retirado da caixa um lápis de cor ao acaso, é possível que saia lápis de qual cor?

_____

b) A chance de sair um lápis amarelo é igual à chance de sair um lápis verde?

_____

4. Uma das maiores palavras da língua portuguesa é:

HIPOPOTOMONSTROSESQUIPEDALIOFOBIA

Esse é o nome que se dá para o medo irracional de pronunciar palavras grandes ou complicadas.

a) Quais são as letras dessa palavra?

_____

b) Se escolhermos uma entre as 33 letras dessa palavra, é mais provável escolher a letra B ou a letra O?

_____

5. Veja as flores do canteiro da escola.

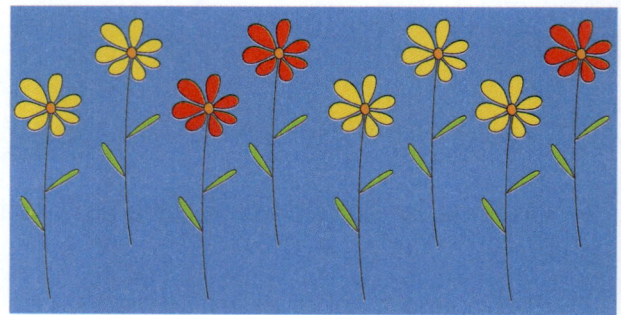

a) Quais são as cores das flores desse canteiro? _____

b) Quantas flores há de cada cor?

_____

c) Se Alfredo tirar uma flor aleatoriamente desse canteiro, a chance de tirar qualquer uma das cores é a mesma? Por quê?

_____

_____

_____

242

Probabilidade e fração

Imagine que você tenha em mãos um envelope com 6 fichas coloridas, sendo 5 vermelhas e 1 verde.

Agora, você vai retirar de dentro do envelope, sem olhar, uma dessas fichas.

- Qual cor de ficha você acha que vai retirar do envelope? Por quê?
- Se você repetir o procedimento 10 vezes, quantas chances você terá de retirar fichas vermelhas?

Faça esta experiência.

Reúna-se com seus colegas e peguem lápis ou canetas da seguinte maneira:
- 5 lápis de cor vermelho
- 1 lápis de cor verde

Coloquem dentro de uma caixa ou de um saco de papel que não seja transparente.

No quadro abaixo, você vai anotar as cores dos objetos retirados.

Retire um objeto de dentro da caixa ou do saco sem olhar.

lápis vermelho										
lápis verde										

Anote a cor que saiu no quadro e devolva-o.

Repita o procedimento 10 vezes.

Agora, responda oralmente:
- Quantos lápis vermelhos podem ser retirados da caixa?
- Quantos lápis verdes há na caixa?
- Qual é a cor que tem mais chance de sair?
- Qual é a que tem menos chance de sair?

Observe pelas cores como se representam as chances por meio de uma fração.

5 lápis vermelhos e 1 lápis verde. Total de lápis: 5 + 1 = 6.

Logo, a chance de retirar um lápis vermelho é de 5 em 6, ou seja: $\frac{5}{6}$.

E a chance de retirar um lápis verde é de 1 em 6, ou seja: $\frac{1}{6}$.

ATIVIDADES

1. Em uma caixa de clipes, há 5 clipes verdes, 10 vermelhos, 3 amarelos e 5 pretos. Ao retirarmos esses clipes aleatoriamente:

a) Qual é a cor de clipe que tem maior probabilidade de sair? _____

b) Qual é a probabilidade de se retirar um clipe amarelo? _____

c) Qual é a probabilidade de não se retirar um clipe vermelho? _____

d) Qual é a probabilidade de se retirar um clipe preto? _____

e) Quais são as cores de clipe que têm igual probabilidade de sair? _____

2. Um cubo tem 6 faces numeradas de 1 a 6. Ao cair no chão após ser jogado para cima:

a) Qual é a probabilidade de cair com a face 1 para cima? _____

b) E com a face 6 para cima? _____

c) Todos os números têm igual probabilidade de sair? Por quê?
_____

3. Observe as bolas numeradas que serão colocadas em uma urna para sorteio.

a) Qual é a probabilidade de sair o número 27? _____

b) Qual é a probabilidade de ser sorteado um número par? _____

c) Qual é a probabilidade de ser sorteado um número ímpar? _____

d) Qual é a probabilidade de ser sorteado um número menor do que 11? _____

e) Qual é a probabilidade de sair um número com o algarismo 7 na ordem das unidades? _____

4. Júlia está brincando de jogar dois dados e somar os números sorteados.

a) Anote na tabela abaixo os resultados possíveis para essa brincadeira.

+	1	2	3	4	5	6
1	2	3	4	5	6	7
2	3	4	5	6	7	8
3	4	5	6	7	8	9
4	5	6	7	8	9	10
5	6	7	8	9	10	11
6	7	8	9	10	11	12

b) Qual é a probabilidade do resultado ser um número ímpar? E de ser um número par? _____

c) Qual é a probabilidade do resultado ser maior que 7? _____

d) Qual é a probabilidade do resultado ser igual a 12? _____

e) Qual é a probabilidade do resultado ser igual a 5? _____

f) A probabilidade do resultado ser 8 é igual à probabilidade de qual outro resultado?
_____

13 POLIEDROS

Observe estes sólidos geométricos.

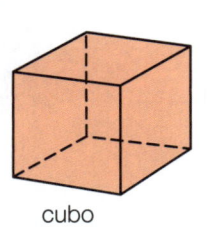

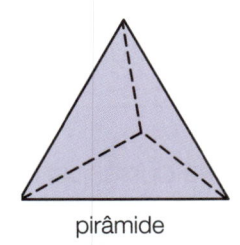

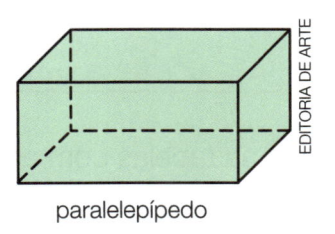

cubo pirâmide paralelepípedo

Os sólidos geométricos formados por superfícies planas são chamados **poliedros**.

Os poliedros têm faces, arestas e vértices.

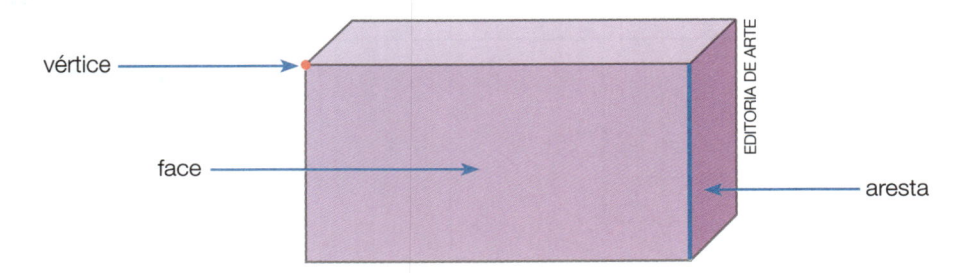

vértice face aresta

Agora, observe: apoiando cada face de um poliedro numa folha de papel e contornando com lápis, você desenhará um **polígono**.

polígono

Observe: esta caixa de sapatos tem a forma de um **paralelepípedo**.

As "dobras" da caixa correspondem às **arestas**. Três dessas dobras se encontram em um ponto que representa um **vértice** da caixa. O alto da tampa, o fundo e os lados da caixa são as **faces**. Cada face é formada por 4 arestas.

Essa caixa tem 6 faces, 12 arestas e 8 vértices.

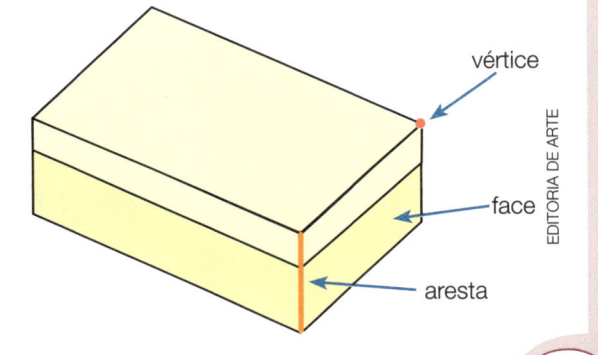

vértice face aresta

ATIVIDADES

1. Que forma lembra a figura do dado?

_____

Quantas faces, arestas e vértices tem a figura geométrica que lembra esse dado?

_____

2. Complete as tabelas com as informações correspondentes.

Representação	Nome	Nº de vértices	Nº de faces	Nº de arestas	Polígonos que formam as faces
(cubo)					
(paralelepípedo)					
(prisma triangular)					
(prisma pentagonal)					

• Observe os polígonos da base dos prismas e o número de faces e vértices. O que você percebeu?

Representação	Nome	Nº de vértices	Nº de faces	Nº de arestas	Polígonos que formam as faces
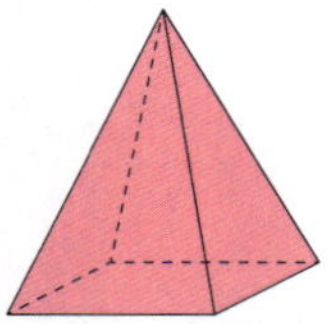					
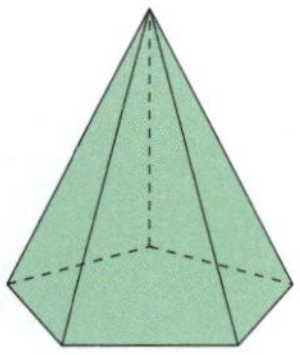					
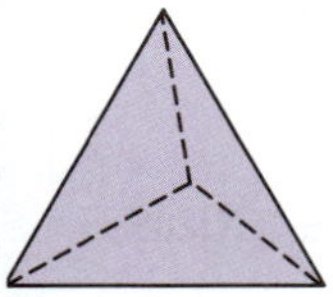					
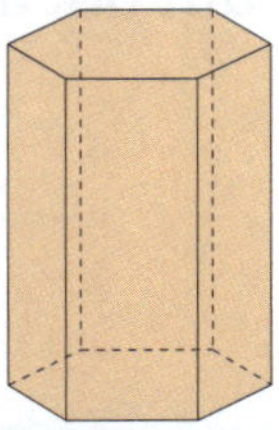					

- Agora observe as pirâmides. O que você percebeu em relação ao número de vértices e ao número de faces? Qual polígono está presente na face de todas as pirâmides?

3. Observe os poliedros. Qual é o nome dos polígonos que formam suas faces? Escreva a quantidade de faces de cada polígono.

a)

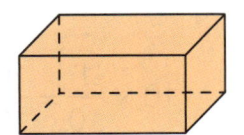

b)

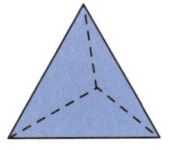

c)

_____

_____

_____

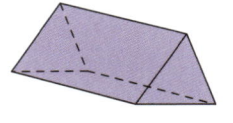

4. Descubra quantas faces, quantas arestas e quantos vértices têm esses poliedros.

a)

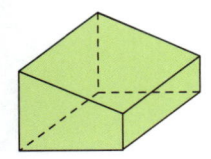

b)

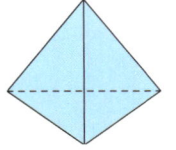

c)

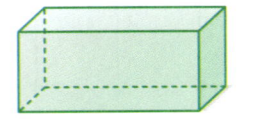

d)

_____

_____

_____

_____

247

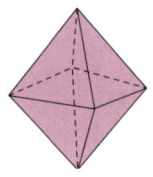

LIÇÃO 14 — NÚMEROS DECIMAIS

Representação fracionária e decimal

Os números representados nas formas fracionária e decimal são chamados de **números racionais**.

As frações que têm denominador 10, 100, 1 000 etc. são chamadas de **frações decimais**.

Preste atenção nas barras.

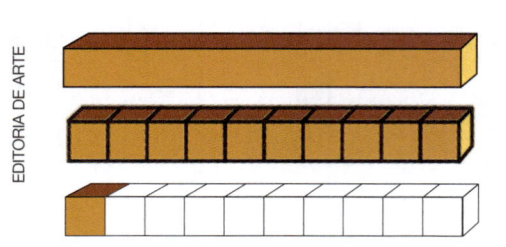

Uma barra.

A mesma barra dividida em 10 partes iguais.

Uma parte colorida da barra, ou seja, **um décimo** da barra ou $\frac{1}{10}$.

$\frac{1}{10} = 0{,}1 \longrightarrow$ lê-se **um décimo**

unidades	décimos
0,	1

O décimo ocupa a primeira ordem decimal depois da vírgula.

Veja como podemos representar a adição de todas as partes.

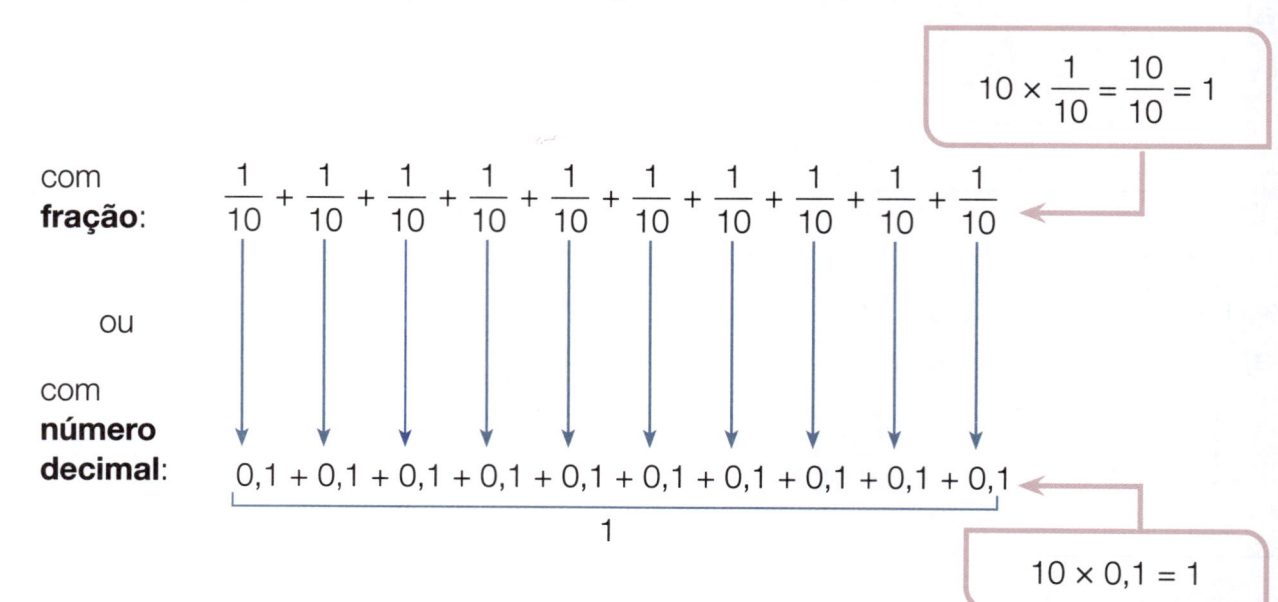

$$10 \times \frac{1}{10} = \frac{10}{10} = 1$$

com **fração**: $\frac{1}{10} + \frac{1}{10} + \frac{1}{10} + \frac{1}{10} + \frac{1}{10} + \frac{1}{10} + \frac{1}{10} + \frac{1}{10} + \frac{1}{10} + \frac{1}{10}$

ou

com **número decimal**: 0,1 + 0,1 + 0,1 + 0,1 + 0,1 + 0,1 + 0,1 + 0,1 + 0,1 + 0,1

1

$10 \times 0{,}1 = 1$

Agora, observe uma placa quadrada dividida em 100 partes iguais.

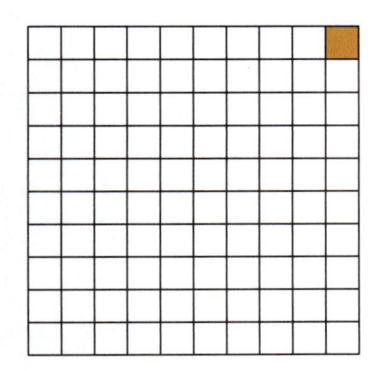

Cada parte destacada corresponde a **1 centésimo** do todo ou $\frac{1}{100}$.

100 centésimos formam 1 inteiro.

1 centésimo

$\frac{1}{100} = 0,01 \longrightarrow$ lê-se **um centésimo**

unidades	décimos	centésimos
0,	0	1

O centésimo ocupa a segunda ordem decimal depois da vírgula.
O milésimo ocupa a terceira ordem decimal depois da vírgula.

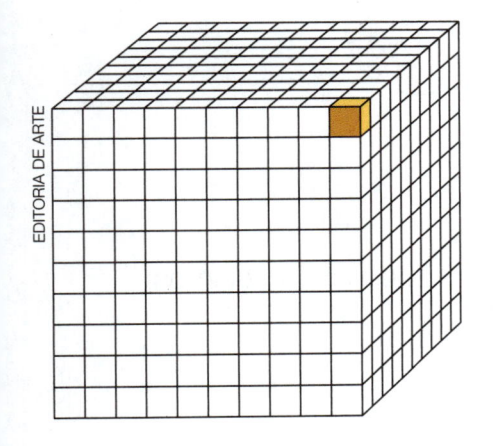

E se um cubo fosse dividido em 1 000 partes iguais?

Cada parte destacada corresponde a 1 milésimo do todo.

1 milésimo

$\frac{1}{1\,000} = 0,001 \longrightarrow$ lê-se **um milésimo**

unidades	décimos	centésimos	milésimos
0,	0	0	1

Observe.

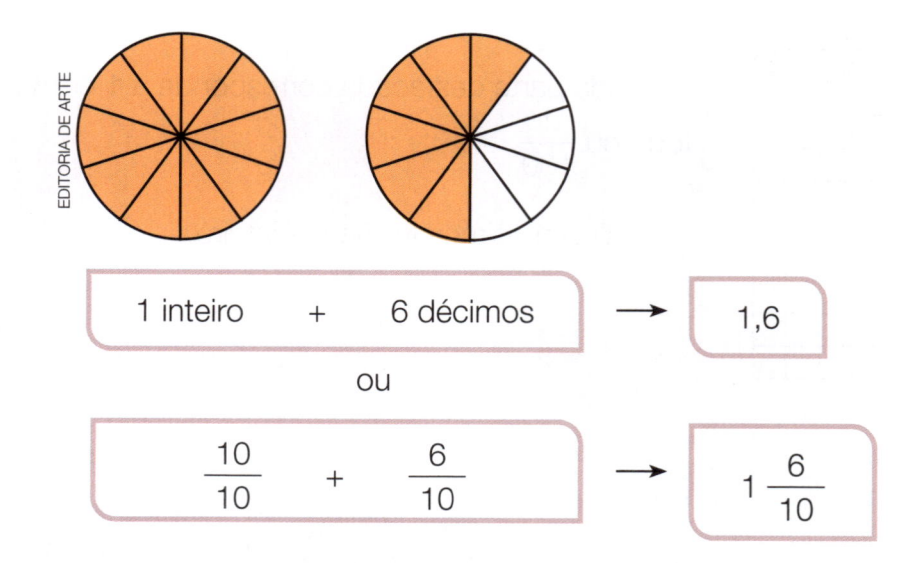

1 inteiro + 6 décimos → 1,6

ou

$\frac{10}{10} + \frac{6}{10}$ → $1\frac{6}{10}$

A vírgula separa a parte **inteira** da parte **decimal**.

1,6

parte inteira —— parte decimal

Observe. $\frac{100}{100} = 1$ $\frac{23}{100} = 0,23$

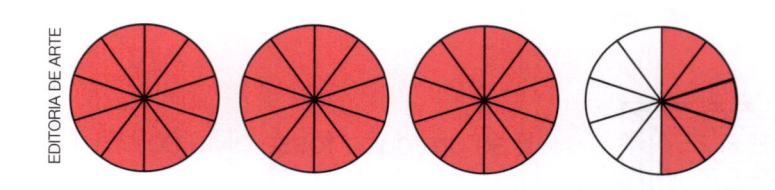

$\frac{10}{10} + \frac{10}{10} + \frac{10}{10} + \frac{5}{10} = \frac{35}{10}$ ou $3\frac{5}{10}$

1,0 + 1,0 + 1,0 + 0,5 = 3,5 (3 inteiros e 5 décimos)

Veja este exemplo:

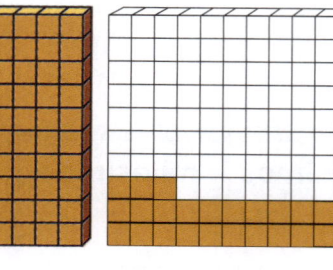

$\frac{100}{100} + \frac{23}{100} = \frac{123}{100}$ ou $1\frac{23}{100}$

(1 inteiro e 23 centésimos)

1 + 0,23 = 1,23 (1 inteiro e 23 centésimos)

$\frac{100}{100} = 1$ $\frac{23}{100} = 0,23$

A vírgula separa a parte inteira da parte decimal.

1,23

parte inteira ——— ——— parte decimal

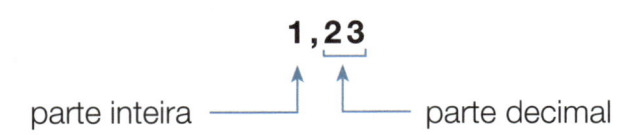

2,28 (2 inteiros e 28 centésimos)

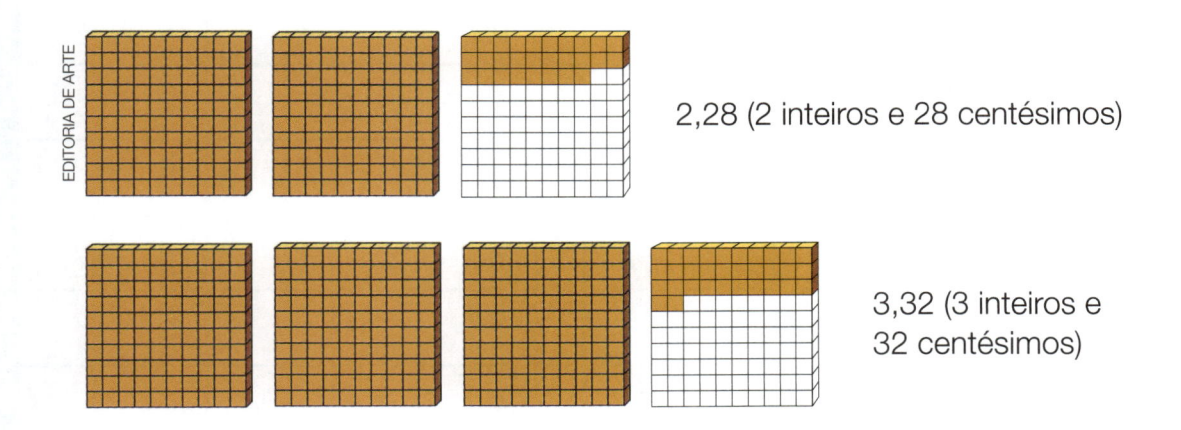

3,32 (3 inteiros e 32 centésimos)

Observe os exemplos.

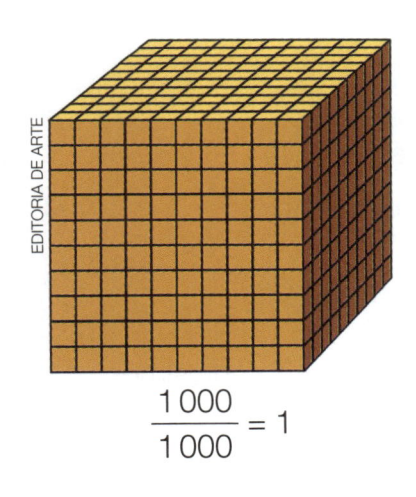

$\dfrac{1\,000}{1\,000} = 1$

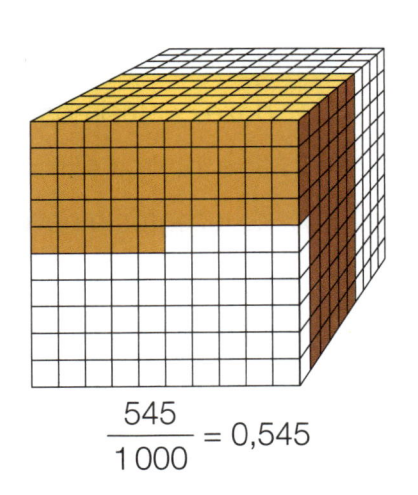

$\dfrac{545}{1\,000} = 0{,}545$

$\dfrac{1\,000}{1\,000} + \dfrac{545}{1\,000} = \dfrac{1\,545}{1\,000}$ ou $1\dfrac{545}{1\,000}$ (1 inteiro e 545 milésimos)

1 + 0,545 = 1,545 (1 inteiro e 545 milésimos)

1,545

parte inteira ——— ——— parte decimal

251

Vamos fazer a leitura dos números do quadro abaixo.

Centenas	Dezenas	Unidades	,	Décimos	Centésimos	Milésimos
		0	,	3		
		1	,	6		
		0	,	1	2	
		2	,	3	7	
		0	,	9	9	9
		5				
	1	2	,	4		
1	3	8	,	3	6	

0,3 ⟶ três décimos

1,6 ⟶ um inteiro e seis décimos

0,12 ⟶ doze centésimos

2,37 ⟶ dois inteiros e trinta e sete centésimos

0,999 ⟶ novecentos e noventa e nove milésimos

5 ⟶ cinco inteiros

12,4 ⟶ doze inteiros e quatro décimos

138,36 ⟶ cento e trinta e oito inteiros e trinta e seis centésimos

Observando a representação no quadro de ordens e a leitura dos números decimais, podemos destacar que os números naturais podem ser escritos como decimais, colocando a vírgula e os zeros nas ordens decimais.

- $5 = 5,0 = 5,00 = 5,000$ pois $\dfrac{5}{1} = \dfrac{50}{10} = \dfrac{500}{100} = \dfrac{5\,000}{1\,000}$

- $12 = 12,0 = 12,00 = 12,000$ pois $\dfrac{12}{1} = \dfrac{120}{10} = \dfrac{1\,200}{100} = \dfrac{12\,000}{1\,000}$

> Zeros colocados à direita da última ordem decimal não alteram o valor absoluto do número.

Comparação de números decimais

Acompanhe os exemplos:

- 9,2 ? 8,2

    9,2 tem mais inteiros que 8,2, então, 9,2 > 8,2.

- 5,4 ? 5,7

    Os dois têm 5 inteiros. Vamos comparar os décimos.

    4 décimos é menor que 7 décimos, então, 5,4 < 5,7.

- 4,92 ? 4,91

    Os dois têm 4 inteiros. Vamos comparar os décimos.

    Os dois têm 9 décimos. Vamos comparar os centésimos.

    2 centésimos é maior que 1 centésimo, então, 4,92 > 4,91.

> Como podemos saber se um número decimal é maior, menor ou igual a outro?

Podemos concluir que:

> Para comparar dois números decimais, avaliamos primeiro suas partes inteiras e, caso sejam iguais, comparamos uma a uma as ordens decimais até encontrarmos a ordem com valores diferentes.

Relação entre décimo e dezena, centésimo e centena

Unidades de milhar	Centenas	Dezenas	Unidades	Décimos	Centésimos	Milésimos
1	0	0	0			
	1	0	0			
		1	0			
			1			
			0,	1		
			0,	0	1	
			0,	0	0	1

parte inteira ← → parte decimal

> **Décimo** é 10 vezes menor que a unidade.
> **Dezena** é 10 vezes maior que a unidade.
> **Centésimo** é 100 vezes menor que a unidade.
> **Centena** é 100 vezes maior que a unidade.
> **Milésimo** é 1 000 vezes menor que a unidade.
> **Unidade de milhar** é 1 000 vezes maior que a unidade.

ATIVIDADES

1. Escreva a fração e o número decimal correspondente ao que está indicado em cada figura.

a) 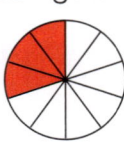 fração: _____
número decimal: _____

b) 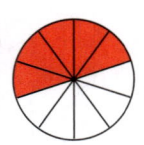 fração: _____
número decimal: _____

c) 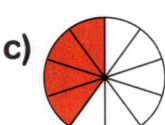 fração: _____
número decimal: _____

2. Represente sob a forma decimal.

a) 38 décimos _____ **c)** 6 décimos _____

b) 8 décimos _____ **d)** 45 décimos _____

3. Observe o exemplo.

$\dfrac{25}{10} = 2,5 \rightarrow$ dois inteiros e cinco décimos

Agora, faça o mesmo.

a) $\dfrac{18}{10}$

b) $\dfrac{34}{10}$

c) $\dfrac{47}{10}$

d) $\dfrac{66}{10}$

e) $\dfrac{51}{10}$

f) $\dfrac{2}{100}$

g) $\dfrac{7}{100}$

4. Coloque os seguintes números no quadro de ordens.

a) 3,75 **c)** 8,17 **e)** 30,001
b) 0,821 **d)** 21,403 **f)** 128,09

C	D	U	,	Décimo	Centésimo	Milésimo

5. Escreva a representação decimal e a fração decimal.

a) 5 décimos _____

b) 1 inteiro e 235 milésimos _____

c) 42 milésimos _____

d) 3 centésimos _____

e) 4 inteiros e 86 centésimos _____

6. Compare os números decimais e coloque corretamente os sinais >, <, =.

a) 0,8 ____ 0,18 **e)** 2,01 ____ 2,010
b) 1,4 ____ 1,2 **f)** 0,05 ____ 0,50
c) 3,7 ____ 3,75 **g)** 0,02 ____ 0,0021
d) 21,2 ____ 2,12 **h)** 1,05 ____ 1,050

7. Escreva a leitura dos seguintes números decimais.

a) 3,45 _____

b) 34,5 _____

c) 0,345 _____

LIÇÃO 15 — OPERAÇÕES COM NÚMEROS DECIMAIS

Adição e subtração

A professora Eni escreveu no quadro de giz duas operações com números decimais.

Como você faria essas operações?

Agora, veja como a professora Eni fez estas adições e as subtrações.

a) 0,8 + 0,4 = 1,2

    0,8 → oito décimos
+ 0,4 → quatro décimos
    1,2 → um inteiro e dois décimos

b) 1,26 + 0,39 = 1,65

    1,26 → um inteiro e vinte e seis centésimos
+ 0,39 → trinta e nove centésimos
    1,65 → um inteiro e sessenta e cinco centésimos

U: unidade
d: décimos
c: centésimos
m: milésimos

c) 1,77 − 0,95 = 0,82

    1,77 → um inteiro e setenta e sete centésimos
− 0,95 → noventa e cinco centésimos
    0,82 → oitenta e dois centésimos

Observe como se faz a subtração dos números decimais no quadro de ordens.

- 2,5 − 0,534

Como não posso subtrair 4 de 0, nem 3 de 0, preciso desagrupar o 2 da seguinte forma:

U	d	c	m
$\cancel{2}^{1}$,	$\cancel{5}^{15}$	0	0
0,	5	3	4

2 inteiros = 20 décimos ou

2 inteiros = 10 décimos + 10 décimos

2 inteiros = 1 inteiro + 10 décimos

Adiciono: 10 d + 5 d = 15 d

255

U	d	c	m
₁2̶,	¹⁵5̶₁₄	0̶₁₀	0
0,	5	3	4

15 décimos = 150 centésimos
15 décimos = 140 centésimos + 10 centésimos
15 décimos = 14 décimos + 10 centésimos
Adiciono: 10 c + 0 c = 10 c

U	d	c	m
₁2̶,	¹⁴5̶	¹⁰0̶ ⁹	¹⁰0̶
0,	5	3	4

10 centésimos = 100 milésimos
10 centésimos = 90 milésimos + 10 milésimos
10 centésimos = 9 centésimos + 10 milésimos
Adiciono: 10 m + 0 m = 10 m

Agora, efetuo a operação:

```
  ₁2̶, ¹⁴5̶ ¹⁰0̶ ⁹ ¹⁰0̶
-  0,  5   3    4
-----------------------
   1,  9   6    6
```

> Na adição e na subtração, vírgula fica embaixo de vírgula.
> Nessas operações devemos completar com zero a ordem decimal do número, quando for necessário.
> A operação é feita, ordem a ordem, tanto na parte decimal como na parte inteira.

ATIVIDADES

1. Efetue as operações.

a) 0,423 + 0,019

b) 3,20 + 2,64

c) 0,65 + 0,98

d) 1,37 − 0,82

e) 142,08 − 36,25

f) 45,50 − 28,09

2. Arme e efetue as adições.

a) 0,5 + 0,23 + 0,678

b) 0,008 + 6 + 3,4

c) 6,433 + 23,15

d) 12,4 + 0,69 + 8

Multiplicação

Observe estas multiplicações.

a) $0,12 \times 3$

$$\begin{array}{r} 0,12 \\ 0,12 \\ +\,0,12 \\ \hline 0,36 \end{array} \quad \text{ou} \quad \begin{array}{r} 0,12 \\ \times\quad\;\; 3 \\ \hline 0,36 \end{array}$$

- 0,12 ← 2 ordens decimais
- 3 ← 0 ordem decimal
- 0,36 ← 2 ordens decimais

b) $0,12 \times 0,3$

$$\dfrac{12}{100} \times \dfrac{3}{10} = \dfrac{36}{1\,000} = 0,036 \quad \text{ou} \quad \begin{array}{r} 0,12 \\ \times\;\; 0,3 \\ \hline 0,036 \end{array}$$

- 0,12 ← 2 casas decimais
- 0,3 ← 1 casa decimal
- 0,036 ← 3 casas decimais

c) $0,12 \times 0,51$

$$\dfrac{12}{100} \times \dfrac{51}{100} = 0,12 \times 0,51 = 0,0612 \quad \text{ou} \quad \begin{array}{r} 0,12 \\ \times\;\; 0,51 \\ \hline 0\,12 \\ +\;\;\; 60\;\; \\ \hline 0,0612 \end{array}$$

- 0,12 ← 2 casas decimais
- 0,51 ← 2 casas decimais
- 0,0612 ← 4 casas decimais

Pelos exemplos dados, podemos escrever uma regra para a multiplicação que envolve números decimais.

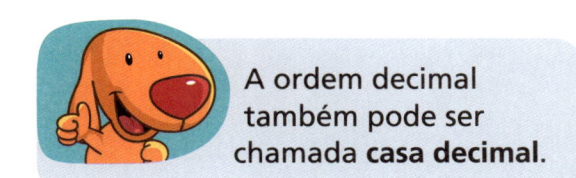

> A ordem decimal também pode ser chamada **casa decimal**.

> Para multiplicar números decimais, efetuamos a operação como se fossem números inteiros e no produto colocamos a vírgula, considerando o total de casas decimais dos fatores.

Vamos agora resolver o seguinte problema:

- Carina tem um tablete de margarina de 200 gramas. Quantos gramas há em 0,25 desse tablete?

Solução 1

$$0,25 = \dfrac{25}{100} = \dfrac{1}{4}$$

$$\dfrac{1}{4} \text{ de } 200\text{ g} = \dfrac{1}{4} \times 200$$

$$\dfrac{1}{4} \times 200 = \dfrac{200 \times 1}{4} = \dfrac{200}{4} = 50 \text{ g}$$

Solução 2

$$0,25 \times 200 \text{ g} = 50 \text{ g}$$

$$\begin{array}{r} 0,25 \\ \times\;\; 200 \\ \hline 50,00 \end{array}$$

ATIVIDADES

1. Efetue as multiplicações.

a) 4,6 × 0,3

b) 61,43 × 12

c) 7,85 × 5

d) 0,895 × 5

e) 18,34 × 3,2

f) 21,2 × 0,5

g) 2,49 × 4

h) 16,48 × 7

i) 13,12 × 0,7

2. Carina precisa de 0,30 do tablete de margarina para fazer uma receita de rosquinhas. Quanto do tablete será necessário para fazer 3 receitas?

PROBLEMAS

1. Um pedreiro faz 1,40 metro de muro por dia. Quantos metros ele fará em 3,5 dias?

Resposta: _____

2. Em uma escola há 3 500 alunos, dos quais 0,6 são meninas e o restante meninos. Quantos são os meninos?

Resposta: _____

3. Comi 0,4 de um bolo e o resto reparti igualmente entre meus 5 irmãos. Que parte do bolo cada um comeu?

Resposta: _____

4. Dividimos uma peça de 48 metros de plástico em partes de 2,4 metros cada. Quantas partes foram obtidas?

Resposta: _____

Divisão

Observe estas divisões:

| 2,4 ÷ 0,8 | 6 ÷ 0,3 | 4,5 ÷ 0,25 | 0,63 ÷ 0,126 |

```
2,4 | 0,8        6,0 | 0,3        4,50 | 0,25       0,630 | 0,126
  0 |  3          00 |  20        2 00 |  18         000  |   5
                                    00
```

Com base nesses exemplos, é possível afirmar:

> Para dividir números decimais, igualamos o número de ordens decimais do dividendo e do divisor, eliminamos as vírgulas e efetuamos a divisão como se fossem números naturais.

Divisão com aproximação decimal

As divisões em que sobra resto podem ser aproximadas até décimos, centésimos ou milésimos. Observe:

7 ÷ 2

```
  7,0 | 2
−  6  | 3,5
   10
−  10
    0
```

17 ÷ 8

```
17 | 8       17 | 8        17 | 8
10 | 2,1     10 | 2,12     10 | 2,125
 2            20            20
              4             40
                             0
```

Acompanhe situações em que o dividendo é menor que o divisor.

2 ÷ 5

```
   20 | 5
−  20 | 0,4
    0
```

4 ÷ 8

```
   40 | 8
−  40 | 0,5
    0
```

Multiplicações por 10, 100 e 1 000.

6,5 × 10 = 65	6,5 ÷ 10 = 0,65
6,55 × 10 = 65,5	6,55 ÷ 10 = 0,655
4,2 × 100 = 420	4,2 ÷ 100 = 0,042
4,28 × 100 = 428	4,28 ÷ 100 = 0,0428
3,7 × 1 000 = 3 700	3,7 ÷ 1 000 = 0,0037
3,77 × 1 000 = 3 770	3,77 ÷ 1 000 = 0,00377

Para multiplicar um número decimal por 10, 100 ou 1 000, deslocamos a vírgula uma, duas ou três ordens decimais para a direita.
Para dividir, deslocamos a vírgula uma, duas ou três ordens decimais para a esquerda.

ATIVIDADES

1. Efetue as divisões em seu caderno.

a) 8,85 ÷ 2,5
b) 68,4 ÷ 0,2
c) 1,5 ÷ 0,375
d) 6,000 ÷ 0,075
e) 0,816 ÷ 0,17
f) 146,65 ÷ 3,5
g) 144 ÷ 1,2
h) 0,285 ÷ 95
i) 18,33 ÷ 3,9
j) 6,25 ÷ 2,5
k) 4,35 ÷ 0,005
l) 7,5 ÷ 0,12

2. Ache o quociente de:

a) 3,75 ÷ 0,15

b) 12,4 ÷ 2

c) 37,12 ÷ 5,8

d) 0,084 ÷ 2,8

e) 0,60 ÷ 0,12

3. Calcule mentalmente e registre o quociente.

a) 15 ÷ 10 _____
b) 17,5 ÷ 10 _____
c) 262,4 ÷ 10 _____
d) 9,6 ÷ 10 _____
e) 54,31 ÷ 10 _____
f) 53,3 ÷ 100 _____
g) 7 189 ÷ 100 _____
h) 345,6 ÷ 100 _____
i) 15,4 ÷ 1 000 _____
j) 228 ÷ 1 000 _____

4. Escreva a leitura de cada número decimal.

a) 0,45 _____

b) 7,62 _____

c) 4,4 _____

d) 0,093 _____

e) 0,003 _____

f) 2,574 _____

g) 5,011 _____

h) 0,09 _____

16 DINHEIRO NO DIA A DIA

Observe o preço de alguns produtos do supermercado e depois discuta as questões propostas com os colegas e com o professor.

R$ 9,00

R$ 5,00

R$ 19,00

R$ 6,00

R$ 10,00

R$ 3,00

- Qual caixa de chocolate você compraria? Por quê?
- Seria mais vantajoso comprar o pacote com 6 garrafas de água ou comprar 6 garrafas soltas? Por quê?
- Qual pacote de papel higiênico você compraria? Por quê?

Facilitando o troco

Janaína gostaria de comprar uma bolsa que custava R$ 45,50. Janaína tinha uma cédula de R$ 50,00 na carteira.

Mesmo tendo o valor suficiente para a compra, ela entregou ao vendedor uma cédula de [imagem de cédula de 50 reais] e uma moeda de [imagem de moeda de 50 centavos].

Você sabe por que ela deu a moeda de R$ 0,50, se já tinha o valor suficiente com a nota de R$ 50,00? Converse com seus colegas sobre a situação.

Janaína recebeu R$ 5,00 de troco do vendedor.

Pois, [cédula 50] + [moeda 50] = R$ 50,50   50,50 − 45,50 = 5,00

Se Janaína tivesse dado ao vendedor apenas a cédula de R$ 50,00 receberia R$ 4,50 de troco. Veja:

R$ 50,00 − 45,50 = R$ 4,50

Para o vendedor é mais fácil entregar uma cédula de R$ 5,00 do que compor com várias moedas e cédulas o valor R$ 4,50. Portanto, Janaína facilitou o troco ao entregar a moeda de R$ 0,50.

ATIVIDADES

1. Escreva o preço de cada produto com um desconto de R$ 1,50. Veja o exemplo:

R$ 13,50 ➡ R$ 12,00

R$ 9,20 ➡ ☐

R$ 14,90 ➡ ☐

R$ 6,30 ➡ ☐

R$ 51,20 ➡ ☐

2. Preencha a tabela com a quantia que pode ser dada para facilitar o troco em cada situação e o troco a ser recebido.

Preço do produto	Quantia disponível	Quantia para facilitar o troco	Troco
R$ 29,30	R$ 50,00		
R$ 5,50	R$ 10,00		
R$ 74,00	R$ 100,00		

3. Rafael tinha R$ 20,00 na carteira.

a) Ele conseguiria comprar um lanche de R$ 6,30 e uma bebida de R$ 7,20?

_____

b) Receberia troco? Quanto?

_____

c) Que quantia Rafael poderia dar a mais para facilitar o troco?

_____

PROBLEMAS

1. Tiago tinha algumas notas e moedas em sua carteira. Ganhou R$ 50,00 de seu pai e ficou com R$ 70,25. Que quantia Tiago tinha em sua carteira antes de ganhar o dinheiro de seu pai?

Resposta: _____

2. Mayara trocou sua nota de 5 reais por moedas de 25 centavos. Com quantas moedas Mayara ficou?

Resposta: _____

3. Dona Mercedes foi ao mercado com R$ 200,00 em dinheiro. Após fazer as compras voltou com R$ 70,60. Que quantia Dona Mercedes gastou no mercado?

Resposta: _____

4. Mamãe comprou uma roupa por R$ 138,90 em 3 prestações. Na primeira prestação, pagou R$ 20,00. Na segunda, R$ 59,45. Quanto irá pagar na terceira?

Resposta: _____

RESOLUÇÃO DE PROBLEMAS

1. Leia o problema.

> A família Silva foi a um restaurante de comida por quilo. A mãe comeu 463 g; o pai, 737 g; e o filho, um pouco menos que o pai, porém, mais do que a mãe. Nesse restaurante cada 100 g custa R$ 2,30. Quanto a família pagou pela refeição dos três?

Um aluno do 5º ano leu esse problema e comentou:

> Esse problema tem muitas soluções porque não podemos dizer com certeza quantos gramas pesou a comida do filho. O peso da comida dele pode ser qualquer valor entre 463 e 737.

- Você concorda com a opinião desse aluno? Explique.

a) Sabendo que cada 100 gramas custa R$ 2,30, calcule o preço a ser pago apenas pela refeição do pai e da mãe.

b) Qual das alternativas abaixo corresponde ao valor aproximado da soma das três refeições da família?

I) R$ 27,60   II) R$ 39,10   III) R$ 46,00

2. Elabore no caderno um problema parecido com a situação anterior, de modo que ele tenha mais de uma solução.

Troque o problema que você elaborou com o de um colega. Verifique qual é a informação que permite o problema ter várias soluções.

LIÇÃO 17 — PORCENTAGEM

Você provavelmente já viu anúncios como estes.

Mas, afinal, o que significam 10%, 20% ou 50% de desconto?

O símbolo **%** indica quantas partes foram tomadas de 100.

Por exemplo, 50% lê-se: cinquenta **por cento**.

Um desconto de 50% significa que, para uma compra de 100 reais, teremos 50 reais de desconto, ou seja, pagaremos só a metade: 50 reais!

Você vai aprender a trabalhar com "por cento" em situações de **porcentagem**.

Situação 1

Nesta figura, 34 dos 100 cubinhos estão coloridos.

Veja a representação numérica dessa situação:

- fração decimal: $\dfrac{34}{100}$
- número decimal: 0,34

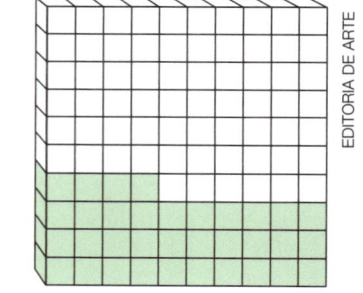

Vamos representar agora em "por cento": 34%.

Situação 2

A professora Eni realizou uma pesquisa entre os seus alunos do 5º ano para conhecer a preferência pela prática de esportes. Veja a maneira como ela apresentou aos alunos o resultado da pesquisa. As turmas do 5º ano totalizam 60 alunos.

PREFERÊNCIA DO 5º ANO PELA PRÁTICA DE ESPORTES

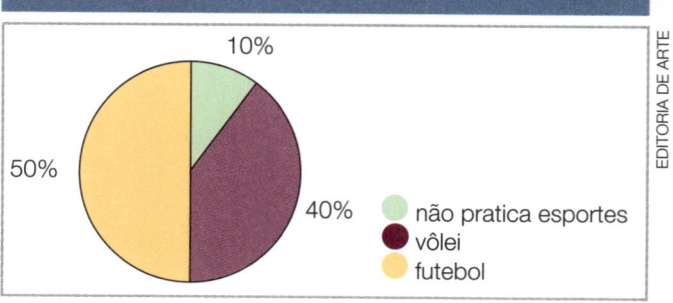

- 10% não pratica esportes
- 40% vôlei
- 50% futebol

Observe que:

- 100% representa o total de alunos da classe, ou seja, 60 alunos.
- 50% dos alunos preferem futebol, então,
  $\frac{50}{100} \times 60 = 30$ alunos ou $0{,}50 \times 60 = 30$ alunos.
- 40% dos alunos preferem vôlei ou $0{,}40 \times 60 = 24$ alunos.
- 10% dos alunos = não praticam esportes ou $0{,}10 \times 60 = 6$ alunos.
- Podemos verificar que: $30 + 24 + 6 = 60$ alunos e, da mesma forma: $50\% + 40\% + 10\% = 100\%$.

Situação 3

A televisão ao lado custa 600 reais, mas está com desconto de 20%.

O desconto dessa televisão será 20% de 600 reais:

$\frac{20}{100} \times 600 = \frac{12\,000}{100} = 120$ reais

O desconto será de 120 reais.

$600 - 120 = 480$

O valor da televisão será R$ 480,00.

ATIVIDADES

1. Escreva na forma de fração decimal.

a) 8% _____

b) 55% _____

c) 18% _____

d) 31% _____

e) 70% _____

f) 40% _____

2. Transforme em número decimal os números na forma de porcentagem.

a) 23% _____   d) 11% _____

b) 95% _____   e) 1% _____

c) 60% _____   f) 4% _____

3. Represente as frações decimais na forma de porcentagem.

a) $\frac{6}{100}$ _____   g) $\frac{50}{100}$ _____

b) $\frac{60}{100}$ _____   h) $\frac{12}{100}$ _____

c) $\frac{9}{100}$ _____   i) $\frac{5}{100}$ _____

d) $\frac{2}{100}$ _____   j) $\frac{4}{100}$ _____

e) $\frac{22}{100}$ _____   k) $\frac{49}{100}$ _____

f) $\frac{35}{100}$ _____   l) $\frac{75}{100}$ _____

Cálculo de porcentagem

Em algumas situações do dia a dia, precisamos calcular o preço final a pagar após um desconto, ou a conta a pagar com uma multa.

É importante você saber:

- **Desconto** ou **abatimento** é uma redução, o que se paga "a menos" ao efetuar um pagamento.
- **Multa** é um acréscimo, o que se paga "a mais" sobre a dívida que não foi paga no prazo estipulado.
- **Comissão** é uma porcentagem que se recebe sobre vendas efetuadas.

Veja algumas maneiras de calcular a porcentagem.

1. Vamos calcular 30% de 900.

$30\% = \dfrac{30}{100}$

Para calcular 30% de 900, fazemos:

$900 \times \dfrac{30}{100} = \dfrac{27000}{100}$

$27\,000 \div 100 = 270$

30% de 900 = 270

2. Vamos calcular 15% de R$ 800,00.

$15\% = \dfrac{15}{100}$

15% de R$ 800,00

$\dfrac{15}{100} \times 800 = \dfrac{12\,000}{100} = 120$

15% de R$ 800 = R$ 120,00

ATIVIDADES

1. Leia as afirmações, calcule e responda.

a) 1% de 1 real _____

b) 25% de 1 real _____

c) 10% de 1 real _____

d) 50% de 1 real _____

e) 5% de 100 reais _____

f) 10% de 100 reais _____

g) 20% de 100 reais _____

h) 50% de 100 reais _____

2. Calcule as porcentagens.

35% de $400 = \dfrac{35}{100} \times 400 = \dfrac{14\,000}{100} = 140$

a) 20% de 200 =

b) 10% de 800 =

c) 30% de 90 =

d) 75% de 40 =

e) 40% de 150 =

f) 50% de 70 =

g) 5% de 60 =

h) 35% de 300 =

PROBLEMAS

1. No 5º ano há 40 alunos, dos quais 5% praticam judô. Quantos alunos praticam judô e quantos não praticam?

Resposta: _____

2. Um colégio tem 400 alunos, 90% foram à excursão. Quantos alunos foram ao passeio?

Resposta: _____

3. Um trabalhador ganha R$ 700,00 por mês. Vai receber 35% de aumento. Quantos reais vai receber de aumento? Qual será seu salário depois do aumento?

Resposta: _____

4. Um técnico em eletrônica ganha por mês R$ 1.520,00. Gasta 60% dessa quantia para o sustento da família. Quanto resta de seu sálario?

Resposta: _____

INFORMAÇÃO E ESTATÍSTICA

1. Um restaurante fez um levantamento para verificar os tipos de comida mais pedidos no mês de julho. Observe o resultado do levantamento organizado no gráfico de setores.

COMIDAS MAIS PEDIDAS NO MÊS DE JULHO

- Sanduíche: 34%
- Sopa: 5%
- Massa: 20%
- Carne: 30%
- Salada: 11%

(porcentagem)

a) Qual é o tipo de comida menos pedido no restaurante? _____

b) Qual é o tipo de comida mais pedido no restaurante? _____

c) Na sua opinião, por que esse é o tipo de comida mais pedido?

d) Escreva na forma de fração e número decimal as porcentagens das vendas.

Sanduíche: _____
Sopa: _____
Massa: _____
Carne: _____
Salada: _____

e) Escreva como você lê os números que representam a quantidade de vendas do restaurante:

Sanduíche: _____
Sopa: _____
Massa: _____
Carne: _____
Salada: _____

LIÇÃO 18 — GEOMETRIA NA MALHA QUADRICULADA

Representação e localização no plano

Observe o mapa de uma cidade.

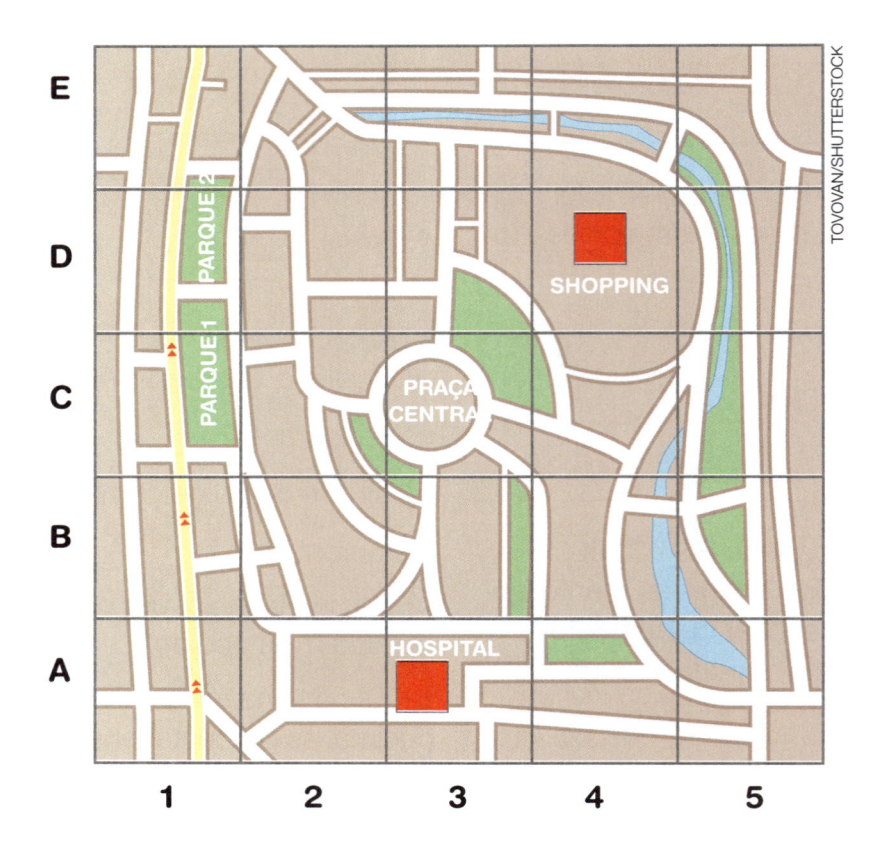

Observe que a Praça Central se localiza no quadro (3, C) da malha quadriculada.

- Onde se localiza o shopping?
- Onde se localiza o hospital?
- O que encontramos no quadro (1, C)?
- O rio passa pelo quadro (2, B)?

> Nessa malha quadriculada é possível localizar qualquer quadro, no cruzamento de uma **linha** (indicada por uma das letras ordenadas) com uma **coluna** (indicada por um dos números ordenados).

ATIVIDADES

1. Observe a malha a seguir.

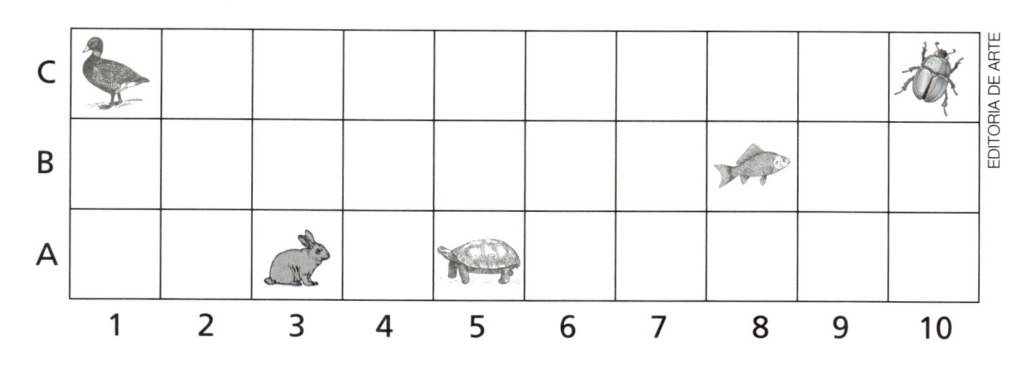

a) Indique a localização de cada animal.

Besouro	Coelho	Pato	Peixe	Tartaruga

b) Desenhe uma borboleta em (2, B).

2. Observe a cena e indique o código de cada quadro destacado da cena.

3. Pinte na malha a seguir um caminho de acordo com a sequência de códigos.

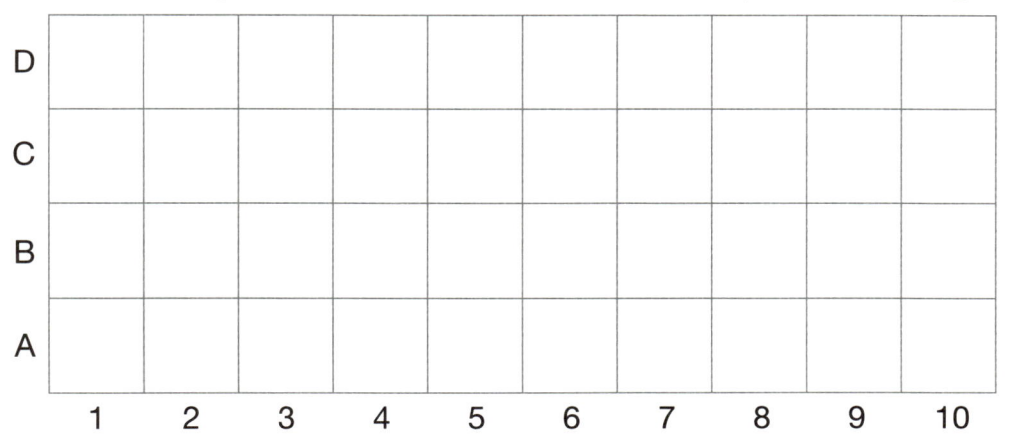

(1, B)→(2, B)→(3, B)→(3, C)→(3, D)→(4, D)→(5, D)→(6, D)→(7, D)→(8, D)→(9, D)→(9, C)→(10, C)

269

Ampliação e redução na malha quadriculada

Adriana gosta de desenhos indígenas. Ela pegou na internet um desenho e depois ampliou.

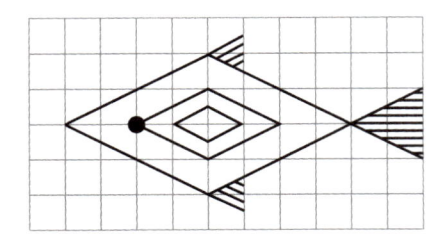

Desenho original

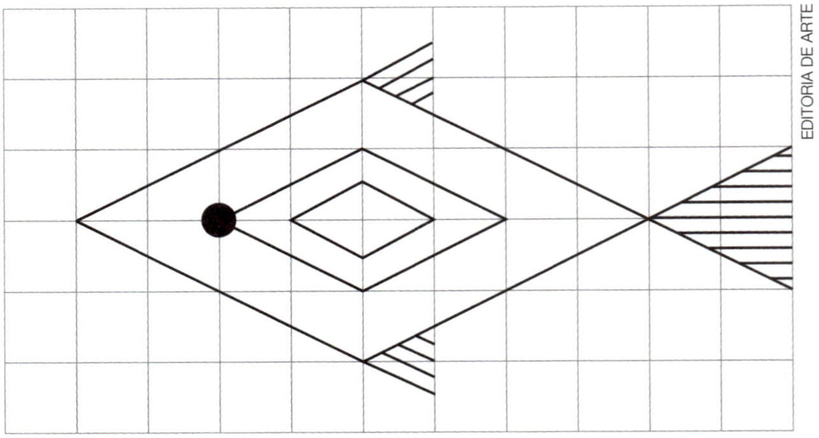

Desenho ampliado.

- O que você observa de igual nos dois desenhos? _____
- E o que você observa de diferente entre eles? _____
- As malhas utilizadas são iguais? Explique. _____

_____

ATIVIDADES

1. A figura 2 é uma ampliação da figura 1.

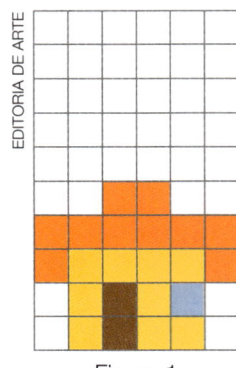

Figura 1 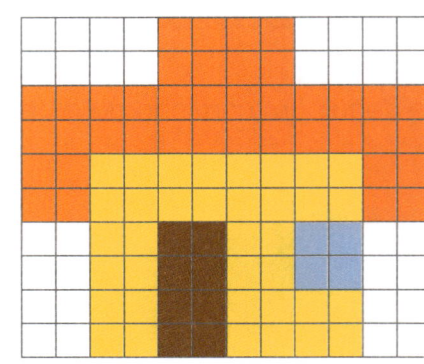   Figura 2

a) A malha utilizada nas duas figuras são iguais? _____

b) O que há de diferente nos dois desenhos? _____

c) Quantas vezes a quantidade de quadradinhos de mesma cor da figura 1 cabe na figura 2?

_____

2. Observe a seguir o esquema de uma árvore. Agora, com lápis de cor, amplie essa imagem na malha.

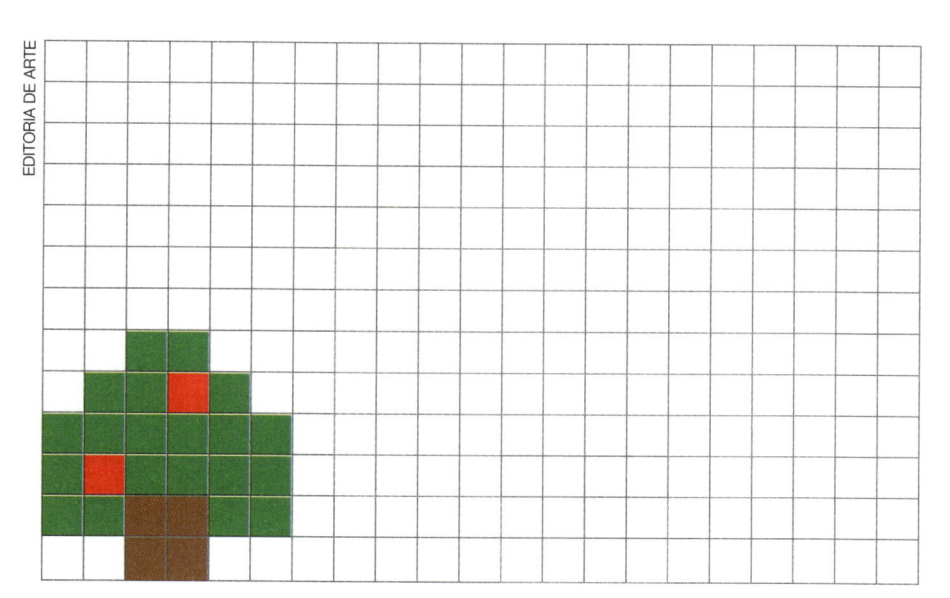

3. A figura B é uma redução da figura A. Leia e complete.

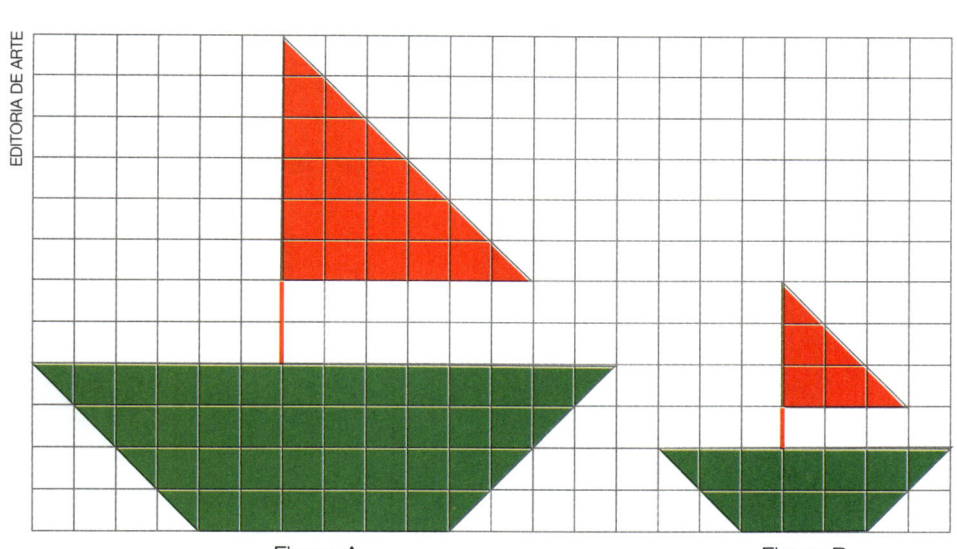

Figura A   Figura B

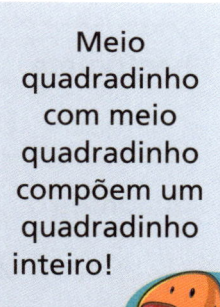

> Meio quadradinho com meio quadradinho compõem um quadradinho inteiro!

a) Na parte verde da figura A cabem _____ quadradinhos.

b) Na parte verde da figura B cabem _____ quadradinhos.

40 ÷ _____ = 10

c) Na parte vermelha da figura A cabem _____ quadradinhos.

d) Na parte vermelha da figura B cabem _____ quadradinhos.

18 ÷ _____ = 4,5

LIÇÃO 19 — MEDIDAS DE COMPRIMENTO

O metro

Para medir é preciso conhecer a unidade padrão de medida e os instrumentos disponíveis para a medição.

No seu dia a dia você já deve ter visto alguns objetos usados como instrumento de medida de comprimento.

Veja alguns instrumentos que usam o **metro** como padrão de medida de comprimento.

Para medir grandes extensões, como distâncias entre duas localidades, utilizamos os **múltiplos do metro**.

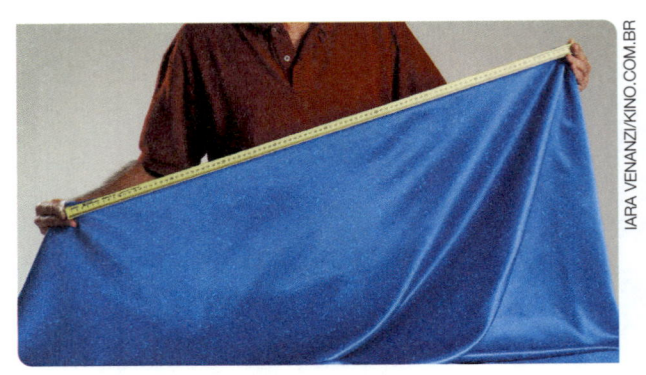

Metro rígido.

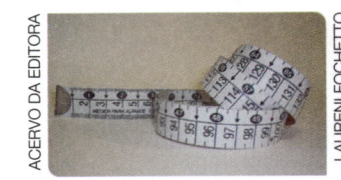

Fita métrica.

Metro articulado.

Múltiplos do metro

decâmetro

| 1 dam = 10 metros |

O decâmetro é 10 vezes maior que o metro.

hectômetro

| 1 hm = 100 metros |

O hectômetro é 100 vezes maior que o metro.

quilômetro

| 1 km = 1 000 metros |

O quilômetro é 1 000 vezes maior que o metro.

Observe o quadro:

Múltiplos	quilômetro	km	1 000 m
	hectômetro	hm	100 m
	decâmetro	dam	10 m

Para medir pequenos comprimentos, utilizamos os **submúltiplos do metro**.

Veja um exemplo:

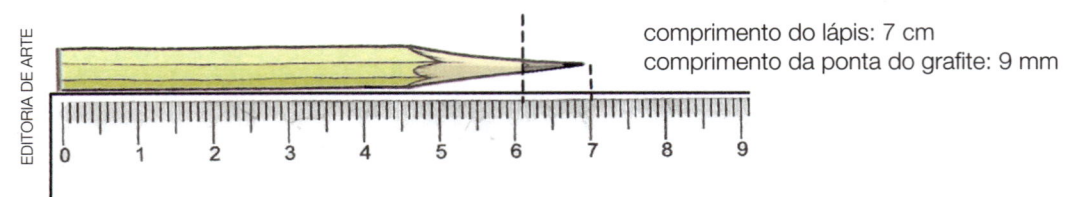

comprimento do lápis: 7 cm
comprimento da ponta do grafite: 9 mm

Submúltiplos do metro

decímetro

| 1 dm = 0,1 metro |

O decímetro é $\frac{1}{10}$ do metro.

centímetro

| 1 cm = 0,01 metro |

O centímetro é $\frac{1}{100}$ do metro.

milímetro

| 1 mm = 0,001 metro |

O milímetro é $\frac{1}{1\,000}$ do metro.

Observe o quadro.

Submúltiplos	decímetro	dm	0,1 m
	centímetro	cm	0,01 m
	milímetro	mm	0,001 m

O múltiplo do metro mais usado é o quilômetro. Os submúltiplos do metro mais usados são o centímetro e o milímetro.

Resumindo:

Múltiplos				Submúltiplos		
km	hm	dam	m	dm	cm	mm
1 000 m	100 m	10 m	1 m	0,1 m	0,01 m	0,001 m

Leitura e representação

Observe no quadro a representação e a leitura de algumas medidas.

	km	hm	dam	m	dm	cm	mm	
2,65 km	2,	6	5					dois quilômetros e sessenta e cinco decâmetros
3,05 hm		3,	0	5				três hectômetros e cinco metros
5,3 dam			5,	3				cinco decâmetros e três metros
6,7 m				6,	7			seis metros e sete decímetros
0,25 m				0,	2	5		vinte e cinco centímetros
0,472 m				0,	4	7	2	quatrocentos e setenta e dois milímetros

Lê-se primeiro a parte inteira indicando a unidade.

Depois, lê-se a parte decimal acompanhada do nome da última ordem.

Transformação de unidades

Para transformar medidas de comprimento de uma unidade para outra, observe os exemplos nos quadros.

		km	hm	dam	m	dm	cm	mm
4 km em m	4 × 1 000 = 4 000 m	4	0	0	0			
7,2 dam em m	7,2 × 10 = 72 m			7	2			
53 m em cm	53 × 100 = 5 300 cm				5	3	0	0
2,485 hm em m	2,485 × 100 = 248,5 m		2	4	8,	5		
0,618 hm em dam	0,618 × 10 = 6,18 dam		0	6,	1	8		

		km	hm	dam	m	dm	cm	mm
34,5 dm em m	34,5 ÷ 10 = 3,45 m				3,	4	5	
128 dam em km	128 ÷ 100 = 1,28 km	1	2	8				
27,6 cm em dm	27,6 ÷ 10 = 2,76 dm					2,	7	6
421,7 dam em km	421,7 ÷ 100 = 4,217 km	4,	2	1	7			
64,3 m em km	64,3 ÷ 1 000 = 0,0643 km	0,	0	6	4	3		

Esquema prático

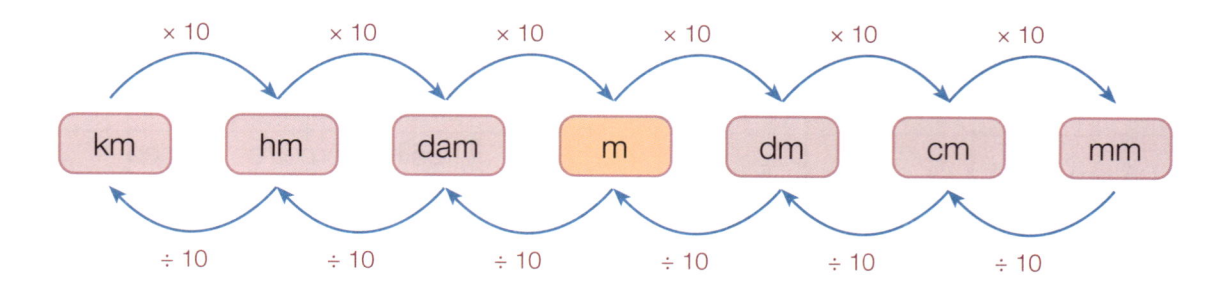

× 10 → entre cada unidade consecutiva:

km → hm → dam → m → dm → cm → mm (× 10 a cada passo à direita)

km ← hm ← dam ← m ← dm ← cm ← mm (÷ 10 a cada passo à esquerda)

- Para transformar uma unidade superior em uma unidade imediatamente inferior, multiplica-se por 10, ou seja, desloca-se a vírgula uma ordem decimal para a direita e completa-se com zeros quando necessário.

- Para transformar uma unidade inferior em uma unidade imediatamente superior, divide-se por 10, ou seja, desloca-se a vírgula uma ordem decimal para a esquerda e completa-se com zeros quando necessário.

ATIVIDADES

1. Decomponha as medidas, como no exemplo.

> 6,45 m → 6 m 4 dm 5 cm

a) 9,23 dam → _____

b) 2,751 km → _____

c) 4,849 m → _____

d) 8,533 hm → _____

e) 3,14 m → _____

2. Escreva por extenso, como no exemplo.

> 4,05 m: quatro metros e cinco centímetros

a) 8,2 dam: _____

b) 0,75 m: _____

c) 2,346 m: _____

d) 7,09 km: _____

3. Faça as transformações de unidades solicitadas.

a) 1 620 m para km _____

b) 45,2 km para m _____

c) 8,361 m para mm _____

d) 6 480 m para km _____

e) 90 m para cm _____

f) 7,2 cm para mm _____

g) 2,1 m para mm _____

h) 92 cm para m _____

4. Passe para a unidade inferior indicada. Consulte o quadro de valor.

a) 9,234 km = _____ dam

b) 35,786 hm = _____ m

c) 41,96 m = _____ mm

d) 2 dm = _____ mm

5. Efetue as operações em seu caderno.

a) 15,3 m + 6 m + 7,20 m _____

b) 3,5 m + 4,25 m + 1,148 m _____

c) 81,60 m – 5,40 m _____

d) 52,90 m – 26 m _____

e) 7,21 m × 3 _____

f) 14,42 m × 12 _____

6. Arme e efetue as operações em seu caderno.

a) 18,95 m + 6 m + 0,43 m _____

b) 7,4 m + 5,365 m + 2 m _____

c) 8,79 m – 4 m _____

d) 76,50 m – 38 m _____

e) 4,328 m × 3 _____

f) 6,53 m × 2 _____

g) 115,50 m ÷ 5 _____

h) 210,96 m ÷ 3 _____

Compare os resultados das suas operações com as dos seus colegas.

LIÇÃO 20 — PERÍMETRO E ÁREA

Perímetro

Mamãe quer colocar renda em volta de uma toalha. A toalha tem a forma de um quadrado cujos lados medem 30 cm.

O comprimento da renda usada por mamãe nos dá o **perímetro** do quadrado.

> **Perímetro** é a soma das medidas dos lados de um **polígono**.

Para calcular o perímetro do quadrado, multiplica-se o comprimento do lado por 4.

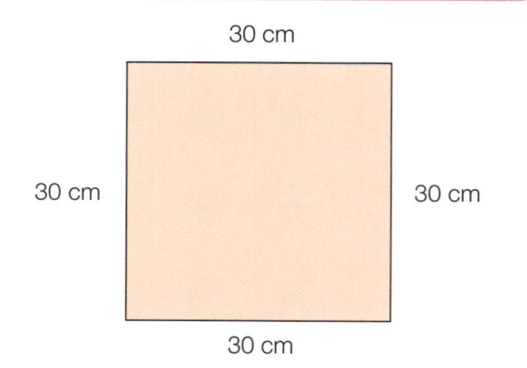

O perímetro desse quadrado mede:

30 + 30 + 30 + 30 = 120 cm   ou   4 × 30 = 120 cm

Agora, observe os triângulos.

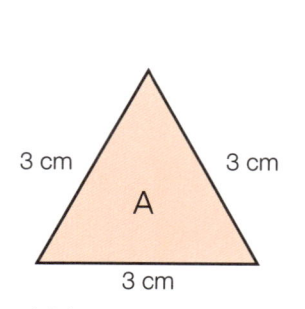

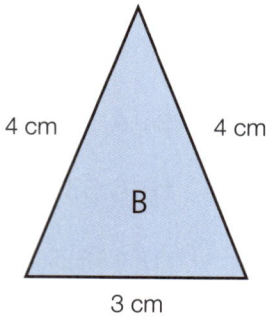

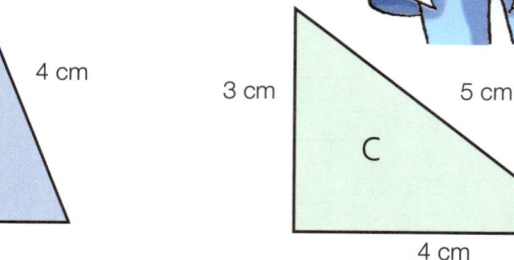

Veja como se determina os perímetros dos triângulos **A**, **B** e **C**.

- O triângulo **A** é equilátero.

Perímetro:

3 + 3 + 3 = 9 cm

3 × 3 = 9 cm

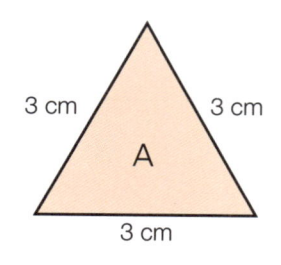

- O triângulo **B** é isósceles.

Perímetro:

4 + 4 + 3 = 11 cm ou

(2 × 4) + 3 = 11 cm

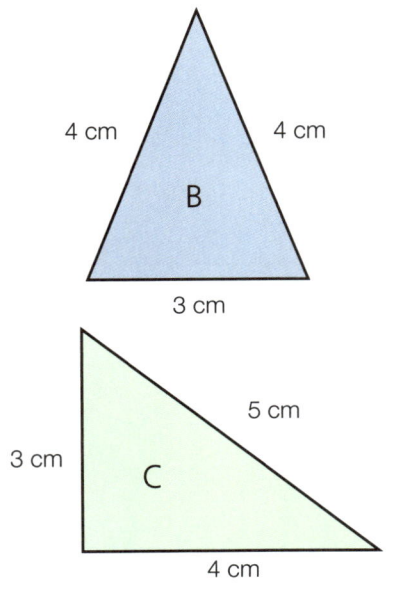

- O triângulo **C** é escaleno.

Perímetro:

3 + 4 + 5 = 12 cm

Agora, veja como se determina o perímetro de um **retângulo**.

O retângulo tem lados opostos com a mesma medida.

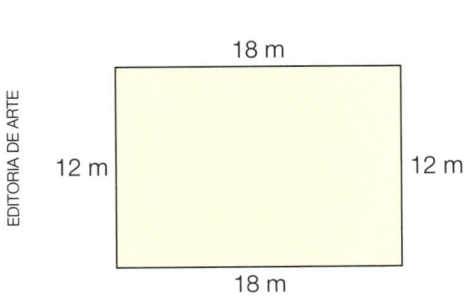

Perímetro:

12 + 12 + 18 + 18 = 60 m

ou

12 × 2 = 24 m

18 × 2 = 36 m

24 + 36 = 60 m

ATIVIDADES

1. Calcule o perímetro de cada polígono.

a)

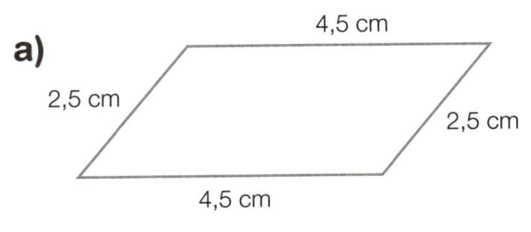

P = _____

b)

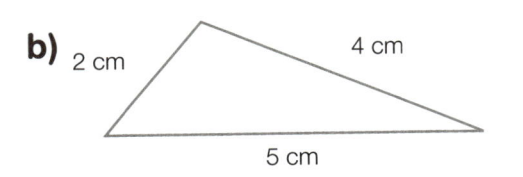

P = _____

c)

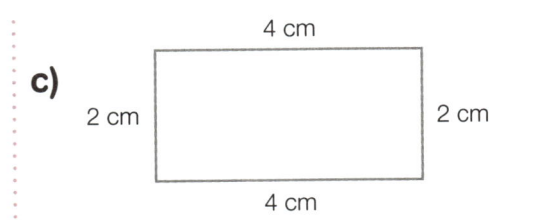

P = _____

d)

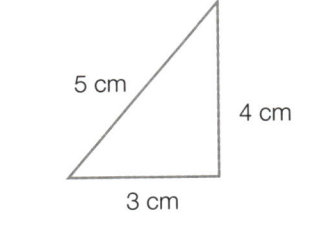

P = _____

2. Calcule o perímetro de cada figura.

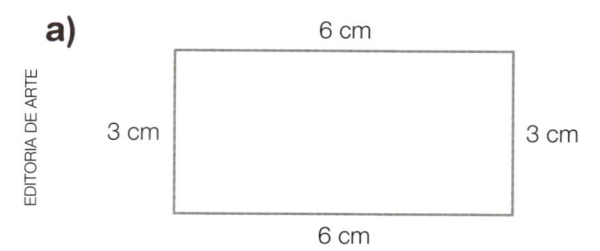

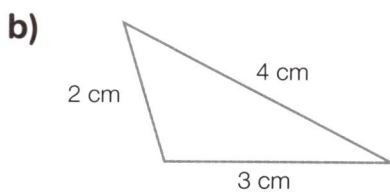

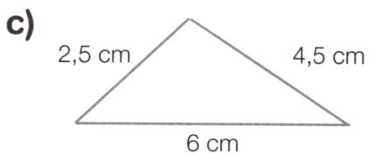

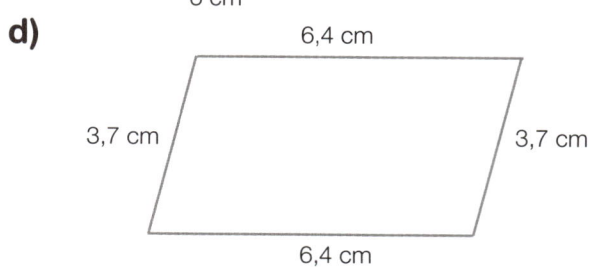

a) 6 cm / 3 cm / 3 cm / 6 cm

b) 2 cm / 4 cm / 3 cm

c) 2,5 cm / 4,5 cm / 6 cm

d) 6,4 cm / 3,7 cm / 3,7 cm / 6,4 cm

3. Determine o perímetro dos polígonos.

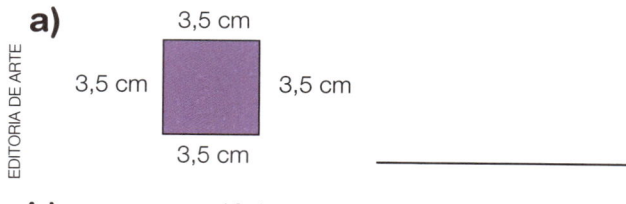

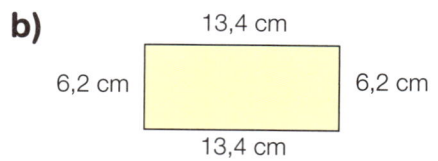

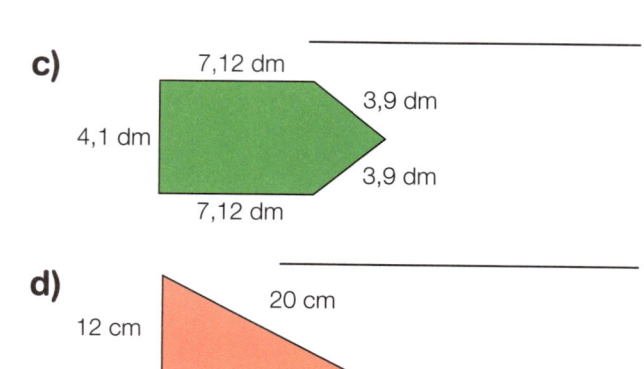

a) 3,5 cm / 3,5 cm / 3,5 cm / 3,5 cm _____

b) 13,4 cm / 6,2 cm / 6,2 cm / 13,4 cm _____

c) 7,12 dm / 3,9 dm / 3,9 dm / 7,12 dm / 4,1 dm _____

d) 20 cm / 12 cm / 16 cm _____

PROBLEMAS

1. Mamãe colocou franja em volta de uma colcha de 3 m de comprimento por 2 m de largura. Quantos metros de franja mamãe gastou?

Resposta: _____

2. Qual é o perímetro de um terreno retangular cujo lado menor mede 15 m e o maior 27 m?

Resposta: _____

3. O perímetro de um terreno quadrado mede 96 m. Quanto mede cada lado?

Resposta: _____

4. Titia ganhou uma bandeja retangular com 30 cm de comprimento por 10 cm de largura. Qual é o perímetro dessa bandeja?

Resposta: _____

Área

Para medir a superfície de figuras planas, como o piso de uma sala, um terreno, um muro a ser pintado ou o tampo de uma mesa, utilizamos as unidades de **medidas de superfície**.

A medida de uma superfície chama-se **área**.

Para medir uma superfície é preciso adotar uma **unidade padrão** de medida.

Observe o quadriculado abaixo.

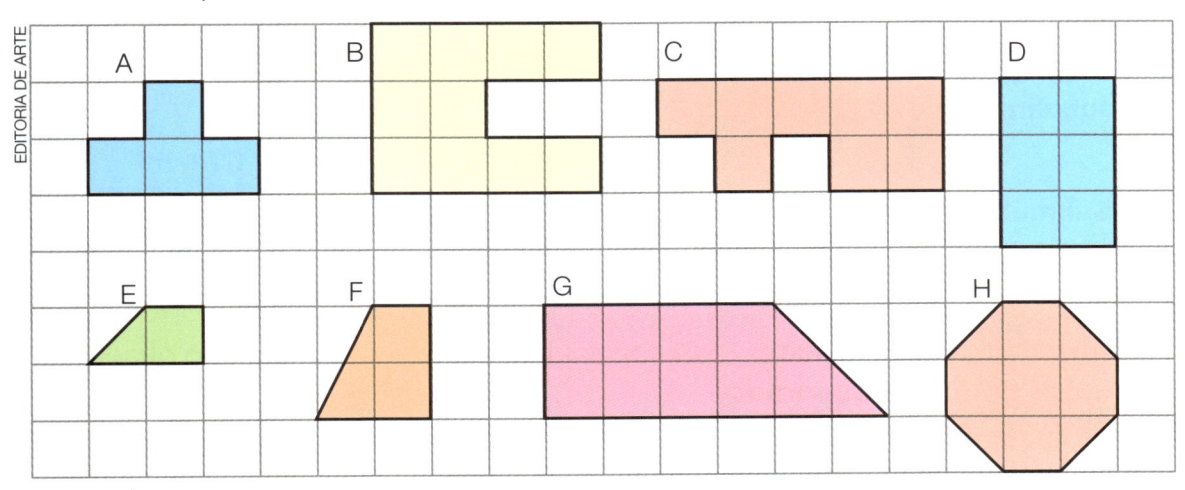

Tomando o ▢ como unidade de medida, podemos verificar quanto desta unidade cobre cada figura.

Para conhecer a área de cada superfície, vamos contar os quadrados unitários que a cobrem. Veja:

A = 4   C = 8   E = 1,5   G = 10
B = 10 D = 6   F = 3   H = 7

A unidade padrão de área é o **metro quadrado** (m^2).

O metro quadrado é a área ocupada por um quadrado de 1 metro de lado.

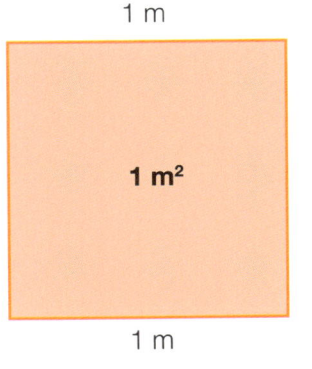

1 m × 1 m = 1 m^2

Você acha que um metro quadrado cabe na folha deste livro?

Múltiplos e submúltiplos do metro quadrado

As medidas de superfície variam de 100 em 100, isto é, uma unidade é 100 vezes maior do que a unidade imediatamente inferior.

Observe o quadro.

Múltiplos	quilômetro quadrado	km²	1 000 000 m²
	hectômetro quadrado	hm²	10 000 m²
	decâmetro quadrado	dam²	100 m²
Unidade fundamental	metro quadrado	m²	1 m²
Submúltiplos	decímetro quadrado	dm²	0,01 m²
	centímetro quadrado	cm²	0,0001 m²
	milímetro quadrado	mm²	0,000001 m²

Para medir grandes superfícies, usamos unidades maiores que o metro quadrado: **os múltiplos do metro quadrado**.

O **quilômetro quadrado** (km²) serve para medir grandes superfícies como a área territorial de um município, de um estado ou de um país.

Para medir pequenas superfícies usamos unidades de medida menores que o metro quadrado: **os submúltiplos do metro quadrado**.

O submúltiplo mais usado é o **centímetro quadrado** (cm²), que representa uma região determinada por um quadrado de um centímetro de lado.

Leitura e representação

Como as medidas de área variam de 100 em 100, as suas representações decimais são escritas com 2 algarismos em cada unidade de ordem. Veja.

	km²	hm²	dam²	m²	dm²	cm²	mm²	Leitura
6,70 m²				6,	70			6 metros quadrados e 70 decímetros quadrados
24,6450 km²	24,	64	50					24 quilômetros quadrados e 6 450 decâmetros quadrados
120,8 cm²					1	20	80	120 centímetros quadrados e 80 milímetros quadrados

Lê-se primeiro a parte inteira indicando a unidade. Depois, divide-se a parte decimal em grupos de dois algarismos e se lê o número acompanhado da denominação da última ordem indicada.

Transformação de unidades

Para transformar uma unidade superior em uma unidade imediatamente inferior, multiplica-se por 100, ou seja, desloca-se a vírgula 2 algarismos para a direita. Veja.

	km²	hm²	dam²	m²	dm²	cm²	mm²
6 m² em dm² 6 × 100 = 600 dm²				6	00		
3,24 km² em dam² 3,24 × 10 000 = 32 400 dam²	3	24	00				
2,5718 km² em m² 2,5718 × 1 000 000 = 2 571 800 m²	2	57	18	00			
5,7 m² em cm² 5,7 × 10 000 = 57 000 cm²				5	70	00	

Para transformar uma unidade inferior em uma unidade imediatamente superior, divide-se por 100, ou seja, desloca-se a vírgula 2 algarismos para a esquerda.

	km²	hm²	dam²	m²	dm²	cm²	mm²
4,6230 m² em dam² 4,6230 ÷ 100 = 0,046230 dam²			0,	04	62	30	
6 728 mm² em dm² 6 728 ÷ 10 000 = 0,6728 dm²					0,	67	28
15 m² em km² 15 ÷ 1 000 000 = 0,000015 km²	0,	00	00	15			
870 cm² em m²				0,	08	70	

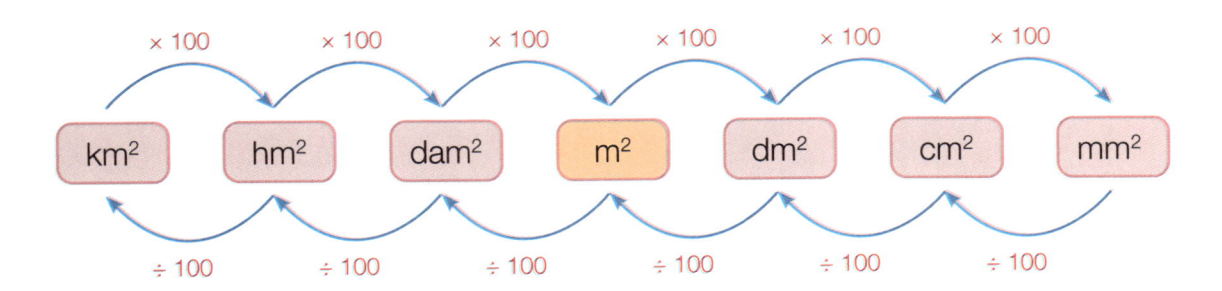

Esquema prático

km² →×100→ hm² →×100→ dam² →×100→ m² →×100→ dm² →×100→ cm² →×100→ mm²

km² ←÷100← hm² ←÷100← dam² ←÷100← m² ←÷100← dm² ←÷100← cm² ←÷100← mm²

ATIVIDADES

1. Escreva as medidas representadas como no exemplo.

> 5,23 m² ⟶ 5 metros quadrados e 23 decímetros quadrados

a) 8,45 cm² _____

b) 9 km² _____

c) 7,1532 m² _____

2. Represente as medidas abaixo como no exemplo.

> 12 decâmetros quadrados ⟶ 12 dam²

a) 346 metros quadrados _____

b) 4 metros quadrados e 16 decímetros quadrados _____

c) 71 decímetros quadrados _____

d) 59 hectômetros quadrados _____

e) 8 decímetros quadrados e 1 239 milímetros quadrados _____

3. Decomponha as medidas, conforme o exemplo.

> 7,2836 hm² ⟶ 7 hm² 28 dam² 36 m²

a) 127,40 m² _____ **d)** 9,6340 m² _____

b) 15,7528 dm² _____ **e)** 6,3845 km² _____

c) 35,1950 dam² _____ **f)** 48,3041 hm² _____

4. Transforme as medidas representadas abaixo.

a) 4 720 cm² = _____ m²   **c)** 6 130 000 mm² = _____ m²

b) 231,65 dm² = _____ m²   **d)** 3 848 m² = _____ dm²

Áreas do quadrado e do retângulo

Quadrado

A unidade padrão da medida de superfície, o metro quadrado, foi definida como a área ocupada por um quadrado de lado 1 metro.

A área de um quadrado em metros quadrados é dada pela quantidade de metros quadrados que cabem nessa superfície.

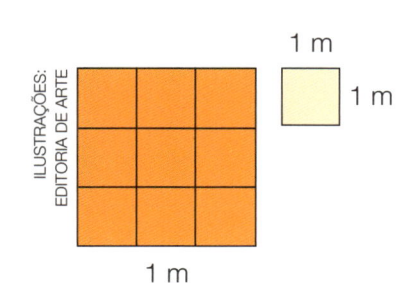

A área dessa figura é 9 m², porque a unidade padrão de área, o metro quadrado, cabe 9 vezes nessa superfície.

A área do **quadrado** é dada pelo produto das medidas de dois de seus lados.

$$A = 3\,m \times 3\,m$$
$$A = 9\,m^2$$

Retângulo

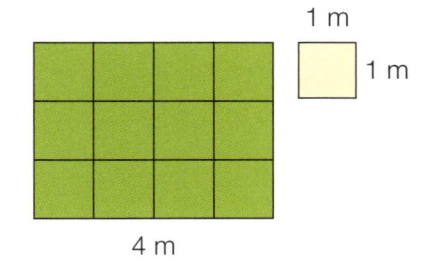

A área desse retângulo é 12 m² (a unidade padrão de área, o metro quadrado, cabe 12 vezes nessa superfície).

A área do **retângulo** é dada pelo produto das suas duas dimensões.

$$A = 3\,m \times 4\,m$$
$$A = 12\,m^2$$

ATIVIDADES

1. Calcule a área dos quadrados abaixo.

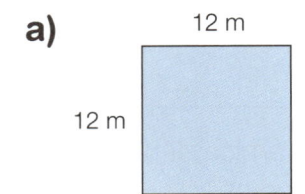

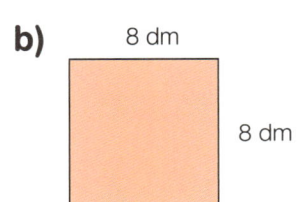

a) 12 m × 12 m

b) 8 dm × 8 dm

2. Calcule a área dos terrenos quadrados cujas medidas estão representadas nos desenhos.

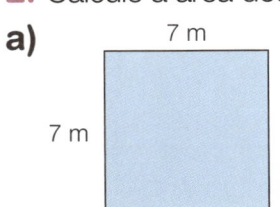

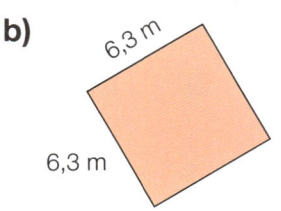

a) 7 m × 7 m

b) 6,3 m × 6,3 m

3. Observe os desenhos e determine o que se pede.

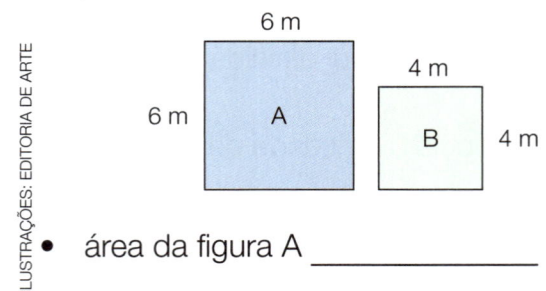

- área da figura A _____
- área da figura B _____

4. Calcule a área de cada retângulo.

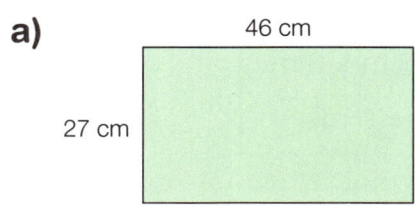

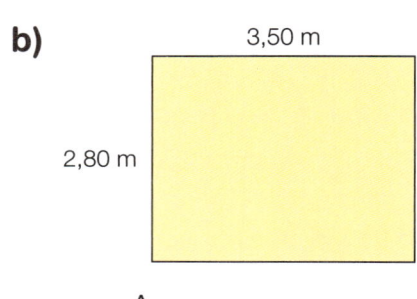

a) 46 cm × 27 cm

A = _____

b) 3,50 m × 2,80 m

A = _____

5. Calcule mentalmente a área dos terrenos representados pelas figuras.

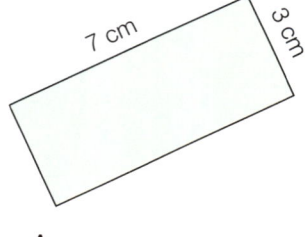

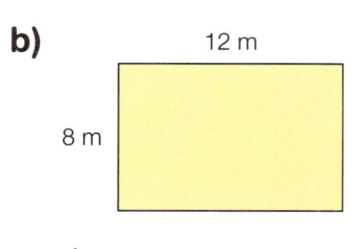

a) 7 cm × 3 cm

A = _____

b) 12 m × 8 m

A = _____

6. Com uma calculadora, determine a área dos terrenos retangulares de acordo com as medidas.

Base	Altura	Área
20,6 m	32 m	
22,8 m	12,5 m	
10,7 m	8,6 m	
32 m	13 m	
26,4 m	16,3 m	
45,2 m	26,7 m	
9,8 m	6,4 m	

PROBLEMAS

1. Qual é a área de um terreno quadrado de 22,6 m de lado?

Resposta: _____

2. Quantos selos quadrados de 3 cm de lado cabem em uma folha também quadrada de 27 cm de lado?

Resposta: _____

3. Quantas pedras de cerâmica de 2 cm de lado precisarei para cobrir o chão de uma sala que mede 8 m de comprimento por 5 m de largura?

Resposta: _____

VOLUME E CAPACIDADE

Sabemos que todos os corpos ocupam um lugar no espaço.

Cubo mágico.

Dado.

Caixa.

Escultura em praça nos Estados Unidos.

Veja na primeira foto duas esculturas que lembram esferas, outras que lembram paralelepípedos e prismas.

Observe também o dado e o cubo mágico, na forma de cubos.

A caixa lembra um prisma de base retangular ou paralelepípedo.

Medidas de volume

O cubo tem três dimensões: comprimento, largura e altura. Essas dimensões são as medidas das arestas, que no cubo são iguais.

O metro cúbico

O metro cúbico é o espaço ocupado por um cubo com 1 metro de aresta.

O símbolo da unidade de medida chamada **metro cúbico** é representado por **m³**.

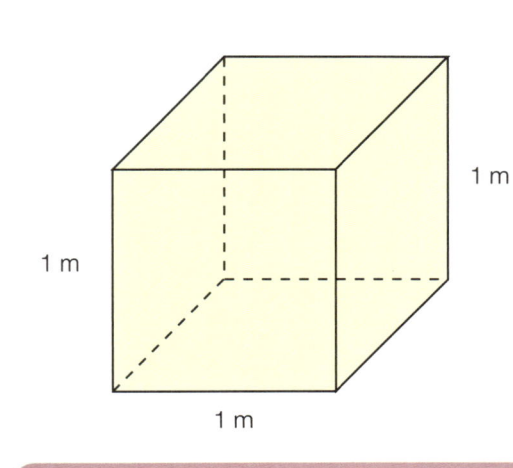

$$V = 1\,m \times 1\,m \times 1\,m$$
$$V = 1\,m^3$$

1 m
1 m
1 m

Você acha que uma caixa de isopor, com 1 m³ de volume, cabe na sua mochila?

Volume é o espaço ocupado por um corpo, e ele pode ser medido.

A unidade padrão para medir o volume é o **metro cúbico**.

As unidades menores que o metro cúbico são os **submúltiplos** do metro cúbico.

Múltiplos do metro cúbico

decâmetro cúbico $\boxed{1 \text{ dam}^3}$ = 1 000 m³

hectômetro cúbico $\boxed{1 \text{ hm}^3}$ = 1 000 000 m³

quilômetro cúbico $\boxed{1 \text{ km}^3}$ = 1 000 000 000 m³

Submúltiplos do metro cúbico

decímetro cúbico $\boxed{1 \text{ dm}^3}$ = 0,001 m³

centímetro cúbico $\boxed{1 \text{ cm}^3}$ = 0,000001 m³

milímetro cúbico $\boxed{1 \text{ mm}^3}$ = 0,000000001 m³

As medidas de volume variam de 1 000 em 1 000, isto é, uma unidade é 1 000 vezes maior que a unidade imediatamente inferior.

Observe o quadro.

Múltiplos	quilômetro cúbico	km³	1 000 000 000 m³
	hectômetro cúbico	hm³	1 000 000 m³
	decâmetro cúbico	dam³	1 000 m³
	metro cúbico	m³	1 m³
Submúltiplos	decímetro cúbico	dm³	0,001 m³
	centímetro cúbico	cm³	0,000001 m³
	milímetro cúbico	mm³	0,000000001 m³

Leitura e representação

Como as medidas de volume variam de 1 000 em 1 000, as representações decimais que as exprimem devem ser escritas com 3 algarismos para cada unidade de ordem.

Observe este exemplo no quadro de ordens.

3,120875 dam³

km³	hm³	dam³	m³	dm³	cm³	mm³
		3,	120	875		

3,120875 dam³ equivalem a 3 dam³ e 120 875 dm³.

Lê-se: três decâmetros cúbicos e cento e vinte mil, oitocentos e setenta e cinco decímetros cúbicos.

Transformação de unidades

Para transformar uma unidade de medida de volume superior em uma unidade imediatamente inferior, multiplica-se por 1 000, deslocando-se a vírgula 3 ordens para a direita.

Exemplos:

- 4 dam³ em m³ ⟶ 4 dam³ = 4 × 1 000 = 4 000 m³.
- 3,148 m³ em cm³ ⟶ 3,148 m³ = 3,148 × 1 000 000 = 3 148 000 cm³.
- 5,2 km³ em m³ ⟶ 5,2 km³ = 5,2 × 1 000 000 000 = 5 200 000 000 m³.

Esquema prático:

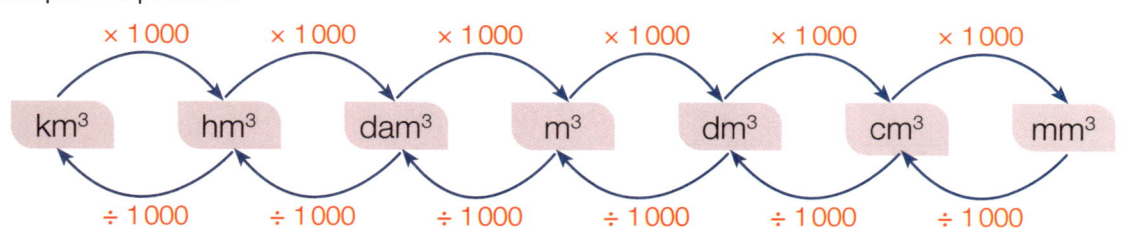

km³ ⇄ hm³ ⇄ dam³ ⇄ m³ ⇄ dm³ ⇄ cm³ ⇄ mm³

(× 1 000 para a direita; ÷ 1 000 para a esquerda)

Volume do cubo e do paralelepípedo

Cubo

A unidade padrão da medida de volume, o **metro cúbico**, foi definida como o volume ocupado por um cubo de 1 metro de aresta.

O volume de um corpo é igual à quantidade de metros cúbicos que cabem nesse corpo.

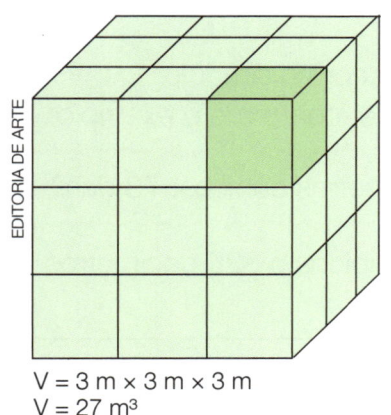

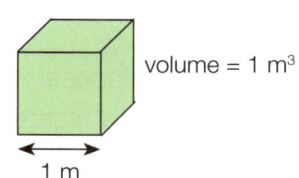

volume = 1 m³
1 m

O volume do cubo maior é 27 m³ e pode ser obtido pelo produto das suas três dimensões.

V = 3 m × 3 m × 3 m
V = 27 m³

Paralelepípedo

O paralelepípedo também tem três dimensões: comprimento, largura e altura.

O volume do paralelepípedo é dado pelo número de vezes que o metro cúbico cabe nesse volume e pode ser obtido pelo produto das suas três dimensões.

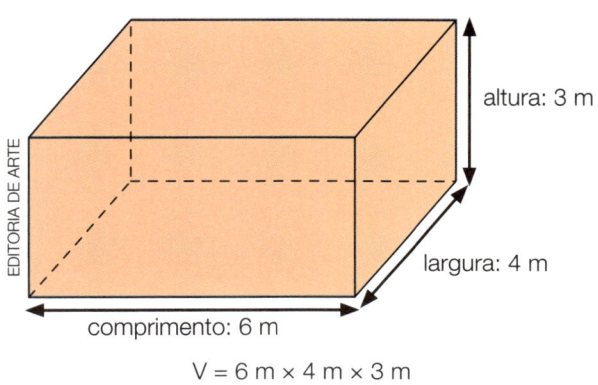

altura: 3 m
largura: 4 m
comprimento: 6 m

V = 6 m × 4 m × 3 m
V = 72 m³

ATIVIDADES

1. Calcule o volume usando as medidas indicadas nas figuras.

a) 5 m × 5 m × 5 m

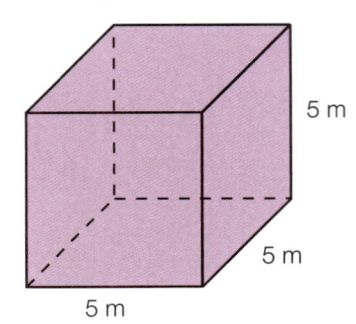

b) 6 m × 6 m × 6 m

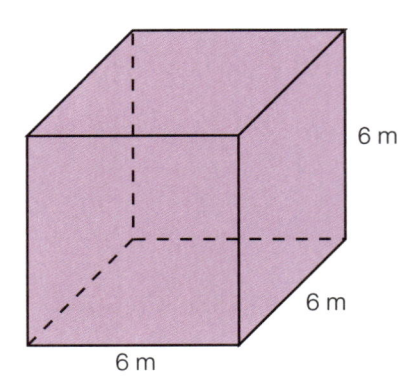

c) 1,5 m × 1,5 m × 1,5 m

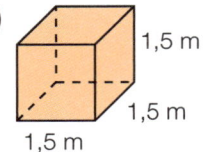

d) 18 dm × 18 dm × 18 dm

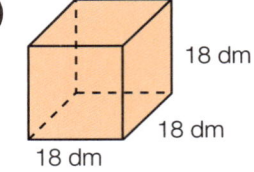

2. Calcule o volume destes paralelepípedos.

a) 3 dm × 1,5 dm × 2 dm

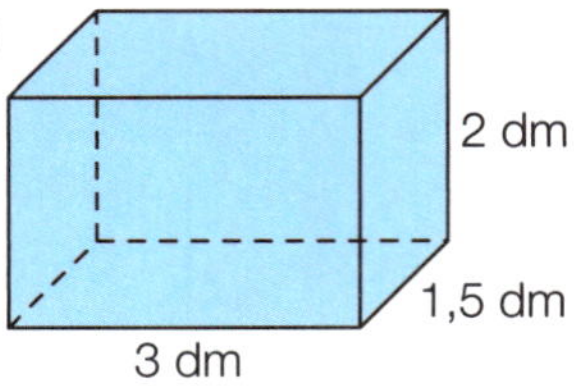

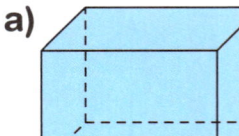

b) 9 cm × 4,5 cm × 6 cm

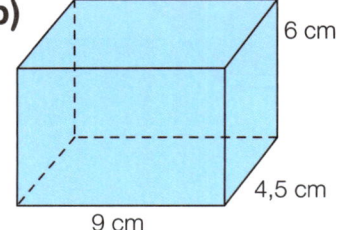

3. Calcule o volume dos cubos com as seguintes arestas.

a) 4 cm _____
b) 8 dm _____
c) 16 cm _____
d) 1,7 cm _____
e) 10 cm _____
f) 12 dm _____

4. Escreva por extenso.

> 12 hm³ ⟶ Doze hectômetros cúbicos

a) 8 km³ ⟶ _____
b) 24 m³ ⟶ _____
c) 6 dm³ ⟶ _____
d) 5 mm³ ⟶ _____
e) 37 cm³ ⟶ _____
f) 12 dam³ ⟶ _____

5. Represente com o símbolo correspondente, conforme o exemplo:

> 73 decâmetros cúbicos: 73 dam³

a) 2 metros cúbicos e 326 decímetros cúbicos: _____

b) 5 decâmetros cúbicos e 749 metros cúbicos: _____

c) 36 decímetros cúbicos e 454 centímetros cúbicos: _____

d) 648 centímetros cúbicos e 7 milímetros cúbicos: _____

e) 4 hectômetros cúbicos e 729 decâmetros cúbicos: _____

6. Observe o exemplo e complete o quadro transformando em metros cúbicos as medidas indicadas.

	km³	hm³	dam³	m³	dm³	cm³	mm³	
5,38 hm³		5	380	000				5 380 000 m³
17,6 km³								
8,1 hm³								
32,45 hm³								
6,5 dam³								
40 km³								
3,8 km³								

PROBLEMAS

1. Qual é o volume de um paralelepípedo de 8 cm de comprimento, 6 cm de largura e 4 cm de altura?

Resposta: _____

2. Qual é o volume de uma caixa cúbica de 8,4 m de aresta?

Resposta: _____

3. Uma sala tem comprimento de 8,50 m, largura de 6 m e altura com a metade da medida da largura. Qual é o volume da sala?

Resposta: _____

4. Um reservatório de água tem estas medidas internas: 4,50 m de comprimento, 4 m de largura, sendo a altura igual à terça parte do comprimento. Quantos m³ de água o reservatório pode conter quando totalmente cheio?

Resposta: _____

5. Qual é o volume de um cubo de 6,5 cm de aresta?

Resposta: _____

6. Em um galpão, 300 blocos iguais de cimento estão arrumados numa pilha de 3 m de comprimento, 2 m de largura e 1 m de altura. Qual é o volume de cada bloco?

Resposta: _____

Medidas de capacidade

Água, leite, refrigerante, café e outros líquidos são vendidos e consumidos em diferentes recipientes.

A quantidade de líquido que cabe num recipiente é chamada **capacidade**.

> A unidade padrão para medir capacidade é o **litro**.
> O símbolo é **L**.

Para medir grandes quantidades de líquidos, usamos unidades de medida maiores que o litro: os **múltiplos do litro**.

Múltiplos do litro

decalitro   1 daL = 10 L

hectolitro   1 hL = 100 L

quilolitro   1 kL = 1 000 L

daL: 10 vezes maior que o litro.
hL: 100 vezes maior que o litro.
kL: 1 000 vezes maior que o litro.

Para medir pequenas quantidades de líquidos ou gases, usamos unidades de medida menores que o litro: os **submúltiplos do litro**.

Submúltiplos do litro

decilitro   1 dL = 0,1 L

centilitro   1 cL = 0,01 L

mililitro   1 mL = 0,001 L

dL: 10 vezes menor que o litro.
cL: 100 vezes menor que o litro.
mL: 1 000 vezes menor que o litro.

Observe o quadro:

Múltiplos				Submúltiplos		
kL	hL	daL	L	dL	cL	mL
1 000 L	100 L	10 L	1 L	0,1 L	0,01 L	0,001 L

Cada unidade de medida de capacidade é 10 vezes maior que a unidade imediatamente inferior; as unidades variam de 10 em 10.

Leitura e representação

Observe, no quadro abaixo, a representação e a leitura de algumas medidas.

	Múltiplos				Submúltiplos			Leitura
	kL	hL	daL	L	dL	cL	mL	
2,35 daL			2,	3	5			dois decalitros e trinta e cinco decilitros
6,47 hL		6,	4	7				seis hectolitros e quarenta e sete litros
5,26 L				5,	2	6		cinco litros e vinte e seis centilitros
0,004 L				0,	0	0	4	quatro mililitros

Lê-se primeiro a parte inteira com a unidade indicada e, a seguir, a parte decimal acompanhada da denominação da última ordem indicada.

Transformações de unidades

Para transformar medidas de capacidade de uma unidade para outra, observe os exemplos.

	kL	hL	daL	L	dL	cL	mL	
2 kL em L	2	0	0	0				2 × 1 000 = 2 000 L
6,4 hL em L		6	4	0				6,4 × 100 = 640 L
8,56 L em mL				8	5	6	0	8,56 × 1 000 = 8 560 mL

	kL	hL	daL	L	dL	cL	mL	
3200 L em kL	3,	2	0	0				3 200 ÷ 1 000 = 3,200 kL
6,3 L em hL		0,	0	6	3			6,3 ÷ 100 = 0,063 hL
26,8 dL em L				2,	6	8		26,8 ÷ 10 = 2,68 L

Esquema prático

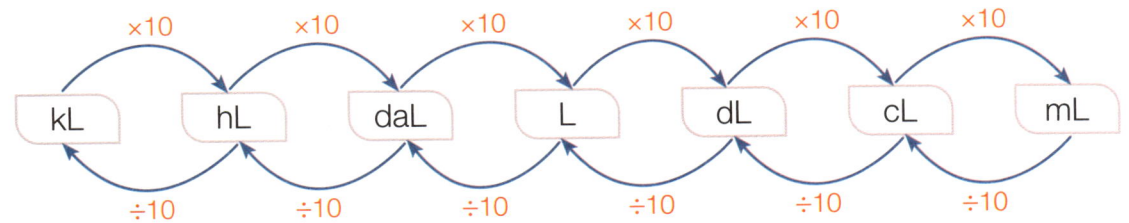

kL ×10→ hL ×10→ daL ×10→ L ×10→ dL ×10→ cL ×10→ mL

kL ←÷10 hL ←÷10 daL ←÷10 L ←÷10 dL ←÷10 cL ←÷10 mL

Relação entre as medidas de capacidade e de volume

As medidas de capacidade se relacionam com as medidas de volume.

Faça uma experiência. Você vai precisar de uma caixa cúbica, sem tampa e com 1 dm (10 cm) de aresta. Vai precisar também de uma vasilha com 1 litro de água.

Despeje a água na caixa.

Você deve ter enchido totalmente a caixa com a água.

Esta é a principal relação entre as medidas de capacidade e de volume.

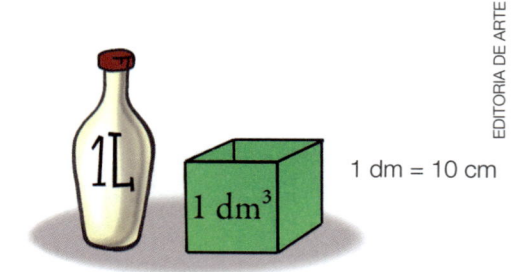

$$1 \text{ L} = 1 \text{ dm}^3$$

1 dm = 10 cm

Veja as equivalências.

$$1 \text{ m}^3 = 1\,000 \text{ dm}^3 = 1\,000 \text{ L}$$

Vamos apresentar um exemplo de situação em que usamos essa transformação de **metro cúbico** (m^3) para **litros**.

Um reservatório de água tem a forma e as medidas indicadas na figura. Precisamos saber quantos litros de água cabem nesse reservatório.

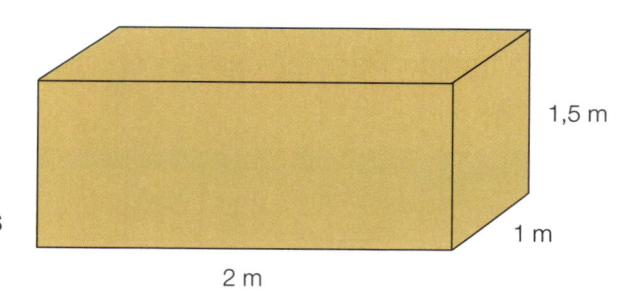

1,5 m
1 m
2 m

Para calcular o volume do reservatório, basta multiplicar suas três dimensões.

$$V = 2 \text{ m} \times 1 \text{ m} \times 1{,}5 \text{ m} \qquad V = 3 \text{ m}^3$$

Esse reservatório tem 3 m^3 de volume. Transformando em litros:

$$3 \text{ m}^3 = 3\,000 \text{ dm}^3 = 3\,000 \text{ L}$$

Cabem, então, nesse reservatório, 3 000 litros de água.

Quantos litros de água você gasta para tomar banho?

Observe a relação entre as medidas de volume mais utilizadas com o litro (L):

- 1 metro cúbico (m³) corresponde à capacidade de 1 000 litros (L);
- 1 decímetro cúbico (dm³) corresponde à capacidade de 1 litro (L);
- 1 centímetro cúbico (cm³) corresponde à capacidade de 1 mililitro (mL).

$$1 \text{ m}^3 = 1\,000 \text{ L} \qquad 1 \text{ dm}^3 = 1 \text{ L} \qquad 1 \text{ cm}^3 = 1 \text{ mL}$$

Regra prática

- Para transformar metros cúbicos em litros, multiplica-se por 1 000.

    Exemplos:

    3 m³ = (3 × 1 000) dm³ = 3 000 dm³ = 3 000 L

    4,5 m³ = (4,5 × 1 000) dm³ = 4 500 dm³ = 4 500 L

- Para transformar litros em metros cúbicos, divide-se por 1 000.

    Exemplos:

    6 000 L = (6 000 ÷ 1 000) m³ = 6 m³

    250 L = (250 ÷ 1 000) m³ = 0,250 m³

ATIVIDADES

1. Escreva estas medidas por extenso. Siga o exemplo.

> 8,3 kL ⟶ 8 quilolitros e 3 hectolitros

a) 9,4 daL _____

b) 0,63 L _____

c) 5,20 L _____

d) 12,6 hL _____

e) 5 mL _____

f) 2,4 daL _____

2. Decomponha as medidas indicadas, como no exemplo.

> 8,32 kL ⟶ 8 kL   3 hL   2 daL

a) 5,276 hL _____

b) 4,193 kL _____

c) 6,47 daL _____

d) 7,54 dL _____

e) 2,285 L _____

f) 3,4 cL _____

3. Efetue as operações.

a) 13,4 L + 6 L + 8,5 L + 0,4 L _____

b) 36,4 L − 9,8 L _____

c) 243 L × 0,6 _____

d) $\frac{1}{3}$ de 480 L _____

e) 16,9 L + 1,37 L + 0,300 L + 26 L _____

f) 68 L − 7,2 L _____

4. Transforme as medidas abaixo em mililitros (mL).

a) 2,18 L _____

b) 8 L _____

c) 5,64 L _____

d) 0,02 L _____

e) 6 L _____

5. Transforme mentalmente metros cúbicos em litros e escreva o resultado.

a) 9 m³ em L _____

b) 6,7 m³ em L _____

c) 0,3 m³ em L _____

d) 15 m³ em L _____

e) 0,200 m³ em L _____

f) 5,250 m³ em L _____

6. Transforme litros em metros cúbicos.

a) 7 000 L em m³ _____

b) 5 L em m³ _____

c) 2 L em m³ _____

d) 34 L em m³ _____

e) 683 L em m³ _____

PROBLEMAS

1. Uma caixa-d'água tem capacidade de 3 m³. Quantos litros ela tem capacidade para armazenar?

Resposta: _____

2. Um depósito contém 350 L de suco. Quantos garrafões de 5 L podem ser enchidos com esse suco?

Resposta: _____

3. Com 345 L de suco de uva encheram-se vasilhas de 1,5 L. Quantas vasilhas foram enchidas?

Resposta: _____

4. Luísa colocou 8 L de água em vasilhas de 250 mL. Quantas vasilhas Luísa usou?

Resposta: _____

22 MEDIDAS DE MASSA

Massa

Além de medir o volume de um corpo, podemos medir também a sua **massa**.

A **massa** de um corpo é popularmente chamada de "peso" e corresponde à quantidade de matéria que compõe esse corpo.

O instrumento usado para medir massa é a **balança**.

Veja alguns exemplos de balanças.

Balança de precisão usada em laboratórios.

Balança de farmácia para "pesar" pessoas.

Báscula – para "pesar" caminhões.

Balança usada em supermercados.

> A unidade fundamental de medida de massa é o **quilograma**, popularmente chamado de **quilo**.

O símbolo do quilograma é **kg**.

O quilograma possui apenas submúltiplos.

- Quilograma ⟶ kg
- Hectograma ⟶ hg
- Decagrama ⟶ dag
- Grama ⟶ g
- Decigrama ⟶ dg
- Centigrama ⟶ cg
- Miligrama ⟶ mg

kg	hg	dag	g	dg	cg	mg
1000 g	100 g	10 g	1 g	0,1 g	0,01 g	0,001 g

Leitura e representação

	kg	hg	dag	g	dg	cg	mg	Leitura
2 kg	2							Dois quilogramas
1,5 kg	1,	5						Um quilograma e cinco hectogramas
350 g		3	5	0				Trezentos e cinquenta gramas
3 mg				0,	0	0	3	três miligramas

1 quilograma tem 1 000 gramas.
O símbolo do grama é g: 1,5 kg = 1,500 kg
Lê-se: um quilograma e quinhentos gramas ou, ainda, um quilo e meio.

Transformação de unidades

Para transformar medidas de massa de uma unidade para outra, observe os exemplos.

	kg	hg	dag	g	dg	cg	mg	
3 kg em g	3	0	0	0				3 × 1 000 = 3 000 g
0,25 kg em g	0	2	5	0				0,250 × 1 000 = 250 g
35 dag em dg		3	5	0	0			35 × 100 = 3 500 dg
4 dag em kg	0	0	4					4 ÷ 100 = 0,04 kg

Esquema prático

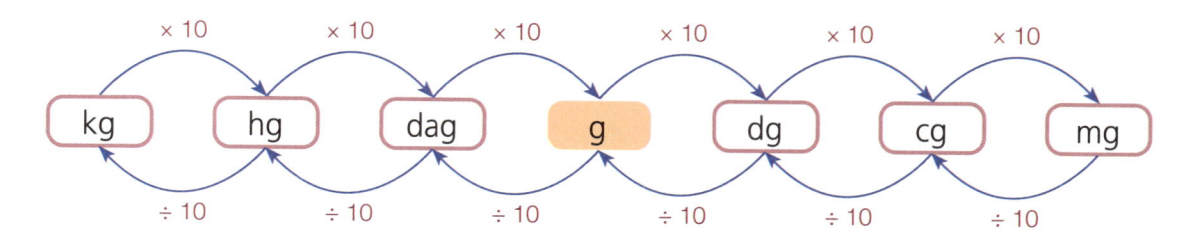

kg → × 10 → hg → × 10 → dag → × 10 → g → × 10 → dg → × 10 → cg → × 10 → mg
kg ← ÷ 10 ← hg ← ÷ 10 ← dag ← ÷ 10 ← g ← ÷ 10 ← dg ← ÷ 10 ← cg ← ÷ 10 ← mg

Observe.

- Para transformar uma unidade superior em uma unidade imediatamente inferior, multiplica-se por 10, ou seja, desloca-se a vírgula uma ordem decimal para a direita e completa-se com zeros quando necessário.

- Para transformar uma unidade inferior em uma unidade imediatamente superior, divide-se por 10, ou seja, desloca-se a vírgula uma ordem decimal para a esquerda e completa-se com zeros quando necessário.

Para medir grandes quantidades de massa, como cargas de navios, de caminhões e de toras de madeira, usamos a **tonelada**.

O símbolo da tonelada é **t**.

$$1\ t = 1\ 000\ kg$$

Outra unidade muito usada para pesar gado, algodão, café é a **arroba**.

Uma arroba vale, aproximadamente, 15 kg.

O que pesa mais: 1 quilo de chumbo ou 1 quilo de algodão?

Para medir pedras e metais preciosos usamos o **quilate**, que equivale a 0,2 g ou 2 dg (dois decigramas).

ATIVIDADES

1. Escreva o número que completa as frases.

a) 3 quilogramas têm _____ gramas.

b) $\frac{1}{4}$ de kg é igual a _____ gramas.

c) Meia tonelada é igual a _____ quilogramas.

d) $\frac{3}{4}$ de kg são _____ gramas.

e) 5 arrobas têm _____ quilogramas.

f) 2 000 gramas têm _____ quilogramas.

g) $\frac{2}{4}$ de quilograma têm _____ gramas.

h) 1 kg tem _____ gramas.

2. Decomponha as medidas.

4,75 kg → 4 kg 7 hg 5 dag

a) 5,326 g _____

b) 9,631 dag _____

c) 7,54 dg _____

d) 4,15 kg _____

3. Escreva como se lê as medidas indicadas.

5,26 kg → 5 quilogramas e 26 decagramas

a) 6,4 cg _____

b) 80,015 g _____

c) 12,50 hg _____

d) 9,33 dag _____

4. Observe as peças. Agrupe-as de 3 maneiras diferentes, de forma a compor 1 kg. Desenhe as soluções nos quadros.

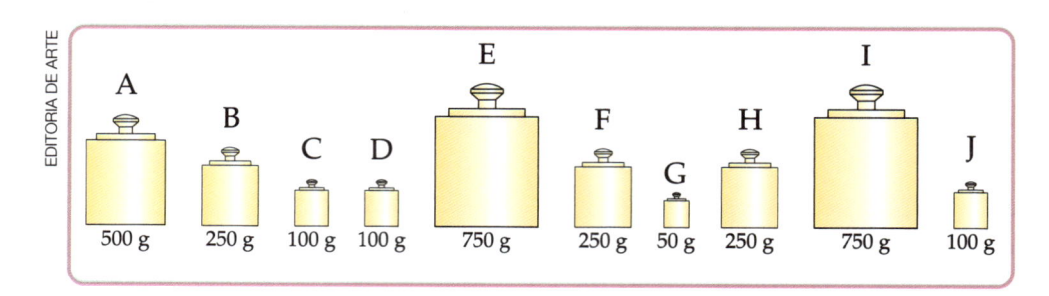

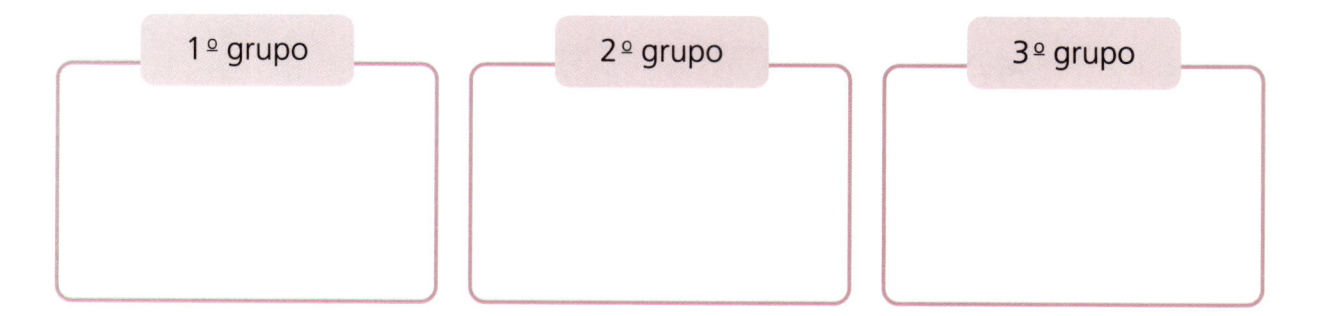

A 500 g | B 250 g | C 100 g | D 100 g | E 750 g | F 250 g | G 50 g | H 250 g | I 750 g | J 100 g

1º grupo

2º grupo

3º grupo

5. Faça as transformações de unidades indicadas.

a) 6,72 g para hg _____

b) 38,4 dag para kg _____

c) 0,25 kg para g _____

d) 8 g para kg _____

e) 0,577 g para cg _____

f) 436 g para kg _____

g) 23,725 mg para dag _____

h) 62 mg para g _____

i) 0,07 g para mg _____

j) 46,398 kg para g _____

k) 0,58 g para kg _____

l) 8 kg para g _____

6. Transforme em gramas as medidas indicadas.

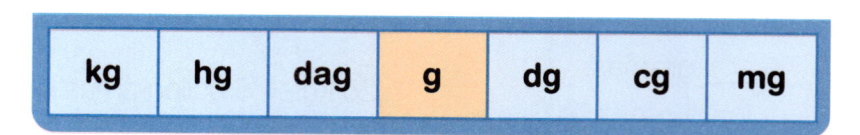

| kg | hg | dag | g | dg | cg | mg |

a) 6 kg = _____ g

b) 0,45 hg = _____ g

c) 180 mg = _____ g

d) 72,9 cg = _____ g

e) 2,36 dag = _____ g

f) 375 cg = _____ g

LIÇÃO 23 — MEDIDAS DE TEMPO

O dia e o ano

O tempo pode ser contado e medido de diferentes maneiras.

Para medir o tempo, as pessoas instituíram como principais unidades de medida o dia e o ano.

O tempo que a Terra leva para realizar o **movimento de rotação**, ou seja, dar uma volta completa sobre o próprio eixo, dura 24 horas e é chamado **dia**.

O tempo que a Terra leva para realizar o **movimento de translação**, ou seja, dar uma volta completa ao redor do Sol, é de 365 dias e um quarto de dia, e é chamado **ano**.

Movimento de rotação da Terra.

Movimento de translação da Terra.

Contamos o ano em 365 dias e mais um quarto de dia.

Assim, de 4 em 4 anos, os quartos de dia acumulados formam 1 dia a mais.

O ano ao qual se soma esse dia é formado por 366 dias e é chamado **ano bissexto**.

Pense!
- Quantos dias tem o mês de fevereiro no ano bissexto?
- E nos outros anos?
- Por que isso acontece?

O calendário

Observe no quadro ao lado os meses e a quantidade de dias de cada um.

Nos anos bissextos, fevereiro tem 29 dias.

Meses	Quantidade de dias
janeiro	31 dias
fevereiro	28 dias
março	31 dias
abril	30 dias
maio	31 dias
junho	30 dias
julho	31 dias
agosto	31 dias
setembro	30 dias
outubro	31 dias
novembro	30 dias
dezembro	31 dias

Reúna-se em grupos e faça uma pesquisa sobre os vários tipos de calendários que já foram criados.

Para contar o tempo decorrido e localizar datas, as pessoas criaram o calendário, no qual os dias são contados de 7 em 7, formando as semanas. O dia tem um determinado nome dentro da semana e um número dentro do mês.

O TEMPO CONTADO DE MANEIRA DIFERENTE	
semana	7 dias
quinzena	15 dias
mês	28, 29, 30 ou 31 dias
mês comercial	30 dias
bimestre	2 meses
trimestre	3 meses
semestre	6 meses
ano	365 ou 366 dias
biênio	2 anos
triênio	3 anos
quadriênio	4 anos
quinquênio ou lustro	5 anos
decênio ou década	10 anos
século	100 anos
milênio	1 000 anos

Você sabia que, para o cálculo de salários dos trabalhadores, considera-se o mês comercial de 30 dias, mesmo que o mês tenha 31, 29 ou 28 dias?

Unidades menores que o dia

Quanto tempo levo para ir à escola?

Quanto tempo levo para resolver esta multiplicação?

Para medir o tempo gasto nessas atividades, usamos unidades de medida menores que o dia: a **hora**, o **minuto** e o **segundo**.

- Dividimos o **dia** em 24 partes iguais e a cada parte damos o nome de **hora** (h).
- Dividimos a **hora** em 60 partes iguais e a cada parte damos o nome de **minuto** (min).
- Dividimos o **minuto** em 60 partes iguais e a cada parte damos o nome de **segundo** (s).

Para medir o tempo em horas, minutos e segundos, usamos o **relógio**.

- O **ponteiro pequeno** indica as **horas**.
- O **ponteiro grande** indica os **minutos**.
- Em muitos relógios, outro ponteiro, mais longo e mais fino, indica os **segundos**.

O **segundo** é a unidade fundamental de medida de tempo.

- O dia tem 24 horas.
- Em 1 hora, temos 60 minutos.
- Em 1 minuto, temos 60 segundos.

Leitura e representação

Vamos escrever e representar a hora marcada no relógio ao lado.

2 horas, 15 minutos e 30 segundos, ou 2 h 15 min 30 s

Transformação de unidades

Para transformar unidades de medida de tempo em horas, minutos e segundos, multiplicamos ou dividimos por 60.

Esquema prático

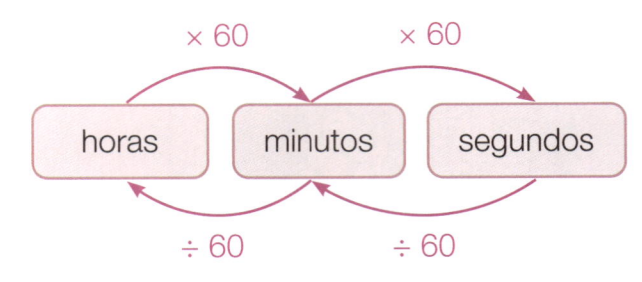

horas $\xrightarrow{\times 60}$ minutos $\xrightarrow{\times 60}$ segundos

horas $\xleftarrow{\div 60}$ minutos $\xleftarrow{\div 60}$ segundos

ATIVIDADES

1. Agora, pense e responda.

a) Quais são as unidades de tempo indicadas pelos ponteiros dos relógios?

_____

b) Em um minuto, quantos segundos há?

_____

c) Em uma hora, quantos minutos há?

_____

d) Em uma hora, quantos segundos há?

_____

2. Escreva as horas marcadas nos relógios. Observe o exemplo.

a) Quatro horas, dez minutos e cinco segundos.

b) _____

c) _____

d) _____

FOTOS: LAURENI FOCHETTO

3. Observe a forma abreviada para escrever as horas.

> 5 horas e 45 minutos → 5 h 45 min

Agora, faça o mesmo.

a) 3 horas, 20 minutos e 15 segundos
_____

b) 10 horas e 5 minutos
_____

c) 25 minutos
_____

d) 11 horas, 40 minutos e 35 segundos
_____

e) 6 horas, 50 minutos e 55 segundos
_____

4. Responda quantos dias, meses e anos há em:

a) 45 dias → _____ mês e _____ dias

b) 90 dias → _____ meses

c) 180 dias → _____ meses

d) 250 dias → _____ meses e _____ dias

e) 60 meses → _____ anos

f) 86 meses → _____ anos e _____ meses

g) 4 anos → _____ meses

h) 2 anos e 6 meses → _____ meses

i) 7 semanas → _____ dias

j) 3 semanas e 15 dias → _____ dias

k) 9 meses → _____ dias

l) 6 meses e 7 dias → _____ dias

5. Complete as frases.

a) Um biênio são _____ anos.

b) _____ horas são 180 minutos.

c) Cinco décadas são _____ anos.

d) Dois trimestres são _____ dias.

e) Duas quinzenas são _____ dias.

f) _____ meses são 3 semestres.

g) Três dias são _____ horas.

h) Duas semanas são _____ dias.

6. Com uma calculadora, transforme em segundos.

a) 2 min = _____ s

b) 8 min = _____ s

c) 5 min = _____ s

d) 12 min = _____ s

e) 3 min 25 s = _____ s

f) 8 min 45 s = _____ s

g) 4 min 10 s = _____ s

h) 1 min 15 s = _____ s

7. Complete.

a) 1 hora → _____ minutos

b) $\frac{1}{2}$ de hora → _____ minutos

c) $\frac{1}{4}$ de hora → _____ minutos

d) $\frac{3}{4}$ de hora → _____ minutos

e) $\frac{1}{2}$ do dia → _____ horas

f) $\frac{1}{4}$ do dia → _____ horas

8. Faça as transformações de unidades solicitadas. Veja o exemplo.

> 2 horas e 25 minutos em minutos →
> (2 × 60) + 25 = 145 minutos

a) 5 horas em minutos
_____

b) 8 minutos em segundos
_____

c) 4 horas e 20 minutos em minutos
_____

d) 15 minutos em segundos
_____

e) 6 minutos e 25 segundos em segundos
_____

f) 10 horas e 5 minutos em minutos
_____

PROBLEMAS

1. Samira recebe R$ 420,00 por semana. Quanto receberá em um mês? E em um trimestre?

Cálculo

Resposta: _____

2. Quanto recebe por ano um empregado que ganha R$ 1.200,00 por mês?

Cálculo

Resposta: _____

3. Alice fez uma viagem em 8 semanas. Quantos dias passou viajando?

Cálculo

Resposta: _____

4. Um chafariz fornece 80 litros de água por minuto. Quantos litros fornece em duas horas?

Cálculo

Resposta: _____

5. Um automóvel percorre 80 quilômetros por hora. Em quantas horas percorrerá 720 quilômetros?

Cálculo

Resposta: _____

Coleção Eu gosto m@is

HISTÓRIA

5º ANO
ENSINO FUNDAMENTAL

SUMÁRIO

Lição 1 – O mundo de antigamente 307
- Maneiras de conhecer o passado 307
- A contagem do tempo 313

Lição 2 – Espaços de memória 316
- Museus conservam a História 316
- Patrimônios: a memória da humanidade 320
- Patrimônios materiais e imateriais 321

Lição 3 – O Egito Antigo 324
- As primeiras cidades: nas margens de grandes rios 324
- A religião e o poder dos faraós 327

Lição 4 – Mesopotâmia 331
- A Mesopotâmia: terra de muitos povos 331
- Como viviam os mesopotâmicos 332
- Religião, artes e ciências 337

Lição 5 – Grécia Antiga 339
- Os gregos na Antiguidade: onde viveram 339

Lição 6 – Roma, como tudo começou 349
- Origem histórica de Roma 349
- O primeiro sistema de governo: monarquia (753 a.C. a 509 a.C.) 351
- O Império Romano (27 a.C. a 476 d.C.) 354

Lição 7 – Ser cidadão 357
- Cidadania e democracia 357
- A ideia de cidadania veio da Grécia 358
- O cidadão em Roma 359
- Cidadania no Brasil 361
- Cidadania no Brasil colonial e independente 362
- Cidadania no Brasil republicano 363
- Ditadura, democracia, ditadura, democracia...
  o vai e vem da cidadania 367
- Os direitos e a cidadania no Brasil do século XXI 368

Lição 8 – O mundo hoje 369
- Diversidade cultural, o que é? 369
- O que é inclusão digital? 373
- Inclusão digital é mais do que ter computador 374

Lição 9 – Datas comemorativas 375
- Dia Internacional da Mulher 375
- Dia do Indígena 376
- Dia do Trabalhador 378
- Dia da Libertação dos Escravizados 379
- Dia do Imigrante 381
- Dia da Cultura Brasileira 382
- Dia Nacional da Consciência Negra 383

O MUNDO DE ANTIGAMENTE

Artefatos de pedra produzidos pelo ser humano durante a Pré-História. Museu Arqueológico Nacional de Gobustan, Azerbaijão, 2018.

Criança fazendo pesquisa com auxílio de livro e computador.

Será que essas imagens têm alguma coisa em comum? O que elas nos contam sobre o passado?

Maneiras de conhecer o passado

Desde a formação dos primeiros agrupamentos, a humanidade buscou meios de sobrevivência. Para se proteger do frio, criou trajes com peles de animais e aprendeu a preservar e produzir o fogo. Para conseguir alimentos, desenvolveu a caça, a pesca, a coleta, a criação de animais e o cultivo de vegetais. Para proteger a água, a comida e mesmo o fogo, que devia ser mantido aceso, aos poucos passou a viver em grupos mais organizados. São as ferramentas produzidas por esses primeiros agrupamentos, bem como os vestígios que eles deixaram, que nos servem de pistas para conhecer a história dessas pessoas.

Os seres humanos deixam muitas marcas de sua existência, desde pinturas em paredes de cavernas, feitas há milhares de anos, até os documentos digitais que produzimos atualmente. Esses registros ajudam os historiadores a conhecer o passado e a entender como as pessoas de outras épocas viviam.

Todos os registros que permitem entender como elas viviam são chamados de **fontes históricas**.

Tipos de fontes históricas

São fontes históricas documentos escritos, pinturas, fotografias, esculturas, construções, utensílios domésticos, ferramentas, depoimentos de pessoas que viveram em outras épocas, ou seja, tudo aquilo que permanece no tempo e chega ao presente são fontes para o trabalho do historiador.

As fontes textuais

É todo tipo de material escrito, como livros, cartas, revistas, papiros, documentos em geral, inscrições em pedra, em argila etc.

A sua certidão de nascimento é um exemplo de fonte textual. Nela estão registradas as informações de seus primeiros momentos de vida, onde você nasceu, em que data etc.

Ela é importante para sua história pessoal e para os registros públicos sobre as pessoas que nascem no país.

Sua carteira de vacinação, seu boletim escolar, o caderno de receitas de sua avó e até uma passagem de ônibus também são fontes textuais. Elas trazem informações sobre diferentes situações na vida das pessoas.

As fontes textuais só passaram a existir depois que os seres humanos desenvolveram a escrita, o que aconteceu em diferentes épocas, em diferentes lugares, com diferentes povos.

Observe algumas fontes textuais.

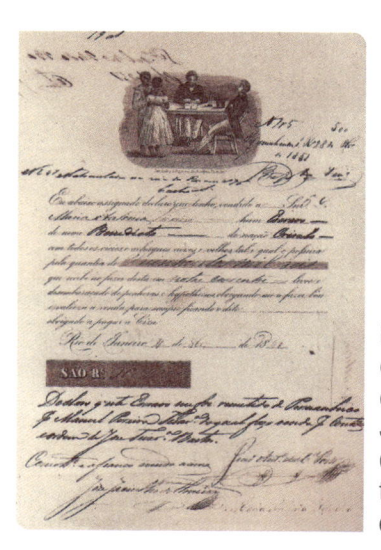

Esse recibo de compra e venda de escravizado, emitido no Rio de Janeiro, em 4 de outubro de 1851, é uma fonte textual para o estudo da escravidão no Brasil.

Primeira página da Carta de Pero Vaz de Caminha ao rei de Portugal, Dom Manuel I. Escrita em 1º de maio de 1500, essa fonte textual é considerada a "Certidão de Nascimento" do Brasil.

A História é a ciência que procura conhecer e entender o passado humano.
O cientista que estuda a História é o historiador.

As fontes materiais

Em sua luta pela sobrevivência, as sociedades humanas construíram utensílios e ferramentas que ajudavam a encontrar, produzir e preparar alimentos, proteger-se do frio etc.

Todos os objetos criados e produzidos pelos seres humanos são fontes materiais para os estudos históricos. As construções, os utensílios usados para cozinhar, as armas de caça e os artefatos de pesca, os brinquedos das crianças, as esculturas, os monumentos, as moedas, entre outras fontes, contêm informações materiais sobre o passado.

Muitas vezes, as fontes materiais de um povo que não usava a escrita e desapareceu são seus únicos vestígios.

Artesanato dos Karipuna, indígenas que vivem na fronteira do Brasil com a Guiana Francesa.

Cerâmica indígena do povo Maracá, 1895.

Os grupos que não têm registro escrito são chamados de ágrafos.

A arqueologia estuda os vestígios humanos

Existem pesquisadores que investigam e trabalham com vestígios materiais produzidos por seres humanos: são os **arqueólogos**. A ciência praticada por esses estudiosos se chama **Arqueologia**.

O trabalho do arqueólogo é buscar, identificar e recuperar fontes materiais do passado humano para, com base nelas, entender como vivia uma sociedade em determinado tempo e lugar.

Pesquisador limpa artefato, estimado em pelo menos 600 anos de idade, em sítio arqueológico, na Rodovia dos Tamoios, em Paraibuna (SP). Foto de 2013.

Além de ossos humanos, os arqueólogos estudam outros materiais que resistiram ao tempo, como objetos de cerâmica, utensílios feitos com pedras, cerâmica, bronze, ferro etc.

Sítios arqueológicos

Nos locais onde são encontrados vestígios antigos de grupos humanos, o trabalho feito pelos arqueólogos precisa ser muito cuidadoso. Os objetos são desenterrados, limpos, medidos, fotografados. Depois, são analisados em microscópios e outros instrumentos. Com essas informações, os pesquisadores calculam a idade dos objetos, descobrem as técnicas e materiais usados na fabricação deles e investigam para que serviam.

Os locais onde são encontrados vestígios de grupos humanos extintos recebem o nome de sítios arqueológicos. Na maioria dos países existem leis protegendo os sítios arqueológicos encontrados, para que não sejam destruídos. Assim, a história de quem viveu no lugar pode ser estudada, preservada e muitas vezes visitada. Esses sítios arqueológicos são **patrimônio** de um país e da humanidade.

Sítio arqueológico em Cais do Valongo, Rio de Janeiro (RJ). Foto de 2017.

VOCABULÁRIO

patrimônio: conjunto de bens de um povo, de uma nação, que é transmitido de uma geração para outra. Esses bens podem ser materiais (objetos, monumentos, construções) ou imateriais, como ideias, crenças, danças etc.

Os registros muito antigos: fósseis

Os **fósseis** são registros arqueológicos muito importantes.

São restos de seres vivos que existiram há milhares ou milhões de anos, encontrados no solo ou subsolo. Podem ser restos de animais, de plantas e vestígios de alimentos, pegadas etc.

Esses restos, durante milhões ou até bilhões de anos, modificaram-se, e todo seu material orgânico tornou-se mineral.

Existem fósseis de seres imensos como os dinossauros e de organismos minúsculos, como protozoários.

Os estudiosos de fósseis são os **paleontólogos**. A **Paleontologia** é a ciência especializada na busca e no estudo desses registros.

Fóssil animal. Escorpião preservado em âmbar.

Floresta petrificada mais importante do Hemisfério Sul do período Permiano. Monumento Nacional das Árvores Fossilizadas, localizado no município de Filadélfia (TO). Foto de 2018.

Quando arqueólogos, paleontólogos e historiadores querem saber a idade dos fósseis, eles usam uma técnica denominada **Carbono 14**. É um método que consiste em medir a quantidade de carbono 14, urânio e chumbo existente no fóssil. Com base nessas quantidades, eles conseguem determinar a idade aproximada da descoberta.

As fontes iconográficas

Os seres humanos costumam se comunicar por meio de imagens, como desenhos, pinturas e fotografias, que trazem informações sobre o presente e o passado das pessoas. Assim, as imagens são importantes fontes para o conhecimento da história da humanidade.

Mapas, pinturas, fotografias e todas as formas de representação por meio de imagens são chamadas de fontes iconográficas.

Caboclas lavadeiras na cidade do Rio de Janeiro, aquarela de Debret (séc. XIX). As pinturas oferecem informações valiosas sobre o cotidiano das pessoas em tempos passados.

As fontes sonoras, visuais e digitais

O desenvolvimento da tecnologia forneceu aos historiadores outros tipos de fontes históricas.

O som e a imagem em movimento podem ser guardados, tornando-se, assim, fontes sonoras e visuais.

O cinema, os antigos discos de vinil, CDs, as gravações em vídeo, a televisão e a internet oferecem diversas fontes desse tipo.

Com os microcomputadores, os celulares, tablets e outros instrumentos de armazenamento de dados, surgiu no século XX outro tipo de fonte histórica: as fontes digitais.

Os dados são convertidos em algarismos (dígitos) e guardados em discos ou em espaços virtuais gigantescos disponíveis para todo o planeta, a que os especialistas chamam de "nuvem". Os historiadores podem acessar esse tipo de dados por meio da internet, para estudá-los.

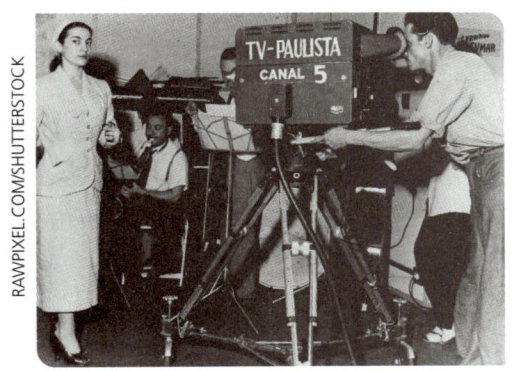

Uma gravação da TV brasileira nos anos 1950.

Grupo de estudantes conectados em rede, utilizando computadores de uma biblioteca nos anos 2010.

As fontes orais

Em muitas sociedades mais antigas e tradicionais, pode ocorrer a transmissão de experiências por meio da linguagem oral. Isso é comum, por exemplo, em sociedades ágrafas, aquelas que não desenvolveram a escrita.

Nessas sociedades, os mais velhos passam as experiências e lembranças do passado para os mais jovens.

Entre diversos povos da África, e também em muitos grupos indígenas brasileiros, por exemplo, existem pessoas que trabalham como guardadores e contadores das histórias e memórias do grupo. Além de guardar as antigas histórias da comunidade, elas também memorizam novas histórias, garantindo sua preservação por meio de relatos orais.

Na África, os artistas, dançarinos e poetas que se apresentam em suas comunidades também atuam como educadores, pois ensinam histórias do passado e transmitem costumes e valores da cultura de seus povos. Esses artistas, dançarinos, poetas são chamados de **griôs**.

Crianças quenianas ouvem histórias contadas por uma educadora griô. Por meio de lendas e narrativas de aventuras, os griôs ensinam as tradições e os grandes acontecimentos do seu povo. Década de 2010.

ATIVIDADES

1. As pessoas possuem diferentes fontes históricas que permitem a elas conhecer a própria história. Marque com **X** quais delas você possui.

☐ Certidão de nascimento.

☐ Brinquedos.

☐ Fotografias.

☐ Uniforme escolar.

☐ Cadernos escolares.

2. Classifique as fontes históricas citadas na atividade anterior.

Fontes materiais: _____

Fontes textuais: _____

_____

Fontes iconográficas: _____

3. Escolha uma fonte da sua história pessoal e preencha a ficha, explicando por que ela é importante para você.

Que fonte é essa? _____

De que tipo ela é? _____

Por que ela é importante? _____

4. Identifique e escreva o tipo de fonte histórica.

a) Uma fotografia de meus avós. _____

_____

b) Uma canção que minha mãe aprendeu com os pais dela e me ensinou, apenas cantando, sem escrever. _____

c) Uma escova de dentes do século XIX, encontrada em uma escavação arqueológica. _____

d) Uma pintura feita por seres humanos há milhares de anos em uma caverna. _____

_____

5. Por meio de que tipo de fonte os historiadores puderam obter as informações sobre os povos do passado descritas a seguir? Faça a relação.

A	Fonte textual
B	Fonte iconográfica
C	Fonte oral
D	Fonte material

☐ Há cerca de 10 mil anos, os povos da Europa caçavam com lanças que tinham pontas de pedra, osso ou madeira.

☐ Sabemos, por meio de pinturas do século XIX, que o porto da cidade do Rio de Janeiro era muito movimentado.

☐ Os indígenas tupi-guarani contavam que uma jovem guerreira que queria se encontrar com a Lua (Jaci) tinha sido transformada na flor vitória-régia.

☐ Um documento do século XVI traz uma lista da carga dos navios que vinham de Portugal para o Brasil, registrando a quantidade de alimentos, de água e o número de tripulantes.

6. Escreva a palavra que corresponde a cada frase.

a) Especialista que investiga e trabalha com vestígios materiais de grupos humanos. _____

b) Ciência que estuda a vida e a cultura dos povos antigos por meio da escavação e análise de objetos deixados por eles. _____

c) Grupos humanos que não têm registro escrito. _____

A contagem do tempo

Os acontecimentos que fazem parte da história ocorrem em um determinado período de tempo, marcado em dias, meses, anos, décadas, séculos e milênios.

Para facilitar a contagem de longos períodos de tempo, é comum agrupá-los em séculos. Um século reúne acontecimentos de um período de cem anos.

Observe.

Período	Como se fala	Como se escreve
Do ano 1 ao ano 100	século um	século I
Do ano 101 ao ano 200	século dois	século II
Do ano 1401 ao ano 1500	século quinze	século XV

Para calcularmos em que século um fato ocorreu, consideramos a data inicial do século e o final dele. Assim:

O século XXI começou no dia 1º de janeiro de 2001 e terminará no dia 31 de dezembro de 2100.

É costume escrever com algarismos romanos o século em que algo aconteceu, mas também podem ser usados os algarismos arábicos. Neste livro, os séculos estão grafados com algarismos romanos.

Eu nasci no dia 16 de fevereiro de 2013. Nasci no século XXI.

Eu nasci em 9 de novembro de 2012. Eu nasci no século XXI.

VANESSA ALEXANDRE

Os números romanos são escritos com letras. Portanto, essas letras representam números. Observe a numeração romana até o número 20.

Algarismos arábicos	1	2	3	4	5	6	7	8	9	10
Algarismos romanos	I	II	III	IV	V	VI	VII	VIII	IX	X
Algarismos arábicos	11	12	13	14	15	16	17	18	19	20
Algarismos romanos	XI	XII	XIII	XIV	XV	XVI	XVII	XVIII	XIX	XX

Os calendários

Calendários são maneiras organizadas de dividir e contar o tempo, tendo como base principalmente observações astronômicas dos ciclos do Sol e da Lua.

O que adotamos desde o final do século XVI é o calendário gregoriano, seguido pela maior parte da população de nosso planeta.

Mas há outros em uso hoje em dia, por grandes parcelas da humanidade, como o calendário islâmico, o calendário judaico e o calendário chinês.

A linha do tempo

Podemos representar os acontecimentos em ordem cronológica (por uma sequência de datas), em uma linha única, que corresponde a um período de tempo.

Essa forma de representar os acontecimentos se chama **linha do tempo**.

Ela é lida da esquerda para a direita ou de cima para baixo, do acontecimento mais antigo para o mais recente.

Se colocarmos alguns fatos da História do Brasil em uma linha do tempo, ficaria assim:

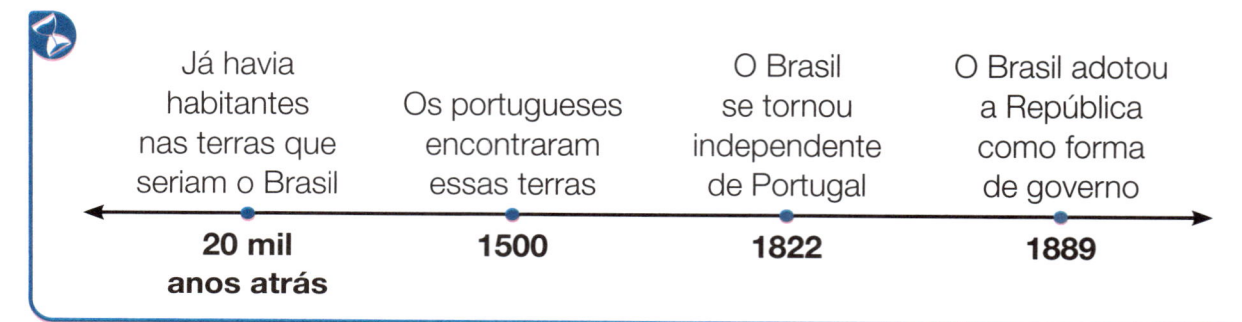

Já havia habitantes nas terras que seriam o Brasil	Os portugueses encontraram essas terras	O Brasil se tornou independente de Portugal	O Brasil adotou a República como forma de governo
20 mil anos atrás	1500	1822	1889

Por que estudar História?

Você viu que a História nos ajuda a entender muitas coisas sobre a maneira de viver dos seres humanos. Estudar o passado, seja da humanidade inteira, seja apenas do nosso país, então, é importante para conhecermos como eram as sociedades humanas em diferentes tempos, no passado e no presente.

Estudar História é também muito importante para entendermos por que existem problemas em uma sociedade, tais como fome, desigualdade social, pessoas desabrigadas, crianças exploradas que não têm seus direitos respeitados... Procurando no passado, encontraremos as origens de todos esses problemas e teremos a chance de pensar em soluções. Então, estudar História, além de nos explicar por que vivemos uma determinada situação no presente, pode ajudar a construirmos um presente e um futuro melhores para nossa geração e as que virão depois de nós.

Por que falamos o português? Por que o Brasil tem o tamanho atual? Por que existem o samba e as brincadeiras de Carnaval? As respostas para essas perguntas são dadas pelo estudo da História do Brasil.

ATIVIDADES

1. Relacione os séculos e os anos.

- A Início do século XX
- B Início do século XXI
- C Término do século XX

☐ 2000   ☐ 1901   ☐ 2001

2. Quantos anos indicam?

a) Uma década: _____

b) Um século: _____

c) Um milênio: _____

3. Escreva os séculos em algarismos romanos.

a) 21: _____

b) 19: _____

c) 18: _____

4. Responda às questões sobre você.

a) Em que século você nasceu?
_____

b) Em que século nasceram seus avós?
_____

c) Em que século estamos?
_____

5. Em que séculos aconteceram os seguintes fatos da História do Brasil?

a) A chegada dos portugueses, em 1500.
_____

b) A descoberta de ouro em Minas Gerais, em 1693.
_____

c) A independência do Brasil em relação a Portugal, em 1822.
_____

d) O pentacampeonato brasileiro na Copa do Mundo de futebol, em 2002.
_____

6. Ordene os acontecimentos abaixo na linha do tempo.

Chegada dos primeiros imigrantes japoneses ao Brasil, em 1908.	Fundação de São Vicente, a primeira vila do Brasil, em 1532.
Abolição da escravatura no Brasil, em 1888.	Conquista do voto feminino no Brasil, em 1932.

LIÇÃO 2

ESPAÇOS DE MEMÓRIA

Museus conservam a História

Momentos importantes da nossa História podem ser estudados nos museus. Os **acervos** guardados nesses locais são documentos históricos que permitem reconstituir modos de vida, leis, formas de lazer, enfim, inúmeros aspectos do passado.

Existem museus para praticamente tudo que o ser humano criou ao longo da história.

Além de guardar a memória de um povo, de uma localidade ou de uma cultura, os museus também são um espaço de aprendizado e de **propagação** de cultura. Muitos artistas expõem suas obras em museus, para que as pessoas da comunidade possam conhecê-las.

> **acervo:** conjunto, coleção de objetos ou bens de uma instituição, galeria de arte, museu etc.
> **propagação:** divulgação, difusão.

Os museus históricos são importantes para o estudo do passado, pois ali os historiadores encontram fontes históricas para seu trabalho de reconstituição dos acontecimentos e responder às grandes questões do tempo em que vivem.

- Observe as fotos. Todas elas mostram um aspecto ligado à História do Brasil.

Visita monitorada de estudantes no Museu do Café, Santos (SP). Foto de 2014.

Passistas de frevo, Recife (PE). Foto de 2016.

Monumento em homenagem a Anita Garibaldi na Praça República Juliana, Laguna (SC). Foto de 2015.

a) Você já participou de algum acontecimento semelhante ao mostrado nas fotos? Qual foi?

b) Na sua cidade existem museus? Você sabe qual é o nome dele?
_____
_____
_____

c) E monumentos em lugares públicos, você já observou algum em sua cidade?
_____
_____
_____

d) Por que a foto de uma dança popular brasileira foi colocada junto com as outras? Qual a relação dessa dança com a nossa história?
_____
_____
_____
_____
_____

Museus históricos brasileiros

Sobre o período em que o Brasil foi uma monarquia, existem documentos em diversas instituições. Uma das mais importantes dessas instituições é o **Museu Imperial**, localizado na cidade de Petrópolis, no Rio de Janeiro.

Museu Imperial de Petrópolis, Petrópolis (RJ). Foto de 2016.

No passado, chamava-se Palácio Imperial de Petrópolis e foi a residência predileta do imperador D. Pedro II. Começou a ser construído em 1845, e deu origem à cidade de Petrópolis.

Para saber mais: https://museuimperial.museus.gov.br/. Acesso em: 21 jun. 2022.

A história dos africanos no Brasil está sendo documentada e preservada, entre outras instituições, no **Museu Afro Brasil**, localizado no Parque do Ibirapuera, em São Paulo, no "Pavilhão Padre Manuel da Nóbrega". O edifício onde funciona integra um conjunto arquitetônico projetado por Oscar Niemeyer na década de 1950. O Museu Afro Brasil foi inaugurado em 2004.

Museu Afro Brasil no Pavilhão Padre Manoel da Nóbrega, Parque do Ibirapuera, São Paulo (SP). Foto de 2014.

Para saber mais: www.museuafrobrasil.org.br/. Acesso em: 21 jun. 2022.

A história dos imigrantes italianos também tem um local especial para ser guardada e estudada. É o **Memorial do Imigrante**, uma instituição pública localizada na sede da extinta Hospedaria dos Imigrantes, no bairro da Mooca, na cidade de São Paulo. Para este local eram levados os imigrantes recém-chegados ao Brasil, na passagem do século XIX para o XX, para depois serem encaminhados às fazendas. Na atualidade, guardam-se no Memorial informações que permitem conhecer como era a vida dessas pessoas ao chegar no Brasil.

Museu da Imigração, Memorial do Imigrante, bairro do Brás, São Paulo (SP). Foto de 2015.

Para saber mais: https://museudaimigracao.org.br/. Acesso em: 21 jun. 2022.

Para estudar a história da República, também existe uma importante instituição de preservação de documentos: o **Museu da República**, na cidade do Rio de Janeiro. Esse museu ocupa o antigo Palácio Nova Friburgo (no Império), depois Palácio do Catete (na República), que durante 63 anos foi a sede do Poder Executivo no Brasil. O Palácio do Catete tornou-se museu em 15 de novembro de 1960, após a transferência da capital para Brasília.

Palácio do Catete, onde funciona o Museu da República, Rio de Janeiro, (RJ). Foto de 2015.

Para saber mais:

https://museudarepublica.museus.gov.br/. Acesso em: 21 jun. 2022.

Museus digitais

Com o advento da informática, dos computadores e da internet, um novo tipo de museu passou a existir no mundo todo: os museus digitais. Museus digitais são aqueles em que o acervo mostrado por meio de alta tecnologia computacional pode ser visitado sem a presença física do frequentador, pois é possível acessar as exposições pela internet.

Os museus digitais facilitam a divulgação de conhecimentos e a apreciação da produção cultural e histórica da humanidade preservada em alguns locais do mundo.

Museu da Língua Portuguesa ou Estação Luz da Nossa Língua

No Brasil, um dos mais importantes museus digitais é o Museu da Língua Portuguesa ou Estação Luz da Nossa Língua, situado no Bairro da Luz, na cidade de São Paulo.

Esse museu, inaugurado em 2006, ocupou um prédio histórico, a Estação da Luz, estação ferroviária construída nos anos 1850 e restaurada no início do século XXI para servir como espaço cultural.

Como Museu da Língua Portuguesa, seu objetivo é mostrar ao público aspectos ligados à nossa língua, como sua origem, influências, formação, diversidade etc. Para isso, tem diversos setores que divertem e informam ao mesmo tempo, com nomes como Mapa dos Falares, Beco das Palavras ou Jogo da Etimologia, Lanternas das Influências ou Palavras Cruzadas, Praça da Língua, Linha do Tempo ou História da Língua Portuguesa. Em cada uma dessas seções o visitante interage com os objetos expostos, realizando jogos e provocando novas apresentações por meio de vídeos, gravações, música etc.

Em 2015, um incêndio atingiu dois andares do museu, mas, por ele ser digital, com os dados guardados em provedores fora dali, foi possível recuperar todo o seu acervo. Em 2018 ele ainda se encontrava em restauração, mas diversas exposições estavam programadas tanto virtualmente como em outros lugares, até mesmo fora do Brasil.

Para saber mais: http://museudalinguaportuguesa.org.br/. Acesso em: 21 jun. 2022.

Fachada da Estação da Luz com andaimes cobrindo a fachada do Museu da Língua Portuguesa para a reforma após o incêndio, São Paulo (SP). Foto de 2017.

Imagem de arquivo da parte interna de exposição interativa do Museu da Língua Portuguesa em Paulo (SP). Foto de 2014.

ATIVIDADES

1. Marque um **X** nos espaços destinados a guardar objetos que mostram aspectos do passado.

☐ Monumentos. ☐ Museus.

☐ Galerias de arte. ☐ Jardins públicos.

2. Marque a alternativa INCORRETA. Nos museus, as pessoas

☐ aprendem sobre a história.

☐ apreciam obras de arte.

☐ apenas conhecem pessoas importantes.

☐ têm momentos de lazer.

3. A maior parte dos objetos guardados no Museu Imperial conta a história brasileira durante o período da:

☐ colônia. ☐ república.

☐ monarquia.

4. Antes de se tornar museu, o Museu Imperial foi residência de qual governante brasileiro? Em que cidade está localizado?

Governante: _____

Cidade: _____

5. No Brasil, existe um importante museu digital. Complete as informações sobre ele:

Nome: _____

_____

Cidade: _____

Por que é considerado digital? _____

_____

Por que foi fechado ao público em 2015?

_____

_____

HISTÓRIA

319

Patrimônios: a memória da humanidade

Ao estudar o passado, os historiadores, como você já sabe, usam todo tipo de fonte que puder encontrar: documentos escritos, pinturas, vestígios como ruínas ou fósseis, fotografias, vídeos, jornais, revistas... Entre essas fontes históricas, até mesmo cidades inteiras ou estilos de arquitetura, bem como cemitérios, paisagens, materiais empregados nas construções podem ser elementos valiosos para obterem informações sobre as características de épocas anteriores.

Por isso, pela importância que têm, muitos elementos produzidos pelos grupos humanos podem se tornar patrimônio cultural ou histórico das sociedades.

Centro Cultural Judaico de Pernambuco, antiga Sinagoga Kahal Zur Israel, Recife (PE). Foto de 2013. O cuidado com casas e ruas antigas é uma prática importante para preservar a memória histórica de uma localidade.

Podemos dizer, assim, que patrimônio é o conjunto de bens de uma comunidade, como construções, monumentos, ambientes naturais e muitos outros. As práticas culturais, como danças, culinária, língua, crenças, tradições, também fazem parte desses bens, portanto também são integrantes do patrimônio histórico e cultural.

Como surgiu a ideia de patrimônio

A palavra "patrimônio" deriva da língua grega e do latim, de *pater* (pai) e *patrimonium* (pertencente ao pai). Portanto, era tudo aquilo que passava de pai para filho. Era a herança que a pessoa recebia. Daí ter adquirido o significado atual: são todos os bens que uma sociedade herda das gerações anteriores e que deve conservar, para passar às gerações futuras. São os bens materiais e também os não materiais, ou imateriais.

A ideia de que os bens da sociedade pertenciam a todos e deveriam ser preservados como um patrimônio histórico e cultural começou a ser difundida a partir da Revolução Francesa, um longo conflito que começou na França em 1789 e que conquistou uma série de direitos para os cidadãos e as pessoas comuns.

Com o passar do tempo, a ideia de patrimônio passou a englobar muito mais que somente monumentos e, atualmente, abrange tudo aquilo que preserva a memória, a história dos seres humanos. Todos os bens que são importantes para os cidadãos de uma comunidade devem ser preservados.

A Organização das Nações Unidas para a Educação, a Ciência e a Cultura (Unesco), órgão da Organização das Nações Unidas (ONU), realizou em 1972 uma reunião de países, chamada Convenção para a Proteção do Patrimônio Mundial, Cultural e Natural, que estabeleceu quais são os patrimônios históricos, culturais e naturais da humanidade.

No Brasil, o órgão governamental que cuida de identificar os patrimônios, classificá-los e protegê-los é o Instituto do Patrimônio Histórico e Artístico Nacional (Iphan), ligado ao Ministério da Cultura.

O que diz a lei sobre o patrimônio cultural brasileiro

No Brasil, a Constituição Federal promulgada em 1988 – a lei máxima que rege o nosso país – estabeleceu que:

> **VOCABULÁRIO**
> **inventários:** listas de bens.
> **tombamento:** colocar sob a guarda do Estado para conservação e preservação.

Art. 216. Constituem patrimônio cultural brasileiro os bens de natureza material e imaterial, tomados individualmente ou em conjunto, portadores de referência à identidade, à ação, à memória dos diferentes grupos formadores da sociedade brasileira, nos quais se incluem:

1 – as formas de expressão;
2 – os modos de criar, fazer e viver;
3 – as criações científicas, artísticas e tecnológicas;
4 – as obras, objetos, documentos, edificações e demais espaços destinados às manifestações artístico-culturais;
5 – os conjuntos urbanos e sítios de valor histórico, paisagístico, artístico, arqueológico, paleontológico, ecológico e científico.

Parágrafo 1. O poder público, com a colaboração da comunidade, promoverá e protegerá o patrimônio cultural brasileiro por meio de **inventários**, registros, vigilância, **tombamento** e desapropriação, e de outras formas de acautelamento e preservação.

BRASIL. *Constituição da República Federativa do Brasil*. 37. ed Brasília: Câmara dos Deputados/Edições Câmara, 2013. (Série Textos básicos, 73).

Patrimônios materiais e imateriais

Os bens de uma sociedade podem tanto ser objetos quanto elementos não concretos. Assim, uma classificação dos patrimônios tanto históricos quanto culturais é:

Patrimônio material: são objetos, como construções, monumentos, paisagens naturais, ruínas de locais históricos etc.

Patrimônio imaterial: são práticas, crenças, tradições, modos de executar certas atividades, modos de falar,

Grupo de capoeira em festival no Rio Vermelho, Salvador (BA). Foto de 2016.

danças, festas etc. No Brasil, há 38 elementos culturais que se tornaram patrimônios imateriais e que precisam ser protegidos, para que não desapareçam. Desses, cinco foram reconhecidos pela Unesco como patrimônios culturais imateriais da humanidade: capoeira, frevo, samba de roda na Bahia, procissão do Círio de Nazaré (em Belém, Pará), pintura corporal e arte gráfica (arte kusiwa) dos povos indígenas Wajãpi, no Amapá.

Outro modo de classificar os patrimônios

Além dessa classificação, podemos analisar os bens da sociedade usando outro critério:

Patrimônio histórico é o conjunto de bens que contam a história da localidade por meio de suas construções, arquitetura, materiais empregados, mobílias, utensílios, armas, ferramentas, meios de transportes, obras de arte, documentos. O patrimônio histórico é rico para a conservação da memória e oferece aos historiadores as mais variadas **fontes** históricas sobre o passado do lugar.

Patrimônio cultural é o conjunto de bens materiais e/ou imateriais, que contam a história pelos costumes, tradições, crenças, lendas, cantos, danças, linguagem, superstições, rituais, festas, culinária típica de um povo.

Patrimônio ambiental ou patrimônio natural são locais naturais que precisam ser cuidados e preservados porque deles dependem tanto os seres humanos como os outros animais. No Brasil, a Área de Conservação do Pantanal é considerada patrimônio ambiental da humanidade, assim como a Reserva de Mata Atlântica da Costa do Descobrimento, ou seja, da região aonde chegou a esquadra de Pedro Álvares Cabral, em 1500.

Reserva da Mata Atlântica na Costa do Descobrimento (BA), declarada Patrimônio Natural da Humanidade. Na foto, destaca-se o Monte Pascoal.

Vista do centro histórico de Colônia do Sacramento (SC). Foto de 2015.

Círio de Nazaré, Belém (PA). Foto de 2017. A manifestação religiosa católica é um dos maiores eventos religiosos do Brasil.

ATIVIDADES

1. Observe a imagem a seguir para responder às questões.

Celebração de 13 de Maio, Dia da Libertação dos Escravos na Comunidade Negra dos Arturos, Patrimônio Imaterial, Contagem (MG). Foto de 2017.

a) Descreva a imagem. O que ela mostra?

_____

b) Em que lugar essa atividade acontece?

_____

c) A atividade mostrada na foto é um patrimônio? De que tipo?

_____

2. Marque as frases que explicam por que essa atividade é importante para a história da comunidade onde ela acontece.

☐ Porque é uma tradição da comunidade.

☐ Porque é uma forma de diversão como qualquer outra.

☐ Porque serve de fonte histórica para compreender o passado.

☐ Porque é uma característica dessa sociedade, algo que a identifica.

3. Pesquise em jornais, revistas ou na internet outras imagens que representem patrimônios culturais materiais e imateriais do lugar onde você vive. Escolha um dos patrimônios pesquisados. No espaço a seguir, descreva-o e desenhe-o, indicando se é um patrimônio material ou imaterial.

_____

_____

LIÇÃO 3

O EGITO ANTIGO

As primeiras cidades: nas margens de grandes rios

Quando os primeiros grupos humanos descobriram a agricultura, eles puderam se fixar em determinados locais, construindo povoados e vilas, porque não precisavam mais deslocar-se de região em região em busca de alimentos. Deixaram de ser nômades e se tornaram sedentários.

Pelos estudos da Arqueologia, sabemos que os primeiros núcleos urbanos, isto é, as primeiras cidades, surgiram nas proximidades de grandes rios, porque eram as áreas mais férteis, mais favoráveis ao plantio.

Isso aconteceu em uma grande área que vai do norte/nordeste da África, onde se formou o povo egípcio, nas margens do Rio Nilo, até o Oriente Médio e parte da Ásia, onde surgiram os mesopotâmicos, isto é, os povos que viveram na Mesopotâmia, entre os rios Tigre e Eufrates. Costuma-se chamar essa área de Crescente Fértil, pois, no mapa, é possível imaginar um grande "C" ligando a região do rio Nilo com a região dos rios Tigre e Eufrates. É como se fosse a forma de uma Lua crescente.

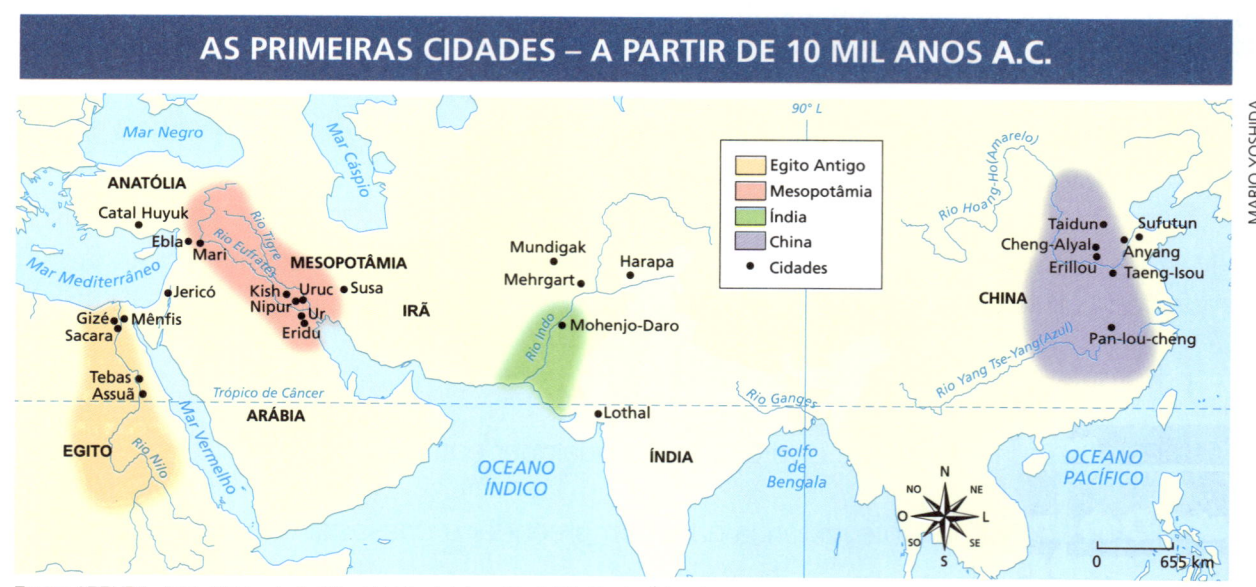

AS PRIMEIRAS CIDADES – A PARTIR DE 10 MIL ANOS A.C.

Fonte: ARRUDA, José Jobson de A. *Atlas histórico básico*. 17 ed. São Paulo: Ática, 2007. p. 6

- Observe esta imagem que mostra um patrimônio da humanidade construído há mais de 4 mil anos.

Panorama de Gizé, a terceira maior cidade do Egito, que está localizada na margem ocidental do Rio Nilo, Egito. Foto de 2018.

a) Você sabe o que são essas construções?
_____

b) Em que país e continente estão essas construções?
_____
_____
_____

c) Você imagina para que serviam?
_____
_____
_____
_____
_____

Um povo antigo da África: egípcios

Na África, há cerca de 4 mil anos, começaram a surgir povoados às margens de um grande rio que nasce na região onde hoje é o país Uganda, no nordeste do continente.

Observe o mapa e a foto de satélite:

Imagem de satétile do Rio Nilo, Egito. Foto de 2016.

IBGE. *Atlas geográfico escolar*. 4. ed., Rio de Janeiro, 2007.

Observe o Rio Nilo no nordeste da África. O Rio Nilo, que é o maior do mundo, tem 6 650 km de extensão. Nasce no Lago Vitória, segue por Uganda, Sudão do Sul e Sudão. Prossegue até o Cairo, no Egito, onde forma o Delta do Nilo, que deságua no Mar Mediterrâneo.

Esse rio sofre enchentes periódicas na época das chuvas, de junho a setembro, e as inundações atingem largas porções de terra nas margens. Na vazante, ao retornar ao leito normal, as águas deixam um lodo muito rico em nutrientes, que favorece a agricultura.

Assim, para as pessoas que viviam ao longo do Nilo, havia abundância de alimentos, pois, além dos produtos agrícolas, elas podiam contar com a fartura de peixes, aves e outros animais que viviam no rio e em meio à vegetação próxima. Começaram a praticar a pecuária, criando animais para consumo e para utilizar no transporte.

Modelo de aração. Madeira pintada. Início do Império Médio, cerca de 1950 a.C. Procedência desconhecida, Museu Britânico.

Para melhorar ainda mais o cultivo, abriram canais de irrigação que levavam as águas do Nilo a pontos mais distantes das plantações. Também aprenderam a construir diques. Nessa época, cultivavam cereais, oliveiras, linho, papiro, frutas e legumes variados.

O rio servia de meio de comunicação, pois nele se navegava de povoado em povoado. As técnicas de navegação, desse modo, se desenvolveram.

Antigo papiro egípcio com o desenho de uma embarcação usada no Rio Nilo.

Para controlar a quantidade das colheitas, o número de cabeças de gado e outros detalhes da produção, os egípcios desenvolveram um sistema de escrita, baseado em desenhos que representavam as palavras. Essa escrita evoluiu até o uso dos hieróglifos.

Até o século XIX a escrita hieroglífica era um mistério para os pesquisadores, mas finalmente ela foi decifrada por um cientista francês, Champollion, que estudou uma pedra encontrada no Egito, na cidade de Roseta, onde havia inscrições em grego, hieroglífica e demótica, que era a escrita mais popular do Egito antigo. Por isso, essa pedra ficou conhecida como Pedra de Roseta.

Com a escrita, outros avanços ocorreram, na matemática, na engenharia, na arquitetura, na medicina, à medida que a sociedade foi se tornando mais complexa.

Os povoados prosperaram, tornando-se cidades onde viviam artesãos, comerciantes, agricultores, funcionários públicos, sacerdotes, guerreiros. Inicialmente eram cidades independentes, chefiadas por pessoas mais velhas ou originárias das famílias mais antigas. Com o passar do tempo, essas cidades – que eram chamadas de nomos – foram se unindo. Primeiro, houve união entre os nomos do Norte e os nomos do Sul, formando dois reinados. Mais tarde, os nomos do Norte e do Sul uniram-se em um único império, sob o domínio de um governante que tinha o título de faraó. Assim nasceu o império egípcio ou Egito, que foi um dos mais poderosos na Antiguidade.

ATIVIDADES

1. Marque com um **X** o que estiver correto.

☐ As primeiras cidades surgiram próximas de florestas e montanhas.

☒ As primeiras civilizações se formaram perto de grandes rios.

☐ Os grupos humanos se tornaram sedentários quando descobriram grandes rios e lagos.

☐ Um dos fatores que permitiu o aparecimento de cidades foi o comércio.

2. Entendemos por Crescente Fértil uma vasta região que abrange dois continentes. Quais são esses continentes?

_____

3. Registre o nome de 3 rios importantes no Crescente Fértil.

_____

4. Marque com um **X** o continente no qual surgiu o povo egípcio:

☐ Ásia   ☒ África

☐ Europa   ☐ América

5. Complete:

a) As primeiras cidades fundadas pelo povo egípcio ficavam às margens do Rio _____ e eram chamadas _____.

Elas eram _____, isto é, cada qual tinha próprio governo.

b) Com a descoberta da _____ os grupos humanos, que antes eram nômades, fixaram-se em algumas regiões, tornando-se _____.

c) Para controlar a quantidade da produção, contar as cabeças de gado e registrar outros detalhes importantes, foi necessário desenvolver um sistema de _____. No Egito, o sistema mais elaborado, que consistia em desenhos representando palavras, era o sistema de _____.

d) A escrita egípcia só foi decifrada no século _____, por um cientista francês chamado _____. Ele se baseou em 3 inscrições feitas na chamada _____.

A religião e o poder dos faraós

A religião egípcia era politeísta, isto é, acreditavam na existência de muitos deuses. O mais importante deles era Osíris, mas havia outros, como Ísis, Anúbis, Set etc., cada um ligado a um aspecto da vida. Muitos desses deuses eram representados com formas meio humanas meio animais. Vários animais também eram considerados seres divinos, como os gatos.

Pela religião, os egípcios explicavam muitos fenômenos da natureza e do universo. O Rio Nilo era para eles um rio sagrado, uma divindade, pois eles percebiam que toda a vida ao redor era possível graças a essas águas.

Em homenagem aos deuses, construíram templos, administrados por sacerdotes. Nesses templos guardavam os produtos pagos como impostos, então havia ali celeiros, currais com gado, depósitos de objetos artesanais etc., além de locais para oferendas aos deuses. Os sacerdotes, por esse motivo, se tornaram uma camada muito rica e poderosa da sociedade.

Os faraós, no Egito Antigo, eram também considerados deuses, filhos do deus Sol, a quem chamavam de Ra. A população devia prestar-lhes homenagens, pagar impostos de tudo que produzissem e aceitar todas as suas decisões. O faraó, por intermédio de seus funcionários, fiscalizava a vida dos camponeses e dos artesãos, exigindo trabalho e o pagamento dos impostos. Tinha inclusive o poder de açoitá-los, caso não cumprissem suas obrigações. Esse sistema de governo chama-se governo teocrático, pois se baseia na religião e o governante é visto como uma divindade.

A família do faraó, assim como as pessoas que viviam na corte, os sacerdotes e os altos funcionários constituíam a elite, a camada mais rica, que vivia com luxo e conforto. Entre eles estavam os **escribas**, que eram pessoas que aprendiam a ler e a escrever e tinham de anotar os registros e documentos do governo.

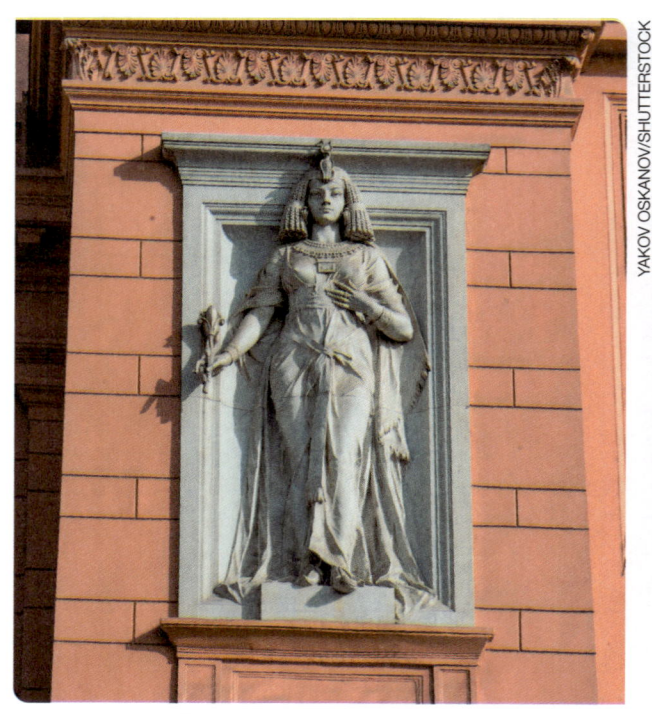

Estátua da deusa Ísis no muro do Museu do Cairo, Egito, 2018.

O restante da população trabalhava muito, principalmente nas grandiosas obras que o governo mandava realizar, como templos, palácios, pontes, diques, e os túmulos, que eram as pirâmides.

A religião egípcia afirmava que haveria reencarnação das pessoas após a morte, mas apenas para aqueles que tivessem conseguido preservar seus corpos. Por isso, tanto os faraós como os membros da elite providenciavam que seus corpos fossem mumificados após morrerem e colocados em túmulos onde também coubessem muitos dos objetos e riquezas que possuíssem em vida. Foi assim que os governantes começaram a construir

VOCABULÁRIO

mumificar: embalsamar, transformar em múmia, isto é, tratar um corpo de modo que ele não se decomponha totalmente, apenas seque, preservando as feições.

as pirâmides, das quais as mais famosas são as de Queóps, Quéfren e Miquerinos, localizadas na Península de Gizé, erguidas há cerca de 5 mil anos atrás.

Apenas as pessoas com posses podiam encomendar pirâmides. Até a atualidade, foram descobertas cerca de 123 pirâmides da época mais antiga do Egito.

Entretanto, como havia muitos saques nessas construções, em época posterior os faraós, membros da elite passaram a construir túmulos escondidos subterrâneos, em um grande vale, chamado Vale dos Reis.

Múmia egípcia em local com hieróglifos.

Como se dividia a sociedade egípcia

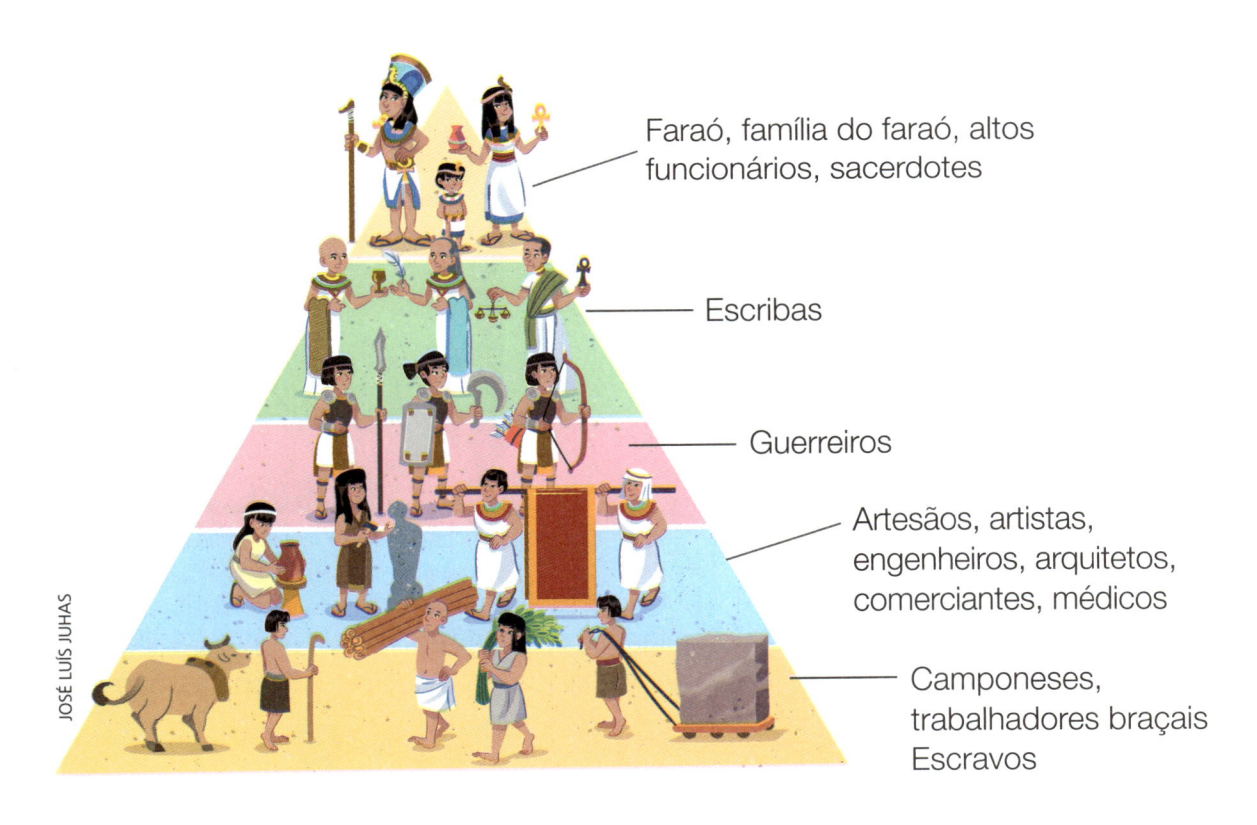

- Faraó, família do faraó, altos funcionários, sacerdotes
- Escribas
- Guerreiros
- Artesãos, artistas, engenheiros, arquitetos, comerciantes, médicos
- Camponeses, trabalhadores braçais Escravos

No topo, como a camada mais poderosa e rica, estavam o faraó e a sua família, os sacerdotes, os altos funcionários do governo e escribas. A camada intermediária era constituída de guerreiros, comerciantes, proprietários de terras, artesãos, artistas, engenheiros, arquitetos, médicos. Na base, formada pela maioria da população, estavam os trabalhadores braçais e camponeses.

Havia poucos escravos, pessoas que haviam sido aprisionadas em guerras e eram mantidas como serviçais domésticos ou nas cidades.

Ao contrário do que se pensava, as pirâmides e as grandes obras não foram construídas por escravos, mas por artesãos, pedreiros e outros trabalhadores contratados, isto é, que recebiam um pagamento pelo serviço. Mas era um pagamento muito pequeno, que dava apenas para alimentação e moradias muito precárias nas proximidades das obras.

O Império Egípcio

A história do Egito Antigo é muito longa, abrangendo mais de 5 mil anos. Nesse período, muitas transformações ocorreram, desde o aparecimento das primeiras cidades ao longo do Rio Nilo.

Um fato importante é que, pela primeira vez na história, se constituiu ali um Estado.

Inicialmente, as capitais desse Estado foram as cidades de Tínis e Mênfis, mas posteriormente a sede de governo transferiu-se para Tebas.

Os faraós que se sucederam no poder foram, aos poucos, expandindo as fronteiras do império e chegaram a dominar regiões fora da África: no Oriente Próximo e na Mesopotâmia. Para isso, submeteram diversos povos ao governo egípcio.

Em 525 a.C., o Egito foi conquistado pelos persas (que vinham da região onde hoje é o Irã) e permaneceu sob esse domínio por cerca de 200 anos. Em 332 a.C., toda a região foi anexada ao poder da Macedônia, um país ao norte da Grécia, cujo rei, Alexandre Magno, conquistou um enorme território que chegava até a Índia. Esse império de Alexandre não durou muito, acabou dividido e a parte egípcia ficou nas mãos dos Ptolomeus, uma família que descendia de um dos generais de Alexandre. Nessa família nasceu Cleópatra, que reinou no Egito até ser derrotada pelos romanos, no ano de 30 a.C.

Escultura romana representando busto de Cleópatra, feita entre 40 e 30 a.C. Foto de 2018. Museu de História Antiga de Berlim, Alemanha, 2018.

VOCABULÁRIO

Estado: é um território delimitado por fronteiras, com um governo para toda a região, ocupado por um povo que tem origem, língua e tradições comuns.

4 MESOPOTÂMIA

A Mesopotâmia: terra de muitos povos

No Oriente Médio, onde hoje se localiza o Iraque, desenvolveu-se, por volta de 3500 a.C., a civilização mesopotâmica, contemporânea à civilização egípcia.

A denominação de "Mesopotâmia", para a região compreendida entre os rios Tigre e Eufrates, foi dada pelos gregos antigos e significa "terra entre rios".

REGIÃO DA ANTIGA MESOPOTÂMIA – ATUAL IRAQUE

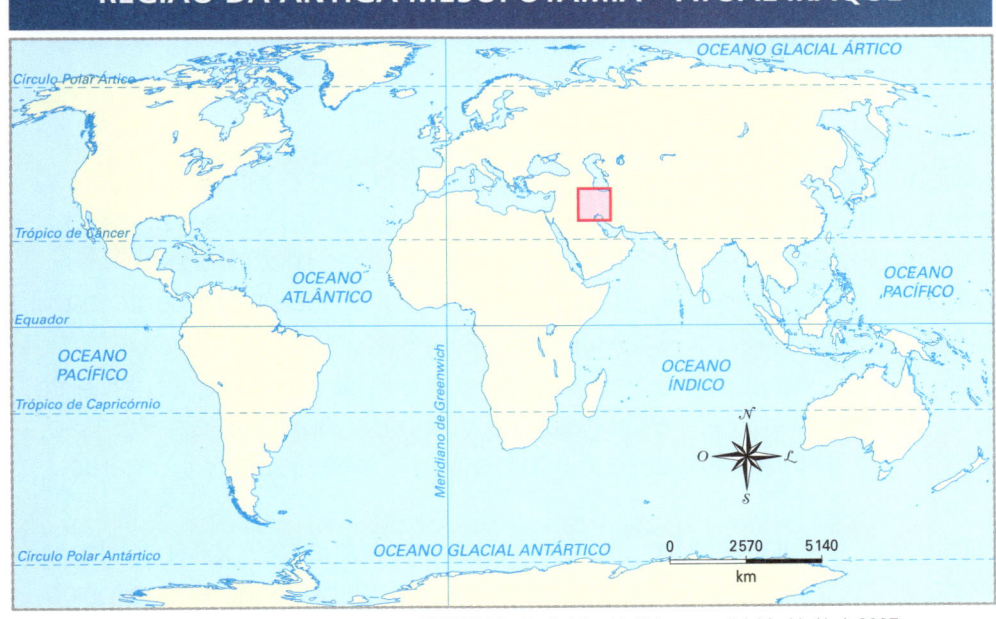

Planisfério com destaque para a região do atual Iraque, onde, por volta de 3500 a.C., se desenvolveu a civilização mesopotâmica.

Fonte: KINDER, Hermann; HILGEMANN, Werner; HERGT, Manfred. *Atlas histórico mundial*. Madri: Akal, 2007.

POVOS DA MESOPOTÂMIA NA ANTIGUIDADE (APROX. 3000 A.C.)

Fonte: IBGE. *Atlas geográfico escolar*. 4. ed., Rio de Janeiro, 2007.

O território da Mesopotâmia é cortado, no sentido norte-sul, por um extenso vale no qual correm os rios Tigre e Eufrates, que nascem nas montanhas da Armênia e desembocam no Golfo Pérsico. A leste, ficam os Montes Zagros, que separam a Mesopotâmia do Irã, e a oeste encontra-se o Deserto da Arábia.

Essa situação geográfica desempenhou importante papel na história da Mesopotâmia.

Os rios Tigre e Eufrates sofrem períodos de cheias, que iniciam em março, época em que o gelo das montanhas da Armênia começa a derreter. O aumento do volume das águas provoca inundações, principalmente no sul.

Placa de argila com escrita dos antigos mesopotâmicos. Os povos da região escreviam em pedaços de argila molhada, com estiletes feitos de bambu.

Quando as águas baixavam, muitas áreas se transformavam em pântanos. Os mesopotâmicos desenvolveram um complexo sistema hidráulico para dessecar os pântanos e armazenar água para o período das secas. Com essas medidas e a construção de diques e canais de irrigação, tornou-se possível o desenvolvimento da agricultura e do pastoreio.

A região da Mesopotâmia estava menos isolada do que o Egito. Consequentemente, diferentes povos a atravessavam ou nela se instalavam como conquistadores. Por isso, nessa região, sucederam-se grandes impérios e sua história é marcada por inúmeras guerras.

A primeira civilização a se instalar na Mesopotâmia foi a dos sumérios, por volta de 3000 a.C. A eles é atribuída a criação de um sistema de escrita, denominada cuneiforme, usado pelos outros povos que dominaram a região.

Em aproximadamente 2550 a.C., foi a vez dos acádios, povo vindo do deserto da Arábia que se estabeleceu no curso médio dos rios.

Por volta de 2000 a.C., os acádios foram dominados pelos amoritas, que fundaram um grande império, conhecido como o Primeiro Império Babilônico.

Ao norte da Mesopotâmia, viviam os assírios, um povo guerreiro que possuía um poderoso exército. Eles dominaram a região entre os anos 1300 a.C. e 1200 a.C.

Por volta do ano 1100 a.C., os caldeus fizeram renascer o Império Babilônico e passaram a controlar a Mesopotâmia. Foi o segundo Império Babilônico.

Como viviam os mesopotâmicos

Sumérios

Os povos que dominaram a Mesopotâmia conseguiram constituir grandes impérios, dominando povos vizinhos.

Os primeiros povoadores, os sumérios, estabeleceram-se ao sul da região (Baixa Mesopotâmia), onde havia pântanos e desertos, por volta do ano 3000 a.C. Organizaram-se em cidades-estados, ou seja, cidades que tinham autonomia política, econômica e religiosa. As principais foram Ur, Uruk, Lagash e Nippur que eram governadas pelo patesi, representante do deus local, chefe religioso, militar e político.

Em cada cidade havia um zigurate, uma construção em forma de pirâmide de degraus, que, funcionava como centro político, administrativo e econômico. Nele eram depositadas as riquezas que a cidade acumulava. Possuía armazéns, celeiros e oficinas, onde artesãos fabricavam pão, cerveja, tecidos, objetos de madeira, cerâmica e metal.

Também era o local onde viviam os arquitetos, responsáveis por planejar os canais de irrigação, os palácios e as residências. Havia, ainda, os escravos, prisioneiros de guerra que eram obrigados a trabalhar para os conquistadores. No topo do zigurate havia um templo dedicado à principal divindade.

A base econômica das cidades era a agricultura. Para a irrigação da terra, eram construídos canais.

Os camponeses trabalhavam na terra e cuidavam dos diques e canais. Eram obrigados, como os camponeses egípcios, a entregar boa parte da produção para os administradores da cidade ou dos templos.

Babilônios

Os babilônios fixaram-se ao norte da Suméria e transformaram a Babilônia na capital de seu império. Para essa cidade, convergiam muitas rotas comerciais do Oriente Próximo.

Um dos mais importantes reis babilônicos foi Hamurábi (c. 1810 a.C. a 1750 a.C.), que impôs seu domínio sobre as demais cidades-estados da Mesopotâmia, originando o Império Babilônico. Desse modo, foi constituído um Estado, que, conforme estudado anteriormente, é um território delimitado por fronteiras, com um governo central e que abriga uma população com tradições, crenças e origem comuns.

Zigurate na cidade de Dur-Kuringalzu, atual Agar-Quf, no Iraque.

Com a morte de Hamurábi, seus sucessores enfrentaram diversas revoltas e invasões de outros povos e viram o império ruir. Os povos invasores só foram expulsos por volta de 1150 a.C. pelos assírios, que passaram a ter o controle da região.

> **Duas leis do Código de Hamurábi**
>
> 53º. Se alguém é preguiçoso e não cuida do próprio dique, e em consequência se produz uma fenda no mesmo dique e os campos da aldeia são inundados d'água, aquele, em cujo dique se produziu a fenda, deverá pagar pelo trigo que ele fez perder.
>
> 54º. Se ele não pode pagar pelo prejuízo do trigo, deverá ser vendido por dinheiro juntamente com os seus bens, e os agricultores de quem o trigo foi destruído dividirão o dinheiro entre si.
>
> Código de Hamurábi. Portal Dhnet Direitos Humanos. Disponível em: www.dhnet.org.br/direitos/anthist/hamurabi.htm Acesso em: 21 jun. 2022. (Texto adaptado)

Assírios

Os assírios, dedicados principalmente à agricultura e ao pastoreio, viviam no norte da Mesopotâmia. Sua principal cidade era Assur, às margens do Rio Tigre.

Os reis assírios, a partir do século VIII a.C., começaram a expandir seu território, militarizando o Estado. Os exércitos assírios eram superiores aos dos demais povos – usavam armas de ferro, carros de guerra e cavalos –, e eram muito temidos.

Conquistaram várias regiões dentro e fora da Mesopotâmia, incluindo a Babilônia, a Síria, a Fenícia, o Reino de Israel, o Egito e o Elam, formando um vasto império. A primeira capital foi Assur e a segunda, Nínive.

No Império Assírio, havia uma brutal exploração dos povos vencidos, apoiada em uma política de terror. Esses povos tinham suas riquezas pilhadas pelos guerreiros assírios, sob ordem dos reis.

No reinado de Assurbanípal (c. 668 a.C. a 627 a.C.), foi construída a Biblioteca de Nínive, com mais de 22 mil tabletes de argila contendo grande parte da literatura mesopotâmica, conhecimentos de astronomia, de arquitetura, de engenharia e agricultura e muitos outros.

Constantes rebeliões dos povos dominados provocaram a decadência do Império Assírio. Em 612 a.C., os caldeus, provenientes do sul da Mesopotâmia, comandados por Nabopolassar, cercaram e destruíram Nínive.

Caldeus

Entre os anos de 616 e 539 a.C., a cidade da Babilônia voltou a se destacar na Mesopotâmia.

Com a derrota dos assírios, teve início o Segundo Império Babilônico ou Novo Império Babilônico, que compreendia toda a Mesopotâmia, a Síria, a Palestina e o Elam (um território que hoje faz parte do Irã). A Babilônia se tornou um importante centro comercial e cultural do Oriente Próximo.

O apogeu do Império Caldeu ocorreu durante o governo do rei Nabucodonosor (c. 632 a.C. a 562 a.C.). Nesse período, foram feitas inúmeras construções públicas, entre elas, os Jardins Suspensos, considerados pelos gregos uma das maravilhas do mundo, pois se tratava de um gigantesco palácio sobre o qual se construíram florestas e canteiros, irrigados por um sistema hidráulico que levava baldes de água suspensos por roldanas. Também é dessa época um zigurate com 215 metros de altura. Os hebreus, ao descrever esse zigurate na Bíblia, o chamaram de Torre de Babel.

Os zigurates da Babilônia deram origem à narrativa bíblica sobre a Torre de Babel, representada nesta pintura de Pieter Brueghel (1525-1569), do século XVI. Existem referências a esse zigurate da Babilônia desde 700 a. C.

Os caldeus dominaram também a Síria e o Reino de Judá, fazendo os hebreus prisioneiros e os levando como escravos para a Mesopotâmia. Esse episódio ficou conhecido como Cativeiro da Babilônia.

Após a morte de Nabucodonosor, lutas internas levaram ao enfraquecimento do Império, que foi dominado por Ciro, rei da Pérsia, em 539 a.C.

ATIVIDADES

1. Parte do Crescente Fértil, é um vale que fica entre dois grandes rios que nascem nas montanhas da Armênia.

a) Como era chamada essa região pelos gregos?
_____

b) Qual o significado desse nome?
_____

c) Como se chamam os rios?
_____

2. Marque as afirmativas corretas:

☐ A Mesopotâmia, na Antiguidade, foi território ocupado por diversos povos.

☐ Como é uma região muito seca, a base econômica da Mesopotâmia era comércio e criação de cabras.

☐ Por causa da grande disponibilidade de água, os povos mesopotâmicos desenvolveram tecnologias para construir diques e canais de irrigação.

☐ As cidades mesopotâmicas, no início, eram independentes, principalmente na época dos sumérios.

3. Associe o nome do povo com o fato.

☐ sumérios ☐ caldeus

☐ babilônios ☐ persas

☐ assírios

a) Militaristas, temidos pelos outros povos, conquistaram toda a Mesopotâmia.

b) Primeiros habitantes, estabeleceram-se na região sul.

c) Povo que conquistou definitivamente a Mesopotâmia, ao submeter os caldeus, em 539 a.C.

d) Fundaram um grande império que chegou até a Síria e a Palestina.

e) Unificaram as cidades-estados sob um governo centralizado. O rei Hamurábi foi um de seus destaques.

4. Um grande destaque dos mesopotâmicos foi a arquitetura. Dê um exemplo de um tipo de construção que era feita tanto para servir de sede administrativa quanto de templo.

_____

5. Na Mesopotâmia houve grandes realizações no campo das leis, da arquitetura e, principalmente, da escrita. Registre:

a) Um código de leis: _____

b) Uma construção famosa considerada **maravilha** do mundo: _____

_____

c) O nome do sistema de escrita: _____

d) O nome dado pela Bíblia a um zigurate de 215 metros de altura: _____

6. Entre os povos que viveram na Mesopotâmia, um deles se tornou o mais temido e chegou a formar um vasto império. Qual foi esse povo e por que tinha superioridade militar sobre os outros?

_____

7. Circule os povos que viveram na Mesopotâmia na Antiguidade.

egípcios	babilônios	hebreus
(assírios)	fenícios (persas)	(sumérios)
(caldeus)	chineses	gregos

8. Coloque os povos da Mesopotâmia que você circulou na atividade anterior em ordem cronológica, do mais antigo para o mais recente.

_____

9. A Mesopotâmia, atualmente, é um importante país de cultura islâmica. Que país é esse e qual é sua capital?

_____

Religião, artes e ciências

Os povos da Mesopotâmia eram politeístas e acreditavam que seu mundo era controlado por deuses e deusas, demônios e monstros. Eles cultuavam uma centena de deuses que seriam responsáveis por tudo no mundo, desde os rios e árvores até a fabricação do pão e da cerâmica.

De acordo com essas crenças, cada cidade seria protegida por um deus ou deusa próprios e sua família. Grandes templos foram construídos no centro das cidades para que os sacerdotes os louvassem por meio de rituais especiais. Havia, também, pequenos templos espalhados por toda a cidade, onde as pessoas podiam fazer oferendas.

Acreditavam que os demônios, com corpos humanos e cabeças de pássaros ou outros animais, foram criados pelos deuses e podiam ser tanto ruins como bons. Os sumérios acreditavam em deuses ligados ao universo e aos astros, como Anu (rei do céu), Enhol (rei da Terra), Ea (rei do oceano), Shamash (o Sol), Sin (a Lua) e Ishtar (o planeta Vênus).

Marduque, deus do comércio e protetor da cidade da Babilônia, no apogeu do Império Babilônico, foi elevado à condição de principal deus da Mesopotâmia.

Representação do deus Enlil, um dos mais importantes da Mesopotâmia. Essa imagem decorava uma parede na antiga Mesopotâmia, provavelmente de um templo.

Enlil era o protetor da cidade de Nipur, onde reis de toda a Mesopotâmia iam prestar-lhe homenagens. Era o deus responsável por guardar as "tábuas do destino", nas quais ele escrevia o destino de todos os seres da Terra.

Os assírios seguiram a mesma religião dos sumérios. Os seus deuses eram identificados com as forças da natureza, como o Sol, a Lua, as estrelas e, também, as águas e florestas, o trovão, os eclipses. Como os outros mesopotâmicos, os assírios foram grandes observadores do céu, com isso contribuindo para desenvolver conhecimentos de astronomia.

Os caldeus acreditavam que a vida das pessoas era influenciada pelos astros. Por isso, os sacerdotes estudavam astrologia e elaboravam horóscopos. Essa atividade teve grande influência no desenvolvimento da astronomia, pois partia da observação dos astros e estrelas, da posição no céu e dos fenômenos como dia e noite, ciclo da Lua, do Sol etc.

As artes e as ciências da Mesopotâmia foram fortemente influenciadas pela religião.

A arte mais desenvolvida foi a arquitetura, que era grandiosa e luxuosa. Na escultura, destacaram-se os baixos-relevos assírios. Sua temática eram cenas de guerra, de caça e atividades sagradas.

Nas ciências, os mesopotâmicos se destacaram na matemática e na astronomia. Dividiram o ano em 12 meses, a semana em 7 dias, a hora em 60 minutos, e o minuto em 60 segundos. Previram eclipses; dividiram o círculo em 360 graus e descobriram muitos outros fenômenos.

ATIVIDADES

1. Marque com um **X** a resposta correta. A religião mesopotâmica era:

☐ politeísta, isto é, havia a crença em muitos deuses.

☐ monoteísta, isto é, acreditavam em um único deus.

2. Onde os mesopotâmicos cultuavam seus deuses? O que eles construíam?

_____
_____

3. As sociedades mesopotâmicas, de modo geral, eram divididas, isto é, as pessoas tinham níveis de vida muito desiguais. Associe as duas colunas sobre as classes sociais.

a) Governantes, com poderes absolutos.

b) Sacerdotes, administradores, família dos governantes.

c) Comerciantes, engenheiros, arquitetos, matemáticos, artesãos especializados.

d) Trabalhadores braçais e camponeses.

e) Escravos

☐ Viviam em condições precárias, trabalhavam na agricultura e na pecuária e tinham de pagar altos impostos ao governo e aos templos.

☐ Nobreza, viviam com conforto e luxo, mas eram uma minoria.

☐ Reis, com poder de passar o governo por hereditariedade.

☐ Prisioneiros de guerra, obrigados a prestar serviço a seus conquistadores.

☐ Podiam enriquecer com o comércio ou com suas atividades especializadas, viviam com conforto, mas não eram nobres.

4 Complete: Os povos da Mesopotâmia desenvolveram muitos conhecimentos, principalmente nas áreas de _____ , _____ e _____.

GRÉCIA ANTIGA

Os gregos na Antiguidade: onde viveram

Os gregos viveram na extremidade sul da Península Balcânica, na Europa, e sua cultura se desenvolveu a partir da fusão das diversas populações que lá se estabeleceram nos últimos 4 mil anos. Essas populações desenvolveram características culturais comuns, como a língua, a religião, os costumes e tradições, as práticas para sobrevivência, por isso podemos falar de um povo grego e de uma cultura grega.

A partir de 500 a.C., a cultura grega influenciou de tal forma o mundo mediterrâneo (ou seja, os povos que viviam ao redor do Mar Mediterrâneo) que acabou por constituir um dos mais sólidos fundamentos de toda a civilização ocidental, que é a civilização à qual pertencemos. Nossas heranças gregas estão presentes em muitos aspectos de nosso modo de ser, na nossa maneira de pensar, em formas de governo que usamos, como a democracia, e até nos esportes, como é o caso da realização dos Jogos Olímpicos.

Veja, no mapa a seguir, a Península Balcânica, na qual se localizavam as cidades-estados gregas.

GRÉCIA ANTIGA POR VOLTA DE 550 A.C.

Fonte: HAYWOOD, John. *Atlas histórico do mundo*. Colônia: Könemann, 2001, p. 43.

LOCALIZAÇÃO DA GRÉCIA ANTIGA NO MUNDO MEDITERRÂNEO

Fonte: ARRUDA, José Jobson de A. *Atlas histórico básico*. São Paulo: Ática, 2005.

Cercada a leste pelo Mar Egeu, a oeste pelo Mar Jônico e ao sul pelo Mar Mediterrâneo, a Grécia Antiga ocupava uma área com cerca de 77 000 km², na Península Balcânica, uma região do continente europeu.

Vila de Aristi, Épiro, Grécia. Aristi é uma vila acolhedora, com inúmeras paisagens bonitas. Tornou-se um local popular e turístico na Grécia. Foto de 2017.

Heraklion, ilha de Creta, Grécia. Foto de 2017.

Por sua posição geográfica, a Grécia foi o elo entre a Europa e os povos do Oriente. Seu relevo montanhoso dificultava a comunicação interna, prejudicando a formação de um governo central e favorecendo o isolamento entre as comunidades gregas, que se estabeleceram nas planícies a partir da Pré-História. A ligação entre as cidades mais distantes, em geral, dava-se por via marítima, pois as costas recortadas e as ilhas numerosas e próximas umas das outras facilitavam a navegação.

A formação do povo grego

Aproximadamente no ano 2000 a.C., a Península Balcânica, até então habitada por grupos de pastores seminômades, começou a ser ocupada por povos indo-europeus, provenientes da Europa e da Ásia, entre eles, os aqueus, os eólios, os jônios e os dórios.

Os aqueus foram os primeiros a chegar. Concentraram-se em uma região a que chamaram de Peloponeso e fundaram cidades, entre elas, Micenas. Em meados do século XV a.C., invadiram a Ilha de Creta, uma das maiores do Mar Egeu, assimilando a cultura dos cretenses, surgindo, assim, a civilização creto-micênica. Expandiram-se pela Ásia Menor, invadiram e destruíram a cidade de Troia, ponto estratégico comercial entre os mares Egeu e Negro.

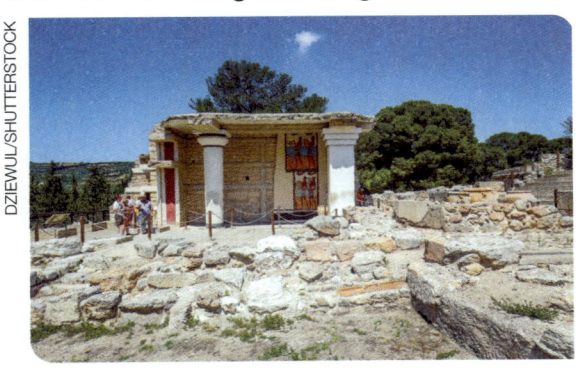

Ruínas do Palácio de Knossos, Creta, Grécia, 2017. O Palácio de Knossos é o maior sítio arqueológico de Creta. Foi o centro político da civilização que ali existiu.

Os eólios atingiram várias regiões, entre elas a Tessália.

Os jônios se estabeleceram na Ática, onde mais tarde foi fundada a cidade de Atenas.

A invasão dos dórios iniciou-se por volta de 1200 a.C. Destruíram a civilização creto-micênica, provocando a dispersão de parte de sua população para o interior e para as ilhas do Mar Egeu e a costa da Ásia Menor.

Esse episódio é conhecido como a **Primeira Diáspora** (diáspora significa dispersão).

Como viviam as primeiras comunidades na Grécia

O estudo desse período começou a ser feito principalmente pela análise de dois poemas atribuídos a um poeta chamado Homero: a *Ilíada* (relatos sobre a expansão dos aqueus na Ásia Menor) e a *Odisseia* (narrativa sobre a volta dos heróis gregos da Guerra de Troia e a vida cotidiana). Por isso, alguns historiadores chamam essa fase, que vai de 1200 a.C. até 800 a.C., de tempos homéricos.

As comunidades viviam independentes umas das outras e eram organizadas em famílias coletivas, chamadas *genos*, que reuniam descendentes de um antepassado comum.

Cada geno era chefiado pelo membro mais velho, o *pater*, com autoridade militar, religiosa e política.

A economia era sustentada na agricultura e no pastoreio. A terra era propriedade coletiva. A produção destinava-se à subsistência da família. O comércio era pouco desenvolvido e feito com base nas trocas diretas. Não havia a desigualdade econômica ou social típica das sociedades que se estruturam sobre a propriedade privada da terra.

Por volta do século VIII a.C., iniciou-se o processo de desintegração das comunidades gentílicas. O crescimento populacional foi maior que o da produção e começaram a faltar alimentos.

As terras para o cultivo também eram poucas para tantas pessoas.

O *pater* passou então a dividir as terras. Beneficiou seus parentes mais próximos, dando-lhes os melhores lotes, que foram transformados em propriedades privadas.

Passou a existir acentuada desigualdade social. Formou-se uma poderosa camada, a aristocracia rural, que eram os proprietários de terras.

Alguns membros dos genos ficaram com terras menos férteis, e outros passaram a se dedicar ao artesanato ou ao comércio. Mas a maioria da população dos genos ficou sem terra alguma e começou a abandonar o território. Dedicaram-se à navegação e foram explorar as costas do Mediterrâneo, do mar Negro, onde fundaram colônias.

A expansão colonial

O século VIII a.C. foi marcado por intenso movimento de colonização, decorrente da necessidade de terras férteis por causa do aumento populacional ocorrido na época. Sem ter mais terras na Península Balcânica, os gregos iniciaram intensa navegação pelo mar Mediterrâneo, fundando colônias em regiões como sul da Europa, o norte do Mar Negro, as costas asiáticas e o norte da África. Essa emigração grega foi denominada **Segunda Diáspora**.

As colônias eram politicamente independentes, apesar de manterem vínculos com suas cidades de origem. Consideravam-se pertencentes à comunidade helênica.

VOCABULÁRIO

helênico: relativo a Hélade, nome pelo qual a Grécia antiga era conhecida.

O colonialismo provocou uma expansão da agricultura, da pecuária e do artesanato, tanto nas colônias como na própria Grécia. Houve desenvolvimento comercial, como resultado da abertura de novas rotas. A Grécia importava alimentos e matérias-primas e exportava produtos elaborados (vinho, azeite, cerâmica etc.).

A COLONIZAÇÃO GREGA (A PARTIR DO SÉCULO VIII A.C.)

Fonte: ARRUDA, José Jobson de A. *Atlas histórico básico*. São Paulo: Ática, 2005. p. 8.

As principais colônias gregas foram:
- no Mar Negro, Bizâncio (hoje Istambul);
- na Península Itálica (Magna Grécia), Tarento, Crotona, Siracusa;
- na Ásia Menor, Fócia, Esmirna, Éfeso e Mileto;
- na Gália, Massília (Marselha de hoje).

Formação das cidades-estados ou pólis

O período da história grega que se estendeu do século VIII a.C. até o século V a.C. caracteriza-se por transformações políticas e sociais e pela consolidação das cidades-estados.

Houve o enriquecimento da aristocracia e a desigualdade social acentuou-se. A sociedade grega foi se tornando escravista. Os escravos eram conseguidos principalmente nas guerras, além de existir o escravismo por dívidas.

As tensões sociais e as crises levaram alguns genos a se unirem, formando uma **fratria**. Certo número de fratrias reunidas formava uma **tribo**. Aos poucos, as tribos de dada região passaram a se agrupar, formando a **pólis**, a cidade-estado grega. As cidades gregas eram completamente independentes umas das outras, cada uma tendo o próprio governo, por isso nós as chamamos de cidades-estados.

Ruínas da Acrópole de Atenas, construída em 450 a.C. é a mais conhecida e famosa do mundo. Foto de 2011.

Em geral, a pólis surgia em torno da acrópole, um conjunto de edificações em um terreno elevado, para facilitar a defesa. Inicialmente, possuía economia autossuficiente e a forma de governo adotada era a monarquia.

Cada cidade-estado era governada por um rei, o **basileus**, assessorado por um conselho formado por representantes da aristocracia. Havia também uma assembleia popular composta pelos cidadãos, aqueles que tinham direitos políticos. A Grécia teve inúmeras cidades-estados importantes, dentre as quais se destacaram Esparta e Atenas.

ATIVIDADES

1. Marque com um **X** onde a Grécia se localiza:

☐ na Península Itálica

☐ na Península Ibérica

☐ na Península Arábica

☐ na Península Balcânica

2. Por que dizemos que existiu um povo grego e uma cultura grega, se nunca houve um governo central na Grécia antiga?

_____

_____

_____

3. Quais eram as atividades das primeiras comunidades gregas, para sobreviver?

_____

4. O relevo da Grécia influenciou nas comunicações entre as cidades gregas? Explique.

_____

_____

5. Associe corretamente

a) genos   **c)** tribos

b) fratrias   **d)** pólis

☐ cidade-estado grega, apresentava no local mais elevado uma acrópole.

☐ núcleo inicial de povoamento, formado por uma família.

☐ união de diversas famílias, para melhor enfrentar guerras e perigos.

☐ união que em seguida deu origem às cidades gregas.

6. Explique o significado de cidade-estado.

_____

_____

7. Com a divisão das terras da comunidade pelo pater, surgiram classes sociais distintas. Como apareceu a classe dos proprietários rurais, que se tornou a mais rica e mais influente?

_____

_____

8. Marque a resposta correta:

As pessoas que ficaram sem terra alguma nas comunidades gregas, quando o pater dividiu o território:

☐ tornaram-se escravas.

☐ abandonaram a região e procuraram fundar colônias em outros lugares ao longo do Mar Mediterrâneo e do Mar Negro.

☐ se revoltaram e iniciaram longos períodos de guerras.

☐ abandonaram a região e foram se esconder no interior montanhoso.

9. Complete:

a) A primeira forma de governo nas cidades-estados gregas foi a _____ e o rei tinha o título de _____

b) As duas cidades-estados gregas de destaque foram: _____ e _____

Atenas: o berço da democracia

A cidade de Atenas, localizada na Ática, nas proximidades do Mar Egeu, formou-se com a aglutinação de tribos jônicas. No século VIII a.C., era um núcleo rural, mas começava a desenvolver o artesanato e o comércio. Em pouco tempo, essas duas atividades ganharam importância na economia da cidade.

A sociedade ateniense era formada pelas seguintes camadas:

- eupátridas – os "bem-nascidos", camada aristocrática que detinha os privilégios, constituída pelos grandes proprietários de terras;
- georghois – pequenos proprietários de terras em regiões pouco férteis;
- thetas – não possuíam terras. Eram trabalhadores que recebiam pagamento;
- demiurgos – artesãos e comerciantes concentrados no litoral.

Os estrangeiros que moravam em Atenas, geralmente dedicando-se às atividades comerciais e ao artesanato, formavam a camada dos metecos. Não possuíam direitos políticos nem podiam comprar terras.

Atenas também possuía um número significativo de escravizados. Eram prisioneiros de guerra ou pessoas condenadas por terem dívidas.

As transformações sociais e políticas em Atenas

A monarquia foi a primeira forma de governo de Atenas. O poder era exercido por um rei, intitulado basileus. Gradativamente, os eupátridas passaram a limitar o poder do rei, instituindo o arcontado, um regime em que o governo ficou nas mãos de nove arcontes eleitos pelo conselho dos eupátridas.

O movimento de colonização favoreceu o desenvolvimento do artesanato e do comércio e transformou Atenas em um importante centro comercial. Os artesãos e comerciantes enriqueceram e passaram a reivindicar participação política.

O confronto entre os grupos sociais levou a uma prolongada crise política, em que muitas formas de governo se sucederam, até que, em 509 a.C., Clístenes, um aristocrata, realizou reformas que deram origem à democracia ateniense. O direito de cidadania foi ampliado. Passaram a ser considerados cidadãos os filhos de pai ateniense. Clístenes criou a **lei do ostracismo**, que era a condenação ao exílio de Atenas, por dez anos, às pessoas consideradas perigosas pelo governo democrático ateniense.

VOCABULÁRIO

democracia: sistema de governo em que o poder vem do povo, que, por meio do voto, elege seus representantes para governar.

A democracia ateniense atingiu o apogeu no século V a.C., com **Péricles**, que governou 14 anos e promoveu Atenas tanto política como culturalmente.

O governo democrático de Atenas era constituído da seguinte forma:

- Bulé – assembleia formada pelos cidadãos, encarregada da elaboração das leis;
- Eclésia – votava as leis e escolhia os estrategos, encarregados de fazer executar as leis;
- Hileia – tribunais de justiça.

É importante lembrar que os cidadãos de Atenas representavam a minoria da sociedade. Não podiam participar da vida política as mulheres, os estrangeiros (que eram em grande número), os jovens e os escravos. Ao mesmo tempo em que se aperfeiçoavam as instituições democráticas, consolidava-se o escravismo.

Aspectos culturais da Grécia antiga

As cidades-estados gregas enfrentaram muitas guerras, entre elas mesmas e contra impérios da Ásia e da Europa que invadiram a Península Balcânica, como os persas e os macedônicos (que vinham da Macedônia, região ao norte da península). Estes últimos, liderados por um rei chamado Felipe II e, após a morte deste, por seu filho Alexandre Magno, conquistaram definitivamente as cidades-estados e as incorporaram a seus domínios, no século IV a.C.

Entretanto, a cultura grega não desapareceu. Ao contrário, foi adotada pelos povos que conquistaram a Península Balcânica e transmitida por gerações, até incorporar-se à cultura ocidental.

Algumas características da cultura grega foram:

- **Religião** – A religião grega era politeísta e antropomórfica. Os deuses eram considerados semelhantes aos homens, possuindo também sentimentos bons e maus, com a única diferença de serem imortais. Segundo a crença, eles viviam no monte Olimpo. Os principais eram:

- Zeus – deus do céu e senhor do Olimpo.

Busto de Zeus, conhecido como *Júpiter de Versalhes*. Encontrado em 1525, próximo do Portal do Povo, em Roma. Feito em mármore, século II d.C. De acordo com as crenças gregas, o poderoso Zeus foi o rei de todos os deuses gregos e o administrador da justiça divina. Chefe dos céus (seus irmãos Poseidon e Hades mandavam no mar e no mundo dos mortos, respectivamente). Ele carregava um raio para demonstrar seu poder e associação com o tempo. Zeus viveu sempre nas montanhas do Monte Olimpo, de onde ele observava – e com frequência participava – da vida dos homens que viviam abaixo. Teve muito filhos, com sua esposa, a deusa Hera, e com muitas mulheres mortais.

MUSEU DO LOUVRE, PARIS, FRANÇA, S.D.

- Héstia – deusa do lar.
- Hades – deus do mundo subterrâneo (inferno).
- Deméter – deusa da agricultura.
- Hera – deusa do casamento.
- Poseidon – deus dos mares.
- Ares – deus da guerra.
- Atena – deusa da inteligência e da sabedoria.
- Afrodite – deusa do amor e da beleza.
- Dionísio – deus do vinho, do prazer e da aventura.
- Apolo – deus do Sol, das artes e da razão.
- Artemis – deusa da Lua, da caça e da fecundidade animal.
- Hefestos – deus do fogo.
- Hermes – deus do comércio e das comunicações.
- Asclépio – deus da medicina.
- Eros – deus do amor.

Acreditavam também na existência de semideuses e heróis, que seriam seres mortais, mas capazes de praticar ações próprias dos deuses, como é o caso de **Teseu**, herói ateniense que matou o Minotauro, monstro metade homem, metade touro, que vivia no palácio do rei Minos, na ilha de Creta.

- **As artes** – A arte grega valorizava a figura humana e também era voltada para os deuses, cujas representações eram feitas em gigantescas estátuas.
  - Na arquitetura, os gregos desenvolveram o estilo de construções apoiadas em colunas. Fizeram templos grandiosos, com estátuas que, naquela época, poderiam ter sido pintadas de azul ou vermelho para criar impacto.
  - Na pintura, são famosos os vasos de cerâmica, harmoniosamente decorados, usados para o transporte e armazenamento de líquidos e mantimentos, entre outros. Os gregos nunca faziam vasos com propósitos simplesmente decorativos. Era uma arte utilitária.
  - No campo da literatura, o modelo criado pelos gregos perdura até os dias de hoje. Na poesia destacou-se Homero, com suas obras *Ilíada* e *Odisseia*. A poesia era cantada com o acompanhamento de instrumentos musicais. Destacaram-se a poetisa Safo e o poeta Píndaro.
  - O teatro grego tinha a função não só de divertir, mas também de instruir. Grandes autores foram Ésquilo, que escreveu *Prometeu acorrentado*, e Sófocles, autor, entre outras obras, de *Édipo Rei* e *Antígona*. Na comédia, pode-se citar Aristófanes, que escreveu inúmeras peças, entre as quais *As nuvens* e *As rãs*, criticando os políticos e a sociedade.

O Partenon, na Acrópole de Atenas, construído entre 480 e 323 a.C., representa todo o refinamento e estilo da arquitetura de Atenas nesse período. Templo da deusa Atena, foi posteriormente transformado em igreja e mesquita (templo muçulmano). Foto de 2005.

- **A filosofia e as ciências** – No campo das ideias, os gregos foram muito importantes por desenvolverem sistemas de pensamento que levaram a inúmeras descobertas científicas. Por meio do raciocínio, eles descobriram a existência de muitos fenômenos naturais.

   A palavra "filosofia" significa "amor à sabedoria". Os gregos buscavam explicar racionalmente o Universo, a vida e o homem. Mileto, colônia grega da Ásia Menor, reuniu vários filósofos que deram explicações sobre a origem do Universo. Destacaram-se Tales, Anaxímenes e Anaximandro.

   Outro importante filósofo grego foi Pitágoras, que concebia o mundo governado pelos números, aos quais atribuía qualidades mágicas.

   No final do século V a.C., surgiu a Escola Socrática, fundamentada no pensamento de Sócrates. Esse filósofo não deixou nada escrito. O que sabemos sobre seu pensamento se deve ao que seus discípulos escreveram, principalmente Platão.

   A filosofia socrática tinha como base a moral. Entre os seus preceitos filosóficos, podemos citar: "Conhece-te a ti mesmo" e "Só sei que nada sei". Sócrates dialogava com as pessoas, mostrando a elas as contradições de seus conceitos, forçando-as a admitir a sua ignorância. Devido às suas críticas à política ateniense, Sócrates foi condenado à morte.

- Nas ciências, os gregos contribuíram para o desenvolvimento da Matemática com Tales e Pitágoras; na Medicina, com Hipócrates de Cós, que descobriu que as doenças têm causas naturais; na História, com Tucídides e Xenofonte, que registraram fatos da vida dos gregos.

- **Os esportes** – as Olimpíadas ou Jogos Olímpicos – A cada quatro anos, gregos de diferentes cidades chegavam à cidade de Olímpia para a celebração dos jogos, dos quais somente gregos livres podiam participar. Eram vetados a mulheres, escravos e estrangeiros, por não serem considerados cidadãos, isto é, por não terem direitos políticos.

   Como eram frequentes os conflitos entre as cidades gregas, dez meses antes do início dos jogos, mensageiros de Olímpia percorriam a Grécia, anunciando a trégua sagrada. Os Jogos Olímpicos representavam a manifestação do orgulho de ser grego. Olímpia era considerada um espaço sagrado onde havia templos, edifícios para os atletas e poucas casas. Segundo a tradição religiosa dos gregos, foi Zeus quem celebrou a primeira corrida de carros; dessa forma, os jogos eram realizados periodicamente em sua homenagem.

O estádio onde se celebravam os jogos comportava aproximadamente 45 mil pessoas. A sua duração era de sete dias. No primeiro dia, havia oferendas aos deuses e o desfile de atletas. Do segundo ao quarto, realizavam-se as provas de corrida e luta, das quais os atletas participavam nus. No quinto dia, havia o pentatlo, prova de cinco exercícios. No sexto, a corrida de carros.

No último dia dos jogos, os vencedores das provas eram aclamados, coroados com ramos de oliveira e, em uma procissão solene, dirigiam-se ao templo de Zeus.

ATIVIDADES

1. Quais foram os povos que deram origem aos gregos?

_____

2. Como as características geográficas da Grécia influenciaram nas características das cidades? Marque com um **X** a resposta correta:

☐ o interior formado por planícies favoreceu as comunicações e a centralização política.

☐ o litoral recortado incentivou a navegação e o contato marítimo entre as cidades.

☐ o interior montanhoso favoreceu o aparecimento de um único governo para toda a Grécia.

☐ o litoral muito recortado impediu a navegação e incentivou a agricultura no interior.

3. Complete:

a) Cidade-estado em que nasceu a democracia: _____

b) Cidade-estado militarizada e com atividades voltadas para a guerra: _____

c) Cidade-estado em que só os homens nascidos nela eram cidadãos: _____

d) Cidade-estado em que foi criada a Lei do Ostracismo: _____

e) Cidade-estado em que os guerreiros matavam os escravos para treinar combates: _____

f) Cidade-estado em que as mulheres praticavam atividades físicas para manter a saúde e ter filhos saudáveis: _____

g) Cidade-estado em que, apesar de haver participação política de cidadãos, havia grande número de escravos: _____

4. Por que dizemos que nossa cultura tem grande influência da cultura grega?

_____
_____

5. Registre o nome de 3 deuses gregos.

_____

6 - ROMA, COMO TUDO COMEÇOU

Você, certamente, já ouviu falar, ou assistiu a algum filme ou vídeo sobre o Império Romano na Antiguidade. Os romanos, partindo de uma pequena aldeia próxima à desembocadura do Rio Tibre, na região do Lácio da Península Itálica, formaram um dos impérios mais poderosos que a humanidade já conheceu. Como os romanos conseguiram formar tão vasto império? Como viviam? Como eram governados? Houve reação dos povos dominados? Vamos estudar esse assunto nos próximos tópicos.

POVOS QUE HABITAVAM A PENÍNSULA ITÁLICA ANTES DA FUNDAÇÃO DE ROMA

Fonte: ARRUDA, José Jobson de A. *Atlas histórico básico*. São Paulo: Ática, 2005. p.10.

Origem histórica de Roma

Antes da fundação de Roma, a Península Itálica era habitada por diversos povos. Os **italiotas**, na região central, compreendendo várias tribos, como a dos latinos e a dos sabinos; os **gauleses** localizavam-se ao norte; os **etruscos**, no norte; os **gregos**, ao sul.

Pelas pesquisas históricas, sabe-se que a região do Lácio era habitada por povos pastores que, para se defenderem de possíveis invasões, se estabeleceram nas colinas próximas ao Rio Tibre. Sentindo-se ameaçados pelos etruscos e gregos, os latinos se uniram sob a liderança de uma das aldeias, Roma.

Roma foi dominando todos os povos da península e unificando a Itália sob seu poder. A partir daí, os romanos expandiram-se para fora da península.

Como se dividia a sociedade romana

A sociedade romana nesse período era formada pelas seguintes camadas:
- **patrícios** – os aristocratas, os grandes proprietários de terras, os únicos que podiam ocupar cargos políticos, religiosos e militares;
- **plebeus** – homens livres mas, considerados estrangeiros, não tinham direitos políticos. Eram pequenos agricultores, pastores, comerciantes e artesãos. Alguns plebeus, para terem influência, colocavam-se sob a proteção de famílias patrícias, às quais deviam obediência: eram os **clientes**;

- **escravos** – em número reduzido, originários dos povos conquistados.

As atividades econômicas

Nos primeiros tempos de Roma, a base da economia era a agricultura.

O artesanato doméstico (como a produção de armas e utensílios) bastava para as necessidades mais imediatas e era todo destinado ao consumo local. Como havia pouco excedente, o comércio era reduzido.

Isso mudou ao longo do tempo, porque os romanos conquistaram extensos territórios tanto na Península Itálica quanto ao redor do Mar Mediterrâneo e na Ásia. Com a formação desse vasto império, as atividades econômicas passaram a englobar, além da agricultura, do artesanato e da pecuária, um intenso comércio com as províncias mais distantes.

Detalhe de pintura romana conservada na parede de uma casa em Pompeia. Século I a.C.

MUSEU NACIONAL DE NÁPOLES

ATIVIDADES

1. Onde se localizava Roma?

2. Quais são os povos que habitavam a Península Itálica antes da fundação de Roma?

3. Complete corretamente:

a) Segundo a lenda, Roma foi fundada por _____, que haviam sido amamentados por uma _____.

b) Ainda segundo a lenda, Rômulo matou Remo e se tornou o primeiro _____ de Roma.

c) De acordo com pesquisas históricas, a região do Lácio era habitada por ____ _____ que, ameaçados por _____, uniram-se sob a liderança de _____.

4. Qual era o objetivo de contar a origem de Roma com uma lenda afirmando que os romanos eram descendentes de Marte, o deus da Guerra?

5. Na sociedade romana, quem eram os patrícios?

6. Os plebeus, na sociedade romana, inicialmente tinham direitos iguais aos dos patrícios?

7. Onde os romanos conseguiam escravos?

8. Quem eram os clientes na sociedade romana?

9. Inicialmente, quais eram as atividades econômicas na cidade de Roma?

_____

10. O comércio, nos primeiros tempos de Roma, não era muito desenvolvido. Como ele se tornou uma atividade importante?

_____
_____
_____
_____

O primeiro sistema de governo: monarquia (753 a.C. a 509 a.C.)

Segundo a tradição, Roma teria tido sete reis. Não eram reis com poderes absolutos nem governavam por hereditariedade. Para exercer o poder, dependiam do apoio dos donos de terras e das pessoas mais ricas. Eram escolhidos por uma assembleia, a Assembleia Curial, e tinham o poder limitado pelo Senado. Os órgãos de governo nessa época eram:

- **Assembleia Curial:** formada por cidadãos em idade militar que, além de escolherem os reis, também faziam e votavam as leis.
- **Senado** ou **Conselho dos Anciãos:** um órgão consultivo que possuía o direito de aprovar ou não as leis elaboradas pelo rei.

Em 509 a.C., um conflito entre o rei e os aristocratas provocou o fim da monarquia. O rei Tarquínio, o Soberbo, de origem etrusca, foi deposto pelos patrícios, descontentes com a dominação estrangeira.

A república romana (509 a.C. a 27 a.C.)

Os patrícios implantaram o regime republicano na cidade de Roma. A ideia era evitar o surgimento de um novo rei. Para tanto, organizou-se um sistema no qual os patrícios controlassem os líderes escolhidos.

O Poder Executivo (o controle e a organização do dia a dia) era exercido pelos **magistrados**, eleitos por um ano. Havia diversos tipos de magistrados romanos, como:

- os **cônsules**, em número de dois, que comandavam o exército e eram os chefes dos demais magistrados. Em época de guerra, eram substituídos por um ditador, com mandato de seis meses;
- os **pretores** – cuidavam da justiça;
- os **censores** – faziam o censo dos cidadãos, com base na sua riqueza;
- os **questores** – encarregados das questões financeiras;
- os **edis** – responsáveis pela preservação, policiamento e abastecimento das cidades.

O **Senado** era o órgão que detinha maior poder, composto de senadores vitalícios das famílias patrícias mais ricas. Eram suas atribuições: elaborar as leis, cuidar das questões financeiras e religiosas, conduzir a política externa, administrar as províncias, participar da escolha do ditador.

Havia também três assembleias, que elegiam as pessoas para diversos cargos:

- **Curial** – examinava os assuntos de ordem religiosa;
- **Tribal** – responsável pela nomeação dos questores e edis;

- **Centurial** – composta pelas centúrias, grupos de militares encarregados de votar as leis e eleger os magistrados.

As conquistas da república romana

Durante o período republicano, Roma, com um exército bem treinado e bem armado, conquistou inúmeras regiões, iniciando a formação de um grande império. As conquistas começaram pela própria Península Itálica. Com suas legiões, os romanos, em aproximadamente 200 anos, dominaram os povos que viviam na região.

Estatueta de legionário romano, século II a.C.

MUSEU DO VATICANO, ROMA, S.D.

Controlada a península, o Mar Mediterrâneo foi o próximo passo. Limitados ao norte pelos Alpes, o controle marítimo era fundamental para a continuidade das conquistas. Para dominar o Mar Mediterrâneo, os romanos tiveram de enfrentar Cartago, antiga colônia fenícia no norte da África. Os cartagineses haviam alcançado grande prosperidade e praticavam o comércio com diversos lugares do mundo conhecido. Controlavam as principais rotas de comércio do Mediterrâneo. As três guerras entre Roma e Cartago são conhecidas como **Guerras Púnicas** (palavra que vem de "púnico", nome dado pelos romanos aos cartagineses). Duraram de 264 a.C. até 146 a.C.

Nesse ano, os romanos tomaram Cartago, escravizaram cerca de 40 mil pessoas e transformaram a cidade em uma província romana.

Transformações de Roma após as conquistas

De pequena aldeia a capital de um império, a transformação causada pelas conquistas afetou profundamente Roma, econômica, política e socialmente:

- os patrícios enriqueceram e se apossaram das terras dos pequenos proprietários, recrutados para o serviço militar;
- o número de escravos aumentou. Os prisioneiros de guerra, reduzidos à situação de escravos, substituíram o trabalhador livre. Os desempregados do campo migraram para as cidades;
- formou-se de uma nova camada social, a dos **cavaleiros** ou **classe equestre**. Eram plebeus que enriqueceram cobrando impostos e fornecendo víveres ao exército e que ganharam autorização de explorar novas terras, ricas em minérios;
- os pequenos proprietários empobreceram, pois muitos produtos das regiões dominadas chegavam a um preço muito baixo, competindo com a produção local.

IMPÉRIO ROMANO

Roma reunia sob seu domínio povos de culturas diferentes. As regiões conquistadas foram transformadas em províncias e eram obrigadas a pagar altos tributos a Roma.

Fonte: ARRUDA, José Jobson de A. *Atlas histórico básico*. São Paulo: Ática, 2005. p. 11.

A crise da república

A grande expansão trouxe profundas mudanças para a república romana. As famílias patrícias e alguns plebeus ligados ao comércio e à manutenção do exército enriqueceram muito, desequilibrando o poder no Senado. A nova riqueza aumentou o poder de Roma, mas ficou concentrada na mão de poucos. Vários plebeus perderam seus empregos, pois foram substituídos pelos escravos, que cresciam em números; sem emprego, ficaram cada vez mais dependentes do Estado romano. O exército ficava cada vez mais poderoso, e os generais responsáveis pelas conquistas ganhavam destaque.

Esses e outros fatores desencadearam uma crise na república que foi responsável pelo seu fim.

Um dos últimos governantes da república romana foi Júlio César, que havia se destacado como militar e chefiado o exército romano em diversas guerras de conquista. Entretanto, como se tornou muito poderoso, Júlio César foi assassinado em 44 a.C. por uma conspiração do Senado. Após sua morte, a crise se prolongou, até que Otávio assumiu o poder, com vários títulos, entre eles o de imperador, César e Augusto. Iniciava-se, assim, o império.

César... Augusto... O que significam esses títulos?

Após o governo de Júlio César, o nome "César" passou a designar um título, usado por todos os imperadores que o sucederam, e dava a ideia de "governante", "rei", ou até "ditador". Até hoje, o nome é associado a esse significado. Esse título de nobreza foi concedido aos primeiros imperadores romanos.

"Augusto" significa "sagrado", "consagrado", que tem "caráter divino".

O Império Romano (27 a.C. a 476 d.C.)

Gradativamente, os romanos formaram um imenso império, transformando o Mar Mediterrâneo num verdadeiro "lago romano", como eles diziam, o *Mare Nostrum* (nosso mar).

Conquistar um território exigia uma enorme quantidade de recursos para alimentar e organizar as tropas. Durante sua expansão, Roma constituiu um poderoso exército cujas funções iam além da guerra. As famosas legiões romanas eram formadas por cidadãos romanos e cada uma delas tinha 5 mil soldados, divididos em unidades menores, as centúrias. As tropas romanas eram a base do controle e da burocracia do extenso império. Eram as responsáveis pela construção do impressionante sistema de estradas, com mais de 85 mil quilômetros. As estradas tornaram-se as artérias de circulação do poder de Roma, facilitando a movimentação das tropas e o poderoso comércio romano. Além das estradas, o Mar Mediterrâneo servia como via de circulação do império. Apesar da pirataria, o transporte marítimo era bem mais rápido e barato do que o terrestre.

A base da riqueza romana constituía-se na exploração das regiões anexadas. Era dos povos conquistados que Roma conseguia escravos, cobrava impostos, controlava mais terras, fazia comércio e extraía riquezas (ouro, prata e outros metais). Portanto, a guerra era o principal combustível do império.

O imperador detinha poderes absolutos, comandava o exército e legislava por meio de editos, decretos e mandatos. Ao Senado, restou a posição de conselheiro do imperador.

Otávio, o primeiro imperador, governou de 27 a.C. a 14 d.C. Em seu governo:

- foi criada a Guarda Pretoriana, com a função de dar proteção ao imperador e à capital;
- foi dado incentivo à agricultura, ao comércio e à indústria;
- foi organizado um novo sistema de impostos;
- ocorreram várias obras públicas, gerando empregos para os plebeus.

Estátua em bronze do imperador Otávio Augusto, século II. Roma, Itália.

Para ganhar popularidade, Otávio adotou a **política do pão e circo**. Distribuía trigo para a população pobre e organizava espetáculos públicos de circo para diverti-la. Nesses espetáculos, que na cidade de Roma se realizavam no Coliseu, havia lutas entre gladiadores, enfrentamento de animais selvagens e outros números de grande violência.

Após o governo de Otávio, o Império Romano foi governado por várias dinastias que, em geral, geraram instabilidade política, econômica e social.

A crise do Império Romano

A partir do século III, o Império Romano foi marcado por inúmeras crises, dentre as quais se destaca a **crise do escravismo**: o escravo era a base da economia romana, de sua riqueza; era, ao mesmo tempo, mão de obra e mercadoria. No entanto, desde o final do século II, os romanos praticamente pararam as guerras de conquistas, o que diminuiu muito o número de escravos à venda. Assim, os escravos foram se tornando raros e caros. Essa crise afetou a agricultura e o artesanato, base da economia da região ocidental do Império, que dependiam do trabalho escravo. O ocidente romano passou, então, a gastar as riquezas acumuladas nas guerras de conquista, para pagar os produtos que importava da região oriental.

Tentando salvar o Império Romano da crise generalizada, várias medidas foram tomadas ao longo dos anos, sem que nada resultasse em mais estabilidade.

Em 313, o general Constantino assumiu o poder. Como a maior parte das rendas do império vinha do Oriente, Constantino reconstruiu a cidade de Bizâncio, antiga colônia grega às margens do Estreito de Bósforo, no Mar Negro, denominando-a Constantinopla, e para lá transferiu a capital, em 330.

A mudança da sede administrativa colaborou ainda mais para a decadência da região ocidental do império.

A divisão do império

Ainda no século IV, os romanos assistiram às primeiras levas de bárbaros cruzarem as fronteiras do império à procura de terras para o cultivo e pastoreio.

Em 395, no governo de Teodósio, preocupado em melhorar a administração, dividiu o império entre seus dois filhos.

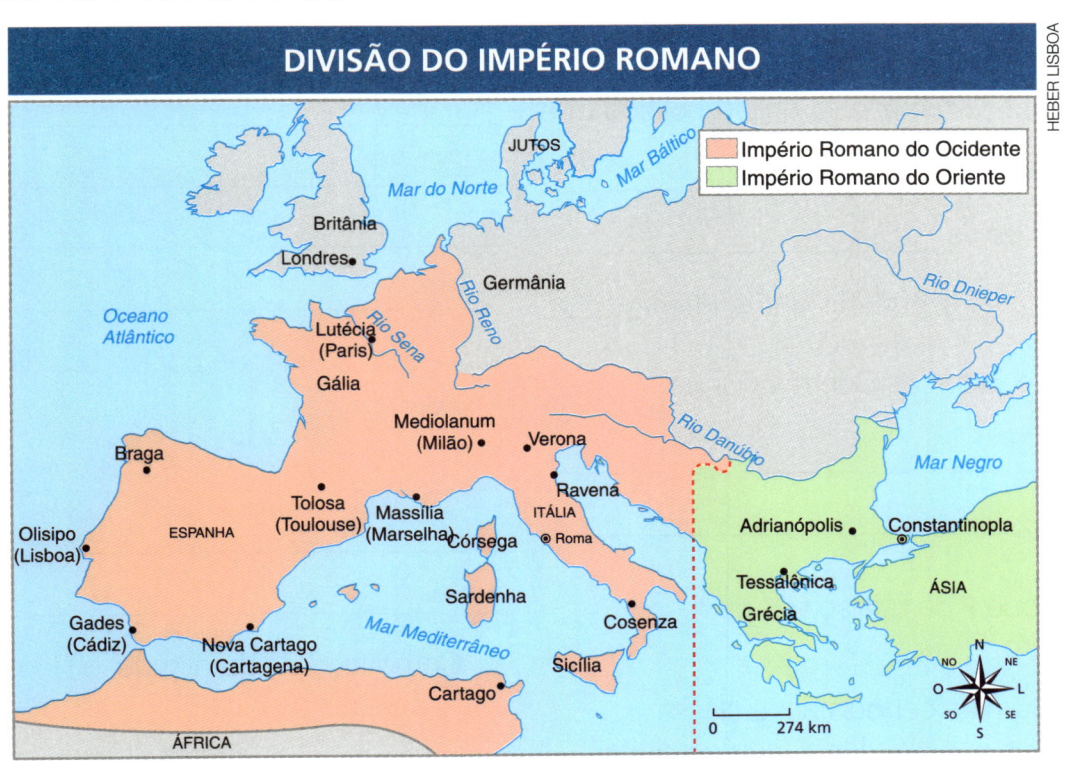

DIVISÃO DO IMPÉRIO ROMANO

Fonte: FRANCO JÚNIOR, Hilário; ANDRADE FILHO, Ruy. *Atlas – História Geral*. São Paulo: Scipione, 2004. p. 13.

Observe, no mapa, a divisão do Império Romano entre os dois filhos do imperador Teodósio em 395:
- O Império Romano do Ocidente, com capital em Roma;
- O Império Romano do Oriente, com capital em Constantinopla.

O século V marcou a decadência definitiva da região ocidental do Império Romano. Entre os fatores que provocaram a queda, podem ser citados: deterioração da economia, "fuga" das riquezas para o Oriente, lutas internas e invasões dos bárbaros.

Finalmente, em 476, quando Rômulo Augusto era imperador, a cidade de Roma caiu nas mãos de Odoacro, rei dos hérulos. O Império Romano do Ocidente, fragmentado política e economicamente, não existia mais.

ATIVIDADES

1. Quais regimes políticos ou formas de governo existiram entre os antigos romanos?

_____

2. Qual regime político os patrícios instauraram em Roma depois de derrubar o rei Tarquínio, o Soberbo?

_____

3. Complete:

Na república romana, o órgão político que detinha maior poder era o _____

formado pelos _____,

que eram os grandes proprietários _____

4. O que foram as Guerras Púnicas?

_____
_____

5. Coloque **F** para falso e **V** para verdadeiro.

☐ Com as conquistas, a classe dos patrícios fortaleceu-se ainda mais, pois aumentaram suas propriedades.

☐ O escravismo, não mais necessário, diminuiu depois da expansão de Roma.

☐ As conquistas romanas beneficiaram os cobradores de impostos e os que forneciam víveres ao exército.

☐ Os pequenos proprietários empobreceram, porque sofreram a concorrência dos produtos vindos das províncias.

☐ Aumentou o número de trabalhadores livres, porque os povos conquistados iam para a Itália em busca de emprego.

6. Cite quatro medidas tomadas por Otávio, o primeiro imperador romano.

_____
_____
_____
_____

7. O que se entende por política de pão e circo?

_____
_____
_____

8. Como foi dividido o Império Romano e quais as suas capitais?

_____
_____
_____

SEÇÃO 7 — SER CIDADÃO

Cidadania e democracia

Atualmente, entendemos cidadania como o conjunto de direitos do ser humano. São eles: direitos à vida, à liberdade, à propriedade, à igualdade, a abrigo, a trabalho digno, à saúde, à educação, enfim, todos os direitos que as pessoas têm por serem humanas, sem distinção de posses, etnia, sexo, religião, opinião. Isso quer dizer que não importa se a pessoa é rica ou pobre, se é brasileira, norte-americana, italiana, branca, preta, oriental, se é homem, mulher, criança, idoso, se é budista, muçulmano, espírita, católico, ou se não tem religião alguma... todos, absolutamente todos, têm os mesmos direitos.

É por isso que são chamados de direitos humanos ou direitos fundamentais do ser humano. Podemos classificá-los ainda em políticos, sociais ou civis.

É essa igualdade que caracteriza a democracia, um sistema de governo e também um modo de vida em que todas as pessoas da sociedade decidem em conjunto como administrar e conduzir a vida coletiva. Se todas as pessoas são iguais, todas têm, igualmente, o direito de escolher governantes e fazer leis que melhorem suas vidas.

É claro que ainda não temos no mundo sociedades totalmente democráticas. Pior do que isso, ainda existem países com governos ditatoriais, que decidem tudo sem consultar a população. E existem sociedades em que só os ricos têm acesso à educação, à saúde e à qualidade de vida. Esses regimes políticos e essas sociedades, portanto, não respeitam a cidadania nem a democracia.

Cabe a nós, enquanto membros de uma sociedade, construir a cidadania e a democracia. Isso quer dizer que nós, como cidadãos, temos de respeitar todos os direitos das pessoas e exigir que também respeitem os nossos.

Mulheres protestam contra assassinato da vereadora carioca Marielle Franco. São Paulo, 2018. O direito de manifestar é um direito político da cidadania.

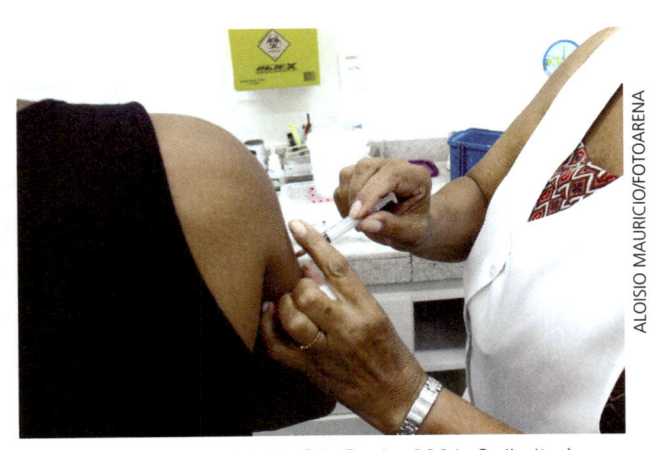

Vacinação contra covid-19. São Paulo, 2021. O direito à saúde é um direito da cidadania.

A compreensão do que é cidadania mudou ao longo da História, cada vez englobando mais e mais direitos. Isso foi fruto de diversas lutas, de conquistas e avanços que se tornaram leis e hoje fazem parte da maioria das **Constituições** do mundo.

Cidadania também engloba deveres. O cidadão tem responsabilidades enquanto parte integrante de um grande e complexo organismo que é a coletividade, a Nação, o Estado. Para que tudo isso funcione, todos têm de dar sua parcela de contribuição. Somente assim se chega ao objetivo final, coletivo: o **bem comum**.

> **VOCABULÁRIO**
>
> **constituição:** sistema de leis que rege um país, lei máxima de um país, conjunto de leis votado e aprovado por representantes dos cidadãos.
>
> **bem comum:** tudo que beneficia uma coletividade, um conjunto de pessoas, melhorando a vida delas.

A ideia de cidadania veio da Grécia

Você se lembra de ter estudado na Lição 5 que na Grécia, mais especificamente na cidade de Atenas, nasceu a democracia, um sistema de governo em que as pessoas consideradas cidadãs escolhiam seus governantes e representantes políticos por meio do voto.

Esse sistema foi criado por um legislador chamado Clístenes, que também introduziu na cidade a Lei do Ostracismo, pela qual pessoas indesejáveis podiam ser expulsas, caso a maioria dos cidadãos assim decidisse.

Portanto, a grande contribuição dos atenienses foi criar um sistema de governo em que o conjunto dos cidadãos decidia os rumos da cidade, e não apenas um único rei ou ditador, de acordo com sua vontade.

Mas o que era ser cidadão na Grécia Antiga?

Como a palavra diz, era o habitante da cidade, ou da pólis, como eram denominadas as cidades da Grécia Antiga. O cidadão ateniense tinha, portanto, direitos políticos, isto é, ele tinha o direito de participar da organização governamental de sua cidade. Fazia isso votando diretamente nas leis propostas, para aceitá-las ou rejeitá-las.

Como a cidade não era muito grande, era possível reunir todos os cidadãos em uma praça pública – que se chamava *ágora* – e eles podiam votar ali mesmo, erguendo a mão para aprovar as decisões. Assim, dizemos que a democracia em Atenas era direta.

Mas eram todos os habitantes de Atenas que votavam?

Você deve se lembrar de que não! Muita gente ficava fora desse direito: as mulheres, os estrangeiros e os escravos não eram considerados cidadãos.

Portanto, a democracia ateniense era limitada a uma parcela da população, porque a cidadania não era para todos os habitantes. Somente homens, nascidos na cidade e sendo livres, eram cidadãos.

Esse sistema foi aplicado em outras cidades-Estados da própria Grécia ou fundadas por gregos fora da Península Balcânica. Apesar de não ser para todos, a democracia foi uma das mais importantes criações da Antiguidade, porque permitiu que as pessoas passassem a ter consciência de que têm direitos que precisam ser respeitados, como o direito de escolher seus governos e decidir o destino de suas sociedades.

Cerâmica grega datada de 400 a.C. mostra mulheres gregas com roupas festivas para recolher água da fonte Callirrhoe. As mulheres gregas podiam frequentar teatros, templos religiosos e outros locais públicos, mas não podiam votar nem assumir cargos como governantes, pois não eram consideradas cidadãs e, portanto, não tinham direitos políticos.

O cidadão em Roma

Ainda na Antiguidade, outro povo que contribuiu para que o conceito de cidadania fosse ampliado foi o povo romano. Como você estudou na Lição 6, Roma passou por vários sistemas de governo: monarquia, república e império. A sociedade era dividida entre patrícios (grandes proprietários de terras) e plebeus (considerados estrangeiros, comerciantes, artesãos, pequenos agricultores). Havia grande quantidade de escravos, obtidos nas guerras e por dívidas. Dessas três camadas, inicialmente apenas os patrícios eram considerados cidadãos e tinham direitos políticos e civis. Por causa disso, muitas lutas ocorreram, de plebeus contra patrícios, de escravos contra seus proprietários.

As lutas dos plebeus obtiveram alguma ampliação de direitos para essa classe social. Eles conseguiram, por exemplo, acesso ao serviço militar, e, no século V, o direito de eleger representantes no Senado e nas assembleias romanas. Esses representantes eram chamados de "tribunos da plebe".

Conseguir eleger representantes políticos foi uma conquista que ocorreu quando os plebeus perceberam a importância que tinham em Roma, pois eram a maioria da população, participavam do exército como soldados e pagavam altos impostos aos patrícios. Eles então fizeram uma "greve", isto é, se retiraram para um dos montes que rodeiam a cidade e se recusaram a continuar participando da sociedade romana. Os patrícios, que precisavam dos plebeus, tanto para o exército quanto pelos impostos, cederam e aceitaram o que eles exigiam. Os tribunos da plebe, a partir daí, eram eleitos para defender leis que favorecessem sua classe e, além disso, podiam vetar leis do Senado que os prejudicassem.

As rebeliões dos plebeus continuaram existindo, porque, apesar dos avanços, ainda havia desigualdade na participação política e social, ou seja, eles não tinham todos os direitos de cidadania garantidos. Uma grande conquista, por exemplo, foi que as leis romanas favoráveis à plebe fossem escritas, e não mais transmitidas oralmente, como ocorria até o século V. Foram então criadas as Leis das 12 Tábuas, registro escrito de todas as conquistas plebeias. Isso impediu que os patrícios interpretassem as leis de acordo com seus interesses.

Outras conquistas ocorreram ao longo da história romana, como o direito de casamento entre plebeus e patrícios, o direito de a plebe ter as próprias assembleias e muitas outras.

Conseguiram, por exemplo, que as autoridades romanas instituíssem uma prática de consultar os plebeus antes da aprovação de alguma lei. Essa prática, que era uma votação feita em uma reunião pública, ficou conhecida como **plebiscito**. Atualmente, uma votação feita por todos os cidadãos de um país, com o objetivo de aprovar alguma lei ou medida governamental, é um plebiscito. É uma herança que recebemos dos romanos antigos.

Muitos outros direitos conquistados naquela época passaram a fazer parte de leis que chegaram até nós e deram base para a cidadania na atualidade.

Outras lutas ocorreram após o Império Romano desaparecer, e, gradativamente, as sociedades foram incorporando a ideia de que é necessária a participação de todos, de modo igual, para a construção da justiça, da democracia e da cidadania.

ATIVIDADES

1. Dê uma definição de cidadania.

_____

_____

_____

2. Explique por que cidadania e democracia são dois conceitos ligados.

_____

_____

_____

3. Marque **V** para verdadeiro e **F** para falso.

☐ A cidadania está ligada apenas ao fato de alguém morar em uma cidade.

☐ A cidadania significa ter direitos e deveres em relação à sociedade em que se vive.

☐ Os direitos humanos são válidos apenas para pessoas que não praticam crimes.

☐ Apenas pessoas de muitas posses podem exigir que os direitos da cidadania sejam respeitados.

☐ Crianças não são cidadãs, por causa da pouca idade.

☐ As pessoas são diferentes e têm crenças diversas, mas todas têm direitos iguais.

4. O cidadão, além de direitos, tem muitos deveres em relação à sociedade em que vive. Marque com **X** o que for dever de cidadania.

☐ Respeitar o direito de idosos de ter atendimento prioritário em bancos e outros lugares.

☐ Jogar o lixo apenas em local apropriado.

☐ Cuidar dos bens públicos, como jardins, parques, ruas, calçadas.

☐ Apenas votar nas eleições.

☐ Respeitar leis de trânsito.

5. Complete corretamente: A ideia de cidadania _____ ao longo da História, pois cada vez mais foram incorporados _____, que eram conquistados.

6. Marque com um **X** o que estiver correto. A ideia e a prática de cidadania nasceram:

☐ em Atenas, na Grécia.

☐ em Roma.

☐ nos países da atualidade.

☐ em Esparta, na Grécia.

7. Registre três conquistas de cidadania realizadas pelos plebeus, na Roma Antiga.

_____

8. O que podemos entender por plebiscito? De qual camada social romana se originou essa palavra?

_____
_____
_____
_____

9. Podemos afirmar que existe uma democracia completa no Brasil atual? Por quê?

_____
_____
_____
_____
_____

Cidadania no Brasil

O Brasil é considerado um país democrático. Isso porque tem uma Constituição que garante os direitos humanos fundamentais, como liberdade de opinião, de crenças, bem como saúde, educação, qualidade de vida para todos. Os direitos das <mark>minorias</mark> são reconhecidos por lei, configurando-se como crimes o racismo, o assédio sexual e moral, a exploração infantil. Os brasileiros escolhem seus governantes e representantes legislativos por meio do voto, em eleições livres, diretas e secretas. Os trabalhadores têm assegurados direitos como jornada de trabalho, salário mínimo, férias, licença-maternidade, aposentadoria e outros.

> **VOCABULÁRIO**
>
> **minorias:** parcelas da população em menor número e que costumam sofrer preconceitos, discriminação e que muitas vezes não são incluídos na cidadania. Exemplo: negros, indígenas, mulheres, homossexuais etc.

Essa democracia estabelecida nas leis, pelas quais todos são considerados iguais, entretanto, não corresponde à realidade social e política da nação. Todos os dias, vemos na televisão, nos jornais e na internet situações em que alguns desfrutam de amplos privilégios, enquanto outros não têm acesso à saúde, à educação, à moradia, ao trabalho.

Mas essa democracia é a que temos. Todos são considerados iguais perante as leis, mas, na realidade, o que existe é uma enorme desigualdade entre ricos e pobres, entre negros e brancos, entre indígenas e não indígenas. Então, essa democracia não vale? E ela já está pronta e acabada? Não é mais possível avançar?

Hora da merenda na Escola Estadual Maria José, no bairro da Bela Cintra, São Paulo (SP), 2017. Trata-se de um direito sendo cumprido.

Menino trabalhando como malabarista em semáforo de rua em São Paulo (SP), 2011. Trata-se de outro direito sendo violado.

Claro que vale! E é possível melhorá-la. A democracia está sempre em construção. Todos os cidadãos e cidadãs, até as crianças, podem e devem atuar para cada vez mais a democracia se tornar realmente um sistema justo, de igualdade e fraternidade entre as pessoas, não apenas no nosso país, mas no mundo inteiro.

Para que isso aconteça, antes de tudo, precisamos entender como a cidadania e a democracia foram construídas no Brasil. Será que desde a chegada dos portugueses, há mais de 500 anos, a nossa sociedade já era como nos dias de hoje?

Cidadania no Brasil colonial e independente

O Brasil viveu mais de 300 anos de existência como colônia portuguesa, com seu destino decidido por um Estado absolutista, isto é, um Estado em que apenas o rei mandava, sem consultar a nação. A sociedade que foi montada aqui pelos portugueses era uma sociedade dividida em uma pequena camada de ricos proprietários de terras (os donos das extensas fazendas de cana-de-açúcar, de gado, de café) e uma enorme população constituída de trabalhadores: os africanos escravizados e seus descendentes, os indígenas e alguns poucos brancos livres, mas sem posses.

Em 1822, o Brasil separou-se de Portugal, no processo que desembocou na independência. Tornou-se um país livre. Entretanto manteve as velhas instituições portuguesas (por exemplo, adotando a monarquia como forma de governo). O primeiro imperador foi um príncipe português, D. Pedro. A primeira Constituição brasileira estabeleceu a divisão nos poderes Legislativo, Executivo, Judiciário – mas criou um

Volta à cidade de um proprietário de chácara (1835), de Jean-Baptiste Debret. Aquarela sobre papel, 16,2 cm x 24,5 cm. Africanos e seus descendentes eram a maioria da população brasileira nos séculos XVIII e XIX. Mas, escravizados, não tinham nenhum direito, sendo totalmente excluídos da cidadania.

quarto poder, o Moderador, de uso exclusivo do monarca, que assim podia interferir em praticamente todas as esferas do governo.

Por essas leis que organizaram a nova nação, tornaram-se cidadãos apenas os que tinham terras, os "homens bons", donos de renda, de escravizados e de fazendas. Em outras palavras: apenas os grandes proprietários podiam votar e ser votados para exercer cargos governamentais. E, mesmo assim, tinham de se submeter à vontade de um imperador.

A cidadania inaugurada em 1824, data da primeira Constituição, excluía a maioria absoluta da população brasileira, composta de africanos e seus descendentes, indígenas, mulheres e homens livres sem renda. Por causa disso, ocorrem inúmeras revoltas, de vários setores sociais, todas elas lutando por conquistas próprias, cujos revoltosos também exigiam ser incluídos naquela sociedade que os deixava fora enquanto cidadãos. Essas revoltas, em diversas regiões do Brasil, contra o absolutismo de D. Pedro I, foram todas reprimidas com violência.

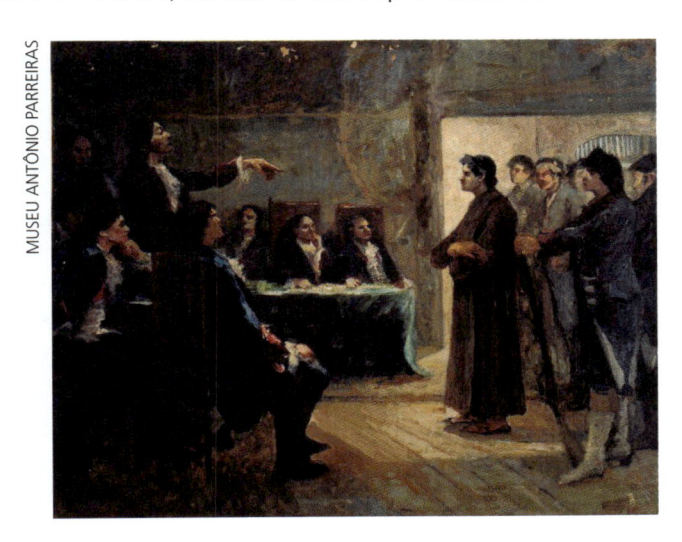

Estudo para Frei Caneca (1918), Antônio Parreiras. Óleo sobre tela, 77 cm x 96,2 cm. Essa pintura representa o julgamento de um dos líderes da Confederação do Equador (1824), uma revolta de Pernambuco e outras províncias do Nordeste para separar todas essas regiões do governo central de D. Pedro I e proclamar a República. A repressão de D. Pedro I foi rápida, prendendo e executando seus principais líderes: Cipriano Barata e Frei Caneca.

Revoltas nunca deixaram de ocorrer ao longo dos quase 70 anos de império, sem falar nas incessantes lutas de resistência de escravos e indígenas contra a dominação branca.

Cidadania no Brasil republicano

Os primeiros anos da República

Em 1889, a República foi proclamada no Brasil, pelos militares. Uma nova Constituição foi escrita, em 1891, abolindo muitas das instituições anteriores, do período imperial. Essas novas leis ampliaram direitos, abolindo, por exemplo, o voto censitário (de acordo com a renda) e estendendo-o a todos os homens, maiores de 18 anos. Com isso, mais pessoas foram incluídas na cidadania.

Mas... mulheres, indígenas, analfabetos ficaram fora! E, mais ainda: os ricos fazendeiros encontraram um modo de controlar as eleições e os votos das pessoas mais pobres, principalmente dos trabalhadores ligados às atividades agrícolas. O voto não era secreto, portanto esse trabalhador era obrigado a escolher o candidato indicado por seu patrão. Para isso ele recebia algum pagamento, como alimentos ou transporte até o local da votação. E, se desobedecesse, era punido com a demissão ou até mesmo com castigos físicos. Esse tipo de eleição, que existiu nos primeiros 30 anos do século XX, foi chamado de "Eleição do cabresto" ou "Voto de cabresto". O conjunto dos eleitores manipulados pelos fazendeiros (que eram chamados de "coronéis") era denominado "curral eleitoral", lembrando um rebanho de gado.

Com essa estrutura, esses ricos proprietários é que ocupavam os principais cargos políticos e governavam o país de acordo apenas com seus interesses particulares, sem pensar em benefícios ou direitos para o conjunto da sociedade brasileira.

Afrodescendentes libertos, mas excluídos da cidadania

Outro problema que aumentava a desigualdade social no Brasil republicano foi a questão dos ex-escravizados. Após muita resistência e muitas ações dos abolicionistas, isto é, as pessoas que lutaram pelo fim da escravidão no país, foi assinada a Lei Áurea, em 1888, ainda no império. Entretanto, o governo ou os fazendeiros não se preocuparam com o destino dessas pessoas. Não lhes deram terras para cultivar, nem moradias, e também não havia empregos disponíveis, pois nessa época já estavam chegando imigrantes, estrangeiros que eram contratados para a lavoura e os trabalhos mal remunerados nas cidades. Esses imigrantes, por serem de outros países, também não tinham direitos, não participavam da cidadania.

Assim, os afrodescendentes permaneceram excluídos, vivendo em condições precárias, de trabalhos mal remunerados. Muitos foram morar nos morros do Rio de Janeiro, onde surgiram as primeiras favelas.

Como essas pessoas não recebiam também educação, sendo na maioria analfabetas, não podiam votar, ou seja, não tinham participação política.

Charge publicada na revista Careta, Rio de Janeiro, 1927, satiriza o "voto de cabresto" no Brasil, ou seja, o controle dos grandes fazendeiros sobre as eleições. Esse controle era a principal arma para excluir a maioria da população brasileira da cidadania.

Em 1888, os escravizados foram libertos, mas não receberam assistência do governo ou dos ex-proprietários. Eles foram excluídos da cidadania. Família de negros no Morro da Babilônia Rio de Janeiro (RJ), 1910.

Mudanças a partir de 1930

Inúmeras rebeliões continuaram ocorrendo no país, no campo e nos centros urbanos, por motivos específicos, mas revelando a insatisfação contra as regras de uma sociedade que excluía milhares de estrangeiros, brasileiros, afrodescendentes, indígenas, mulheres, trabalhadores de baixa renda. Foram muitas e muitas lutas para ampliar a cidadania.

Em 1930, ocorreu uma mudança profunda na política, diminuindo o poder dos fazendeiros. Outra Constituição foi feita, em 1934, e essa, pela primeira vez, incorporou mulheres no direito de voto e garantiu direitos aos trabalhadores.

A luta das mulheres pelo direito de votar

O dia 24 de fevereiro é atualmente uma data comemorativa muito importante. É o Dia da Conquista do Voto Feminino no Brasil. Foi nessa data, em 1932, durante o governo Getúlio Vargas, que as mulheres passaram a poder escolher democraticamente seus governantes.

Para isso, elas precisaram se unir e fazer uma campanha nacional muito vigorosa, porque enfrentaram enorme resistência por parte dos governantes. Desde o século XIX o tema já era discutido, mas sempre os deputados negavam aprovar esse direito, alegando que as mulheres eram inferiores aos homens e não saberiam votar.

As conquistas foram ocorrendo aos poucos, a partir de 1932. No início, conseguiram que as mulheres casadas, autorizadas pelos maridos, pudessem exercer o voto, e também as viúvas e solteiras que tivessem renda própria. Apenas em 1934 essas limitações caíram por terra. Até 1964, era apenas um direito, isto é, elas votariam se quisessem. Somente a partir daquele ano o voto feminino passou também a ser obrigatório.

As mulheres fizeram campanhas, saíram às ruas e lutaram muito pelo direito de votar. Esse direito de cidadania só passou a existir em 1932. Comício feminino realizado na Esplanada do Castelo pela eleição da Dra. Natércia da Cunha Silveira como deputada. Rio de Janeiro, RJ, 1933.

ATIVIDADES

1. No período em que o Brasil pertenceu a Portugal, como colônia, toda a população brasileira tinha direitos de cidadania? Explique.

_____
_____
_____
_____

2. Quando ocorreu a nossa independência, qual classe social no Brasil foi incluída na cidadania? Quem ficou fora?

_____
_____
_____
_____

3. A proclamação da República brasileira ampliou a cidadania, porque as leis mudaram em relação a quem podia votar. Marque com um **X** o que passou a vigorar.

☐ Apenas pessoas de muitas posses podiam votar.

☐ Apenas analfabetos podiam votar.

☐ Votavam somente homens, alfabetizados, de qualquer renda.

☐ Homens, mulheres, índios, analfabetos podiam votar.

4. Apesar de as eleições terem se tornado mais democráticas no início da República, havia uma prática que continuava favorecendo o poder dos grandes fazendeiros. Marque com um **X** o nome que essa prática recebeu.

☐ Voto censitário.

☐ Plebiscito.

☐ Voto de cabresto.

☐ Diretas-já.

5. Explique como funcionava a eleição, de acordo com o que você marcou na questão 4.

_____
_____
_____
_____

6. Por que os afrodescendentes, mesmo libertos pela abolição em 1888, continuaram excluídos da cidadania?

_____
_____
_____

7. As mulheres brasileiras sempre foram cidadãs, isto é, sempre tiveram direitos políticos? Explique.

_____
_____
_____

8. Registre 4 direitos dos trabalhadores conquistados ao longo da nossa história e que até hoje vigoram.

_____
_____

9. Associe as duas correntes políticas com as afirmações de modo correto:

a) Democracia

b) Ditadura

☐ O governante decide as leis de acordo com sua vontade ou do grupo que o apoia.

☐ Há uma votação ampla, secreta e direta para decidir quem serão os governantes e representantes da sociedade que farão as leis.

☐ Existe a possibilidade de consultar os cidadãos, pelo meio do voto, sobre alguma lei ou decisão do governo.

☐ Todos os direitos de cidadania são suspensos, como o direito de votar, de emitir opiniões, de fundar partidos políticos etc.

☐ Apesar de apenas as pessoas ricas terem acesso a educação, saúde e outros direitos, existe igualdade perante as leis e cidadania.

Ditadura, democracia, ditadura, democracia... o vai e vem da cidadania

A Constituição de 1934, que era bastante democrática, não durou muito. Em 1937, foi substituída por outra, que implantou um governo de ditadura, liderado por Getúlio Vargas. Foram nove anos de controle absoluto do Estado sobre a sociedade civil, com suspensão total de direitos.

Em 1946, Getúlio Vargas foi deposto e os direitos constitucionais novamente se ampliaram, a liberdade voltou ao país. Os avanços democráticos tornaram-se visíveis e cresceram como resultado da mobilização dos trabalhadores por melhores salários e condições de vida.

O sonho acabou cedo, mais uma vez. Em 1964, um golpe militar estabeleceu no país, novamente, uma ditadura. Todos os direitos políticos foram suspensos, o Congresso foi fechado, as eleições diretas extintas e o poder ficou nas mãos dos militares. Foram 20 anos de repressão, em que a resistência foi duramente sufocada.

A ditadura imposta ao Brasil em 1964 foi derrubada com a mobilização de milhares e milhares de brasileiros que saíram às ruas exigindo a volta da democracia e o respeito aos seus direitos de cidadania, como votar para presidente da República. Foto de 1984.

Em 1984, tudo começou a mudar. A população se mobilizou pelas Diretas-Já, ou seja, para votar para presidente da República e derrubar a ditadura. A democracia ressuscitou, mais forte, na Constituição de 1988 e o espaço da cidadania, resultado de um acúmulo de lutas e avanços, ampliou-se como nunca antes ocorrera. Essa Constituição, que atualmente está em vigor, é considerada a mais democrática que já tivemos e por isso foi chamada de Constituição Cidadã. Por ela, o direito de voto estendeu-se inclusive aos analfabetos e aos jovens de 16 anos, bem como aos povos indígenas. Os poderes se fortaleceram, a liberdade de fundar partidos e defender ideias políticas foi garantida. E, o mais importante, a discussão ganhou as ruas, as opiniões começaram a ser expostas na mídia, o debate político tornou-se realmente público.

Os direitos e a cidadania no Brasil do século XXI

O Brasil entrou no século XXI como uma democracia consolidada nas leis e que vem sendo construída aos poucos pelos brasileiros de todos os lugares que começam a conhecer os próprios direitos e a se posicionar para garanti-los no dia a dia. A corrupção política, velha herança dos tempos coloniais, agora é exposta na televisão, pela internet, na imprensa, gerando indignação e impulsionando movimentos que acabam ecoando e resultando em mudanças. A luta por saúde, educação, qualidade de vida não fica mais apenas nas letras da lei, é uma luta de todo brasileiro, de qualquer idade e de toda parte do país.

A democracia brasileira do século XXI é ainda imperfeita, mas, ao contrário de períodos anteriores, fortalece-se conforme cada um caminha sempre mais um passo na conquista do espaço da cidadania para todos, sem distinção de raça, credo, opinião política, origem ou sexo.

ATIVIDADES

1. Qual é a Constituição mais democrática do Brasil? Como ela é chamada?

_____
_____
_____
_____
_____
_____

2. Escreva três vantagens de vivermos em uma democracia.

_____
_____
_____
_____
_____
_____

SEÇÃO 8 — O MUNDO HOJE

Diversidade cultural, o que é?

Ter uma cultura diversificada significa que as características de um povo são variadas, diferentes umas das outras, por terem incorporado influências ao longo de sua história. Uma cultura diversificada é aquela que apresenta, por exemplo, uma culinária com pratos e receitas vindos de todos os povos com que a sociedade entrou em contato. Também tem pluralidade religiosa, isto é, é um povo que pratica muitas e diversas religiões. A língua falada nesse território igualmente tem incorporações de termos e expressões de diversos outros povos.

O Brasil, por sua extensão territorial e também porque, ao longo de sua história, entrou em contato com muitos outros povos (portugueses, indígenas, afrodescendentes, europeus, asiáticos etc.), tem uma cultura riquíssima, muito diversificada.

Em algumas regiões predomina maior influência indígena, como é o caso do Norte, Centro-Oeste e do Nordeste. Em outras regiões, como Sul e Sudeste, além de um enorme legado das culturas africanas, são visíveis as influências europeias, que vieram tanto dos portugueses colonizadores como dos imigrantes italianos, alemães, poloneses, suíços, espanhóis. E há, também, em diversos pontos do país, forte herança cultural asiática, principalmente, dos japoneses, bem como dos povos do Oriente Médio, como libaneses, sírios, árabes e outros.

Com tanta mistura, podemos afirmar que o Brasil é um lugar em que todas as diversidades encontram espaço e igualdade para construir nossa cultura!

As tradições indígenas precisam ser preservadas, pois fazem parte da diversidade cultural de nosso país. Dança tradicional São João da Roca liderada pela cacique dos índios Tupinambás da Aldeia Cabeceira do Amorim, Santarém (PA), 2017.

Faz parte da diversidade cultural brasileira a herança dos africanos e seus descendentes, como a crença nos orixás. Festa de Iemanjá, Festival Afro-Brasileiro, Rio Vermelho, Salvador (BA), 2016.

Na atualidade, a maioria dos povos apresenta essa grande mistura de influências, resultado de muitos contatos ao longo dos séculos. É por isso que, em 2001, a

Unesco, órgão da ONU, publicou um documento chamado Declaração Universal sobre a Diversidade Cultural, para proteger essa diversidade e incentivar ações que preservem culturas de origem indígena, africana e qualquer outra ameaçada de extinção. Nesse documento, afirma-se que a diversidade cultural é patrimônio comum da humanidade. Também se afirma que os direitos culturais são parte integrante dos direitos humanos.

Observe estas fotos. O que será que elas têm em comum?

Pratos da culinária árabe.

Cavalhada durante a Festa de São Benedito, Poconé (MT), 2016.

Dança Xote, Santa Maria (RS), 2017.

Roda de capoeira, Salvador (BA), 2016.

Desfile das escolas de samba no sambódromo de Rio de Janeiro (RJ), 2018.

Procissão de São Pedro, em Ubatuba, litoral de São Paulo, 2018.

1. O que mostram as fotografias?
_____
_____
_____

2. Observando as imagens, você diria que nossa cultura tem influência de outros povos? Justifique a resposta com exemplos.
_____
_____
_____

3. Marque com um **X** o que podemos afirmar sobre a cultura brasileira:

☐ é homogênea, ou seja, temos apenas uma língua, uma única tradição de festas, seguimos só uma religião etc.

☐ é uma cultura diversificada, pois tem muitos aspectos diferentes na culinária, nas crenças, nas tradições, na língua, nas danças e música, nas festas etc.

Diversidade cultural e comunicação

Você já viu que as pessoas vivem em grupos desde que a humanidade apareceu. Também viu que, com isso, se desenvolveram modos de se comunicar. Primeiro, nasceu a linguagem oral; em seguida, a comunicação visual, por meio de desenhos, símbolos; e, finalmente, a escrita. A comunicação sempre esteve ligada à necessidade de registrar acontecimentos e aspectos da realidade. É pela comunicação que a diversidade cultural dos povos se amplia, pois há troca de experiências e relatos entre eles.

As sociedades ágrafas desenvolveram a tradição da comunicação oral. Os conhecimentos foram transmitidos de geração a geração por meio de relatos orais dos mais velhos aos mais jovens.

E como essas sociedades do passado distante se comunicavam com outras que estivessem longe? De várias maneiras. Poderiam simplesmente enviar um mensageiro, ou, então, como faziam os nativos da América do Norte, usar sinais de fumaça: acendiam uma fogueira e, com uma coberta, iam produzindo rolos de fumaça a certos intervalos. As pessoas da outra localidade viam a fumaça e "traduziam" o significado dela.

Crianças indígenas tocando chocalho, tambor e cantando. Tribo indígena Sateré-Mawé, Manaus (AM), 2014.

Carruagem utilizada no trajeto de Lisboa até o Porto, em Portugal, para envio de correspondência.

No nosso território, os diversos povos indígenas até hoje usam sons para se comunicar a distância: eles imitam pássaros ou mamíferos, por exemplo. Também produzem sons batendo nas árvores ou em tambores.

Quando a escrita foi inventada, a comunicação se tornou mais fácil. Além de poder registrar os acontecimentos, as leis, a literatura, enfim, tudo que quisessem guardar, as sociedades letradas puderam enviar cartas, recados, bilhetes escritos.

Nas sociedades antigas, esse correio chegava ao seu destino levado por mensageiros ou por pombos-correios. O uso dessas aves ainda existe no nosso mundo. Na Índia, por exemplo, até 2002, a polícia ainda recorria a elas para enviar e receber mensagens.

Os primeiros registros de um correio oficial, isto é, organizado pelo governo, são da Antiguidade: no Egito, já havia um serviço que levava mensagens do faraó para todo o território. No Império Persa, sociedade que existiu onde hoje é o Irã, havia um serviço de mensageiros que viajavam a cavalo. Para que percorressem as distâncias mais rapidamente, foram construídas muitas estradas ligando as cidades e as províncias persas.

Os correios também utilizavam carruagens e outros veículos puxados por animais. Para as longas distâncias entre os continentes, recorriam-se aos navios. Imagine uma carta vinda da Europa para o Brasil por esse sistema, no período colonial ou mesmo imperial... Levava semanas!

Com o progresso da tecnologia, no século XIX foi inventado um sistema que fez as comunicações avançarem espetacularmente: o telégrafo, baseado em um código chamado Código Morse. Os sinais eram emitidos eletricamente de um posto a outro e decodificados pelos funcionários.

No século XX, outra grande invenção inaugurou uma nova era nas comunicações: a internet, ou seja, a ligação entre computadores por meio de satélites.

Com a internet, é possível transmitir mensagens em tempo real, ou seja, você escreve e uma pessoa do outro lado do mundo já lê, segundos depois, o que você envia. Além de enviar mensagens, por celular ou por computadores, é possível enviar pela internet fotografias, vídeos, músicas e falar com alguém distante.

Sala de informática na Escola Municipal do Município de Rio Fortuna (SC), 2018. Com a internet, é possível acessar músicas, vídeos, obras de arte, livros etc.

Diversidade cultural e internet

No século XXI, praticamente deixaram de existir povos isolados no planeta. Não apenas as comunicações muito avançadas permitiram isso. Também a economia mundial, o modo de se produzir e comercializar produtos uniram os mercados. Se antigamente se fabricava um produto inteiro em um único local, ou mesmo em um único país, da matéria-prima ao acabamento, hoje em dia é possível produzir um bem em várias etapas que ocorrem em vários pontos do mundo. Um fabricante de tênis, por exemplo, pode ter sua indústria espalhada por países como China, Vietnã, Estados Unidos, Brasil... Em um país se cortam os moldes, em outro se faz a montagem, em outro, ainda, embalam os pares e preparam os contêineres que levarão os calçados para os pontos de distribuição.

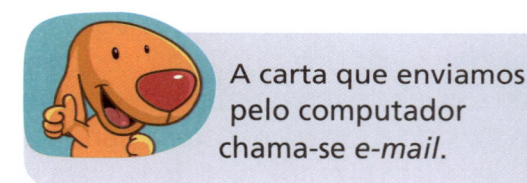

A carta que enviamos pelo computador chama-se *e-mail*.

Trabalho feminino em uma fábrica de tecidos na província de Anhui, China, 2015. Muitos produtos vendidos no Brasil são fabricados na China.

Esse mundo em que não existe mais separação para o comércio e a indústria é chamado pelos estudiosos de "mundo globalizado" ou "aldeia global". E o contato permanente entre todas as regiões da Terra, principalmente no aspecto econômico, é chamado "globalização".

Nesse mundo globalizado, é claro que a cultura dos diversos povos que estão em contato se transforma também. Há uma intensa troca de conhecimentos, de informações e dados, de modos de falar e de se comportar... E a maioria desses contatos se dá pela internet. Graças à rede mundial e às chamadas redes sociais, em que as pessoas se conectam umas às outras em tempo real, a troca cultural mais e mais se intensifica. Costumes e tradições de um povo passam a fazer parte de outras culturas que os adotam.

O que é inclusão digital?

Você certamente já ouviu a palavra "digital", não é? Atualmente, ela é usada para tudo que se relaciona com a tecnologia dos computadores, da internet e dos celulares. Fala-se muito em "arquivo digital", "fotografia digital", "som digital"... Isso porque a tecnologia dos computadores foi desenvolvida com base em dígitos, isto é, números.

Mas o que será "inclusão digital"? Vamos conversar sobre isso?

Para começar sua reflexão, analise estas duas fotos.

1

Matugga, Uganda (África), 2016.

2

Johannesburgo, África do Sul, 2015.

1. Qual é a principal semelhança entre as situações representadas nas fotos?

_____

2. Qual é a principal diferença entre as duas situações?

_____

3. Podemos definir a palavra inclusão como "integração", "fazer parte de". O contrário é "exclusão", que quer dizer "ficar fora". Então, em sua opinião, qual das fotos mostra uma situação de "inclusão digital"?

_____

_____

A ciência que trata da transmissão de informações por computadores é a Informática!

Inclusão digital é mais do que ter computador

O avanço nas comunicações foi um feito extraordinário na vida dos seres humanos. A internet, trazendo a possibilidade de ligar pessoas no mundo inteiro em instantes, foi uma das maiores descobertas do século XX.

Mas será que todas as pessoas têm condições iguais de participar dessa inovação? Será que todas as pessoas podem comprar um computador ou um celular, para partilhar informações e fazer parte dessa comunidade global?

Você com certeza responderá que não. Muitas e muitas sociedades ainda estão excluídas da vida digital. Muitas e muitas pessoas, que vivem em situação de pobreza, não conseguem acesso ao mundo da informática.

Por causa disso, em muitos países – e também no Brasil – existem movimentos em que as pessoas reivindicam a democratização dos meios de comunicação e da tecnologia digital.

Democratizar os meios de comunicação quer dizer criar condições para que todos tenham o mesmo direito de usar computadores, celulares e internet. Para isso, os governos devem levar esses recursos às escolas e às comunidades mais carentes, com campanhas, por exemplo, para fornecer computadores e internet baratos ou mesmo gratuitos.

Tecnologia para melhorar a vida dos seres humanos

Não basta saber usar os recursos tecnológicos. As pessoas precisam usá-los para melhorar a qualidade de vida e sua experiência no mundo. Por exemplo: pessoas com deficiência, que não podem andar, poderiam ter equipamentos digitais que facilitassem sua locomoção, como cadeiras de rodas motorizadas e movidas por computador. Alunos em escolas muito isoladas, que não tivessem acesso a jornais e revistas impressos, poderiam estudar e ter acesso a essas mesmas publicações pelo computador e pela internet. Pessoas com deficiência de visão poderiam ter acesso a livros impressos em **Braille**, bastando acionar um programa no computador. Os exemplos são muitos.

VOCABULÁRIO

Braille: é um sistema de leitura para cegos, baseado em sinais em relevo numa página. A pessoa faz a leitura com os dedos. Esse código foi inventado por um francês, Louis Braille em 1824.

O uso da tecnologia pode aumentar a qualidade de vida. Alunas na Sala Multifuncional para alunos com necessidades especiais. Sobral (CE), 2013.

São muitos os benefícios da tecnologia, se ela realmente for distribuída a todos de modo igualitário.

9 DATAS COMEMORATIVAS

Dia Internacional da Mulher

Ao longo do século XIX e no início do século XX, muitas mulheres, em diferentes partes do mundo, organizaram-se para conquistar direitos que, até então, eram apenas dos homens. Mulheres não decidiam com quem iriam se casar: seus futuros maridos eram escolhidos pelos pais. Apenas os homens tinham direito a votar nas eleições. Apesar de as mulheres trabalharem muitas horas por dia nas fábricas, elas recebiam salários menores que os dos homens para exercer as mesmas funções.

Para lutar contra essas desigualdades, elas se organizaram e lutaram bastante, fazendo greves, manifestações e campanhas em busca de seus direitos.

Embora hoje homens e mulheres em nossa sociedade sejam considerados iguais em direitos e deveres, algumas desigualdades permanecem. Para lembrar as lutas e conquistas das mulheres, foi instituído, em 1975, o Dia Internacional da Mulher, comemorado em 8 de março. Por exemplo, em muitas partes do mundo, além de as mulheres receberem salários menores que o dos homens, ainda sofrem inúmeros preconceitos. Ainda há muito por conquistar!

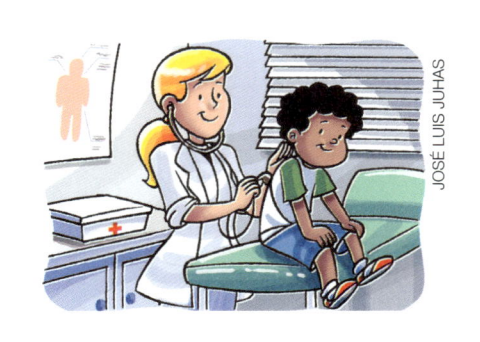

ATIVIDADE

Há muito tempo, as mulheres vêm se destacando nas mais diversas áreas. A primeira mulher a viajar para o espaço foi a astronauta russa Valentina Tereshkova, em 1963. Vamos ajudá-la a cumprir sua missão?

Dia do Indígena

O Dia do Indígena foi criado em 1943 por Getúlio Vargas, que era presidente do Brasil na época. A ideia dele era homenagear em 19 de abril os primeiros habitantes do território em que vivemos.

Até 1500, existiam vários grupos indígenas por aqui. Cada um possuía cultura e hábitos diferentes dos demais. O contato com povos vindos primeiro da Europa e da África, e depois de outros continentes, modificou profundamente a maneira de viver dos indígenas brasileiros.

Cada etnia tem a própria cultura, língua e tradições. Na fotografia, crianças indígenas da etnia Tupinambá da aldeia Pajurá, comunidade ribeirinha de Cabeceira do Amorim, em dia de festa. Santarém (PA), 2017.

ATIVIDADES

1. Recorte de jornais, revistas ou imprima da internet fotos que mostrem algumas de nossas heranças culturais indígenas. Organize um painel em papel *kraft*, fazendo uma colagem, com legendas identificando a herança.

2. Vamos jogar "Trilha indígena" e conhecer um pouco mais da história dos primeiros habitantes do Brasil?

- Para jogar, você vai precisar de um dado e de marcadores coloridos.

- Lance o dado, mova o seu marcador e siga as orientações das casas.

- Vence o jogador que primeiro levar o marcador até a chegada.

- Se quiser, você pode colorir a "Trilha indígena" para deixá-la com o seu jeito.

Que tal colorir esta ilustração?

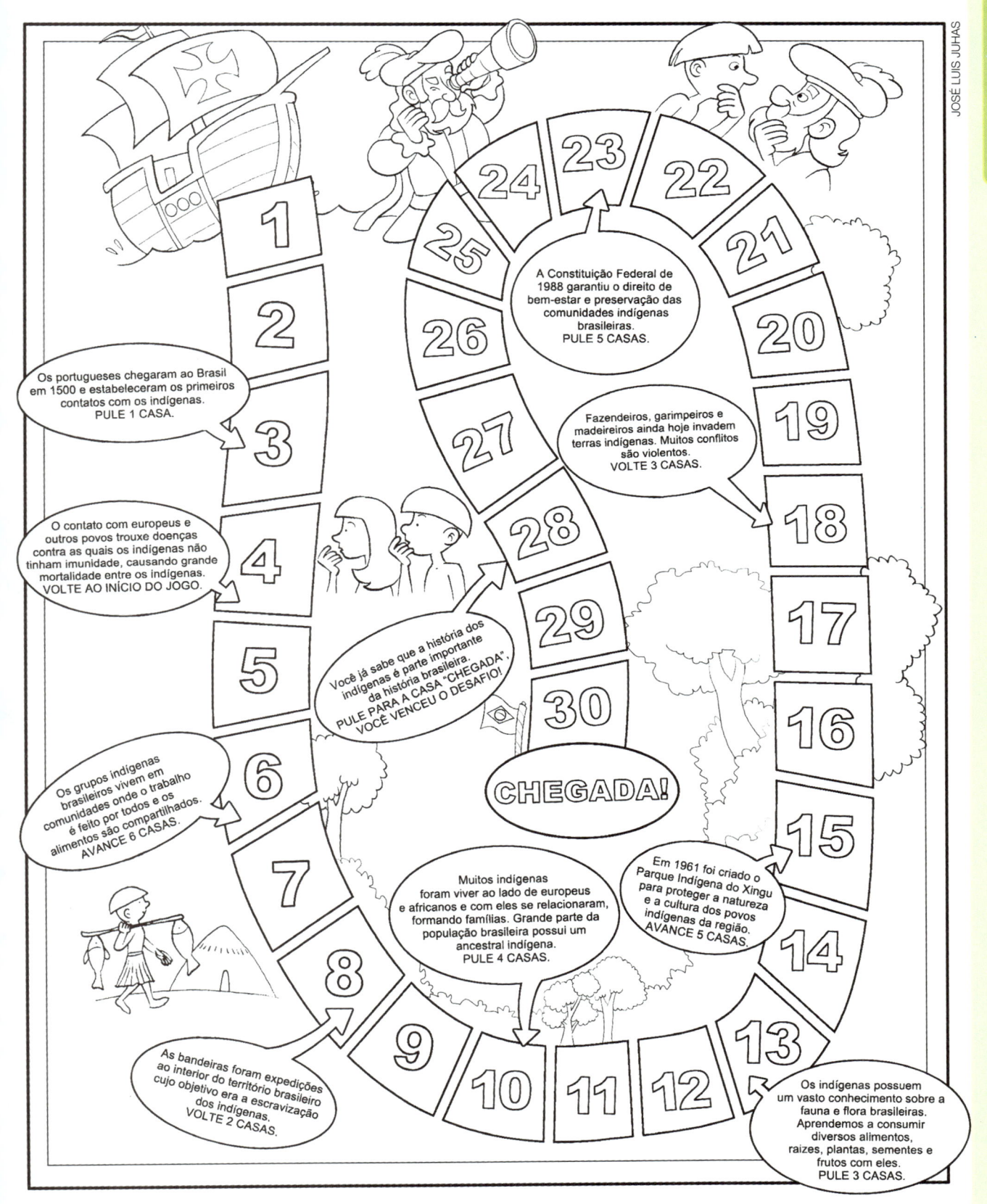

HISTÓRIA

Os portugueses chegaram ao Brasil em 1500 e estabeleceram os primeiros contatos com os indígenas. PULE 1 CASA.

O contato com europeus e outros povos trouxe doenças contra as quais os indígenas não tinham imunidade, causando grande mortalidade entre os indígenas. VOLTE AO INÍCIO DO JOGO.

Os grupos indígenas brasileiros vivem em comunidades onde o trabalho é feito por todos e os alimentos são compartilhados. AVANCE 6 CASAS.

As bandeiras foram expedições ao interior do território brasileiro cujo objetivo era a escravização dos indígenas. VOLTE 2 CASAS.

Muitos indígenas foram viver ao lado de europeus e africanos e com eles se relacionaram, formando famílias. Grande parte da população brasileira possui um ancestral indígena. PULE 4 CASAS.

Os indígenas possuem um vasto conhecimento sobre a fauna e flora brasileiras. Aprendemos a consumir diversos alimentos, raízes, plantas, sementes e frutos com eles. PULE 3 CASAS.

Em 1961 foi criado o Parque Indígena do Xingu para proteger a natureza e a cultura dos povos indígenas da região. AVANCE 5 CASAS.

Fazendeiros, garimpeiros e madeireiros ainda hoje invadem terras indígenas. Muitos conflitos são violentos. VOLTE 3 CASAS.

A Constituição Federal de 1988 garantiu o direito de bem-estar e preservação das comunidades indígenas brasileiras. PULE 5 CASAS.

Você já sabe que a história dos indígenas é parte importante da história brasileira. PULE PARA A CASA "CHEGADA". VOCÊ VENCEU O DESAFIO!

CHEGADA!

377

Dia do Trabalhador

1º de maio é o Dia do Trabalhador. A data foi escolhida porque, em 1º de maio de 1886, milhares de trabalhadores saíram em manifestação nas ruas da cidade de Chicago, nos Estados Unidos. Eles queriam melhores condições de trabalho.

A polícia foi chamada para impedir a manifestação e muitos trabalhadores foram feridos ou mortos. Nos dias atuais, em muitos países, o 1º de maio tornou-se feriado nacional, como ocorre no Brasil.

ATIVIDADE

As frases abaixo foram ditas por diferentes trabalhadores. Descubra o nome das profissões e complete os diagramas. Depois, pinte os trabalhadores.

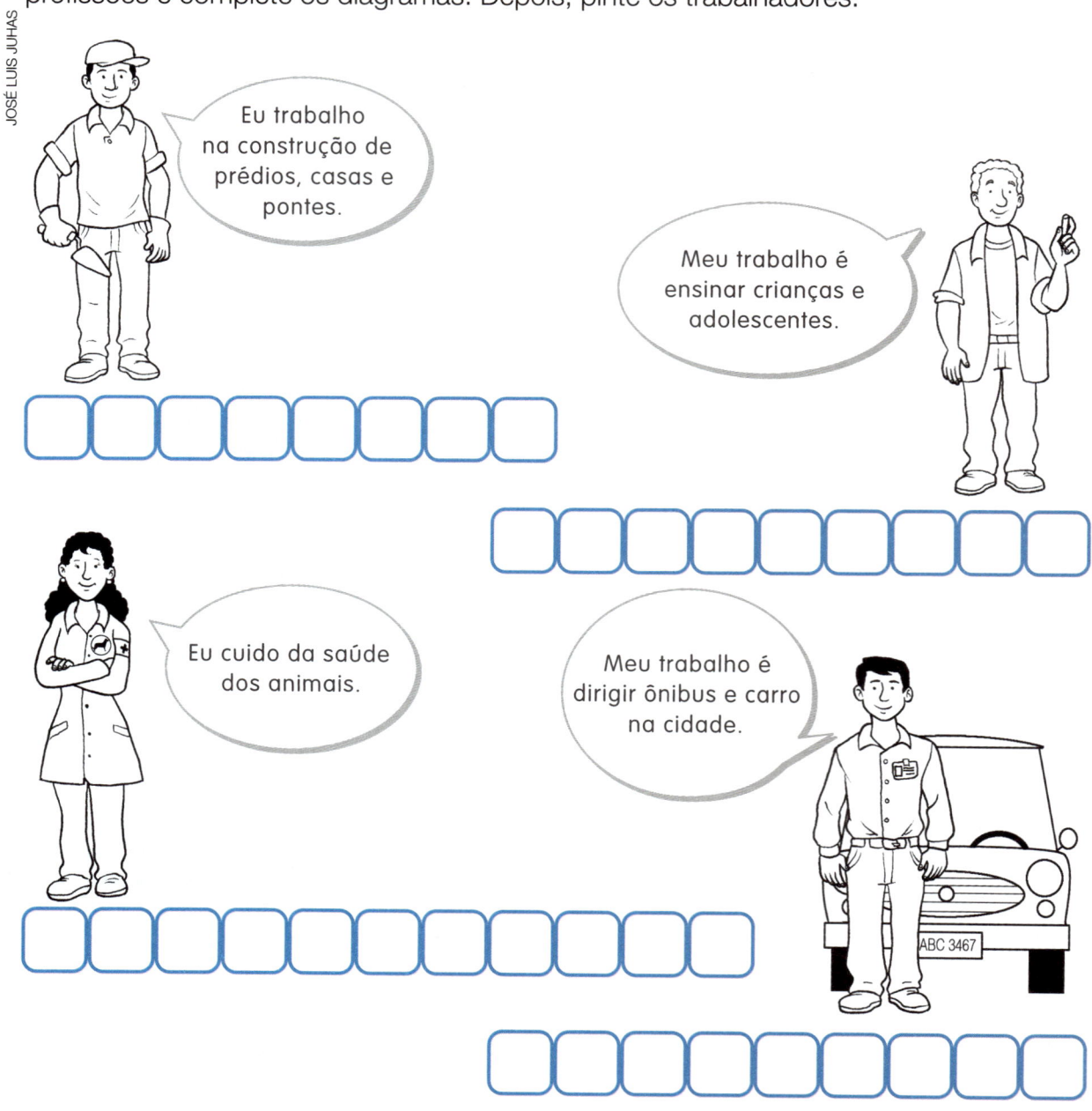

Eu trabalho na construção de prédios, casas e pontes.

Meu trabalho é ensinar crianças e adolescentes.

Eu cuido da saúde dos animais.

Meu trabalho é dirigir ônibus e carro na cidade.

Dia da Libertação dos Escravizados

No dia 13 de maio de 1888, a princesa Isabel, filha do imperador Dom Pedro II, assinou a Lei Áurea, que extinguiu a escravidão no Brasil. A partir dessa data todas as pessoas escravizadas que viviam no Brasil foram consideradas livres.

O fim da escravidão foi uma conquista importante e contou com a luta de muitas pessoas desde o período colonial. Homens e mulheres, escravizados ou livres, resistiram à escravidão de diferentes formas.

A Lei Áurea, assinada pela princesa Isabel em 13 de maio de 1888, decretou o fim da escravidão no Brasil.

ATIVIDADES

1. Observe com atenção a cena representada pelo francês Jean-Baptiste Debret, em sua visita ao Brasil, de um casamento de pessoas escravizadas.

Depois, encontre e circule na imagem os elementos a seguir.

- Um padre
- Quatro chapéus
- Três brincos

Casamento de negros pertencentes a uma família rica (1826), aquarela sobre papel de Jean-Baptiste Debret.

2. Leia os textos da linha do tempo e descubra momentos importantes da história da escravidão no Brasil. Depois, use os adesivos, localizados no final do livro, e cole a imagem adequada a cada momento.

Teve início o envio de africanos escravizados para o Brasil, nos chamados navios negreiros.

As fugas e rebeliões eram constantes. Formou-se o Quilombo de Palmares, no atual estado de Alagoas. No dia 20 de novembro, após 17 anos de luta pela defesa de Palmares, o líder Zumbi foi morto.

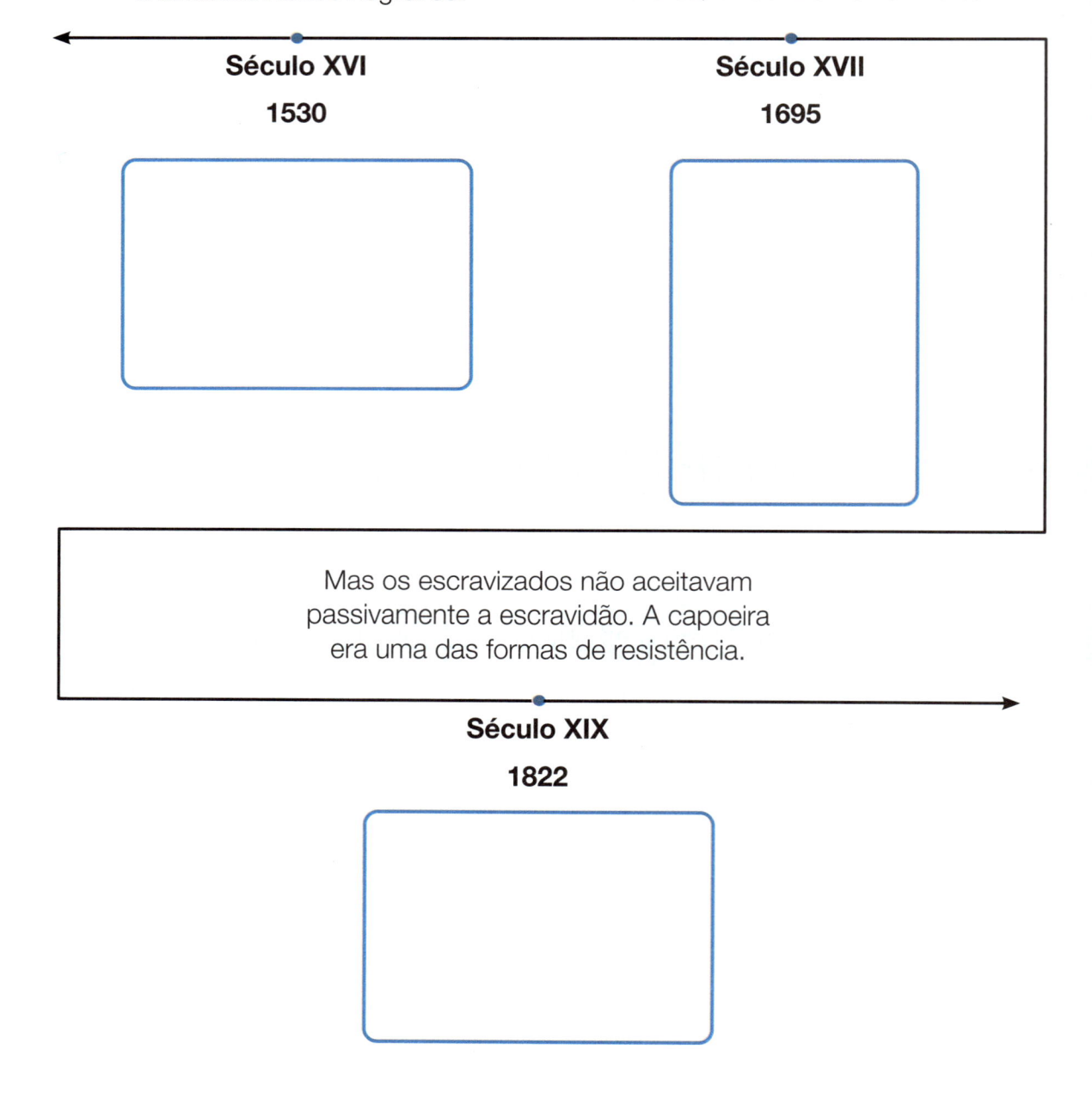

Século XVI
1530

Século XVII
1695

Mas os escravizados não aceitavam passivamente a escravidão. A capoeira era uma das formas de resistência.

Século XIX
1822

Dia do Imigrante

O Brasil foi formado com base na mistura de três grandes grupos: os habitantes originais desse território, que passaram a ser conhecidos como indígenas; os africanos, trazidos para trabalhar como escravizados; e pessoas que vieram de outros países.

No dia 25 de junho, homenageamos esse último grupo, que chamamos **imigrantes**.

Desde 1500, quando os primeiros viajantes europeus chegaram à terra que denominaram Brasil, muitas outras pessoas nascidas em lugares distantes optaram por morar aqui.

A imigração foi mais marcante na formação do nosso país na segunda metade do século XIX, com a proibição do comércio internacional de africanos escravizados em 1850 e do fim da escravidão, em 1888.

Para garantir mais trabalhadores, o governo brasileiro, fazendeiros e donos de indústrias começaram a estimular a vinda de europeus, principalmente portugueses, espanhóis e italianos.

Depois, o Brasil recebeu grande número de alemães, sírios, libaneses, japoneses e outros imigrantes. Cada povo contribuiu à sua maneira com o desenvolvimento do nosso país, acrescentando novos elementos à nossa riqueza cultural.

ATIVIDADES

1. Os alemães constituem, no Brasil, a segunda maior comunidade alemã fora da Alemanha, com 300 mil imigrantes. Os primeiros grupos chegaram ao Brasil em 1824, em uma viagem difícil pelo mar, no navio *Argus*.

Que tal ajudá-los nessa travessia pelo Oceano Atlântico?

2. Escolha e destaque um dos adesivos, localizados no final do livro, das nacionalidades que vieram para nosso país. Cole o adesivo escolhido no espaço a seguir e preencha a ficha.

Este é o povo: _____.

Uma característica dele é: _____.

Outra característica: _____.

Dia da Cultura Brasileira

O Dia da Cultura Brasileira é comemorado em 5 de novembro.

A cultura brasileira é muito rica, pois recebeu influências valiosas de diversos povos que contribuíram com o desenvolvimento do nosso país.

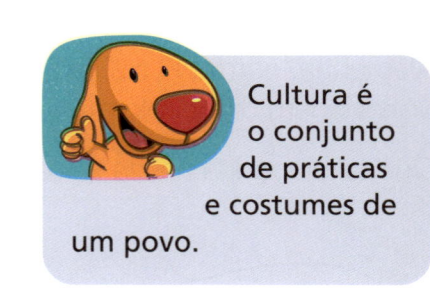

As regiões brasileiras possuem diversas manifestações culturais e conhecê-las nos ajuda a compreender melhor o passado e o presente do Brasil.

Cultura é o conjunto de práticas e costumes de um povo.

ATIVIDADE

Monte um cartão-postal!
- Nos adesivos do final do livro, você encontra fotos de manifestações culturais do Brasil.
- Leia com atenção as legendas das fotos, que indicam a qual região do Brasil elas pertencem.
- Escolha a imagem que mais lhe agradar, destaque-a e cole-a no espaço a seguir.
- Imagine que você está de férias e quer contar a um amigo ou amiga como são as manifestações culturais desse lugar.
- O que você contaria nesse cartão- -postal? Escreva no espaço a seguir.

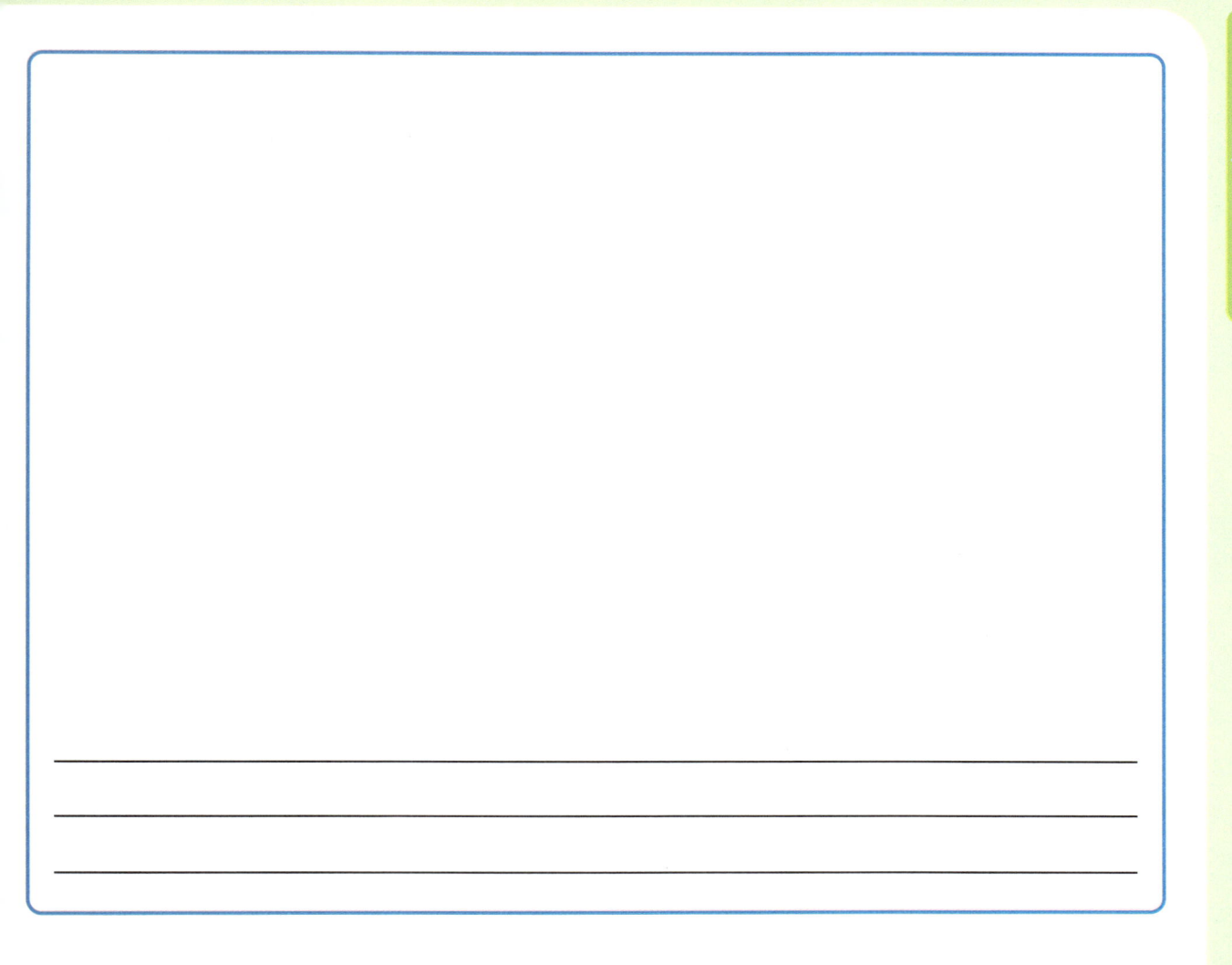

Dia Nacional da Consciência Negra

Desde 1978, comemora-se no dia 20 de novembro o Dia da Consciência Negra.

A data é uma homenagem ao Movimento Negro brasileiro: homens e mulheres descendentes de escravizados que reivindicaram a data para lembrar e celebrar a luta dos africanos e seus descendentes no Brasil contra as injustiças a que foram submetidos no período escravista.

20 de novembro de 1695 é a data da morte de Zumbi dos Palmares, um dos símbolos da resistência contra a escravidão!

ATIVIDADE

Vamos conhecer pessoas que lutaram e lutam pelos direitos dos afrodescendentes brasileiros?

- Observe as imagens da página a seguir. Depois, identifique as imagens, completando a ficha.

383

☐ Retrato de Zumbi, último líder do Quilombo de Palmares.

☐ Representação da jovem Anastácia, uma escravizada, feita por Jacques Etienne Arago em 1839.

☐ Passeata em São Paulo, no Dia Nacional da Consciência Negra, em 2011.

☐ Filósofa Lélia Gonzales, defensora da igualdade entre homens e mulheres.

☐ Retrato de André Rebouças, óleo sobre tela de Rodolfo Bernardelli, s/d.

☐ Desenho de Luís Gama produzido por Ângelo Agostini em 1882.

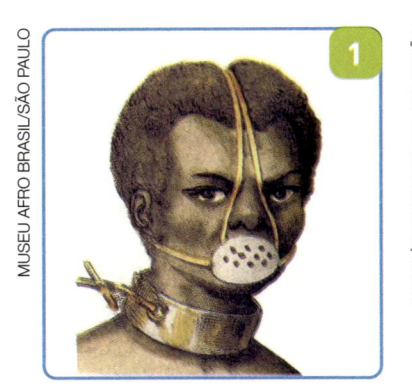

Revise os tópicos estudados nas datas comemorativas.
- Dia Internacional da Mulher.
- Dia do Indígena.
- Dia do Trabalhador.
- Dia da Libertação dos Escravizados.
- Dia do Imigrante.
- Dia da Cultura Brasileira.
- Dia Nacional da Consciência Negra.

ATIVIDADES

1. Por que é justo existir um dia de homenagens às mulheres, aos indígenas, aos trabalhadores, aos afrodescendentes e aos imigrantes? Marque com **X** as razões:

☐ Porque são todos brasileiros.

☐ Porque são grupos que construíram o Brasil e foram discriminados socialmente.

☐ Porque precisamos sempre pensar nos direitos desses grupos sociais, que não são respeitados.

☐ Porque são grupos que lutam por igualdade e por respeito em nossa sociedade.

☐ Porque são ocasiões para podermos descansar e passear.

2. Identifique a data comemorativa representada nas fotografias e registre.

São Paulo (SP), 2016.

São Paulo (SP), 2017.

São Paulo (SP), 2014.

Rio de Janeiro (RJ), 2017.

385

Coleção Eu gosto m@is

GEOGRAFIA

5º ANO
ENSINO FUNDAMENTAL

SUMÁRIO

Lição 1 – Brasil: nosso país **389**
- O Brasil na América do Sul 391
- A divisão política do Brasil 395

Lição 2 – A população do Brasil **398**
- A vinda de imigrantes 400
- Os fluxos de população 402
- A população atual do Brasil 404
- Imigrações atuais no Brasil 407

Lição 3 – Brasil: aspectos econômicos **410**
- A agricultura 411
- A pecuária 412
- A tecnologia no campo 414
- A indústria 416
- A agroindústria 417
- Indústrias de transformação 419
- O comércio 420
- Os serviços 422
- Interação campo e cidade 423

Lição 4 – Brasil: Região Norte **424**
- Divisão política 425
- Aspectos físicos 427
- Aspectos econômicos 431
- Aspectos humanos 435
- Aspectos culturais 437

Lição 5 – Brasil: Região Nordeste **439**
- Aspectos físicos 440
- Aspectos econômicos 443
- Aspectos humanos 446

Lição 6 – Brasil: Região Centro-Oeste **450**
- Aspectos físicos 452
- Aspectos econômicos 455
- Aspectos humanos 458

Lição 7 – Brasil: Região Sudeste **463**
- Aspectos físicos 464
- Aspectos econômicos 467
- Aspectos humanos 470

Lição 8 – Brasil: Região Sul **472**
- Aspectos físicos 473
- Aspectos econômicos 475
- Aspectos humanos 477
- Aspectos culturais 477

BRASIL: NOSSO PAÍS

O Brasil tem uma extensa área territorial. De acordo com o Instituto Brasileiro de Geografia e Estatística (IBGE), essa área corresponde a 8 514 876 km², que equivalem a 1,7% das **terras emersas** do planeta. Por causa disso, costuma-se dizer que o Brasil é um país de dimensões continentais, ou seja, é tão extenso que ocupa quase um continente inteiro.

> **VOCABULÁRIO**
>
> **terra emersa:** terra que não está coberta pelas águas de rios, lagos e oceanos, ou seja, que está acima das águas.

Também segundo o IBGE, em relação aos outros países, o Brasil ocupa o 5º lugar do mundo em extensão territorial. Ele fica atrás apenas de Rússia (17 098 240 km²), Canadá (9 984 670 km²), Estados Unidos (9 632 030 km²) e China (9 598 089 km²), sendo que na área total dos Estados Unidos estão incluídos o Alasca (localizado mais ao norte, junto ao Canadá) e as ilhas do Havaí.

Veja a localização desses países no mapa a seguir.

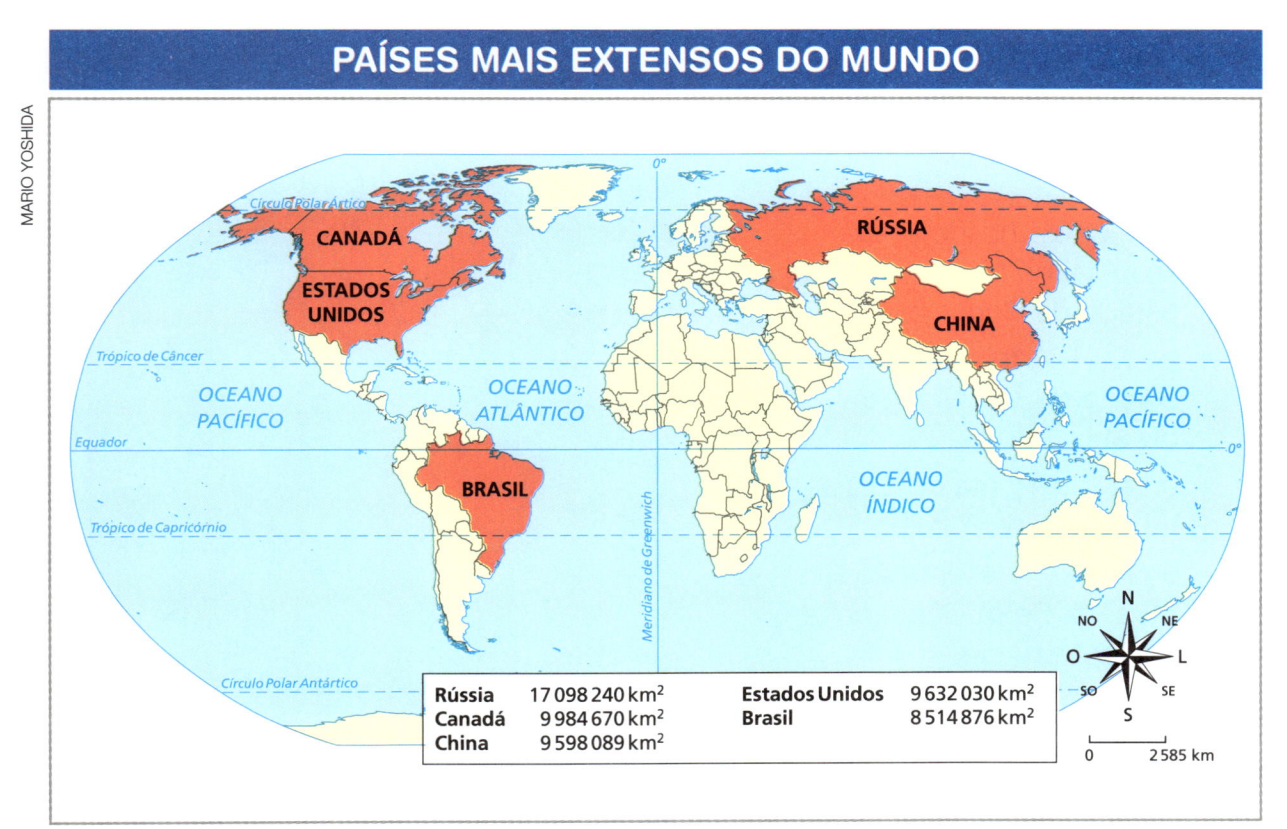

PAÍSES MAIS EXTENSOS DO MUNDO

País	Área
Rússia	17 098 240 km²
Canadá	9 984 670 km²
China	9 598 089 km²
Estados Unidos	9 632 030 km²
Brasil	8 514 876 km²

Fonte: *Atlas geográfico escolar*. 6. ed. Rio de Janeiro: IBGE, 2012. p. 34.

É possível localizar o Brasil em uma representação da Terra por meio de diversas referências. Por exemplo, pode-se dizer que nosso país está localizado no Hemisfério Ocidental, ou seja, a oeste do Meridiano de Greenwich.

Outra referência é o fato de que o Brasil é o maior país da América do Sul, ocupando 47% de sua área total.

Ainda é possível indicar que cerca de 93% do território brasileiro está localizado no Hemisfério Sul e cerca de 7% dele está no Hemisfério Norte. Essa localização é estabelecida pela linha imaginária do Equador, o principal paralelo terrestre. Ele atravessa o território do Brasil, cortando os estados do Amazonas, Pará, Amapá e de Roraima.

Além da linha do Equador, o Brasil também é cortado por outro paralelo importante: o Trópico de Capricórnio, que atravessa os estados do Mato Grosso do Sul, Paraná e de São Paulo. Esse fato configura outra característica quanto à localização do Brasil: a maior parte de seu território está situada na Zona Tropical (cerca de 92%); o restante (por volta de 8%) localiza-se na Zona Temperada do Sul.

Essas características de localização do território brasileiro resultam em uma grande variedade de climas, vegetações, formas de relevo e diferentes fusos horários.

Pontos extremos do Brasil

Considerando os pontos cardeais, podemos afirmar que o território brasileiro apresenta quatro pontos extremos. São eles:

- ao Norte – nascente do Rio Ailã, no Monte Caburaí, estado de Roraima;
- ao Sul – Arroio Chuí, no estado do Rio Grande do Sul;
- a Leste – Ponta do Seixas, no estado da Paraíba;
- a Oeste – nascente do Rio Moa, na Serra Contamana, estado do Acre.

Fonte: *Atlas geográfico escolar.* 6. ed. Rio de Janeiro: IBGE, 2012. p. 91.

A distância entre os pontos extremos de norte a sul é de cerca de 4 394 km, enquanto a distância entre os extremos de leste a oeste é de cerca de 4 319 km. Observe cada um desses pontos no mapa.

ATIVIDADES

1. Marque com um **X** a posição que o Brasil ocupa no mundo em relação a sua extensão territorial.

☐ 1º lugar ☐ 4º lugar

☐ 2º lugar ☐ 5º lugar

☐ 3º lugar

2. Quais países são mais extensos que o Brasil?

_____
_____

3. Imagine que você encontrou um turista que lhe pediu informações sobre características da localização do Brasil. O que você diria a ele?

_____
_____
_____
_____

4. Escreva **C** para as frases corretas e **E** para as frases erradas. Depois, corrija e reescreva as frases erradas no caderno.

☐ A grande variedade de climas, vegetações e diferenças de fusos horários em nosso país deve-se à sua extensão e às características de sua localização.

☐ Por estar localizado na maior parte no Hemisfério Sul, o Brasil não apresenta variedade de clima nem de vegetação.

☐ O Brasil não pode ser chamado país continental, pois suas dimensões são muito pequenas para isso.

☐ Por terem territórios menos extensos que o do Brasil, Rússia e Estados Unidos caberiam dentro do nosso país.

5. Observe novamente o mapa da página anterior. Qual dos pontos extremos do território brasileiro está mais próximo de onde você vive?

_____
_____

O Brasil na América do Sul

O continente americano pode ser dividido de diferentes maneiras. Uma dessas divisões, denominada divisão política, o organiza em América do Norte, América Central e América do Sul, como você pode observar no mapa da página seguinte.

Observe também no mapa que o Brasil está localizado na América do Sul.

A América do Sul possui uma área de 17 819 100 km². Sua população é de aproximadamente 393 milhões de habitantes, em grande parte composta de descendentes de grupos indígenas e imigrantes europeus e africanos.

Os países que formam a América do Sul são: Argentina, Bolívia, Brasil, Chile, Colômbia, Equador, Guiana, Guiana Francesa, Paraguai, Peru, Suriname, Uruguai e Venezuela.

AMÉRICA: DIVISÃO POLÍTICA

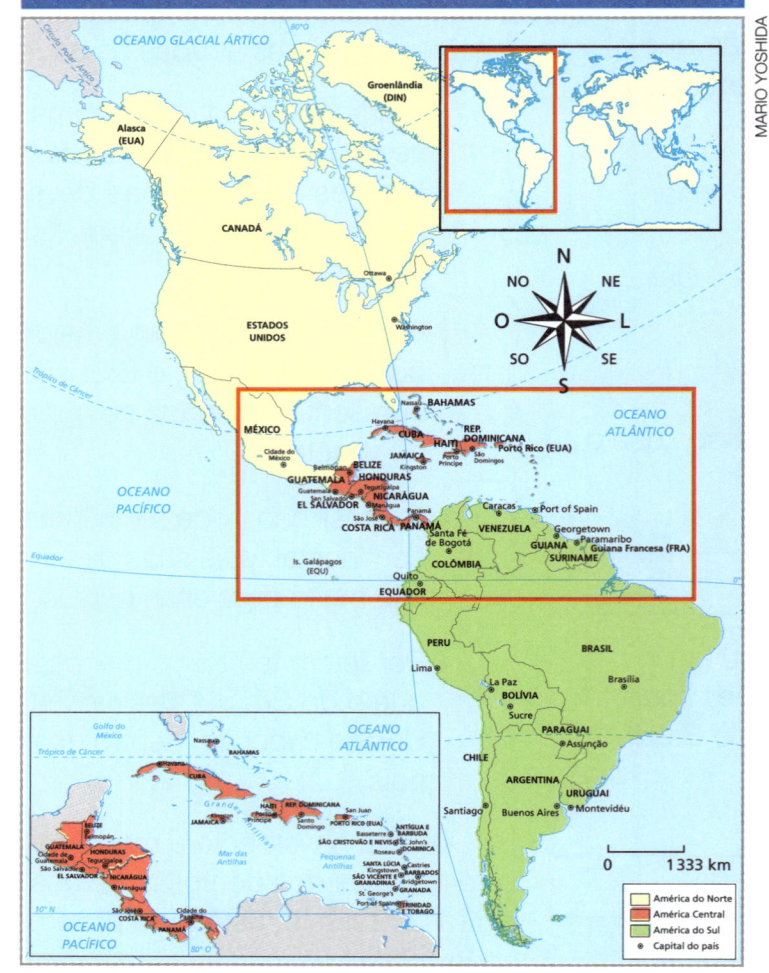

Fonte: *Atlas geográfico escolar*. 6. ed. Rio de Janeiro: IBGE, 2012. p. 34.

Você sabe em qual continente está localizado o Brasil?

Na porção sul da América, assim como em outros continentes, há locais que abrigam um grande número de pessoas, configurando áreas muito populosas como as das cidades de São Paulo, Lima, Bogotá, Rio de Janeiro, Santiago, Caracas, Buenos Aires, Brasília.

Mas há também diversos locais do território nos quais o número de habitantes é muito pequeno. São, por exemplo, as áreas da Floresta Amazônica (que se localiza, em sua maior parte, no Brasil), do Deserto do Atacama (no Chile) e da Patagônia (localizada, em sua maior parte, na Argentina).

Área pouco populosa na região amazônica em 2021.

Área pouco populosa na Patagônia. Chile, 2021.

O território brasileiro faz **fronteira** com a maioria dos países da América do Sul. Observe:

- Norte (N) – Venezuela, Guiana, Suriname, Guiana Francesa;
- Noroeste (NO) – Colômbia;
- Oeste (O) – Peru e Bolívia;
- Sudoeste (SO) – Paraguai e Argentina;
- Sul (S) – Uruguai.

Observando novamente o mapa da página anterior, você notará que, na América do Sul, o Brasil só não faz fronteira com Chile e Equador.

> **VOCABULÁRIO**
>
> **fronteira:** faixa territorial entre duas unidades administrativas, por exemplo, dois países.

ATIVIDADES

1. Analise o mapa **América: Divisão Política** (página anterior). Com base nas informações do texto e na leitura do mapa, complete as frases.

a) O continente americano pode ser dividido politicamente em três partes: _____, _____ e _____.

b) O Brasil localiza-se na _____.

c) A população da América do Sul é descendente, em sua maioria, de _____, _____ e _____.

2. Com base na leitura do mapa, nomeie:
a) Os países com os quais o Brasil não faz fronteira.
_____

b) Um país ao norte do Brasil.
_____

c) O oceano a leste do Brasil.
_____

d) Um país a oeste do Brasil.
_____

3. Brasil e Venezuela possuem fronteiras entre si. Que outros países da América do Sul fazem fronteira com o nosso?
_____

4. Em relação à população, todas as áreas da América do Sul possuem um número muito parecido de pessoas? Justifique.
_____

GEOGRAFIA

5. Observe a imagem a seguir e depois responda.

AMÉRICA DO SUL

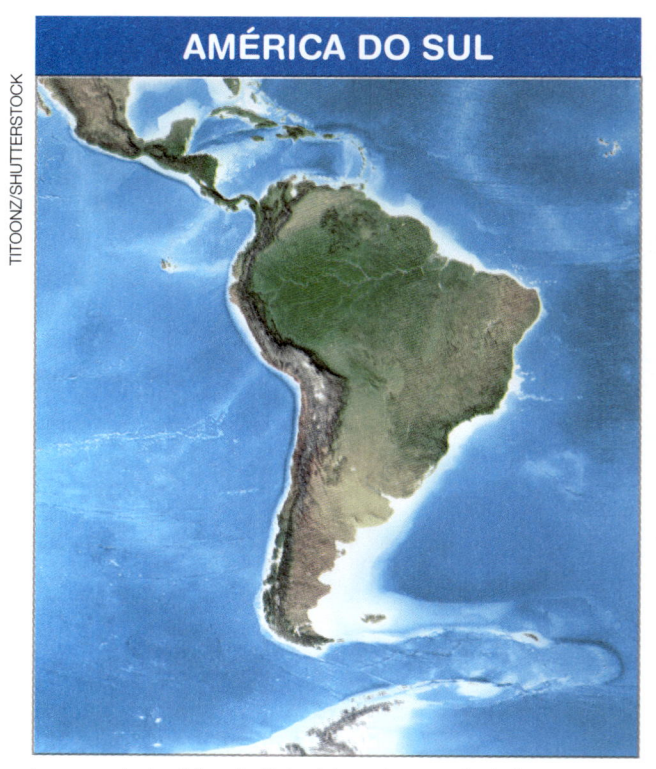

TITOONZ/SHUTTERSTOCK

Imagem da América do Sul, elaborada a partir de fotos de satélite obtidas pela Nasa.

a) Compare esta imagem com o mapa da página 392, você consegue identificar a Brasil nesta imagem?

_____
_____
_____
_____
_____

b) Que outros elementos você identifica na imagem?

_____
_____
_____
_____
_____

6. Reúna-se com um colega e escolham um país da América do Sul. Vocês vão pesquisar informações sobre ele, como:

- localização;
- bandeira e idioma;
- extensão territorial;
- nome das principais cidades;
- nome de sua capital;
- cidades que fazem fronteira com o Brasil, se houver, e quais os nomes delas.

Para realizar a pesquisa, vocês poderão usar a internet ou consultar livros da biblioteca de sua escola. Enriqueçam a pesquisa com fotos do país pesquisado.

Em sala, relatem suas descobertas para os colegas e ouçam as descobertas deles. Com a ajuda do professor, organizem um mural com o material pesquisado e deixem-no em exposição na escola.

A divisão política do Brasil

O Brasil é uma **república federativa** presidencialista, ou seja, é um conjunto de estados que formam uma **federação** governada por um presidente eleito pelo povo. Esse representante administra o país por quatro anos. A sede do governo brasileiro e capital do país é Brasília, localizada no Distrito Federal.

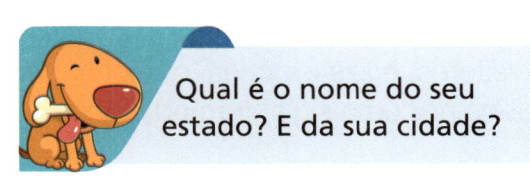

Qual é o nome do seu estado? E da sua cidade?

BRASIL: DIVISÃO POLÍTICA

Fonte: *Atlas geográfico escolar*. 6. ed. Rio de Janeiro: IBGE, 2012. p. 90.

A forma de governo do Brasil é a **democracia**, assegurada pela eleição, realizada a cada quatro anos, do presidente e dos demais governantes (governadores, prefeitos, senadores, deputados e vereadores).

VOCABULÁRIO

democracia: governo em que os representantes são escolhidos livremente pelo povo, por meio de eleições.

Nas eleições brasileiras, o voto é livre e secreto, isto é, os eleitores decidem, pelo maior número de votos e por vontade própria, quem será seu representante pelos próximos quatro anos.

Com essa escolha, o povo pode cobrar melhorias que considera necessárias ao país, sempre respeitando as leis que governam o Brasil. É exigindo seus direitos e cumprindo seus deveres que cada pessoa ajuda a construir e a fortalecer a **cidadania**.

Isso também vale para os estados, pois cada um tem um representante, que deve respeitar a vontade dos seus eleitores, e leis próprias, que complementam as leis do país. Os estados são identificados por uma sigla, formada pelo conjunto de letras iniciais de cada um dos nomes.

Estados do Brasil e Distrito Federal					
Nome	Sigla	Capital	Nome	Sigla	Capital
Acre	AC	Rio Branco	Paraíba	PB	João Pessoa
Alagoas	AL	Maceió	Paraná	PR	Curitiba
Amapá	AP	Macapá	Pernambuco	PE	Recife
Amazonas	AM	Manaus	Piauí	PI	Teresina
Bahia	BA	Salvador	Rio Grande do Norte	RN	Natal
Ceará	CE	Fortaleza	Rio Grande do Sul	RS	Porto Alegre
Distrito Federal	DF	Brasília	Rio de Janeiro	RJ	Rio de Janeiro
Espírito Santo	ES	Vitória	Rondônia	RO	Porto Velho
Goiás	GO	Goiânia	Roraima	RR	Boa Vista
Maranhão	MA	São Luís	Santa Catarina	SC	Florianópolis
Mato Grosso	MT	Cuiabá	São Paulo	SP	São Paulo
Mato Grosso do Sul	MS	Campo Grande	Sergipe	SE	Aracaju
Minas Gerais	MG	Belo Horizonte	Tocantins	TO	Palmas
Pará	PA	Belém			

ATIVIDADES

1. Analise novamente o mapa **Brasil: Divisão Política** e faça o que se pede.

a) Escreva o nome dos estados brasileiros banhados pelo Oceano Atlântico.

_____
_____
_____
_____

b) Liste os estados brasileiros que fazem fronteira com outros países da América do Sul e, ao mesmo tempo, são banhados pelo Oceano Atlântico.

_____
_____
_____
_____

c) Nomeie os estados brasileiros que fazem fronteira com outros países da América do Sul e não são banhados pelo Oceano Atlântico.

_____
_____
_____
_____

d) Compare as respostas dos itens **a**, **b** e **c**. Que estados brasileiros não apareceram nas respostas? Por que eles não apareceram?

_____
_____
_____
_____

2. Volte ao mapa **Brasil: Divisão Política** e liste os estados que fazem divisa com o estado onde você mora.

_____
_____
_____
_____

3. Escreva **V** para verdadeiro ou **F** para falso. Corrija as frases falsas no caderno para que todas se tornem verdadeiras.

☐ Estamos em uma democracia, que quer dizer "governo do povo".

☐ No Brasil, é o presidente da República quem escolhe os governadores dos estados.

☐ As leis que governam o Brasil devem ser respeitadas por todos.

☐ O cidadão não necessita exigir seus direitos.

4. Escreva o nome do estado correspondente a cada sigla.

PB – _____
SP – _____
PA – _____
PR – _____
PE – _____
RO – _____
SC – _____
MA – _____
AM – _____
MT – _____

GEOGRAFIA

LIÇÃO 2 — A POPULAÇÃO DO BRASIL

Veja as imagens de uma festa folclórica muito popular no Brasil.

Festa do Bumba Meu Boi, em São Luís (MA), 2022.

Brincantes da festa do Bumba Meu Boi em São Luís (MA), 2018.

As imagens mostram cenas da festa folclórica do Bumba Meu Boi, que acontece todos os anos em vários lugares do Brasil. Ela é realizada desde o século XVIII e começou na Região Nordeste. Com o tempo, foi se modificando, e hoje existem desde grupos pequenos, formados por famílias que mantêm a tradição, até grupos enormes, que mobilizam a cidade toda nas festas.

A lenda do Bumba Meu Boi gira em torno do desejo de comer língua de boi de Mãe Catirina. Seu marido, Pai Francisco, escravo de um rico fazendeiro, com medo de que sua mulher perdesse o filho por causa do desejo não satisfeito, mata o boi mais querido de seu senhor para fazer o prato que Mãe Catirina tanto desejava.

Quando o senhor percebe que seu boi havia desaparecido, ordena que um de seus vaqueiros investigue o sumiço do animal. Tão logo o vaqueiro descobre o que havia acontecido com o boi, conta ao seu senhor. O fazendeiro então sai à procura de Pai Francisco, com o objetivo de castigá-lo.

Com medo da fúria do fazendeiro, Pai Francisco procura um pajé para que ressuscite o animal. No final, tudo termina bem: o pajé ressuscita o boi; o fazendeiro, sabendo da boa intenção de Pai Francisco, o perdoa; e todos celebram a ressurreição do boi com uma grande festa.

A festa do Bumba Meu Boi tem um significado especial quando se fala em população brasileira, pois ela une tradições de diferentes povos: indígenas, portugueses e negros.

Os indígenas eram os habitantes do Brasil quando os portugueses aqui chegaram. Os negros, por mais de 300 anos, foram trazidos da África como mão de obra escravizada para serem vendidos como mercadoria e trabalharem para os colonos portugueses em seus engenhos de produção de açúcar, criação de gado e todas as tarefas necessárias para a geração de riqueza do Brasil daquele período. Da convivência e da mistura desses três povos resultou o brasileiro.

Os traços dessa mistura são perceptíveis em vários aspectos da nossa cultura, como o idioma, herdado dos portugueses; o hábito de comer mandioca e milho, de dormir na rede e tomar banho todos os dias, herdado dos indígenas; comer angu, jogar capoeira, o ritmo do maracatu, herdados dos povos africanos.

ATIVIDADES

1. Você já tinha ouvido falar dessa festa?
_____
_____
_____

2. Na sua região ocorre a festa do Bumba Meu Boi?
_____
_____
_____

3. Na sua região ocorre alguma festa folclórica? Qual a origem dessa festa?
_____
_____
_____

4. Você percebe no seu dia a dia traços dos três povos que deram origem ao brasileiro?
_____
_____
_____

A vinda de imigrantes

Quando o Brasil se tornou independente de Portugal, começaram a chegar imigrantes de outros países em um processo que se intensificou depois da abolição da escravatura, em 1889 como forma de substituição da mão de obra escrava.

Para cá vieram alemães, italianos, espanhóis, portugueses, poloneses, povos árabes e japoneses, entre outros.

Os emigrantes (1910), de Antônio Rocco. Óleo sobre tela, 231 cm × 202 cm. Nesta obra, o pintor italiano retratou uma família italiana partindo para o Brasil.

As difíceis condições de vida na Europa na segunda metade do século XIX incentivaram muitos europeus a buscarem novas oportunidades em outros locais. O governo brasileiro incentivava a vinda de imigrantes porque precisava de mão de obra para as lavouras em substituição ao trabalho dos negros escravizados.

Os imigrantes, como os alemães e depois os italianos, vieram para colonizar terras cedidas pelo governo e para suprir a mão de obra dos negros escravizados nas plantações, especialmente de café, no estado de São Paulo. Seus descendentes, em alguns casos, guardam as tradições de origem dos seus antepassados, em especial no Sul do Brasil.

Foto de imigrantes italianos em plantação de café.

A partir de 1824 chegaram os primeiros imigrantes estrangeiros ao Brasil. Inicialmente vieram os alemães, depois, os italianos e outros povos. Família de origem alemã, Blumenau (SC), no final do século XIX.

Muitos imigrantes, devido às condições ruins de trabalho nas fazendas de café ou por suas terras serem distantes dos centros comerciais, onde poderiam vender o que produziam, acabaram deixando o campo e vindo para as cidades.

São Paulo, por exemplo, era a cidade que crescia com a riqueza do café e via surgir diversas indústrias. Muitos imigrantes italianos e espanhóis traziam na bagagem conhecimento profissional em várias áreas, acabaram formando grande parte da mão de obra do começo da industrialização brasileira. Muitos, inclusive, criaram empresas para a produção de tijolos, metalurgia, alimentos, entre outros.

Vista do bairro do Brás, São Paulo (SP), c. 1910. A maioria das indústrias paulistas localizava-se nesse bairro.

ATIVIDADES

1. Por que o governo brasileiro incentivou a vinda de imigrantes europeus para o Brasil?

2. Os imigrantes chegaram em que regiões brasileiras?

3. Todos os imigrantes se fixaram nas terras oferecidas pelo governo ou nas áreas de plantações de café? Justifique sua resposta.

4. Por que os imigrantes que foram para as cidades conseguiram trabalhar na indústria?

Os fluxos de população

Diversos fatores fazem com que as pessoas se desloquem de um lugar para outro, no processo chamado fluxo migratório.

As pessoas que vêm de outros municípios ou de outros estados são chamadas migrantes.

Alguns motivos da vinda de migrantes são:
- falta de terra para plantar e criar animais;
- falta de trabalho;
- substituição da mão de obra do ser humano pelas máquinas;
- secas e pragas que destroem as plantações e matam os animais.

Nos anos 1950 e 1960, quando a industrialização se acelerou no Sudeste, muitas pessoas do Nordeste e do norte de Minas Gerais deixaram os lugares onde viviam em busca de melhores condições de vida.

Na cidade de São Paulo, a construção do metrô na década de 1970 atraía mais migrantes do Nordeste para o Sudeste. Foto de 1975.

Nessa época, cerca de 200 mil pessoas se deslocavam anualmente do Nordeste para o Sudeste e para o Sul.

Ao se estabelecerem na capital paulista e em outros grandes centros urbanos, essas pessoas enfrentaram muitas dificuldades, como o preço dos aluguéis, a distância entre o local de moradia e o trabalho, o alto custo de vida das cidades.

Mesmo assim, o fluxo de migrantes aumentou nos anos 1970 e 1980, principalmente por causa da explosão da construção civil.

Mas a migração de pessoas não ocorreu somente para os centros industrializados. Nos anos 1950, quando a cidade de Brasília começou a ser construída, milhares de pessoas saíram de seus estados no Nordeste e se mudaram para o Planalto Central, empregando-se como operários da construção civil. Eram chamados candangos e, em homenagem a eles, um monumento foi erguido na cidade. Em 1960, quando Brasília foi inaugurada, mais de 58 mil pessoas de origem dos estados do Nordeste compunham a população da capital federal, o que representava cerca de 41% da população da cidade naquele ano.

Os candangos (1960), de Bruno Giorgi. Escultura em bronze, 8 m. O monumento homenageia os operários que trabalharam na construção de Brasília. Praça dos Três Poderes, Brasília (DF).

A busca por terras para cultivar sempre motivou o deslocamento de populações. Na década de 1940, começou a migração de pessoas do Rio Grande do Sul para o oeste de Santa Catarina. Anos depois, esse deslocamento se expandiu para a Região Centro-Oeste e Norte com colonos do Sul chegando em Mato Grosso do Sul, Mato Grosso e Rondônia.

É grande o número de habitantes que se deslocam do campo para a cidade, por isso a população da área urbana (cidade) é maior que a da área rural (campo).

A saída de pessoas da área rural para a área urbana chama-se êxodo rural. Em geral, as cidades não estão preparadas para receber os migrantes. Por isso, ao chegarem às cidades, eles enfrentam muitos problemas.

ATIVIDADES

1. Em São Paulo há um monumento que homenageia os migrantes. Observe a imagem, leia sua legenda e depois responda às perguntas.

Monumento do migrante nordestino (2010), de Marcos Cartum. Aço corten, 5 m x 10 m. Localizado no Largo da Concórdia, em São Paulo (SP).

a) Por que existe esse monumento em São Paulo?

b) A que remete a forma do monumento feito pelo artista Marcos Cartum?

c) Qual é o motivo da migração de pessoas do Nordeste para São Paulo?

2. Agora, observe a foto a seguir, leia sua legenda e depois responda às perguntas.

Família Abegg que migrou para Gleba Arinos, em Porto dos Gaúchos (MT), 1956.

a) Em sua opinião, qual a origem do sobrenome Abegg?

b) Na imagem é possível identificar um traço característico da região de origem dos Abegg. Você consegue reconhecer o que é?

c) Que motivo levou os Abegg a migrar para o Mato Grosso?

d) Qual traço cultural do estado de origem os Abegg estão levando para o novo lugar onde foram morar?

A população atual do Brasil

A população brasileira pelo Censo de 2010 é de 190 milhões de pessoas. O Censo é um levantamento feito a cada dez anos para saber o número de habitantes de um país. Em 2020, por causa da pandemia do coronavírus, o censo não foi realizado. Esse diagnóstico é feito pelo Instituto Brasileiro de Geografia e Estatística (IBGE).

Nesse levantamento, também são obtidos dados como: a proporção de homens e mulheres, onde vivem os brasileiros – se na área urbana ou na rural –, faixa etária e características étnico-raciais, entre outros.

Veja os dados nos gráficos com os dados do Censo de 2010.

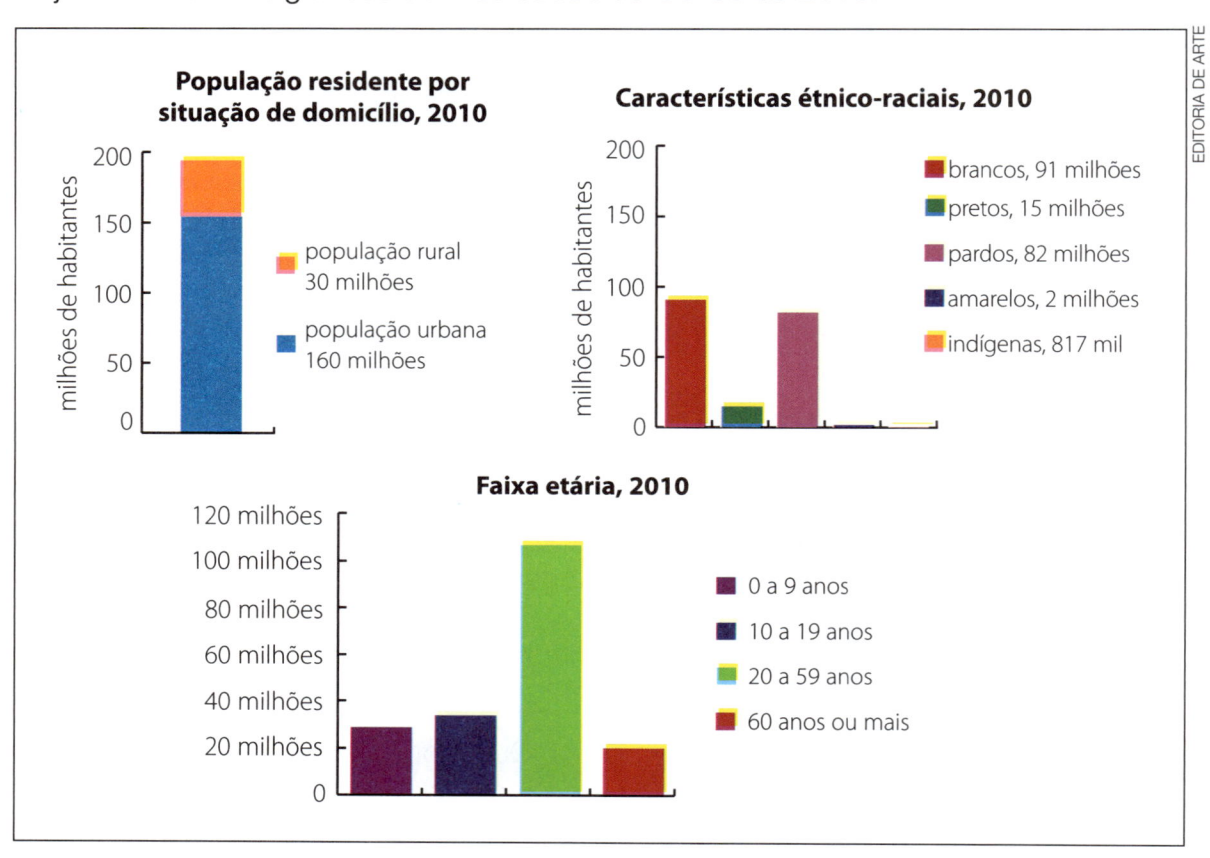

População residente por situação de domicílio, 2010
- população rural: 30 milhões
- população urbana: 160 milhões

Características étnico-raciais, 2010
- brancos, 91 milhões
- pretos, 15 milhões
- pardos, 82 milhões
- amarelos, 2 milhões
- indígenas, 817 mil

Faixa etária, 2010
- 0 a 9 anos
- 10 a 19 anos
- 20 a 59 anos
- 60 anos ou mais

Fonte: IBGE, Censo Demográfico 2010.

A população brasileira está distribuída de forma irregular pelo território. Enquanto há áreas com elevada concentração populacional, outras são pouco habitadas.

Veja ao lado o mapa da densidade demográfica do Brasil.

A densidade demográfica corresponde à quantidade média de habitantes por quilômetro quadrado.

Atualmente, a densidade demográfica do Brasil é de aproximadamente 22,3 habitantes por quilômetro quadrado.

BRASIL: DENSIDADE DEMOGRÁFICA

Habitantes por km²
- Menos de 1
- 1 a 5
- 5,1 a 20
- 20,1 a 50
- 50,1 a 100
- 100,1 a 250
- Acima de 250

Fonte: IBGE, Censo Demográfico 2010.

Embora a maior parte da população viva na área urbana, isso nem sempre foi assim. Veja o gráfico sobre a relação da população urbana e rural no Brasil entre 1950 e 2010.

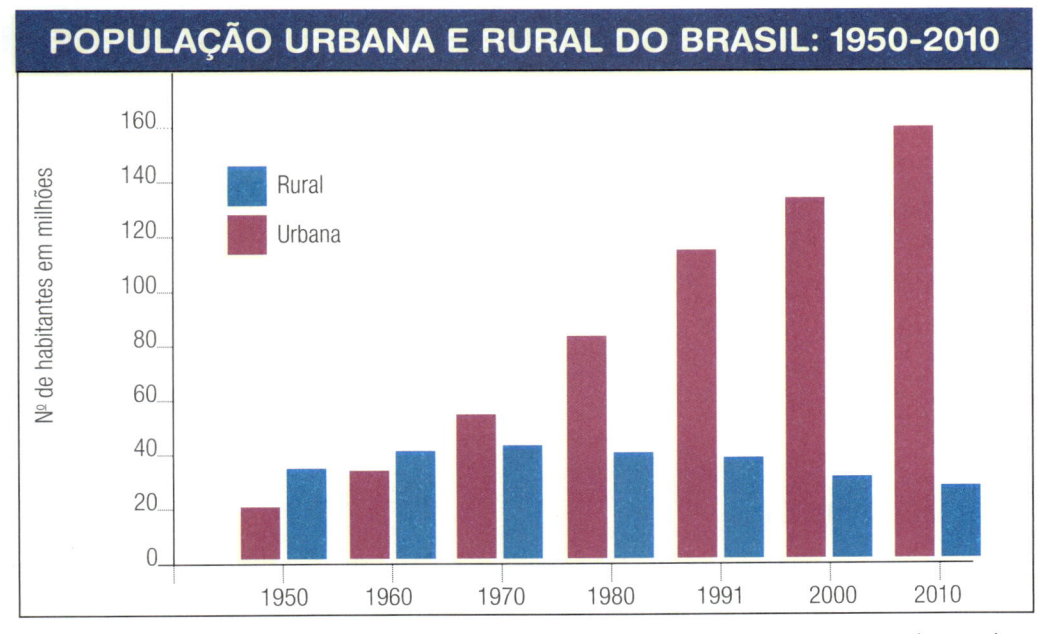

POPULAÇÃO URBANA E RURAL DO BRASIL: 1950-2010

Fontes: *Anuário estatístico do Brasil* 1997 e Censo IBGE 2010. Disponível em: <https://bit.ly/1LI69td>. Acesso em: 30 jun. 2022.

As condições de vida no campo e o acesso a empregos, serviços de saúde e educação para os jovens ajudam a explicar o movimento de saída do campo.

A mecanização no campo, que substituiu a mão de obra por máquinas, também ajuda a entender esse processo. Entre 1995 e 1997, desapareceu 1,8 milhão de empregos no campo e um número semelhante foi criado nas cidades, principalmente nas indústrias.

Precariedade de moradias e de serviços públicos básicos é um dos problemas dos grandes centros urbanos. Periferia de Salvador (BA).

Problemas no transporte público também afetam as grandes cidades. Terminal de ônibus em São Paulo, (SP).

No entanto, apesar dos benefícios econômicos para o país e da melhoria de qualidade de vida das pessoas, a urbanização acelerada também contribuiu para a intensificação dos problemas das cidades, como a falta de serviços públicos de qualidade, a precariedade das moradias e a violência.

ATIVIDADES

1. Observe o mapa **Brasil: Densidade Demográfica**.

a) No Brasil, há locais com baixa densidade demográfica? Em quais regiões?

b) Qual parte do Brasil apresenta a menor densidade demográfica?

c) E a maior densidade demográfica?

2. Volte ao mapa **Brasil: Densidade Demográfica** e localize seu estado. Agora, responda: seu estado é muito ou pouco habitado?

3. Pesquise a quantidade de habitantes que vive em seu estado.

4. Analisando o gráfico da população urbana e rural do Brasil nos últimos 60 anos, responda:
a) O que o gráfico mostra?

b) A população urbana sempre foi maior que a rural? Justifique sua resposta.

c) O que ocorre a partir de 1970?

d) Em 2010, qual era a quantidade de pessoas que vivia em cidades? E no campo?

e) Em sua opinião, por que as cidades atraem os moradores do campo?

_____
_____
_____

f) Você mora na área rural ou urbana?

_____
_____

5. Pesquise com seus familiares se tem algum parente que veio da região rural para a urbana nos últimos anos e qual foi o motivo desse deslocamento.

_____
_____

6. O rápido e desordenado processo de urbanização ocorrido no Brasil trouxe consequências e a ocorrência de alguns problemas nas cidades. Entre eles podemos destacar a favelização, a violência urbana, a poluição e as enchentes. Reúna-se em grupo e pesquisem sobre a presença desses problemas na cidade em que você vive e se eles têm relação com o processo de urbanização. Em sala, relatem os dados coletados na pesquisa para os colegas dos outros grupos e ouça os dados deles. Com a ajuda do professor, organizem um texto coletivo com o material pesquisado e deixem-no em exposição na escola.

Imigrações atuais no Brasil

O processo de imigração não foi uma marca do passado. Atualmente, o Brasil recebe pessoas de diferentes países.

Leia o texto a seguir.

Brasil é o quinto país mais buscado por imigrantes venezuelanos

30/04/2022

Entre olhares desconfiados e cansados, crianças brincando e malas que se amontoam, filas se formam nas tendas da Operação Acolhida, com centenas de venezuelanos que ainda buscam no Brasil um local para recomeçar a vida. Na fronteira entre Santa Elena de Uairén e Pacaraima, cerca de 750 pessoas por dia, em média, atravessam para o lado brasileiro, carregando o que coube em malas e trazendo também expectativas: de encontrar parentes e amigos que já estão no país, de conseguir emprego e de uma nova vida.

Nas tendas da Operação Acolhida, criada em 2018, os atendimentos não param. Há guichês para pedidos de residência e refúgio, para emissão de documentos, como CPF e cartão SUS, para cadastro no sistema de emprego. Uma força-tarefa atua nesse primeiro contato do migrante com o Brasil para facilitar a entrada e interiorização dos venezuelanos.

O país é o quinto destino mais procurado por esses migrantes para viver. De janeiro de 2017 a março de 2022, o Brasil recebeu 325.763 venezuelanos que permaneceram aqui. [...]

Dourado, C. e Bittencourt, G. Brasil é o quinto país mais buscado por imigrantes venezuelanos. *Agência Brasil*. Disponível em: https://agenciabrasil.ebc.com.br/geral/noticia/2022-04/brasil-e-o-5o-pais-mais-buscado-por-imigrantes-venezuelanos. Acesso em: 31 jul. 2022.

O texto indica que muitas pessoas estão deixando a Venezuela, um país de fronteira com o Brasil, e entrando em Pacaraima, município de Roraima. O motivo da vinda dos venezuelanos para cá neste período tem a ver com a crise política e econômica que afeta o país vizinho, com falta de empregos, alimentos, remédios e outros recursos básicos.

Venezuelanos se abrigam no posto da Polícia Rodoviária Federal, em Pacaraima (RR), 2019.

Imigrantes haitianos em busca de trabalho em evento organizado pela Missão da Paz, São Paulo (SP), 2017.

Essas pessoas imigram porque não conseguem mais ter condições dignas de vida no lugar onde moram e arriscam a sorte mesmo sem ter perspectivas futuras no novo país que buscam para viver. Além desses motivos, o fluxo de pessoas de um país para o outro tem a ver também com guerras e catástrofes naturais, como a que ocorreu no Haiti em 2010 e trouxe para o Brasil, de 2010 a 2017, quase 93 mil haitianos, segundo dados oficiais do governo.

A população de imigrantes, ao chegar em um novo país, enfrenta diversos problemas, como o idioma diferente, a falta de local para se instalar e a busca por emprego.

Além de venezuelanos e haitianos, o Brasil também tem recebido nos últimos anos refugiados da guerra da Síria. Desde que começou o conflito no país, em 2011, o Brasil já acolheu aproximadamente 3,8 mil pessoas vindas desse país.

Refugiados sírios em posto de acolhimento de imigrantes em São Paulo, 2015.

Imigrantes sírias em aula de português, São Paulo (SP), 2015.

ATIVIDADES

1. Você conhece ou convive com pessoas que vieram de outros países para o Brasil na atualidade?

2. Por que as pessoas saem de seus países para irem para outros?

3. Quais problemas os imigrantes enfrentam ao chegar em um novo país?

4. Quando um imigrante chega em um novo lugar o que ele traz consigo?

LIÇÃO 3 — BRASIL: ASPECTOS ECONÔMICOS

O Brasil tem centenas de atividades econômicas. Nosso país tem fábricas dos mais variados produtos, fazendas com plantações de diversos produtos agrícolas e criação de gado, as quais produzem carne e leite. Para isso, há uma enorme rede comercial e de transportes ligando áreas urbanas e rurais do país.

No Brasil, portanto, a riqueza é produzida por milhares de pessoas que trabalham em setores econômicos bem diversificados.

Indústria.

Agricultura.

Comércio.

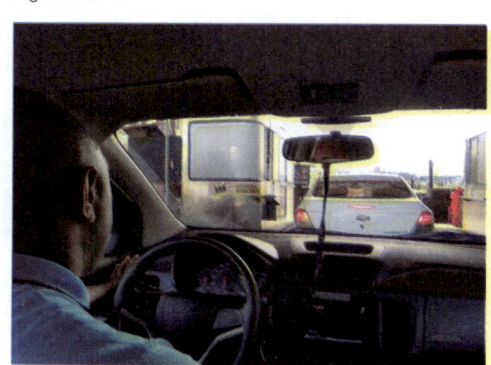

Transporte.

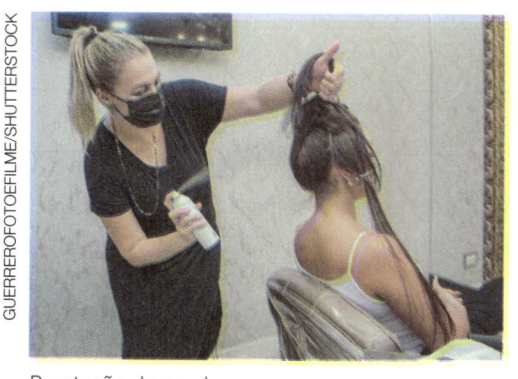

Prestação de serviços.

Turismo.

- Observe as imagens acima e indique as atividades econômicas que você identifica. Em sua moradia, os adultos trabalham em quais atividades econômicas? Conte para os colegas e para o professor.

A agricultura

O trabalho de preparar a terra, plantar e colher chama-se **agricultura**.

Os principais produtos agrícolas do Brasil são: cana-de-açúcar, laranja, milho, soja, mandioca, arroz, café, tomate, batata e feijão.

As pessoas que trabalham com agricultura chamam-se agricultores, lavradores ou camponeses.

Alguns trabalhadores moram no campo. Outros moram nas cidades e se deslocam até o local de trabalho no campo. Entre eles há os boias-frias, que geralmente são contratados na época das colheitas e ganham por dia de trabalho.

Atualmente existem dois modelos de prática da agricultura: agricultura familiar e agronegócio.

A **agricultura familiar** é feita pelo agricultor e sua família com instrumentos simples em pequenas propriedades. A produção desse tipo de agricultura abastece a mesa do brasileiro com mandioca, feijão, milho, arroz, legumes e hortaliças. Na agricultura familiar pratica-se a **policultura**, isto é, o plantio de vários produtos. Mais de 80% dos estabelecimentos agropecuários são familiares. Eles respondem pela economia de 90% dos municípios com até 20 mil habitantes.

Produtor rural colhe pimentões em plantação, Brazlândia (DF), 2022.

Você conhece alguma propriedade agrícola? Ela fica próxima ao lugar em que você vive? O que é cultivado nessa propriedade?

No **agronegócio** pratica-se, em geral, a **monocultura**, isto é, o cultivo de um só tipo de produto agrícola. Os produtos são vendidos para as indústrias nacionais ou exportados. Os principais produtos brasileiros exportados são soja, açúcar, celulose, café, farelo de soja, suco de frutas.

Em algumas áreas, empregam-se métodos modernos de **cultivo**: sementes selecionadas, preparo da terra, orientação de agrônomos, uso de máquinas no plantio e na colheita. As grandes propriedades no campo são denominadas **latifúndios**. Seus proprietários são os latifundiários. As pequenas propriedades chamam-se **minifúndios**.

ATIVIDADES

1. Encontre no diagrama o nome de alguns dos principais produtos agrícolas brasileiros.

A	B	C	C	A	N	A	D	E	A	Ç	Ú	C	A	R	M
L	A	R	A	N	J	A	O	N	T	Ã	O	A	R	O	S
C	D	Ã	Ú	M	A	N	D	I	O	C	A	F	R	E	O
Ç	Ú	Ã	O	T	Y	U	I	O	P	V	B	É	O	V	J
M	I	L	H	O	V	C	T	E	F	J	Ã	O	Z	B	A
Q	E	R	T	O	M	A	T	E	A	F	E	I	J	Ã	O
B	A	T	A	T	A	M	N	L	O	P	U	T	R	E	B

2. Pinte os quadrinhos com a cor correspondente aos tipos de agricultura.

🟦 Policultura   🟥 Monocultura   🟧 Agricultura familiar   🟩 Agronegócio

☐ Os agricultores plantam só um tipo de produto.

☐ O trabalho é feito pelo agricultor e sua família, em pequenas propriedades.

☐ Os agricultores plantam vários tipos de produto na mesma propriedade.

☐ Os produtos são vendidos para as indústrias nacionais ou para outros países.

☐ Usam-se instrumentos simples.

A pecuária

A Geografia também estuda as atividades rurais ligadas à **pecuária**, que é a criação e a reprodução de animais para o comércio e para abastecer o mercado consumidor de leite, carnes, couro etc.

A **pecuária** e a **agricultura** são atividades muito ligadas, pois costumam ser desenvolvidas em um mesmo local ou em locais próximos e há grande dependência de uma em relação à outra. Por exemplo, os animais necessitam de ração, de capim e outros itens de alimentação que vêm das plantações. As fezes dos animais podem ser usadas como adubo natural para diversos tipos de cultura.

Os donos de gado são chamados **pecuaristas** e as pessoas que trabalham com os rebanhos recebem denominações como **vaqueiros**, **boiadeiros**, **retireiros**, **peões**, **pastores**. **Rebanho** é um conjunto de muitos animais da mesma espécie.

Com a pecuária, obtêm-se matérias-primas para as atividades da **agroindústria**, como leite para os laticínios, para fabricar queijos e outros derivados; carnes para frigoríficos; couro para a indústria de calçados etc. O grande destaque econômico da **pecuária** é a produção de carne (bovina, suína, bufalina, ovina, caprina, galinácea ou de aves em geral), leite (bovino, bufalino, ovino e caprino) e ovos (galináceos). Também se criam animais de montaria, como os equinos, muares e asininos.

Conforme a especialização da **pecuária**, podemos classificá-la em:

- **apicultura** – criação de abelhas para a produção de mel, própolis e cera.
- **avicultura** – criação de aves para o aproveitamento da carne e dos ovos.
- **cunicultura** – criação de coelhos para o aproveitamento da carne e da pele.
- **equinocultura** – criação de cavalos, muares e asininos para montaria.
- **piscicultura** – criação de peixes para o aproveitamento da carne.
- **ranicultura** – criação de rãs para o aproveitamento da carne e da pele.
- **sericicultura** – criação de bichos-da-seda para a produção do fio de seda, usado na fabricação de tecidos.
- **suinocultura** – criação de porcos para a produção de carne.

Quando analisamos o modo de praticar a pecuária e a tecnologia empregada, podemos dividi-la ainda em **pecuária extensiva** ou **pecuária intensiva**.

A **pecuária extensiva** é aquela na qual os animais vivem soltos em extensas áreas, sem muitos cuidados, e o índice de produtividade é baixo.

A **pecuária intensiva**, ao contrário, caracteriza-se por muitos cuidados, como animais vacinados e criados em cocheiras, além de se alimentarem de rações especiais e de receberem cuidados veterinários. Todas essas práticas têm o objetivo de aumentar a produção.

Na pecuária extensiva, o gado é criado solto e em grandes áreas.

Na pecuária intensiva, o gado é confinado em pequenas áreas e recebe acompanhamento constante.

O rebanho mais numeroso do Brasil é o bovino. O gado bovino é criado para produzir leite (gado leiteiro) ou para fornecer carne e couro (gado de corte).

ATIVIDADES

1. Com base nas informações dos textos, complete as frases.

a) Pecuária é _____.

b) Na pecuária _____ os animais são criados soltos e em grandes áreas, alimentando-se de pastagens naturais.

c) Na pecuária _____ os animais são criados em áreas menores, cercadas, com pastagens especiais, e recebem vacinas, cuidados veterinários e alimentação controlada.

d) No Brasil, o rebanho mais numeroso é o _____.

2. Analise os tipos de pecuária citados na página anterior e responda.

a) Quais criações existem no lugar onde você vive?
_____

b) Quais criações não existem no lugar onde você vive?
_____
_____

c) Que animais você conhece, mas não são comuns no lugar onde você vive?
_____
_____
_____
_____

3. Numere a segunda coluna de acordo com a primeira.

1	avicultura	☐ criação de bichos-da-seda
2	sericicultura	☐ criação de rãs
3	ranicultura	☐ criação de abelhas
4	cunicultura	☐ criação de aves
5	apicultura	☐ criação de coelhos

A tecnologia no campo

Modernas tecnologias podem ser utilizadas no campo para aumentar a produção.

Na produção rural manual ou pouco mecanizada, com baixo uso de tecnologia, geralmente são empregados muitos trabalhadores e a produção é menor.

Na produção mecanizada, com alto uso de tecnologia, são empregados menos trabalhadores e eles precisam de mais **qualificação**, mas a produção é maior. Por exemplo: um trator ou uma colheitadeira faz o trabalho muito mais rápido que vários trabalhadores juntos.

No lugar de vários empregados fazerem a ordenha das vacas, uma máquina pode executar essa tarefa com muita higiene, sem contato manual.

A utilização de tecnologia também tem ajudado os produtores rurais a superar dificuldades impostas pela natureza, como a irrigação de plantações em áreas muito secas ou mesmo o uso de vacinas no gado para evitar doenças no animal.

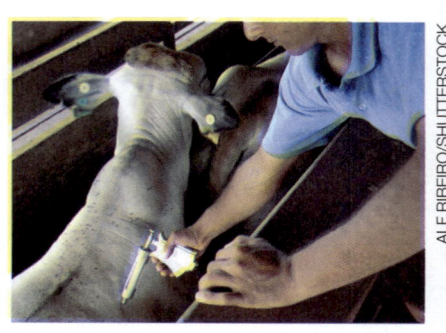

Vacinação de gado. Pirajuí (SP).

Atualmente, as máquinas agrícolas já contam com mecanismos computadorizados que podem guiar um trator à distância, utilizando-se de geolocalização por satélites. Na pulverização de agrotóxicos contra pragas da lavoura, o uso de drones tem permitido aplicar o produto apenas onde ele é necessário e não mais na plantação inteira, como ocorria com a pulverização por aviões.

No caso dos celulares, aplicativos ajudam a monitorar o clima e as condições do solo. Aplicativos ou *softwares* também permitem armazenar informações importantes para que os agricultores e os pecuaristas possam ter mais controle do momento de plantar, colher e irrigar as plantações, do peso do gado e da hora de vacinar os animais e muitas outras atividades.

A evolução tecnológica no campo tem garantido mais produção de alimentos, melhor administração do negócio e diminuição de custos.

A utilização de tecnologia tem contribuído muito para o aumento da produção no campo, mas a tecnologia custa caro e nem todos os proprietários podem pagar por ela. Geralmente, são os grandes proprietários rurais que têm mais recursos para comprar máquinas, instalar sistemas informatizados, acessar à internet etc.

Modelo de trator autônomo, que não necessita de tratorista para guiá-lo. Seu deslocamento é orientado por sistema de geolocalização por satélites (GPS).

ATIVIDADES

1. O que a tecnologia no campo proporciona?

_____
_____
_____
_____

2. Quais são as inovações tecnológicas no campo?

_____
_____
_____
_____

3. Considerando o uso das novas tecnologias no agronegócio, qual o perfil do trabalhador do campo?

_____
_____
_____
_____

4. Como os aplicativos de celulares e *softwares* podem contribuir com o trabalho no campo?

_____
_____
_____

A indústria

Indústria é a atividade de extrair matérias-primas da natureza para transformá-las em produtos de consumo.

As indústrias podem ser extrativas ou de transformação.

As indústrias extrativas retiram ou extraem a matéria-prima. Podem ser de três tipos:

> **VOCABULÁRIO**
>
> **matéria-prima:** produto fornecido diretamente pela natureza. Pode ser de origem vegetal, animal ou mineral.

- **indústria extrativa vegetal** – extrai raízes, madeiras, ervas e outros produtos de origem vegetal;

- **indústria extrativa animal** – extrai couro, carne, pele e outros produtos de origem animal;

Área de extração de madeira.

Extração de caranguejos.

- **indústria extrativa mineral** – extrai minérios, como ferro, petróleo, carvão, sal, ouro e outros produtos de origem mineral.

Área de extração de petróleo.

A agroindústria

Algumas indústrias se instalam no campo para ficar mais próximas da matéria-prima. São as agroindústrias. Veja alguns exemplos.

- Usina que se instala próxima ao cultivo da cana-de-açúcar para produzir açúcar refinado ou etanol.
- Usina de **pasteurização**, que se instala próxima às fazendas de gado leiteiro para produzir leite, manteiga, queijo, iogurte etc.
- Fábrica que se instala próxima a uma área onde se cultiva tomates para produzir massa de tomate, *ketchup* etc.
- Fábrica que se instala na região de produção de frutas para a produção de sucos.
- Indústria frigorífica que produz linguiça, mortadela, presunto, toucinho, em uma área de pecuária.

O processo de produção do suco de laranja começa com a colheita da fruta e depois seu transporte até a fábrica, que extrai o suco da fruta e o envasa nas embalagens, que serão distribuídas aos pontos de venda, supermercados, padarias, lojas de conveniência e outros.

ATIVIDADES

1. Assinale **V** (verdadeiro) ou **F** (falso) nas frases a seguir.

☐ Modernas tecnologias são utilizadas no campo com o objetivo de empregar menos trabalhadores.

☐ Quando não existe muita utilização de tecnologia no campo, são necessários mais trabalhadores.

☐ Todos os proprietários rurais utilizam modernas tecnologias de produção.

☐ Agroindústrias são indústrias que se instalam no campo, próximas à matéria-prima.

2. Numere as imagens das atividades agrícolas e de pecuária conforme o uso de tecnologia.

☐ 1 processo manual   ☐ 2 processo tecnológico

☐ Colheita de frutas.

☐ Inspeção da plantação de milho.

☐ Colheita de milho.

☐ Ordenha de vaca.

☐ Colheita de algodão.

☐ Ordenha de vaca.

3. O que a imagem a seguir mostra?

Usina de açúcar e álcool.

☐ Uma paisagem rural.   ☐ Uma paisagem urbana.

☐ Uma indústria.   ☐ Uma agroindústria.

Indústrias de transformação

Nas indústrias de transformação, a matéria-prima é transformada em produtos de consumo direto ou em produtos que serão utilizados por outras indústrias.

As indústrias de transformação podem ser de:
- **bens de produção** ou **indústrias de base** – preparam a matéria-prima para outra indústria usar na produção de um novo artigo. Exemplo: a indústria siderúrgica, que transforma o ferro em aço para a indústria metalúrgica empregar na fabricação de veículos e ferramentas;
- **bens de consumo** – fabricam produtos que são consumidos diretamente pelas pessoas, como alimentos, roupas, remédios, aparelhos elétricos etc.;
- **máquinas e equipamentos** – transformam os produtos da indústria de base em máquinas e equipamentos que serão usados em outras indústrias.

Para funcionar, uma indústria necessita de:
- **mão de obra especializada** – os trabalhadores;
- **matéria-prima** – produtos naturais;
- **energia** – para movimentar as máquinas;
- **capital** – dinheiro para comprar matérias-primas e máquinas e pagar os trabalhadores;
- **transporte** – para levar matérias-primas e produtos de um local para outro;
- **lojas** – para vender os produtos;
- **consumidores** – pessoas para comprar os produtos.

ATIVIDADES

1. Como as indústrias podem ser classificadas?

_____
_____

2. Associe as informações às definições correspondentes.

a) Retiram ou extraem os produtos naturais.

b) Transformam a matéria-prima em produtos de consumo direto ou em produtos que serão utilizados por outras indústrias.

☐ Indústrias de transformação.   ☐ Indústrias extrativas.

3. Escreva **V** para as informações verdadeiras e **F** para as informações falsas. Depois, corrija as falsas no caderno.

☐ As indústrias de bens de consumo fabricam produtos que são consumidos diretamente pelas pessoas.

☐ As indústrias de bens de produção ou indústrias de base transformam os produtos da indústria de base em máquinas e equipamentos que serão usados em outras indústrias.

☐ As indústrias de máquinas e equipamentos preparam a matéria-prima para outra indústria usar na produção de um novo artigo.

4. Pesquise em livros, revistas e na internet informações sobre as indústrias que se preocupam com a conservação do meio ambiente. Registre no caderno o nome das indústrias que você encontrar e as ações que elas adotam para essa conservação.

5. Pinte no mapa os três estados brasileiros de maior concentração industrial. Use uma cor para cada estado e complete a legenda.

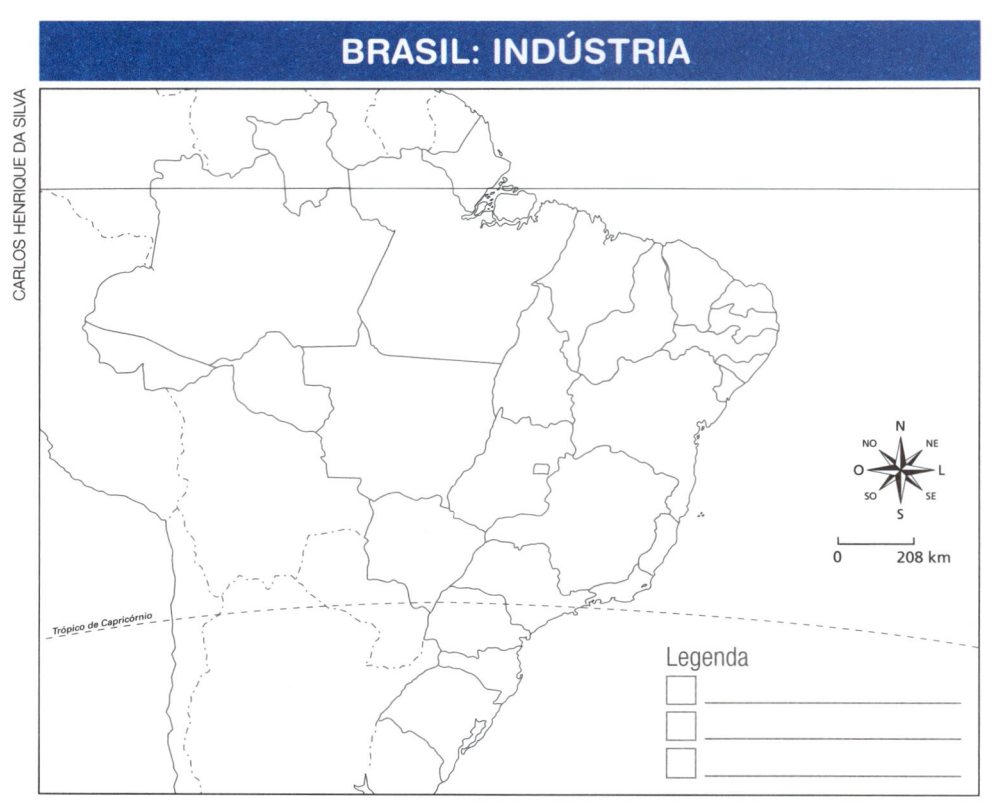

BRASIL: INDÚSTRIA

CARLOS HENRIQUE DA SILVA

Trópico de Capricórnio

0 — 208 km

Legenda

Fonte: *Atlas geográfico escolar*. 5. ed. Rio de Janeiro: IBGE, 2009.

O comércio

A compra e a venda de produtos chama-se **comércio**.

Antigamente, trocava-se produto por produto, sem uso de dinheiro. Esse comércio direto, muito praticado entre os indígenas e os portugueses no começo da nossa história, era chamado **escambo**.

Atualmente, o uso do dinheiro facilita essas trocas.

A moeda representa o valor das mercadorias trocadas. O dólar americano, a libra esterlina, o peso argentino e o real brasileiro são algumas das muitas moedas existentes no mundo.

O Mercado Municipal de São Paulo é um dos mais antigos da cidade e hoje é também considerado um ponto turístico.

As pessoas fazem comércio porque não conseguem produzir tudo aquilo de que necessitam. Então elas compram produtos que não conseguem produzir. Nas sociedades atuais, há muita publicidade e propaganda e algumas pessoas passam a comprar demais, até mesmo produtos de que não precisam. Por isso é importante refletir sobre o ato de consumir: será que aqueles objetos que tanto desejamos são realmente necessários para nossa vida ou são supérfluos?

Tipos de comércio

O comércio é responsável pela distribuição dos produtos da agricultura, da pecuária e da indústria.

Quando realizado dentro do próprio país, chama-se **comércio interno**. O comércio realizado entre dois ou mais países chama-se **comércio externo** e pode ser de **importação** ou de **exportação**.

A compra de produtos de outros países é chamada **importação**. O Brasil importa máquinas industriais, aparelhos hospitalares, produtos químicos e eletrônicos, trigo etc.

A venda de produtos para outros países denomina-se **exportação**. O Brasil exporta soja, café, calçados, papel e celulose, madeira, fumo, suco de laranja, açúcar, cacau, minérios, metais, peças e combustível para automóveis. Máquinas e ferramentas, automóveis e aparelhos elétricos também são produtos exportados pelo Brasil.

ATIVIDADES

1. Descreva o que é comércio.
_____
_____
_____

2. Complete as frases a seguir.
a) O comércio interno é realizado _____ e o comércio externo é realizado _____.

b) O comércio externo pode ser de _____, ou seja, quando há compra de produtos de outros países, e de _____, quando há venda de produtos para outros países.

3. Liste alguns produtos consumidos em sua casa que sejam adquiridos no comércio.
_____
_____

4. Escolha um dos produtos que você listou na atividade 3 e responda às questões a seguir.

a) De onde veio esse produto?
_____

b) Para chegar até sua casa esse produto passou por alguns locais. Cite alguns deles.
_____
_____
_____
_____

c) Que serviço foi utilizado para que esse produto fosse levado de um local para outro?

_____
_____

5. Na sua opinião, o que é mais vantajoso para um país: importar ou exportar produtos?

_____
_____
_____
_____
_____

6. Na sua cidade, existem espaços de comércio interno, como feiras, mercados ou supermercados? Escolha um desses espaços e descreva no caderno suas características, citando:

a) o nome do local;

b) os principais produtos comercializados;

c) com que frequência você ou sua família faz compras nesse local;

d) alguns produtos importados e outros produzidos no município ou na região onde você vive, destinados à exportação, comercializados nesse local.

Compare seu texto com o de um colega, verificando se vocês descreveram o mesmo local ou se conhecem o espaço de comércio escolhido pelo outro.

Os serviços

O setor de **serviços** é aquele ligado às pessoas e às empresas que prestam serviços para outras pessoas ou mesmo para outras empresas. Entre os principais tipos de serviço prestados, podemos citar:

- **serviços na educação** – por professores, diretores de escola, funcionários de escolas etc.;
- **serviços de turismo** – por funcionários de agências de viagem, de hotéis, guias turísticos etc.;
- **serviços de assessoria jurídica** – por advogados;
- **serviços de engenharia** – por engenheiros;
- **serviços de saúde** – por médicos, enfermeiros, dentistas etc.

Esse setor da economia é também chamado **setor terciário** e é o que geralmente mais cresce quando um país se desenvolve.

Galeria de artes.

Escolas.

Manutenção automotiva.

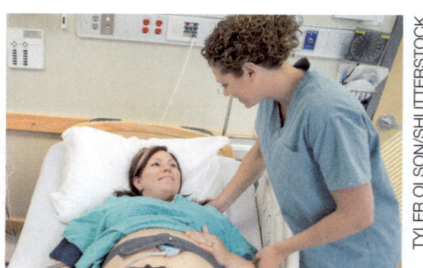

Atendimento médico.

ATIVIDADES

1. Faça uma lista das atividades de serviços que você e sua família usam no dia a dia.

_____

_____

2. Procure em revistas, jornais, internet ou outro material que o professor disponibilizar uma imagem de um trabalhador do setor de serviços, cole-a em uma folha avulsa, escreva uma legenda explicando do que se trata e exponha no mural da sala de aula ou onde o professor indicar.

Interação campo e cidade

Existe uma troca entre o campo e a cidade: produtos do campo vão para a cidade e produtos da cidade vão para o campo. Além disso, muitas pessoas deixam o campo e vão morar nas cidades.

Vários produtos que consumimos em nosso dia a dia foram cultivados no campo. Eles passam por transformações em agroindústrias ou na cidade, são transportados de um lugar para o outro e comercializados antes de chegar até nós.

O campo utiliza muitos produtos vindos da cidade, como roupas, móveis, alimentos industrializados, máquinas agrícolas, fertilizantes, agrotóxicos, produtos veterinários. Portanto, o campo depende principalmente de produtos industrializados que vêm da cidade.

A cidade também depende do campo. A grande maioria dos alimentos consumidos pelas pessoas que moram na cidade tem sua origem na área rural, como frutas, legumes, carnes etc. Muitas indústrias instaladas na cidade dependem da matéria-prima vinda do campo. Algumas indústrias se instalam no campo, as agroindústrias, e enviam seus produtos para a cidade, como açúcar, leite, papel.

ATIVIDADE

1. Observe o esquema e escreva com suas palavras o que ele representa.

_____

_____

LIÇÃO 4
BRASIL: REGIÃO NORTE

O **território** brasileiro, além de estar dividido em estados, também é regionalizado, ou seja, foi organizado pelo IBGE em cinco grandes regiões. Essa divisão foi feita para facilitar a administração do nosso país.

As cinco **regiões** são Norte, Nordeste, Centro-Oeste, Sudeste e Sul.

BRASIL: GRANDES REGIÕES

Fonte: IBGE. *Atlas geográfico escolar*. Rio de Janeiro: IBGE, 2009.

ATIVIDADE

Observe o mapa acima e responda oralmente às questões a seguir.

a) Qual é a maior região do Brasil em extensão territorial? E a menor?
b) Qual dessas regiões tem mais estados? E qual tem menos estados?
c) Em qual região você mora?

Divisão política

A Região Norte é a mais extensa do Brasil: corresponde a quase metade do território do país, com uma área de 3 853 327 km². Ela é formada por sete estados: Acre, Amazonas, Amapá, Pará, Roraima, Rondônia e Tocantins. Possui a menor densidade demográfica do país, isto é, nessa região a população é menor que nas outras quatro. Em 2017, a população estimada da Região Norte era de cerca de 17 936 201 habitantes.

Fonte: *Atlas geográfico escolar.* 6. ed. Rio de Janeiro: IBGE, 2012. p. 90.

O Amazonas é o maior estado em extensão territorial da Região Norte. Sua capital, Manaus, é o mais importante centro industrial, turístico e comercial de toda a região. Esse estado tem como característica a presença de parte da Floresta Amazônica e grande parte do maior rio brasileiro, o Amazonas. Entretanto, em números populacionais, o estado do Amazonas é suplantado pelo estado do Pará.

O estado do Pará é o segundo em extensão territorial e o primeiro em densidade populacional, entre os estados que compõem a Região Norte. Sua capital, Belém, é uma cidade moderna que atrai turistas pelo grande número de museus, pelas belezas naturais de seu entorno e pelos locais populares, como o Mercado Ver-o-Peso, o maior da América Latina, localizado às margens da Baía do Guajará.

O estado de Tocantins, cujo território antes pertencia ao estado de Goiás, é o mais novo estado brasileiro, tendo sido criado em 1988. Localizado a sudeste da Região Norte, sua maior cidade e capital é Palmas. Juntos, os municípios de Palmas, Araguaína, Gurupi, Porto Nacional e Paraíso do Tocantins comportam o maior número de habitantes do estado.

Localizado no sudoeste da Região Norte, o estado do Acre limita-se com o estado do Amazonas ao norte e o de Rondônia a leste. Além disso, faz fronteira com dois países: a Bolívia, a sudeste, e o Peru, ao sul e a oeste. Sua capital, Rio Branco, é o centro administrativo, comercial e educacional mais importante do estado. O nome "Acre" tem origem indígena e veio do rio de mesmo nome existente na região.

Rondônia é o terceiro estado mais populoso da Região Norte. Sua capital, Porto Velho, é banhada pelo Rio Madeira. Outras cidades importantes são Ji-Paraná, Ariquemes, Cacoal, Guajará-Mirim, Jaru, Rolim de Moura e Vilhena. Rondônia tornou-se estado em 1982.

O estado do Amapá, cuja capital é Macapá, é também um estado novo, criado em 1988. É o menor estado da Região Norte em extensão territorial – possui 142 828 km² –, mas é o estado brasileiro que mais possui áreas protegidas em seu território, isto é, terras destinadas à preservação de flora e fauna e terras indígenas.

Roraima também é um estado criado em 1988. Possui 224 300 506 km² de área, das quais, aproximadamente, 104 018 km² são indígenas, representando quase metade do território da unidade (46,37%). A área de preservação ambiental no estado também é extensa: Roraima é o estado brasileiro com o segundo maior percentual de território ocupado por áreas protegidas, perdendo apenas para o estado do Amapá.

ATIVIDADES

1. Sobre a divisão política da Região Norte, responda às questões a seguir.

a) Qual é o estado de maior extensão territorial?

_____

b) Qual é o estado de menor extensão territorial?

_____

c) Quais são os dois estados mais populosos?

_____

2. Quanto às capitais dos estados que compõem a Região Norte, responda:

a) Que tipo de vegetação predomina no entorno da capital Manaus? Qual é o rio que a banha?

_____

_____

b) Qual é a capital do estado mais novo do Brasil?

_____

3. Retorne ao mapa **Brasil: Grandes Regiões** da página 424 e identifique as respostas das questões a seguir em relação à Região Norte.

a) Região brasileira com a qual faz limite ao sul:

_____

b) Região brasileira com a qual faz limite a leste:

_____

c) Paralelo que corta a região:

_____

d) Território francês com o qual faz fronteira ao norte:

_____

Aspectos físicos

Relevo e hidrografia

O **relevo** da Região Norte é constituído basicamente por terras baixas. Essas terras baixas podem ser assim classificadas:

- **igapós** – áreas constantemente inundadas pelo Rio Amazonas.
- **tesos ou terraços fluviais (várzeas)** – terras com altitudes inferiores a 30 metros, inundadas pelas cheias mais fortes.
- **terra firme** – áreas altas e livres das inundações.

As porções mais elevadas estão localizadas ao norte, ao sul e na parte central desse território.

O Planalto das Guianas localiza-se ao norte da Planície Amazônica. Nessa região encontram-se os pontos mais elevados do relevo brasileiro: o Pico da Neblina e o Pico 31 de Março, na Serra do Imeri, no estado do Amazonas. A altitude deles é de 2 993 metros e 2 972 metros, respectivamente.

Já a área do Planalto Central está localizada no sul do Amazonas e do Pará e ocupa boa parte de Rondônia e do Tocantins.

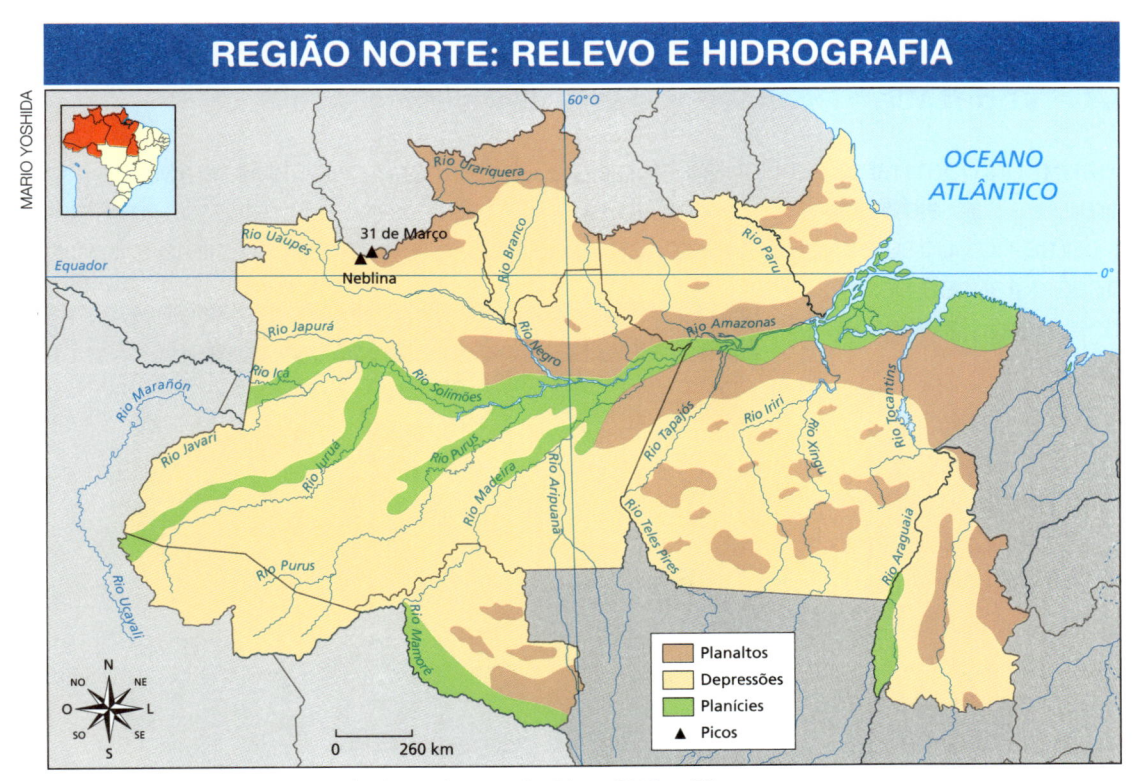

Fonte: Jurandyr L. S. Ross. *Geografia do Brasil*. São Paulo: Edusp, 2009. p. 53.

No litoral destacam-se a Ilha de Marajó e outras ilhas que formam o Arquipélago Amazônico, localizado na foz do Rio Amazonas.

É na Região Norte que se encontra a maior **bacia hidrográfica** do mundo, a Bacia Amazônica (Rio Amazonas e seus afluentes). Na Bacia Amazônica encontram-se importantes usinas geradoras de energia, como a Usina Hidrelétrica de Balbina (Rio Uamutã) e a Usina Hidrelétrica de Samuel (Rio Jamari), construída na Cachoeira de Samuel.

A foz do Rio Amazonas apresenta, na época das cheias, um fenômeno natural provocado pelo encontro das águas do rio com as águas do Oceano Atlântico: a formação de grandes ondas que chegam a alcançar cinco metros de altura. Esse fenômeno é chamado **pororoca** e costuma ser aproveitado por surfistas.

Encontro entre os rios Negro e Solimões, em Manaus (AM), 2014.

A segunda maior bacia hidrográfica da região (e a maior inteiramente brasileira) é a Araguaia-Tocantins, na qual se destaca a Usina Hidrelétrica de Tucuruí. No estado do Tocantins, nos rios Araguaia e um de seus afluentes, o Rio Javaés, encontra-se a maior ilha fluvial do mundo, a Ilha do Bananal.

Clima e vegetação

O **clima** predominante na Região Norte é o equatorial úmido. Nesse tipo de clima, as temperaturas são elevadas e chove muito durante todo o ano. Entretanto, em algumas áreas, como no sudeste do Pará e em todo o estado do Tocantins, o clima é tropical, com duas estações bem definidas, uma chuvosa e uma seca.

No noroeste do Pará e a leste de Roraima, o clima que predomina é o equatorial semiúmido, com períodos curtos de seca e temperaturas sempre elevadas. Nessas áreas chove menos que nas áreas de clima equatorial úmido.

Na Região Norte ocorre um fenômeno climático chamado **friagem**, no qual, durante alguns dias do ano, a temperatura cai muito.

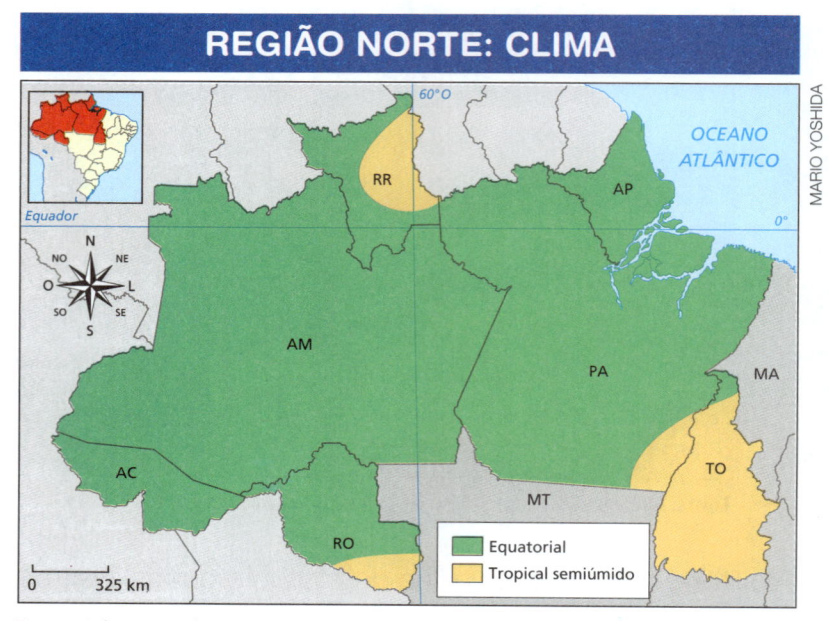

Fonte: *Atlas geográfico escolar*. Rio de Janeiro: IBGE, 2012. p. 99.

Existe grande relação entre a vegetação e o clima: a quantidade de chuvas favorece a existência da floresta, cujas plantas são muito diversificadas. E a floresta também influencia o clima, pois favorece a formação de chuvas, graças ao processo de evaporação das plantas.

Grande parte dessa região é coberta pela Floresta Amazônica, a maior floresta equatorial do mundo, que cobre cerca de 80% da Região Norte. Existem ainda áreas de Cerrado, campos e vegetação litorânea.

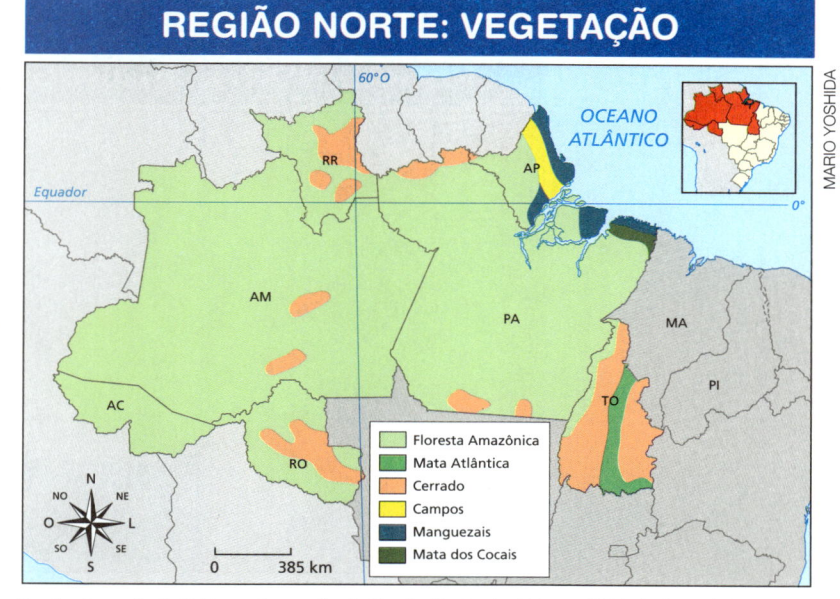

REGIÃO NORTE: VEGETAÇÃO

Fonte: Jurandyr L. S. Ross. *Geografia do Brasil*. São Paulo: Edusp, 2009. (Adaptado).

A Floresta Amazônica não é homogênea, isto é, sua vegetação não é igual em toda sua extensão. Há uma grande variação dependendo da altitude dos terrenos, o que permite classificá-la em:

- **mata de igapó** – vegetação que aparece em áreas de baixo relevo, próximas a rios, permanecendo alagada. As plantas não ultrapassam 20 metros e há muitos cipós e plantas aquáticas.
- **mata de várzea** – aparece em áreas mais elevadas, mas ainda sujeitas a inundações nos períodos de cheias. As árvores têm cerca de 20 metros de altura e são muito espinhosas, o que dificulta o acesso.
- **mata de terra firme** – em regiões onde não ocorrem cheias, as árvores atingem de 30 a 60 metros, crescendo muito próximas umas das outras, e, por isso, dificultam a passagem da luz. Como resultado, seu interior é escuro e não há muita vegetação baixa ou rasteira.
- **floresta semiúmida** – em áreas de transição da Floresta Amazônica para outros tipos de vegetação. As árvores têm alturas entre 15 e 20 metros e perdem suas folhas no período de seca.

ATIVIDADES

1. Observe o mapa a seguir e faça o que se pede.

a) No seu caderno, reescreva as siglas, indicando a qual estado da Região Norte cada uma pertence.

b) Localize e circule esses rios da região: Amazonas, Xingu, Araguaia, Tocantins.

c) Pinte o estado banhado pelo maior número de rios.

REGIÃO NORTE: HIDROGRAFIA

Fonte: *Atlas geográfico escolar*. 6. ed. Rio de Janeiro: IBGE, 2012. p. 105.

2. Complete o quadro com as informações solicitadas.

REGIÃO NORTE			
Estados	Relevo predominante	Clima predominante	Vegetação predominante

3. Analise a tabela que você completou e responda às questões a seguir no caderno.

a) Qual é o relevo predominante nessa região?

b) O clima?

c) E a vegetação?

d) Qual é o estado em que a vegetação é predominantemente de Cerrado e o clima é tropical?

Aspectos econômicos

As atividades econômicas da Região Norte se desenvolvem em estreita ligação com as riquezas naturais de seus estados. Destacam-se os **extrativismos vegetal**, **mineral** e **animal**, a agropecuária e a exploração industrial e turística.

Entre essas atividades, o extrativismo ainda ocupa a posição de maior destaque, predominando o extrativismo vegetal.

Extrativismo vegetal

Da seringueira retira-se o látex, um líquido branco e leitoso, usado para a fabricação da borracha. O Amazonas é o estado em que há a maior produção de borracha, mas essa atividade perdeu a importância que teve no início do século XX, época conhecida como o "ciclo da borracha". Como resultado desse ciclo, atualmente encontramos construções ainda preservadas, como os palacetes ou o Teatro Amazonas, em Manaus, um dos mais belos da região.

A castanheira-do-pará fornece as castanhas que servem de alimento e são usadas para fabricar óleo, produtos farmacêuticos e sabão. Acre, Amazonas e Pará são os maiores produtores.

Colheita da castanha-do-pará, Comunidade de Punã, Reserva de Desenvolvimento Sustentável Mamirauá, Uarini (AM), 2021.

As madeiras, principalmente o mogno, o pau-marfim e o pau-roxo, são usadas para fabricar móveis. Apesar da existência de leis para conservar a floresta, a maior parte da madeira é retirada de forma ilegal pelas madeireiras. Grandes áreas têm sido destruídas por desmatamentos (para comércio da madeira) e queimadas (para atividade agrária e criação de gado).

Extrativismo animal

A principal extração animal acontece por meio da **pesca fluvial** e é utilizada para consumo dos próprios moradores da região. Destaca-se a pesca do peixe-boi, do pirarucu, da tartaruga e do tucunaré. Além desses, os jacarés, as aves e as onças são os animais mais caçados.

Embora também existam leis para a preservação dos animais, a pesca e a caça ainda são feitas com pouca fiscalização.

Extrativismo animal: barcos pesqueiros no porto de Manaus (AM), 2020.

Extrativismo mineral

Destaca-se a exploração de minérios metálicos: manganês, ferro, cassiterita, bauxita e ouro. Na Região Norte, destacam-se:

- a Serra dos Carajás, no Pará – a maior reserva de ferro do Brasil e de onde também se extrai o manganês;
- a Serra do Navio, no Amapá – possui grande reserva de manganês.

Rondônia é responsável pela maior parte da produção nacional de cassiterita, de onde se extrai o estanho, usado para a confecção do bronze e de materiais elétricos e químicos. A maior produção de bauxita é do Pará. Da bauxita produz-se alumínio.

Área de extração mineral em Carajás, no Pará.

Agricultura e pecuária

Durante muito tempo, alimentos como mandioca, arroz, feijão, milho e frutas eram cultivados apenas para o consumo próprio. Atualmente, pratica-se a agricultura comercial. Os principais produtos cultivados na região são soja e pimenta-do-reino.

Na pecuária, destaca-se a criação de bovinos, suínos e bufalinos. É na Ilha de Marajó, no Pará, que está o maior rebanho de búfalos do país.

Búfalos descansam na praia. Ilha de Marajó, 2020.

A criação de animais é grande nos estados de Pará, Rondônia e Tocantins. Com a pecuária, desenvolve-se a indústria de laticínios. Os três estados citados são também os maiores produtores de leite da Região Norte.

Indústria, comércio e transportes

Na Região Norte estão instaladas indústrias têxteis, alimentícias, madeireiras e de produtos minerais. A indústria desenvolveu-se principalmente em Manaus (AM) e Belém (PA).

No distrito industrial da Zona Franca de Manaus se localizam indústrias de aparelhos eletroeletrônicos. Nela também há um desenvolvido centro comercial, onde são negociados artigos fabricados na região e produtos importados de outros países.

O principal produto do comércio da região é a madeira. A cidade de Belém tem significativa influência comercial regional. Por seu porto é feita a exportação de borracha, madeira, castanha-do-pará, juta, manganês, ferro e outros produtos industrializados.

O tipo predominante de transporte é o fluvial, por causa da grande quantidade de rios de planície adequados à navegação existente na região.

A Estrada de Ferro Carajás leva minérios da Serra de Carajás (PA) ao Porto de Itaqui (MA). A Estrada de Ferro Amapá leva o manganês extraído da Serra do Navio ao Porto de Santana (AP). Os aeroportos mais movimentados são os de Manaus (AM) e de Belém (PA).

Distrito Industrial em Manuas (AM), 2022.

Turismo

O turismo é uma atividade que vem crescendo na região, principalmente o ligado à conservação da natureza e à pesca. As principais atrações são: a Floresta Amazônica e o Rio Amazonas com seus igarapés; construções históricas em Manaus (AM), como o Teatro Amazonas; Parque Emílio Goeldi, em Belém (PA) e Centro de Preservação de Arte Indígena, em Santarém (PA); Rio Araguaia (TO), com a Ilha do Bananal e a pesca. As festas populares também são muito procuradas.

Cena do Festival folclórico de Parintins, Amazonas, 2019.

VOCABULÁRIO

juta: planta da qual se extrai uma fibra que é usada na confecção de roupas.
igarapé: rio pequeno que tem as mesmas características dos grandes e é geralmente navegável por embarcações pequenas ou canoas.

Uso sustentável dos recursos naturais da floresta

Você sabe o que é "uso sustentável"?

É utilizar os recursos da natureza para beneficiar o ser humano, mas sem destruí-la. Atualmente, essa postura tem levado o governo a aprovar leis para impedir a exploração intensa de áreas como a Floresta Amazônica e apoiar o aproveitamento sustentável dela. Existem diversas propostas de atividades integradas que visam a conservação do solo e da floresta. Leia o trecho a seguir, que trata disso:

Integração de lavoura-pecuária e floresta

"A integração lavoura-pecuária-floresta (iLPF) é uma das mais importantes estratégias para uma produção agropecuária sustentável, pois possibilita que as atividades agrícolas, pecuárias e florestais sejam integradas na mesma área.

Plantação de mandioca em sistema agroflorestal. Aldeia Apiwtxa - Terra Indígena Kampa do Rio Amônea - etnia Ashaninka. Marechal Thaumaturgo (AC), 2021.

Os benefícios dessa tecnologia são a redução da pressão por desmatamento, a diversificação na renda do produtor rural e a diminuição das emissões de gases de efeito estufa (GEE). A iLPF gera ainda melhorias no solo, equilibra a utilização dos recursos naturais e mantém a qualidade da água.

Estima-se que com a adoção da tecnologia é possível duplicar a produção de grãos e de produtos florestais e triplicar a produção pecuária nos próximos 20 anos, apenas com a recuperação de pastagens degradadas e sem a necessidade de desmatamento. Com seu uso, ganham a economia, o produtor e o planeta."

AGRON. *Integração de lavoura-pecuária e floresta*. Disponível em: https://agron.com.br/publicacoes/noticias/ecologia-agro-sustentavel/2014/04/09/039059/integracao-de-lavoura-pecuaria-e-floresta. Acesso em: 31 jul. 2022.

- Converse com os colegas e o professor e responda oralmente.

a) O que você entendeu por "uso sustentável"?

b) O que significa iLPF?

c) Quem sai ganhando com o uso sustentável dos recursos da floresta?

ATIVIDADES

1. Indique as palavras que completam melhor as informações sobre a Região Norte.

> Pará   búfalos   estanho
> pimenta-do-reino   Belém   jacaré
> Amazonas   seringueira

a) De onde é extraído o látex:
_____

b) É extraído da cassiterita:
_____

c) Um dos animais mais caçados:
_____

d) Um dos principais produtos cultivados:
_____

e) Maior rebanho está na Ilha de Marajó:
_____

f) Município com importante centro comercial da região:
_____

g) Estados onde a indústria se desenvolveu:
_____

2. Imagine que você vai viajar para a Região Norte e está escolhendo os pontos turísticos para conhecer. Olhando o conjunto de fotos da Região Norte e outras referências que você puder obter, como revistas de viagem, responda às questões a seguir.

a) Quais pontos turísticos você gostaria de visitar? Justifique.
_____
_____
_____

b) Escreva seu roteiro de visita.
_____
_____
_____
_____

Aspectos humanos

A população da Região Norte é pequena, superando apenas a da Região Centro-Oeste. O estado mais populoso é o Pará, e o que tem menos habitantes é Roraima.

A maior parte é formada por caboclos, ou seja, descendentes de brancos e indígenas. Embora o número de povos indígenas esteja bem reduzido, é na Região Norte que se concentra sua maior população. Também há muitos descendentes de migrantes de outras regiões, como do Sul e do Sudeste.

Formada a partir das relações históricas entre os diferentes povos, a população da região apresenta manifestações socioculturais diversas expressas na vida cotidiana, sejam nas relações de trabalho, educação, religião, cultura, hábitos alimentares e/ou familiares.

Como na Região Norte existem atividades econômicas específicas, alguns trabalhadores executam funções típicas da região:

- **seringueiro** – se dedica à extração do látex da seringueira e, com ele, prepara a borracha;
- **juticultor** – cultiva a juta para obtenção de fibras têxteis;
- **vaqueiro** – guarda ou condutor de gado. Na região, trabalha principalmente na Ilha de Marajó e no estado do Tocantins;
- **garimpeiro** – trabalha à procura de ouro e diamantes;
- **castanheiro** – trabalhador típico da região, responsável por colher/apanhar castanha-do-pará.

Garimpo de diamante.

A comunidade ribeirinha

Os ribeirinhos vivem à beira dos rios e sobrevivem de pesca artesanal, caça, roçado e extrativismo. Por influência dos aspectos geográficos do país, é na Amazônia que se concentra grande parte das comunidades ribeirinhas.

Seu modo de organização social é reconhecido por ser diretamente associado à dinâmica da natureza. A comunidade apresenta proximidade com os aspectos da fauna e da floresta da região, conhecendo o caminho das águas, os sons da mata, a terra etc. É uma comunidade que cuida do ambiente, preservando seus recursos naturais. Essa característica é uma estratégia de sobrevivência e, também, parte do desenvolvimento sustentável que alimenta a cultura e os saberes que são transmitidos de geração para geração.

A maioria das moradias são **palafitas** e não possuem energia elétrica, água encanada ou saneamento básico. Isso porque as comunidades ribeirinhas ficam à margem de uma série de políticas públicas.

VOCABULÁRIO

palafitas: é o conjunto de estacas que sustentam habitações construídas sobre a água; moradia construída em regiões alagadiças.

O rio influencia na construção das casas do ribeirinho. Geralmente, essas casas são construídas de frente para o rio, o que evidencia a importância e o poder simbólico do rio para os ribeirinhos.

Em alguns casos, a situação geográfica de muitas dessas comunidades é um dos principais fatores limitantes de acesso aos serviços básicos de saúde e educação.

Do mesmo modo que nos centros urbanos as pessoas fazem uso das ruas para se locomoverem, os ribeirinhos utilizam o rio para transitar. Também é no rio que eles realizam algumas atividades que lhes proporcionam renda. Duas dessas atividades são a pesca e o extrativismo. Muitos ribeirinhos trabalham na extração da malva, uma planta muito comum na Bacia do Rio Amazonas, que é matéria-prima utilizada pela indústria na produção de estofados e tecidos.

A comunidade ribeirinha também atua nas atividades agrícolas, plantando milho e mandioca, na produção da farinha e na coleta da castanha e do açaí.

Aspectos culturais

A Região Norte tem uma cultura muito rica, relacionada à herança indígena, portuguesa e de outros grupos que para ali se deslocaram e fixaram. O folclore, a culinária, as tradições e os costumes da população da Região Norte a diferenciam do restante do Brasil e atraem turistas.

O folclore e a culinária

O folclore nortista foi muito influenciado pelos indígenas. As principais manifestações folclóricas da região são:

- **danças** – marujada, carimbó, cirandas, bumba meu boi;
- **artesanato** – máscaras, cestas e cocares indígenas, cerâmica marajoara, artigos feitos com palha, buriti, couro de búfalo, rendas de bilro;
- **lendas** – do Sumé, das Amazonas, da Mãe-d'água, do Curupira, da Vitória-Régia, da Mandioca, do Uirapuru;
- **festas** – do Círio de Nazaré, em Belém (PA), que ocorre no segundo domingo de outubro; boi-bumbá de Parintins (AM), que ocorre em junho.

A herança dos povos indígenas também pode ser percebida na culinária, que se baseia em iguarias feitas de mandioca e peixe. Entre os pratos típicos encontramos a caldeirada de tucunaré, tacacá, tapioca, pato no tucupi, carne de búfalo e peixes, como o pirarucu.

Há grande consumo de carne de sol no estado do Amapá. No Amazonas e no Pará, um prato muito apreciado é o tacacá, uma espécie de sopa em que os ingredientes são goma de mandioca, tucupi, camarão seco, uma erva chamada jambu e pimenta. O tacacá costuma ser tomado em cuias, um hábito que vem dos indígenas.

VOCABULÁRIO

cerâmica marajoara: tipo de cerâmica produzida pelos povos indígenas que ocupavam a Ilha de Marajó durante o período de 400 a 1400 d.C.
buriti: palmeira da qual se extraem fibras e óleo.
bilro: peça de madeira utilizada para fazer renda.

Já no Pará, um prato muito apreciado é o pato no tucupi. Tucupi é um caldo de mandioca cozida e espremida em uma peneira.

Na Ilha de Marajó, devido à enorme criação de búfalos, há pratos especiais também, como o frito do vaqueiro (carne com pirão de leite). Também se usa muito a muçarela de búfala.

Quanto às frutas, a Região Norte apresenta grande variedade, pois a Floresta Amazônica possui inúmeras espécies, algumas pouco conhecidas no país, como pupunha, buriti, cupuaçu, bacuri, açaí, taperebá, graviola e tucumã.

ATIVIDADES

1. Por que há tantas queimadas na Região Norte? Elas são feitas com quais objetivos?
_____
_____

2. Quais são as consequências dessas queimadas?
_____
_____
_____

3. Descreva o tipo de trabalho realizado pelos trabalhadores a seguir.
a) Seringueiro:
_____
b) Castanheiro:
_____
c) Juticultor:
_____
d) Vaqueiro:
_____

4. A pesca é uma prática que vem sendo desenvolvida por séculos na Amazônia e, agora, aprimorada pelo uso de utensílios adequados às necessidades da comunidade tradicional ribeirinha da Região Norte, para maior produção em tempo disponível. Em dupla, pesquisem quais os utensílios usados na pesca pelos ribeirinhos e produza um texto sobre a influência indígena nessa atividade.

5. A dinâmica produtiva nas comunidades ribeirinhas guia-se pela relação homem--natureza. A população utiliza-se de saberes tradicionais acumulados de geração em geração. Com base na afirmação, assinale as alternativas correspondentes:

☐ Utilizam a influência da Lua nas atividades de corte da madeira, da pesca, do roçado, os sistemas de manejo dos recursos naturais.

☐ Utilizam arpão na pesca.

☐ A natureza não é respeitada.

6. Reúna-se em dupla e pesquisem alguma festa tradicional, danças, lendas da Região Norte e pratos típicos. Em seguida, façam uma síntese.
a) Festa popular:
_____
b) Dança típica:
_____
c) Lenda:
_____
d) Prato típico:
_____

BRASIL: REGIÃO NORDESTE

O Nordeste é a região brasileira com maior número de estados: são nove – Maranhão, Piauí, Ceará, Rio Grande do Norte, Paraíba, Pernambuco, Alagoas, Sergipe e Bahia –, todos banhados pelo mar. Nessa região localiza-se quase metade do litoral brasileiro.

REGIÃO NORDESTE: DIVISÃO POLÍTICA

Fonte: *Atlas geográfico escolar*. 6. ed. Rio de Janeiro: IBGE, 2012. p. 94.

Vista aérea da praia de Iracema. Fortaleza (CE), 2019.

Vista da Ponte da Senhora Encantada e Rio Capibaribe, Recife (PE), 2022.

Vista de área de João Pessoa (PB), com a Ponta de Cabo Branco, 2019.

Vista do Elevador Lacerda para o Mercado Modelo (embaixo) e a Baia de Todos os Santos, Salvador (BA), 2020.

ATIVIDADE

1. Analise a tabela com dados dos estados da Região Nordeste e responda às questões.

Estados	Siglas	Capitais	Área (km²)	População estimada
Maranhão	MA	São Luís	331 936,949	7 000 229
Piauí	PI	Teresina	251 611,929	3 219 257
Ceará	CE	Fortaleza	148 887,633	9 020 460
Rio Grande do Norte	RN	Natal	52 811,107	3 507 003
Paraíba	PB	João Pessoa	56 468,435	4 025 558
Pernambuco	PE	Recife	98 076,021	9 473 266
Alagoas	AL	Maceió	27 848,140	3 375 823
Sergipe	SE	Aracaju	21 918,443	2 288 116
Bahia	BA	Salvador	564 732,450	15 344 447

Fonte: IBGE, 2017. Disponível em: http://www.ibge.gov.br/estadosat/index.php. Acesso em: 15 jul. 2022.

Escreva o nome e a respectiva sigla:

a) do estado de maior extensão territorial: _____

b) do estado de menor extensão territorial: _____

c) dos dois estados mais populosos: _____

d) do estado menos populoso: _____

Aspectos físicos

Na Região Nordeste, há quatro áreas definidas de acordo com o clima, a vegetação e a atividade econômica.

Sertão

Também conhecido como **região do semiárido**, é o interior do Nordeste, onde as chuvas são escassas e mal distribuídas. A vegetação predominante é a **caatinga**, e os solos são rasos.

A **pecuária extensiva** e a **agricultura comercial** de alguns produtos são as principais atividades econômicas do sertão. Projetos que integram técnicas de irrigação têm mudado essa realidade, favorecendo a produção de pequenos agricultores.

Zona da Mata

Trecho que se estende do litoral do Rio Grande do Norte ao litoral da Bahia. Originalmente, era recoberto pela Mata Atlântica. A extração do pau-brasil, a ocupação humana e a exploração da cana-de-açúcar no período colonial destruíram a maior parte dessa vegetação original.

A Zona da Mata é a sub-região mais industrializada e desenvolvida economicamente do Nordeste. Nela, as chuvas são bem distribuídas e o solo é fértil. Entretanto, apresenta graves problemas sociais, como alto índice de desemprego e salários muito baixos.

Meio-Norte

Sub-região localizada no estado do Maranhão e parte do Piauí. É uma faixa de transição entre o sertão e a Floresta Amazônica. A vegetação original era constituída da Mata dos Cocais, que favoreceu as atividades de extração das palmeiras de **carnaúba** e de **babaçu**.

Agreste

Sub-região entre o sertão e a Zona da Mata, com vegetação característica da caatinga e da Mata Atlântica. Abrange um trecho com predomínio da **policultura**, ou seja, pequenas propriedades que cultivam vários produtos.

Relevo e hidrografia

O relevo da Região Nordeste é formado pela **planície** litorânea, pela **depressão** e pelo **planalto**.

O litoral nordestino é contornado por uma faixa de terras baixas, onde aparecem as praias, as dunas, os mangues, as restingas e os recifes. Nesse litoral está o Arquipélago de Fernando de Noronha, que pertence ao estado de Pernambuco.

VOCABULÁRIO

mangue: tipo de vegetação que se forma junto às áreas alcançadas pelas marés, foz dos rios ou margem de rios e lagoas.
recife: rochedo ou série de rochedos situados próximos à costa, submersos ou a pequena altura do nível do mar.

REGIÃO NORDESTE: RELEVO E HIDROGRAFIA

Fonte: Jurandyr L. S. Ross. *Geografia do Brasil escolar*. São Paulo: Edusp, 2009. p. 53.

No Nordeste, por causa do regime de chuvas, os rios são classificados em **permanentes**, que nunca secam, ou **temporários**, que secam durante as estiagens.

VOCABULÁRIO

estiagem: falta prolongada de chuva.

O rio permanente mais importante é o São Francisco. Ele liga as regiões Nordeste e Sudeste. Suas águas servem para abastecer as cidades, irrigar terras para a agricultura, pescar e produzir energia. Nele se localizam as usinas hidrelétricas de Paulo Afonso, Itaparica, Apolônio Sales e Sobradinho. O rio temporário mais extenso é o Jaguaribe, no Ceará.

Clima e vegetação

O clima na Região Nordeste é o tropical. No entanto, ele apresenta variações:

- **tropical úmido**, na Zona da Mata;
- **semiárido**, no Sertão, com temperaturas muito elevadas e secas prolongadas;
- **equatorial**, no oeste do Maranhão, onde se localiza parte da Floresta Amazônica.

As temperaturas são altas e chove o ano todo.

A vegetação predominante no Nordeste é a **caatinga**. Mas há também áreas de matas, campos, vegetação litorânea, cerrado e uma zona de transição entre a Floresta Amazônica e a Caatinga, chamada **Mata dos Cocais**.

ATIVIDADES

1. Complete corretamente as frases.

a) O clima na Região Nordeste é o _____, que varia entre _____, _____ e _____.

b) Os tipos de relevo da Região Nordeste são o _____, a _____ e a _____.

c) Rios permanentes são _____ _____.

d) Rios temporários são _____ _____.

2. Relacione o tipo de vegetação ao local em que ela ocorre no Nordeste.

- **A** Caatinga
- **B** Cerrado
- **C** Mata Atlântica
- **D** Floresta Amazônica
- **E** Mata dos Cocais

☐ Estados do Maranhão, Piauí e Bahia

☐ Estados do Maranhão e Piauí

☐ Sertão nordestino

☐ Pequenos trechos da Zona da Mata

☐ Meio-Norte

Transposição do Rio São Francisco

O Rio São Francisco, ou Velho Chico, como é carinhosamente chamado, nasce na Serra da Canastra, no estado de Minas Gerais, atravessa o estado da Bahia, e segue para Pernambuco, indo desaguar no Oceano Atlântico na divisa de Sergipe e Alagoas.

Canal de integração do Rio São Francisco, no trecho leste, em Sertania (PE), 2020.

Nos últimos anos, foi desenvolvido o projeto de transposição das águas do Rio São Francisco. O projeto tem a intenção de levar parte das águas do rio para o sertão nordestino, para diminuir a falta de água que ocorre durante os períodos de secas e melhorar as atividades econômicas dessa área. A construção de canais possibilita que as águas do Velho Chico cheguem às áreas mais secas da região. Porém há restrições a esse projeto, em função da necessidade de revitalização da água do rio, que recebe esgotos e resíduos de mineração e de atividades agropecuárias. Sem isso, a água que passa a ficar disponível a mais pessoas é de baixa qualidade.

Aspectos econômicos

A Região Nordeste é uma das regiões que mais cresce economicamente no Brasil atual. Sua **economia** baseada no extrativismo, na agropecuária, na indústria e no turismo tem atraído de volta milhares de nordestinos. É a chamada **migração de retorno**, que é o deslocamento das pessoas que haviam migrado para outros estados em busca de trabalho e estão de volta aos seus municípios de origem, onde podem trabalhar e viver.

Extrativismo vegetal

Na Região Nordeste, principalmente no Meio-Norte, exploram-se a carnaúba e o babaçu.

Palmeiras de carnaúba, Lençóis Maranhenses, Maranhão (MA), 2020.

Da carnaúba aproveitam-se os frutos, as sementes, as folhas e as raízes. O Brasil é o maior produtor de cera de carnaúba do mundo. Grande parte da produção nacional é exportada.

Do babaçu são usados o caule, a folha, o palmito e o coco.

São extraídos também vegetais, como a oiticica, a juta, o caroá, usado na fabricação de linho, cordas e tapetes, o dendê e a piaçava.

Extrativismo animal

Mulheres no trabalho de extração de caranguejos em Cairu (BA), em 2017.

Pratica-se a pesca do camarão, do atum, da tainha, da lagosta e de moluscos. Modernos barcos pesqueiros têm substituído a tradicional jangada, embora jangadeiros ainda sejam uma presença marcante no litoral nordestino. Os estados que mais se destacam na atividade pesqueira são o Maranhão, o Ceará e a Bahia.

Extrativismo mineral

Destaca-se a exploração do petróleo no litoral da Bahia e de sal marinho no Rio Grande do Norte, que é o maior produtor desse minério no Brasil.

Outros recursos minerais da região são o calcário, o mármore, o chumbo e o cobre.

Agricultura e pecuária

A **agricultura** e a **pecuária** são as atividades mais importantes da região.

As principais culturas são as de cana-de-açúcar e cacau, desenvolvidas na Zona da Mata. Pernambuco e Alagoas são dois dos maiores produtores de cana-de-açúcar do Brasil. A Bahia é responsável por quase toda a produção de cacau no país. Na Zona da Mata também são plantados mandioca, milho, feijão, algodão, sisal, arroz e frutas.

No Agreste, a agricultura destina-se principalmente ao consumo da população. O milho, o café, o feijão, o arroz, a batata-doce, a mandioca e as frutas tropicais são os principais produtos cultivados.

Os únicos produtos cultivados para fins comerciais são o algodão e o agave – planta da qual se extrai fibra utilizada na fabricação de barbantes, cordas e tapetes.

Extensas áreas da Região Nordeste, próximas ao Rio São Francisco, são **irrigadas** e nelas cultivam-se frutas. No Meio-Norte cultivam-se algodão, arroz, milho e mandioca.

VOCABULÁRIO

irrigada: área que recebe água de rios por meio de canais, para molhar os terrenos onde é feito o plantio.

A atividade da pecuária se destaca em diversos estados da Região Nordeste. Os maiores rebanhos bovinos estão na Bahia, no Maranhão, no Ceará, em Pernambuco e no Piauí. No sertão, onde a pecuária é uma atividade tradicional, os produtores enfrentam dificuldades devido às constantes secas.

Eventos típicos no Nordeste são as feiras de gado, que ocorrem em cidades como Campina Grande, Feira de Santana e Caruaru.

Plantação de verduras, em Lagoa Seca (PB), 2020.

Criação de gado bovino no semiárido do Nordeste.

Indústria, comércio e transportes

As principais **indústrias** encontradas na Região Nordeste são: açucareira, de pescado, de fiação e tecelagem, petrolífera e de laticínios.

Os principais centros industriais estão localizados nas cidades de Recife (PE), Salvador (BA), Fortaleza (CE), Aratu (BA), Cabo de Santo Agostinho, Jaboatão dos Guararapes e Paulista (PE). Em Campina Grande (PB) também foram instalados centros industriais importantes.

O comércio desenvolve-se principalmente nas capitais dos estados.

Os principais produtos comprados são industrializados: máquinas, equipamentos industriais e eletrônicos, combustíveis e veículos.

Fachada de indústria automotiva, Goiania (PE), 2020.

A rodovia é a via de transporte mais utilizada na região.

A navegação marítima é essencial para o transporte de mercadorias. Os principais portos marítimos são: Itaqui (MA), Salvador (BA), Recife (PE), Cabedelo (PB) e Fortaleza (CE).

O transporte aéreo é mais utilizado pelos passageiros que seguem para as áreas turísticas. Os aeroportos mais movimentados são os de Salvador (BA), Recife (PE) e Fortaleza (CE).

Os rios São Francisco e Parnaíba são importantes para o transporte fluvial.

Turismo

O **turismo** é uma atividade econômica muito desenvolvida no Nordeste. O extenso e bonito litoral é atrativo turístico da região.

ATIVIDADE

1. Descreva algumas atividades econômicas da Região Nordeste.

a) Extrativismo vegetal:
_____
_____
_____

b) Extrativismo animal:
_____
_____
_____

c) Extrativismo mineral:
_____
_____
_____

d) Atividade industrial:
_____
_____

Aspectos humanos

População

A Região Nordeste é a segunda região mais populosa do Brasil. Entretanto, a população está distribuída de forma desigual. A maior parte das pessoas vive nas capitais dos estados e nas cidades litorâneas.

No interior, a população é menos numerosa, por motivos históricos e por causa do clima semiárido e das secas.

Os trabalhadores típicos da Região Nordeste são:

- **vaqueiro** – guarda ou condutor de vacas, no Sertão;
- **jangadeiro** – dono ou patrão de embarcações chamadas jangadas; que conduz jangadas;
- **barranqueiro** – habitante ribeirinho do Rio São Francisco que percorre de barco esse rio, transportando pessoas e mercadorias;
- **baiana** – vendedora de comidas típicas da região, como acarajé e vatapá;
- **rendeira** – mulher que fabrica ou vende rendas;
- **coletor de coco** – retira os cocos dos coqueiros.

Renda de bilro, Aquiraz (CE), 2018.

Renda filé, Maceió (AL), 2020.

Quilombolas

Assim como na Região Norte encontramos as comunidades tradicionais ribeirinhas, na Região Nordeste destacam-se os quilombolas.

Atualmente, no Brasil, encontram-se várias comunidades negras rurais em processo de mobilização para garantir direitos de acesso à terra. Elas reivindicam o uso legal de seus territórios, não apenas na dimensão física, mas, em especial, na dimensão simbólica, afirmando suas identidades étnicas por meio do autorreconhecimento enquanto comunidade quilombola.

Na história do Brasil, a presença da mão de obra africana escravizada e sua forma de resistência revelaram a formação de quilombos, a exemplo do Quilombo de Palmares. Mesmo após a abolição da escravatura, a discriminação, o preconceito e a falta de políticas públicas legaram aos afro-brasileiros a condição de inferioridade econômica e social, isolando-os dos principais centros urbanos. Os sertões nordestinos ilustram esse fato com a presença dessas comunidades, que lutam pela manutenção de suas culturas e pelo reconhecimento de suas comunidades.

Além dos quilombos constituídos no período da escravidão, muitos foram formados após a abolição, pois essa forma de organização comunitária continuava a ser, para muitos, uma possibilidade de preservar sua identidade.

As comunidades quilombolas têm uma organização parecida com a das aldeias africanas. Também há uma divisão de tarefas e todos trabalham. Os grupos vivem da agricultura e da pesca e, para manter sua identidade, conservam hábitos culturais e praticam cultos religiosos.

O batuque é uma dança afro-brasileira acompanhada por cantigas e instrumentos de percussão. O reisado é uma dança dramática popular com que se festeja a véspera e o Dia de Reis. A capoeira, arte praticada pelos jovens da Serra do Queimadão, na Bahia, e outras manifestações da cultura negra, estão presentes e atravessam os séculos, ecoando no sangue de cada morador das comunidades. Esses costumes revelam a importância da memória coletiva na construção da identidade de um povo.

As comunidades têm noção de terra coletiva e não as consideram propriedade de um só grupo, como ocorre entre outros povos.

Etapa da produção de farinha de mandioca por integrantes da comunidade do Quilombo Calenatiua, Alcântara (MA), 2019.

Folclore e culinária

No folclore da Região Nordeste, destacam-se:

- **festas**: o Carnaval de Salvador (BA), Olinda e Recife (PE) e as festas juninas de Caruaru (PE) e Campina Grande (PB) são as festas populares mais famosas do Nordeste. Há também a festa do Senhor do Bonfim, de Nossa Senhora da Conceição e de Iemanjá, na Bahia; a missa do Vaqueiro e a Paixão de Cristo (Nova Jerusalém), em Pernambuco.
- **danças**: o frevo, o bumba meu boi ou boi-bumbá, o maracatu, o baião, a capoeira, os caboclinhos, o bambolê, a congada, a cavalhada, o fandango e as cirandas.
- **lendas**: o saci-pererê, o curupira etc.
- **artesanato**: as rendas, os artigos de madeira, a corda, a palha e o buriti, os bordados, as redes, a cerâmica, as garrafas com areia colorida, as carrancas de madeira.

VOCABULÁRIO

carranca: máscara ou cabeça esculpida em madeira.

Apresentação de capoeira, Salvador (BA), 2019.

Na culinária, destacam-se os pratos típicos como: vatapá, caruru, acarajé, peixada, galinha à cabidela, carne de sol, sarapatel, buchada, frutos do mar, caranguejo, tapioca, cocada e quindim.

ATIVIDADES

1. Circule os trabalhadores típicos da Região Nordeste.

        vaqueiro

        jangadeiro

        garimpeiro

        baianas

        coletor de coco

        ervateiro

2. Escolha um trabalhador típico da Região Nordeste e pesquise sobre a atividade que realiza. Faça uma síntese das informações obtidas.

Trabalhador:

_____

Em que consiste seu trabalho:

_____

_____

3. Encontre no diagrama alguns elementos do folclore nordestino.

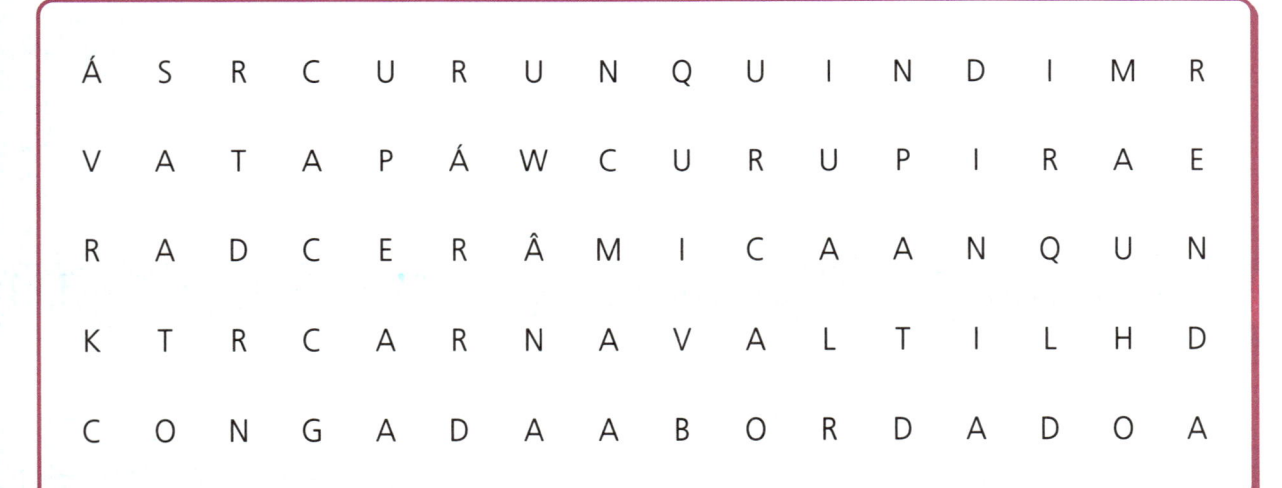

Á	S	R	C	U	R	U	N	Q	U	I	N	D	I	M	R
V	A	T	A	P	Á	W	C	U	R	U	P	I	R	A	E
R	A	D	C	E	R	Â	M	I	C	A	A	N	Q	U	N
K	T	R	C	A	R	N	A	V	A	L	T	I	L	H	D
C	O	N	G	A	D	A	A	B	O	R	D	A	D	O	A

4. Cite três danças típicas da Região Nordeste.

_____

_____

_____

5. Pesquise em livros ou na internet a receita de um prato típico da culinária da Região Nordeste.

Copie a receita em uma folha de papel sulfite e ilustre-a com fotos. Leve para a sala de aula e compartilhe com o professor e os colegas. Entregue a folha ao professor para que, ao final do estudo das regiões brasileiras, vocês montem um livro de receitas dos pratos típicos de cada região.

6. As comunidades quilombolas preservam sua identidade por meio de manifestações da cultura negra. Pesquise sobre uma dessas manifestações e anote abaixo.

_____

_____

Com seus colegas, produzam cartazes ilustrados com os resultados da pesquisa da turma.

LIÇÃO 6
BRASIL: REGIÃO CENTRO-OESTE

A Região Centro-Oeste é a segunda mais extensa do Brasil. É formada por três estados: Goiás, Mato Grosso e Mato Grosso do Sul.

Essa região faz divisa com todas as outras regiões brasileiras e fronteira com dois países da América do Sul: Bolívia e Paraguai. É a única região brasileira em que nenhum estado é banhado pelo mar.

No estado de Goiás, localiza-se o Distrito Federal, onde está a cidade de Brasília, sede do governo brasileiro.

REGIÃO CENTRO-OESTE: DIVISÃO POLÍTICA

Fonte: *Atlas geográfico escolar*. Rio de Janeiro: IBGE, 2012. p. 94.

Avenida do eixo norte-sul de Brasília (DF), 2020.

Vista de trecho de Goiânia (GO), 2022.

Vista de trecho de Cuiabá (MT), 2020.

Vista de trecho de Campo Grande (MS), 2020.

450

ATIVIDADES

1. Analise a tabela com dados dos estados da Região Centro-Oeste e complete as frases.

Estados/ Unidade da federação	Siglas	Capitais	Área (km²)	População estimada
Distrito Federal	DF	Brasília	5 779,997	3 039 444
Goiás	GO	Goiânia	340 106,492	6 778 772
Mato Grosso	MT	Cuiabá	903 202,446	3 344 544
Mato Grosso do Sul	MS	Campo Grande	357 145,531	2 713 147

Fonte: IBGE, 2017. Disponível em: http://www.ibge.gov.br/estadosat/index.php. Acesso em: 15 jul. 2022.

a) _____ é o estado de maior área.

b) _____ é o estado menos populoso.

c) O Distrito Federal fica localizado no estado de _____.

2. Ordene os estados e unidades da federação da região Centro-Oeste, do mais populoso para o menos populoso.

_____
_____
_____
_____

3. Corrija as frases com informações incorretas.

a) Distrito Federal é o território onde está instalada a capital do Brasil.

_____

b) A Região Centro-Oeste limita-se com todas as regiões brasileiras.

_____

c) A Região Centro-Oeste é banhada pelo Oceano Atlântico.

_____
_____

d) Argentina e Chile são países da América do Sul que fazem fronteira com a Região Centro-Oeste.

_____
_____

4. Procure no diagrama as capitais dos estados de Goiás, Mato Grosso e Mato Grosso do Sul.

R	U	B	G	F	E	O	G	T	E	V	U
E	J	U	Â	Y	S	T	O	V	D	X	S
T	H	E	N	O	C	R	I	O	Á	*	R
O	O	L	K	U	A	N	Â	X	R	J	E
C	A	M	P	O	*	G	R	A	N	D	E
U	A	N	T	A	S	O	I	S	O	P	A
I	H	T	*	I	E	I	A	Q	W	Z	A
A	R	C	M	N	I	Â	A	E	*	B	V
B	D	Ã	W	O	C	N	A	H	A	F	R
Á	A	J	F	Z	M	I	A	X	E	Á	Q
T	H	E	N	O	C	A	A	E	H	F	R

451

Aspectos físicos

Relevo e hidrografia

A principal forma de relevo da Região Centro-Oeste é a Planície do Pantanal Mato-Grossense, que se situa no Mato Grosso e no Mato Grosso do Sul, ao longo do Rio Paraguai. Ao redor dessa planície existem áreas mais elevadas, com chapadas e serras.

Muitos rios nascem nessas áreas e deságuam no Rio Paraguai, entre eles o Cuiabá, o Taquari, o Miranda. O regime de cheias desses rios dá origem a diferentes ambientes, compostos por áreas que nunca se alagam, outras que permanecem constantemente alagadas e outras ainda que se alagam durante um período.

A Planície do Pantanal é uma das áreas de maior biodiversidade (flora, fauna) do planeta, reconhecida pela Unesco como Patrimônio Natural da Humanidade.

Os principais rios, com seus afluentes, que banham a região são: Xingu, Tocantins, Araguaia, Paraguai e Paraná.

Os rios da Bacia do Rio Paraná são utilizados tanto para geração de energia como para navegação.

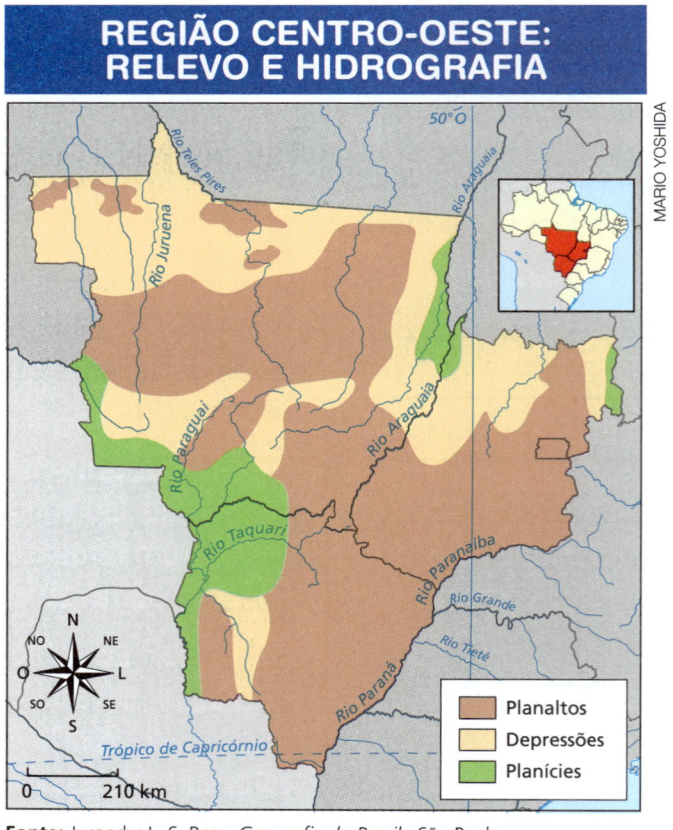

Fonte: Jurandyr L. S. Ross. *Geografia do Brasil*. São Paulo: Edusp, 2009. p. 53.

Clima e vegetação

O clima predominante na Região Centro-Oeste é o tropical semiúmido, com temperaturas elevadas e duas estações bem definidas: uma seca e outra chuvosa.

Ao norte da região, onde há a Floresta Amazônica, o clima é equatorial, quente e úmido. As chuvas são abundantes durante todo o ano e a temperatura é elevada.

REGIÃO CENTRO-OESTE: CLIMA

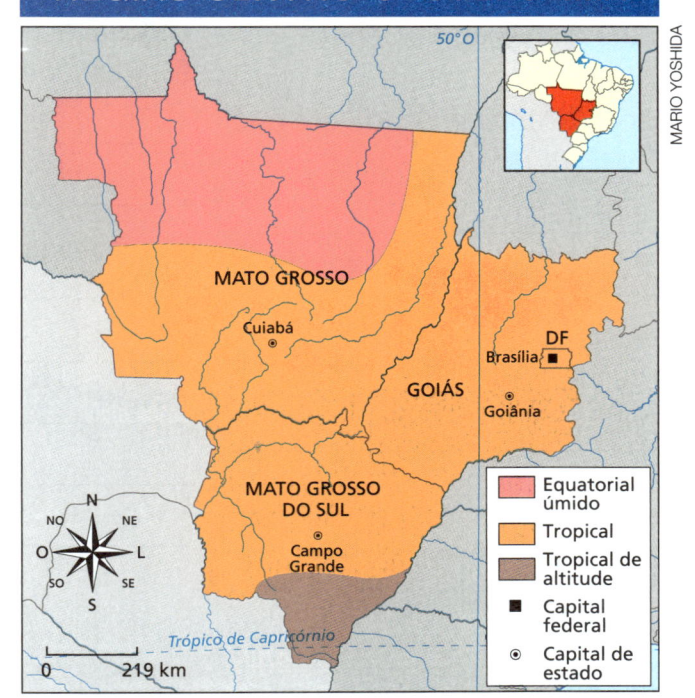

Fonte: *Atlas geográfico escolar*. 6. ed. Rio de Janeiro: IBGE, 2012. p. 99.

REGIÃO CENTRO-OESTE: VEGETAÇÃO ORIGINAL

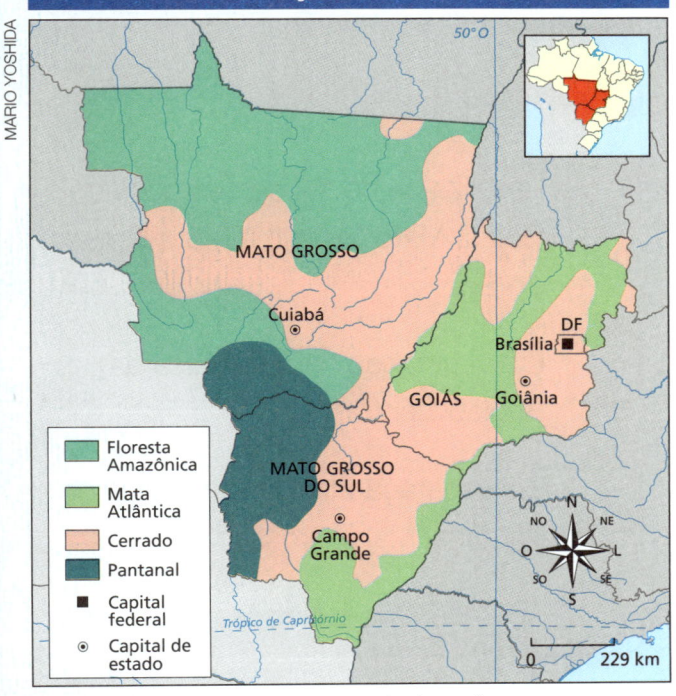

Fonte: Jurandyr L. S. Ross (Org.). *Geografia do Brasil*. São Paulo: Edusp, 2009. (Adaptado).

Os principais tipos de vegetação na Região Centro-Oeste são:

- o cerrado: é a vegetação característica da região. O cerrado constitui a maior pastagem natural do Brasil.
- a Floresta Amazônica: aparece ao norte do estado de Mato Grosso e Mato Grosso do Sul. Foi muito devastada nas últimas décadas.
- a Mata Atlântica: localiza-se no sul dos estados de Goiás, Mato Grosso e Mato Grosso do Sul.
- a vegetação do Pantanal: é a vegetação típica da Planície do Pantanal Mato-Grossense.
- os campos: essa vegetação está presente no sul do Mato Grosso do Sul.

ATIVIDADES

1. Compare os mapas de hidrografia, clima e vegetação natural da Região Centro-Oeste e responda:

a) A vegetação do Pantanal ocorre em que tipo de clima?

_____

_____

b) Qual é a vegetação predominante no clima tropical semiúmido?

_____

_____

c) Quais as formas de relevo predominantes no clima equatorial?

_____

_____

d) A vegetação de campos é encontrada em que tipo de clima?

_____

_____

2. Que título o Pantanal recebeu da Unesco?

_____

_____

3. Quais os principais rios que banham a Planície do Pantanal?

_____

_____

_____

4. Responda às seguintes questões referentes à vegetação da Região Centro-Oeste.

a) Qual é a vegetação localizada nos estados do Mato Grosso e de Goiás?

_____

_____

b) Escreva o nome de cada tipo de vegetação, de acordo com sua extensão.

_____

_____

_____

_____

5. Relacione corretamente:

1 Cerrado

2 Floresta Amazônica

3 Mata Atlântica

4 Vegetação do Pantanal

5 Campos

☐ Localiza-se no sul dos estados de Goiás, Mato Grosso e Mato Grosso do Sul.

☐ É a vegetação característica da Região Centro-Oeste.

☐ É a vegetação típica da Planície do Pantanal Mato-Grossense.

☐ Aparecem no sul do Mato Grosso do Sul.

☐ Aparece ao norte do estado de Mato Grosso.

Aspectos econômicos

Extrativismo vegetal

Os principais produtos do extrativismo na Região Centro-Oeste são: a erva-mate, que aparece junto aos vales dos rios, as madeiras de lei, o látex, o babaçu e a castanha-do-pará.

Extrativismo mineral

Destaca-se a extração de ferro e manganês no Maciço do Urucum, que é um morro localizado no Mato Grosso do Sul.

Em Mato Grosso, exploram-se diamante e ouro. Goiás produz amianto, cristais de rocha e níquel.

A extração mineral vem causando grandes impactos na natureza, em especial a destruição de morros e a poluição de rios, por causa dos produtos empregados nos garimpos para a procura de ouro e pedras preciosas.

Extrativismo animal

Na Região Centro-Oeste, principalmente no estado de Mato Grosso, jacarés são criados em cativeiro para a produção de carne e pele. Porém, a caça e a pesca sem controle são ainda praticadas em algumas áreas do Pantanal e ameaçam toda a fauna.

O tamanduá-bandeira, o cervo-do-pantanal e a onça-pintada são espécies pantaneiras ameaçadas de extinção. Os jacarés e algumas espécies de aves também podem desaparecer devido à caça indiscriminada. A pesca ilegal também ameaça espécies de peixes do Pantanal.

Agricultura e pecuária

A agricultura desenvolveu-se principalmente no estado de Goiás e no sul do estado de Mato Grosso do Sul.

A soja é o principal produto agrícola da região e destina-se principalmente à exportação. O cultivo da soja também compromete o solo das áreas onde esse vegetal é plantado, devido à necessidade de usar fertilizantes para tornar o solo preparado para o cultivo. Muitos desses produtos químicos são carregados para as águas dos rios, causando sua contaminação. Também são cultivados o milho, o feijão, o arroz, o café, o trigo, a mandioca e o algodão.

VOCABULÁRIO

madeira de lei: madeira dura, de boa qualidade, usada na fabricação de móveis e construções de edifícios.
cativeiro: local onde um animal é criado preso com objetivo comercial.
indiscriminada: que não tem controle adequado.

A pecuária é a principal atividade econômica no Centro-Oeste, onde há excelentes pastagens.

A região possui o maior número de cabeças de gado do país. A maior parte do rebanho é de gado de corte. O gado é abatido em frigoríficos e a carne é vendida para os centros mais populosos de outras regiões. Parte dessa carne também é exportada.

Outra atividade em crescimento é a criação de ovinos.

Indústria, comércio e transportes

A atividade industrial na região é pouco desenvolvida. As indústrias destinam-se principalmente ao **beneficiamento** de produtos agrícolas, alimentícios, minerais e de madeira.

Os principais centros industriais são: Goiânia e Anápolis (GO), Campo Grande e Corumbá (MS) e Brasília (DF).

O comércio desenvolve-se nas capitais dos estados e nas principais cidades.

A região vende arroz, ferro, manganês, cristais de rocha, borracha, erva-mate, carnes e derivados. Compra veículos, combustíveis, trigo, açúcar e máquinas.

O sistema de transportes não está bem desenvolvido e chega a prejudicar o comércio da região. O transporte rodoviário é o tipo predominante.

As principais rodovias são:
- Belém-Brasília, que liga a Região Centro-Oeste à Região Norte;
- Transpantaneira, que atravessa o Mato Grosso e o Mato Grosso do Sul;
- Cuiabá-Santarém, que liga a capital de Mato Grosso ao interior do Pará.

A ferrovia mais importante é a Estrada de Ferro Noroeste do Brasil, que liga Corumbá (MS) e Bauru (SP).

A navegação fluvial é muito utilizada no transporte de produtos. Ela é feita no Rio Paraguai e seus afluentes e em um pequeno trecho do Rio Paraná.

O transporte aéreo de passageiros desempenha papel importantíssimo, em razão das grandes distâncias e pelo pequeno número de rodovias e ferrovias existente.

O aeroporto de Brasília (DF) é um dos mais movimentados do país.

Turismo

A Região Centro-Oeste também recebe muitos turistas, grande parte deles à procura das belezas naturais da região, como o Pantanal, as chapadas, os belos rios, entre outras atrações. As cidades históricas de Pirenópolis e as águas termais também atraem muitos turistas.

> **VOCABULÁRIO**
>
> **beneficiamento:** tratamento de matérias-primas agrícolas para torná-las apropriadas ao consumo.

ATIVIDADES

1. Escreva o nome do principal rebanho da Região Centro-Oeste.

_____

_____

2. Por que a pecuária é a atividade econômica mais importante da Região Centro-Oeste?

_____

_____

_____

3. Quais são os principais centros industriais da Região Centro-Oeste?

_____

_____

_____

4. Encontre no diagrama o nome de seis produtos vendidos na Região Centro-Oeste.

J	C	B	O	R	R	A	C	H	A
C	P	G	Y	S	T	C	F	Q	I
A	E	R	V	A	-	M	A	T	E
R	K	W	B	M	O	K	H	R	U
N	D	R	-	A	A	R	R	O	Z
E	Ê	B	G	J	T	-	D	M	V
S	X	F	E	R	R	O	P	I	O
N	S	Z	U	E	Q	F	H	X	L
A	M	A	N	G	A	N	Ê	S	C

5. Explique por que a caça e a pesca sem controle ameaçam a região.

_____

_____

_____

6. Pinte a frase que explica por que o cultivo de soja compromete o solo das áreas onde esse vegetal é plantado.

> Devido à quantidade de água de que necessita.

> Devido ao uso de máquinas para o plantio.

> Devido ao uso dos fertilizantes para tornar o solo preparado para o cultivo.

7. Escreva **V** para verdadeiro e **F** para falso.

☐ A atividade industrial da Região Centro-Oeste é pouco desenvolvida.

☐ A navegação fluvial da região é muito utilizada para o transporte de produtos.

☐ A ferrovia mais importante da Região Centro-Oeste é a Transnordestina.

☐ O transporte aéreo de passageiros não desempenha papel importante na região, pois não são movimentados.

Aspectos humanos

População

A Região Centro-Oeste é pouco povoada. No entanto, a construção de Brasília, no Distrito Federal, na década de 1950, contribuiu bastante para o aumento da população regional. Em 1960, quando a capital federal foi transferida do Rio de Janeiro para Brasília, pessoas de várias partes do Brasil também se dirigiram para a região.

A maior parte da população é constituída de brancos e caboclos (mestiços de brancos e indígenas).

Boiadeiro conduzindo o gado. Aquidauana (MS), 2021.

Os indígenas concentram-se no Parque Nacional do Xingu, no estado de Mato Grosso.

Tipos característicos

Alguns tipos comuns do Centro-Oeste são:
- o boiadeiro: o que toca ou tange as boiadas;
- o garimpeiro: aquele que anda à procura de metais e pedras preciosas;
- o ervateiro: aquele que negocia com erva-mate ou se dedica à colheita e preparação desse vegetal;
- o seringueiro: indivíduo que trabalha na extração do látex da seringueira e no preparo da borracha.

Folclore e culinária

No folclore, destacam-se:
- danças: congada, folia de reis, roda de São Gonçalo, moçambique;
- festas: cavalhada, rodeios, festa do Divino;
- lendas: do Pé de Garrafa, do Lobisomem, do Romãozinho;
- artesanato: cerâmica, objetos de madeira, artigos de prata com pedras semipreciosas, cristais.

Na culinária, destacam-se pratos como peixes, empadão goiano e galinhada.

Grupo de congo, durante a festa de São Benedito, Vila Bela da Santíssima Trindade (MT), 2018.

Questões ambientais da região

Atualmente, o desmatamento da Região Centro-Oeste é um dos maiores problemas ambientais. Todos os tipos de vegetação estão sendo afetados. No norte de Mato Grosso, é a Floresta Amazônica que perde espaço para as plantações de soja. Em toda a região, o cerrado está diminuindo. A própria vegetação do Pantanal também está sendo atingida.

ATIVIDADES

1. Relate características da população da Região Centro-Oeste.

_____
_____
_____

2. Explique o que cada profissional desenvolve em sua atividade:

a) boiadeiro:
_____
_____

b) garimpeiro:
_____
_____

c) ervateiro:
_____
_____

d) seringueiro:
_____
_____

3. Complete a frase com as palavras do quadro a seguir:

| população   Brasília   povoada |
| Centro-Oeste |

A região _____ é pouco _____. No entanto, a construção de _____, no Distrito Federal, contribuiu bastante para o aumento da _____ regional.

4. Pesquise em livros ou na internet a receita de um prato típico da culinária da Região Centro-Oeste. Registre-a em uma folha de papel sulfite e ilustre com fotos. Leve para a sala de aula e apresente-a ao professor e aos colegas. Entregue a folha ao professor para que você e seus colegas montem, posteriormente, o livro de receitas dos pratos típicos das regiões brasileiras.

5. Marque **F** para falso e **V** para verdadeiro.

☐ Na Região Centro-Oeste, não há desmatamento, pois essa prática é ilegal.

☐ O Pantanal vem sofrendo problemas de diminuição de sua vegetação.

☐ O cerrado é outro tipo de vegetação do Centro-Oeste que está diminuindo.

☐ O reflorestamento está conseguindo repor a vegetação da Floresta Amazônica.

6. Leia o texto a seguir e responda.

Brasília: a cidade planejada

A maioria das cidades brasileiras surgiu e se desenvolveu a partir de pequenos povoamentos, fortes militares, aldeamentos de indígenas ou arraiais de mineração. Mas em Brasília foi diferente. Ela é uma cidade planejada, isto é, foi totalmente pensada antes de sua construção começar.

Antes de Brasília, Salvador e Rio de Janeiro já haviam sido capitais do Brasil.

Em 1955, Juscelino Kubitschek foi eleito presidente do Brasil. Ele governou de 1956 a 1961.

O novo presidente havia prometido concretizar o projeto de transferência da capital, iniciado em 7 de setembro de 1922, quando foi construído um marco no local onde hoje Brasília está instalada.

E assim se realizou. O lago do Paranoá e as asas norte e sul mostram que a capital foi exatamente pensada a partir de um eixo que ligava as partes da cidade.

Oscar Niemeyer desenhou o projeto dos principais edifícios.

Brasília foi inaugurada em 21 de abril de 1960. Muitas pessoas de outros estados do Brasil, principalmente funcionários do governo da antiga capital, foram para lá viver e trabalhar.

A instalação da nova capital atraiu pessoas de vários estados para viver na Região Centro-Oeste.

O trabalho da construção de Brasília levou três anos e meio. Lúcio Costa organizou o espaço da cidade, partindo de um desenho em cruz. O projeto assemelhava-se à asa de um avião com um lago artificial no centro.

a) Você conhece Brasília? Se ainda não, imagine uma viagem turística para a capital do Brasil. Para isso, prepare no caderno uma ficha com os dados sobre a capital.

Data de inauguração.

Nome do presidente que construiu a nova capital.

Tempo de duração da construção.

Característica básica do projeto arquitetônico.

Motivos da construção.

Resultados da instalação de Brasília.

Povos indígenas

A população indígena, em sua grande maioria, enfrenta uma complexa e acelerada transformação social. E, por esse motivo, necessita de novos meios para sua sobrevivência física e cultural. Entre os problemas que os povos indígenas enfrentam estão as invasões e degradações territoriais e ambientais, a exploração sexual, o aliciamento e o uso de drogas, a exploração de trabalho – inclusive infantil –, a mendicância, o êxodo desordenado, causando grande concentração de indígenas nas cidades, entre outros.

Em geral, os indígenas dedicam-se a atividades como: agricultura, pecuária, artesanato, garimpagem, caça e pesca. Nos povos, há divisão do trabalho de acordo com o gênero e a idade. Geralmente, as mulheres cuidam das roças e fazem objetos de cerâmica e cestos de palha, enquanto os homens caçam, pescam, constroem objetos como arcos, flechas e canoas. Os indígenas idosos possuem papel fundamental, pois representam o conhecimento, que é passado de geração para geração.

Muitos costumes dos povos indígenas, atualmente, estão relacionados a práticas dos seus antepassados. Viver em grupo, em aldeias que reúnem várias famílias, considerar a terra um bem de todos e viver em harmonia com a natureza são alguns exemplos de práticas que vêm dos antepassados. Por isso, a maioria deles luta por viver em suas aldeias e ensinar as tradições para suas crianças.

Da mesma forma se dá a relação dos povos indígenas com a natureza. Muitos povos indígenas estudam alternativas para, cada vez mais, utilizar os recursos naturais e, ao mesmo tempo, preservar os elementos que compõem a natureza, isto é, todos os outros seres vivos, a água, o solo e o ar. Para isso, utilizam os conhecimentos que detêm e foram transmitidos por seus antepassados. Além disso, aprendem outras formas de preservar a natureza desenvolvidas por povos não indígenas.

Ainda hoje, algumas pessoas pensam que os povos indígenas são todos iguais e vivem da mesma maneira, se vestem e alimentam-se do mesmo modo e falam a mesma língua. Entretanto, esse pensamento não corresponde à realidade.

A Região Centro-Oeste é a terceira com maior concentração de indígenas. Na região, os povos habitam em reservas e parques indígenas, como no Parque Indígena do Xingu, no Parque Indígena do Araguaia, na Ilha do Bananal, na Reserva Indígena Xavante e na Reserva Indígena Parecis.

Em muitas cidades, as aldeias estão localizadas nas chamadas terras indígenas, que pertencem a todos os membros da aldeia. Nelas, os indígenas produzem os alimentos necessários à sua sobrevivência e são responsáveis pela preservação do

Desfile de guerreiros indígenas que disputam a luta marcial Huka-Huka durante cerimônia do Kuarup, Aldeia Afukuri da etnia Kuikuro, Parque Indígena do Xingu, Querência (MT), 2021.

meio ambiente, por construir escolas para as crianças e viver de acordo com seus costumes e tradições. A demarcação de suas terras é uma conquista dos povos indígenas brasileiros assegurada na Constituição. No nordeste do Mato Grosso, encontra-se uma das mais conhecidas reservas indígenas do Brasil – o Parque Indígena do Xingu, criado em 1961. No parque, encontram-se 16 grupos indígenas, como: kamayurás, yawalapitis, waurás, kalapalos, awetis e ikpengs, distribuídos em uma área de 27 000 km², em áreas de Floresta Amazônica e Cerrado.

Embora os povos indígenas falem idiomas diferentes, em alguns grupos são bastante semelhantes e há, entre eles, o esforço de uma boa convivência, que se manifesta nas trocas de produtos, nos casamentos intergrupais, nas festas e cerimônias compartilhadas e na preferência pela carne de peixe à de caça. A cerimônia mais importante entre os indígenas do Alto Xingu é o kuarup, uma celebração em homenagem aos mortos da aldeia.

ATIVIDADES

1. Relate características da população da Região Centro-Oeste.

_____

_____

_____

_____

2. Explique o que cada profissional a seguir desenvolve em sua atividade.

a) Boiadeiro:

_____

b) Garimpeiro:

_____

c) Ervateiro:

_____

d) Seringueiro:

_____

3. Faça a correspondência de cada aspecto do folclore da Região Centro-Oeste à sua categoria.

A Festa

B Culinária

C Lenda

D Danças

☐ Lobisomem

☐ Galinhada

☐ Congada

☐ Cavalhada

4. Existe diversidade entre os povos indígenas, isto é, os povos indígenas brasileiros não são iguais. Com base nessa afirmação, em dupla, escolham um dos povos que vive na Região Centro-Oeste do Brasil, façam uma pesquisa e incluam a resposta aos itens a seguir em uma folha.

Diversidade dos povos que vivem na Região Centro-Oeste do Brasil	
• População:	• Região onde vive:
• Língua falada:	• Tradições:

Agora, compare a sua ficha com as dos seus colegas e estabeleça um paralelo entre a diversidade dos povos indígenas. Organize estas informações em cartazes.

BRASIL: REGIÃO SUDESTE

O Sudeste tem a maior população brasileira. Nessa região está a economia mais desenvolvida do Brasil.

A Região Sudeste é formada por quatro estados: Espírito Santo, Rio de Janeiro, Minas Gerais e São Paulo.

Os estados da Região Sudeste são banhados pelo Oceano Atlântico, com exceção de Minas Gerais.

Fonte: *Atlas geográfico escolar*. Rio de Janeiro: IBGE, 2012. p. 94.

Vista aérea de São Paulo (SP), 2020.

Vista aérea de Belo Horizonte (MG), 2020.

Vista aérea de Vitória (ES), 2020.

Vista aérea do Rio de Janeiro (RJ), 2020.

463

ATIVIDADE

1. Analise a tabela com dados dos estados da Região Sudeste e responda às questões.

Estado	Sigla	Capital	Área (km^2)	População estimada
Espírito Santo	ES	Vitória	46 086,907	4 016 356
Rio de Janeiro	RJ	Rio de Janeiro	43 781,588	16 718 956
Minas Gerais	MG	Belo Horizonte	586 520,732	21 119 536
São Paulo	SP	São Paulo	248 219,627	45 094 866

Fonte: IBGE, 2017. Disponível em: http://www.ibge.gov.br/estadosat/index.php. Acesso em: 15 jul. 2022.

a) Que estado possui a maior área territorial? _____

b) E qual é o estado com maior população? _____

c) Que estado possui a menor área territorial? _____

d) E qual é o estado com menor população? _____

Aspectos físicos

Relevo e hidrografia

Nessa região, predominam os planaltos. Destacam-se, na altitude e na extensão, os **planaltos** e as **serras** de Paranapiacaba (SP), do Mar (SP e RJ), da Mantiqueira (SP, RJ e MG), do Caparaó (ES e MG) e do Espinhaço (MG).

No litoral, aparecem os trechos das planícies e tabuleiros litorâneos, representados pelas baixadas Fluminense (RJ) e Santista (SP).

Os rios da Bacia do São Francisco e da Bacia do Paraná banham essa região. São rios de planalto, aproveitados para a construção de usinas hidrelétricas. A Região Sudeste também é banhada por bacias fluviais do Atlântico Sul, destacando-se os rios Jequitinhonha, Doce, Paraíba do Sul e Ribeira.

Fonte: Jurandyr L. S. Ross. *Geografia do Brasil*. São Paulo: Edusp, 2009. p. 53.

As principais usinas hidrelétricas da região são: Usina Hidrelétrica de Três Marias, no Rio São Francisco; complexo hidrelétrico de Urubupungá, formado pelas usinas hidrelétricas de Ilha Solteira e Engenheiro Sousa Dias, no Rio Paraná.

Clima e vegetação

O clima predominante nessa região é o **tropical de altitude**, com temperaturas médias e chuvas bem distribuídas nos planaltos.

No litoral, o clima é o **tropical úmido**.

No norte de Minas Gerais, o clima é **semiárido**, com chuvas escassas. Essa área faz limite com o Polígono das Secas, do sertão da região nordeste.

A vegetação da Região Sudeste é variada.

A **Mata Atlântica**, que cobria uma extensa área da região, atualmente está reduzida a apenas alguns trechos no Espírito Santo, no Rio de Janeiro e em São Paulo, principalmente na Serra do Mar. Essa vegetação foi devastada para dar lugar às cidades, estradas, plantações, indústrias, dentre outras construções humanas.

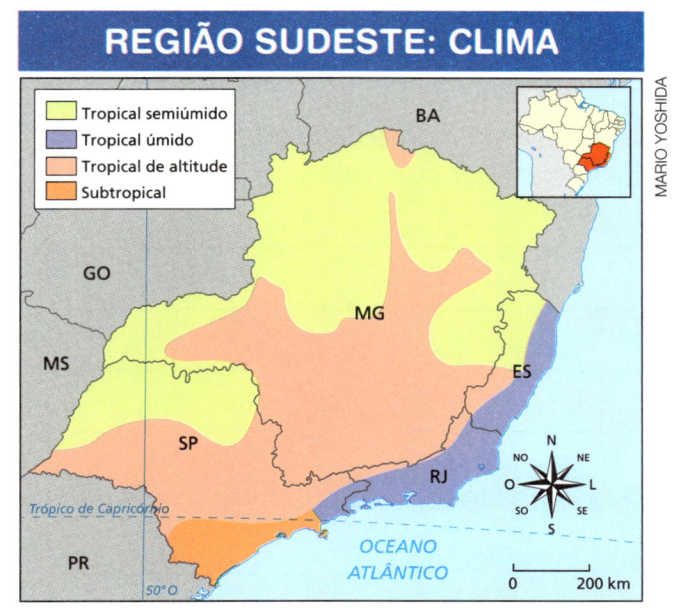

Fonte: *Atlas geográfico escolar*. 6. ed. Rio de Janeiro: IBGE, 2012. p. 99.

O **cerrado** ocupa grande parte do estado de Minas Gerais e parte de São Paulo.

A **caatinga** aparece nas áreas de clima semiárido, no norte de Minas Gerais.

A **vegetação litorânea** ocupa toda a costa da Região Sudeste, com manguezais nos terrenos alagados.

Os **campos** aparecem nas terras mais altas dos estados de São Paulo e de Minas Gerais.

Fonte: Maria Elena Simielli. *Geoatlas*. São Paulo: Ática, 2012.

ATIVIDADES

1. Qual é a forma predominante de relevo na Região Sudeste?

_____

2. Escreva o nome das serras que se destacam por sua altitude e extensão.

_____
_____
_____

3. Complete as frases.

a) No estado de _____, está localizada a Baixada Santista.

b) No estado do _____, está localizada a Baixada Fluminense.

4. Quais são as principais usinas hidrelétricas da Região Sudeste? Onde se localizam?

_____
_____
_____
_____
_____

5. Analise os mapas de vegetação e clima da Região Sudeste para responder:

a) Quais são os dois principais tipos de clima predominantes na Região Sudeste?

_____
_____

b) A caatinga predomina em qual tipo de clima?

_____
_____

c) A vegetação de campos está presente em qual estado da Região Sudeste? Que tipo de clima predomina no lugar onde aparece essa vegetação?

_____
_____

d) Que nome recebe a forma de relevo característica da vegetação litorânea?

_____
_____

6. Associe o tipo de vegetação com a informação correta.

A Vegetação litorânea.
B Cerrado.
C Caatinga.
D Campos.
E Mata Atlântica.

☐ Aparece no norte de Minas Gerais.

☐ Aparece nas terras mais altas dos estados de São Paulo e de Minas Gerais.

☐ Ocupa toda a costa da Região Sudeste, com manguezais nos terrenos alagados.

☐ Cobria uma extensa área da região; atualmente, existe apenas em alguns trechos da Serra do Mar.

☐ Ocupa grande parte do estado de Minas Gerais e parte de São Paulo.

Aspectos econômicos

O Sudeste tem a economia mais desenvolvida do país.

Extrativismo vegetal

Apesar da grande devastação das florestas, há extração de madeiras na Mata Atlântica, ao norte do Espírito Santo, e exploração do cerrado para obter lenha, em Minas Gerais.

Extrativismo animal

Destaca-se a pesca marinha, praticada especialmente nos estados de São Paulo e do Rio de Janeiro.

Extração de minério de ferro para indústria siderúrgica. Congonhas (MG), 2020.

Extrativismo mineral

É o tipo de extrativismo mais praticado. O estado mais rico do país em recursos minerais é Minas Gerais. A área conhecida como Quadrilátero Ferrífero, próxima a Belo Horizonte, produz **ferro**, **manganês**, **ouro** e **bauxita**.

Também são extraídos, nesse estado, cassiterita, urânio, calcário, mármore, pedras preciosas e água mineral.

Nos estados do Rio de Janeiro e do Espírito Santo, explora-se o **petróleo**. A Bacia de Campos, no litoral do Rio de Janeiro, é uma das maiores produtoras de petróleo do Brasil. Uma das mais extensas bacias de petróleo do país localiza-se no mar do litoral do estado de São Paulo. Chama-se Bacia de Santos. O petróleo dessa área situa-se a milhares de metros de profundidade, abaixo de uma camada de sal. Por isso, a área é chamada de **pré-sal**.

A camada de pré-sal é uma faixa que se estende ao longo de 800 quilômetros entre os estados do Espírito Santo e de Santa Catarina.

Em São Paulo, é encontrado o **chumbo**; no litoral do Espírito Santo, destaca-se a areia monazítica e, no litoral do Rio de Janeiro, o sal marinho.

VOCABULÁRIO

areia monazítica: areia que contém monazeto, mineral que pode ser utilizado para inúmeras aplicações tecnológicas.

Plataforma de extração de petróleo em alto-mar, na Bacia de Campos, Rio de Janeiro.

Agricultura e pecuária

A **agricultura** é praticada em todos os estados da Região Sudeste. A **agricultura comercial** é o tipo predominante. A agricultura e a **pecuária** estão hoje reunidas na agropecuária, principalmente nas áreas de maior desenvolvimento da Região Sudeste.

Na **agropecuária**, especialmente nas atividades de cultivo, utilizam-se máquinas, fertilizantes, equipamentos de previsão de tempo, sementes selecionadas e modificadas. O gado recebe tratamento especial, alimentação com ração, medicamentos, dentre outros cuidados.

Os principais produtos agrícolas são café, cana-de-açúcar, milho, arroz, feijão, algodão, mandioca, laranja, soja, frutas e verduras.

Os principais rebanhos são bovinos e suínos. Além disso, a região é a maior produtora de carne de frango e de ovos do Brasil.

Indústria, comércio e transportes

A Região Sudeste é a mais industrializada do país. A **indústria de transformação** é a principal atividade econômica. São Paulo tem o maior conjunto de indústrias da América Latina.

As principais indústrias da Região Sudeste são a automobilística, localizada principalmente em São Paulo; a petroquímica, representada por refinarias de petróleo em São Paulo, Rio de Janeiro e Minas Gerais; a siderúrgica, situada em todos os estados da região; e a naval, no Rio de Janeiro.

Há também, nessa região, indústrias de produtos alimentícios, têxteis, de artefatos de couro, de papel, de alumínio, de bebidas, de móveis e de aparelhos eletrodomésticos.

A agroindústria também tem forte presença na região, com a produção de etanol, suco de laranja, laticínios, entre outros.

O **comércio** é muito desenvolvido na Região Sudeste. O maior movimento ocorre nas capitais dos estados e nas principais cidades. Os produtos mais vendidos são café, sal, açúcar, alimentos, calçados, tecidos, couro, matérias-primas em geral, automóveis etc.

A Região Sudeste compra combustíveis, produtos industrializados, produtos químicos, máquinas etc.

Essa região tem a mais extensa e bem cuidada rede de **transportes** do país. As principais rodovias são:

- BR-116, que liga as regiões Nordeste, Sudeste e Sul e atravessa o Rio de Janeiro, São Paulo e Paraná. Chama-se Via Dutra no trecho Rio de Janeiro-São Paulo e entre São Paulo e Curitiba leva o nome de Régis Bittencourt;
- BR-101 (Translitorânea), que liga o Sudeste ao Nordeste e ao Sul pelo litoral;
- BR-381 (Fernão Dias), que liga São Paulo a Minas Gerais.

A maioria das ferrovias do Sudeste está ligada aos portos da região e é usada para **transporte de cargas**. Destaca-se a Estrada de Ferro Vitória-Minas, a **ferrovia do minério de ferro** que liga o Quadrilátero Ferrífero (MG) aos portos de Tubarão e Vitória (ES).

Há importantes portos marítimos na região, como o de Santos (SP), o do Rio de Janeiro (RJ) e os de Vitória e de Tubarão (ES). O Porto de São Sebastião (SP) é especializado no transporte de petróleo.

A região conta com os **aeroportos** de maior movimentação de passageiros no Brasil: Cumbica e Congonhas (SP), Galeão e Santos Dumont (RJ) e Tancredo Neves e Pampulha (MG).

Vista aérea do Porto de Santos (SP), 2020.

Turismo

A **atividade turística** é muito desenvolvida, principalmente nas cidades históricas de Minas Gerais; no Rio de Janeiro, com suas praias e atividades culturais; e em São Paulo, pelas atividades de comércio e cultura.

As principais atrações turísticas em Minas Gerais são Diamantina, Parque Natural do Caraça, Parque de Águas de São Lourenço e Caxambu, São Thomé das Letras e as cidades históricas, como Mariana e Ouro Preto.

ATIVIDADES

1. Cite as principais atividades econômicas do Sudeste.

a) A agroindústria é: _____
_____
_____
_____
_____

b) A agropecuária é: _____
_____
_____
_____

2. Explique por que a Região Sudeste é a mais populosa do país.

Aspectos humanos

População

São Paulo, Minas Gerais e Rio de Janeiro são os estados mais populosos do país. As capitais São Paulo e Rio de Janeiro são as cidades com maior número de habitantes no Brasil.

O Sudeste recebe muitos habitantes de outras regiões que procuram melhores condições de vida e oportunidades de trabalho. Mas, ao chegar às grandes cidades, enfrentam muitas dificuldades, como a falta de moradia, o desemprego, dentre outros problemas. Parte da população das grandes cidades do Sudeste têm origens diversas, inclusive descendentes dos imigrantes italianos, portugueses e japoneses que vieram para o Brasil no final do século XIX até a metade do século XX.

Tipos característicos

Trabalhadores comuns do Sudeste:

- **garimpeiro**: trabalhador que vive de procurar pedras preciosas e semipreciosas;
- **colono**: cultivador de terra pertencente a outrem; trabalhador agrícola;
- **boia-fria**: trabalha no campo em uma jornada diária e leva sua refeição para o local no qual exerce a atividade;
- **peão**: amansador de cavalos, burros e bestas; condutor de tropa; ajudante de boiadeiro; trabalhador rural; servente de obra;
- **operário:** trabalhador da indústria;
- **comerciários:** trabalhador do comércio.

Folclore e culinária

O folclore da região apresenta:

- **festas**: Carnaval, no Rio de Janeiro (RJ); festas religiosas e procissões, em Minas Gerais (MG); reisado; rodeios, como a Festa do Peão de Boiadeiro, em Barretos (SP);
- **danças**: fandango, folia de reis, catira, batuque, samba, moçambique, caboclinhos e caiapó;
- **lendas**: do lobisomem, da mula sem cabeça, da Iara, da Lagoa Santa e do saci-pererê;
- **pratos típicos**: tutu de feijão, feijoada, feijão-tropeiro, peixes, ostras, virado à paulista, bolinho caipira de Jacareí etc.;
- **artesanato**: destacam-se os trabalhos em pedra-sabão, colchas, bordados, redes, trabalhos em cerâmica, argila, cipó, taquara, conchas do mar, tricô, crochê e cristais.

Desfile de escola de samba no carnaval de 2022, Rio de Janeiro (RJ).

Questões ambientais da região

Você já teve algum sintoma como ardência nos olhos, nariz ressecado, tosse seca, dificuldade para respirar, dentre outros? Em geral, esses problemas se agravam mais quando o índice de poluição do ar está mais elevado. Será que dentro de casa estamos livres desses males? De acordo com pesquisas, a Região Sudeste, e principalmente as grandes cidades, como São Paulo, enfrentam grandes problemas de **poluição do ar**. Essa poluição é causada pela emissão de gases tóxicos de veículos e indústrias.

Outro problema é a **poluição dos rios**, como ocorre com o Tietê e o Paraíba do Sul, que, nos trechos urbanos, isto é, nos trechos em que atravessam as cidades, nem oferecem mais condições para a vida de peixes e plantas. A poluição dos rios é causada por indústrias que despejam produtos químicos e lixo nas águas. Há também a extração de minérios, que, além da enorme modificação da paisagem, provoca a contaminação das águas com seus resíduos.

ATIVIDADES

1. São Paulo é um dos estados mais populosos do Brasil, para o qual migram muitas pessoas de outras regiões. O que os migrantes buscam nesse estado?

2. Descreva como a população da Região Sudeste é formada.

3. A culinária da Região Sudeste é muito rica. Pesquise em livros ou na internet a receita de um prato típico da culinária da região, depois copie-a em uma folha de papel sulfite e ilustre-a com fotos. Leve para a sala de aula e compartilhe com o professor e os colegas. Entregue a folha ao professor para que montem, posteriormente, um livro de receitas dos pratos típicos das regiões brasileiras.

4. Quais são as principais questões ambientais da região?

LIÇÃO 8 — BRASIL: REGIÃO SUL

A Região Sul é a menor das regiões brasileiras. É formada por três estados: Paraná, Santa Catarina e Rio Grande do Sul.

REGIÃO SUL: DIVISÃO POLÍTICA

Fonte: *Atlas geográfico escolar*. 6. ed. Rio de Janeiro: IBGE, 2012. p. 94.

Vista aérea de Porto Alegre (RS), 2020.

Curitiba (PR), 2022.

Vista da cidade de Florianópolis (SC), 2022.

472

ATIVIDADE

1. Analise a tabela com dados sobre os estados da Região Sul e responda às questões.

Estados	Siglas	Capitais	Área (km²)	População estimada
Paraná	PR	Curitiba	199 307,939	11 320 892
Santa Catarina	SC	Florianópolis	95 737,954	7 001 161
Rio Grande do Sul	RS	Porto Alegre	281 737,888	11 322 895

Fonte: IBGE, 2017. Disponível em: http://www.ibge.gov.br/estadosat/index.php. Acesso em: 15 jul. 2022.

a) Qual é o estado de maior área? _____

b) Qual estado faz divisa com outra região do país? _____

c) Qual é o estado menos populoso? _____

Aspectos físicos

Relevo e hidrografia

No relevo dessa região predominam os **planaltos** e as **chapadas** da Bacia do Paraná, no oeste de todos os estados, especialmente nos solos de terra roxa, que são muito férteis.

As menores altitudes desse relevo estão localizadas na planície das lagoas dos Patos e Mirim, no Rio Grande do Sul.

Os rios mais extensos da região são o Rio Paraná e o Rio Uruguai.

No Rio Paraná, um rio de planalto, foram construídas usinas hidrelétricas. Nele está localizada a maior usina do país: a Usina Hidrelétrica de Itaipu, que também é uma das maiores do mundo. Ela pertence ao Brasil e ao Paraguai.

Os rios Itajaí, Jacuí, Capivari, Pelotas, Camaquã e Jaguarão são utilizados para a navegação.

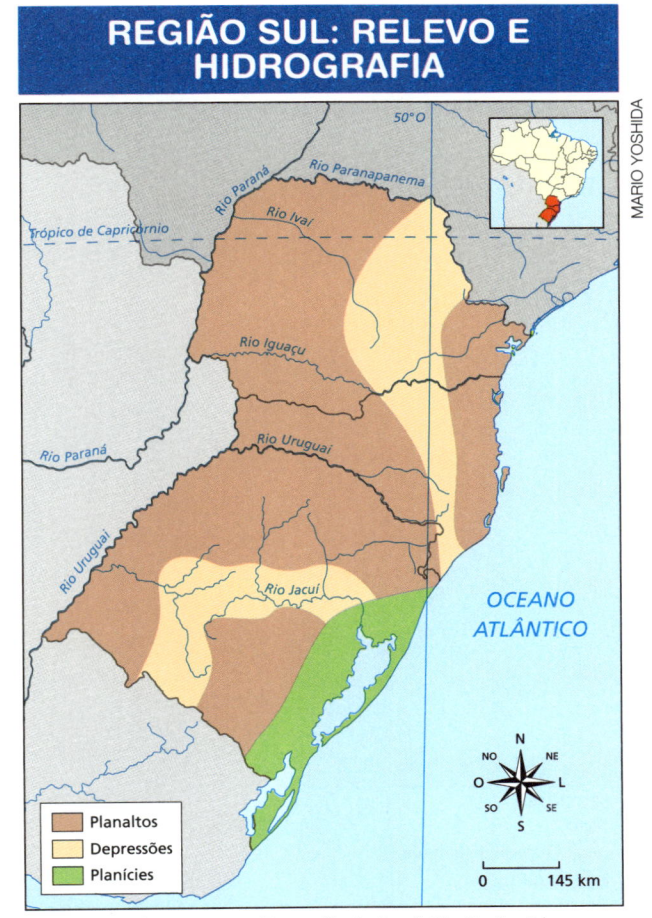

REGIÃO SUL: RELEVO E HIDROGRAFIA

Fonte: Jurandyr L. S. Ross. *Geografia do Brasil*. São Paulo: Edusp, 2009. p. 53.

Clima e vegetação

O Sul é a região mais fria do Brasil. O clima predominante é o **subtropical**, com inverno rigoroso. As chuvas são bem distribuídas durante todo o ano.

No inverno, podem ocorrer geadas e até mesmo nevar em cidades de maior altitude.

O norte do Paraná apresenta o **clima tropical de altitude**, com duas estações, **verão ameno** e **chuvoso** e **inverno seco**.

A vegetação da Região Sul apresenta:

- a **Mata dos Pinhais** (ou das Araucárias): principal tipo de vegetação da região. É formada por pinheiros. Muito devastada, foi nela que se iniciou o reflorestamento no Brasil.
- a **Mata Atlântica**: nas encostas da Serra do Mar e da Serra Geral, já bastante devastada.
- a **vegetação litorânea**: mangues e vegetação de restinga nas áreas baixas do litoral.
- **campos limpos ou campinas**: aparecem principalmente na região dos pampas.

Constituem excelentes pastagens para o gado, nas quais se cultivam cereais, como o trigo e o milho. Campos limpos são formados exclusivamente por vegetação rasteira. Quando têm arbustos, são chamados campos sujos.

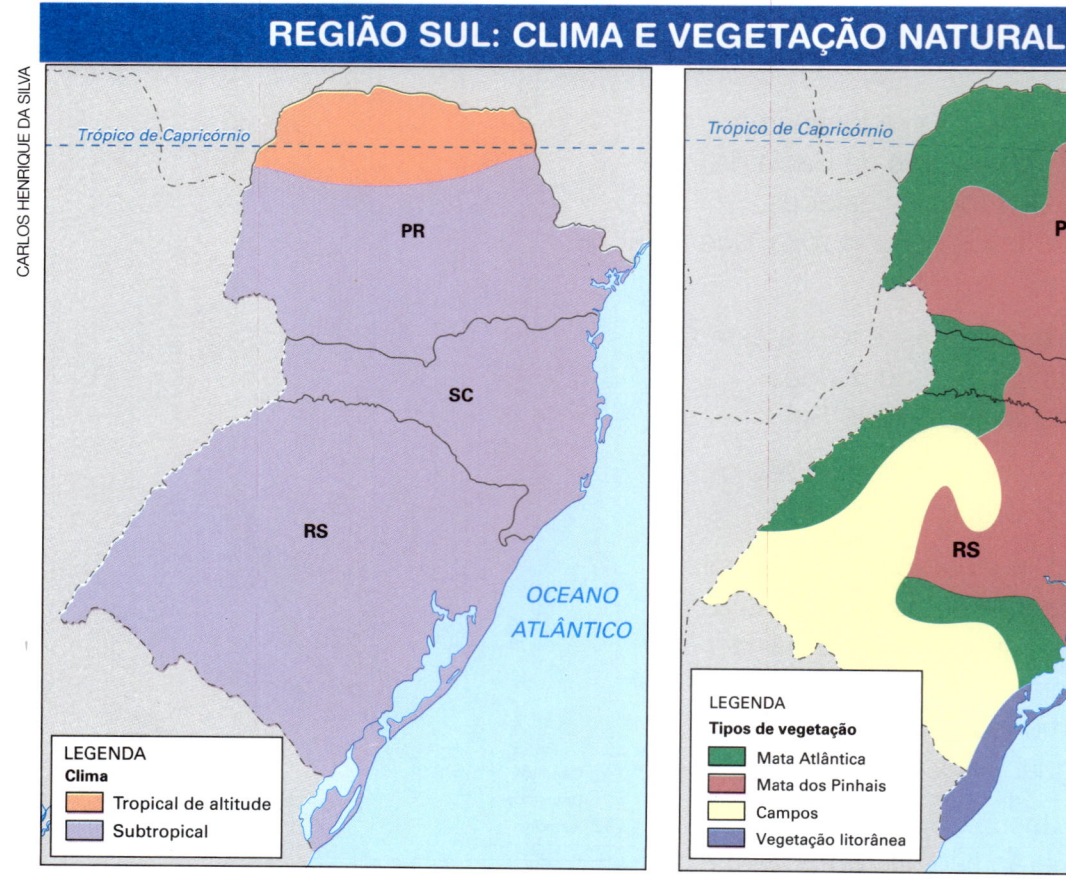

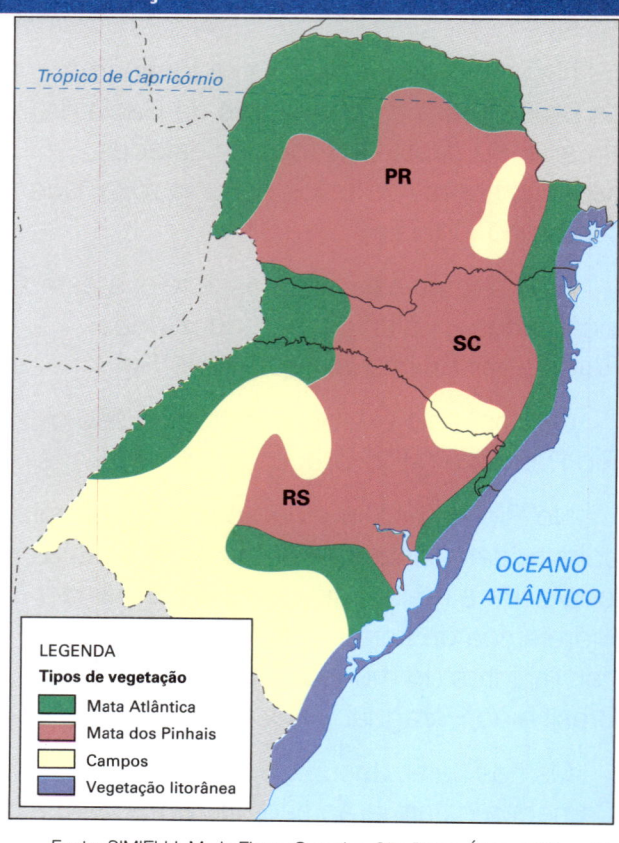

REGIÃO SUL: CLIMA E VEGETAÇÃO NATURAL

Fonte: IBGE. *Atlas geográfico escolar*. Rio de Janeiro: IBGE, 2009.

Fonte: SIMIELLI, Maria Elena. *Geoatlas*. São Paulo: Ática, 2005. p. 86.

ATIVIDADES

1. Complete as frases com informações sobre a Região Sul.

a) No relevo predominam

_____ e _____.

b) Os rios mais extensos da Região Sul são

o _____

e o _____.

c) A _____,
uma das maiores hidrelétricas do mundo, está localizada no _____,

que é um rio de _____.

2. Qual e o clima predominante no Sul? Descreva suas características.

_____
_____
_____
_____
_____
_____

Aspectos econômicos

Extrativismo vegetal

Destaca-se a **exploração de madeiras** da Mata dos Pinhais. Os pinheiros fornecem madeira para fabricação de material de construção e móveis e celulose para a produção de papel. A erva-mate, também retirada da Mata dos Pinhais, é usada para fazer chá-mate e chimarrão.

Extrativismo animal

A **pesca** é uma atividade econômica importante na região. Santa Catarina e Rio Grande do Sul são os estados responsáveis principalmente pela pesca de crustáceos, como camarão, caranguejo, lagosta, moluscos e ostras.

Barco de pesca em Camboriú (SC), 2019.

Extrativismo mineral

O produto mais explorado nessa região é o **carvão mineral**, utilizado para a obtenção de energia e para a fabricação do aço. O carvão é extraído principalmente em Santa Catarina, mas também é encontrado no Rio Grande do Sul. O cobre e o xisto betuminoso também são minerais extraídos na região.

Criação de carneiros, Cascavel (PR), 2019.

Agricultura e pecuária

A **agricultura** e a **pecuária** são as principais atividades econômicas da Região Sul. Nessa região, a agricultura tem excelente produção, porque o solo é muito fértil e são adotadas técnicas modernas de cultivo.

O Sul é responsável por mais da metade da produção nacional de trigo, soja, uva, milho, centeio, cevada, aveia e fumo. A região também é grande produtora de café, arroz, feijão, sorgo e algodão.

VOCABULÁRIO

sorgo: planta semelhante ao milho, muito utilizada para a produção de farinha.

A pecuária também é uma atividade bastante desenvolvida e conta com excelentes pastagens nessa região. Os principais rebanhos são os de bovinos para corte (RS) e de suínos (SC). A criação de ovinos e de aves também é uma das maiores do Brasil. Outra atividade que se desenvolve na região é a psicultura, a criação de peixes. O Paraná é o maior produtor de peixes do Brasil.

Indústria, comércio e transportes

A **indústria** da Região Sul é a segunda mais desenvolvida do Brasil.

As indústrias de produtos alimentícios, de papel, de bebidas, de madeira e móveis, de calçados, de fumo, têxteis, química e petroquímica são as principais da região.

A agroindústria também é bem desenvolvida na região, especialmente a ligada à produção de carnes, laticínios e soja.

O comércio da região é muito ativo. Seus principais produtos são: carne, lã, madeira, celulose, carvão, cereais, produtos têxteis e alimentícios.

Os produtos comprados são máquinas e acessórios industriais, produtos químicos e veículos.

A Região Sul é bem servida por uma moderna rede de transportes. O **transporte rodoviário** é o mais utilizado.

As **ferrovias** são utilizadas principalmente para o transporte de produtos até os portos. A Ferrovia Dona Teresa Cristina liga a região produtora de carvão de Criciúma (SC) ao Porto de Imbituba, no mesmo estado.

A **navegação marítima** é muito importante para o comércio de exportação. Os principais portos são: Paranaguá (PR), Navegantes e Itajaí (SC) e Rio Grande (RS).

A **navegação fluvial** é feita principalmente nos rios Paraná, Itajaí, Jacuí, Ibijaú e Ibicuí.

Os aeroportos mais importantes são os das capitais: Curitiba (PR), Florianópolis (SC) e Porto Alegre (RS).

Rodovia na Serra Dona Francisca (SC), 2020.

Turismo

O **turismo** tem um papel econômico importante na Região Sul. As Cataratas do Iguaçu e a Usina Hidrelétrica de Itaipu (no Paraná) são muito visitadas. Também se destacam:

- as praias de Santa Catarina, do Paraná e do Rio Grande do Sul;
- as cidades da Serra Gaúcha;
- a Reserva Biológica Marinha do Arvoredo, em Florianópolis (SC), e o Parque Nacional Aparados da Serra em Santa Catarina e Rio Grande do Sul;
- o Parque Nacional de Vila Velha e a Ilha do Mel, no Paraná.

Aspectos humanos

Tipos característicos

Muitos descendentes de imigrantes europeus vivem na Região Sul. Imigrantes açorianos (da Ilha dos Açores, Portugal), alemães e italianos foram se estabelecendo em diversos pontos dos três estados, dedicando-se à agricultura e ocupando o território. No Paraná houve também a fixação de colônias japonesas, que desenvolveram atividades agrícolas.

O litoral e as capitais são as áreas mais povoadas.

Alguns trabalhadores típicos no Sul:

- **gaúcho** – primitivamente, essa palavra significava o habitante do campo, descendente, na maioria, de indígenas, de portugueses e de espanhóis. Também queria dizer aquele que era natural do interior do Uruguai e de parte da Argentina ou peão de estância; cavaleiro hábil. Atualmente a palavra designa o nascido (gentílico) no Rio Grande do Sul, mas também pode se referir ao cavaleiro ou peão;
- **ervateiro** – aquele que negocia com erva-mate ou se dedica à colheita e preparação desse vegetal;

Ervateiro desfolhando galhos em Concórdia (SC), 2012.

Da erva-mate se faz o chimarrão, bebida típica da região.

- **madeireiro** – negociante de madeira; cortador de madeira nas matas; aquele que trabalha com madeira;
- **pescador** – se dedica à pesca.

Aspectos culturais

As trocas culturais entre os diversos grupos de imigrantes que povoaram a Região Sul deram origem a uma cultura típica do sul do Brasil, com influência na língua, nos costumes, nas festas, na arquitetura etc.

As marcas da presença dos imigrantes aparecem em cidades originárias de colônias alemãs como São Leopoldo e

Novo Hamburgo, no Rio Grande do Sul, e Pomodore, Blumenau, Itajaí, Brusque e Joinville, em Santa Catarina. A imigração italiana também está presente em cidades como Bento Gonçalves, Caxias do Sul e Garibaldi, no Rio Grande do Sul, e Treviso, em Santa Catarina, por exemplo.

Mas há marcas de outros grupos como ucranianos, poloneses, russos e japoneses que ocuparam algumas partes do estado do Paraná.

A manutenção dessas colônias interferiu nas características arquitetônicas e culturais de algumas cidades. Em Santa Catarina, cidades como Blumenau, concedem descontos em impostos obrigatórios para as construções de casas em estilo enxaimel, um modelo de arquitetura europeia.

Centro comercial em Blumenau (SC), com arquitetura típica da alemanha, 2020.

Folclore e culinária

O folclore foi muito influenciado pelos europeus que vieram morar na região. Destacam-se:

- as **danças**: a congada, o cateretê, a chula, a chimarrita, a jardineira, a marujada, o balaio, o boi de mamão, o pau de fita;
- as **festas**: de Nossa Senhora dos Navegantes, em Porto Alegre (RS); da Uva, em Caxias do Sul (RS); as festas juninas; os rodeios;
- as **lendas**: do Negrinho do Pastoreio, do Sapé-Tiaraju, do Boitatá, do Boiguaçu, do Curupira, do Saci-Pererê etc.;
- o **artesanato**: a renda de bilro, a cerâmica, os artigos em couro e lã.

Na culinária encontramos pratos típicos como: churrasco, arroz de carreteiro, marreco, galeto, barreado, bijajica etc.

A bebida típica, em especial no Rio Grande do Sul, é o chimarrão, um tipo de chá quente preparado com erva-mate e consumido em uma cuia.

Leia os dois textos a seguir que caracterizam dois modos de vida de áreas de colonização por imigrantes.

Memórias da colônia alemã de Pomerode

A cidade de Pomerode, que teve sua emancipação recentemente, em 1959, foi desde cedo uma comunidade diferente, seus fundadores e colonizadores foram imigrantes germânicos da região norte da Alemanha e da região da Pomerânia, o que fez da cidade uma pequena Alemanha no Brasil.

Atualmente conservam as tradições do país de origem de seus pais, avós e bisavós; tradições essas que aprenderam dentro de casa, no convívio diário e na igreja. É uma cidade brasileira com traços típicos germânicos, onde o português é a língua oficial, mas o alemão e o *pommersch* (espécie de dialeto) se aprendem em casa. Em Pomerode 85% dos moradores falam a língua alemã.

A população valoriza suas tradições culturais e a memória dos seus antepassados como forma de referência e identidade sem abdicarem de suas condições de brasileiros.

Portal da cidade de Pomerode (SC). Foto de 2017.

Fonte: Memórias da Colônia Alemã de Pomerode, de Andreia Rezende Rocha, Patricia Iost. Disponível em: http://www.inicepg.univap.br/cd/INIC_2008/anais/arquivosINIC/INIC0705_01_A.pdf. Acesso em: 30 jul. 2022.

Colônia Muricy

Localizada na área rural em São José dos Pinhais, no Paraná, esta colônia é formada por pessoas de origem polonesa e italiana. A população dedica-se a plantios de hortaliças, criação de aves, bovinos e suínos. A produção de leite é a segunda fonte de renda das famílias. Boa parte do que é produzido na Colônia Muricy serve para abastecer Curitiba.

Todos os anos, em fevereiro, a população organiza a festa da colheita, uma tradição do povo polonês. Na festa, misturam-se aspectos religiosos, culturais e sociais, com uma procissão dos agricultores, um desfile de carroças, tratores, caminhões e cavalos com as pessoas em trajes típicos da Polônia, em uma representação dos primeiros imigrantes poloneses que vieram para o Brasil em 1878. Na festa há comidas típicas e apresentação de músicas e danças tradicionais do povo polonês.

Foto da festa da colheita na Colônia Muricy (PR). Participante degustando suco de uva.

Fonte: ROHDENL, Júlia. Para voltar no tempo: um roteiro pela arquitetura tipicamente polonesa da Colônia Murici. *Gazeta* do Povo. Disponível em: https://www.gazetadopovo.com.br/haus/estilo-cultura/conheca-arquitetura-tipicamente-polonesa-da-colonia-murici/. Acesso em: 31 jul. 2022.

ATIVIDADE

1. Nas diferentes regiões do Brasil estão presentes comunidades que mantêm hábitos e costumes de geração para geração e se manifestam nos aspectos culturais e sociais, por meia da língua, da música, da dança folclórica, nas comidas típicas, na forma como organizam a economia local, nas relações humanas e nos estilos das construções.

Agora, é sua vez de organizar um texto abordando qual comunidade, da região onde você vive, influencia os hábitos e costumes dos moradores da sua cidade. Qual desses hábitos e costumes, herança acumulada ao longo dos anos, você considera que devem ser preservados? Justifique sua resposta.

Questões ambientais na região

Algumas cidades e alguns rios da Região Sul também sofrem problemas ambientais, como em outras partes do Brasil. O problema mais grave é o da **poluição**.

O Rio Iguaçu, por exemplo, principalmente na região de Curitiba, se transforma em um rio praticamente morto, por causa do lixo e das substâncias químicas despejadas em suas águas. Trata-se de um dos rios mais poluídos do Brasil.

ATIVIDADES

1. Complete.

a) As principais atividades econômicas da Região Sul são a _____ e a _____, em razão da _____ e ao _____.

b) A navegação marítima é importante porque transporta os produtos que serão _____.

c) As ferrovias são utilizadas para _____.

2. Descreva como é formada a população da Região Sul e onde ela se concentra.
_____
_____
_____
_____
_____
_____
_____
_____

3. Analise os mapas da Região Sul para responder.

a) Qual o tipo de vegetação predominante na Região Sul?
_____
_____
_____

b) O tipo de clima predominante na Região Sul é o subtropical. Esse tipo de clima aparece em alguma outra região do Brasil? Será esse o motivo pelo qual essa região é a mais fria do Brasil?
_____
_____
_____
_____
_____
_____
_____

c) Qual é o único estado da Região Sul em que ocorrem dois tipos de clima?
_____

d) Que formas de relevo aparecem nos estados do Paraná e de Santa Catarina?
_____

4. Leia o texto a seguir e depois responda.

Questões ambientais na Região Sul

O Rio Iguaçu – o mais importante curso fluvial do Paraná, que atravessa o estado de leste a oeste, gera cerca de 7% de toda a energia elétrica produzida no Brasil e ainda abastece diversas cidades paranaenses [...]

Poluição

O mesmo Iguaçu capaz de produzir espetáculos da natureza, como as cataratas, também sofre com a poluição, principalmente na região de Curitiba. Nessa área, conhecida como Bacia do Alto Iguaçu, ficam as nascentes do rio, de onde se tira boa parte da água que os curitibanos bebem. Principalmente por conta do **adensamento populacional**, o Iguaçu se transforma em um rio praticamente morto ao atravessar a capital paranaense: trata-se de um dos rios mais poluídos do Brasil, segundo relatório da ANA (Agência Nacional das Águas).

Mudar esse panorama é justamente o desafio do Águas do Amanhã, que pretende sensibilizar e mobilizar a sociedade paranaense na busca por soluções conjuntas em prol do rio. "Seguramente, uma população mais bem informada é uma forte aliada na solução destes problemas. Ela poderá cobrar mais das autoridades, avaliar melhor as propostas dos candidatos a cargos políticos, contribuir fazendo as ligações corretas de suas casas na rede de esgoto, bem como diminuir a produção de lixo", argumenta o engenheiro ambiental Eduardo Felga Gobbi, professor da UFPR. [...]

João Rodrigo Maroni. *In*: *Gazeta do povo*, 14 jun. 2010. Disponível em: https://www.gazetadopovo.com.br/vida-e-cidadania/juntos-em-prol-do-rio-iguacu-0i6277ctrw78wd20rypg6i2j2/#:~:text = O%20Rio%20Igua%C3%A7u%20%E2%80%93%20o%20mais,%C3%A0%20polui%C3%A7%C3%A3o%20de%20suas%20%C3%A1guas. Acesso em: 30 jul. 2022.

VOCABULÁRIO

adensamento populacional: grande concentração de pessoas.

a) Qual é o assunto do texto?

b) O rio apresenta as mesmas características descritas no texto em toda sua extensão? Justifique.

c) Em que o adensamento populacional afetou o rio descrito?

d) Localize no texto as medidas sugeridas à sociedade paranaense sobre o rio.

e) Comente com suas palavras a frase: "O mesmo Iguaçu capaz de produzir espetáculos da natureza, como as cataratas, também sofre com a poluição".

Coleção Eu gosto m@is

CIÊNCIAS

5º ANO
ENSINO FUNDAMENTAL

SUMÁRIO

Lição 1 – O Universo e a Terra **485**
- O Universo 485
- Terra: nosso planeta 491

Lição 2 – A matéria da Terra **495**
- Os estados físicos da matéria 495
- As propriedades da matéria 497
- Materiais magnéticos 501
- A eletricidade e os materiais condutores 503
- Materiais condutores de calor e som 505
- Os materiais e a passagem da luz 507
- Fontes de luz 509
- Os materiais combustíveis 509

Lição 3 – A água na natureza **512**
- O ciclo da água 515
- A água nos seres vivos 516
- Água, elemento da natureza 516

Lição 4 – A atmosfera da Terra **518**
- Os ventos 521
- Clima e tempo 523
- O clima da Terra 524

Lição 5 – Relações do ser humano com a natureza **527**
- Mudanças ambientais provocadas pelas atividades humanas 527
- Sustentabilidade 532

Lição 6 – O corpo humano **534**
- Sistema digestório e seus órgãos 534
- Sistema circulatório 536
- Sistema respiratório 539
- Sistema urinário 541
- Sistema esquelético e muscular 543

Lição 7 – Sistema nervoso e os sistemas reprodutores **545**
- Sistema nervoso 545
- Sistemas reprodutores 547

Lição 8 – Os alimentos como fonte de vida **555**
- Vitaminas: indispensáveis para o organismo 558
- Alimentação balanceada 559

1 O UNIVERSO E A TERRA

O Universo

Planetas, **satélites**, **cometas** e **estrelas** são astros que fazem parte do Universo.

Não sabemos se o Universo tem fim nem até onde ele vai. Não sabemos como ele se formou nem quando. Muitos cientistas estudam o céu para descobrir os segredos desse mundo ainda pouco conhecido.

Para explicar a formação do Universo, os cientistas supõem que, há cerca de 14 bilhões de anos, um ponto muito quente começou a crescer, a se expandir e a esfriar, criando o espaço, o tempo e a **matéria** das **galáxias**. Embora essa teoria seja conhecida como Big Bang (grande explosão), não houve explosão, mas uma expansão.

Imagine um balão vazio e cheio de pintinhas feitas com caneta hidrocor. Agora, imagine esse balão enchendo, enchendo… As pintinhas que estavam próximas umas das outras vão se afastando. O balão é como o Universo e as pintinhas são como as galáxias.

Uma das galáxias que se formou no Big Bang foi a Via-Láctea. Nela, está o Sistema Solar, formado pelo Sol e pelos planetas que giram ao seu redor. Todos os planetas percorrem uma trajetória, em torno do Sol. Essa trajetória recebe o nome de **órbita**. Em torno de planetas do Sistema Solar giram os satélites.

Representação do Sistema Solar: o Sol e os oito planetas.

VOCABULÁRIO

planeta: astro que gira ao redor de si mesmo e em torno de uma estrela.
satélite: astro que gira em torno de um planeta.
cometa: astro com um núcleo sólido, uma atmosfera gasosa chamada cabeleira e uma cauda formada pelos ventos solares.
estrela: astro com luz própria. O Sol é a maior estrela do Sistema Solar.
matéria: qualquer substância, sólida, líquida ou gasosa, que ocupa lugar no espaço.
galáxia: gigantesco aglomerado com mais de 100 bilhões de estrelas e muitas nebulosas, isto é, nuvens de poeira e gás.
órbita: caminho percorrido por um astro em torno de outro.

Planetas do Sistema Solar

Mercúrio.	**Mercúrio** é quase do tamanho da Lua. Ele é o planeta mais próximo do Sol. A temperatura de sua superfície pode atingir até 430 °C durante o dia e 170 °C negativos durante a noite.
Vênus.	**Vênus** é o segundo planeta mais próximo do Sol e tem tamanho parecido com o da Terra. A temperatura de sua superfície pode chegar a 400 °C durante o dia.
Marte.	**Marte** é o quarto planeta mais próximo do Sol. Sua atmosfera é formada principalmente por gás carbônico. A temperatura pode atingir 120 °C negativos. Esse é o planeta mais próximo da Terra e o mais estudado pelos cientistas. Em 1996, uma nave espacial levou um robô para percorrer a superfície de Marte, que enviou muitas imagens para estudo.
Júpiter.	**Júpiter** é o quinto e maior planeta do Sistema Solar. As temperaturas são muito baixas, sempre em torno de 120 °C negativos. É formado em sua maior parte por gases. Possui 16 satélites com pelo menos 10 km de diâmetro e diversos satélites menores.
Saturno.	**Saturno** é o sexto planeta do Sistema Solar e o segundo maior em tamanho. Possui anéis formados por cristais de gelo e rochas. Tem muitos satélites, 25 deles com mais de 10 km de diâmetro.
Urano.	**Urano** é o sétimo planeta do Sistema Solar. Também possui anéis. Está tão distante da Terra que a luz que ele reflete chega à Terra muito fraca, por isso não pode ser visto a olho nu.
Netuno.	**Netuno** é o oitavo planeta que compõe o Sistema Solar. Assim como Urano, também não pode ser visto a olho nu da Terra. Possui 13 satélites conhecidos.
Terra.	A **Terra** é o terceiro planeta do Sistema Solar e possui um satélite, a **Lua**. A Terra será estudada com mais detalhes adiante.

IMAGENS FORA DE ESCALA.
CORES ILUSTRATIVAS.

ATIVIDADES

1. Explique com suas palavras como os cientistas esclarecem a formação do Universo.

_____
_____
_____
_____
_____
_____
_____
_____

2. Qual é sua opinião sobre as afirmações a seguir? Escolha uma delas e escreva argumentos para defendê-la.

a) O Universo já se formou. Desde sua origem ele não vai mudar mais.

b) O Universo sofre constantes modificações.

_____
_____
_____
_____
_____
_____
_____

3. No esquema abaixo, desenhe cada planeta do Sistema Solar em sua órbita e escreva o nome de cada um. Lembre-se de que os planetas têm diferentes tamanhos!

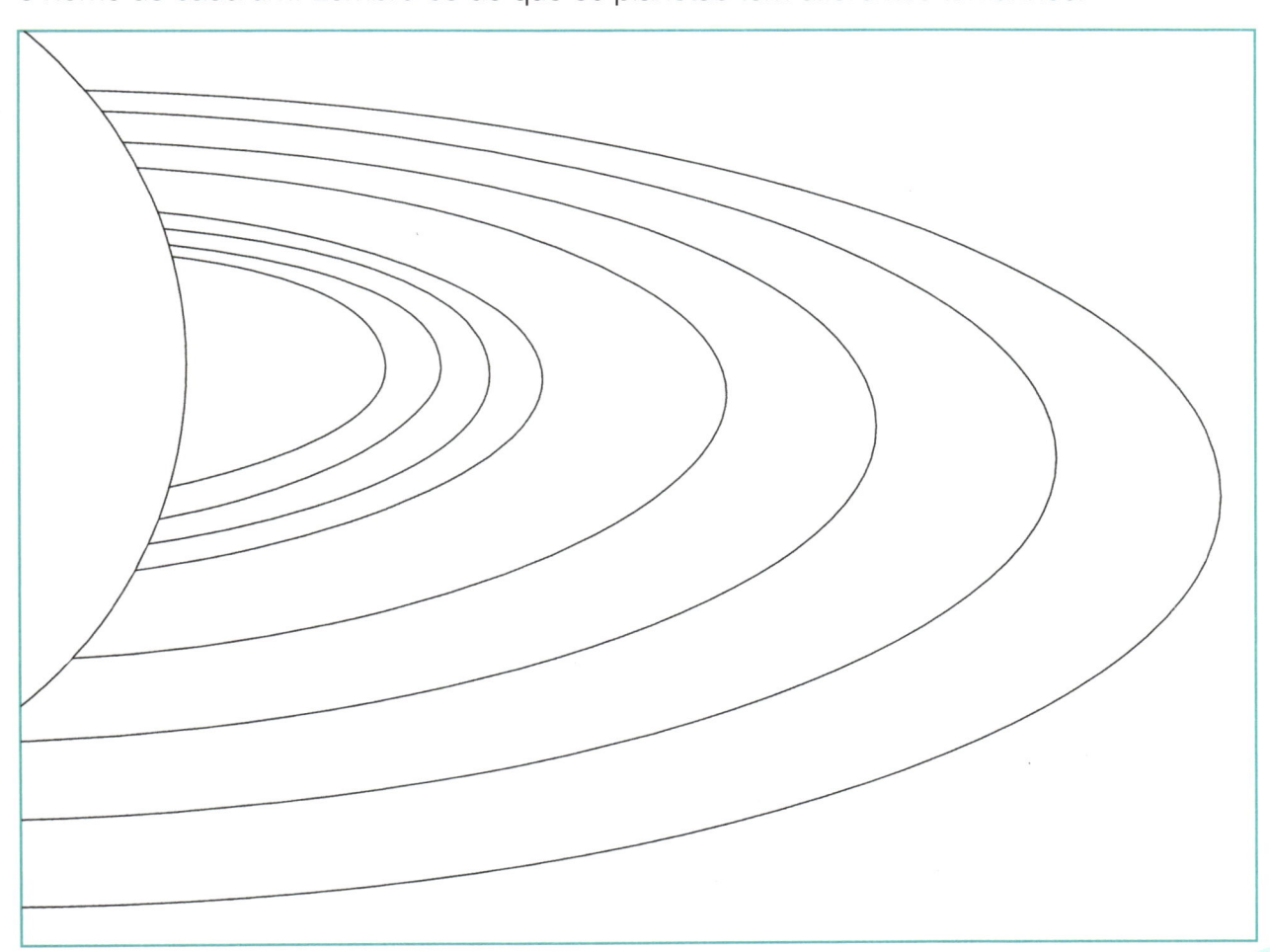

4. Preencha a tabela com os dados dos sete planetas do Sistema Solar além da Terra.

Planeta	Proximidade com o Sol	Características
Mercúrio		
Vênus		
Marte		
Júpiter		
Saturno		
Urano		
Netuno		

IMAGENS FORA DE ESCALA. CORES ILUSTRATIVAS.

As constelações

Observe a imagem a seguir.

Céu noturno em Palmital, SP.

Ao olharmos o céu em uma noite sem nuvens, podemos enxergar um grande número de estrelas. Algumas delas são muito brilhantes e outras, quase imperceptíveis.

As estrelas serviram como guia aos navegantes durante muitos anos. Por isso, os antigos astrônomos notaram que, ao ligar algumas estrelas por meio de linhas imaginárias, era possível formar figuras. Ao olharmos para o céu, essas figuras podem ser reconhecidas. Elas são as constelações, que ajudam a mapear o céu noturno.

Atualmente, utilizamos o nome que os antigos gregos deram a essas constelações. Elas receberam nomes em homenagem a deuses e deusas, heróis e heroínas, animais e monstros que faziam parte da mitologia desse povo. A posição das constelações no céu depende da data e da hora em que a observação é feita e da localização do observador.

Veja a carta celeste do céu do Brasil no dia 30 de julho de 2022, obtida no *site* do Planetário do Rio de Janeiro para a cidade de Brasília. Nela estão marcadas as diversas constelações presentes no céu nesse dia.

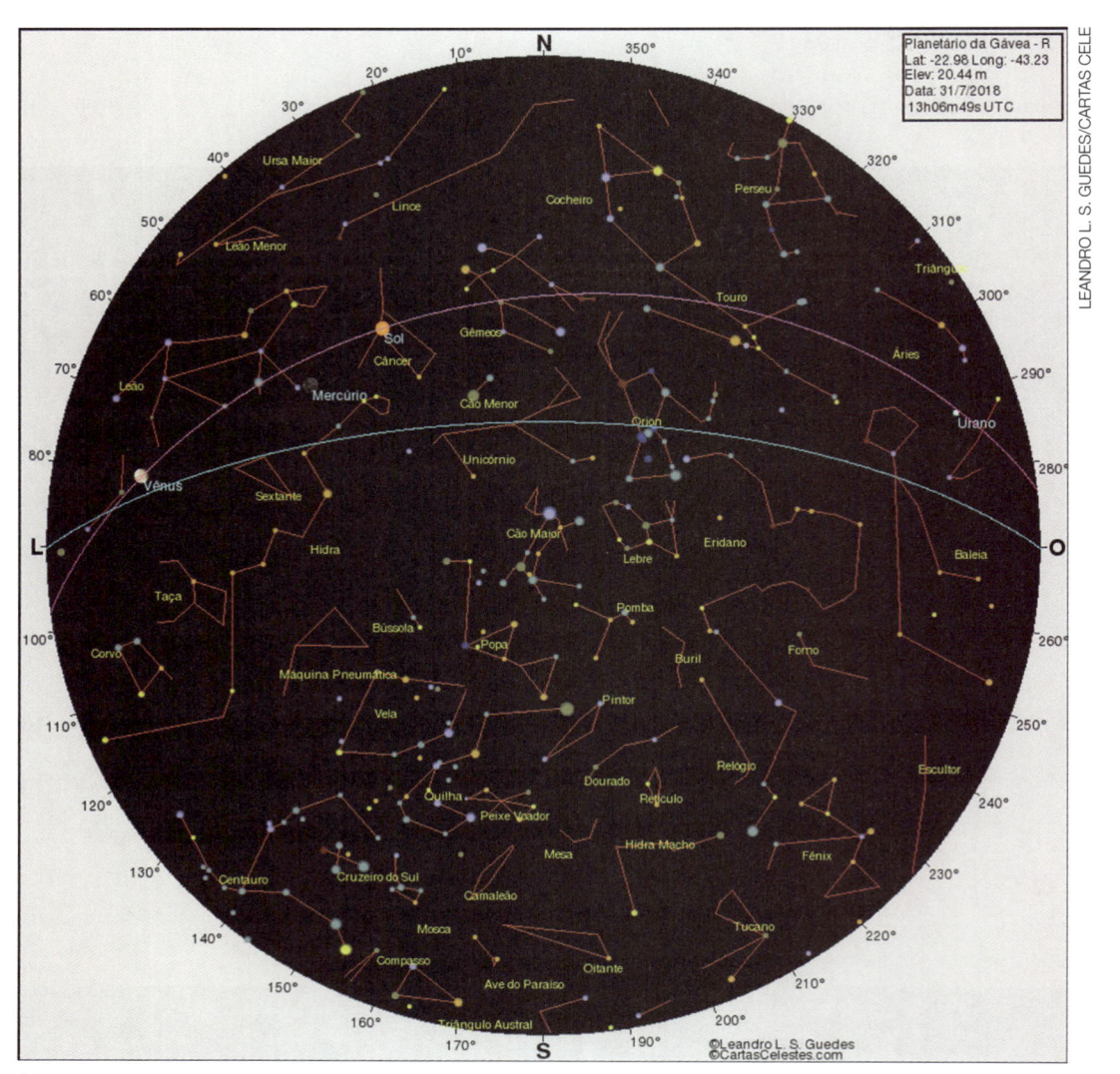

Carta celeste de 30 de julho de 2022 para o céu de Brasília.
No site https://planeta.rio/cartas-celestes/ é possível obter cartas celestes diárias de várias cidades brasileiras.

Uma constelação bem importante é a do Cruzeiro do Sul, que indica a direção sul. Ela é mais conhecida por cinco de suas estrelas – quatro que avistamos com mais brilho e formam o desenho de uma cruz, e uma menor, chamada intrometida, que não faz parte do desenho. Essa constelação é tão importante que aparece em nossa bandeira.

Constelação do Cruzeiro do Sul.

Terra: nosso planeta

A Terra é um pequeno planeta no Universo. Do espaço, é possível ver a grande quantidade de água salgada que cobre sua superfície, os continentes e as nuvens espalhadas em sua atmosfera.

Não vemos a **atmosfera**, a camada de ar que a rodeia, pois ela é formada de vapor de água e de gases, como o oxigênio, o nitrogênio, o gás carbônico, entre outros. Esses gases dispersam a radiação da cor azul dos raios solares e, por isso, o céu é azul.

Se viajássemos em uma nave espacial, veríamos que as águas dos oceanos refletem a cor azul da atmosfera.

IMAGENS FORA DE ESCALA. CORES ILUSTRATIVAS.

Os continentes e o fundo dos oceanos fazem parte da **litosfera**, que é a parte mais externa da Terra, a superfície terrestre. Nela estão os solos, as rochas e os minerais.

As águas formam a **hidrosfera**, constituída por rios, lagos, mares e oceanos.

Atualmente, as imagens da Terra feitas por satélites são comuns. Mas até 1968 não se conhecia uma imagem completa da Terra no espaço. Essa imagem só foi publicada na viagem da Apollo 8, o primeiro voo tripulado rumo à Lua. Seus tripulantes não desceram da nave. Em 1969, na missão Apollo 11, os astronautas norte-americanos Neil Armstrong e Edwin Aldrin pisaram na Lua e deixaram as marcas dos solados de suas botas.

Marca da bota de Neil Armstrong na superfície lunar.

A superfície terrestre

Veja imagens de várias áreas da superfície terrestre.

Rio.

Mar.

Floresta.

AS FOTOS DESTA PÁGINA FORAM REPRODUZIDAS EM ESCALAS DE TAMANHOS DIFERENTES.

Deserto.

Fundo do oceano.

Cidade.

Vulcão.

Geleiras.

Rochas.

Uma grande parte da Terra é coberta pela água dos oceanos. Os oceanos são: Atlântico, Pacífico, Índico, Ártico e Antártico.

As áreas da Terra não cobertas de água formam os continentes: América, África, Ásia, Europa, Oceania e Antártida.

Os seres vivos habitam a **biosfera**. Essa esfera de vida se estende até quase 11 km abaixo do oceano e mais de 8 km acima do nível do mar.

Oceano.

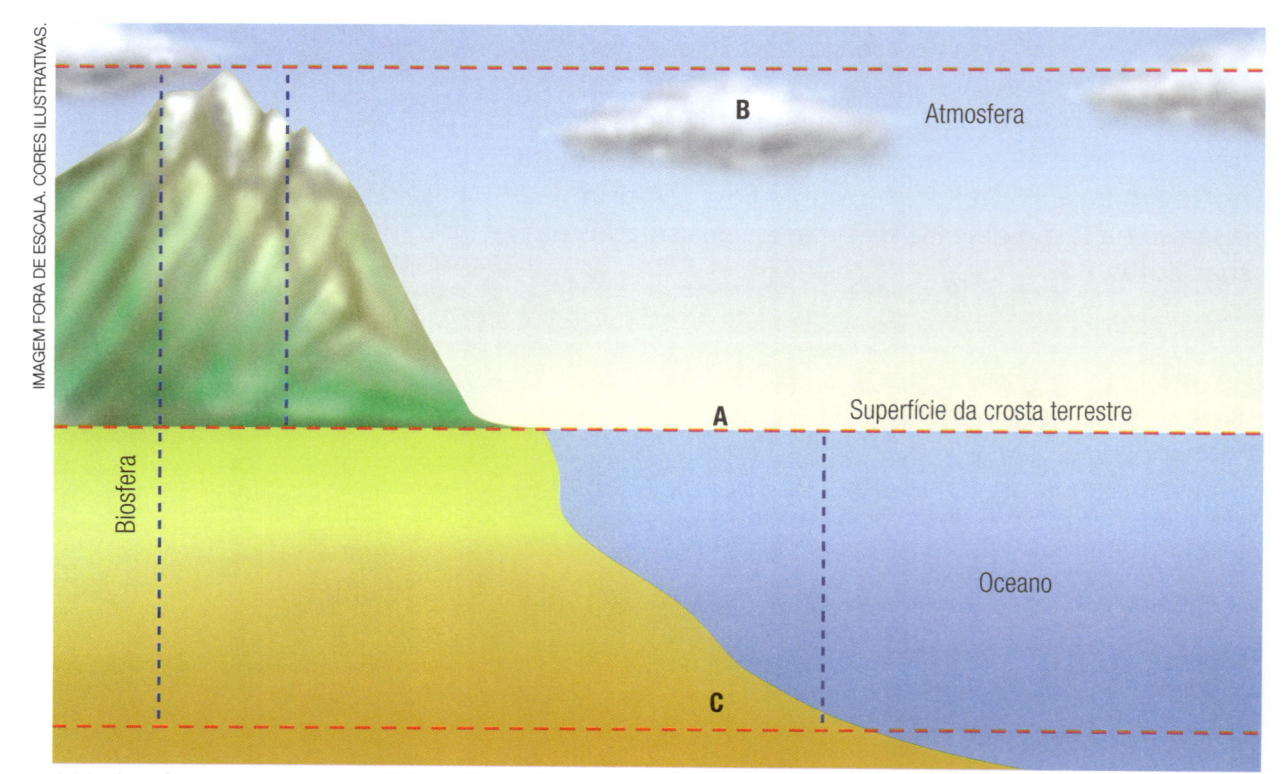

A biosfera é composta pela superfície da Terra (A) e pela parte inferior da atmosfera (B), chegando até o fundo dos oceanos (C).

A biosfera, que envolve o planeta, é variada. Nas florestas **tropicais**, por exemplo, há condições de vida para diversos seres vivos. Nos desertos, a variedade de espécies é pequena em virtude do clima muito seco e quente. O mesmo acontece nas grandes altitudes: o número de espécies de seres vivos é cada vez menor à medida que subimos as altas montanhas.

No solo, há vida até poucos metros abaixo da superfície. Nos oceanos, encontramos vida até nas profundezas, porém, são poucas as espécies que conseguem viver nesse ambiente.

VOCABULÁRIO

tropical: região do planeta localizada entre os trópicos de Câncer e de Capricórnio, linhas imaginárias traçadas a igual distância da Linha do Equador, ao norte e ao sul, respectivamente.

O movimento de rotação

A Terra está em constante movimento, tanto em torno de si mesma como do Sol.

O **movimento de rotação** é o que ela realiza em torno de si mesma. Esse movimento dura 24 horas e é responsável pelo dia e pela noite.

EXPERIÊNCIA

Simulando o movimento de rotação da Terra

Materiais necessários

1 bola de pingue-pongue
1 lanterna
1 palito de churrasco
jornal
cola bastão

Procedimentos

- Você e seu colega vão recortar tiras de jornal para colar na bola de pingue-pongue. As tiras devem ser coladas de modo a representar os oceanos e os continentes da Terra.

- Utilizem um globo terrestre ou um planisfério para identificar os continentes e os oceanos.

- Montada a representação da Terra, o professor vai espetar o palito na bola. Atenção: não brinque com o palito, pois você pode se machucar!

- Um aluno segura a "Terra" pelo palito e vai girando bem devagar no sentido anti-horário (de oeste para leste), enquanto o outro aluno aponta a lanterna acesa para a "Terra".

ATIVIDADES

1. O que representa a lanterna nessa simulação?

_____

2. Há alguma possibilidade de ser dia em todos os lugares da Terra?

_____
_____
_____

3. Se a Terra não girasse em torno de si mesma, como seria o planeta?

_____
_____
_____
_____
_____

O movimento de translação

Além do movimento de rotação, a Terra também gira ao redor do Sol em um movimento constante. Ela dá uma volta completa ao redor do Sol em 365 dias e 6 horas, no movimento chamado **translação**.

O movimento de translação é o responsável pelas diferentes estações do ano, porque, nesse movimento, a Terra fica mais próxima ou mais distante do Sol.

Por causa da inclinação do planeta, no movimento de translação, a luz solar incide de modo diferente nos dois hemisférios, o Norte e o Sul, e isso faz com que as estações do ano sejam invertidas. Quando é verão no hemisfério Sul, é inverno no Norte e vice-versa.

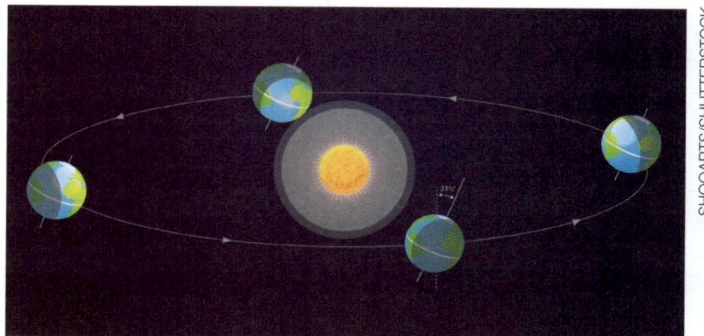

Esquema do movimento de translação da Terra.

ATIVIDADES

1. Lembrando do que você viu sobre constelações e sobre os movimentos da Terra, podemos dizer que o céu é sempre igual em qualquer lugar?

_____
_____
_____
_____

2. Quanto tempo a Terra leva para dar uma volta em torno do Sol?

_____

3. A distância da Terra em relação ao Sol é sempre a mesma?

_____
_____
_____

494

2 A MATÉRIA DA TERRA

Segundo a teoria mais aceita, a formação do Universo é consequência da expansão da matéria. Mas o que é matéria?

Matéria é tudo o que existe no Universo: seres vivos, água, solo, ar, minerais etc.

A matéria pode estar em três estados: sólido, líquido e gasoso.

Em qualquer desses estados, toda matéria é composta por partículas menores, denominadas **átomos**. A água, por exemplo, é formada por átomos de hidrogênio e de oxigênio. Já o sal de cozinha é formado por átomos de sódio e de cloro. Você não consegue ver os átomos porque eles são muito pequenos, mas sabemos que tudo o que existe é formado de átomos.

Os átomos podem se agrupar e formar **moléculas**. A água, que citamos anteriormente, tem sua molécula formada pela junção de dois átomos de hidrogênio e um de oxigênio. Assim, a menor parte da água é sua molécula, que é simbolizada por H_2O.

Os estados físicos da matéria

A água também pode ser usada para explicar os estados físicos da matéria.

Ela pode apresentar-se nos estados sólido, líquido e gasoso.

Água no estado sólido.

Água no estado líquido.

A água no estado líquido, se colocada no congelador da geladeira, onde a temperatura é bem baixa, transforma-se em gelo. Essa passagem da água do estado líquido para o sólido é a **solidificação**. Ela acontece a 0 °C, no nível do mar.

Depois de um tempo fora do congelador, o gelo derrete – é a **fusão**. Isso acontece porque ele passou de um lugar frio para um lugar mais quente.

Outro exemplo de material sólido que pode sofrer fusão ao ser submetido a um grande aumento de temperatura é o metal. Nas siderúrgicas, o minério de ferro é colocado em um alto-forno, no qual é derretido e transformado em ferro ou aço. Fora do alto-forno, o ferro em estado líquido solidifica-se, em virtude da diminuição da temperatura.

Quando a água ferve, vaporiza-se, ou seja, transforma-se em vapor, por causa da temperatura alta – é a **vaporização**. Essa mudança acontece a 100 °C, no nível do mar. O vapor de água é invisível.

Quando a vaporização é lenta, recebe o nome de **evaporação**. É o que acontece com a água das roupas molhadas que secam no varal. Se a vaporização ocorrer de forma rápida, como na fervura da água, ela é chamada **ebulição**.

O vapor de água, em contato com uma temperatura mais baixa, muda do estado gasoso para o estado líquido – é a **condensação**. O vapor condensado forma gotas em suspensão no ar. No caso da ebulição da água em uma panela, o vapor condensado forma as gotas que ficam na tampa da panela.

Fusão: passagem de um material do estado sólido para o estado líquido. Nas siderúrgicas, o minério de ferro é submetido a altas temperaturas e sofre fusão, transformando-se em líquido.

Condensação: passagem da água do estado gasoso para o estado líquido.

Também ocorre de substâncias passarem diretamente do estado sólido para o gasoso e vice-versa. Esse processo é chamado **sublimação**. É o que acontece quando o vapor-d'água se solidifica e precipita na forma de granizo. Outro exemplo é o gelo-seco, que é o gás carbônico no estado sólido.

Observe as mudanças de estado físico da água no esquema a seguir:

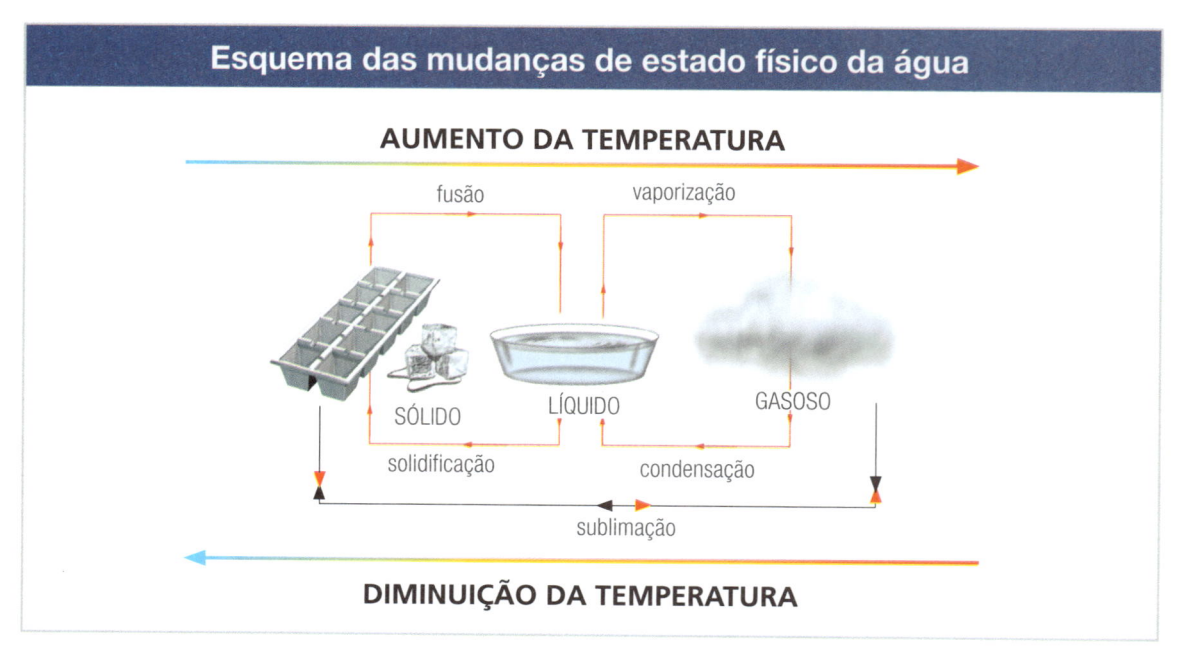

Esquema das mudanças de estado físico da água

AUMENTO DA TEMPERATURA

fusão — vaporização

SÓLIDO — LÍQUIDO — GASOSO

solidificação — condensação

sublimação

DIMINUIÇÃO DA TEMPERATURA

ATIVIDADES

1. O que precisa ocorrer para que o gelo mude para água líquida?

_____
_____

2. Marque com **X** a frase correta.

☐ Solidificação: passagem da água do estado sólido para o líquido.

☐ Fusão: passagem da água do estado sólido para o líquido.

☐ Vaporização: passagem da água do estado de vapor para o líquido.

3. Que mudanças de estado físico ocorrem com o aumento da temperatura da água?

_____
_____

4. Que mudanças de estado físico ocorrem com a diminuição da temperatura da água?

_____
_____

As propriedades da matéria

Massa

Massa é a quantidade de matéria de um corpo. Ela pode ser medida por uma balança, instrumento que compara as massas dos corpos. A massa normalmente é medida em quilogramas, cujo símbolo é kg. Costumamos falar em peso quando vamos nos pesar ou pesar algo, mas, na verdade, estamos medindo a massa e não o peso.

Os tomates são matéria. Ocupam espaço e podemos medir seu peso em uma balança.

VOCABULÁRIO

corpo: é uma porção limitada de matéria. O corpo feito pelo ser humano chama-se objeto.

Inércia

Observe as imagens a seguir.

A   B

Você já andou de ônibus, automóvel, trem ou metrô? Já sentiu seu corpo mudando de posição conforme o veículo começa a andar e quando para?

As imagens A e B representam essas duas situações. Em **A**, o veículo inicia o movimento. Note que as pessoas estão com os corpos projetados para trás. Já em **B**, o veículo freia, para, e os corpos das pessoas ficam projetados para frente.

Essa situação ocorre em função da inércia, que é a propriedade da matéria de se manter no estado em que está. Em A, o movimento do veículo faz as pessoas, que estavam paradas, tenderem a se manter paradas e, por isso, ficam projetadas para trás. Em B, o movimento do veículo cessa e as pessoas que estavam em movimento tendem a continuar se movimentando, por isso são projetadas para frente.

Volume

Volume é a propriedade que a matéria tem de ocupar lugar no espaço. O volume é a extensão do corpo. Podemos entender melhor o volume, observando a ilustração.

Colocamos o objeto cujo volume se quer determinar em uma vasilha cheia de água. A água transborda e pode ser recolhida em outra vasilha.

Com o auxílio de uma jarra medidora, medimos o volume que se derramou. O volume do objeto será igual ao da água derramada.

O copo medidor graduado estava com água até 600 mililitros. Ao colocar a maçã dentro dele, parte da água caiu no prato e a nova medição de quantidade de água indica quanto é o volume da maçã, pois ela passou a ocupar o espaço que antes era da água.

VOCABULÁRIO

proveta: tubo cilíndrico para medir o volume de substâncias líquidas.

Impenetrabilidade

A **impenetrabilidade** é a propriedade que dois corpos têm de não ocupar o mesmo lugar no espaço simultaneamente. Por exemplo, a maçã, ao ser colocada no copo medidor, fez a água derramar, e ela passou a ocupar o lugar da água. Outro exemplo é que duas pessoas não conseguem ocupar o mesmo lugar ao mesmo tempo.

Compressibilidade e elasticidade

A matéria tem seu volume reduzido quando submetida à pressão.

Essa propriedade pode ser observada quando puxamos o êmbolo de uma seringa de injeção, tampamos a entrada e empurramos o êmbolo. Os gases do ar que estão na seringa são comprimidos e, quando soltamos o êmbolo, voltam a ocupar o espaço do êmbolo. Ou seja, os gases têm **compressibilidade** e **elasticidade**.

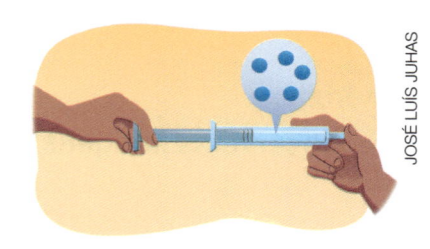

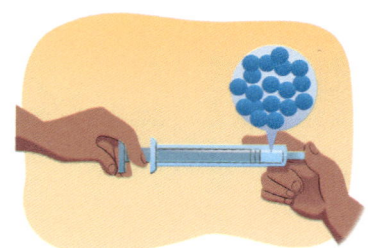

Dependendo do tipo de matéria, a compressão pode ser maior ou menor. Os gases são facilmente comprimidos, os líquidos são comprimidos até certo ponto e os sólidos são pouco comprimidos.

Divisibilidade

Se martelarmos um giz, a matéria desse objeto se divide em pequenas partículas, mas elas não são destruídas. Um minúsculo pedacinho de giz tem a mesma constituição que o giz inteiro.

Essa é outra propriedade da matéria: ela pode ser dividida sem alterar sua constituição.

Indestrutibilidade

A matéria não é criada nem destruída, apenas transformada.

Podemos ver essa propriedade queimando uma folha de papel: a queima libera gás carbônico para o ar e sobram as cinzas. Portanto, não houve destruição da matéria, mas sim sua transformação.

Gravidade

Quando jogamos uma bola para o alto, ela sobe e cai. A bola sobe porque usamos a força para jogá-la, e cai porque é atraída pela força da gravidade da Terra. Essa força também é responsável por manter a Lua na órbita da Terra.

Corpos de massas diferentes são atraídos pela Terra de modos diferentes.

Imagine dois baldes com a mesma quantidade de areia, um em cada extremidade de uma tábua apoiada a um suporte, como uma gangorra. Os baldes estão em equilíbrio.

Mas, se retirarmos parte da areia de um dos baldes, ele ficará com menos massa e a força gravitacional sobre ele será menor do que a força sobre o balde com mais massa. Então, a gangorra se inclina para o lado do balde com mais massa. Observe a representação dessa situação nas ilustrações.

A gravidade na Lua é um sexto da gravidade na Terra. Por isso, se estivesse na Lua, um homem de 82 quilos teria apenas 14 kg, pois lá a força da gravidade sobre ele seria muito menor.

ATIVIDADES

1. Complete as frases escrevendo nos espaços vazios as palavras abaixo.

> massa   balança   volume
> matéria   quantidade

a) Todo corpo é feito de _____ e tem _____ e _____.

b) Massa é a _____ de matéria de um corpo.

c) Com a _____ comparamos a massa dos objetos.

2. O que é volume?
_____
_____

3. A matéria pode ser destruída ou transformada?
_____

4. O que é impenetrabilidade da matéria?
_____
_____

5. O que é força da gravidade terrestre?
_____

6. Explique a ilustração com suas palavras.
_____
_____

7. João amassou uma folha de papel e a colocou no fundo de um copo. Depois, mergulhou o copo com a boca para baixo dentro de um aquário cheio de água. E o papel não molhou.

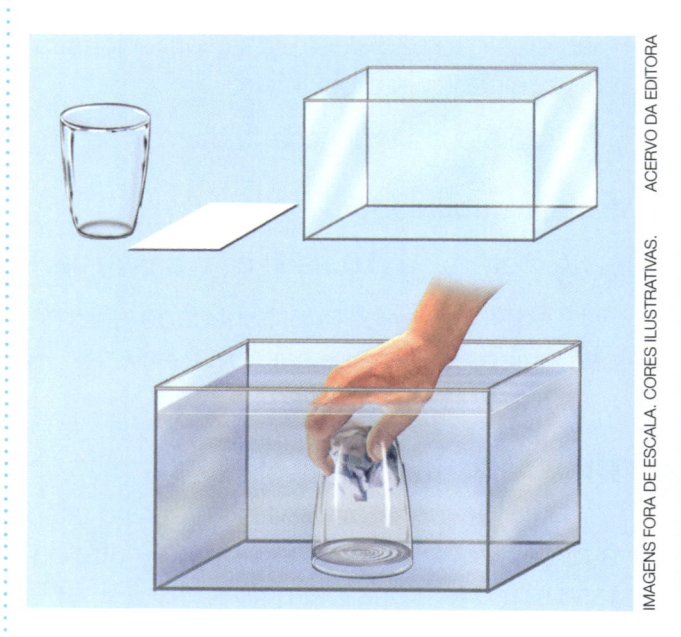

A qual propriedade da matéria se deve esse fato?
_____
_____
_____

8. Considerando o que você aprendeu sobre inércia, é correto ser obrigatório o uso de cinto de segurança ao andar em veículos?
_____
_____
_____
_____

500

Materiais magnéticos

Além das propriedades gerais, comuns a qualquer tipo de matéria, existem propriedades que são específicas para cada uma delas. Uma dessas propriedades é o magnetismo.

Na Grécia Antiga, já se conhecia o material que atrai o ferro por causa do campo magnético que o rodeia: a magnetita. Esse nome vem de Magnésia, lugar da Grécia em que o magnetismo desse minério foi descoberto. Essa propriedade de alguns materiais você já deve conhecer, porque ela está no ímã de geladeira e em fechos de bolsas.

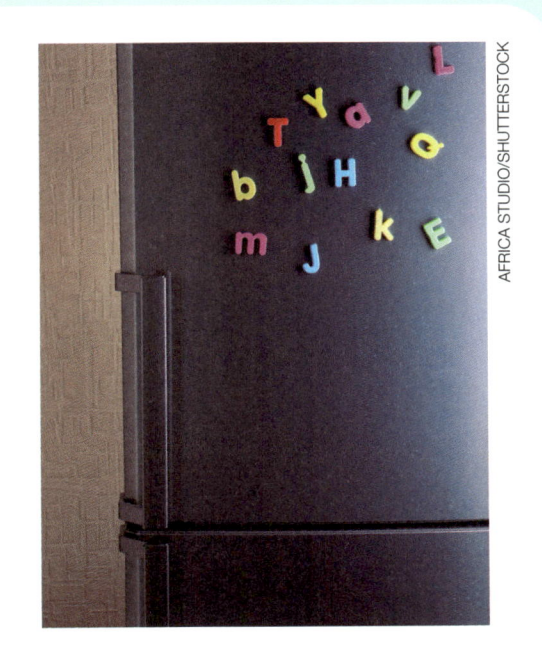

Magnetita, óxido de ferro presente em pequenas quantidades em quase todas as rochas e também nos meteoritos.

Os ímãs explicam como funciona o magnetismo.

A força de atração magnética do ímã é maior nas extremidades: o polo norte e o polo sul. Quando aproximamos o polo norte de um ímã do polo sul de outro ímã, eles se atraem. Mas os polos iguais se repelem. Observe as ilustrações.

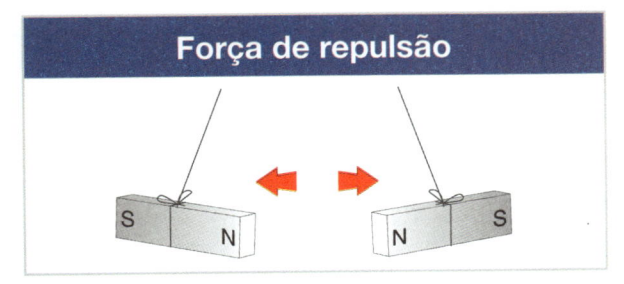

Força de repulsão

Quando aproximamos o polo norte de um ímã ao polo norte de outro, eles se repelem.

Força de atração

Quando aproximamos o polo norte de um ímã ao polo sul de outro, eles se atraem.

O campo magnético da Terra

Nosso planeta tem um campo magnético produzido pelo núcleo de ferro e níquel. O núcleo interno é sólido e o externo é líquido. O movimento desse líquido na rotação da Terra cria um campo magnético que faz do planeta um ímã, cujo campo magnético se estende para o espaço.

A Terra tem dois polos magnéticos próximos aos polos geográficos. Eles são invertidos, ou seja, próximo do polo norte geográfico está o polo sul magnético e próximo do polo sul geográfico está o polo norte magnético.

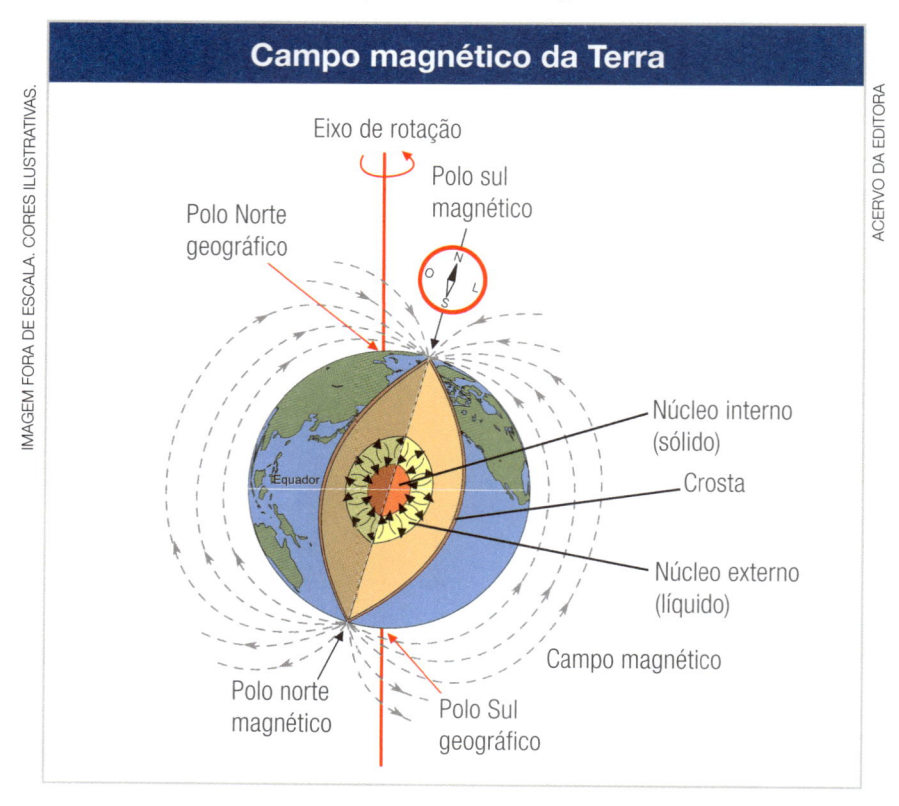

Campo magnético da Terra

- Eixo de rotação
- Polo Norte geográfico
- Polo sul magnético
- Núcleo interno (sólido)
- Crosta
- Núcleo externo (líquido)
- Campo magnético
- Polo norte magnético
- Polo Sul geográfico
- Equador

IMAGEM FORA DE ESCALA. CORES ILUSTRATIVAS.
ACERVO DA EDITORA

ATIVIDADES

1. Teste seus conhecimentos:
a) O que é força magnética?
_____
_____
_____

b) O que são ímãs naturais?
_____
_____

c) Cite um ímã natural conhecido.
_____

d) O que são ímãs artificiais?
_____
_____

2. Qual é a diferença entre ímã permanente e ímã temporário?
_____
_____
_____

3. A que se deve o poder da atração do ímã?
_____
_____

4. Quais são os pontos de maior atração dos ímãs?
_____
_____

5. Responda:
a) O que é força de repulsão?

_____

_____

b) O que é força de atração?

_____

_____

6. A que se deve o campo magnético da Terra?

_____

_____

7. Escreva dois usos dos ímãs.

_____

_____

A eletricidade e os materiais condutores

A magnetita atrai o ferro. Essa força de atração também surge em certos materiais quando atritados. Por exemplo, quando passamos várias vezes uma caneta plástica no cabelo e aproximamos a caneta de pedacinhos de papel, ela os atrai. Portanto, magnetismo e eletricidade são propriedades da matéria. Ambos têm a mesma similaridade, criam campos magnéticos.

O magnetismo e a eletricidade têm a mesma origem: os elétrons.

Quando alguns materiais são atritados, os elétrons se movimentam e geram um campo magnético. Elétrons em movimento geram também eletricidade.

Ao esfregarmos um material no outro, provocamos atrito. Esse atrito pode eletrizar alguns materiais.

No Brasil, a maior parte da eletricidade que usamos é produzida em usinas hidrelétricas construídas em pontos apropriados de rios. Essa eletricidade percorre longas distâncias em materiais condutores até chegar ao seu destino e pode ser usada para acender uma lâmpada, um aparelho elétrico, ligar uma TV etc.

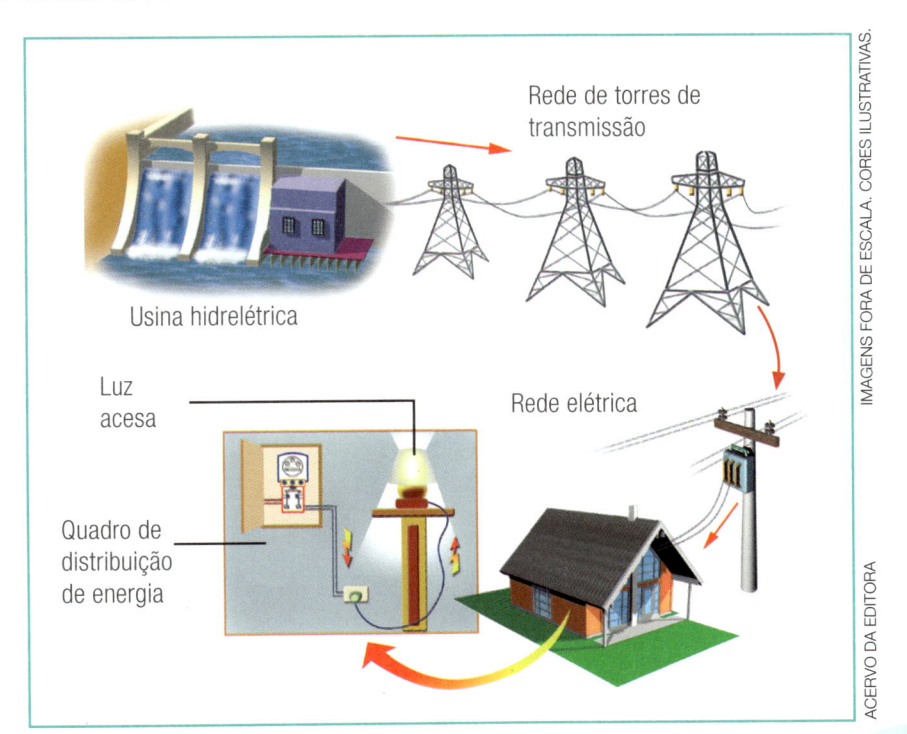

Os condutores de eletricidade

Existem materiais que são bons condutores de eletricidade: cobre, alumínio, prata. Nosso corpo e o dos outros animais, a água, o ar úmido e o solo também conduzem eletricidade.

Os materiais que conduzem eletricidade com dificuldade são os isolantes: borracha, madeira, plástico, cortiça, vidro, lã, isopor.

Fio de cobre: bom condutor de eletricidade.

Luvas de borracha: mau condutor de eletricidade.

ATIVIDADES

1. Complete as frases.

a) A corrente elétrica é um fluxo de partículas em movimento chamadas _____.

b) Um aparelho elétrico funciona quando a _____ chega até ele.

2. O que acontece quando ligamos um aparelho elétrico?

3. O que existe em comum entre a eletricidade e o magnetismo?

4. O que permite a passagem da eletricidade: o circuito aberto ou fechado?

5. Responda:

a) Onde é produzida a maior parte da eletricidade no Brasil?

b) Como a eletricidade chega até as nossas casas?

c) Escreva situações nas quais você usa a eletricidade.

d) O que são materiais isolantes e o que são materiais condutores?

_____
_____
_____
_____

e) Cite exemplos de condutores de eletricidade e de isolantes.

_____
_____
_____
_____

f) O que você pode fazer em sua casa quando falta eletricidade?

_____
_____
_____
_____

6. Por que os fios elétricos são feitos de cobre por dentro e de plástico por fora?

_____
_____
_____
_____

Materiais condutores de calor e som

Há materiais que conduzem o calor, como o cobre, o alumínio, o ferro e o zinco, enquanto a madeira, o isopor, o plástico, a borracha e o vidro dificultam a passagem de calor.

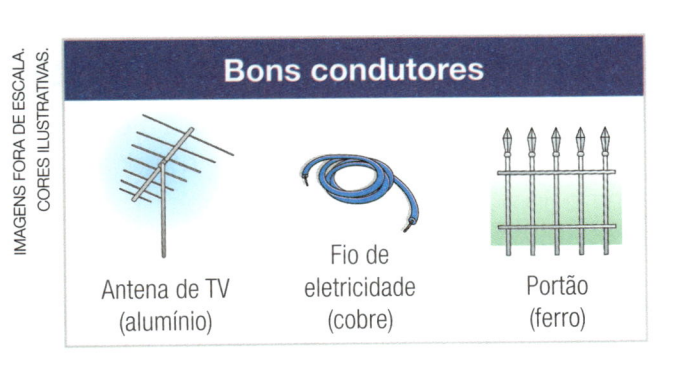

Bons condutores
- Antena de TV (alumínio)
- Fio de eletricidade (cobre)
- Portão (ferro)

Maus condutores
- Vidro
- Borracha
- Plástico
- Madeira

IMAGENS FORA DE ESCALA. CORES ILUSTRATIVAS.
ACERVO DA EDITORA

Quando colocamos um agasalho, ele dificulta a passagem de calor do nosso corpo para o ambiente e não sentimos tanto frio. Os agasalhos são isolantes de calor.

Quando seguramos a madeira e o metal, este parece estar mais frio. Isso acontece porque o metal é melhor condutor de calor do que a madeira, que, por sua vez, absorve mais calor.

O som é produzido por vibrações que formam as ondas sonoras. Os materiais condutores de som permitem a propagação das ondas sonoras, como acontece nos metais, nos líquidos em geral e no ar.

Os maus condutores de ondas sonoras são os tecidos e as espumas plásticas.

Alguns plásticos de embalagens, como isopor ou papelão, também são bons isolantes de ondas sonoras.

ATIVIDADES

1. Escreva "bom condutor" ou "mau condutor" para completar as frases.

a) Os refrigerantes mantêm-se gelados por muitas horas em uma caixa de isopor porque o isopor é _____ de calor.

b) Em uma garrafa térmica o leite se mantém aquecido por muitas horas porque o vidro do interior da garrafa é _____ de calor.

2. Copie as frases, retirando o "não", quando necessário, para que fiquem corretas.

a) Bons condutores de calor não transmitem o calor com facilidade.
_____
_____

b) Os metais não são bons condutores de calor.
_____
_____

c) Maus condutores de calor não transmitem calor com facilidade.
_____
_____

3. Por que a alça do ferro de passar roupas e o cabo das panelas geralmente são de plástico?
_____
_____

4. Escreva exemplos de bons condutores de calor e maus condutores de calor que você encontra em sua casa.
_____
_____
_____
_____

5. Cite exemplos de bons condutores de som.
_____
_____

6. Assinale um **X** nas frases corretas.

☐ Os sons são produzidos por vibrações.

☐ As vibrações criam ondas sonoras.

☐ Materiais condutores de som são aqueles que dificultam a propagação das ondas sonoras.

7. Uma pessoa quer fazer uma sala de música em casa sem que os sons dos instrumentos musicais saiam da sala e os sons externos entrem nela. Que materiais ela pode usar para conseguir seus objetivos?
_____
_____

8. Associe as duas colunas.

| ferro |
| borracha |
| madeira |
| panela de alumínio |

| isolante de calor |
| condutor de calor |

506

Os materiais e a passagem da luz

Quando um raio de Sol bate em um espelho, ele reflete. O raio que chega ao espelho é o raio incidente. O raio que reflete é o raio refletido. O espelho é feito de um material refletor.

Porém, nem sempre a luz se comporta dessa maneira.

Quando a luz que se desloca atinge um objeto, três situações podem ocorrer:

1. A luz atravessa o objeto.
2. A luz é absorvida pelo objeto.
3. A luz é refletida.

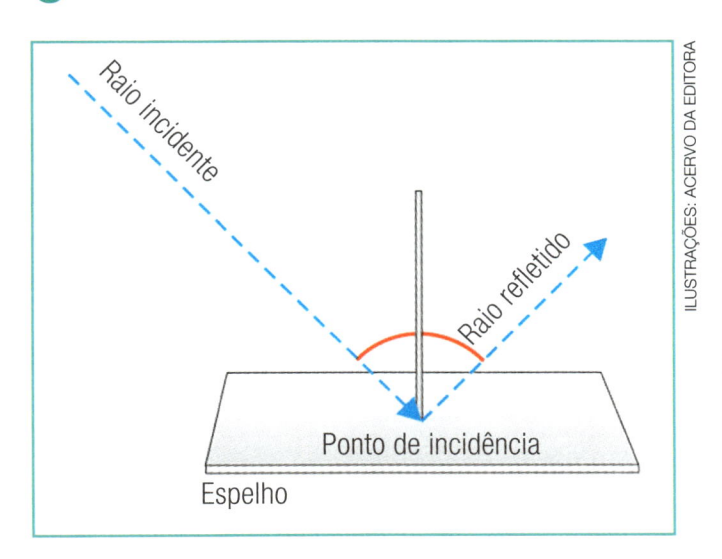

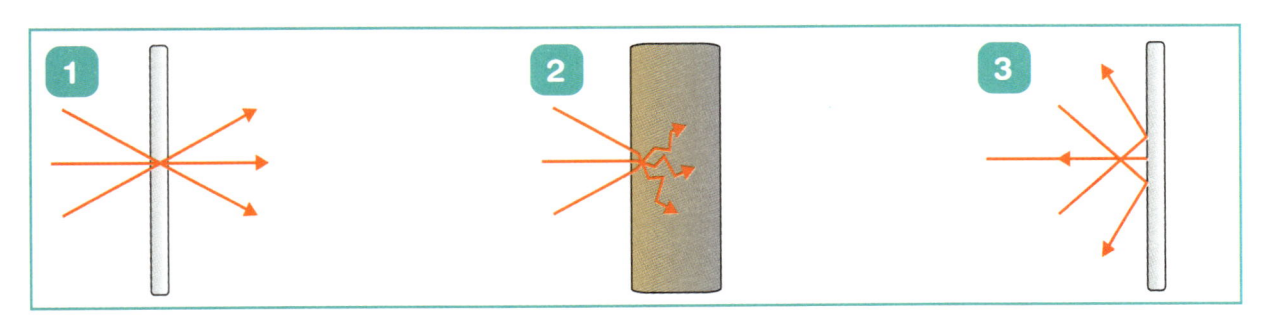

O que acontece com a luz depende do tipo de material em que ela incide.

Materiais opacos

Não deixam passar a luz e por isso não é possível ver através deles. Há os que refletem a luz, como os metais, e os que absorvem a luz, como a madeira.

Materiais translúcidos

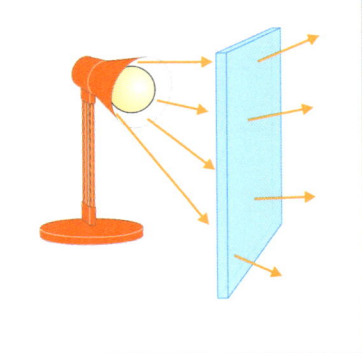

Não podemos enxergar com nitidez através deles porque os raios luminosos passam em trajetórias irregulares. Exemplos: papel vegetal, vidro fosco, alguns vidros utilizados em boxes de banheiro.

Materiais transparentes

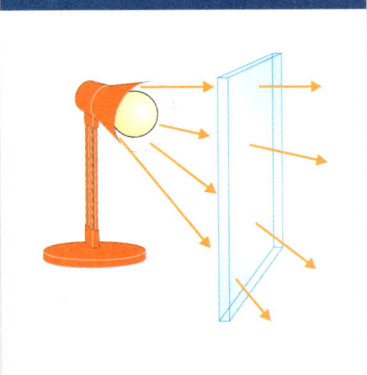

Permitem a passagem da luz em linha reta e assim podemos ver os objetos através deles. Exemplos: vidro, ar, água limpa etc.

ATIVIDADES

1. O que pode acontecer quando a luz atinge um objeto?

_____
_____
_____

2. O que é raio incidente? O que é raio refletido?

_____
_____
_____
_____

3. O que é ponto de incidência?

_____
_____
_____

4. O que acontece com os raios de luz que atingem um espelho?

_____
_____

5. Cite exemplos de materiais que refletem a luz.

_____
_____

6. O que acontece com a luz quando ela atinge um material transparente?

_____
_____
_____

7. Complete a trajetória dos raios de luz nas ilustrações abaixo.

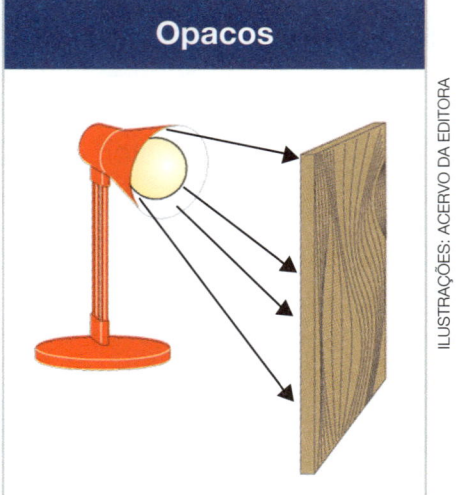

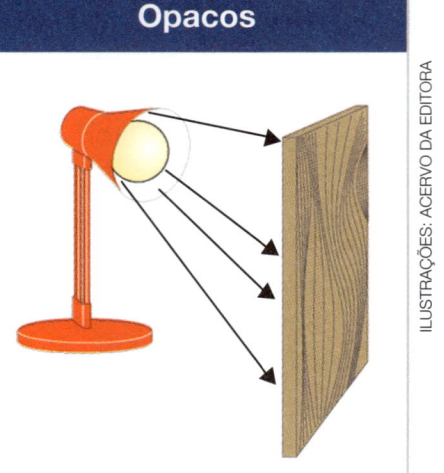

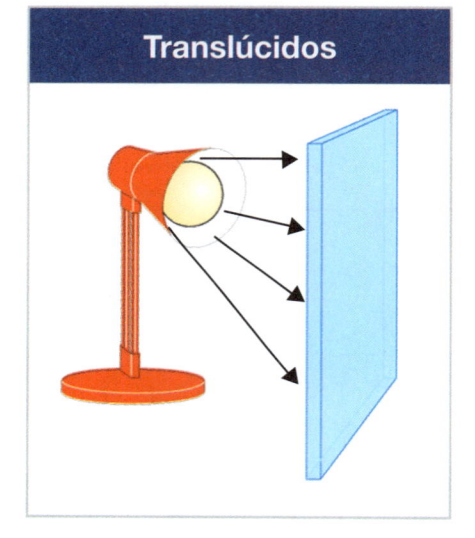

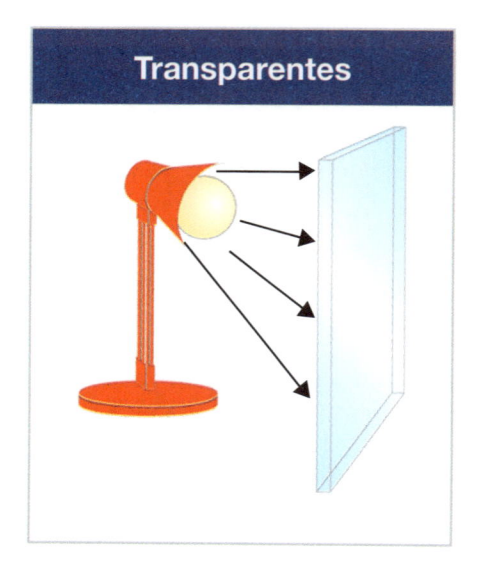

Opacos

Translúcidos

Transparentes

ILUSTRAÇÕES: ACERVO DA EDITORA

Fontes de luz

A fonte de luz do nosso planeta é o Sol. Sendo uma estrela, ele emite radiações geradas por reações nucleares que acontecem em seu núcleo.

As radiações solares são de vários comprimentos de onda, mas nós só vemos uma parte dessas radiações, as que formam as cores do arco-íris. Juntas, formam a luz branca, visível. Não vemos as radiações infravermelhas e as ultravioletas.

A vela e o fósforo emitem luz produzida pela combustão e a lâmpada emite luz do aquecimento do filamento por onde passa a energia elétrica.

No Sistema Solar, o Sol é o único astro que emite luz. Mas, na Via-Láctea, onde está a Terra, os demais planetas e o próprio Sol, existem muitas outras estrelas que emitem radiações.

Os materiais combustíveis

A matéria **combustível** é aquela que, recebendo calor inicial, tem a propriedade de reagir com o oxigênio do ar e entrar em combustão. Nessa reação, há liberação da energia contida na matéria combustível e de gás carbônico.

Portanto, combustível é todo material que queima e libera energia. **Comburente** é a substância que alimenta a combustão. E o calor inicial, que pode ser a chama de um fósforo, é o calor que inicia a combustão.

A madeira, o álcool, a gasolina, o óleo diesel, o querosene e o gás de cozinha são exemplos de materiais combustíveis.

O combustível dos aviões é o querosene.

A gasolina é um dos combustíveis dos carros.

Carvão mineral

O carvão mineral é um combustível fóssil formado pelo soterramento de florestas que existiram há milhões de anos. Uma vez soterradas por grandes camadas de sedimentos, as árvores lentamente petrificaram e formaram o carvão mineral. Esse carvão é extraído do subsolo.

Extração de carvão a céu aberto.

Petróleo

O petróleo é um líquido escuro e grosso. Para ser aproveitado, precisa ser retirado do subsolo dos continentes e dos oceanos. Em ambos os casos, para extraí-lo, o solo deve ser perfurado até o local do depósito; o petróleo é então retirado por meio de canos e bombas até a superfície.

A instalação para perfurar poços e retirar petróleo chama-se plataforma.

Plataforma de petróleo em alto-mar. Rio de Janeiro.

No Brasil, a maioria das reservas está no subsolo do oceano, a centenas de quilômetros da costa. Por isso, as plataformas de extração encontram-se em alto-mar. Elas são flutuantes e ficam presas ao fundo do mar por meio de âncoras.

Depois de extraído do subsolo, para ser aproveitado, o petróleo passa por uma série de transformações em uma refinaria. É o processo de refino ou refinação.

Do refino do petróleo são obtidos os derivados do petróleo, como gasolina, querosene e gás liquefeito, que servem de combustíveis. Outros derivados, como a nafta, são utilizados na fabricação de numerosos produtos, como materiais de construção, embalagens, tintas, fertilizantes, plásticos, tecidos sintéticos, entre muitos outros.

No Brasil, é na Região Sudeste que estão as maiores reservas de petróleo, no subsolo submarino, a milhares de metros de profundidade. Elas estão localizadas na costa dos estados do Rio de Janeiro, Espírito Santo e São Paulo.

Uma grande área com petróleo chama-se bacia. A Bacia de Santos, no litoral de São Paulo, é uma das maiores produtoras de petróleo do Brasil.

Gás natural

O gás natural é um combustível fóssil, assim como o petróleo, encontrado entre rochas em áreas profundas da Terra.

O gás natural veicular (GNV) é cada vez mais usado como combustível, pois um veículo abastecido com gás natural percorre uma distância maior do que outro abastecido com a mesma quantidade de gasolina, o que gera maior economia. Outra vantagem do gás natural é que sua combustão libera menos gás carbônico e outros resíduos, sendo, portanto, menos poluente.

Biocombustível

Uma alternativa aos combustíveis fósseis como petróleo e gás natural, os biocombustíveis representam uma opção de fonte de energia renovável e menos poluente.

No Brasil, os biocombustíveis são o etanol, produzido a partir de cana-de-açúcar, e o biodiesel, proveniente do processamento de óleos vegetais e gordura animal, por isso é considerado um combustível renovável.

O biodiesel é adicionado em proporções variáveis ao diesel derivado de petróleo como combustível para ônibus e caminhões, principalmente.

Ciclo de produção do etanol – biocombustível

O CO_2 é absorvido pelas plantas para a fotossíntese.

Cana-de-açúcar é colhida e transportada até a usina.

Na usina, a cana é moída e passa por processos de transformação química e física, resultando na formação do etanol.

Nos postos, os veículos abastecem com etanol e a sua queima resulta na produção de CO_2.

ATIVIDADES

1. O que é combustão?
_____

2. Associe as palavras relacionadas à combustão aos materiais.

   1 Combustível.   **2** Comburente.
         3 Calor inicial.

   ( ) Madeira.   ( ) Gás oxigênio.
   ( ) Álcool.   ( ) Querosene.
   ( ) Gás natural.   ( ) Fósforo.
   ( ) Óleo diesel.   ( ) Faísca elétrica.

3. O que a combustão produz?
_____
_____

4. Explique por que o carvão mineral, o petróleo e o gás natural são chamados de combustíveis fósseis.
_____
_____
_____
_____

LIÇÃO 3 — A ÁGUA NA NATUREZA

Observe as imagens a seguir.

Oceano Atlântico.

Trecho do rio Amazonas que, com seus afluentes, é o maior reservatório de água superficial do planeta.

Iceberg, na região da Antártida.

Geleira a caminho do mar.

Montanha nevada, Cordilheira dos Andes, Chile.

Você já percebeu quanta dependência da água nós temos? Ela é necessária para todos os seres vivos, sendo que muitos deles só sobrevivem no ambiente aquático.

A camada de água que forma o planeta é chamada de **hidrosfera**. Ela corresponde a ¾ da superfície da Terra. Está presente em oceanos, mares, rios, lagos, geleiras, na atmosfera e no interior da Terra, na forma de água subterrânea.

A água no estado sólido é encontrada nas geleiras, grandes formações de gelo que se desprendem das montanhas e caem no mar. Esses blocos gigantes são chamados *icebergs*.

O pico das altas montanhas também é coberto de gelo.

A água no estado gasoso é o vapor invisível que está por toda a parte, umedecendo o ar. Essa umidade varia de lugar para lugar e ao longo do ano: sobre as florestas ela é maior do que em regiões sem vegetação, e em períodos de seca é menor do que nas épocas chuvosas.

O Brasil tem a maior reserva de água doce do planeta. Grande parte dessa riqueza está na Amazônia, região com a maior concentração de rios da Terra, entre eles o Rio Amazonas e seus **afluentes**. Eles, por sua vez, têm outros afluentes que formam uma imensa rede de rios.

Trecho do Rio Negro e Floresta Amazônica. O rio é um dos afluentes do Rio Amazonas.

No território brasileiro também há uma quantidade de água nos **reservatórios subterrâneos**: os aquíferos.

Os aquíferos espalham-se pelo subsolo. Um deles é o Aquífero Guarani, uma das maiores reservas subterrâneas de água doce do mundo. A água armazenada nos **poros das rochas** do subsolo é suficiente para abastecer a população mundial por mais de cem anos.

VOCABULÁRIO

afluente: rio que deságua em outro rio maior.
reservatório subterrâneo: quantidade de água doce armazenada entre as rochas do subsolo ou dentro delas.
poro da rocha: abertura pequena que existe nas rochas, pela qual a água penetra.

A área ocupada pelo Aquífero Guarani é equivalente aos territórios da Inglaterra, França e Espanha juntos. Dois terços dele ficam em território brasileiro. Observe o mapa:

Localização do Aquífero Guarani

A EXTENSÃO DA RESERVA
Brasil – 840 mil km²
Paraguai – 58,5 mil km²
Uruguai – 58,5 mil km²
Argentina – 255 mil km²
TOTAL: 1,2 milhão km²

Fonte: Agência Nacional de Águas.

No Brasil, o aquífero se estende pelos estados de Goiás, Mato Grosso, Mato Grosso do Sul, Minas Gerais, São Paulo, Paraná, Santa Catarina e Rio Grande do Sul. Sua água é utilizada em pequena quantidade no Rio Grande do Sul e abastece a cidade de Ribeirão Preto, no estado de São Paulo.

A água do Aquífero Guarani, mesmo sendo ainda pouco utilizada para consumo, já está contaminada, por causa dos poluentes que infiltram no solo, atingindo a camada de rochas. Por essa razão, vários estudos estão sendo realizados para que a água desse reservatório não tenha sua qualidade prejudicada.

A água dos aquíferos passa pelos poros das rochas. É uma água tão limpa que não precisa nem ser tratada para ser consumida.

O ciclo da água

A circulação da água na natureza constitui o chamado ciclo da água. Nesse ciclo, a água está sempre mudando de estado físico. Vamos conhecê-lo?

1. Sob a ação dos ventos e dos raios solares, a água dos rios, lagos e oceanos evapora. Os seres vivos também perdem água pela transpiração e alguns animais eliminam água pela urina.

2. O vapor de água sobe e encontra camadas frias da atmosfera, condensa-se em gotículas de água que formam as nuvens.

3. Essas gotinhas se reúnem e formam gotas maiores, que caem na forma de chuva. Se o frio for intenso, elas formam neve ou granizo (chuva de pedras).

4. A água da chuva se infiltra no solo, onde é absorvida pelas raízes das plantas; acumula-se entre rochas e, nas rochas porosas, chega à superfície e forma as nascentes dos rios.

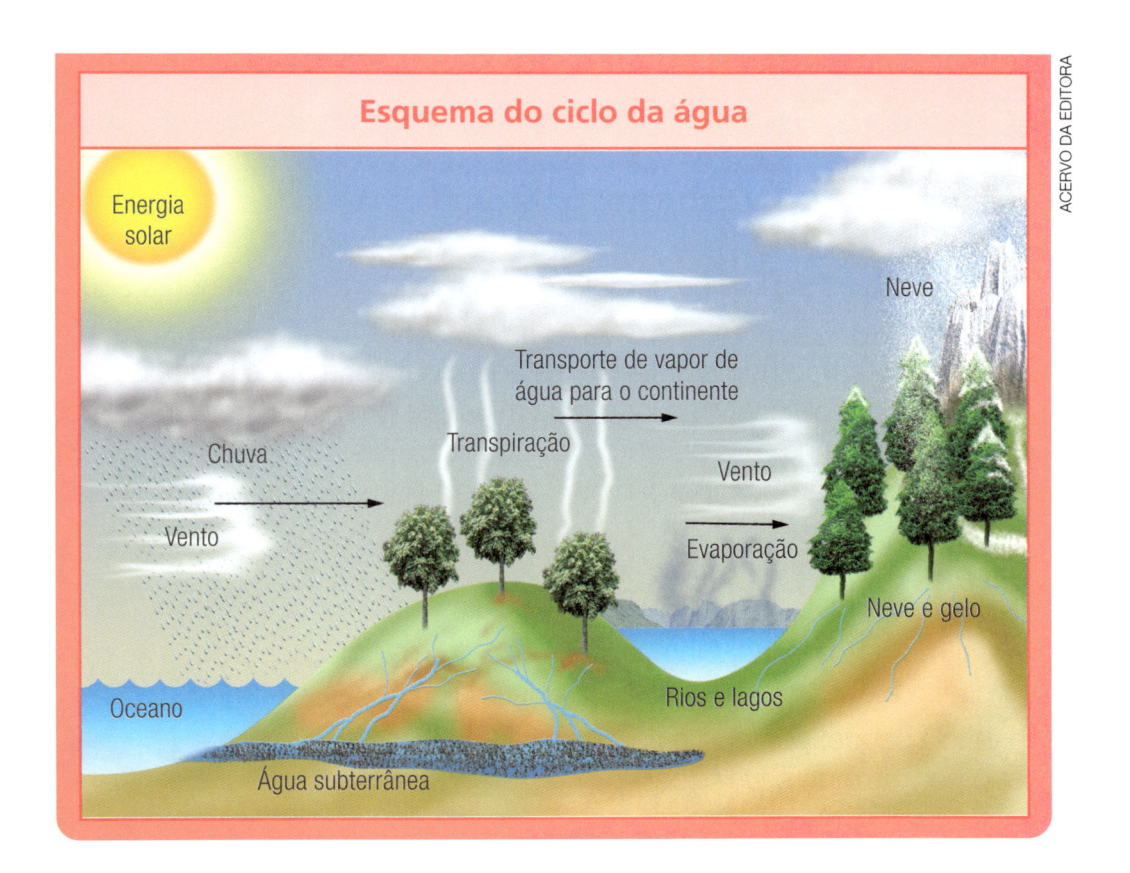

Esquema do ciclo da água

A energia solar mantém esse ciclo contínuo em todos os lugares da Terra e desde que ela existe.
A água que bebemos hoje é a mesma água que os dinossauros beberam há milhões de anos.

A água nos seres vivos

Cada espécie de ser vivo tem determinada porcentagem de água no corpo. Observe o gráfico:

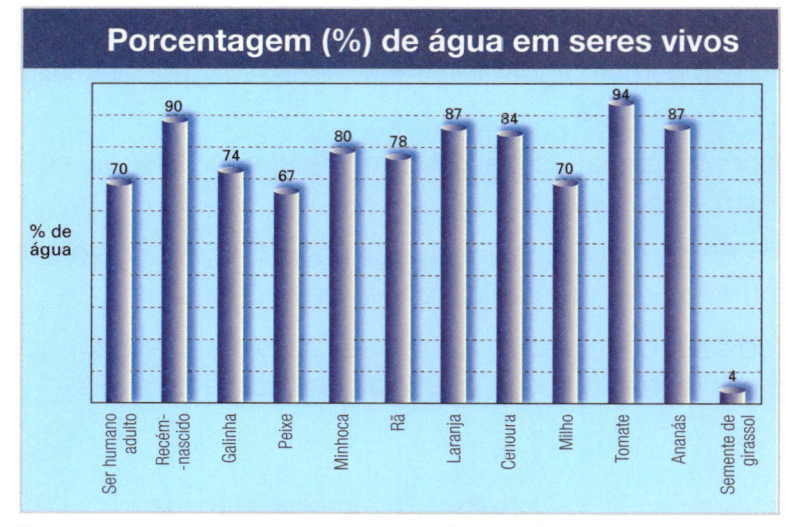

Porcentagem (%) de água em seres vivos

Ser vivo	% de água
Ser humano adulto	70
Recém-nascido	90
Galinha	74
Peixe	67
Minhoca	80
Rã	78
Laranja	87
Cenoura	84
Milho	70
Tomate	94
Ananás	87
Semente de girassol	4

Fonte: <www.aguaonline.net>. Acesso em: 30 jul. 2022.

Responda rápido: Qual ser vivo tem mais porcentagem de água no corpo: o tomate ou a minhoca? A galinha ou a laranja? O peixe ou a rã? O milho ou um recém-nascido?

Uma pessoa adulta tem cerca de 70% de água no corpo. Nos recém-nascidos, essa porcentagem chega a 90%. Por isso, dizemos que mais da metade do corpo humano é formada por água.

Nossa necessidade de água é de cerca de dois litros por dia, contando a água que ingerimos com os alimentos.

Algumas partes do corpo humano têm mais água; outras, menos. O sangue tem 80% de água e nela estão dissolvidas vitaminas, sais minerais, proteínas, gorduras e açúcares. O sangue é filtrado pelos rins e os produtos tóxicos ficam dissolvidos na água, formando a urina, que é eliminada. Também perdemos água pela transpiração e pelas fezes.

Água, elemento da natureza

A água é um recurso natural. Ela é um bem de domínio público: todas as espécies da Terra têm direito a ela, pois é vital para a existência.

A água propicia saúde, conforto e riqueza ao ser humano por meio de seus usos: abastecimento das populações, irrigação, produção de energia, lazer e navegação.

No mundo inteiro ainda domina a cultura do desperdício de água e a crença de que se trata de um recurso natural ilimitado. Afinal, se sempre chove, sempre há renovação de água – o que não é verdade, pois o ciclo da água já não consegue mais purificá-la.

Poluição de rio em Manaus (AM).

O crescimento da população mundial está tornando a água o recurso natural mais estratégico para todos os países. A cada mil litros de água utilizados, outros 10 mil são poluídos. Dessa maneira, cada cidadão não tem apenas o direito de usufruir da água, mas também o dever de preservá-la.

ATIVIDADES

1. Marque um **X** nas afirmações verdadeiras.

☐ Nas altas montanhas e nos polos encontramos água na forma de gelo.

☐ A água no estado líquido é encontrada apenas na superfície da Terra.

☐ A água pode ser encontrada nos estados sólido, líquido e gasoso.

☐ A água compõe mais da metade do corpo dos seres humanos.

2. Em qual estado a água se encontra nos elementos da foto?

a) oceano: _____

b) *iceberg*: _____

c) nuvens: _____

d) ar: _____

3. Observe o gráfico de distribuição de água na Terra.

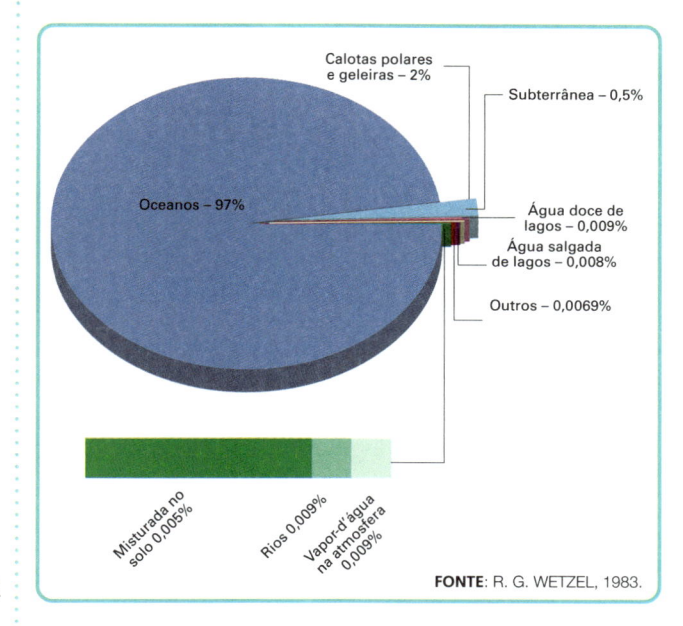

Oceanos – 97%
Calotas polares e geleiras – 2%
Subterrânea – 0,5%
Água doce de lagos – 0,009%
Água salgada de lagos – 0,008%
Outros – 0,0069%
Misturada no solo 0,005%
Rios 0,009%
Vapor-d'água na atmosfera 0,009%

FONTE: R. G. WETZEL, 1983.

• Com base nos dados do gráfico, ligue as informações das colunas a seguir.

97%   Água doce de rios e lagos, inclusive o vapor-d'água da atmosfera.

2%   Água doce subterrânea.

0,5%   Água doce das calotas polares e das geleiras.

0,1%   Água nos oceanos, rica em sais minerais.

4. Em qual estado a água se encontra nos elementos da foto ao lado?

_____
_____

517

LIÇÃO 4

A ATMOSFERA DA TERRA

Observe a imagem a seguir.

Fotografia da atmosfera.

A imagem mostra uma camada de atmosfera iluminada pelo Sol e com as nuvens. Embora não possamos ver a atmosfera, sabemos que ela existe quando percebemos ou sentimos o vento, quando respiramos.

A atmosfera é composta por gases e envolve nosso planeta até cerca de 11 km de altura a partir da superfície. Esse ar é formado por uma mistura de gases, como nitrogênio, oxigênio, gás carbônico, vapor-d'água e outros em menor quantidade. Partículas sólidas e líquidas flutuam no ar, sendo que nas baixas altitudes há maior quantidade de gases do que nas altas altitudes.

A vida na Terra não seria possível sem a atmosfera. Ela mantém o calor da Terra e filtra grande parte das radiações solares prejudiciais à vida. Além disso, os gases são muito importantes para a vida na Terra.

O gás oxigênio é absorvido pela maioria dos seres vivos para a obtenção da energia necessária à vida. O gás carbônico é essencial na produção do alimento de que as plantas precisam para crescer e se reproduzir. O nitrogênio do ar é fixado por bactérias e transformado em sais que são absorvidos pelas plantas e utilizados para formar proteínas.

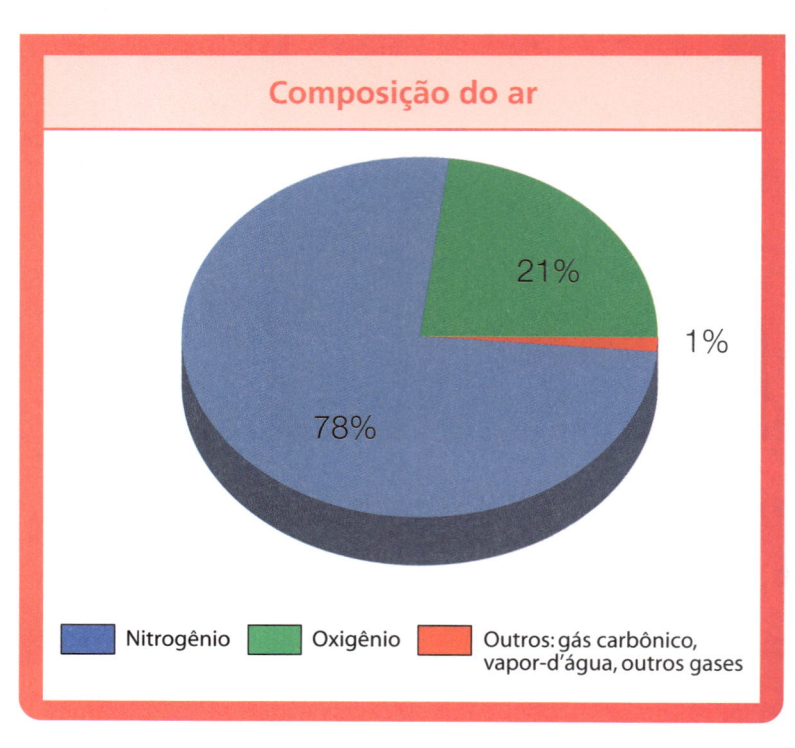

Composição do ar

- Nitrogênio: 78%
- Oxigênio: 21%
- Outros: gás carbônico, vapor-d'água, outros gases: 1%

Efeito estufa e aquecimento da Terra

A temperatura da Terra está aumentando no mundo inteiro. Esse aquecimento é causado pelo aumento da presença de gases de **efeito estufa** na atmosfera.

O efeito estufa do planeta é semelhante àquele que ocorre em uma estufa de vidro para o cultivo de plantas. Nessa estufa, os raios solares entram através do vidro e aquecem o chão e os objetos. Aquecidos, eles emitem raios infravermelhos (calor). Parte dessa radiação sai pelo vidro e parte fica presa na estufa. Desse modo, ela permanece aquecida durante a noite.

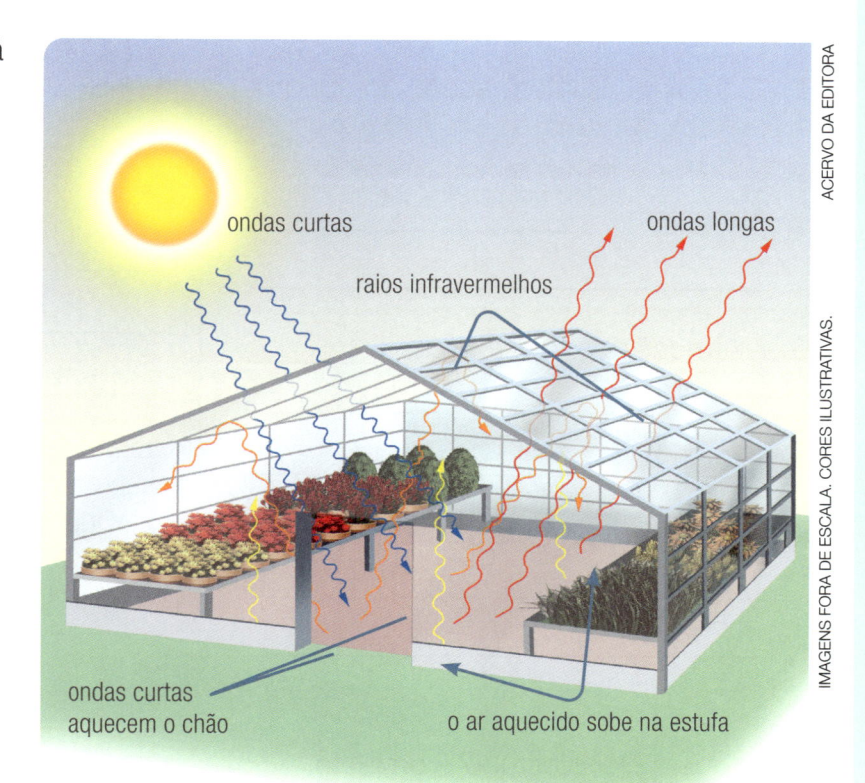

O aumento da presença de gases de efeito estufa tem provocado maior aquecimento da Terra. Esse aumento se deve ao acúmulo de gases produzidos pelas atividades humanas, principalmente o gás carbônico emitido pela queima de combustíveis. Se o aquecimento da Terra continuar aumentando, haverá elevação da temperatura, derretimento do gelo nos polos, aumento de água nos mares e maior incidência de furacões.

Camada de ozônio

O ozônio é um gás da atmosfera que se acumula em uma camada situada entre 10 e 50 km de altitude e filtra parte dos raios ultravioleta, que fazem parte das radiações solares e são nocivos à nossa saúde, à agricultura e à vida de outros seres vivos.

Em 1977, os cientistas descobriram que o ozônio estava sendo destruído por substâncias químicas liberadas no ar, como os **clorofluorcarbonos**. Havia um buraco na camada de ozônio. Por isso, na década de 1980, vários países se comprometeram a não usar mais esses compostos. Em 2014, cientistas das Nações Unidas e da Organização Meteorológica Mundial anunciaram que o buraco na camada de ozônio não estava mais aumentando e espera-se que o problema esteja resolvido até metade deste século.

VOCABULÁRIO

clorofluorcarbono: conjunto de compostos químicos usados em sistema de refrigeração, como geladeiras e condicionadores de ar, e na fabricação de frascos do tipo aerossol.

ATIVIDADES

1. Complete as informações do quadro.

> Atmosfera é _____
> _____.
>
> A atmosfera é formada de _____
> _____
> _____.
>
> A atmosfera protege os seres vivos dos
> _____
> _____.

2. O que é efeito estufa? Complete.

O Sol penetra na _____ e aquece a superfície terrestre.

Uma parte do calor do Sol fica _____

e outra parte _____
_____.

3. Qual é a causa do aumento do efeito estufa?
_____
_____
_____
_____
_____
_____

4. Qual é a consequência do aumento do efeito estufa?
_____
_____
_____
_____
_____
_____
_____

5. Qual é a importância da camada de ozônio?
_____
_____
_____

6. No verão de 2010-2011, houve redução de 40% da camada de ozônio no Ártico, conforme noticiado pela Organização Meteorológica Mundial (OMM). Com base nessa informação, responda:

A diminuição da camada de ozônio deve trazer alguma preocupação à população do Hemisfério Norte? Por quê?
_____
_____
_____
_____

7. Pesquise e responda.
Que providências estão sendo tomadas para evitar danos à camada de ozônio?
_____
_____
_____

Os ventos

Não podemos ver o ar, mas conseguimos sentir o vento no rosto e observar como ele movimenta a copa das árvores, levanta folhas e balança as roupas no varal.

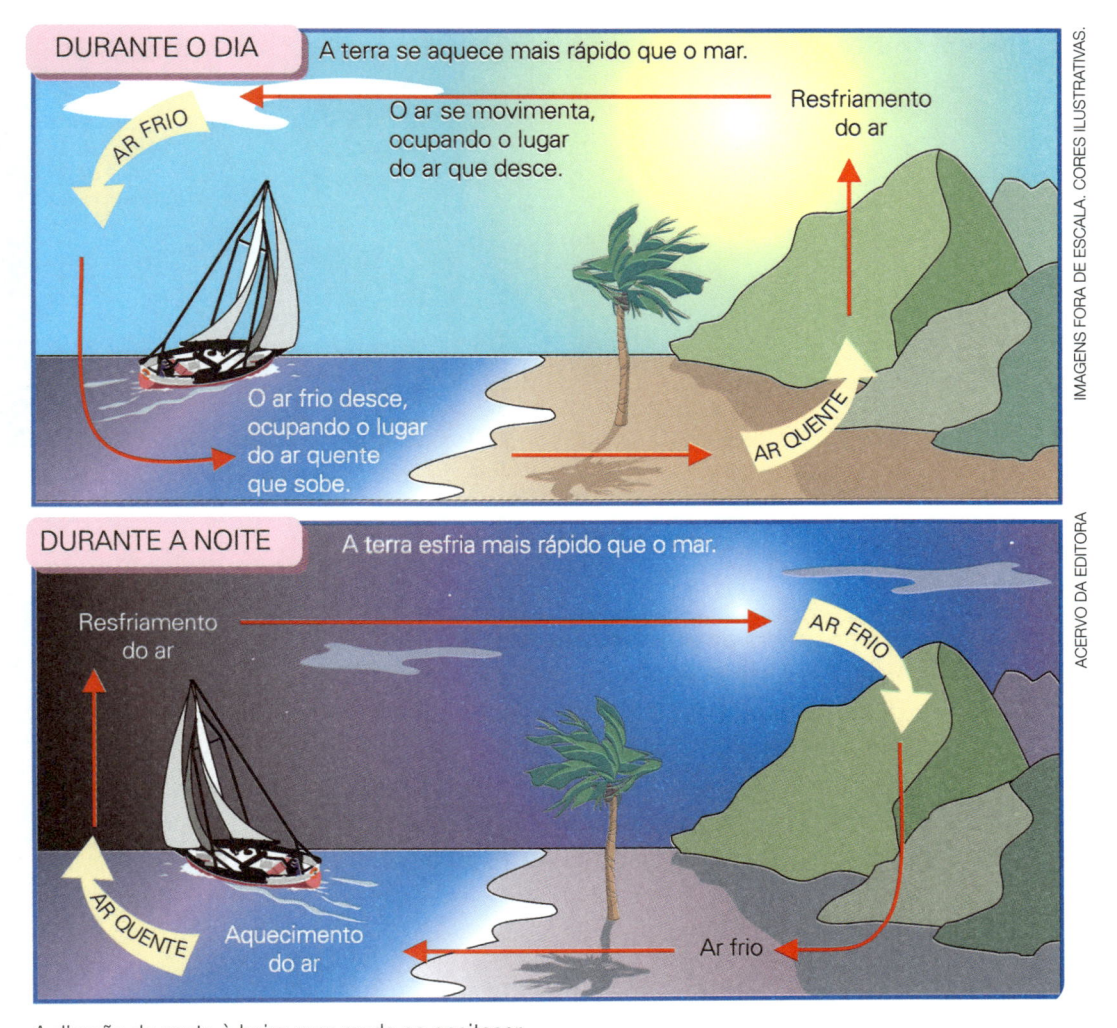

DURANTE O DIA — A terra se aquece mais rápido que o mar.
- AR FRIO
- O ar se movimenta, ocupando o lugar do ar que desce.
- Resfriamento do ar
- O ar frio desce, ocupando o lugar do ar quente que sobe.
- AR QUENTE

DURANTE A NOITE — A terra esfria mais rápido que o mar.
- Resfriamento do ar
- AR FRIO
- AR QUENTE
- Aquecimento do ar
- Ar frio

IMAGENS FORA DE ESCALA. CORES ILUSTRATIVAS.
ACERVO DA EDITORA

A direção do vento à beira-mar muda ao anoitecer.

À beira-mar, podemos perceber o movimento do ar. Durante o dia, bem perto do solo, o vento parte do mar e vai em direção à terra firme. Mais para o alto, o movimento acontece ao contrário: da terra firme em direção ao mar. Isso acontece porque os raios solares aquecem mais rápido a terra firme do que a água do mar. Então, o ar sobre a terra firme fica quente e sobe. O ar frio ocupa o lugar do ar quente que subiu. À noite, o movimento acontece ao contrário, pois a terra esfria mais rápido do que o mar.

Conheça a classificação dos ventos de acordo com sua intensidade:
- **brisa**: vento suave, com velocidade inferior a 50 km/h.
- **ciclone**: vento circular de alta velocidade.
- **tufão**: ciclones formados no sul da Ásia e no Oceano Índico.

- **furacão**: ciclone com velocidade igual ou superior a 119 km/h que se forma no Oceano Atlântico, próximo ao Mar do Caribe ou nos Estados Unidos.
- **tornado**: é o mais forte dos ciclones, com alto poder de destruição, pois seus ventos atingem até 490 km/h.

Imagem de satélite do Furacão Ida se aproximando da costa sudeste dos Estados Unidos, em 2021.

Tornado, Estados Unidos, 2017.

O vento é o ar em movimento. Forma-se por causa da diferença de pressão atmosférica e de temperatura. O ar se desloca das áreas de alta pressão para as de baixa pressão. Áreas frias têm maior pressão. Áreas quentes têm menor pressão. Quanto maiores essas diferenças, mais fortes são os ventos. Existem os ventos constantes, que nunca param. Outros ventos são periódicos, pois só ocorrem em determinados períodos ou estações do ano.

ATIVIDADES

1. O que é vento?

2. O que determina a formação dos ventos?

3. O que acontece quando a camada de ar próxima à superfície da Terra se aquece?

4. Qual é a diferença entre ventos constantes e ventos periódicos?

Clima e tempo

O tempo varia muito: há dias quentes, frios, chuvosos, secos, com muito ou pouco vento. Quando perguntamos como está o tempo, queremos saber quais são as condições atmosféricas (qual é a temperatura, se está ensolarado, se está chovendo etc.) em um dia, dois dias, uma semana.

O clima é diferente do tempo. Ele é característico de uma região. No Brasil, por exemplo, o clima do Sul é muito frio no inverno e quente no verão, enquanto no Nordeste é sempre quente e chove mais no inverno.

Quando queremos saber o tempo que vai fazer durante o dia, podemos olhar o céu para ver se o dia está claro, sem nuvens, ou se está com nuvens escuras, que indicam chuva. Também podemos ler a previsão do tempo que é publicada nos jornais ou informada pela televisão e internet.

A ciência que estuda e prevê as variações temporárias do clima é a meteorologia. Quem estuda essa ciência é o meteorologista. Ele analisa os dados coletados pelos satélites artificiais e por vários instrumentos, instalados nas estações meteorológicas.

Satélite meteorológico que envia informações sobre o clima para as estações meteorológicas.

Com os dados obtidos por esses aparelhos, o meteorologista pode prever as mudanças do clima nos próximos dias.

Veja como são os instrumentos das estações meteorológicas e sua utilidade.

Biruta: indica a direção do vento.

Barômetro: mede a pressão atmosférica.

Anemômetro: mede a velocidade dos ventos.

Higrômetro: mede a umidade do ar.

O clima da Terra

O Polo Sul e o Polo Norte são as regiões mais frias do planeta. A temperatura média anual nessas regiões é baixa: no inverno pode atingir valores inferiores a 50 °C negativos e no verão não ultrapassa 0 °C negativo.

Pinguins na Antártida.

Urso-polar no Ártico.

Os desertos são regiões muito secas, quase sem umidade, porque nelas raramente chove. É muito quente durante o dia e muito frio à noite.

Dromedário no deserto.

A Amazônia é uma região muito úmida e quente. Lá chove praticamente todos os dias e, quando não chove, a transpiração das plantas e a evaporação da água deixam o ar carregado de vapor-d'água.

Formação de nuvens na Amazônia, região do Rio Urubu.

O clima é um dos fatores que caracteriza um ambiente e, por consequência, tem influência na sobrevivência dos seres vivos e nas atividades humanas. Ninguém pensaria, por exemplo, em plantar bananas no clima do deserto, pois o ar seco e a pouca umidade não permitiriam o desenvolvimento natural da bananeira. Do mesmo modo, um cacto típico do deserto também não poderia crescer naturalmente no ambiente úmido de uma floresta tropical.

As condições de temperatura e umidade, elementos do clima, são importantes em vários processos que ocorrem na natureza. No caso do jacaré-do-pantanal, a temperatura de incubação dos ovos determina o sexo dos futuros jacarés. Se o ninho é incubado à temperatura menor que 31,5 °C, os ovos produzem fêmeas; se incubado à temperatura maior que 31,5 °C, nascem principalmente filhotes machos.

Muitos animais têm a temperatura do corpo idêntica à do ambiente, como é o caso de sapos, cobras, tartarugas, jacarés, lagartixas, calangos e peixes. Eles são chamados **ectotermos**. Outros mantêm o corpo em determinada temperatura, independentemente do meio exterior, como é o caso das aves e dos mamíferos, que são chamados **endotermos**.

A temperatura de incubação do ovo do jacaré-do--pantanal define o sexo do futuro filhote.

ATIVIDADES

1. Escreva como está o tempo em cada cena.

| chuvoso | nublado | ensolarado |

_____

_____

_____

2. Escreva como se chama:
a) a ciência que estuda e prevê as variações temporárias do clima:
_____
b) o cientista que faz a previsão do tempo:
_____

3. Leia as afirmativas e indique **1** quando se referir ao clima e **2** quando for ao tempo.

a) Vou levar o guarda-chuva, porque parece que vai chover. ☐

b) Durante o verão as chuvas são mais frequentes que no inverno. ☐

c) A Amazônia é uma região quente e úmida. ☐

d) O deserto é sempre quente e seco. ☐

e) Hoje a temperatura máxima prevista será de 25 °C. ☐

4. Indique o tipo de instrumento usado para indicar as condições meteorológicas.

a) A pressão do ar hoje está elevada.
_____

b) O ar está seco porque a umidade está baixa.
_____

c) Vamos mudar o curso do barco, porque o vento está na direção contrária.
_____

d) Vem um temporal, porque a velocidade do vento aumentou.
_____

5. Como podem ser os seres vivos em relação à temperatura do corpo?
_____
_____
_____
_____

6. Pesquise o clima que predomina na região onde você mora. Quais fatores interferem nesse clima? Registre as informações em seu caderno.

IMAGENS FORA DE ESCALA. CORES ILUSTRATIVAS.

5 RELAÇÕES DO SER HUMANO COM A NATUREZA

Em todas as regiões da Terra encontramos a interferência dos seres humanos na natureza.

Ponte sobre o mar. Flórida.

Pessoas andando ao longo da Grande Muralha da China.

Cabanas à margem do Rio Amazonas, Iquitos, Peru.

Vista da baía de Guanabara com o morro do Pão de Açúcar, Rio de Janeiro (RJ).

Tudo o que o ser humano faz é com recursos do ambiente. Essa interferência começou há 10 mil anos, quando ele iniciou o processo de domesticação das plantas e dos animais, construiu abrigos, pontes, estradas e, com o passar do tempo, criou impérios e cidades. O ser humano também represou rios, aterrou os mares, irrigou a terra seca e tantas outras ações para a construção da sociedade moderna.

Mudanças ambientais provocadas pelas atividades humanas

Todas as atividades humanas modificam o ambiente de muitas maneiras.

Derrubada da vegetação natural

Qualquer que seja a ação humana em um ambiente natural, a primeira mudança é a derrubada da vegetação para a agricultura, criação de pastagens, abertura de estradas, construção de vilas, cidades, pontes, aeroportos etc.

Muitas vezes, a vegetação natural é queimada, o que altera a qualidade do solo. Outras vezes as árvores são abatidas e a madeira, aproveitada.

O desmatamento para ocupação do espaço está sendo feito há muito tempo e continua até hoje.

Adubação com produtos químicos

Depois de vários plantios, a terra é adubada, o que também modifica sua composição natural. O adubo é carregado pelas chuvas para os rios próximos, alterando a qualidade da água.

Derrubada de uma floresta (cerca de 1820-1825), de Johann Moritz Rugendas. Litografia sobre papel, 21,6 cm × 28,5 cm.

Os adubos químicos usados em excesso se acumulam nos vegetais, com efeitos desconhecidos para a saúde humana.

Uso de agrotóxicos

Inseticidas e herbicidas são aplicados nas plantações para matar insetos e ervas naturais, chamadas daninhas. São necessárias várias aplicações para garantir melhor efeito. Esses venenos matam muitos insetos, que são comidos por aves, as quais ficam também envenenadas. Outros herbívoros contaminados são alimento para os carnívoros, que ficam intoxicados. E a água da chuva leva os agrotóxicos para os rios, alterando esse ambiente e podendo matar muitas formas de vida.

Pulverização aérea em plantação de algodão.

Uso de máquinas pesadas

As monoculturas são extensas áreas com o cultivo de um mesmo vegetal. Todo o trabalho agrícola é mecanizado: revolver a terra, plantar, colher. As máquinas acabam compactando o solo, que fica menos aerado e menos permeável à água.

Trator arando o campo.

Pisoteamento do solo por animais

Nas pastagens, os animais pisoteiam o solo, que vai se tornando tão duro que nele não crescem a grama e outras vegetações pequenas.

O resultado do pisoteamento, com o passar dos anos, é a formação de desertos.

Caça ilegal

A natureza tem um equilíbrio entre as populações de animais e dos seres humanos, que, muitas vezes, quebram esse equilíbrio com suas ações.

Um exemplo é a redução do número de jacarés no Pantanal em virtude da caça. Esses animais eram caçados para aproveitamento do couro e porque a carne é saborosa. Por causa da diminuição do número de jacarés, aumentou a quantidade de piranhas, que são alimento deles. Com o aumento do número de piranhas, os boiadeiros têm dificuldade em atravessar os rios com seus rebanhos.

Jacaré.

Piranha.

Alteração dos rios

Para atender às suas necessidades, o ser humano altera o curso dos rios a fim de facilitar a navegação, irrigar áreas secas e construir represas e barragens para mover as usinas hidrelétricas.

Essas alterações provocam grande impacto do meio ambiente, como destruição da vegetação que fica submersa, alterações no clima, extermínio de espécies de peixes, alterações nas cadeias alimentares, além de impacto nas populações humanas que vivem próximas da região.

Obra de construção de uma hidrelétrica.

Construção de cidades

Ao construir cidades, os seres humanos ocupam áreas naturais, que são cobertas por edificações e asfalto. A cobertura do solo altera o fluxo da água da chuva, que não consegue escoar rapidamente e pode causar enchentes.

A enchente acontece quando a chuva em excesso faz transbordar os rios. Ela ocorre rapidamente quando o rio está raso por causa do excesso de areia em seu leito ou quando foi assoreado pelo despejo de detritos em suas águas. Nas cidades, o asfalto impede a absorção da água e o lixo que entope os bueiros dificulta o escoamento da água.

Enchente na cidade de Belém (PA).

A grande quantidade de edifícios de concreto com vidros cria ilhas de calor nas cidades, alterando a qualidade de vida.

Extração de minérios

Para extrair minérios do subsolo, são abertas imensas crateras. Para isso, a vegetação natural é totalmente destruída e, quando a jazida se esgota, não há reconstrução da área modificada.

Indústria mineradora rural.

Deslizamentos

A destruição da vegetação de morros e encostas, que deixa o solo nu, contribui para a ocorrência de deslizamentos, principalmente na época das chuvas intensas e prolongadas. Como nos morros os terrenos são inclinados e o solo fica encharcado com as chuvas, o risco de deslizamento aumenta bastante.

Nas cidades, onde os morros e encostas abrigam várias moradias, o problema é extremamente sério, pois o deslizamento de terra faz as casas desmoronarem, provocando inúmeras vítimas fatais e desabrigando pessoas.

Deslizamento de encosta, Petrópolis (RJ).

Faz parte da sociedade humana modificar o ambiente. Os outros animais também o modificam, mas não como os seres humanos, que têm muitos instrumentos e tecnologia para auxiliar nessas mudanças.

Devido à existência de leis para regulamentar ações no meio ambiente, os seres humanos precisam planejar suas atividades visando não provocar grandes impactos em projetos de alteração de áreas naturais.

ATIVIDADES

1. O que são agrotóxicos?
_____
_____
_____
_____

2. Como os carnívoros podem ficar intoxicados com agrotóxicos?
_____
_____
_____
_____

3. O que é monocultura?
_____
_____
_____

4. De que maneiras a agricultura interfere no ambiente?
_____
_____
_____
_____

5. Como a criação de gado altera o solo?
_____
_____

6. Como a caça aos jacarés, no Pantanal, interferiu no equilíbrio do ambiente?
_____
_____
_____
_____

7. De que maneira a construção de usinas hidrelétricas interfere no meio ambiente?
_____
_____
_____
_____

8. Quais são as causas das enchentes?
_____
_____
_____

9. O que aumenta a possibilidade de deslizamentos?
_____
_____
_____

Sustentabilidade

Atualmente, fala-se muito em desenvolvimento sustentável e em sustentabilidade como formas de diminuir as agressões que o ser humano provoca na natureza para garantir a vida das gerações futuras. Mas o que significam esses termos?

Na definição dada pela Organização das Nações Unidas (ONU), **desenvolvimento sustentável** é aquele capaz de suprir as necessidades da geração atual, garantindo a capacidade de atender às necessidades das gerações futuras. É o desenvolvimento que não esgota os recursos naturais para o futuro. Assim, **sustentabilidade** está ligada às formas de produção da sociedade que garantam o bem-estar do ser humano em todos os aspectos, utilizando os recursos naturais de modo que eles se mantenham no futuro.

Discutir sustentabilidade é falar de:

- reflorestamento e revegetação de áreas desmatadas;
- reciclagem de materiais;
- não desperdiçar os materiais e consumir de maneira consciente todos os produtos;
- criar leis que garantam cada vez mais a não agressão à natureza;
- adoção de atitudes de respeito à natureza por indivíduos, empresas e governos;
- consumo consciente de produtos que não agridem o meio ambiente para serem fabricados (orgânicos, por exemplo) e que são desnecessários.

Veja alguns exemplos de atitudes sustentáveis:

1. Economize água, evite deixar a torneira desnecessariamente aberta. Ao escovar os dentes, feche a torneira. Torneira pingando ou vazamento de água em algum encanamento é desperdício de água na certa. Avise um adulto para providenciar o reparo.

2. Economize energia. Não deixe a luz acesa quando não houver pessoas no ambiente. Desligue da tomada aparelhos elétricos que não estão em uso. Use lâmpadas halógenas, que consomem menos energia.

3. Procure consumir alimentos e outros produtos que são cultivados e fabricados próximos da região onde você mora. Isso diminui os gastos com transporte e o consumo de combustíveis.

4. Dê preferência a produtos que são fabricados respeitando o meio ambiente. Leia os rótulos que trazem essas informações.

5. Separe para reciclagem o óleo de cozinha usado, evitando jogá-lo no ralo para que não contamine os recursos d'água.

6. Recicle o lixo, separando materiais orgânicos, papel, plástico, metal e vidro. Oriente-se pelos símbolos das embalagens:

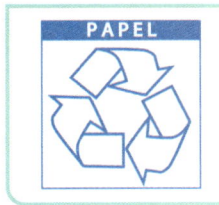

7. Evite o consumo de descartáveis, eles geram mais lixo e mais consumo de matéria-prima para fabricação de novos produtos.

8. Respeite as plantas e os animais; se possível, plante uma árvore.

9. Não crie animais silvestres – além de ser crime, eles são importantes nos ambientes naturais onde vivem.

ATIVIDADES

1. O que é sustentabilidade?

_____
_____
_____
_____
_____
_____

2. Quais são os benefícios das ações sustentáveis?

_____
_____
_____
_____

3. Discuta com os colegas e responda: sua escola pratica a sustentabilidade?

LIÇÃO 6 — O CORPO HUMANO

Observe a imagem a seguir.

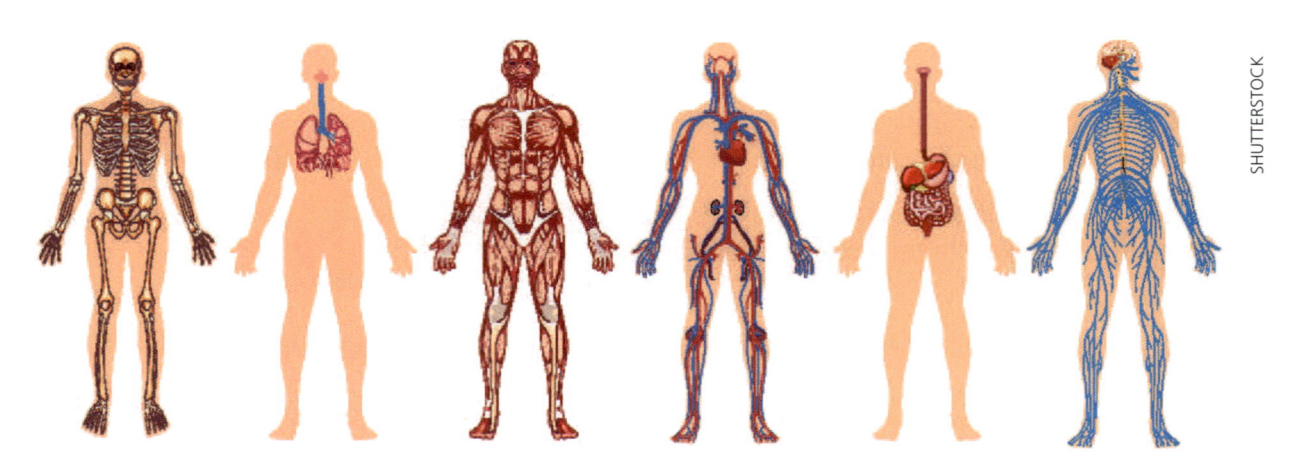

A imagem mostra os vários sistemas existentes no corpo humano. É graças a eles que conseguimos realizar todas as atividades que praticamos diariamente, desde dormir até brincar. Vamos estudar cada um desses sistemas na sequência.

Sistema digestório e seus órgãos

Como os outros animais, o ser humano precisa de alimento para sobreviver.

Os alimentos que ingerimos passam por transformações no **sistema digestório**. Essas transformações são necessárias para que sejam retirados os nutrientes e possam ser levados para todo o organismo.

Faz parte do sistema digestório uma sequência de órgãos: boca, faringe, esôfago, estômago e intestinos. Cada um desses órgãos tem uma função, isto é, realiza um "trabalho" no alimento para que possa ser aproveitado pelo organismo.

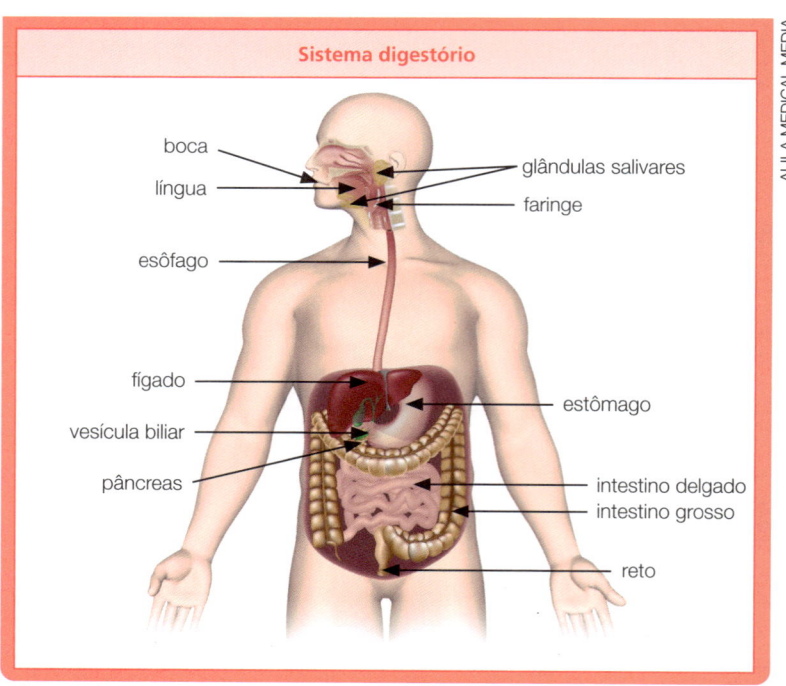

Sistema digestório: boca, língua, glândulas salivares, faringe, esôfago, fígado, vesícula biliar, pâncreas, estômago, intestino delgado, intestino grosso, reto.

Ilustração fora de escala. As cores utilizadas não correspondem aos tons reais.

A ação dos órgãos na digestão

Boca

As glândulas salivares umedecem os alimentos e os dentes os trituram, formando uma pasta.

A saliva digere o amido, um açúcar presente na batata, no macarrão e em outros alimentos.

A língua empurra o bolo alimentar para a faringe e ela desce pelo esôfago até o estômago.

Estômago

O estômago é uma espécie de bolsa que se mexe e "amassa" o bolo alimentar. Ele também produz suco gástrico, um ácido forte que amolece ainda mais o bolo alimentar e atua na digestão das proteínas. Depois de algumas horas, o bolo alimentar, agora chamado de quimo, é empurrado para os intestinos.

Intestino delgado

O intestino também empurra o quimo, que continua a ser digerido pelo suco do intestino, o suco entérico, e outro suco produzido pelo pâncreas, o suco pancreático.

A bile, produzida pelo fígado e armazenada pela vesícula biliar, ajuda a dissolver as gorduras para facilitar a digestão.

No intestino delgado, os nutrientes dos alimentos, que estão transformados em pedaços minúsculos, passam pela parede do intestino e vão para o sangue.

Intestino grosso

A pasta que sobrou da digestão, chamada quilo, perde água para o organismo, endurece e forma as fezes. O intestino grosso empurra as fezes até que cheguem ao reto e saiam pelo ânus.

A digestão começa na boca. Para uma boa digestão, é preciso mastigar bem a comida, afinal temos dentes para isso mesmo: mastigar.

ATIVIDADES

1. Qual é a função do sistema digestório?
_____
_____

2. Quais são os órgãos do sistema digestório?
_____
_____
_____

3. Qual é a função dos dentes e da língua?
_____
_____
_____
_____

4. O que as glândulas salivares produzem?
_____

5. Depois de mastigados e umedecidos pela saliva, para onde vão os alimentos?

_____
_____

6. Como é o estômago? Que líquido é produzido por ele?

_____
_____
_____

7. Quais sucos os alimentos recebem no intestino delgado?

_____
_____

8. O que acontece no intestino grosso?

_____
_____
_____
_____

9. A mexerica é uma fruta rica em fibras. Pesquise qual é a importância das fibras para a digestão.

_____
_____
_____
_____
_____
_____
_____
_____

10. Ordene, na sequência correta da digestão, os órgãos do sistema digestivo.

- Intestino grosso ☐
- Esôfago ☐
- Boca ☐
- Estômago ☐
- Intestino delgado ☐

Sistema circulatório

Um adulto tem de 5 a 6 litros de sangue que circulam pelos vasos sanguíneos sem parar. O sangue leva para o corpo inteiro os produtos da digestão e o oxigênio absorvido nos pulmões pela respiração e recolhe as substâncias que precisam ser eliminadas do corpo e as levam para os rins.

O coração é o principal órgão do sistema circulatório. Ele é uma cavidade oca, formada por músculos fortes. Quando esses músculos se contraem, empurram o sangue de dentro da cavidade do coração para todo o organismo por meio das artérias e veias.

As artérias levam o sangue do coração para o corpo todo. As veias fazem o contrário, ou seja, trazem o sangue do corpo todo para o coração.

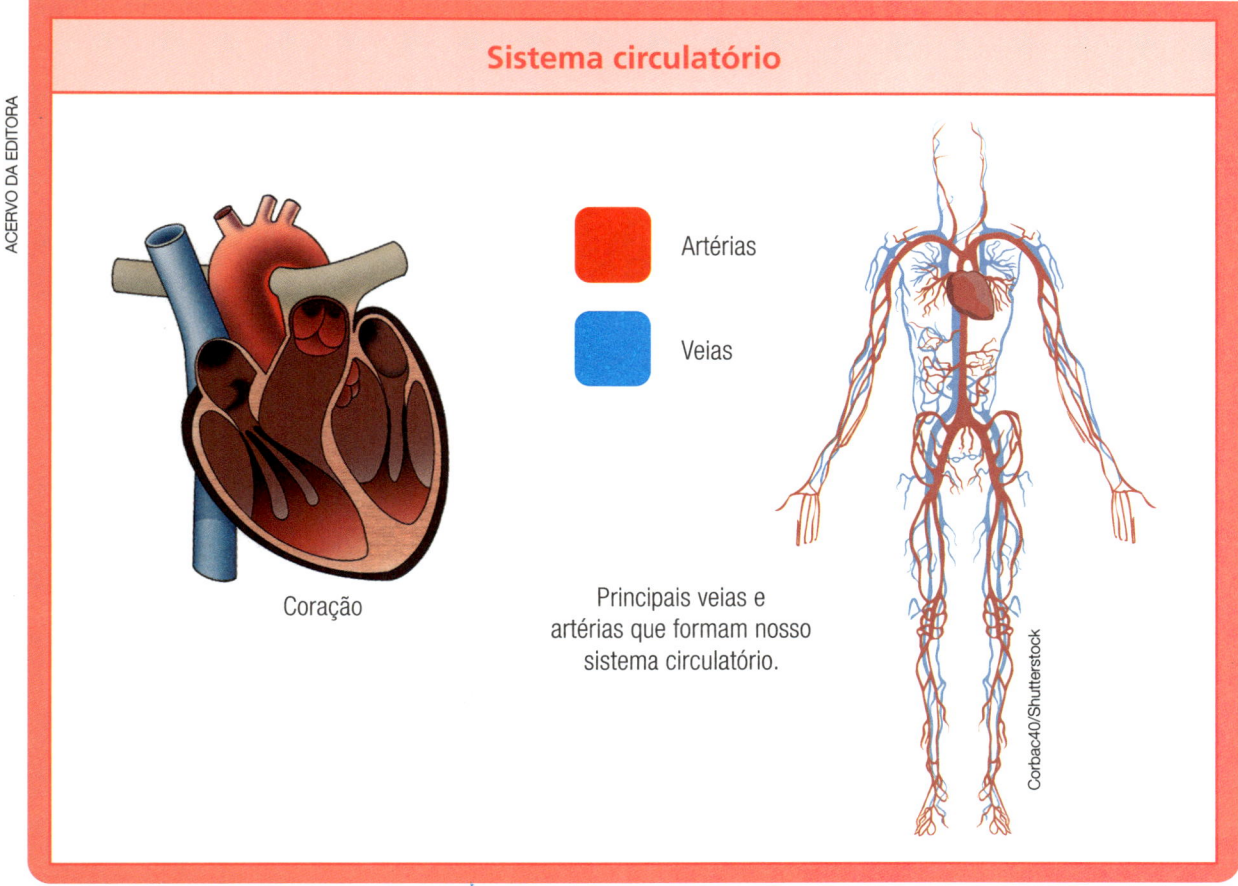

Sistema circulatório

Coração

■ Artérias

■ Veias

Principais veias e artérias que formam nosso sistema circulatório.

ILUSTRAÇÃO FORA DE ESCALA. CORES ILUSTRATIVAS.

Cuidados com o sistema circulatório

Hoje em dia, as pessoas passam muitas horas diante da televisão e de outros equipamentos eletrônicos (computador, *tablet*, celulares). Na hora das refeições, os hábitos também não são muito saudáveis: as comidas gordurosas são as preferidas e nem sempre são acompanhadas de folhas verdes ou de outros alimentos frescos e naturais.

Sabemos que andar, correr, dançar e praticar outros exercícios ajudam a circulação, portanto, são boas atividades para o sistema circulatório, assim como cuidar da alimentação.

As carnes gordurosas, as frituras, alguns tipos de alimentos industrializados, como biscoitos doces recheados, salgadinhos e maionese têm gordura que pode se acumular nas artérias, impedindo o sangue de circular livremente. É muito importante ter uma dieta variada, com alimentos de cada grupo a seguir:

- Grupo 1: arroz, pão, massa, batata, mandioca.
- Grupo 2: frutas, verduras e legumes.
- Grupo 3: leite, queijo, iogurte, carnes, ovos, feijões.
- Grupo 4: óleos, gorduras, açúcares e doces.

Outro hábito importante é obedecer os horários das refeições e evitar longos períodos sem alimentação.

Nos intervalos das refeições principais, em lugar de comer salgadinhos, frituras e doces, podemos fazer pequenos lanches à base de leite, sucos, frutas, pão, queijo ou cereais.

O exame de sangue

Como o sangue circula por todo o corpo levando nutrientes e substâncias que serão eliminadas do organismo, é possível saber como anda a saúde de uma pessoa pelo seu exame. Por isso, quando necessário, os médicos pedem um exame de sangue para ver se a pessoa está doente ou em boas condições de saúde. Mas se é possível saber se a pessoa está doente pelo exame de sangue, também é possível pegar doenças quando algum vírus ou bactéria entra em contato com o nosso sangue. Daí a necessidade de se ter cuidados com machucados abertos no corpo e fazer a higiene correta nessas situações.

ATIVIDADES

1. Como é o coração e como ele funciona?

_____
_____
_____

2. Como é formado nosso sistema circulatório?

_____

3. Quantos litros de sangue um adulto tem no corpo?

_____

4. O que o sangue transporta para todas as partes do corpo? E o que recolhe?

_____
_____
_____

5. Complete as frases.

a) _____ levam sangue do coração para todo o corpo.

b) _____ trazem sangue de todo o corpo para o coração.

c) Artérias e veias são tipos de _____.

6. O que pode acontecer se comermos muitos alimentos gordurosos?

_____
_____

7. O que podemos fazer para cuidar do nosso sistema circulatório?

_____
_____

Sistema respiratório

O tempo todo inspiramos e expiramos o ar por meio do movimento do diafragma e dos pulmões.

Quando inspiramos, o ar rico em oxigênio que entra pelo nariz é filtrado por pelos que forram a cavidade nasal e impedem a passagem de impurezas. Nesse trajeto, o ar também é aquecido. A inspiração também pode ser feita pela boca, mas nesse trajeto o ar não é filtrado nem aquecido.

Na inspiração o diafragma se contrai e, ao distender-se, aumenta a capacidade do tórax. Nesse processo, o ar tende a entrar nos pulmões que se dilatam e enchem-se de ar que chega até os brônquios, os bronquíolos e, finalmente, aos alvéolos pulmonares. Nos alvéolos, o sangue absorve o oxigênio.

Na expiração, o diafragma entra em relaxamento, o ar acumulado é expulso pelos pulmões, diminuindo o tórax de volume. O ar expelido pelos pulmões é rico em gás carbônico.

Nos alvéolos pulmonares ocorrem as trocas de gases: entra oxigênio e sai gás carbônico.

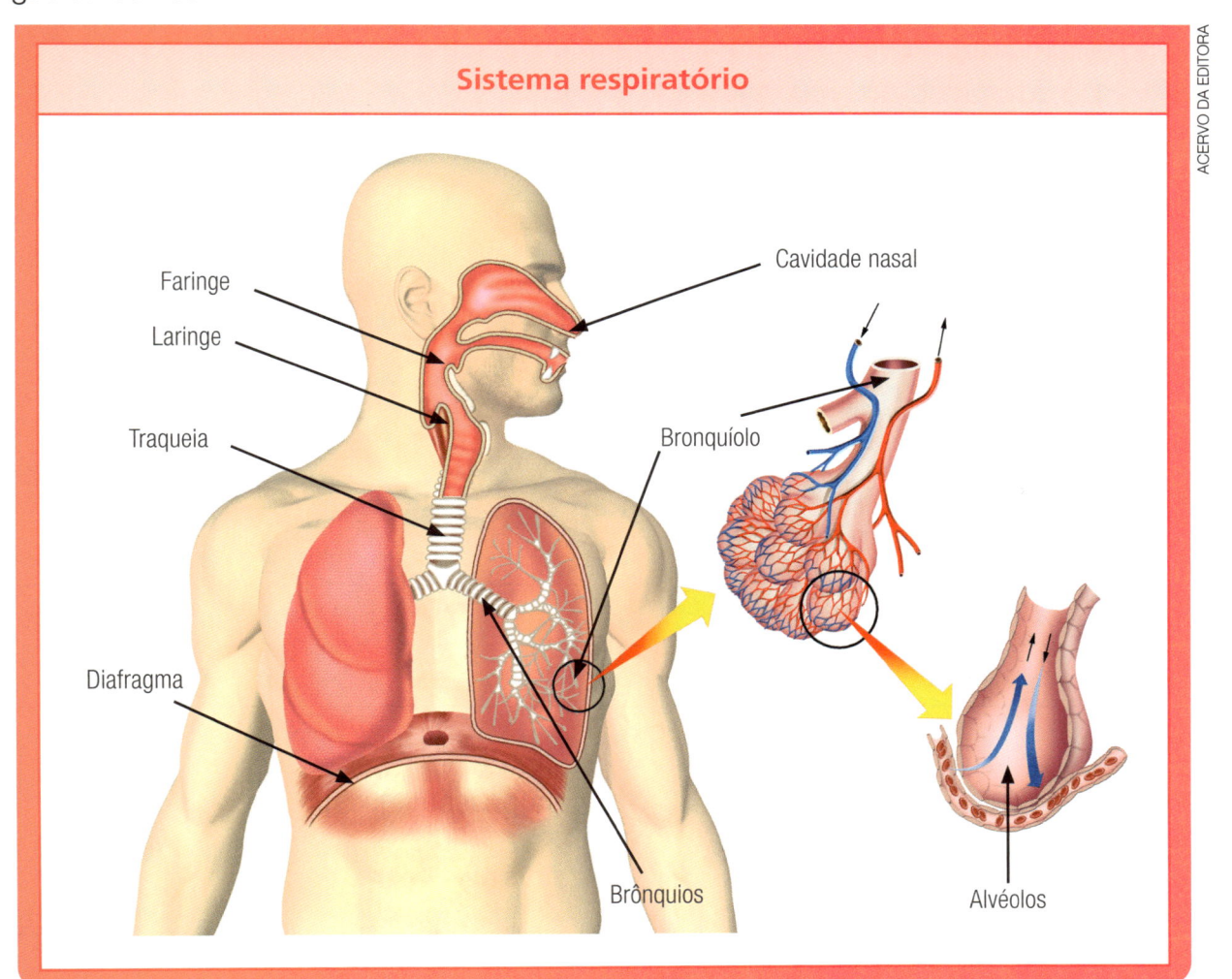

Sistema respiratório

ILUSTRAÇÃO FORA DE ESCALA. AS CORES UTILIZADAS NÃO CORRESPONDEM AOS TONS REAIS.

Cuidados com o sistema respiratório

Os exercícios físicos ajudam a fortalecer o diafragma e facilitam a respiração.

Quanto mais ar entra nos pulmões, mais oxigênio chega ao sangue. Por isso, devemos cultivar hábitos saudáveis:

- caminhar e correr em lugares arborizados, distantes dos ambientes poluídos;
- ficar longe de pessoas quando fumam. O cigarro é um inimigo mortal dos pulmões;
- dormir em locais arejados;
- cuidar das gripes e resfriados, repousando, bebendo líquidos e comendo alimentos leves;
- inspirar mais pelo nariz do que pela boca;
- evitar inalação com medicamentos sem a orientação de um médico;
- não colocar objetos nas narinas.

Nadar é um exercício excelente para a saúde do sistema respiratório.

ATIVIDADES

1. Numere de 1 a 3 os órgãos do sistema respiratório, de acordo com o caminho percorrido durante a expiração.

☐ Pulmões   ☐ Traqueia

☐ Cavidade nasal

2. Como se chama a entrada de ar nos pulmões?

3. Por que devemos inspirar pelo nariz e não pela boca?

4. Qual é a função do diafragma no processo da respiração?

5. Quais hábitos saudáveis você cultiva para cuidar do sistema respiratório?

6. Que mensagem poderíamos mandar para pessoas que fumam cigarros?

Sistema urinário

O sistema urinário é o principal eliminador de excretas do nosso corpo. Ele é formado pelos rins e pelas vias urinárias. As vias urinárias são compostas pelos ureteres, pela bexiga e pela uretra. Temos dois rins em nosso corpo, situados na parte de trás do abdome, um de cada lado. Se um deles deixar de funcionar, o outro poderá fazê-lo sozinho, sem qualquer prejuízo para o organismo.

O bom funcionamento dos rins depende de uma alimentação sadia e da quantidade de água que bebemos. O ideal é beber pelo menos 2 litros de água por dia.

Os rins filtram o sangue, retiram os resíduos inúteis e os transformam em urina. A urina desce pelos ureteres até a bexiga, da qual é eliminada do corpo por meio da uretra.

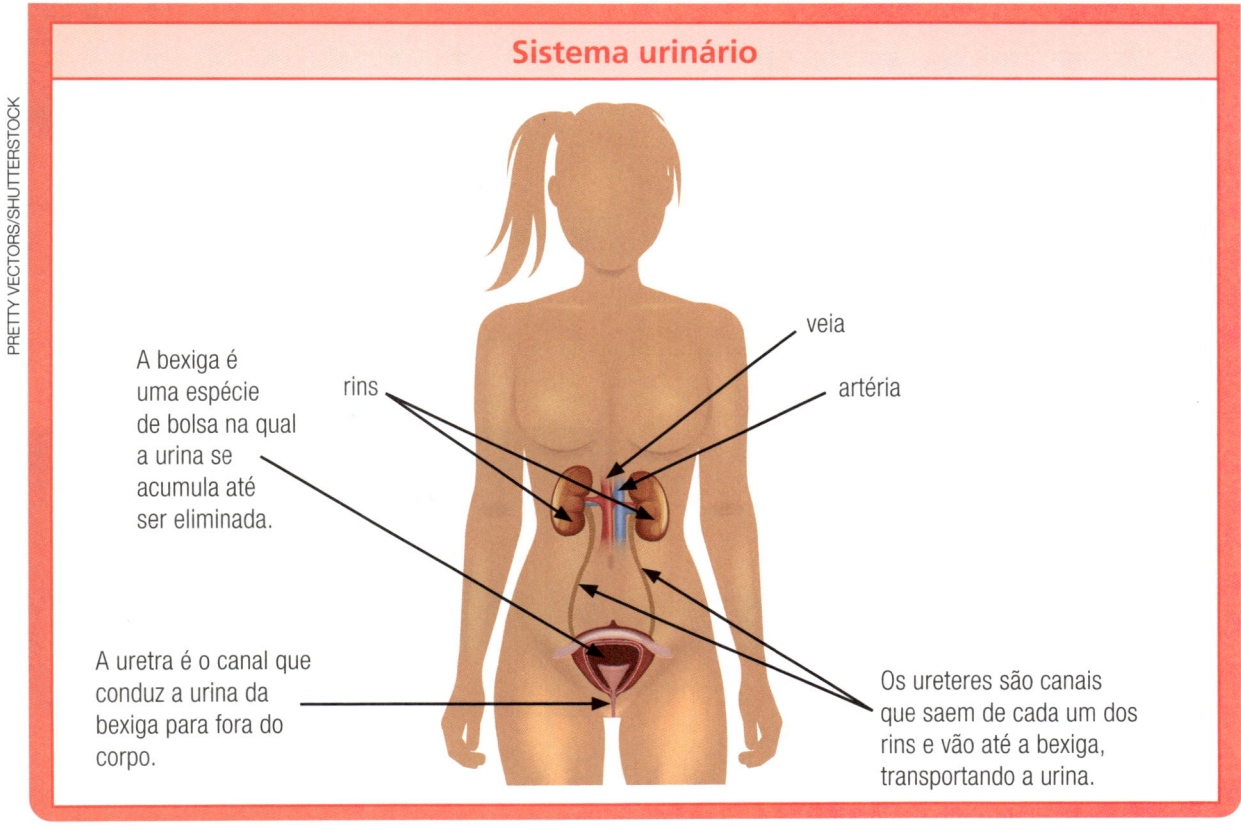

Sistema urinário

A bexiga é uma espécie de bolsa na qual a urina se acumula até ser eliminada.

rins

veia

artéria

A uretra é o canal que conduz a urina da bexiga para fora do corpo.

Os ureteres são canais que saem de cada um dos rins e vão até a bexiga, transportando a urina.

ILUSTRAÇÃO FORA DE ESCALA. CORES ILUSTRATIVAS.

Cuidados com o sistema urinário

A presença de bactérias na urina pode levar ao desenvolvimento de infecção urinária. Algumas ações bem simples ajudam na prevenção de infecção urinária, como:
- ingerir bastante água pura, sem corantes ou adoçantes, ao longo do dia;
- não reter a urina, urinando sempre que a vontade aparecer;
- evitar o uso de antibióticos sem indicação médica.

Para as mulheres há outras recomendações:
- limpar-se sempre da frente para trás, após usar o banheiro;
- evitar o uso de roupas íntimas de tecido sintético, preferindo sempre as de algodão;
- usar roupas leves para evitar transpiração excessiva na região genital.

ATIVIDADES

1. Qual é a principal função do sistema urinário?

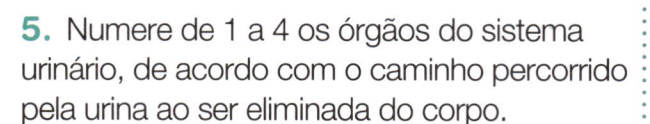

_____
_____

2. O que são os rins e o que fazem?

_____
_____
_____

3. Quais órgãos formam as vias urinárias?

_____

4. O que deve ser feito para evitar infecção urinária?

_____
_____
_____
_____

5. Numere de 1 a 4 os órgãos do sistema urinário, de acordo com o caminho percorrido pela urina ao ser eliminada do corpo.

☐ uretra ☐ rins
☐ bexiga ☐ ureteres

6. Observe as fotos a seguir. Escreva legendas de acordo com o que cada uma representa para a saúde do corpo.

- Caminhar faz bem para a saúde.
- Durma 8 horas por dia.
- O cigarro é inimigo dos pulmões.
- Não coma demais.
- Beba bastante água.
- Evite alimentos gordurosos.

Sistema esquelético e muscular

O **esqueleto** é formado por cerca de duzentos **ossos** que sustentam o corpo, protegem alguns órgãos internos vitais e auxiliam os músculos nos movimentos.

A **coluna vertebral** é formada por ossos chamados **vértebras**. Ela permite ao corpo dobrar-se para a frente, para trás, para os lados e girar.

Na parte superior da coluna vertebral fica o **crânio**, que protege o **cérebro**.

As **costelas** se unem, na parte da frente do **tórax**, a um osso chato e largo chamado **esterno**. Elas formam a **caixa torácica** que protege o coração e os pulmões.

A **pélvis**, ou **bacia**, é formada por ossos grandes e largos, que ligam os membros inferiores à coluna.

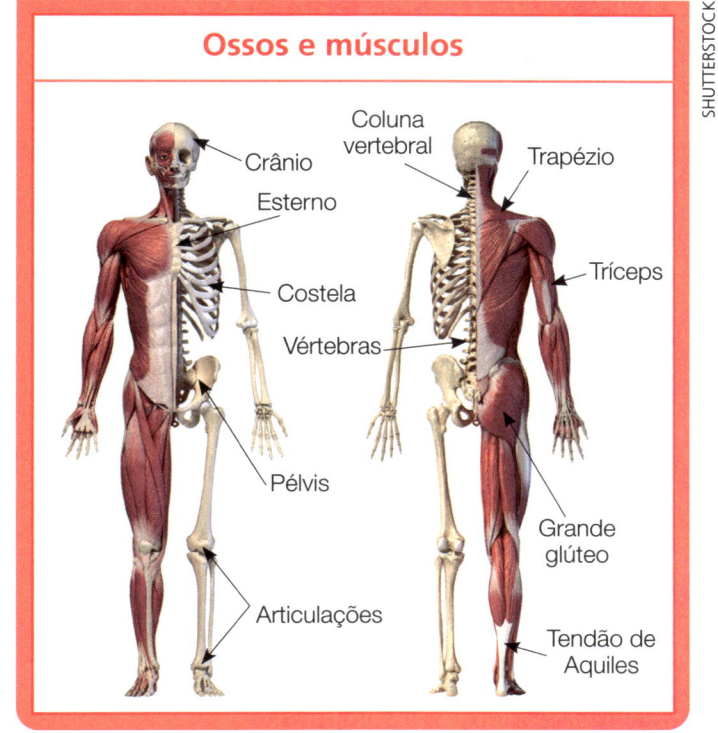

Ossos e músculos

Crânio, Esterno, Costela, Vértebras, Pélvis, Articulações, Coluna vertebral, Trapézio, Tríceps, Grande glúteo, Tendão de Aquiles

Ilustração fora de escala. Cores ilustrativas.

No encontro de dois ossos temos as articulações, que possibilitam a movimentação dos ossos. Elas estão presentes nos joelhos, tornozelos, dedos dos pés e das mãos, punhos, cotovelos e em outros locais.

Os **músculos** movem os ossos, o coração, o estômago e outros órgãos. Eles são responsáveis por todos os movimentos do corpo.

Os músculos são capazes de contrair-se e distender-se conforme os movimentos que vamos realizar: por exemplo, quando fechamos o braço, contraímos o músculo; ao esticá-lo, distendemos o músculo.

> Existem músculos, como o do coração e do estômago, que realizam movimentos involuntários. Mesmo enquanto você dorme, eles continuam trabalhando.

Cuidados com os ossos e os músculos

Para que os ossos e a musculatura se mantenham saudáveis, além de ter uma alimentação equilibrada, devemos praticar esportes e fazer exercícios físicos.

Mas, mesmo com esses cuidados, podemos ter problemas musculares. Isso ocorre, por exemplo, quando não fazemos aquecimento antes de iniciar exercícios ou por quedas e torções. Nesses casos, se houver dor intensa, é necessário procurar um médico.

Outro fator que pode causar dores e desgastes ósseos é a má postura. Muitas pessoas sentem dor nas costas ou no corpo e, somente com o passar do tempo, percebem que essa dor era causada pela postura errada. Algumas ações bem simples podem ajudar na prevenção de problemas com a má postura:

- Ao sentar-se, apoie os pés em uma superfície sólida, deixe as coxas paralelas ao solo e ajuste a cadeira de modo que as costas fiquem bem apoiadas no encosto, com os joelhos dobrados em ângulo de 90°;
- Nunca carregue mochilas pesadas, dê preferência para transportar o material escolar em carrinhos apropriados;
- Evite ficar muitas horas jogando *videogame* ou digitando no computador, pois há uma doença que se desenvolve com a repetição de movimentos ou constante esforço de parte da musculatura. Essa doença é chamada Lesão por Esforço Repetitivo (LER) e resulta no desgaste dos tecidos do corpo, como juntas, ligamentos, tendões, nervos e músculos.

Sintomas como dor nas pernas, nas costas ou formigamentos podem estar relacionados a problemas de coluna e devem ser avaliados por um médico.

ATIVIDADES

1. O que é o esqueleto?

2. Qual é a função do esqueleto?

3. Como se chama o encontro de dois ossos?

4. Em que parte do corpo temos articulações?

5. Como é formada a coluna vertebral? Qual sua principal função?

6. Observe a imagem a seguir e depois respondas às questões.

SHUTTERSTOCK

a) O que permite à bailarina dobrar as costas para trás?

b) Qual estrutura do corpo possibilita à bailarina que salta dobrar os joelhos?

7. Qual é a função dos músculos?

LIÇÃO 7 — SISTEMA NERVOSO E OS SISTEMAS REPRODUTORES

Sistema nervoso

Quando você quer abrir a mão, pensa e faz o movimento. Quando você quer escrever, seu cérebro pensa na palavra e a mão escreve. Isso e praticamente todas as outras coisas que fazemos é comandada pelo sistema nervoso.

O sistema nervoso é um conjunto de células especializadas na transmissão de sinais nervosos. Essas células controlam as condições internas do corpo e respondem às condições do ambiente.

Células são estruturas microscópicas que integram o corpo da maioria dos seres vivos.

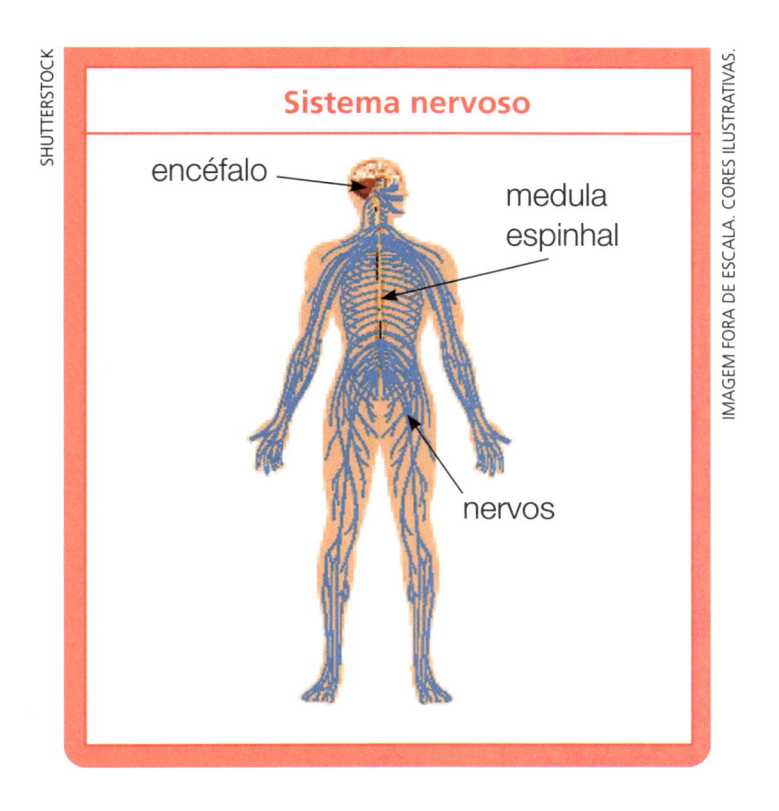

Sistema nervoso — encéfalo, medula espinhal, nervos

No corpo humano, as células se agrupam formando tecidos, que, por sua vez, formam órgãos (pulmões, rins etc.)

O **sistema nervoso central** está dentro do crânio e é formado pelo encéfalo, que é o conjunto formado pelo encéfalo, que é o conjunto formado pelo **cérebro**, **cerebelo** e **bulbo**, e pela **medula espinhal**.

O **sistema nervoso periférico** tem como eixo a **medula**, que sai do encéfalo e passa por dentro das vértebras da coluna vertebral. Dela saem nervos que vão para cada lado do corpo e se ramificam em terminações nervosas.

O sistema nervoso recebe estímulos do corpo (pressão arterial, acidez, temperatura) e do ambiente (luz, ondas sonoras, produtos químicos que estão no ar, temperatura, pressão) e responde a esses estímulos com ações.

> O perfume de uma flor, a lembrança de um passeio, um espinho que entra no dedo... Todas as sensações vêm do sistema nervoso. Sem ele, não percebemos o mundo exterior e interior.

Funções dos órgãos do sistema nervoso

Cérebro: nele estão as áreas da inteligência, da memória, da audição, da visão, do tato, do paladar, da linguagem e das sensações.

Cerebelo: controla o equilíbrio do corpo, os movimentos de andar em linha reta, enfiar a linha na agulha e acertar a chave na fechadura, por exemplo.

Bulbo: região que controla os batimentos do coração, a respiração, a tosse, o espirro e outros movimentos que não dependem da nossa vontade.

Ponte: participa, com o bulbo, do controle do ritmo respiratório e é o centro de transmissão de impulsos para o cerebelo.

Medula espinhal: conduz os impulsos nervosos dos nervos para o encéfalo e deste para os nervos.

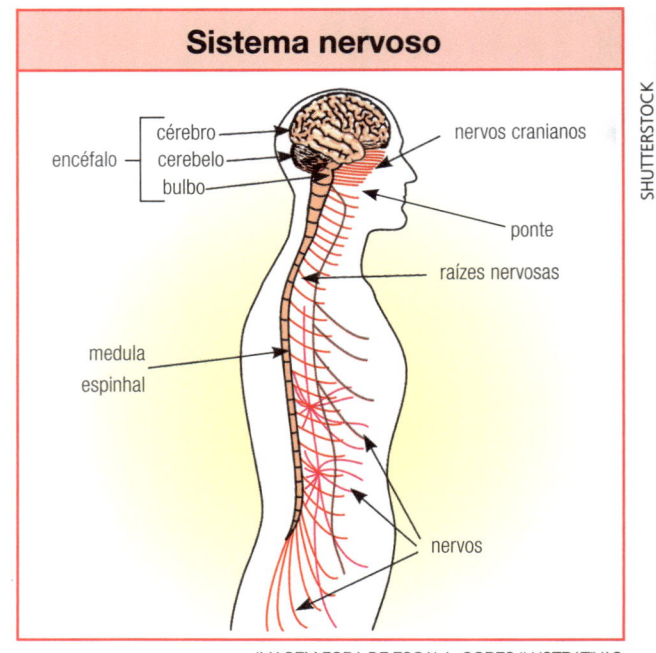

Nervos: transmitem estímulos do ambiente e do próprio corpo até a medula e desta para todas as partes do corpo.

O sistema nervoso periférico participa dos atos voluntários e involuntários do nosso corpo. Atos **voluntários** são aqueles que executamos por vontade própria. Por exemplo: sentar e levantar. Atos **involuntários** acontecem independentemente da nossa vontade, como os batimentos do coração.

Sistema nervoso

encéfalo: cérebro, cerebelo, bulbo
nervos cranianos
ponte
raízes nervosas
medula espinhal
nervos

IMAGEM FORA DE ESCALA. CORES ILUSTRATIVAS.

SHUTTERSTOCK

ATIVIDADES

1. Qual é a função do sistema nervoso?
_____

2. O que são nervos cranianos?
_____
_____

3. Por onde passa a medula espinhal?
_____

4. Qual é a função do bulbo?
_____

5. Qual é a função do cerebelo?
_____
_____
_____

6. Numere as frases na ordem dos acontecimentos.

☐ Esses estímulos são levados pelos nervos até o encéfalo.

☐ O encéfalo envia respostas aos estímulos por meio dos nervos.

☐ O ambiente e o corpo geram estímulos.

Sistemas reprodutores

O homem e a mulher geram filhos por meio da **reprodução**. Essa função é realizada por órgãos que formam os sistemas reprodutores feminino e masculino.

O sistema reprodutor feminino está localizado no abdome e é formado por vários órgãos. Veja no esquema a seguir.

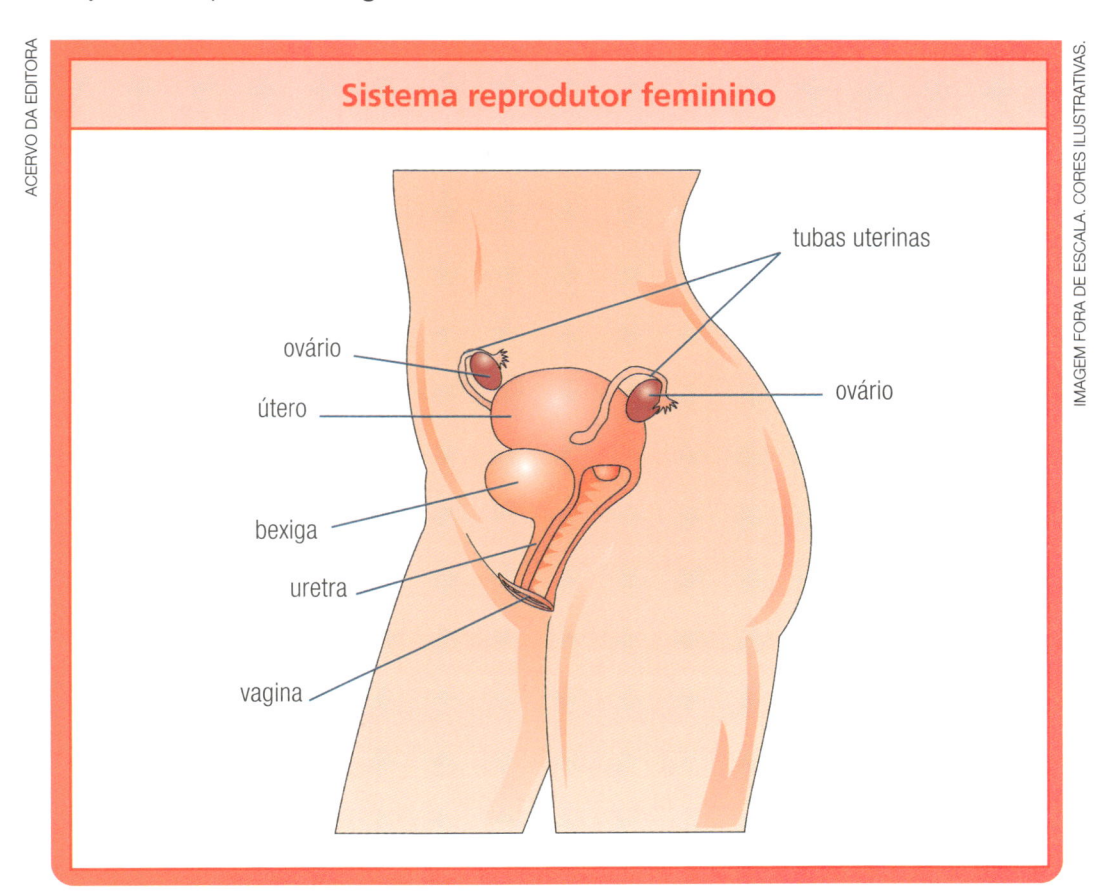

Sistema reprodutor feminino

- ovário
- útero
- bexiga
- uretra
- vagina
- tubas uterinas
- ovário

Vagina: tubo muscular que comunica o útero ao meio exterior. Esse tubo se abre por entre as pregas da genitália externa feminina, a vulva.

Útero: bolsa muscular na qual se forma o bebê. Todos os meses, o **revestimento** interno do útero fica mais espesso e **vascularizado** para receber um ovo humano. Quando a gravidez não acontece, os vasos se rompem e o sangue sai pela vagina. É a menstruação.

Tuba uterina: tubos, um de cada lado do útero, que chegam até os dois ovários.

Ovários: órgãos que produzem óvulos. Desde a adolescência, quando ocorre a primeira menstruação, até por volta dos 50 anos da mulher, amadurece um óvulo por mês, ora de um ovário, ora do outro. Esse processo é chamado ovulação.

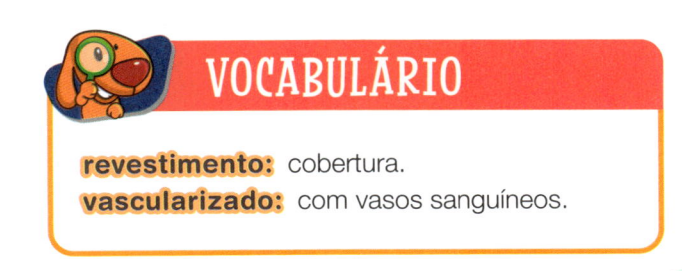

VOCABULÁRIO

revestimento: cobertura.
vascularizado: com vasos sanguíneos.

O sistema reprodutor masculino está localizado parte no abdome e parte fora dele. É formado por vários órgãos. Veja no esquema a seguir.

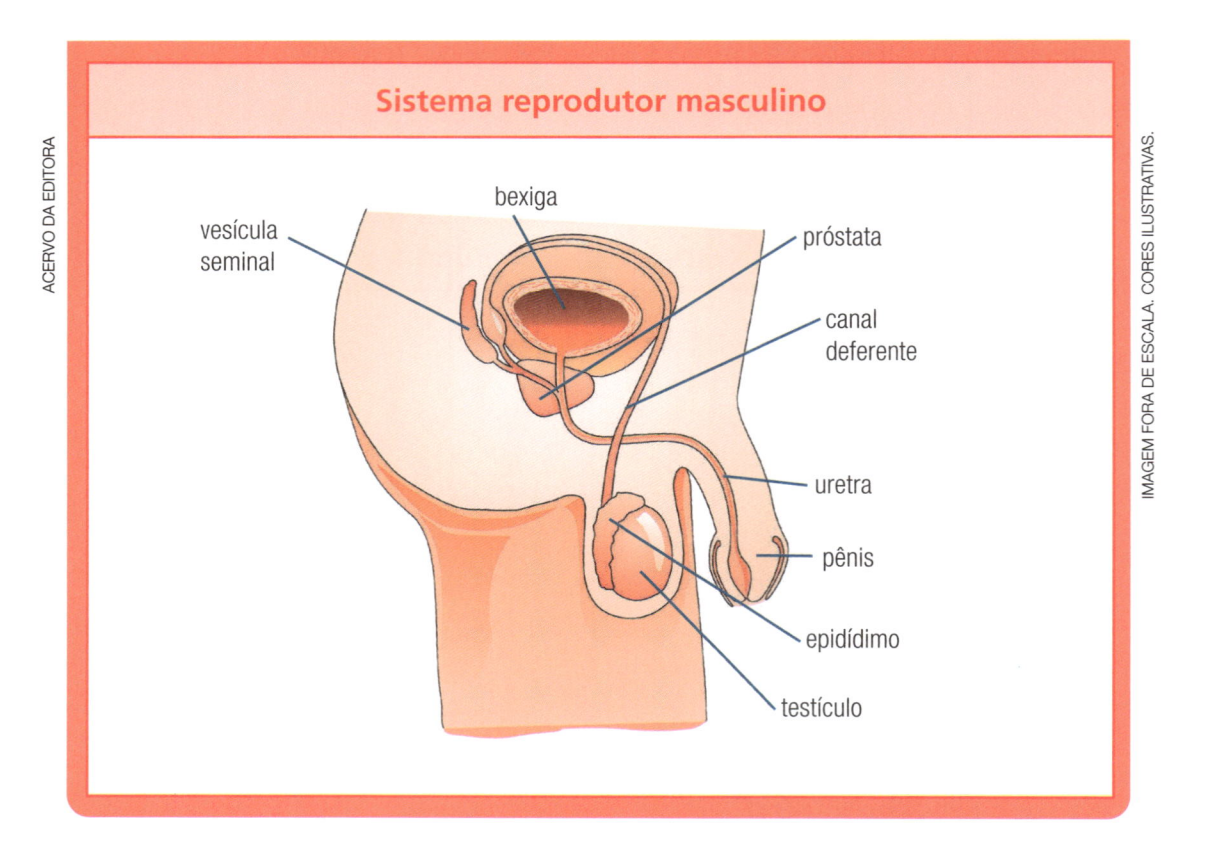

Sistema reprodutor masculino

- bexiga
- vesícula seminal
- próstata
- canal deferente
- uretra
- pênis
- epidídimo
- testículo

Testículos: órgãos que produzem os espermatozoides, que são as células reprodutoras produzidas desde a adolescência até o homem morrer.

Epidídimo: localizado dentro dos testículos, é a estrutura que armazena os espermatozoides.

Canais deferentes: tubos pelos quais os espermatozoides chegam à uretra.

Vesículas seminais e próstata: órgãos que produzem líquidos nos quais os espermatozoides se misturam, formando o esperma.

Uretra: tubo que sai da bexiga e percorre o pênis. Por ele saem a urina e o esperma, nunca ao mesmo tempo.

Pênis: órgão que deposita o esperma na vagina do sistema reprodutor feminino.

A função do escroto (pele que envolve cada testículo) é manter a temperatura dos testículos um grau centígrado abaixo da temperatura do corpo. Para isso, sua musculatura relaxa no verão, mantendo os testículos mais distantes do corpo e contrai durante os dias frios, trazendo-os para mais perto do corpo.

Fecundação e gravidez

Durante a relação sexual, o homem introduz o pênis na vagina da mulher. Quando o esperma sai do pênis, entre duzentos a seiscentos milhões de espermatozoides nadam movendo a cauda de um lado para o outro em direção às tubas uterinas. Muitos espermatozoides morrem no caminho.

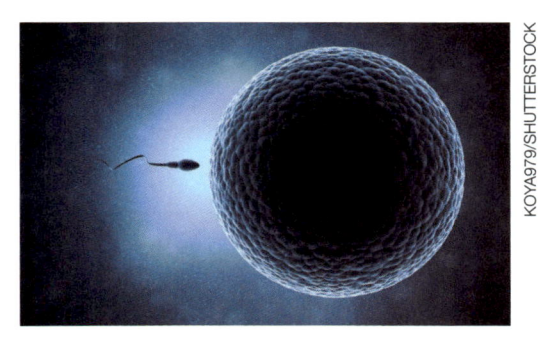

Se a mulher ovulou ou ovular próximo do dia da relação sexual, um pequeno número de espermatozoides sobreviventes rodeia o óvulo. Apenas um entra nele. Nesse momento ocorre a fecundação e o óvulo forma uma capa ao seu redor, impedindo a entrada de outros espermatozoides.

Imagem obtida em um microscópio eletrônico, colorida artificialmente. O espermatozoide é 25 vezes menor do que o óvulo.

Na fecundação, o núcleo do espermatozoide se une ao núcleo do óvulo e forma-se a célula-ovo.

A célula-ovo divide-se em duas células, que também se dividem, e essas divisões formam uma esfera de células que desliza pela tuba uterina em direção ao útero.

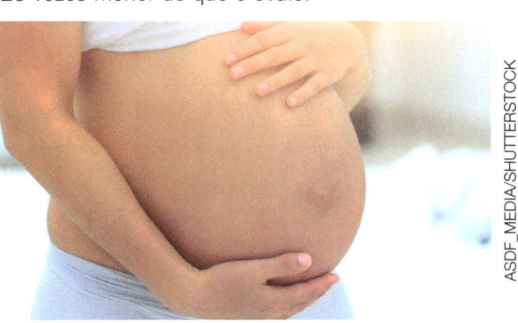

Durante a gravidez o útero aumenta de tamanho para abrigar o bebê.

No útero, o embrião passará a receber alimento da mãe por meio da placenta, que fica ligada ao ventre do embrião pelo cordão umbilical. Alimentado pela mãe, o embrião cresce e se transforma em feto.

O feto conclui seu desenvolvimento em um período de nove meses completos ou quarenta semanas. Terminado esse tempo, geralmente ocorre o parto e um novo ser começa a vida.

Etapas do desenvolvimento do embrião

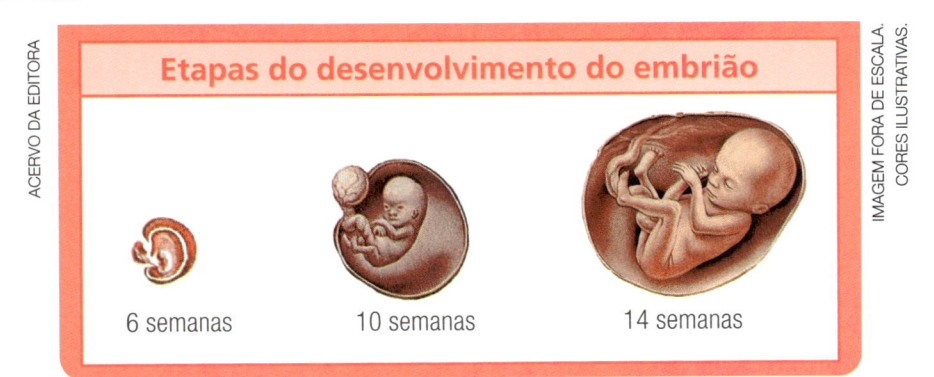

6 semanas   10 semanas   14 semanas

No parto normal, o bebê sai pela vagina e a mulher fica apenas um dia na maternidade. No parto cesariano, o bebê é retirado por um corte feito no abdome da mulher, por isso a recuperação é mais lenta. Portanto, sempre que possível, o parto deve ser normal.

ATIVIDADES

1. Responda.

a) Onde são produzidos os espermatozoides?

_____

_____

_____

b) Onde são produzidos os óvulos?

_____

_____

_____

c) O que é fecundação?

_____

_____

_____

d) Onde o embrião se desenvolve?

_____

_____

_____

2. Escreva o nome dos órgãos indicados nos esquemas a seguir.

Aparelho reprodutor masculino

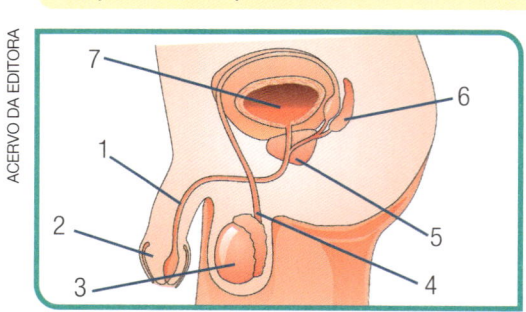

1 _____

2 _____

3 _____

4 _____

5 _____

6 _____

7 _____

Aparelho reprodutor feminino

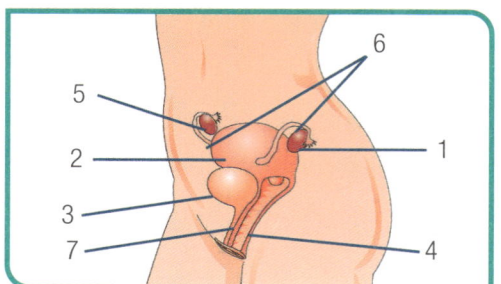

1 _____

2 _____

3 _____

4 _____

5 _____

6 _____

7 _____

Como os gêmeos são formados?

Gêmeos são dois ou mais irmãos que nascem de uma mesma gestação, podendo ser idênticos ou não.

Os gêmeos poder ser **univitelinos** ou **bivitelinos** (**fraternos**). Os **univitelinos** são idênticos e possuem o mesmo sexo. Os gêmeos **fraternos** não se assemelham muito entre si e podem ser do mesmo sexo ou não.

Gêmeos **univitelinos** ou **idênticos** formam-se quando um único óvulo, fecundado por um só espermatozoide, se divide em dois e cada um segue seu desenvolvimento no útero materno, dividindo a mesma placenta.

Gêmeos **bivitelinos** ou **fraternos** formam-se a partir de dois óvulos e esses são fecundados por dois espermatozoides, formando assim dois embriões, cada um com a sua placenta.

ATIVIDADES

1. O que são gêmeos?
_____
_____

2. Como podem ser os gêmeos?
_____

3. Os esquemas abaixo representam a formação de gêmeos univitelinos e de gêmeos fraternos.

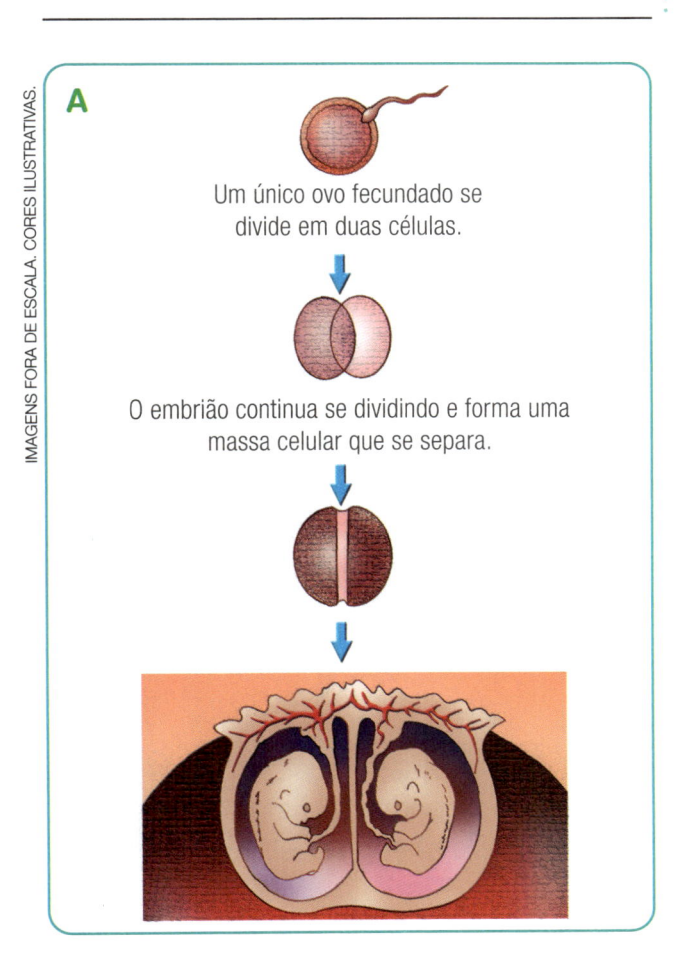

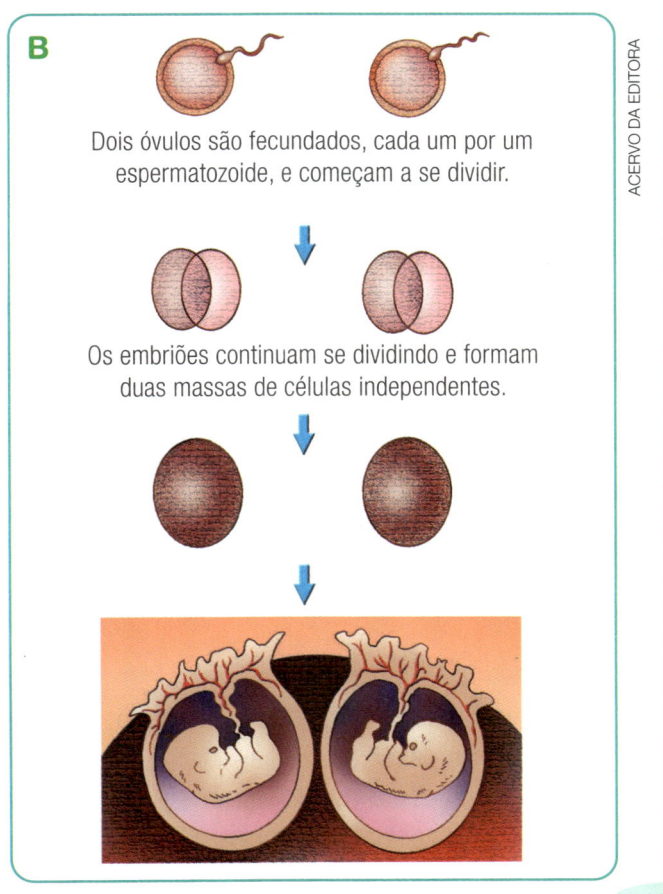

A

Um único ovo fecundado se divide em duas células.

O embrião continua se dividindo e forma uma massa celular que se separa.

B

Dois óvulos são fecundados, cada um por um espermatozoide, e começam a se dividir.

Os embriões continuam se dividindo e formam duas massas de células independentes.

IMAGENS FORA DE ESCALA. CORES ILUSTRATIVAS.
ACERVO DA EDITORA

Qual dos esquemas da página anterior representa a formação de gêmeos idênticos? Justifique sua resposta.

_____

_____

_____

4. Você é ou conhece algum gêmeo? Escreva algo que justifique sua resposta.

_____

_____

_____

_____

A infância e a adolescência

Infância

A fase do nascimento até mais ou menos os 11 anos é chamada de infância. Ela pode ser dividida em primeira infância até os 4 anos e segunda infância, até adolescência.

Ao nascer, o bebê reage a poucos estímulos do ambiente e dorme a maior parte do tempo, acordando geralmente apenas para mamar. À medida que seu sistema nervoso completa o desenvolvimento, o bebê senta e engatinha, fica em pé e anda, pede para ir ao banheiro e pode até aprender a nadar.

Ou seja, adquire controle sobre o próprio corpo. Tocando nas coisas, cheirando e observando tudo que o rodeia, ele aprende.

No ambiente familiar, a criança aprende a se relacionar com as pessoas, os objetos e o mundo que a cerca. Conforme aprende a falar, a criança dá nome aos objetos. Ela é muito curiosa, interessada em saber a explicação de tudo. Perguntando e brincando, vai aprendendo as regras de convivência.

A infância é um período muito importante na formação do ser humano e a criança depende da família, da escola e dos amigos para ter corpo e mente saudáveis.

No início da vida, a alimentação do bebê é o leite materno.

Conforme o bebê se desenvolve ele aprende a sentar e depois a andar.

Na adolescência ocorrem muitas transformações físicas e emocionais.

Adolescência

Por volta dos 10-11 anos, inicia-se uma nova fase de grandes transformações físicas e emocionais. Nessa fase, a criança começa a se preparar para a vida adulta. É a puberdade e a adolescência que chegam. A puberdade refere-se às modificações físicas que acontecem com meninos e meninas.

A palavra "puberdade" deriva de púbis, que, em latim, quer dizer "pelo", "penugem". E é exatamente nessa fase que começam a aparecer os pelos na região dos órgãos genitais e nas axilas e ocorre o crescimento das mamas.

A adolescência é um processo psicológico e social, isto é, sofre a influência da cultura e do ambiente em que o menino e a menina vivem. Existem culturas nas quais essa fase nem existe. A passagem da infância para a fase adulta costuma acontecer por meio de um ritual ou rito de passagem, com cerimônias, atividades e festejos.

Mudanças físicas na adolescência	
Meninos	Meninas
Crescem pelos no rosto, no peito, ao redor do pênis, nas axilas, nas pernas e nos braços e a voz engrossa. A musculatura aumenta, cresce o corpo e ocorre a primeira eliminação de esperma.	Crescem pelos nas axilas, na região genital e nas pernas e nos braços. Os seios crescem, os quadris alargam, cresce o corpo e ocorre a primeira menstruação.

Durante a adolescência, começa a produção dos hormônios sexuais que mudam não só o físico, mas também o comportamento das pessoas. Hormônios são substâncias produzidas pelo organismo para regular as funções dos órgãos e do corpo.

Nessa fase, principalmente por causa dos hormônios, o humor oscila a cada dia entre a tristeza e a felicidade, a agitação e a preguiça. Por se tratar de uma fase difícil, é importante que os adolescentes conversem com os pais, com os professores e com outros adultos dos quais gostem e nos quais confiem. O diálogo nesse período é fundamental. E, muitas vezes, é necessária a ajuda de profissionais em comportamento humano: o psicanalista e o psicólogo.

Uma característica dos adolescentes é a necessidade de fazer parte de um grupo. Por isso, os amigos são importantes.

Na adolescência é preciso maior cuidado com a higiene do corpo, porque certas glândulas sudoríparas que produzem o suor, o chamado "cê-cê", intensificam sua atividade nessa fase da vida. Como várias regiões do corpo adquirem pelos mais grossos, forma-se um ambiente mais quente, que, associado ao suor, oferece condições para a proliferação de bactérias que vivem na pele e provocam o cheiro desagradável no corpo.

ATIVIDADES

1. A puberdade é a fase na qual ocorrem mudanças físicas nos meninos e nas meninas.

a) Que mudanças externas acontecem no corpo das meninas?

_____
_____
_____
_____

b) Que mudanças físicas acontecem nos meninos?

_____
_____
_____
_____

c) Quais dessas mudanças estão acontecendo com você?

_____
_____
_____
_____

2. As mudanças que ocorrem no corpo dos adolescentes os preparam para a vida sexual. Qual a finalidade da natureza ao programar essas mudanças?

_____
_____
_____

3. Com quantos anos uma criança passa da infância para a adolescência?

_____
_____

4. Qual é o papel dos hormônios nessa fase?

_____
_____
_____
_____
_____

5. Quais os cuidados necessários na adolescência?

_____
_____
_____
_____
_____

6. Em que fase do desenvolvimento você está? Justifique sua resposta.

_____
_____
_____
_____

8 OS ALIMENTOS COMO FONTE DE VIDA

Os alimentos são responsáveis pelo crescimento do nosso corpo; também podem prevenir contra doenças e fornecem energia para a realização das mais diversas atividades.

Há alimentos de origem vegetal, animal ou mineral.

Os alimentos de origem vegetal são as verduras, as frutas, os legumes, os cereais, as sementes. Os de origem animal são as carnes, o leite, os queijos, os ovos, a manteiga, os embutidos, como linguiças e salsichas. O sal é um alimento de origem mineral.

Vegetal   Mineral   Animal

De acordo com a função, os alimentos classificam-se em construtores, energéticos e reguladores.

Os alimentos construtores atuam na estrutura do nosso corpo. Eles contêm proteínas, cálcio e ferro que favorecem o crescimento e fortalecem o organismo. Exemplos: carnes, ovos, leite e derivados (como queijo, ricota e iogurte), feijão, ervilha, milho, lentilha, grão-de-bico e soja.

Os alimentos energéticos fornecem energia ao organismo. São os alimentos que contêm carboidratos (açúcares, amido), como massas, pães, farinhas, mel, beterraba, batata, mandioca. E os que contêm gorduras, como manteiga, margarina, óleos vegetais, nozes e castanhas.

Os alimentos reguladores ajudam a regular as funções do corpo, pois contêm vitaminas, sais minerais e fibras. As vitaminas e fibras são encontradas nas frutas, verduras e legumes em geral; os sais minerais são encontrados no queijo, no leite, no peixe, no fígado, no amendoim.

Uma boa alimentação deve conter os três tipos de alimento em uma mesma refeição: construtores, energéticos e reguladores.

Fique de olho em sua alimentação. Procure manter uma dieta equilibrada com alimentos de todos os grupos.

Os principais tipos de nutrientes são os açúcares, as gorduras, as proteínas, as vitaminas, os sais minerais e a água.

Carboidratos (açúcares)

São substâncias energéticas produzidas pelos vegetais e encontradas na cana-de-açúcar, no trigo, na aveia, no centeio, nas raízes, nas frutas, nas sementes, no leite e em outros alimentos.

Gorduras

São importantes reservas alimentares. Encontradas nos óleos e nas gorduras de origem animal ou vegetal.

Proteínas

São substâncias que contribuem para a formação do nosso corpo. Os alimentos de origem animal e alguns vegetais, como a soja e o feijão, são ricos em proteínas.

Vitaminas

São substâncias indispensáveis à nossa vida. As vitaminas são encontradas tanto nos alimentos de origem animal como nos de origem vegetal.

Sais minerais

São tão importantes à nossa saúde como as vitaminas, porque também são responsáveis pelo desenvolvimento e funcionamento do organismo. São encontrados em pequenas doses em todos os alimentos.

Água

Indispensável à vida dos seres vivos. Está presente em todas as partes do nosso corpo, até nos ossos. Ela representa 70% do corpo do ser humano.

ILUSTRAÇÕES: SHUTTERSTOCK

O conteúdo dos alimentos

As frutas contêm vitaminas, fibras e açúcares.

As verduras têm vitaminas, fibras, sais minerais, mas fornecem pouca energia.

Pães, bolos, biscoitos são ricos em amido, fornecem muita energia.

Peixes, carne, ovos, queijo são ricos em proteínas.

ATIVIDADES

1. Teste seus conhecimentos.

a) Por que os alimentos são importantes?
_____
_____
_____
_____

b) De que origem são os alimentos que comemos?
_____
_____

2. O que são proteínas?
_____
_____
_____

3. Dê exemplos de alimentos ricos em proteína.
_____

4. Quais são as funções dos:

a) alimentos construtores?
_____

b) alimentos energéticos?
_____

c) alimentos reguladores?
_____

5. Classifique os alimentos de acordo com a origem.

A Animal **V** Vegetal **M** Mineral

IMAGENS FORA DE ESCALA.
CORES ILUSTRATIVAS.

Vitaminas: indispensáveis para o organismo

O papel das vitaminas no organismo é extremamente importante. Sempre que falta uma vitamina no corpo, por ela não estar incluída na alimentação ou pelo organismo não conseguir aproveitá-la dos alimentos, surge uma doença específica. Veja a ao lado a ação das diferentes vitaminas no organismo e os alimentos que são fontes de obtenção delas.

A — Vitamina indispensável para a visão, auxilia o crescimento e aumenta a resistência contra doenças. É encontrada no leite, na gema de ovo, no queijo, na manteiga, na cenoura e na alface.

B — Ajuda no crescimento e na formação do sangue; mantém saudáveis os olhos, os cabelos, as unhas e a pele. É encontrada no leite, na gema de ovo, na carne, nos miúdos, como fígado, rins e coração, no peixe, nos legumes, nos cereais e no feijão.

C — Combate infecções e aumenta a resistência contra doenças. É encontrada na laranja, no limão, no caju, na acerola, no tomate, nos legumes, na batata, no espinafre e no pimentão.

D — Auxilia na formação dos ossos e dos dentes. É encontrada nas gorduras de origem vegetal e animal, como margarina, óleos e manteiga.

E — É importante para a pele, fortalecer as defesas naturais do organismo, para a circulação e o coração. É encontrada no ovo, nas verduras de folhas verde-escuras e nas sementes.

K — Ajuda na cicatrização dos ferimentos. É encontrada nas verduras que comemos cruas.

ATIVIDADES

1. Onde são encontradas as vitaminas?
_____
_____

2. Onde encontramos a vitamina B? Qual é a sua importância?
_____
_____
_____
_____

3. Que tipo de vitamina contém cada alimento a seguir?

a) leite _____.

b) peixe _____.

c) miúdos _____.

d) tomate _____.

e) manteiga _____.

f) ovo _____.

g) laranja _____.

558

4. Complete as frases.

a) A vitamina D é necessária para a formação dos _____ e dos _____.

b) As infecções são combatidas pela vitamina _____.

5. Pesquise, recorte e cole no caderno figuras de alimentos que contêm as vitaminas A e C.

6. Responda.

a) Que vitamina ajuda na cicatrização dos ferimentos?
_____

b) Cite alimentos ricos em vitamina A.
_____

c) Que vitaminas são encontradas no leite e em seus derivados?
_____

Alimentação balanceada

Uma alimentação saudável inclui alimentos naturais ou minimamente processados como o feijão, o arroz e outros grãos, carboidratos, proteínas, fibras e vitaminas (obtidas em frutas, verduras e legumes) e gorduras. A composição desses alimentos no cardápio pode ser representada pela pirâmide alimentar. Em sua base estão os alimentos que devem ser consumidos em maior quantidade e, à medida que subimos na pirâmide, novos grupos de alimentos são indicados, mas sempre em quantidades cada vez menores. Veja a representação da pirâmide alimentar a seguir.

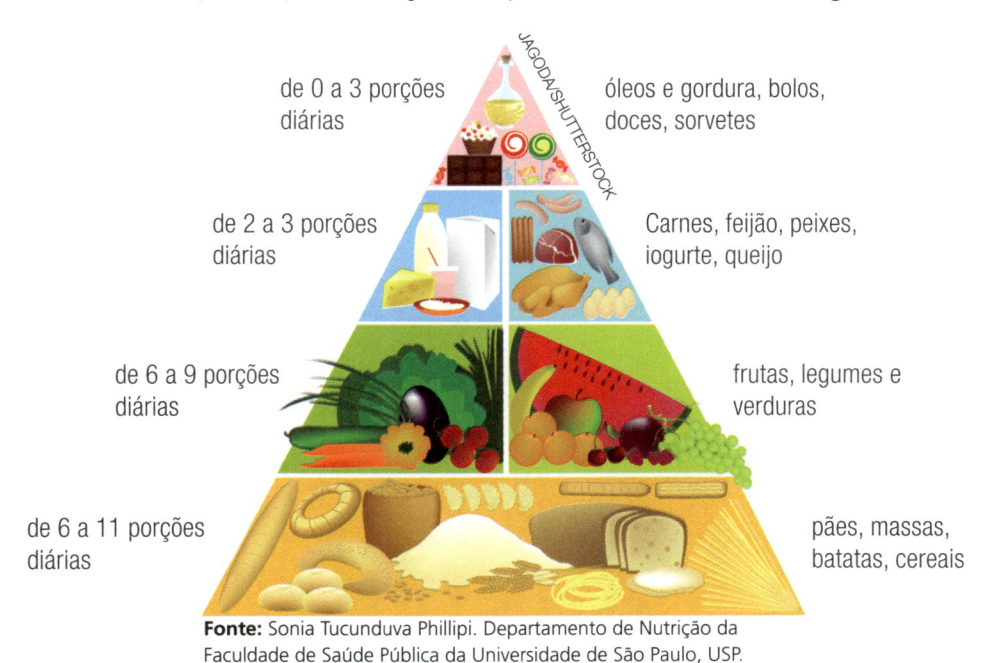

- de 0 a 3 porções diárias — óleos e gordura, bolos, doces, sorvetes
- de 2 a 3 porções diárias — Carnes, feijão, peixes, iogurte, queijo
- de 6 a 9 porções diárias — frutas, legumes e verduras
- de 6 a 11 porções diárias — pães, massas, batatas, cereais

Fonte: Sonia Tucunduva Phillipi. Departamento de Nutrição da Faculdade de Saúde Pública da Universidade de São Paulo, USP.

Cuidados com a alimentação

- Comer alimentos variados.
- Preferir alimentos naturais.
- Beber água filtrada ou fervida.
- Evitar alimentos fritos.
- Evitar balas, salgadinhos e outras guloseimas.
- Fazer as refeições nas horas certas.
- Comer apenas o necessário.

Coleção Eu gosto m@is

ARTE

5º ANO
ENSINO FUNDAMENTAL

SUMÁRIO

PÁGINA

Lição 1 – Manifestações culturais 563

Lição 2 – O desenho 565

Lição 3 – Cores complementares 567

Lição 4 – Arte africana – Máscara 569

Lição 5 – Dia das Mães – Porta-celular 572

Lição 6 – Festa Junina – Relicário junino 575

Lição 7 – Instrumento africano – Cabuletê 578

Lição 8 – O vitral 580

Lição 9 – Dia dos Pais – *Kit* escritório pai coruja 582

Lição 10 – Recortando e colando com cores quentes e cores frias 584

Lição 11 – Desenho abstrato 586

Lição 12 – Arte africana – Escultura 588

Lição 13 – Impressionismo 590

Lição 14 – Grafite 592

Lição 15 – Patrimônio cultural 593

MANIFESTAÇÕES CULTURAIS

Ao chegarem ao Brasil em 1500, os portugueses encontraram vários povos indígenas que viviam aqui há milhares de anos.

Trinta anos depois desse fato, Portugal começou a trazer africanos escravizados para servirem de mão de obra.

Desse modo, em pouco tempo, havia a convivência de três povos de hábitos e costumes distintos. Da convivência entre eles, cheia de desconfianças, interesses e muita violência, foi se formando um povo que, no conjunto, apresenta diversidades na religião, nos gostos, nos hábitos e costumes. Mas, apesar das diferenças, todos os brasileiros se identificam: não só falam a mesma língua como têm, nas raízes de sua cultura, elementos indígenas, africanos e portugueses.

Observe as imagens a seguir, nelas estão representados costumes desses três povos.

Indígenas da etnia Pataxó na Aldeia Jaqueira durante ritual de casamento, Terra Indígena Pataxó, Porto Seguro (BA).

Festa junina em escola, Presidente Prudente (SP). As festas juninas são uma herança dos portugueses que, com o passar do tempo, receberam influência dos costumes dos povos indígenas e africanos, presentes especialmente nos pratos típicos a base de milho, amendoim e mandioca.

Grupo cultura faz apresentação de samba de roda, de origem africana, Salvador (BA).

Dança do maculelê, manifestação de dança e música de origem indígena e africana. Ruy Barbosa (BA).

Essas manifestações são apenas exemplos de aspectos da cultura brasileira, aquilo que nos identifica como um povo, que nos traz a sensação de segurança e pertencimento do lugar onde vivemos.

ATIVIDADES

1. Você ou membros da sua família participam de alguma manifestação cultural? Qual?

2. Em grupo de três alunos, pesquisem sobre uma manifestação cultural que acontece na comunidade ou no município onde você vive, identificando:

a) o nome da manifestação;

b) a sua origem;

c) características da manifestação;

d) por que essa manifestação é importante para a comunidade ou o município.

2 O DESENHO

O **desenho** é um modo de representar ideias, sensações, seres e objetos em papel ou outra superfície.

Desenhar é uma forma de comunicação muito antiga. Desde a época que habitava cavernas, o ser humano já desenhava.

Várias técnicas podem ser utilizadas para desenhar. Podemos usar lápis grafite, lápis de cor, carvão, tinta e pincel, ou até mesmo o dedo, entre muitas outras opções.

Veja, na foto abaixo, como os seres humanos pré-históricos usaram o desenho para representar os animais. Esses desenhos foram feitos sobre a rocha das cavernas. Para pintá-los, eles usavam pigmentos naturais como carvão, extratos de plantas e pontas de pedras.

Agora observe ao lado um desenho feito no século XX pelo pintor espanhol Pablo Picasso. Com linhas precisas, ele definiu vários detalhes da roupa do homem, representando-o.

Retrato de Erik Satie, de Pablo Picasso, 1920. Lápis sobre papel, 62 cm × 47 cm. O pintor Pablo Picasso fez o retrato de um amigo, o compositor francês Erik Satie.

Pintura rupestre em caverna de Lascaux, na França, datada de aproximadamente 15 mil a 10 mil a.C.

Você já ouviu falar em desenho de observação?

Como o nome já diz, este é um tipo de desenho produzido com base no ponto de vista do artista em relação ao objeto observado. Veja um exemplo.

ACERVO DAS AUTORAS

ATIVIDADE

Você vai fazer um desenho de observação. Coloque sobre a sua carteira um objeto de que você gosta e faça um desenho dele. Preste bastante atenção aos detalhes. Use lápis grafite para desenhar e lápis de cor para colorir.

3 CORES COMPLEMENTARES

Observe o círculo abaixo. Ele é chamado **círculo cromático** e formado pelas cores primárias e secundárias.

Agora, vamos conhecer as **cores complementares**. Elas são as cores opostas no círculo cromático, formadas por uma cor primária e uma cor secundária. Veja.

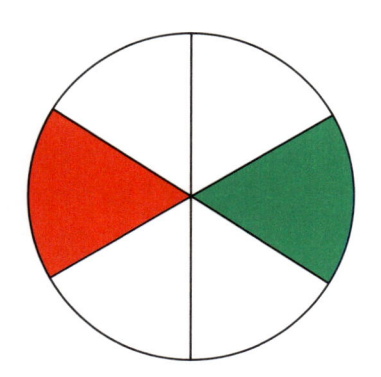

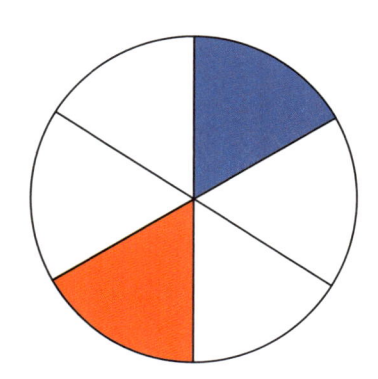

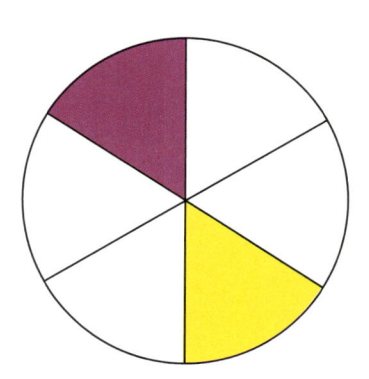

- O vermelho é a cor complementar do verde.
- O azul é a cor complementar do laranja.
- O amarelo é a cor complementar do roxo ou violeta.

As cores complementares são contrastantes entre si porque não há pigmentos em comum. O uso das cores complementares em um trabalho cria um contraste muito bonito. Confira, realizando a atividade da página seguinte.

567

ATIVIDADE

Pinte esta composição com círculos usando um par de cores complementares. Utilize lápis de cor.

4 ARTE AFRICANA – MÁSCARA

As máscaras africanas são muito antigas. Elas existem desde a Pré-História e fazem parte da cultura do continente africano.

Elas podem ser feitas de diversos materiais, como madeira, couro, tecido, sisal, sementes, entre outros materiais.

As máscaras são usadas em cerimônias religiosas, celebrações e festas.

Geralmente, cobrem todo o rosto e têm características humanas distorcidas.

Vamos construir uma máscara africana utilizando materiais reutilizáveis.

MATERIAIS

A cola quente deve ser usada na presença de um adulto.

- caixa de sapato
- rolinho de papel higiênico
- tinta preta
- cola quente
- galhos
- galhos com folhas secas

PASSO A PASSO

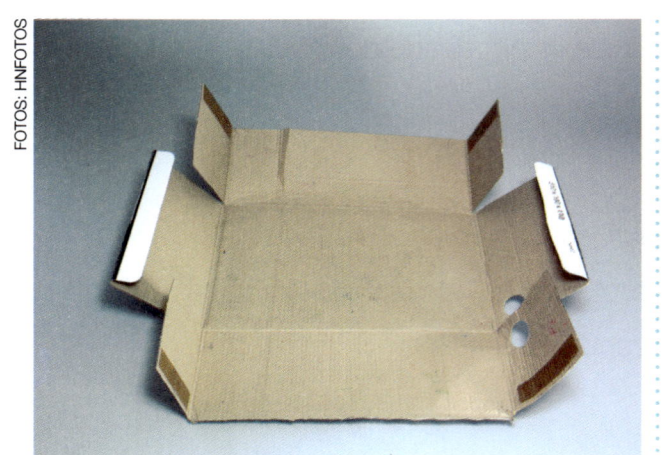

1. Abra a caixa de sapato, virando-a ao contrário. A caixa virada do avesso será a base da nossa máscara.

2. Recorte um retângulo.

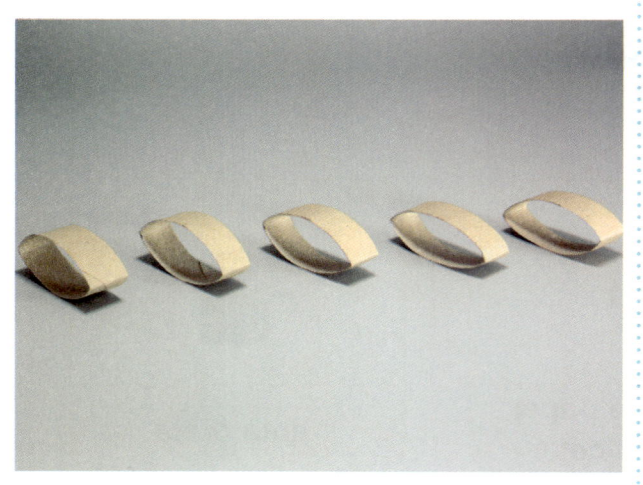

3. Comprima levemente o rolinho de papel higiênico. Corte-o em tiras de aproximadamente 1 cm.

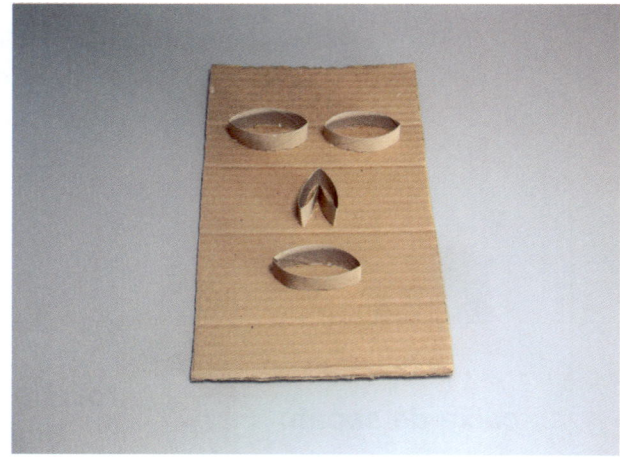

4. Cole as tiras do rolinho de papel higiênico para formar os olhos, o nariz e a boca da máscara.

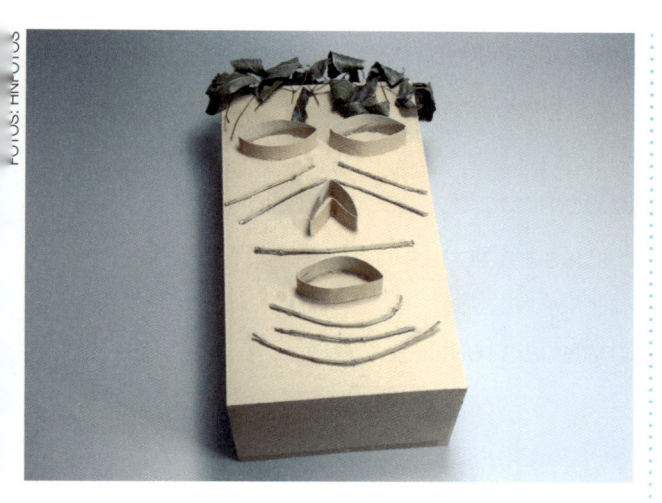

5. Cole os galhos com as folhas secas para formar o cabelo.

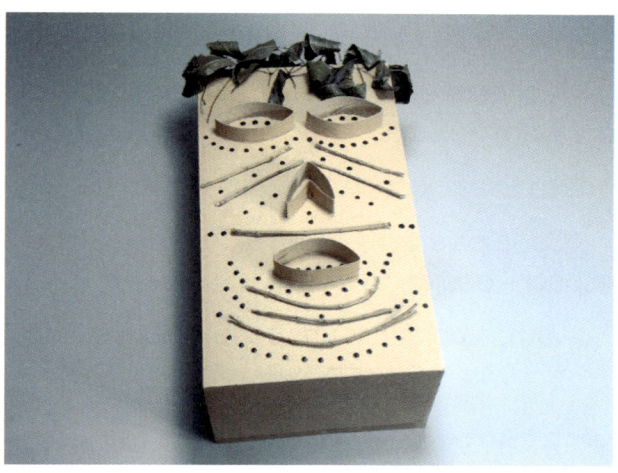

6. Com a tinta preta, faça alguns detalhes.

7. Depois, abra um furo dentro do olho para conseguir enxergar. A máscara africana está pronta!

LIÇÃO 5 — DIA DAS MÃES – PORTA-CELULAR

No Dia das Mães, comemoramos e presenteamos nossas mães.

A origem dessa comemoração está na Grécia antiga. Em Roma, as comemorações duravam três dias.

No Brasil, comemoramos a data no segundo domingo do mês de maio.

Cada país comemora a data de acordo com suas tradições locais e tem um dia especial dedicado às mães.

Vamos construir um porta-celular utilizando materiais reutilizáveis.

MATERIAIS

- garrafa plástica de suco
- cola quente 
- estilete 
- tesoura 
- retalho de tecido
- fitas

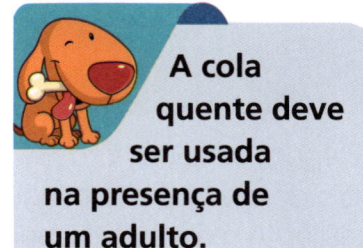

A cola quente deve ser usada na presença de um adulto.

PASSO A PASSO

1. Corte a garrafa usando a tesoura, como na imagem.

2. Com a ajuda do professor, com o estilete, corte um retângulo na parte de cima da garrafa, como na imagem.

3. Com o tecido, enfeite a garrafa.

4. Para finalizar, decore com as fitas.

573

FOTOS: HNFOTOS

5. O porta-celular está pronto para ser usado pela mamãe.

ATIVIDADE

Escreva uma mensagem para sua mãe.

_____
_____
_____
_____
_____
_____
_____
_____

6 FESTA JUNINA – RELICÁRIO JUNINO

As Festas Juninas fazem parte da tradição do nosso país. Elas acontecem no mês de junho, por isso são chamadas **juninas**. Às vezes acontecem também no mês de julho, quando então são chamadas **julinas**.

As Festas Juninas têm características próprias em cada região brasileira.

Elas são manifestações culturais que homenageiam alguns santos da Igreja Católica, como Santo Antônio, no dia 13 de junho, considerado o "santo casamenteiro". Nesse dia, as moças solteiras fazem simpatias para arrumar namorado. Outro santo celebrado é São João, no dia 24 de junho, considerado o "santo festeiro". Por fim, no dia 29 de junho, comemora-se o dia de São Pedro, que guarda as chaves do céu.

Comemoram-se as Festas Juninas com comidas típicas, como pamonha, curau, milho cozido, pipoca, canjica, pinhão, arroz-doce, pé de moleque, entre outras. Também não podem faltar a fogueira, a dança da quadrilha e as brincadeiras.

Geralmente, os relicários são enfeitados com santos e anjos.

Vamos construir um relicário junino utilizando materiais reutilizáveis.

MATERIAIS

A cola quente deve ser usada na presença de um adulto.

- cola quente
- tesoura
- retalho de tecido 
- retalho de EVA
- 2 caixas de leite 
- massa de modelar

PASSO A PASSO

1. Corte uma das caixas de leite, como na imagem.

2. Na outra caixa, recorte estas formas.

3. Cole o tecido com a cola quente.

4. Na parte de dentro do relicário, cole um círculo. No meio do círculo, cole a pomba da paz. Caso não encontre uma pomba na sua cidade, desenhe-a em papel branco ou faça uma com massa de modelar.

5. Crie enfeites com o EVA e cole com as estrelas.

6. Para finalizar, cole as partes com o tecido na frente do relicário junino. Boas festas!

ATIVIDADE

Desenhe pratos típicos de festas juninas.

LIÇÃO 7

INSTRUMENTO AFRICANO – CABULETÊ

Fazem parte da cultura do povo africano a música, a dança e a arte de forma peculiar, entre outros elementos.

Na música, especialmente, seus ritmos são fortes e únicos.

Os africanos criaram vários instrumentos musicais, como o afoxé, o agogô, o berimbau, o caxixi, a cuíca, a kora, o reco-reco, os tambores, o cabuletê, entre outros.

Vamos construir um **cabuletê**, instrumento de percussão feito com uma caixa de ressonância, um cabo e dois pequenos braços que, quando giram, produzem o som.

O cabuletê era usado nos rituais religiosos africanos.

Vamos construir um cabuletê utilizando materiais reutilizáveis.

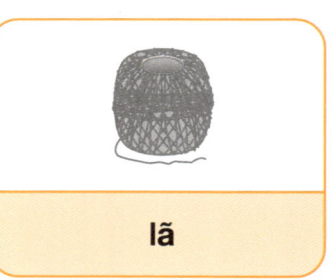

MATERIAIS

A cola quente deve ser usada na presença de um adulto.

- garrafa PET
- 2 bolinhas de isopor
- lã
- cola quente
- furador
- tinta guache
- 2 folhas de EVA

PASSO A PASSO

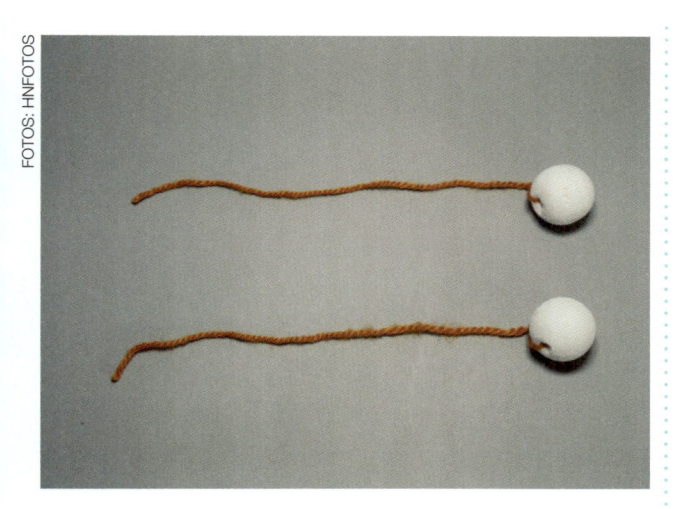

1. Fure as duas bolinhas com o furador e amarre um pedaço da lã em cada uma delas.

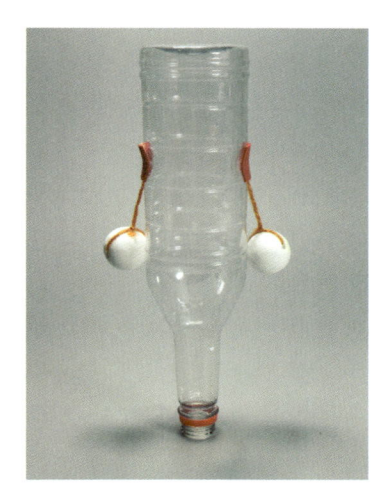

2. Com a cola quente, cole as bolinhas uma de cada lado da garrafa, depois coloque o quadrado de EVA por cima, para dar maior firmeza.

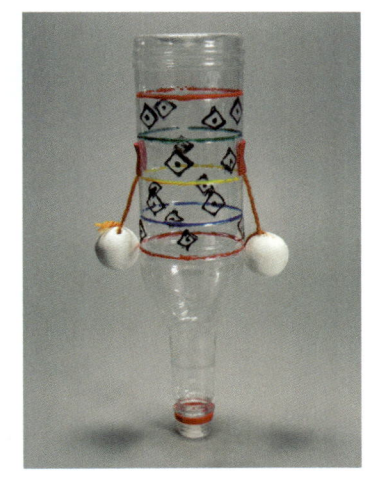

3. Com a tinta, decore a garrafa.

4. Seu cabuletê está pronto! Gire de um lado para o outro para obter o som.

LIÇÃO 8

O VITRAL

Vitral é um tipo de vidraça feito com vários pedaços de vidro colorido unidos por caixinhas (encaixes) de metal. Os vitrais podem retratar temas diversos, como cenas, personagens, flores, entre outros.

Acredita-se que os vitrais surgiram antes do século IX. Eles teriam vindo do Oriente, de países mais próximos da Europa. A Itália foi um dos primeiros países do Ocidente a desenvolver vitrais, e por um bom tempo foi o principal centro de produção e divulgação dessa arte.

Antigamente, fazer vitral era um processo longo e demorado. O vidro tinha de ser derretido e depois eram adicionadas as cores a ele. Em seguida, era levado para a fornalha, aquecida à temperatura de 550 °C. Só então o vidro estava pronto para ser trabalhado pelos artesãos.

Atualmente, o processo é mais simples. Ainda assim, é um tipo de arte muito delicado, feito por profissionais especializados.

Vitral do Mercado Municipal de São Paulo (SP).

ATIVIDADE

Agora você vai fazer uma pintura com efeito de vitral. Pinte este desenho com cores bem vivas. Para ter o efeito de vitral, as cores devem ser fortes e sem sombreado. Para isso, pressione bastante o lápis no papel. Use lápis de cor e capriche na escolha das cores!

ARTE

LIÇÃO 9

DIA DOS PAIS – *KIT* ESCRITÓRIO PAI CORUJA

O pai é um dos responsáveis pelo bem-estar de seus filhos. Ele deve promover a educação, a alimentação e o amor em seu lar.

No Brasil, o Dia dos Pais é comemorado no segundo domingo de agosto. Em outros países, porém, a data é comemorada em outros dias.

Vamos construir um *kit* escritório pai coruja utilizando materiais reutilizáveis.

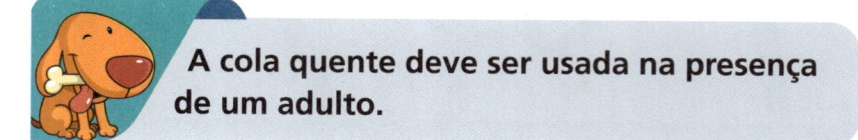

MATERIAIS

- bandeja de isopor
- 2 rolinhos de papel higiênico
- tesoura
- caneta permanente
- pincel
- tinta
- cola quente
- retalhos de EVA
- bloquinho de anotações

A cola quente deve ser usada na presença de um adulto.

PASSO A PASSO

1. Recorte os rolinhos de papel higiênico, como na imagem. Pinte os rolinhos e espere secar.

2. No EVA, desenhe os olhos das corujas, os bicos e uma plaquinha com a frase: "Pai Coruja". Recorte e cole os olhos e os bicos nas corujas.

3. Crie detalhes com a caneta permanente.

4. Na bandeja de isopor, cole a plaquinha, o bloquinho e as corujas. O *kit* escritório está pronto! Coloque umas canetas na coruja maior (pai) e clipes na coruja menor (filho) e presenteie seu pai.

LIÇÃO 10 — RECORTANDO E COLANDO COM CORES QUENTES E CORES FRIAS

As **cores quentes** são os tons de amarelo, laranja e vermelho.

As **cores frias** são os tons de verde, azul e roxo.

ATIVIDADES

1. Procure em revistas imagens que tenham cores quentes. Faça uma colagem sobre o quadro amarelo. Você vai precisar de uma tesoura de pontas arredondadas e cola em bastão.

2. Procure em revistas imagens que tenham cores frias. Faça uma colagem sobre o quadro azul. Você vai precisar de uma tesoura de pontas arredondadas e cola em bastão.

LIÇÃO 11

DESENHO ABSTRATO

O **desenho abstrato** é aquele que não reproduz elementos da realidade, da natureza ou aqueles criados pelo homem. Pode ter motivos orgânicos ou geométricos.

Observe um exemplo.

Escada, de Lygia Clark (1951). Óleo sobre tela, 98 cm × 72 cm.

PROPRIETÁRIO: FUNDAÇÃO ARMANDO ALVES PENTEADO – MUSEU DE ARTE BRASILEIRA

ATIVIDADE

Agora é a sua vez de criar uma composição abstrata. Utilize retalhos de papel colorido, tesoura com pontas arredondadas e cola. Preencha todo o quadro.

LIÇÃO 12 — ARTE AFRICANA – ESCULTURA

A África, assim como o Brasil, recebeu muitas influências de outros países. Com isso, cada região desse continente possui um estilo artístico diferenciado.

O continente africano é enorme, sendo habitado por diversos povos que, por sua vez, possuem diferenças culturais, estéticas e religiosas entre si.

Sendo assim, a arte africana não é homogênea, ou seja, cada comunidade possui um estilo próprio.

A **escultura africana** é carregada de simbolismos. A grande maioria delas é feita de madeira, pois os africanos acreditam que as árvores são guardiãs de poderes mágicos.

Além da madeira, são usados também o marfim, o ouro, o cobre, o bronze e diversos tipos de pedra.

Vamos construir uma escultura africana utilizando materiais reutilizáveis.

MATERIAIS

- 1 bolinha de isopor
- arame (aproximadamente 1,5 m) 
- alicate
- canudos

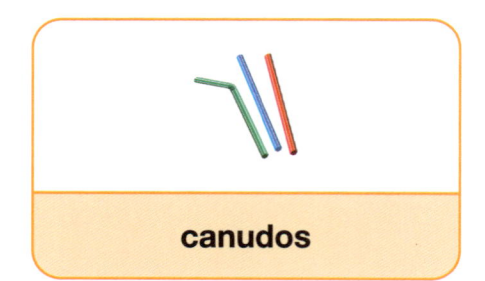

PASSO A PASSO

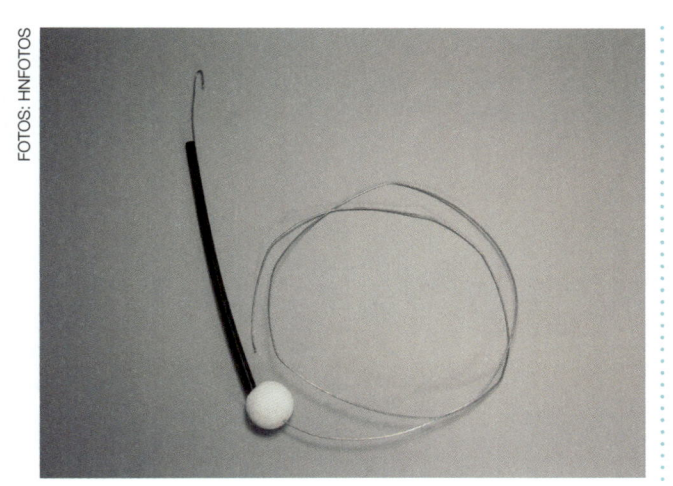

1. Fure o isopor com o arame e encaixe um pedaço de canudo dentro do arame.

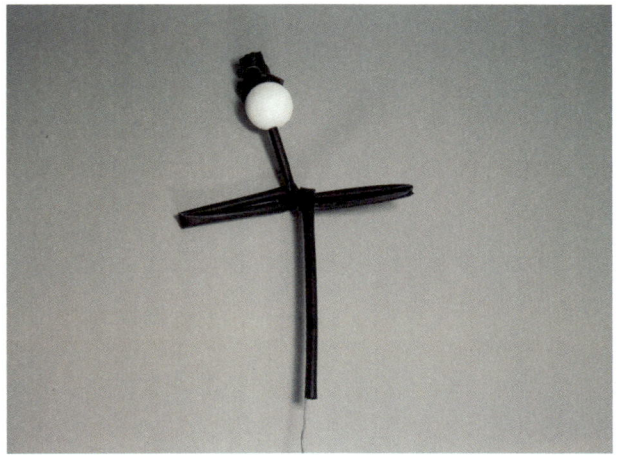

2. Enrole o arame sobre a bolinha. Ele será o turbante da escultura.
   Agora, vamos à parte do corpo da escultura. Deixe uma parte do arame reta. Essa parte será o pescoço. Em seguida, faça os braços. Vá encaixando um canudo dentro do outro, para dar um bom acabamento.

3. Comece a fazer um espiral. Depois, faça um círculo menor e aumente o tamanho a cada volta dada.

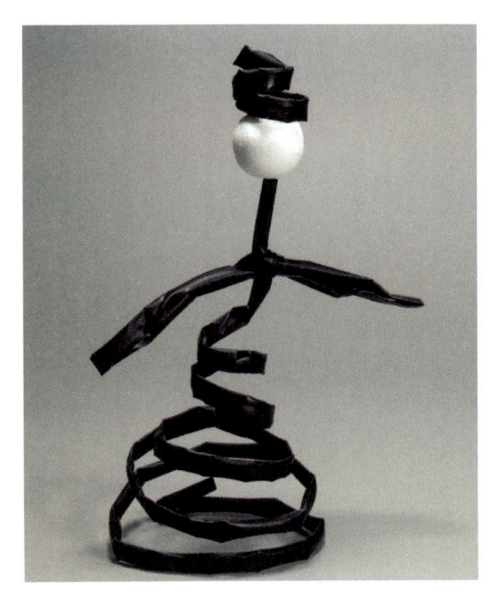

4. Faça isso até acabar o arame. Arrume de forma que a escultura fique a seu gosto. A escultura africana está pronta!

LIÇÃO 13

IMPRESSIONISMO

O **Impressionismo** foi um importante movimento na pintura que surgiu na França, no fim do século XIX. Essa forma de pintura valorizava os temas da natureza. Os artistas não misturavam as tintas na paleta, usavam cores puras em pequenas pinceladas soltas. O resultado final, com a combinação das várias cores, é dado pelo observador, ao olhar a pintura.

Observe a obra *Jardim em Saint-Adresse*, de Claude Monet.

Jardim em Saint-Adresse, de Claude Monet, 1867.
Óleo sobre tela, 98,1 cm × 129,9 cm.

MUSEU METROPOLITANO DE ARTE, NOVA YORK

Claude Monet (1840-1926) nasceu na França e tornou-se um dos mais importantes pintores do Impressionismo. Monet gostava de pintar ao ar livre para captar a luz e as paisagens da natureza.

ATIVIDADE

Converse com seus colegas sobre os lugares e as paisagens de que vocês gostam, como uma praia, um parque, um jardim etc. Se for possível, mostre imagens desses lugares.

No espaço abaixo, faça uma representação do lugar ou da paisagem que você escolheu e pinte.

ARTE

LIÇÃO 14 — GRAFITE

O **grafite** é uma forma de manifestação artística feita em lugares públicos. Os artistas realizam suas pinturas ou inscrições caligrafadas nos muros e nas paredes das cidades.

Não podemos confundir grafite com pichação, pois são coisas diferentes.

Vamos fazer um "grafite" no muro. Como tema, pense em algo que represente você. Pode ser uma mensagem ou um desenho ou, ainda, os dois juntos.

LIÇÃO 15 — PATRIMÔNIO CULTURAL

O Brasil possui inúmeros **patrimônios culturais**, como conjuntos arquitetônicos, monumentos, fazeres, comida, modo de vestir e falar, danças, manifestações.

O Instituto do Patrimônio Histórico e Artístico Nacional (Iphan) é o órgão responsável pela preservação do patrimônio cultural de nosso país. Ele deve proteger e promover os bens culturais do Brasil, assegurando sua permanência e seu usufruto para as gerações presentes e futuras. O Iphan também responde pela conservação, pela salvaguarda e pelo monitoramento dos bens culturais brasileiros inscritos na Lista de Patrimônios nacionais e na Lista do Patrimônio Cultural da Humanidade da Organização das Nações Unidas para a Educação, a Ciências e a Cultura (Unesco).

Um exemplo de patrimônio cultural material é a cidade de Ouro Preto, localizada em Minas Gerais. A cidade é considerada um museu aberto, em função do seu conjunto arquitetônico e obras de arte. Veja algumas imagens de Ouro Preto a seguir.

Conjunto arquitetônico da Praça Tiradentes, Ouro Preto (MG).

Igreja Nossa Senhora do Rosário dos Homens Pretos, Ouro Preto (MG).

Além do patrimônio material, há o imaterial, representado pelas crenças, comidas, modos de fazer entre outros.

Veja dois patrimônios imateriais mundiais do Brasil reconhecidos pela Unesco.

Frevo, ritmo musical e dança típicos do carnaval de Recife (PE).

Grafismos do povo Wajãpi, que vive no Amapá (AP). Esses desenhos geométricos são produzidos com tintas vegetais e estão presentes em pinturas corporais e objetos.

Mas não são só os patrimônios tombados que têm valor, todo e qualquer monumento ou bem imaterial com significado para uma comunidade, bairro ou cidade constitui um patrimônio cultural, porque representa algo importante para aquelas pessoas, algo que as identifica.

ATIVIDADE

Onde você mora existem ruas ou monumentos que homenageiam pessoas ou acontecimentos? Registre alguns exemplos em seu caderno.

Agora escolha um edifício, uma praça ou um monumento que você considera importante para o local onde vive. Pesquise informações sobre esse patrimônio e registre.

a) Quem ou o que é relembrado pela construção que você escolheu?

b) Por que a escolheu? Qual é a importância desse lugar para você?

c) Depois da pesquisa, compartilhe com os colegas sobre ela. Houve escolhas parecidas entre vocês?

Coleção Eu gosto m@is

LÍNGUA INGLESA

5º ANO
ENSINO FUNDAMENTAL

CONTENTS

Lesson 1 – How are you doing? 597
(Como vai?)

Lesson 2 – What is he like? 599
(Como ele é?)
- Physical traits 599
- Personality traits 600

Lesson 3 – Sports and competition 602
(Esportes e competições)
- Olympic sports 602
- Simple present 605

Lesson 4 – In the future 606
(No futuro)
- Let's talk about the simple future 607

Lesson 5 – Let's choose what we like 609
(Vamos escolher o que nós gostamos)
- Let's choose what you like 609
- How often do you listen to music?
  What about movies and TV? 610

Lesson 6 – Health and body 612
(Saúde e corpo)
- Good habits for a good life 612

Lesson 7 – Hobbies 616
(Passatempos)
- Look at these hobbies 616
- Numbers up to two hundred 618

- Review 619
- Glossary 622

LESSON 1

HOW ARE YOU DOING?
(Como vai?)

— GOOD MORNING, PAUL. HOW ARE YOU DOING?
— I'M FINE, THANKS. AND YOU?

— HOW'VE YOU BEEN?
— FINE, JACK. AND YOU?

— HOW'VE YOU BEEN?
— NOT VERY WELL, MY FRIEND.

— HOW ARE YOU DOING?
— I'M OK.

ACTIVITIES

1. Let's write.
(Vamos escrever.)

a) How are you doing?
_____
_____

b) How are you doing?
_____
_____

597

Attention!
(Atenção!)

How are you doing? / How've you been?	I'm fine, thanks. / I'm ok. / Not very well.
Como vai você? / Como tem passado?	Estou bem, obrigado/a. / Estou bem. / Não estou muito bem.

2. Circle in blue the possible answers to *How are you doing?* and in red the possible answers to *What are you doing in the future?*.
(Circule em azul as possíveis respostas para *How are you doing?* e em vermelho as possíveis respostas para *What are you doing in the future?*.)

- FINE, THANKS.
- I'M GOING TO READ THIS NEW BOOK.
- I'M OK.
- I'M GOING TO THE PARK.
- WE'RE GOING TO A CONCERT TONIGHT.
- I'M GOING HOME.
- I'M NOT VERY WELL.

3. Create the dialogues.
(Crie os diálogos.)

LESSON 2

WHAT IS HE LIKE?
(Como ele é?)

Physical traits
(Características físicas)

☐ young # old ☐
(jovem # velho/a)

☐ short # tall ☐
(baixo/a # alto/a)

☐ strong # weak ☐
(forte # fraco/a)

☐ large # thin ☐
(gordo/a # magro/a)

☐ brunette # blonde ☐
(moreno/a # loiro/a)

Attention!
(Atenção!)

Eyes: big, small, round, blue, brown, black, green etc.
(Olhos: grandes, pequenos, redondos, azuis, castanhos, pretos, verdes.)

Hair: dark, blond, brown, long, short, bald, curly and straight.
(Cabelo: escuro, loiro, castanho, comprido, curto, calvo, encaracolado e liso.)

ACTIVITIES

1. Choose one trait that doesn't fit you.
(Escolha a característica que não te descreve.)

599

Personality traits
(Características de personalidade)

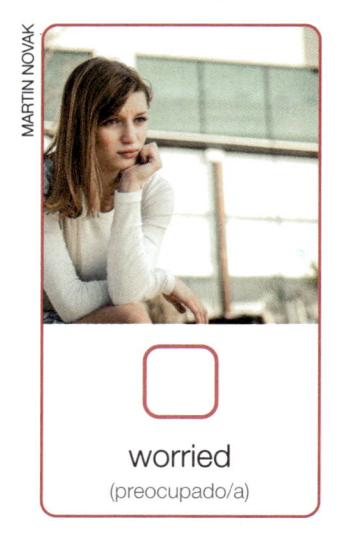

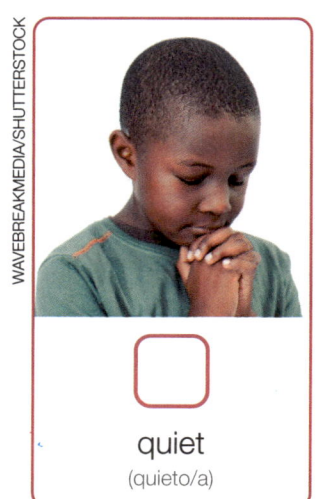

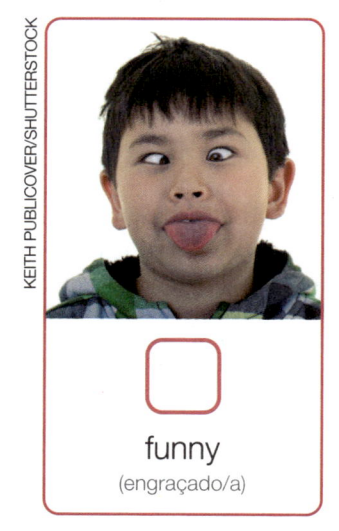

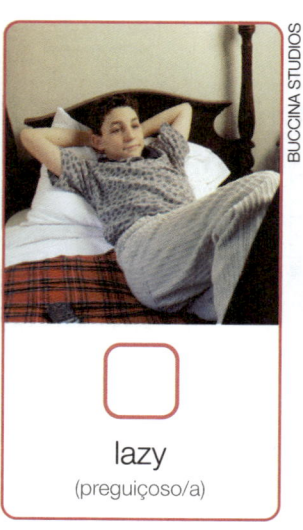

☐ **worried** (preocupado/a)

☐ **relaxed** (relaxado/a)

☐ **nervous** (nervoso/a)

☐ **calm** (calmo/a)

☐ **quiet** (quieto/a)

☐ **noisy** (barulhento/a)

☐ **friendly** (simpático)

☐ **unfriendly** (antipático/a)

☐ **funny** (engraçado/a)

☐ **serious** (sério/a)

☐ **active** (ativo/a)

☐ **lazy** (preguiçoso/a)

2. Choose the trait that better describes you.
(Escolha a característica que melhor te descreve.)

3. Let's circle the personality traits.
(Vamos circular as características de personalidade.)

- quiet
- house
- worried
- active
- short
- calm
- lazy
- TV
- serious
- school
- table
- noisy

4. Match the opposites.
(Ligue os opostos.)

- ugly — large
- strong — beautiful
- happy — weak
- tall — sad
- thin — short

5. Choose a friend you like, bring a photo and describe her/him.
(Escolha um amigo, traga a foto e descreva-o.)

LESSON 3

SPORTS AND COMPETITION
(Esportes e competições)

Olympic sports
(Esportes Olímpicos)

sailing
(vela)

tennis
(tênis)

judo
(judô)

table tennis
(tênis de mesa)

cycling
(ciclismo)

soccer
(futebol)

swimming
(natação)

athletics
(atletismo)

ACTIVITIES

1. Let's copy.
(Vamos copiar.)

a) table tennis
_____

b) soccer
_____

c) sailing
_____

d) They like judo.
_____

e) He plays basketball.
_____

f) She likes soccer.
_____

2. Answer the questions.
(Responda às perguntas.)

a) And you? Do you like sports?
_____
_____

b) What sports do you like?
_____
_____

c) Is soccer an Olympic sport?
_____
_____

3. Let's research.
(Vamos pesquisar.)

4. What is your favorite game?
(Qual é o seu jogo/brincadeira favorito/a?)

6. Let's write the sentences.
(Vamos escrever as frases.)

Model:

Ann / tennis / likes.

Ann likes tennis.

a) They / soccer / like

_____

_____

b) Michael / table tennis / plays

_____

_____

c) Alice / gymnastics / doesn't like

_____

_____

d) I / don't / judo / like

_____

_____

e) Andrew / play / doesn't / basketball

_____

_____

f) John / swimming / likes

_____

_____

g) We / athletics / like

_____

_____

5. Let´s match:
(Vamos combinar as colunas.)

a) cycling

b) sailing

c) soccer

d) tennis

☐ vela

☐ tênis

☐ ciclismo

☐ futebol

Simple present
(Tempo verbal presente)

Attention!
(Atenção!)

Usamos o **simple present** para falar de algo que acontece no presente.
Vamos ver alguns exemplos com os verbos **to like** e **to play**.

Forma afirmativa	
I **like** fruit salad.	I **play** soccer.
You **like** video game.	You **play** bingo.
He/She **likes** jeans.	He/She **plays** guitar.
We **like** vegetables.	We **play** volleyball.
You **like** juice.	You **play** online games.
They **like** cars.	They **play** domino.

Para a forma interrogativa, usamos os auxiliares **do** e **does**.
Para a forma negativa, usamos os auxiliares **do not/don't** e **does not/doesn't**.

Forma interrogativa	Forma negativa
Do I like?	No, I **don't** like.
Do you like chocolate?	No, you **don't** like chocolate.
Do you play basketball?	No, you **don't** play basketball.
Does he/she like to watch TV?	No, he/she **doesn't** like to watch TV.
Does he/she play with dolls?	No, he/she **doesn't** play with dolls.
Do we play volleyball at school?	No, we **don't** play volleyball at school.
Do they like ice cream?	No, they **don't** like ice cream.
Do they play soccer?	No, they **don't** play soccer.

LESSON 4

IN THE FUTURE
(No futuro)

What kind of **jobs** do you imagine when you think about your future?

Well, I **could be** an astronaut, a space **tour guide**, a **spaceship** captain, a rock singer, an actor, or **even** a scientist! Or a doctor, a firefighter, an engineer, a nurse or a computer analyst, all right?

I'm lucky I have a lot of time, because I'm too young to choose.

computer analyst
doctor
spaceship captain

LEAH-ANNE THOMPSON

VOCABULARY

could be: poderia ser.
even: mesmo.
jobs: empregos, trabalhos.
spaceship: espaçonave.
tour guide: guia turístico.

1. Answer according to the text.
(Responda de acordo com o texto.)

a) What are the jobs mentioned in the text? Check (✓) them.

- ☐ an astronaut
- ☐ a race driver
- ☐ a spaceship captain
- ☐ a bank clerk
- ☐ an actor
- ☐ a scientist
- ☐ a doctor
- ☐ a cook
- ☐ a waiter
- ☐ a nurse
- ☐ a computer analyst
- ☐ a dentist
- ☐ a teacher
- ☐ a rock singer
- ☐ a salesperson
- ☐ a firefighter
- ☐ an engineer
- ☐ a space tour guide

b) What job do you think is interesting?

_____

2. Think and answer: what jobs will not exist in the future?
(Pense e responda: quais empregos não existirão no futuro?)

_____

Look at what these people will do in the future.
(Veja o que essas pessoas farão no futuro.)

Marcus will be a helicopter pilot.
(Marcus vai ser piloto de helicóptero.)
CATHY YEULET

Geena will be a biologist.
(Geena vai ser bióloga.)
STUART JENNER

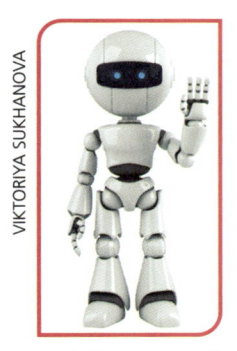

Julianne will make robots.
(Julianne vai fazer robôs.)
VIKTORIYA SUKHANOVA

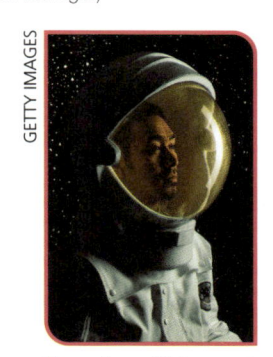

Frank will travel to other planets.
(Frank vai viajar para outros planetas.)
GETTY IMAGES

Julian will have a job in the financial market.
(Julian vai ter um emprego no mercado financeiro.)
JUPITERIMAGES

Let's talk about the simple future
(Vamos falar sobre o *simple future*.)

> **Attention!**
> (Atenção!)
>
> Quando falamos do futuro usamos um auxiliar:
> Na forma afirmativa: **will** + verbo no infinitivo
> Na forma negativa: **will not** + verbo no infinitivo
> **Examples:**
> We **will** have robots in our houses.
> Paul **will** be an engineer.
> The world **will not** be different.
>
> **Podemos usar também a forma contraída:**
> Na forma afirmativa:
> | | |
> |---|---|
> | I **will** | I**'ll** |
> | You **will** | You**'ll** |
> | He / She / It **will** | He**'ll** / She**'ll** / It**'ll** |
> | We **will** | We**'ll** |
> | You **will** | You**'ll** |
> | They **will** | They**'ll** |
>
> Na forma negativa:
> | | |
> |---|---|
> | I **will not** | I **won't** |
> | You **will not** | You **won't** |
> | He / She / It **will not** | He / She / It **won't** |
> | We **will not** | We **won't** |
> | You **will not** | You **won't** |
> | They **will not** | They **won't** |

3. Put the following sentences in the negative form.
(Coloque as seguintes frases na forma negativa.)

a) I will be an astronaut at NASA.

_____

b) She will be a classical dancer.

_____

c) He will drive his mother's car.

_____

d) They will eat pizza on Saturday night.

_____

Let's talk about the weather
(Vamos falar sobre o clima.)

cold
(frio)

sunny
(ensolarado)

snowy
(com neve)

hot
(quente)

cloudy
(nublado)

rainy
(chuvoso)

windy
(com vento)

4. Write sentences about the weather. Follow the example.
(Escreva frases sobre o clima. Siga o exemplo.)

Example:

In São Paulo it will be rainy. **(rainy)**

a) In Buenos Aires _____ **(cold)**

b) In Salvador _____ **(rainy)**

c) In Curitiba _____ **(cloudy)**

d) In Rio de Janeiro _____ **(sunny)**

e) In Natal _____ **(windy)**

LESSON 5

LET'S CHOOSE WHAT WE LIKE
(Vamos escolher o que nós gostamos)

Let's choose what you like.
(Vamos escolher do que você gosta.)

Pop ( )
(pop)

Country ( )
(sertaneja)

Rock ( )
(rock)

Rap ( )
(rap)

Classical ( )
(clássica)

Jazz ( )
(jazz)

Sci-fi ( )
(ficção científica)

Action ( )
(ação)

Romance ( )
(romance)

Cartoon ( )
(desenho animado)

Horror ( )
(terror)

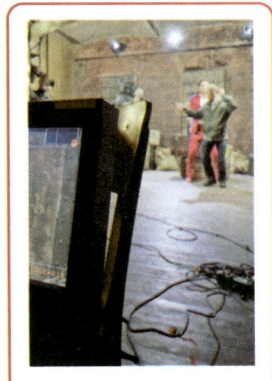

Musical ( )
(musical)

609

How often do you listen to music? What about movies and TV?
(Com que frequência você ouve música? E filmes e TV?)

Attention!
(Atenção!)

Frequency adverbs
Estes advérbios são usados para indicar a frequência com que realizamos nossas atividades.

Always (sempre)
I **always** go to the club.
(Sempre vou ao clube.)

He **always** goes to the park.
(Ele sempre vai ao parque.)

Never (nunca)
He **never** plays soccer.
(Ele nunca joga futebol.)

We **never** go to the movies.
(Nunca vamos ao cinema.)

Usually (geralmente)
(usually = often)

Paul **usually** eats fish.
(Paul geralmente come peixe.)

I **usually** sleep early.
(Geralmente durmo cedo.)

Sometimes (às vezes)
They **sometimes** play soccer.
(Às vezes eles jogam futebol.)

She studies English **sometimes**.
(Às vezes ela estuda inglês.)

ACTIVITIES

1. Let's copy.
(Vamos copiar.)

a) I always go to restaurants on weekends.
_____

b) How often do you study in the week?
_____

c) She never watches TV in the morning.
_____

d) They usually visit their grandparents on Sundays.
_____

2. Match.
(Ligue.)

sempre	usually
nunca	always
frequentemente	never

610

3. Unscramble these words.
(Desembaralhe essas palavras.)

S Y A L W A

_____

L U A Y S U L

_____

O S M M T S E I E

_____

E V N R E

_____

4. Write sentences. Follow the model.
(Escreva frases. Siga o modelo.)

> **Model:**
>
> she / eat / a sandwich / never.
>
> She never eats a sandwich.

a) never / Peter / to the movies / go

_____

b) study / I / usually / Math / 3 times a week

_____

c) sometimes / We / e-mails / write

_____

d) never / to the beach / go / He.

_____

5. Let's answer.
(Vamos responder.)

	always	never	usually	sometimes
go to the movies (ir ao cinema)				
watch TV (assistir à TV)				
listen to music (ouvir música)				
play soccer (jogar futebol)				
eat a sandwich (comer um sanduíche)				
study English (estudar Inglês)				
go to the beach (ir à praia)				
sleep early (dormir cedo)				
cook (cozinhar)				

LÍNGUA INGLESA

LESSON 6

HEALTH AND BODY
(Saúde e corpo)

Good habits for a good life
(Bons hábitos para uma vida boa.)

to sleep 8 hours every day
(dormir 8 horas por dia)

to eat well
(comer bem)

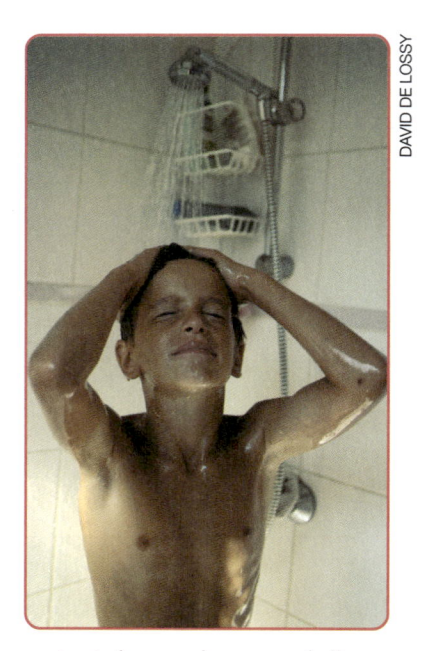

to take a shower daily
(tomar banho diariamente)

to walk
(caminhar)

to read
(ler)

ACTIVITIES

1. Let's talk about food. Write your favorites.
(Vamos conversar sobre alimentos. Escreva seus favoritos.)

Attention!
(Atenção!)

The **food pyramid** is a guide of good nutrition. It graphically shows the amount of each type of food that we should consume daily for a good health.
(A pirâmide alimentar é um guia da boa alimentação. Mostra de forma gráfica a quantidade de cada tipo de alimento que devemos consumir diariamente para termos boa saúde.)

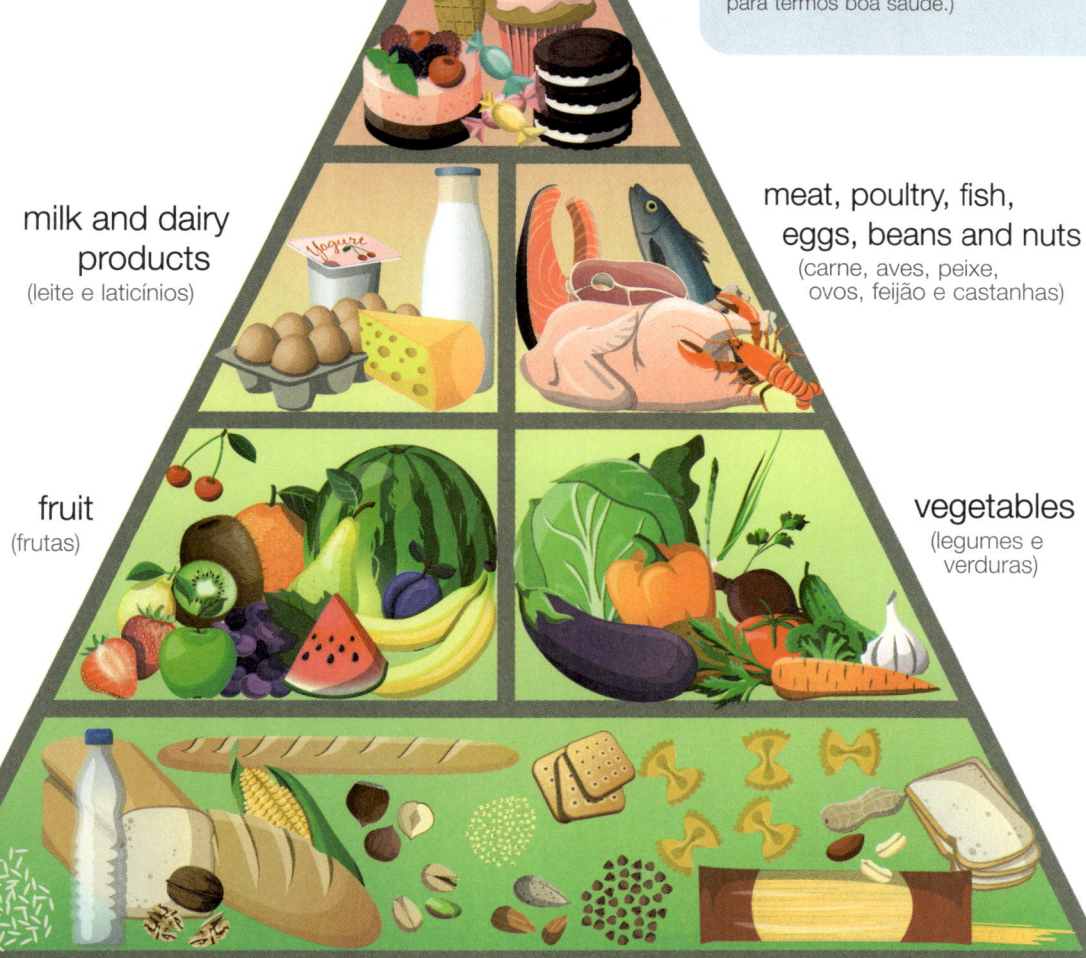

oil, fat, sugar
(óleo, gordura, açúcar)

milk and dairy products
(leite e laticínios)

meat, poultry, fish, eggs, beans and nuts
(carne, aves, peixe, ovos, feijão e castanhas)

fruit
(frutas)

vegetables
(legumes e verduras)

cereals, bread, rice and pasta
(cereais, pães, arroz e massas)

_____ _____
_____ _____
_____ _____

LÍNGUA INGLESA

613

2. Answer the questions.
(Responda às perguntas.)

a) Do you eat vegetables?

Yes, _____

b) Does she eat fruit?

Yes, she _____

c) Do you eat chicken?

No, I _____

d) Does Lucy eat pasta?

No, _____

e) Do you eat bread?

_____

f) Does she eat sweets?

_____

Attention!
(Atenção!)

Simple present

Usamos o verbo no Simple Present quando falamos de ações que acontecem no presente e também quando queremos falar de hábitos ou ações que acontecem no nosso dia a dia.

Examples: I go to school.
I play soccer.
He reads the newspaper.
She sleeps well.

Note que, no Simple Present, na 3ª pessoa do singular (He, She, It) acrescentamos a letra "s" ao verbo.

- Read (ler)
  I read
  He read**s**

- Take (tomar) /
  take a shower
  (tomar banho)
  I take
  He take**s**

- Sleep (dormir)
  I sleep
  He sleep**s**

- Study (estudar)
  I study
  He stud**ies**

- Play (jogar, brincar, tocar)
  You play
  He play**s**

- Get up (acordar, levantar) /
  get up early
  (levantar cedo)
  I get up
  She get**s** up

- Eat (comer)
  I eat
  He eat**s**

3. Write the sentences.
(Escreva as frases.)

Model:

Paul and Susan / volleyball / play / at school.

Paul and Susan play volleyball at school.

a) I / Math / study / with my teacher.
_____
_____

b) get up early / They / everyday.
_____
_____

c) after school. / Mary / takes a shower /
_____
_____

d) John / a book / reads / every morning.
_____

LESSON 7

HOBBIES
(Passatempos)

Look at these hobbies

(Veja estes passatempos.)

collect stamps
(colecionar selos)

collect stickers/cards
(colecionar adesivos/figurinhas)

collect/read comic books
(colecionar/ler revistas em quadrinhos)

collect little toy heroes
(colecionar bonecos de heróis)

play with/collect toy cars
(brincar com/colecionar carrinhos de brinquedo)

play with/collect dolls
(brincar com/colecionar bonecas)

Attention!
(Atenção!)

You can also collect kites, games, stickers etc.
(Você também pode colecionar pipas, jogos, adesivos etc.)

> MY FRIENDS AND I LOVE TO COLLECT STAMPS. THEIR COLLECTION IS BIG. MY COLLECTION IS SMALL. DO YOU LIKE TO COLLECT THINGS?

ACTIVITIES

1. Match.
(Combine.)

a) cards   **c)** cars   **e)** CDs

b) stamps   **d)** dolls   **f)** comic books

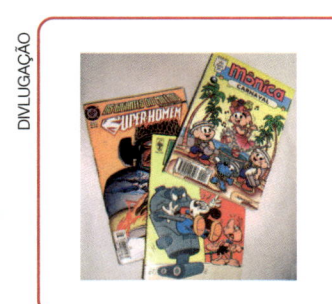

2. Answer.
(Responda.)

a) Do you have a hobby?

☐ Yes   ☐ No

b) What kind of hobby do you like better? I like to…

☐ collect stamps   ☐ play with/collect cars   ☐ collect stickers

☐ collect kites   ☐ collect cards   ☐ _____

c) What kind of hobby does your best friend like better? My friend likes to…

☐ collect stamps   ☐ play with/collect cars   ☐ collect stickers

☐ collect kites   ☐ collect cards   ☐ _____

Numbers up to two hundred

(Números até duzentos.)

10 ten	**20** twenty	**30** thirty	**40** forty	**50** fifty
51 fifty-one	**52** fifty-two	**53** fifty-three	**54** fifty-four	**55** fifty-five
56 fifty-six	**57** fifty-seven	**58** fifty-eight	**59** fifty-nine	**60** sixty
70 seventy	**80** eighty	**90** ninety	**100** one hundred	**101** one hundred and one
110 one hundred and ten	**120** one hundred and twenty	**130** one hundred and thirty	**140** one hundred and forty	**150** one hundred and fifty
151 one hundred and fifty-one	**152** one hundred and fifty-two	**153** one hundred and fifty-three	**154** one hundred and fifty-four	**155** one hundred and fifty-five
156 one hundred and fifty-six	**157** one hundred and fifty-seven	**158** one hundred and fifty-eight	**159** one hundred and fifty-nine	**160** one hundred and sixty
170 one hundred and seventy	**180** one hundred and eighty	**190** one hundred and ninety	**200** two hundred	

REVIEW
(Revisão)

I learned how to talk about how me and others have been.
(Eu aprendi a falar sobre como eu e outros temos passado.)

– How are you doing?
– Fine, thanks.

– How've you been?
– I'm not very well.

1. Complete the questions and answers.
(Complete as perguntas e respostas.)

a) How _____?
_____ (I'm OK)

b) How _____?
_____ (Not very well)

c) How _____?
_____ (Very well)

d) How _____?
_____ (I feel sick)

I learned how to describe people.
(Eu aprendi a descrever pessoas.)

Physical traits

young # old

tall # short

large # thin

strong # weak

blond # dark

beautiful # ugly

Personality traits

worried # relaxed

nervous # calm

quiet # noisy

happy # sad

friendly # unfriendly

funny # serious

active # lazy

Eyes: big, small, blue, brown, and black.

Hair: dark, blond, long, short, bald, curly, and straight.

2. Write some traits.
(Escreva algumas características.)

a) About you: _____

_____

_____

b) About your father: _____

_____

_____

c) About your mother: _____

_____

_____

d) About your grandfather: _____

_____

_____

e) About your grandmother: _____

_____

_____

f) About your teacher: _____

_____

_____

g) About a friend: _____

_____

_____

I learned the names of some sports and competitions.
(Eu aprendi os nomes de alguns esportes e competições.)

- athletics
- gymnastics
- tennis
- swimming
- soccer
- cycling
- basketball
- judo

3. Write the names of your favorite sports.
(Escreva os nomes de seus esportes favoritos.)

_____

_____

_____

_____

_____

_____

_____

_____

I practiced the simple present tense.
(Eu pratiquei os verbos no presente simples.)

— I play basketball.
— She goes to the movies.

4. Unscramble the sentences.
(Ordene as frases.)

a) take / I / a shower / in the morning.

_____

_____

b) He / tennis / plays.

_____

_____

c) study / They / every day. / Math

_____

_____

I learned how to say how often I do my activities.
(Eu aprendi a dizer com que frequência eu faço minhas atividades.)

- always
- sometimes
- never
- usually

5. Answer.
(Responda.)

a) How often do you go to the beach?

I _____

_____

b) How often do you take a shower a day?

I _____

_____

c) How often do you exercise?

I _____

_____

I learned how to say what I like.
(Eu aprendi a falar do que gosto.)

- pop
- rock
- cartoon
- classical
- romance
- sci-fi
- rap
- action
- horror

6. Answer.
(Responda.)

a) What kind of music do you like?

_____

b) What kind of movies do you like?

_____

_____

I learned how to talk about hobbies.
(Eu aprendi a falar sobre passatempos.)

- listening to music
- playing with dolls or cars
- reading comics books
- collecting cards or stamps

7. Write what your hobbies are.
(Escreva quais são seus passatempos.)

_____

_____

_____

LÍNGUA INGLESA

GLOSSARY

a lot – muito
about – sobre
according – de acordo com
active – pessoa ativa
action – ação
after – depois
all – todo (a), tudo
always – sempre
amount – quantia, quantidade
analyst – analista
answer – responder
astronaut – astronauta
athletics – atletismo
bald – careca
bank clerk – bancário
basketball – basquete
be – ser, estar
beach – praia
bean – feijão
beautiful – lindo(a)
because – porque
better – melhor
big – grande
bingo – bingo
black – preto(a)
blond – loiro(a)
blue – azul
body – corpo
bread – pão
bring – trazer
brown – castanho(a), marrom
calm – calmo (a)
can – poder
captain – capitão(ã)
cards – cartões
cars – carros
cartoon – desenho animado

cereal – cereal
chicken – frango
choose – escolher
circle – circular
cloudy – nublado
classical – clássico
club – clube
cold – frio
collect – colecionar
come – vir
comic books – revistas em quadrinhos
competitions – competições
computer – computador
concert – concerto
cook – cozinhar, cozinheiro(a)
could be – poderia ser
country – música sertaneja
curly – encaracolado(a)
cycling – ciclismo
daily – diariamente
dancer – bailarino(a)
dark – escuro(a)
describe – descrever
dairy products – laticínios
dentist – dentista
dialogues – diálogos
different – diferente
doctor – médico(a)
dolls – bonecas
drive – dirigir
early – cedo
eat – comer
eggs – ovos
engineer – engenheiro(a)
every – todo(a)
every day – todos os dias
exist – existir

eye – olho
fat – gordura
father – pai
favorite – favorito, preferido
feel – sentir
financial market – mercado financeiro
fine – bem
firefighter – bombeiro(a)
fish – peixe
fit – corresponder
food – comida
frequency – frequência
friend – amigo (a)
friendly – amigável
fruit – fruta (s)
funny – engraçado (a)
future – futuro
games – jogos
get up – levantar
go – ir
good – bom, boa
graphically – graficamente
grandparents – avós
green – verde
guide – guia
guitar – violão
gymnastics – ginástica
habits – hábitos
hair – cabelo
happy – feliz
have – ter
health – saúde
hobbies – *hobbies*, passatempos
home – lar, casa
horror – terror
hot – quente
house – casa
hundred – cem
ice cream – sorvete
imagine – imaginar
interesting – interessante
job – emprego

juice – suco
kind of – tipo de
kites – pipas, papagaios
large – grande
lazy – preguiçoso(a)
learn – aprender
life – vida
like – gostar
listen – ouvir
little – pequeno(a)
long – comprido(a)
look at – olhe para
lucky – sortudo (a)
make – fazer
match – combinar, relacionar
Math – matemática
meat – carne
milk – leite
morning – manhã
mother – mãe
movie – filme
movies – cinema, filmes
music – música
musical – musical
name – nome
nervous – nervoso (a)
never – nunca
new – novo(a)
newspaper – jornal
noisy – barulhento(a)
nurse – enfermeiro(a)
nutrition – nutrição
nuts – castanhas
often – frequentemente
oil – óleo
old – velho(a)
Olympic Sports – Esportes Olímpicos
online games – jogos *on-line*
park – parque
pasta – massa
people – pessoas
personality – personalidade

physical – físico (a)
pilot – piloto
play – jogar, brincar, tocar
possible – possível
poultry – aves
pyramid – pirâmide
quiet – quieto (a), tranquilo (a)
race driver – piloto de corrida
rainy – chuvoso
read – ler
relaxed – relaxado
restaurant – restaurante
rice – arroz
romance – romance
round – redondo
sad – triste
sailing – velejar, vela
salesperson – vendedor (a)
sandwich – sanduíche
say – dizer
school – escola
scientist – cientista
sci-fi – ficção científica
serious – sério(a)
short – curto(a), baixo(a)
shower – chuveiro, banho
singer – cantor(a)
sleep – dormir
small – pequeno(a)
soccer – futebol
some – alguns, algumas
sometimes – às vezes
snowy – com neve
space - espaço, espacial
spaceship – nave espacial
sports – esportes
stamp – selo
stickers – adesivos
straight – liso(a)
strong – forte
study – estudar
sugar – açúcar

sunny – ensolarado
sweets – doces
swimming – natação
table tennis – tênis de mesa
tall – alto(a)
talk – conversar
teacher – professor(a)
tennis – tênis (esporte)
thanks – obrigada
thin – magro(a)
things – coisas
think – pensar
tonight – hoje à noite
too – muito
tour – passeio
toys – brinquedos
traits – características, traços
travel – viajar
uggly – feio(a)
unfriendly – antipático(a)
unscramble – desembaralhar
usually – geralmente
vegetables – legumes
very – muito
visit - visitar, visita
volleyball – vôlei
waiter – garçom
walk – caminhar
watch – assistir
weak – fraco (a)
weather – clima
weekend – fim de semana
well – bem
what – o que, qual
when – quando
windy – com vento
with – com
world – mundo
worried – preocupado (a)
write – escrever

Adesivos para colar na página 380:

Zumbi dos Palmares (1927), de Antonio Parreiras.

Escravos no porão do navio (1835), de Johann Moritz Rugendas.

Negros lutando (1822), de Augustus Earle.

Parte integrante da Coleção Eu gosto m@is – Integrado 5º ano – IBEP.

Adesivos para colar na página 382:

Oktoberfest, em Munique, Alemanha. Foto de 2010.

Prato da culinária árabe. Foto de 2018.

Festividade na cidade de Xiahai, em Taipei. Foto de 2012.

Prato da culinária italiana. Foto de 2018.